U0720068

全本全注全译丛书

中华经典名著

孔燕妮◎译注

唐摭言

中华书局

图书在版编目(CIP)数据

唐摭言/孔燕妮译注. —北京:中华书局,2025.1. —(中华经典名著全本全注全译丛书). —ISBN 978-7-101-16986-7

Ⅰ.D691.3

中国国家版本馆 CIP 数据核字第 2024KF4547 号

书　　　名	唐摭言	
译 注 者	孔燕妮	
丛 书 名	中华经典名著全本全注全译丛书	
责任编辑	张彩梅	
装帧设计	毛　淳	
责任印制	韩馨雨	
出版发行	中华书局	
	(北京市丰台区太平桥西里 38 号　100073)	
	http://www.zhbc.com.cn	
	E-mail:zhbc@zhbc.com.cn	
印　　刷	北京盛通印刷股份有限公司	
版　　次	2025 年 1 月第 1 版	
	2025 年 1 月第 1 次印刷	
规　　格	开本/880×1230 毫米　1/32	
	印张 27　字数 600 千字	
印　　数	1-8000 册	
国际书号	ISBN 978-7-101-16986-7	
定　　价	72.00 元	

目录

前言

　　《唐摭言》，又名《摭言》，十五卷，唐末五代王定保撰，是一部专门记载唐代科举制度特别是进士考试的笔记小说集。既记载了唐代科举制度的方方面面，包括制度沿革、乡贡、学校、解试、行卷、省试、录取、放榜、谢恩、期集、曲江大会等，具有极高的文献价值，也记载了大量相关的社会风尚、举场习气和唐代士人的逸闻琐事，生动展现了唐代科举社会的真实面貌，是今天了解唐代科举文化的重要参考书。因时代久远，书中词句、名物、史实等颇多僻涩难解之处，读者理解起来多有不便，故对是书加以全面的注释和翻译，庶几便于观览。现就《唐摭言》的作者、编撰过程、主要内容和历史价值做一概述，最后略谈《唐摭言》的版本源流以及整理方式。

一

　　王定保生活在唐末五代乱世时期，生平史料所记不多，现根据相关材料，对其生平事迹略做叙述。

　　王定保的生卒年，据《唐摭言》卷三"散序"中自言"定保生于咸通庚寅岁"，可知其生于唐懿宗咸通十一年（870）。其卒年，据《资治通鉴》卷二百八十二载后晋天福五年（940）："（南汉）以宁远节度使南昌王定保为中书侍郎、同平章事，不逾年亦卒。"可知他卒于940年左右，享年约71岁。

王定保的字号、世系、籍贯，诸家考辨甚多。概括说来，王定保的字号暂无考，旧说其字翊圣，是与太原王荛之子名定保字翊圣者相混。《新唐书·宰相世系表》中载有王定保，字翊圣，是唐武宗时魏郡公王起的曾孙，浙东观察使王龟之孙，右司员外郎王荛之子。唐人极重家讳，《唐摭言》中亦屡避家讳，如卷四"节操"门，"卢大郎补阙，卢名上字与仆家讳同，下字曰晖。升平郑公之甥也"；卷十"韦庄奏请追赠不及第人近代者"门，"王大夫名与定保家讳下一字同。廉问浙东"；而卷十二"轻佻"门中直言王荛而无避讳，且载薛昭纬嘲谑语曰"上李系而下王荛，小人行缀"，则其非王荛之子字翊圣之定保也明矣。王定保的世系，据《唐摭言》卷一"乡贡"门中"七世伯祖鸾台凤阁袭石泉公"之言，应为石泉公王方庆所属之琅琊王氏，至于卷三"散序"中又说"从翁丞相溥""从叔南海记室涣"，王溥、王涣皆为太原王氏，则或出于唐人同姓攀附之习。王定保的籍贯，据《资治通鉴》《十国春秋》等记载，应为江西南昌，其父在懿宗咸通年间曾担任过太常卿。

王定保的科举及仕宦经历，史料记载不多。宋陈振孙《直斋书录解题》、清徐松《登科记考》等载王定保于唐昭宗光化三年（900）进士及第。据《唐摭言》卷八"梦"门中所记，"既三举矣，欲罢不能；于是四举有司，遂傥忝矣"，可知王定保在光化三年及第前曾三次应试落第。王定保家在南昌，应由镇南节度使钟传解送赴试，故《唐摭言》中对钟传颇多溢美之词，称之为"诸侯表式"。王定保进士及第后不久即避乱离开长安，南下湖南，依当地军阀马殷，后又南下容州，在宁远节度使幕下担任巡官。唐末天祐年间，王定保到广州，投靠清海军节度使刘隐，刘隐之弟刘龚称帝建立南汉后，王定保曾担任礼部郎中、宁远节度使等，官至中书侍郎、同平章事。

王定保的婚姻及家庭情况，只知其进士及第后曾娶当时著名诗人、翰林学士吴融之女，是以《唐摭言》中载吴融之事最多。天复三年

（903）吴融死后，吴氏自长安南下寻夫，然而王定保与其断绝了关系。夫妻离异原因未详。《全唐诗》载有沈彬《赠王定保》诗：“仙桂曾攀第一枝，薄游湘水阻佳期。皋桥已失齐眉愿，萧寺行逢落发师。废苑露寒兰寂寞，丹山云断凤参差。闻公已有平生约，谢绝女萝依兔丝。”《直斋书录解题》亦曰：“定保，光化三年进士，为吴融子华婿。丧乱后入湖南，弃其妻弗顾，士论不齿。”

王定保出身官宦世家，四次应试后进士及第，联姻文坛先辈，交游广泛，入过幕府，官至宰相，喜好文学，熟悉典章制度，这都为他编撰《唐摭言》提供了有利的背景。

二

从书中所涉及之人事和编撰方式来看，《唐摭言》的编撰历时久远，非一时一地所作，故其中多有前后矛盾以及错舛、重出之处，例如卢弘正与马植在令狐楚手下争解元之事，见于卷二“争解元”门，又见卷五“以其人不称才试而后惊”门，其中令狐楚所考的内容两处各有不同。韩愈、皇甫湜提携牛僧孺事既见卷六“公荐”门，又见卷七“升沉后进”门，事虽同一，然叙述不同，显为异时所写。此外蒋凝谒徐商事既见卷五“以其人不称才试而后惊”门，又见卷七“知己”门；嘲郑昌图骑驴事既见卷十二“轻佻”门，又见卷十五“条流进士”门。此外不一一列举。王定保最早开始搜集材料应不晚于在江西读书应举之时，直至任官南汉仍编缀不辍。《唐摭言》的成书时间，《四库全书总目提要》定于周世宗显德元年（954）以后，不确，但成书于唐亡以后五代时期应无疑问。

《唐摭言》的材料来源大致有四：

一，来自官修国史、《实录》、朝廷的诏令制敕、各级政府公文等官方文书。例如卷一“会昌五年举格节文”门，摘自唐武宗会昌五年（845）朝廷公布的举格，“两监”叙述唐朝的国子监和州县官学制度，引自《实录》及历年制敕。

二，来自官修或私人编撰的《登科记》。《登科记》是科举时代及第士人的名录，记载科举及第的人数、姓名、籍贯、年岁以及考官的官职姓名和考试题目等，具有很高的文献价值。卷二"元和元年登科记京兆等第榜叙"门，即录自元和元年（806）《登科记》中的《京兆等第榜》序文，此外还有不少引证自《登科记》的内容。

三，来自同代的笔记小说和诗文集。其中笔记小说引用最多的是唐李肇的《唐国史补》，卷一"述进士下篇"门，介绍当时进士考试中的各种名目和流行现象，几乎全文采自《唐国史补》。除了笔记杂录之外，《唐摭言》还从唐人诗文集中载录了大量科举相关的诗文书札，例如卷十二"自负"门，载录杜甫天宝六载（747）落第次年所写《奉赠韦左丞丈二十二韵》；卷二"得失以道"门，载录李翱因为弟弟府试失败而写给他的书信等。

四，来自作者的亲身经历、交游见闻和有意识的咨询采访。王定保早年在江西读书，先后四次应试，对江西的人事相当熟悉，因此书中有大量关于江西士人应举之事。王定保及第后留居长安一段时日，从座主李渥，岳父吴融，前辈达人陆扆、颜荛，同宗长辈王溥、王涣，以及同年进士卢延让、杨赞图、崔籍若等处搜集到不少科举的典制和逸闻。离开长安南下之后，王定保仍然有意识地搜集科举相关资料，是以岭南一带和五代时期的科举相关之事在书中亦有记录。

《唐摭言》的编撰动机，据卷三"散序"门，王定保自言，"虽旧第太平里，而迹未尝达京师，故治平盛事，罕得博闻。然以乐闻科第之美，尝谘访于前达间，……时蒙言及京华故事，靡不录之于心，退则编之于简策"。可见王定保很早就对科第之事极感兴趣，故而有机会即搜集科举相关材料，编撰成文。王定保编撰《唐摭言》并不只为搜集科举典章和科场逸闻，而是有一定的思想目的。《四库全书总目》论及《唐摭言》，曰："是书述有唐一代贡举之制特详，多史志所未及。其一切杂事，亦足以觇名场之风气，验士习之淳浇，法戒兼陈，可为永鉴，不似他家杂录但记异闻已也。"除了述有唐之贡举、觇名场之风气之外,《唐摭言》确有"法戒兼陈"之意。所谓"法戒兼陈",就是于记人叙事之际评断是非得失,隐寓褒贬规箴,供人取法或警戒。例如卷一"述进士上篇"门中说:"咸亨之后,凡由文学举于有司者,竞集于进士矣。……若乃光宅四夷,垂祚三百,何莫由斯之道者也。"将唐朝兴盛之由与进士紧密关联。又如卷一"散序进士"门中说:"其负倜傥之才,变通之术,苏、张之辨说,荆、聂之胆气,仲由之武勇,子房之筹画,弘羊之书计,方朔之诙谐,咸以是而晦之,修身慎行,虽处子之不若。其有老死于文场者,亦所无恨。故有诗云:'太宗皇帝真长策,赚得英雄尽白头!'"王定保对统治阶级用科举来规范士大夫的思想行为,笼络士大夫为其所用的目的认识得颇为深刻。除此之外,王定保还效仿史家笔法,在每卷的卷中或卷末以"论""赞"的形式加以评论,总计二十余条,申明其大义所在。其"论""赞"大多是强调仁义道德而鄙薄急功近利的庸俗世风,例如卷四"节操"门后论曰:

范宣之三立,德居其首;夫子之四科,行在其先。矧乃五常者,总之于仁;百虑者,试之于利。祸福不能回至德,贫富不能窥至仁。夫炯戒之伦,而穷达不侔者,其惟命与! 苟届诸道,又何穷达之异致矣!

除了这些仁义道德的老调之外,最能体现王定保编撰目的的仍是他对于进士的深刻认识和极度重视。如卷三末尾的论赞:"美给华资,非第勿处;雄藩剧郡,非第勿居。斯乃名实相符,亨达自任,得以惟圣作则,为官择人。有其才者,靡捐于瓮牖绳枢;无其才者,讵系于王孙公子!"将才识、科第、官职三者紧密联系在一起。有才识者方可得进士,为进士者方可任高官。对进士和唐朝政治、社会等级制度的紧密关系,王定保论之甚为深刻。如卷九"好及第恶登科"门后的论赞中说:"殊不知三百年来,科第之设,草泽望之起家,簪绂望之继世。孤寒失之,其族馁矣;世禄失之,其族绝矣。"唐中后期门荫衰落,进士地位日益上升,高级官员多由进士出身,贫寒士人不能进士及第,固然要穷困潦倒,世家子弟不能进士及第，家族也要面临衰落断绝的危机，于是贵族官僚纷纷利用进士考试使子弟世代承袭高位，只《唐摭言》中所提及之进士高官世家便有不少，如令狐楚和令狐绹父子、崔慎由和崔胤父子等，皆为进士出身的宰相，此外祖孙、叔侄、兄弟先后中进士、做宰相的也不少，更不论宰相以下的中高级官员。接连三代、四代中进士，一门祖孙、父子、兄弟并为高官的家族越来越多，官僚的世袭关系从以门荫为主转向以进士为主。"草泽望之起家，簪绂望之继世"洵为实论。唐代进士初以文学取士，后期虽然渐渐转向文学与政事并重，但重视文学才识的传统始终未变，故而王定保屡屡强调文学才识的重要性。如卷十五"贤仆夫"门列举了数名以萧颖士之仆为代表的"贤仆夫"，之所以是"贤仆"而不是传统的"忠仆"，因为他们的任劳任怨不离不弃，不是建立在人身隶属和传统道德之上，而是建立在对主人才华的敬重与爱惜之上，"乃爱其才耳！"又如卷十"海叙不遇"和"韦庄奏请追赠不及第人近代者"两门，汇录了几十位有才学而坎坷不得志的士人，作者对这些人寄予了深刻的同情，"工拙由人，得丧者命；非贤之咎，伊时之病"。甚至对于"芳林十哲"这类结交宦官以取得前程的士人，作者也认为他们多是寒门才士因为出头无路而剑走偏锋，虽德行有亏，却并非大奸大恶之辈。在书末论赞中，王定保进一步申明自己撰写《唐摭言》是为了表彰文学才识而抵制近代不学无术的浅薄风气：

> 夫人顶天踵地，惟呼最灵，有德者未必无文。其上也文不胜德，其次也德不胜文；有若文德具美，含元不耀者，其唯圣人乎！奈何近世薄徒，自为岸谷，以含毫舐墨为末事，以察言守分为名流。洎乎评品是非，商较今古，竟不能措一辞，发一论者，能无愧于心乎？故仆虽题亲咏，折冲樽俎者，皆列于门目，斯所以旌表赡敏，而矛楯榛芜也。亦由辱以马鞯，而俟之莺谷，知我者当免咎与！

唐代推崇进士，是以文学之风极盛，王定保身为进士，固不能摆脱传统士人对"德"的推重，然其对"文"的尊崇却要更加深刻，所谓"有德者未必无文"。即使是"德不胜文"之辈,作者在对他们进行道德批判的同时,也对他们的才学进行了充分肯定,承认他们是"良璞""伟才"。唐末五代社会动荡,科举寥落,文风衰弱,王定保有感于近世官僚只以安分守己为能事,而鄙薄文学才识,下笔不成文,出口不成章,故而编书以讽之。此论赞之前是全书的最后一门"没用处",记录了数名因为才能不足而被黜落或久试不第之人。比之首卷首门之"统序科第",末卷末门以"没用处"为结,正体现了作者"旌表赡敏,而矛楯榛芜"的主要编撰目的。

三

　　《唐摭言》分十五卷,每卷又分若干门,将性质类似的条目汇聚在同一门类下,如卷八"通榜"门汇录梁肃、韩愈等人通榜的事例,卷十"海叙不遇"门汇录罗隐、李洞等怀才不遇的士人。大致来说,前三卷以汇录唐代科举制度相关的掌故、法令、条例为主,间杂当时的科场逸闻和名人轶事。卷一总述唐代科举的起源与流变、规则与典礼等,其中最重要的是对进士一科的推重,唐太宗见新科进士而喜言"天下英雄入吾彀中矣"的故事和唐代推崇进士为"白衣公卿"的说法,皆源于此。卷二专论省试之前的地方解试,其中尤其详述了京兆府解送中的"等第"制度。卷三以进士及第为中心,专论进士及第后的种种程序和礼俗,卷首"散序"门自述作者编撰之初心,醉心"治平盛事","乐闻科第之美",卷末"慈恩寺题名游赏赋咏杂纪"门是极丰富的进士及第面面观,尤为作者所津津乐道。后十二卷则以科举相关的人物轶事为主,卷四赞美有节操和气义的考生,以及士人之间的师友情谊,卷五论及士人间的切磋交流,卷六讨论考场中的诸般举荐,卷七主述士人间的知己之情,卷八杂记科场及第的诸般异事,卷九主要记述科场之凶事,多与宦官、军阀相关,卷十罗列怀才不遇的士人,卷十一杂记科场中士人及第、落第之悲欢和请托、荐举之恩怨,卷十二、卷十三皆是列举描述科场内外的士人情态,卷十四记录主考官在主持科举之后的升迁、贬谪,卷十五杂记从唐初到唐末的科场逸闻与科举习气。

《唐摭言》所涉及之人事,从时间跨度看,上至前隋,下至五代十国,包揽有唐一代,其中以作者生活之晚唐为多。从空间跨度看,遍及天下州道,其中以作者出身之江南西道为多。摭言者,摘取言论之意,故全书虽有总体结构和门类设定,却颇为松散,除前三卷尚有比较严整的体例之外,余者每卷之间没有严格的区分,门类的分布也相当随意,哪一条目放在哪一门类只是大概合适就行,例如卷四之"师友"、卷五之"切磋"、卷六之"公荐"、卷七之"知己",其中条目事例往往可以互换门类。至如后八卷的分卷与门类,更显随意,所述之人事也多有非科举之内容。

总括言之,《唐摭言》的主要内容围绕唐代科举展开,科举中又以进士为主,因进士重文学而又兼及非科举之文坛轶事,总体结构松散,系统性和条理性不强。然而《唐摭言》虽有细碎杂乱之病,却对唐代进士考试做了全面描述。既有对典章制度沿革变化的记录,使读者对有唐一代的科举有一定了解,也有指导士人如何行卷、如何拜谒等的经验之谈,细致入微而颇富世情,更有大量的名人轶事、奇文异章,读起来饶有趣味。因原书结构松散,恐于初读者不便,故在此对书中所述及之唐代科举略做勾勒,存其大体以及关键之处,方便读者在阅读时有所挈领。

科举制度作为中国封建时代人才选拔制度中最重要、历时最悠久的一种,滥觞于隋,在唐代逐渐健全而兴盛,是统治阶级用来笼络和控制地主士大夫的重要手段。唐代科举分常科和制科。常科对考试内容有固定的要求,并且按时举行;制科则相反,是为选拔非常之才而举行的不定期非常规考试,通常由皇帝或宰相重臣亲自考试,名目多达六七十种,如贤良方正能直言极谏科、博通坟典达于教化科、才识兼茂明于体用科等。常科科目也不少,包括进士、明经、秀才、俊士、明法、明字、明算、一史、三史、道举等。但秀才因标准高、考取难而渐废,明法、明字、明算等培养技能型人才,不受重视,皆非科举之主流。进士与明经是常科中最重要的两种，如武周名相中狄仁杰明经出身，张柬之进士出身，诗坛宗匠"元白"中元稹明经出身，白居易进士出身。进士与明经可称唐代贡举之代表，卷一"会昌五年举格节文"门即针对国子监和各地选送的应考明经、进士的举人名额进行规定。相较而言，明经偏重经术而进士偏重文学，明经虽不易得而进士更加难考，每年举进士者不下八九百人（卷一"散序进士"门），而录取者不过百分之二，名额有严格的限制，宁缺毋滥，平均每科不过二三十人。

唐中后期位至高官显爵者多由进士出身，"位极人臣，常有十二三，登显列，十有六七"（卷一"述进士下篇"门）。如德宗贞元八年（792）陆贽以兵部侍郎知贡举，取中韩愈、李观、欧阳詹、李绛、崔群、王涯等二十三人，其中三人后来位至宰相，其余亦多重臣、名士，时称"龙虎榜"。唐人重进士而轻明经，重文学而轻经术，进士及第之后又以经术登科，在唐人看来是"锦袄子上着莎衣"，卷九特为此列一"好及第恶登科"门，指的就是进士"好"及第之后又以经术"恶"登科。因为进士的重要性，人们在编写《登科记》的时候往往专记进士，称为《进士登科记》（卷一"述进士上篇"门）。张柬之的孙子张倬举进士落第，就捧着《登科记》虔诚礼敬，称之为《千佛名经》（卷十"海叙不遇"门）。元和十一年（816）有士人进士及第后写道："元和天子丙申年，三十三人同得仙。袍似烂银文似锦，相将白日上青天。"（卷七"好放孤寒"门）一中进士，立刻身价倍增，超凡脱俗，如鱼跃龙门，如白日飞仙。诗人章孝标进士及第后写诗寄给故人："及第全胜十改官，金汤镀了出长安。马头渐入扬州郭，为报时人洗眼看。"（卷十三"矛楯"门）所谓"及第全胜十改官"，不仅进士及第要胜过十次升官，就算未曾及第，只要成为举人，获得参加进士考试的资格，就可得到地方官员的礼敬和资助。镇南节度使钟传资助举人入京，动辄数十万，可谓巨财（卷二"争解元"门）。举进士通过了最重要的杂文考试，就算最终策试被黜落，也是"与望州长、马一齐资"（卷十一"无官受黜"门），拥有了和望州的长史、司马一样的资历。所谓"为报时人洗眼看",进士及第不仅和普通人自此判若云泥,朝廷官员也要对新进士俯首低声。武宗会昌三年(843)卢肇状元及第,之前因为他是寒士而对他冷眼相待的地方官员,自刺史以下皆去迎接,人人羞惭悔恨,请卢肇观看赛舟时,卢肇在席上写诗戏谑众人道:"向道是龙刚不信,果然衔得锦标归。"(卷三"慈恩寺题名游赏赋咏杂纪"门)

进士不仅对改变士人的社会地位和身份名誉有着无与伦比的作用,对士人的心态影响也极为强大。有进士功名者傲视王侯,如玄宗时进士王泠然,写信给之前府试时曾经黜落过他的御史高昌宇,历历数落,"公之辱仆,仆终不忘其故"。洋洋得意,"往者虽蒙公不送,今日亦自致青云。天下进士有数,自河以北,唯仆而已,光华藉甚,不是不知"。向高昌宇求官索妻以为补偿,"望御史今年为仆索一妇,明年为留心一官"。如果不满足要求,"使仆一朝出其不意,与君并肩台阁,侧眼相视,公始悔而谢仆,仆安能有色于君乎?"其报仇雪恨、扬眉吐气、睥睨指使之态,栩栩如生(卷二"恚恨"门)。就算是上书给当朝宰相张说以求提携,王泠然依然不改其张扬兀傲、指点江山之意气,将天下大旱饥荒遍野归因于宰相失职,批评张说"以傲物而富贵骄人,为相以来,竟不能进一贤,拔一善","忘往日之栖迟,贪暮年之富贵",甚至建议张说"举贤自代,让位请归"(卷六"公荐"门)。向人自荐、求人提携之际如此指斥分明、辛辣犀利,虽有大言惊人之目的,但也足见唐朝进士之张扬睥睨、自信桀骜。而没有进士功名者,亲戚以之为耻,一身无地自容。彭伉、湛贲是一对连襟,彭伉进士及第,而湛贲还是县吏。家里举办酒席,彭伉高居首席,而湛贲被安排在后面的小屋里吃饭,湛贲的妻子气愤地责备他说:"男子不能自励,窘辱如此,复何为容!"湛贲于是发奋读书,也考中了进士(卷八"以贤妻激劝而得者"门)。下层寒士要改变命运,对考进士趋之若鹜,达官贵人乃至皇亲国戚也对进士功名极其重视,所谓"搢绅虽位极人臣,不由进士者,终不为美"(卷一"散序进士")。晚唐诗人刘得仁,本是公主之子,兄弟们都因为显贵的出身而做到高官,而刘得仁想要通过科举做官，考了二三十年没有考中，死后众人谓他含冤而死，作诗相吊："忍苦为诗身到此，冰魂雪魄已难招。直教桂子落坟上，生得一枝冤始销。"（卷十"海叙不遇"门）唐宣宗特别重视进士，曾用红色笺纸给自己写了一张名帖"乡贡进士李某某"（卷十五"杂记"门），送给主考官。就连《唐摭言》的作者王定保，也因为唐武宗时宰相李德裕下令取消曲江大会和雁塔题名等，认为他是因为自己不由科举出身，"故设法以排之"（卷三"慈恩寺题名游赏赋咏杂纪"门）。进士在唐朝的地位可见一斑。

　　因为进士显赫的社会地位和飞黄腾达的政治前景，是以士人举进士者无不呕心沥血，三十岁之前能考中进士算是非常难得，白居易二十九岁进士及第，写诗夸耀"慈恩塔下题名处，十七人中最少年"（卷三"慈恩寺题名游赏赋咏杂纪"门）。考十几次者十分常见，甚至于"其有老死于文场者，亦所无恨"（卷一"散序进士"门）。刘虚白和裴坦是同学，裴坦中进士后二十多年，已经做了主考官，刘虚白还在场中应试，写诗给裴坦陈情："不知岁月能多少，犹著麻衣待至公！"（卷四"与恩地旧交"门）卷八"忧中有喜"门中记载了晚唐士人公乘亿，久有文名，却考了快三十年还没考中进士，乡人传说他已去世，妻子从老家来奔丧，夫妻二人在长安郊外偶遇，因为十多年未见，互相凝视而不敢相认，询问之后才知确是亲人，悲喜交集之下"相持而泣"，令人感叹不已。唐人俗谚"三十老明经，五十少进士"（卷一"散序进士"门），洵非虚语，至如唐昭宗天复元年（901）进士榜中有好几名进士已经六七十岁，其中年龄最大的王希羽七十三岁，已经超过了唐朝官员的致仕之龄（卷八"放老"门）。刘虚白和公乘亿、王希羽等毕竟最后进士及第，而终其一生不曾及第者更是不知凡几，唐昭宗光化三年（900），时任左补阙的韦庄奏请朝廷，追赠近代有才而不及第的士人进士及第，并赐官补阙、拾遗，"俾使已升冤人，皆沾圣泽；后来学者，更厉文风"（卷十"韦庄奏请追赠不及第人近代者"门）。其中就有著名诗人李贺、贾岛、罗隐、陆龟蒙等。

　　进士的重要地位，《唐摭言》言之已详，进士考试及放榜的流程、仪式,书中亦多述及。大略言之。进士考试的参加者称为贡士、举人或举子,其来源有两种,由两京国子监等学校选送者称"生徒",不经学校而由地方州县选送者称"乡贡"。生徒和乡贡都必须经过考试,生徒考试由学官主持,乡贡考试分县试和府试二级。县试多由县尉主持,府试一般由功曹或司功参军主持,或由属县县尉主持,如文宗开成二年(837)京兆府府试由功曹卢宗回主持(卷二"废等第"门),僖宗乾符四年(877)京兆府府试由万年县尉公乘亿主持(卷二"置等第"门)。府试又称"解试",合格者由地方政府给予解状,统一解送入京,府试在秋季举行,故又名"秋贡""秋试""秋赋""秋闱"等。对国子监和各地选送应考的举人名额、考试规则、录取人数等,每年的举格都有详细规定(卷一"会昌五年举格节文"门)。唐玄宗开元以前官学重于乡贡,由两监生徒出身的进士居多,天宝之后学校废弛,乡贡进士成为主流(卷一"两监"门、"乡贡"门、"广文"门),其中犹以京兆府和同州、华州解送的举人录取比例最高,"同、华解最推利市,与京兆无异,若首送,无不捷者"(卷二"争解元"门)。是以人人争赴,"以京兆为荣美,同、华为利市"(卷一"两监"门)。解送之日,举行乡饮酒礼,然后乡贡举子随朝集使入京,于十月二十五日到京(卷一"统序科第"门、"贡举厘革并行乡饮酒"门)。到京之后,举子们先要到尚书省报到,交纳家状、文解等证明材料,然后结款通保,验证考试资格(卷一"述进士下篇"门)。

进士考试在尚书省都堂举行,称为"省试",一般在正月或二月考试,故又名"春试""春闱"。省试原本由吏部考功员外郎主持,开元二十四年(736)因为落第举子李权对主考官李昂的攻讦,朝廷认为考功员外郎位轻务重,既不能应付众多举人的喧哗诉讼,也无力抵抗高官权贵的请托,必须提高主考官的职位级别,于是改由礼部侍郎主持(卷一"进士归礼部"门),故省试又称"礼部试"。省试大部分时候在京城长安举行,有时也在东都洛阳举行或者两地同时举行(卷一"两都贡举"门)。杜牧及第即在东都洛阳,赋诗曰:"东都放榜未花开,三十三人走马回。"

（卷三"慈恩寺题名游赏赋咏杂纪"门）正式考试之前,举子们要于十一月一日朝见天子（卷一"朝见"门）,然后到国子监拜谒先师孔子（卷一"谒先师"门）,此外还要向礼部交纳以往习作的文卷,供主考官录取时参考,称为"纳卷"。除了官方纳卷之外,举子们还要挑选自己的优秀诗文装成卷轴,投送达官贵人、文坛名士以博得赏识,播扬声誉,增加录取机会,称为"行卷"。

进士考试分三场:帖经、杂文、试策。唐初只有试策,高宗调露二年（680）,考功员外郎刘思立奏请加试帖经与杂文,永隆二年（681）朝廷颁布《条流明经进士诏》,明确进士加试杂文两篇,杂文考试通过者才能准予试策（卷一"试杂文"门）。开元、天宝之后杂文以诗赋为主,《唐摭言》中所载试题皆为诗赋。诗赋成为衡量举子才华的主要标准,地位也越来越重要。帖经落榜可用试诗赎救,而杂文落榜等同落第。同理,杂文考得好通常也就意味着进士及第大有希望。卷八"已落重收"门中记载德宗贞元十二年（796）李程杂文落榜,员外郎杨於陵看了他的《日有五色赋》,认为他才堪状元,很为他抱不平,便带着文稿去找主考官吕渭理论,吕渭看了文章后也承认"非状元不可也",于是重新出榜,李程最终得以高中状元。中唐以后,因为杂文在进士录取中的关键地位,考试顺序改为杂文、帖经、试策。省试的具体地点在都省廊庑之下,席地而坐,自己携带饮食炭火等,考试时间从早晨卯时开始,到晚上酉时为止,后来时间延长,常常允许通宵。懿宗咸通中进士韦承贻考试之夜在都堂壁上题诗:"褒衣博带满尘埃,独上都堂纳试回。蓬巷几时闻吉语,棘篱何日免重来? 三条烛尽钟初动,九转丸成鼎未开。残月渐低人扰扰,不知谁是谪仙才。""白莲千朵照廊明,一片升平雅颂声。才唱第三条烛尽,南宫风景画难成。"（卷十五"杂记"门）诗中对考试的地点、时间、场景和考生焦虑忐忑的心情描绘得栩栩如生,深深引发举人共鸣,一直留在都堂壁上。

进士放榜多在二月,故称"春榜",又称"金榜"。一般拂晓出榜,榜单贴在礼部南院东墙之上,观者如堵。元和十三年(818)落第举人陈标的诗中描写礼部南院放榜时的情景:"春官南院院墙东,地色初分月色红。文字一千重马拥,喜欢三十二人同。眼前鱼变辞凡水,心逐莺飞出瑞风。莫怪云泥从此别,总曾惆怅去年中。"(卷十五"杂记"门)不仅记录了放榜的时间、地点、考试和及第人数,还生动形象地描写了及第进士的春风得意和落第者的惆怅与自我安慰。新进士们还需参加关试,关试是吏部为及第进士举行的资格考试,由吏部员外郎主考,试作两节判词。唐朝凡考进士者皆可称"进士",进士及第还未通过关试的称为"新及第进士",通过关试,身份关系便从礼部转到吏部,获得参加铨选授官的资格,可称为"前进士"(卷一"述进士下篇"门、卷三"关试"门)。从进士到前进士,是士子平步青云的第一步,是以《唐摭言》中屡屡述及,韩仪《知闻近过关试仪以一篇纪之》诗:"短行纳了付三铨,休把新衔恼必先。今日便称前进士,好留春色与明年。"(卷一"述进士下篇"门)"及第后知闻,或遇未及第时题名处,则为添'前'字。或诗曰:'曾题名处添前字,送出城人乞旧衣。'"(卷三"慈恩寺题名游赏赋咏杂纪"门)

　　需要注意的是,进士及第后便可铨选做官,但是铨选需要等待,而考中制举或吏部科目选者可以直接授官、超迁授官,因此进士考试并不是唐朝士人考试的终点,为了更快踏入仕途,或者获得更好的升迁机会,考制举或吏部科目选是士人的惯常选择。著名诗人张九龄、王昌龄、白居易、柳宗元、刘禹锡、杜牧、李商隐等,都在进士及第之后复又制举或吏部科目选登科。《唐摭言》中亦多处专门言及,例如卷三"今年及第明年登科"门收录进士及第后很快又再次登科者,卷十"载应不捷声价益振"门收录进士及第后再度应试没有考中但却名声更大者。其中何扶在文宗大和九年(835)登进士第,次年又中博学宏词科,同年进士中接连登第者只他一人,故写诗寄其他人道:"金榜题名墨尚新,今年依旧去年春。花间每被红妆问:何事重来只一人?"其春风得意之态,扑面而见。

　　除了关试之外,进士及第之后的主要活动有三项:参谒宰相、向主考官谢恩、同年期集。主考官率领新科进士到中书都堂参谒宰相，称为"过堂"（卷三"过堂"门）。过堂后，新进士们要到主考官家中拜谢，感谢提携之恩，确立门生与座主的关系，三日后还要曲谢，点明进士与举荐人的关系，"主司方一一言及荐导之处，俾其各谢挈维之力"（卷三"谢恩"门）。谢恩之后便是期集，即进士们参加的多次聚集游宴，以加深进士之间的联络。期集名目繁多，有樱桃宴、月灯阁打球宴、牡丹宴等，其中规模最大的是关宴，也即关试之后举行的曲江大会，皇帝亲临曲江观赏，公卿大臣举家出游，在新进士中挑选东床快婿，众进士于会后集于慈恩寺塔下题名，其热闹欢乐可谓举国之盛事（卷三"散序"门、"宴名"门）。《唐摭言》中篇幅最长的"慈恩寺题名游赏赋咏杂纪"门，便是记录进士及第之后的各种趣闻轶事。

　　进士及第之后的种种活动，除了贡献一春之盛况，留下无数谈资之外，最主要的目的是通过向宰相、主考官、提携者谢恩，以及举办频繁的同年期集活动，建立起进士所代表的上层官僚的关系网。为了保证这张关系网的紧密可靠，甚至诞生了专门的"进士团"来组织管理进士们及第之后的行为（卷三"散序"门）。进士团属民间商业组织，然而对新进士拥有相当强的约束力。进士榜单发布之后，便由进士团负责筹办和新科进士有关的各种活动，如通知及第者进士登科、租借期集院、帮助新科进士拜谢座主及参谒宰相、举办各种游宴集会、为新科进士开路喝道、追索欠债以及纠察违例者等等。如有进士不参加活动或者违反了活动规定，与众人不一致，便要受到进士团的检举和同年们的责罚。例如宣宗大中十二年（858），新科进士卢象借故不参加期集，独自活动，被进士团揭发之后，进士崔沆判罚此事，写道："紫陌寻春，便隔同年之面；青云得路，可知异日之心。"（卷三"慈恩寺题名游赏赋咏杂纪"门）责怪卢象在刚中进士的时候就已经不愿和同年们联络，若有一天做了高官，自然不会顾及同年之情。判罚虽是游戏之语，但却明白说出了期集的功能和政治目的。也因为过堂、谢恩、曲江大会等助长朋比结党之风，因此屡屡受到朝廷的打压和抑制，比如唐武宗时宰相李德裕下令取消座主门生之称、曲江大会、雁塔题名等，"伏以国家设文学之科，求贞正之士，所宜行敦风俗，义本君亲，然后申于朝廷，必为国器。岂可怀赏拔之私惠，忘教化之根源！自谓门生，遂成胶固。所以时风浸薄，臣节何施？树党背公，靡不由此"（卷三"慈恩寺题名游赏赋咏杂纪"门）。然而唐代进士本就是文学政事合一，是选拔培养高级官员的人才储备库，因此关于进士考试的方方面面都具有强烈的现实政治利益考量，再加上唐代科举中行卷、请托蔚然成风，"赏拔之私惠"既然难以断绝，座主门生、曲江大会、雁塔题名等习俗也就不可改变，李德裕等的抑制往往昙花一现。

　　行卷、请托之所以成为唐代科举的重要特征，关键原因是唐代进士考试没有宋代以后的糊名誊录制度，录取与否除了考试成绩的好坏之外，往往还取决于考生平日的声誉和文名。因此除了官方纳卷之外，考生还要向权贵名流行卷以提高文名，希求举荐，如若投合，被行卷者便会主动为行卷者制造声誉，或者直接向主考官举荐。如果得到主考官的青睐，状元也可事先定下。如文宗大和二年（828）杜牧考进士，因《阿房宫赋》名震天下，太学博士吴武陵便向主考官崔郾推荐杜牧为状元，但状元以下前四名早已许人，于是约定将杜牧取为第五名（卷六"公荐"门）。又如德宗贞元二年（786）举子牛锡庶、谢登误入萧昕府邸，萧昕以为二人是来请谒的，命人接待，二人知其为高官后趁便行卷，萧昕因年老，很久没有后辈来拜谒，故对二人大加礼遇，恰逢朝廷任命萧昕主持贡举，萧昕便许诺让他们考居高等，次年二人果然双双进士及第，牛锡庶更高中状元（卷八"遭遇"门）。为全面了解考生的情况，不遗落贤才，主考官还可主动请权威之士拟定名单，作为录取的参考，称为"通榜"。最终录取者往往出于其中。通榜者可以是一人或者数人，和主考官关系密切，且在文坛上有一定地位和声望。比如德宗贞元八年（792）陆贽为主考官时名士梁肃通榜，推荐韩愈等人考中进士，十年后权德舆主考时陆修通榜，韩愈参与其中，推荐十人先后进士及第（卷八"通榜"门）。得到主考官的青睐或者名流达人的推荐,几乎是进士及第的必经之路,是以唐代科举中行卷和请托之风盛行,士人无论贤愚,几乎无不上启陈诗,投献请谒,孜孜以求知己,求汲引。除了应进士试,应吏部科目选或仕途求升迁,都免不了行卷和请托。那些请托无路的孤寒之士,或者像贾岛、温庭筠一样得罪了权贵的举子,终身不第、沉沦下僚者比比皆是。《唐摭言》中不厌其烦全文收录了不少科举相关的书信和文章,除了李华、韩愈、李翱、崔颢等著名文人的文章之外,最有价值的是那些未在文学史上留下大名的普通士人的请托书信,其中有怀才不遇之可敬可惜者,有兀傲狷狂之可笑可叹者,有穷途披沥之可悲可悯者,更不乏自我吹嘘之辞、吹捧对方之语,甚或哀求之言、胁迫之论,生动展现了唐代士人在行卷、请托中的种种心态。

　　除了直接收录文章,《唐摭言》中关于行卷和请托的事例更是举不胜举,作者王定保甚至在卷十五"旧话""切忌"门中总结了行卷、请托的诸般经验和禁忌,可谓谙熟门道。例如"旧话"门中警告行卷者"见多成丑",不可时时上门,以免暴露短处,"凡后进游历前达之门,或虑进趋揖让,偶有蹶失,则虽有炟赫之文,终负生疏之诮。故文艺既至,第要投谒庆吊及时,不必孜孜求见也"。卷十一"恶分疏"门记载许昼有诗才,又获得名士吴融、独孤损的赏识,但性情急躁,行事没有分寸,公然在二人面前脱去上衣裸露后背,吴融和独孤损只好"掩袂而入",许昼既得罪了举荐之人,于是当年自然落第,此即"虽有炟赫之文,终负生疏之诮"之注脚。韩愈同年欧阳詹的孙子欧阳澥,在宰相韦昭度还是中书舍人的时候就上门行卷,连续十多年,并不强行要求见面,而庆贺与吊慰的礼节从来没有缺少过,韦昭度心中感念,做了宰相之后便极力提携欧阳澥,使后者以解元身份入京应试(卷十"海叙不遇"门),此即"第要投谒庆吊及时,不必孜孜求见"之注脚。行卷和请托既成为举进士之必须,便多有权贵借此朋比结党,操控举场选士,如唐文宗时杨虞卿三兄弟阿附权幸,操纵科场,时号"党魁"(卷七"升沉后进"门)。除了主考官和名流达人之外，宰相、皇帝或手握重权的宦官、藩镇等都能影响进士的录取。例如贞元四年（788）刘太真主持贡举，榜单送到宰相处审核，宰相因为不久前朱泚谋反，不想让姓朱的人及第，于是黜落了一名朱姓进士（卷八"误放"门）。顾况之子顾非熊名声很高而久试不第，武宗会昌五年（845）再次落第后，武宗下令追回榜单，录取顾非熊进士及第（卷八"已落重收"门）。唐中后期宦官专权、藩镇割据，投靠宦官或藩镇以取科第者亦不少见，比如文宗开成三年（838）裴思谦倚仗宦官仇士良之势状元及第（卷九"恶得及第"门），僖宗中和二年（882）秦韬玉投靠宦官田令孜而特赐进士及第（卷九"敕赐及第"门），昭宗乾宁五年（898）殷文圭被朱温表荐登进士第（卷九"表荐及第"门）。

　　行卷和请托之风如此之盛，影响进士录取的因素如此之多，以致主考官夹在多方势力之间常常成为摆设，诗人卢汪屡试不第，写了一首《酒胡子》诗，把主考官比喻成像不倒翁一样被人操纵的酒胡子，讽刺主考官取士没有自己的原则，全随权贵请托而决定，既辨别不了文章好坏，也不能主持是非公道，"有眼不曾分皂白，有口不能明是非"，徒具选士之空名而已（卷十"海叙不遇"门）。唐代屡屡有科场公案，原因多在于主考官在坚持自己的原则和权贵请托之间无法取得平衡，或者几方势力起了纷争，科场斗争延续到官场。卷十四"主司失意"门中记录了数条主考官因为录取不公或者不合当权者心意而被排斥或贬谪的例子，其中懿宗咸通四年（863）主考官萧仿被弹劾录取不公而贬为蕲州刺史，萧仿在给皇帝的拜表和给朋友的信中痛陈自己被弹劾是因为"不听嘱论，坚收沉滞。请托既绝，求瑕者多"。而无论主考官受到什么因素影响，是否秉公录取，进士名单确实在考试放榜之前已经基本内定。卷八"阴注阳受"的故事中，道人通过鬼神不仅能帮李翱之婿进士及第，还能提前知道录取名单与发榜名次，暗指进士名单与名次早在放榜前就在冥冥中由鬼神注定。进士榜单的榜头用淡墨书写，也被传说是因为"阴注阳受"（卷十五"杂记"门）。"阴注阳受"的说法虽然荒诞不经，但却反映出进士名单往往因为各种关系网而早早定下这一科场惯例。李翱的女婿能及第，与其说是"阴注"，不如说是因为和主考官有关系而"内定"。结合杜牧等人的及第故事，唐代进士录取的风俗习气和某种潜规则，正通过"阴注阳受"这一迷信说法得到了揭示。

《唐摭言》内容丰富，无论对唐代科举制度还是唐代文学的研究都具有重要价值。分而论之，具有以下几点：

一在其对唐代官私文献的引用、保存和梳理，有助于对唐代科举、学校以及各种典章制度、社会风俗的研究。例如卷三"慈恩寺题名游赏赋咏杂纪"门中引用奏表、诏令、考试题目等，叙述了进士及第后雁塔题名、曲江大会等风气的兴盛、废止和重新流行，还载录了唐武宗会昌三年（843）王起第三次知贡举时，他的前榜门生华州刺史周墀所写的贺诗、王起的唱和之诗，和王起本次录取的二十二名进士门生唱和座主与前达的交际恭维之诗，不仅留下了一份完整可靠的进士及第名单，且对研究当时的进士录取情况、座主与门生之间的关系、唐代科举与文学的相互影响等也有重要作用。

二是记载了许多唐代士人的逸闻琐事、来往书札、断句零篇，不仅籍籍无名者借此而留迹，成为研究唐代科举世风的珍贵资料，不少达官贵人或诗坛名人，也借此而流传轶事，甚至为后世的戏曲小说提供不少素材。例如卷四"节操"门中记载名相裴度因还带而积阴骘，由饿死之命改为宰相之命的故事，后被元代著名戏曲家关汉卿敷演成了杂剧《裴度还带》。卷五"以其人不称才试而后惊"门中记载洪州都督阎公大宴滕王阁求写诗序，欲替女婿扬名，众人顺其心意纷纷推辞，而王勃挥笔写作《滕王阁序》，阎公初时大怒，及至听闻"落霞与孤鹜齐飞，秋水共长天一色"，惊叹动容赞为天才。此故事脍炙人口，经过历代增补润色，最后成为明冯梦龙《醒世恒言》中《马当神风送滕王阁》这样的著名小说。此外《唐摭言》中的著名故事还有孟浩然因赋诗"不才明主弃，多病故人疏"而被唐玄宗放归南山、贺知章因《蜀道难》而惊叹李白为仙人降世、杜甫自负其才而屡试不第、韩愈巧妙设计提携牛僧孺、李贺七岁而被韩愈面试《高轩过》、顾况因"野火烧不尽,春风吹又生"而对白居易改容相敬、王播题诗饭后钟、张祜与徐凝争解元、吴武陵为杜牧向主考官索要状元、赵嘏因"残星几点雁横塞,长笛一声人倚楼"而被称为"赵倚楼"、温庭筠恃才傲物科场作弊而被贬斥出京等等。值得注意的是,这些名人轶事大部分有夸张和附会之处,更有一些纯属虚构,并非史实,此类故事学者辨之甚详,本书内亦有注释提及,不于此细述。

三,也是《唐摭言》最有价值的一点,即生动具体地展示了唐代进士考试的流程、仪式、习俗等方方面面,勾画了科举制度背景下唐代士人喜怒哀乐、浮沉悲欢的众生相,使读者能知其三昧。科举本是唐代诸多选官制度之一,但随着越来越多的高级官员从进士出身,科举成为入仕之正途,门荫制度衰落,进士家族崛起。唐武宗会昌五年(845)《加尊号后郊天赦文》:"从今已后,江淮百姓非前进士及登科有名闻者,纵因官罢职,居别州寄住,亦不称为衣冠户。其差科色役,并同当处百姓流例处分。"僖宗乾符二年(875)《南郊赦文》:"准会昌中敕,家有进士及第,方免差役,其余只庇一身。"将官员中进士出身者和其他出身者区分开来,赋予其"衣冠户"的特殊身份,免除一家赋役。进士拥有了两晋南北朝以来士族门阀和唐初以来五品以上清资官才有的特权。进士和政治权力的密不可分、进士对社会等级的改变和社会价值观念对进士的尊崇,几者互相影响,使大多数士人渴望通过科举直上青云。个人的悲欢喜怒,家族的荣辱浮沉,往往系于科举,但科举之路艰难无比,皓首文场者不计其数。《唐摭言》卷一"散序进士"门中言道:"其推重谓之'白衣公卿'。""太宗皇帝真长策,赚得英雄尽白头!"白衣公卿与英雄白头,两个"白"字,道尽了进士之荣贵与及第之艰辛。《唐摭言》全方位地展现了唐代的科举情态,从不同角度使读者体会到进士对唐人的意义所在,上至天子自称进士,下至仆役敬爱惜才,起自寒苦者忽有一朝扬眉中举,出身贵胄者不乏终身沉沦不第,君子秉公推贤成人之美,小人朋比钻营沽名钓誉，有功名者啸傲于宰相，无功名者不齿于妻子，金榜题名终身为美，场中仇怨没齿不忘，曲江大会共赞一春盛事，棘篱久困自苦百转回肠，贵介登科豪掷千金，落第诗文刺骨酸心，请托行卷人人不免，造谣诽谤处处横生，日思夜虑甚至于看相、圆梦、听卜，为求一第而不惜投靠军阀、宦官、权臣……如此种种，读者阅读《唐摭言》时自能体味。

四

关于《唐摭言》的流传及刊刻情况。《唐摭言》自成书后以抄本行世，早在五代，孙光宪的《北梦琐言》中就已引用《唐摭言》，北宋大型类书《太平广记》《文苑英华》《册府元龟》中征引《唐摭言》处甚多，欧阳修等人所编《新唐书》中亦有来自《唐摭言》之内容。宋代公私书目如《崇文总目》《郡斋读书志》《遂初堂书目》《直斋书录解题》等都有所著录，但宋代民间见此书者尚寥寥，目前所载录的《唐摭言》最早刻本是宋宁宗嘉定四年（1211）由郑昉刊刻的十五卷本，可惜未曾流传。明代此书所刊亦不广，多以节刊本或抄本流传。直到清乾隆二十一年（1756）卢见曾雅雨堂丛书刻本面世后，《唐摭言》的全刊本始流传渐广。现存以及文献著录的《唐摭言》版本约有一二十种，其中以卢见曾雅雨堂丛书本和张海鹏学津讨原丛书本流传最广。雅雨堂本分初印本和后印本，初印本错失较多，后印本修订厘正了初印本的不少错讹混乱之处。学津讨原本亦源自雅雨堂初印本而有所订正。《唐摭言》的诸多传世版本中，以雅雨堂后印本最为精审。

笔者此次为《唐摭言》作注译，以雅雨堂丛书后印本为底本，参考了姜汉椿先生《唐摭言校注》、陶绍清先生《唐摭言校证》等的校注成果。关于校勘，底本有确定讹误者，于原文校改并出注说明校改依据，有疑误之处或系作者笔误者，保留原文，只在注中说明。因《唐摭言》多不以卷而以门分类立意，故于每门之前设置题解，介绍本门的主要内容和作者的品评议论。本书注释，着重字词、专名、典故以及史实等，因本书是科举类专著,科举出身和士人的仕宦紧密相关,故对所涉人物的科举及仕宦经历略做叙述,书中有错舛、矛盾以及附会不实之处,亦根据学界研究成果予以订正说明,俾读者知其一而解其二。关于译文,以直译为主,其中铭箴赋表等皆在译文中加以翻译,力求在直译之上体现原文之风格意境,至于诗歌,在译文中翻译恐影响阅读,故而只在注解中加以阐释解读,助读者解其诗意。

　　限于笔者才疏学浅,书中不免有错舛讹误、挂一漏万以及强作解人之处,还望方家不吝指教!最后,感谢中华书局的张彩梅女士为本书的编辑和出版付出的辛苦努力!

孔燕妮
2024 年 12 月于金陵橘舍

卷一

统序科第

【题解】

科举作为唐宋以后选拔官吏的重要考试制度，滥觞自两汉察举，创于隋而盛于唐，宋以后更为成熟和稳定。此门是作者对唐代科举制度的统序，考辨了从周朝开始直到唐朝的贡士制度，认为唐朝科举制度虽然沿袭了汉隋贡士，但是加以改进，从内容到作用都已大为不同。唐朝贡士制度从唐高祖武德四年（621）开始，学校在读学生和民众中自学之人，先经县试，然后由州府复查，取其合格者，于每年十月随朝集使入京，参加省试。科举制度的沿革变化，以下各门分别论述。

《周礼》^①，乡大夫具乡饮酒之教^②，考其德行，察其道艺^③，三年，举贤者贡于王庭。非夫乡举里选之义源于中古乎^④？夫子圣人^⑤，始以四科齿门弟子^⑥，后王因而范之^⑦。汉革秦乱^⑧，讲求典礼^⑨，亦解循涂方辙^⑩，以须贤俊^⑪。考德行则升孝廉而激浮俗^⑫，抡道艺则第隽造而广人文^⑬，故郡国贡士无虚岁矣^⑭。繇是天下上计集于大司徒府^⑮，所以显五教于万民者也⑯。我唐沿隋法汉，孜孜矻矻⑰，以事草泽⑱。琴瑟不改，而清浊殊涂；丹漆不施，而丰俭异致⑲。始自武德辛巳岁四月一日⑳，敕诸州学士及白丁有明经及秀才、俊士、进士㉑，明于理体㉒，为乡里所称者㉓，委本县考试，州长重覆㉔，取其合格，每年十月随物入贡㉕。斯我唐贡士之始也㉖。厥有沿革㉗，录之如左㉘。

【注释】

①《周礼》：亦称《周官》《周官经》。儒家经典之一，与《仪礼》《礼记》合称"三礼"。《周礼》的成书时间说法不一，有西周说、春秋说、战国说、周秦之际说、西汉末刘歆伪作说，等等。《周礼》通过编纂记录周王室官制，以天、地、春、夏、秋、冬六官框架为基础构建了一套严整完备的职官制度、政治制度和宗法礼仪制度，充分体现了儒家的治国理政思想。传世有东汉郑玄《周礼注》、唐贾公彦《周礼义疏》、清孙诒让《周礼正义》等。

②乡大夫具乡饮酒之教：乡大夫掌管乡饮酒礼的教化。乡大夫，官名。周朝置。天子六乡，每乡以卿一人各掌其政教禁令，位在司徒之下。《周礼·地官·乡大夫》："乡大夫之职，各掌其乡之政教禁令。"乡饮酒，即乡饮酒礼。由乡大夫主持的一种饮酒礼，目的在于宾贤。周代乡学三年业成大比，乡大夫考其德行、道艺优异者，举行饮酒礼，把贤者当作宾客礼敬，以示敬贤之意，然后进献于国君或天子。见于《仪礼》《周礼》《礼记》等儒家典籍。隋唐时期，随着科举制度的兴起与繁荣，乡饮酒礼得到统治阶级重视，成为一种重要的学礼。

③道艺：指儒家所遵奉的"道"和所教习的学问、才艺。语出《周礼·保氏》："养国子以道，乃教之六艺。"范质《诫儿侄八百字》：

"戒尔学干禄,莫若勤道艺。"

④乡举里选:从乡里中考察推荐。《后汉书·章帝纪》:"夫乡举里选,必累功劳。"中古:古人将己身之前时代分为上古、中古、下古。由于所处时代不同,所指时期也不相同。此处指周孔之际。

⑤夫子:即孔子(前551—前479),名丘,字仲尼,鲁国陬(zōu)邑(今山东曲阜)人。古代大思想家、大教育家。曾在鲁国短暂担任过司寇,后周游列国。主要活动是从事教学,广收弟子,开创了儒家学派,以"仁""礼"为核心,主张德政。门下弟子编纂他及弟子的语录成书,即《论语》。

⑥四科:即孔门德行、言语、政事、文学四科。语出《论语·先进》。齿:列。此指排列区分。

⑦因:沿袭,承袭。范:效法,取法。

⑧革:革除。

⑨典礼:制度礼仪。

⑩解:能够。循涂方辙:遵守规矩。涂,道路。方辙,犹方轨,取法之意。

⑪须:用。

⑫考德行则升孝廉而激浮俗:考察道德品行则提拔孝悌廉正之士以激励世俗。升,举荐上报。孝廉,汉代选拔人才的科目。亦指被推选的士人。汉武帝时,采纳董仲舒的建议,下诏郡国每年察举孝者、廉者各一人,后合二为一统称"孝廉"。激,激励。浮俗,世俗。

⑬抡(lún)道艺则第隽造而广人文:选拔学问技能则评定才智出众之士以推广教化。抡,挑选,选拔。第,品第,评定。隽造,隽士与造士,泛指才智出众而得以贡举之人。隽士,犹俊士,指俊秀杰出之士。造士,指学业有成之士。《礼记·王制》:"司徒论选士之秀者而升之学,曰俊士。升于司徒者,不征于乡;升于学者,不征于司徒,曰造士。"人文,指教化。

⑭郡国：郡与国。汉初分封制与郡县制并存。郡直属中央，国分封王侯。吴楚七国之乱后，王国权力削弱，国相以下的官吏均由朝廷派遣，郡国几无差别。后以郡国泛指地方行政区划。

⑮繇（yóu）是天下上计集于大司徒府：由此天下贡士随上计集于大司徒府。繇是，由是，由此。繇，通"由"。上计，古代考绩制度。始于战国，秦、汉日臻完备。地方官于年终将境内户口、垦田、存粮、赋税、盗贼、狱讼等项编造计簿，逐级上报，奏呈朝廷，以此考绩。负责上计的官吏名上计吏。大司徒，官名。周朝置。《周礼》六卿之一，掌管土地、户口、人民教化等。汉哀帝时罢丞相，置大司徒，与大司马、大司空并称"三公"。东汉光武帝建武二十七年（51）改名司徒，历代因之。唐代司徒为虚衔。

⑯显：宣扬，昭示。五教：指父义、母慈、兄友、弟恭、子孝五种伦理道德的教育。《左传·文公十八年》："举八元，使布五教于四方，父义、母慈、兄友、弟共、子孝，内平外成。"

⑰孜孜矻矻（kū）：形容勤勉不懈。韩愈《谏臣论》："孜孜矻矻，死而后已。"

⑱事：任用。草泽：原指草野、民间。引申为在野之士。

⑲"琴瑟不改"几句：如同琴瑟不改弦更张，而音调的清浊不同；又如建筑不施丹漆彩绘，而丰富或俭啬的风格异趣。比喻唐代科举虽然沿袭前代，然而实质情况大不相同。

⑳武德辛巳：即武德四年（621），岁次辛巳。武德，唐高祖李渊年号（618—626）。

㉑敕诸州学士及白丁有明经及秀才、俊士、进士：皇帝敕令诸州学生以及平民中修习明经、秀才、俊士、进士学业的。敕，古时尊长告诫后辈或下属皆称"敕"，南北朝以后特指皇帝的诏书。学士，指学校在读学生，亦泛指普通读书人。《汉书·儒林传》："而公孙弘以治《春秋》为丞相封侯，天下学士靡然乡风矣。"白丁，底本作

"早"，据本书卷十五"杂记"门改。白丁，指平民。明经，唐代科举考试科目之一。主要考试经义。秀才，本指秀异之才，汉以来与孝廉并为郡国贡举人才的科目。南北朝时最重此科。唐初置秀才科，与明经、进士等并为科举科目，因科第高、取才少而渐废。俊士，唐代科举考试科目之一。进士，唐代最为重要的科举考试科目。

㉒理体：即治体，政治法度。唐避高宗李治讳，凡"治"字皆作"理"。

㉓称：称扬。

㉔重覆：复查核实。覆，审察，查核。

㉕随物入贡：随上贡之物一起入京。唐朝制度，诸州都督、刺史或其上佐，每年轮流朝集，十月二十五日到京，十一月一日朝见，汇报民情风俗、所属官员的考课情况，并进贡各地特产，聆听敕命，称为"朝集使"。乡贡举子亦随朝集使入京，称为"随物入贡"。

㉖贡士：原指地方郡国向中央荐举人才，亦指所荐举之人。《礼记·射义》："诸侯岁献，贡士于天子。"

㉗厥：其。

㉘录之如左："录之如下"之意。古时书从右往左书写。

【译文】

《周礼》记载，乡大夫掌管乡饮酒礼的教化，考核士人的道德品行，查验他们的学问技能，三年之后，举荐其中贤才上贡给朝廷。这不正是从乡里考察推荐贤良的仪制源于中古吗？孔圣人，开始以四门科目区分门下弟子，后代的王者沿袭效法此举。汉代革除秦代的乱政，讲求制度礼仪，也能遵守这个规矩，以任用贤才。考察道德品行则提拔孝悌廉正之士以激励世俗，选拔学问技能则评定才智出众之士以推广教化，因此天下郡国没有一年不向朝廷进贡贤士的。由此天下贡士随上计集于大司徒府，以此向万民宣扬五种伦理道德的教育。我大唐沿袭汉隋法度，勤勉不懈，以任用在野之士。如同琴瑟不改弦更张，而音调的清浊不同；

又如建筑不施丹漆彩绘，而丰富或俭啬的风格异趣。从高祖武德四年四月一日开始，皇帝敕令诸州学生以及平民中修习明经、秀才、俊士、进士学业，明白政治法度，为乡里所称颂者，交由本县进行考试，州郡长官复查核实，取其中合格者，每年十月随上贡之物一起入京。这就是我大唐贡士制度的初始。其沿革变化，记录如下。

贡举厘革并行乡饮酒

【题解】

　　贡举之前朝廷往往会专门颁布制诰，对国子监和各地贡举至京参加省试的人数、省试录取人数、主考官、考试规则等做出规定，或者对贡举中存在的问题做出相应处理，称为"举格"。每年的举格都要颁布天下，其中有常式性规定，也有关于当年贡举的细则和临时性规定等。举格常有改变，即"厘革"。此门引录自开元年间的举格制敕，其中包括当年的地方乡贡名额，以及乡贡解送之礼，体现了朝廷对乡贡的重视。乡贡和以国子监为代表的官学是举子的两大来源，官学盛于唐初，颓于唐中，后期更为倾隳，而乡贡在唐朝贡举中始终占据着重要地位。

　　开元二十五年二月敕①："应诸州贡士②，上州岁贡三人③，中州二人，下州一人。必有才行④，不限其数。所宜贡之人，解送之日⑤，行乡饮礼⑥，牲用少牢⑦，以官物充⑧。"

【注释】

　　①开元二十五年：737年。开元，唐玄宗李隆基的年号（713—741）。
　　②应：一应，所有，凡是。
　　③上州：唐代州的等级名。有上州、中州、下州三种，一般按户口多少划分。杜佑《通典·职官》："按武德令，三万户以上为上州。

永徽令，二万户以上为上州。显庆元年九月敕，户满三万以上为上州，二万以上为中州，先以为上州、中州者，仍旧。至开元十八年三月敕，太平时久，户口日殷，宜以四万户以上为上州，二万五千户为中州，不满二万户为下州。"

④必：果真，假如。

⑤解送：选送入京。

⑥乡饮礼：即乡饮酒礼。

⑦牲：供宴飨祭祀用的牲畜。少牢：祭祀用羊和猪做祭品叫少牢，用牛、羊、猪三牲叫"太牢"。

⑧充：供应。

【译文】

开元二十五年二月敕令："凡是诸州贡举人才，上州每年贡三人，中州贡二人，下州贡一人。假若确实有才能德行，则不限制人数。适宜贡举之人，在解送之日，由地方举行乡饮酒礼，宴飨供品使用少牢，以官府物品供应。"

会昌五年举格节文

【题解】

礼部每年贡举之前都要将当年的举格，即考试规则与标准颁布天下。会昌是唐武宗李炎的年号（841—846）。此门是会昌五年（845）的举格节略。本年举格对国子监和各地选送应考明经、进士的举人名额有详细规定，且规定所有举人都必须隶名所属官学。按规定，各地士人必须通过州府考试，合格者才能获得解送资格入京参加省试，府试的进士杂文必须封送尚书省相关部门进行核验。后因不送府试试卷入省审查，导致"拔解"泛滥，即后"述进士下篇"门中所说的"不试而贡者"。为矫正此弊，朝廷严令府试杂文必须送省，对滥送不合格举人的主考官给予停职处罚。本年举格的细则，一为振兴官学，一为限制拔解，实际上收效甚微。官学颓废如旧，而拔解依然泛滥，宣宗大中（847—860）末宰相令狐绹下台时为其子令狐滈取解，虽然引人议论弹劾，但令狐滈最终还是高中进士。

公卿百寮子弟及京畿内土人寄客①，外州府举土人等修明经、进士业者，并隶名所在监及官学②，仍精加考试③。所送人数：其国子监明经，旧格每年送三百五十人④，今请送二百人；进士，依旧格送三十人；其隶名明经，亦请送二百人。其宗正寺进士⑤，送二十人。其东监、同、华、河中所送进士⑥，不得过三十人，明经不得过五十人。其凤翔、山南西道、东道、荆南、鄂岳、湖南、郑滑、浙西、浙东、鄜坊、宣、商、泾、邠、江南、江西、淮南、西川、东川、陕虢等道⑦，所送进士不得过一十五人，明经不得过二十人。其河东、陈许、汴、徐泗、易定、齐德、魏博、泽潞、幽、孟、灵、夏、淄青、郓曹、兖海、镇冀、麟胜等道⑧，所送进士不得过一十人，明经不得过十五人。金、汝、盐、丰、福建、黔府、桂府、岭南、安南、邕、容等道⑨，所送进士不得过七人，明经不得过十人。其诸支郡所送人数⑩，请申观察使为解都送⑪，不得诸州各自申解⑫。诸州府所试进士杂文⑬，据元格并合封送省⑭。准开成三年五月三日敕⑮，落下者今缘自不送所试以来⑯，举人公然拔解⑰。今诸州府所试，各须封送省司检勘⑱，如病败不近词理⑲，州府妄给解者⑳，试官停见任用阙㉑。

【注释】

① 百寮（liáo）：百官。寮，同"僚"，官。汉班固《东都赋》："然后撞钟告罢，百寮遂退。"京畿（jī）：京城及附近的地区。土人：底本作"士人"，依《全唐文》改。下同。寄客：寄居他乡之人。

② 隶名：隶属于某部门而册上有名。监：指国子监。国子监是唐代最高学府，包括国子学、太学、四门学、律学、书学和算学。官学：唐代国子监与府州县学均为官学。此指府州县学。

③ 精加：详加。

④ 旧格：旧例。格，条例，制度。

⑤ 宗正寺：官署名。掌管皇室亲族事务及属籍的官署。长官为宗正卿，次官为宗正少卿。唐代部分宗室子弟可以通过宗正寺考试获得解状，参加礼部省试。这类宗室子弟在宗正寺选拔考试合格和礼部省试及第后，一般可称"宗正进士"或"前宗正进士"。

⑥ 东监：唐东都洛阳国子监。同：同州，治冯翊（今陕西大荔）。华：华州，治郑县（今陕西渭南华州区）。同州和华州是唐朝后期的防御州，介于道与支郡之间，可与道并列。河中：唐方镇名。至德二载（757）置，治蒲州（今山西永济）。

⑦ 凤翔：唐方镇名。至德元载（756）置兴平节度使，永泰初改为凤翔节度使，治凤翔府（今陕西宝鸡凤翔区）。山南西道：唐方镇名。至德元载（756）置山南西道防御守捉使，广德元年（763）升为节度使，治梁州（后升兴元府，治今陕西汉中）。东道：即山南东道。唐方镇名。至德二载（757）升襄阳防御使为山南东道节度使，治襄州（今湖北襄阳）。荆南：唐方镇名。至德二载（757）置，治荆州（后升江陵府，今湖北荆州市荆州区故江陵县城）。鄂岳：唐方镇名。乾元二年（759）置鄂、岳、沔三州都团练守捉使，大历八年（773）后改设鄂岳观察使，治鄂州（今湖北武汉武昌区）。湖南：唐方镇名。广德二年（764）置，初治衡州（今湖南

衡阳），大历四年（769）移治潭州（今湖南长沙）。郑滑：唐方镇名。即义成军。贞元元年（785）改永平军置，治滑州（今河南滑县）。浙西：即浙江西道。唐方镇名。乾元元年（758）置，建中二年（781）建号镇海军，初治昇州（今江苏南京），先后移治苏州（今属江苏）、宣州（今安徽宣城）、润州（今江苏镇江）、杭州（今属浙江）。浙东：即浙江东道。唐方镇名。乾元元年（758）置，治越州（今浙江绍兴）。鄜（fū）坊：渭北鄜坊的简称。唐方镇名。上元元年（760）置，治坊州（今陕西黄陵）。宣：宣州，治宣城（今属安徽），为宣歙（shè）观察使治所。商：商州，治上洛（今陕西商洛）。商州是唐朝后期的防御州，后升为节度使。泾：泾州，治安定（今甘肃泾川），为泾原节度使治所。邠（bīn）：邠州，治新平（今陕西彬县），为邠宁节度使治所。江南：即江南东道。开元二十一年（733）分江南道置，治苏州（今属江苏）。乾元元年（758）废。江西：即江南西道。唐开元二十一年（733）分江南道治。治洪州（今江西南昌）。乾元元年（758）废。广德二年（764）以洪吉都防御团练观察处置使更名为江南西道都防御团练观察使，通称江西，治洪州（今江西南昌）。淮南：唐方镇名。至德元载（756）置，治扬州（今属江苏）。西川：即剑南西川。唐方镇名。至德二载（757）分剑南节度使西部地区置，治成都（今属四川）。东川：即剑南东川。唐方镇名。至德二载（757）分剑南节度使东部地区置，治梓州（今四川三台）。陕虢（guó）：唐方镇名。贞元元年（785）置，治陕州（今河南三门峡陕州区）。道：唐代监察区划。贞观元年（627）置十道，开元二十一年（733）置十五道。唐末藩镇割据严重，“道”成为实际上的行政区划，全国划分为四十余道，多为方镇所辖。

⑧河东：唐方镇名。开元十八年（730）改太原府以北诸军州节度使为河东节度使，治太原府（今山西太原晋源镇）。陈许：唐方

镇名。贞元三年（787）置，治许州（今河南许昌）。汴：汴州，治
浚仪（今河南开封），为宣武军节度使治所。徐泗：唐方镇名。建
中三年（782）置徐海观察使。兴元元年（784）废。贞元四年
（788）复置徐泗濠节度使。永贞元年（805），号武宁军。咸通十
一年（870），号感化军，治徐州（今属江苏）。易定：唐方镇名。
易州和定州的简称。唐设义武军。建中三年（782）置，治定州
（今属河北）。齐德：唐方镇名。原名横海军节度使，置于贞元三
年（787）。大和三年（829）罢横海军节度使，置齐德节度使，治
德州（今山东陵县）。魏博：唐方镇名。广德元年（763）置，治魏
州（今河北大名）。泽潞：唐方镇名。至德元载（756）置，治潞州
（今山西长治）。幽：幽州。唐方镇名。先天二年（713）置幽州
节度经略镇守使，治幽州（今北京西南）。天宝元年（742）改范
阳节度使，宝应元年（762）复名幽州。孟：孟州，治河阳（今河南
孟州），为河阳节度使治所。灵：灵州，治回乐（今宁夏灵武），为
朔方节度使治所。夏：夏州，治朔方（今陕西靖边），为夏绥节度
使治所。淄青：唐方镇名。宝应元年（762）置，治青州（今属山
东）。郓（yùn）曹：唐方镇名。元和十四年（819）置郓曹濮节度
使。元和十五年（820）改名为天平军节度使，治郓州（今山东东
平）。兖（yǎn）海：唐方镇名。即沂海。元和十四年（819）置，
治沂州（今山东临沂）。镇冀：也称恒冀。唐方镇名。宝应元年
（762）置，即成德军节度使，治恒州（即今河北正定），后州名改
镇州，故方镇名也改称镇冀，治镇州（今河北正定）。麟：麟州，治
新秦（今陕西神木）。胜：胜州，治榆林（今内蒙古准格尔旗东北
十二连城）。

⑨金：金州，治西城（今陕西安康）。汝：汝州，治梁县（今河南临
汝）。盐：盐州，治五原（今陕西定边）。丰：丰州，治九原（今内
蒙古乌拉特前旗西小召镇）。福建：唐方镇名。上元元年（760）

升福建都防御使为节度使,治福州(今属福建)。黔府:唐方镇名。即黔中。开元二十六年(738)置,治黔州(今重庆彭水苗族土家族自治县)。桂府:桂州都督府。武德四年(621)置桂州总管府,七年(624)改为都督府,治桂州(今广西桂林)。后设岭南西道桂管经略观察使,岭南五管之一。岭南:唐方镇名。开元二十一年(733)置,治广州(今属广东)。兼领桂管、容管、邕管、安南四管。至德元载(756)升为岭南节度使。安南:方镇名。天宝十载(751)置安南经略使。乾元元年(758),升为安南节度使,治交州(今越南河内)。邕:邕州,治宣化(今广西南宁)。为邕管经略使、岭南西道节度使治所,岭南五管之一。容:容州,治北流(今属广西),岭南五管之一。

⑩支郡:唐中后期,各地节度使割据一方,称为方镇,方镇兼领之州称为支郡。

⑪申观察使为解都送:申报观察使统一解送。申,旧时官府行文,下级对上级称"申"。观察使,官名。观察处置使的简称。唐前期由中央派官员监察各道州县。中宗神龙二年(706)置十道巡察使,睿宗景云二年(711)置十道按察使,玄宗开元二十一年(733)置十五道采访处置使,肃宗乾元元年(758)改采访处置使为观察处置使。观察使初不常驻,后逐渐固定为高于刺史的道一级最高行政长官。唐中期以后,多以节度使兼领其职。无节度使之州,以观察使管辖一道或数州,兼领军政、民政,下设副使、掌书记等。解,即解送。各地贡士皆由地方选送入京,称为"解送"。都送,统一解送。

⑫申解:申报解送。

⑬杂文:唐代科举考试的内容之一。唐高宗调露二年(680),考功员外郎刘思立建议进士科加试杂文两道。开元、天宝以后,杂文以诗赋为主。王谠《唐语林·卷八补遗》:"又旧例:试杂文者,一

诗一赋,或兼试颂论,而题目多为隐僻。"

⑭元格:原来的规格、标准。省:此指尚书省礼部。

⑮准:依据,根据。开成三年:838年。开成,唐文宗李昂的年号（836—840）。

⑯落下者:进士考试落第者。

⑰举人:唐代通过选拔得以参加省试者称"举子",亦称"举人"。公然:公开。拔解:唐代外府士人应进士第,不经地方考试而直接送礼部应试叫"拔解"。李肇《唐国史补》:"外府不试而贡者,谓之拔解。"

⑱省司:此指尚书省相关职司。检勘:检验考核。

⑲病败:犹病弊。此指文章有瑕疵。

⑳给解:给予文解。解,文解,各州府发给举子们的证明文件,凭此入京省试。

㉑试官:主持考试的官员。见（xiàn）任:现任。见,同"现"。阙（quē）:空缺。

【译文】

公卿百官子弟以及京畿内当地人、寄居者,和外州府的当地人、寄居者中修习明经、进士之业的,都须向所在国子监或者州县官学报名,仍然要详加考试。所送贡士人数:国子监应明经试者,旧例每年送三百五十人,今年请送二百人;应进士试者,依旧例送三十人;隶名国子监应明经试者,也请送二百人。宗正寺选送应进士试者,送二十人。东都国子监、同州、华州、河中选送应进士试者,不得超过三十人,应明经试者不得超过五十人。凤翔、山南西道、山南东道、荆南、鄂岳、湖南、郑滑、浙西、浙东、鄜坊、宣州、商州、泾州、邠州、江南、江西、淮南、西川、东川、陕虢等道,选送应进士试者不得超过十五人,应明经试者不得超过二十人。河东、陈许、汴州、徐泗、易定、齐德、魏博、泽潞、幽州、孟州、灵州、夏州、淄青、郓曹、兖海、镇冀、麟州、胜州等道,选送应进士试者不得超过十人,应明经试者不得超过十五人。金州、汝州、盐州、丰州、福建、黔府、桂府、岭南、安南、邕管、容管等道，选送应进士试者不得超过七人，应明经试者不得超过十人。各方镇支郡所送贡士，须申报观察使统一解送，诸州不得各自申报解送。在诸州府参加进士资格考试者所试杂文，依据旧例均须加封后送尚书省。依据开成三年五月三日敕令，进士考试落第者自从不送所试杂文入省以来，这些举人公然谋求拔解。鉴于此弊，如今诸州府所试杂文，都必须封送尚书省相关职司检验考核，如果文章低劣不通文理，而州府妄自给予文解的，主考官停职待阙。

述进士上篇

【题解】

此门概述进士之所来由，论述俊士、秀才与进士的兴衰。俊、秀盛于汉、魏，而进士在唐太宗、唐高宗之后逐渐成为唐朝科举最重要的科目。秀才科规格极高，选取精通时事、博通经典而有治国方略的高级人才，能中此科者极少，因此渐废，后成为对读书人的泛称。俊士与明经等其他科目的地位不如进士，因此人们在编写《登科记》的时候往往专记进士，称为《进士登科记》。本门还记载了一个著名故事，即唐太宗感叹"天下英雄入吾彀中矣"。作者认为唐朝国祚久远与进士科的兴盛紧密相关，可见对进士科的推崇。

永徽已前①，俊、秀二科犹与进士并列。咸亨之后②，凡由文学举于有司者③，竞集于进士矣④。繇是赵儋等尝删去俊、秀⑤，故目之曰《进士登科记》⑥。古者，闾有序，乡有庠⑦，以时教行礼而视化焉⑧。其有秀异者⑨，则升于诸侯之学。诸侯岁贡其尤著者，移之于天子，升于太学⑩，故命曰造士⑪，然后命焉⑫。《周礼》："大乐正论造士之秀者⑬，以告于王，而升诸司马⑭，曰进士⑮。司马辨论官材⑯，论进士之贤者，以告于王，而定其论。论定然后官之，任官然后爵之⑰，位定然后禄之⑱。"若列之于科目，则俊、秀盛于汉、魏，而进士，隋大业中所置也⑲，如侯君素、孙伏伽⑳，皆隋之进士也明矣。然彰于武德而甲于贞观㉑。盖文皇帝修文偃武㉒，天赞神授㉓，尝私幸端门㉔，见新进士缀行而出㉕，喜曰："天下英雄入吾彀中矣㉖!"若乃光宅四夷㉗，垂祚三百㉘，何莫由斯之道者也㉙。

【注释】

①永徽：唐高宗李治的年号（650—655）。已前：以前。

②咸亨：唐高宗李治的年号（670—674）。

③文学：泛指文才学问。有司：有关部门，负有专职的官吏。古代设官分职，各有专司，故称有司。

④竟：通"竟"，遍，全。

⑤赵儋（cān）：南阳（今属河南）人。贞元三年（787）进士及第，又制策登科。历任校书郎、监察御史等。贞元十七年（801）为崔氏《唐显庆登科记》作序。

⑥目：称为。《进士登科记》：科举时代及第士人的名录。记载科举及第的人数、姓名、籍贯、年岁以及考官的官职姓名和考试题目等。张籍《赠贾岛》诗："姓名未上《登科记》，身屈惟应内史知。"

⑦闾（lú）有序，乡有庠（xiáng）：闾、乡，古代乡村基层组织，二十五家为一闾，一万二千五百家为乡。序，古代学校名。《周礼·地官·州长》："春、秋以礼会民，而射于州序。"郑玄注："序，州党之学也。"庠，古代学校名。《孟子·滕文公上》："夏曰校，殷曰序，

周曰庠,学则三代共之,皆所以明人伦也。"

⑧以时教:按时序安排教学。《礼记·学记》:"大学之教也时,教必有正业,退息必有居。"行礼:按照仪制举行礼仪,如乡饮酒礼等。视化:考察教化。

⑨其:假如,如果。

⑩太学:国家最高学府。太学之名始于西周,作为专业性的教育机构始设于汉武帝元朔五年(前124)。此后历朝历代都作为最高学府为国家培养人才。唐代太学隶属国子监,招收五品以上官员子弟。

⑪造士:学业有成的士子。出《礼记·王制》。唐孔颖达疏:"学业既成,即为造士。"

⑫命:任用。

⑬大乐正:官名。即大司乐,周朝置。《周礼》春官大宗伯之属,掌教国子的乐官正长,掌贵族子弟的礼乐教育。论:分析,评定。按,此处所引实出《礼记·王制》,文字略有不同。

⑭司马:官名。相传殷商时代置,掌军政和军赋。西周为三公之一。春秋战国沿置。两汉魏晋南北朝诸公府、军府皆置,参赞军务。隋唐州郡亦置,为高级佐官。

⑮进士:此指贡举给朝廷的人才。

⑯辨论:对分析评定人才的结论加以辨别。官材:按照才能加以任用。《礼记》郑玄注:"辨其论,官其材,观其所长。"

⑰爵:授予爵位。

⑱禄:俸禄。此指发给俸禄。

⑲大业:隋炀帝杨广的年号(605—617)。

⑳侯君素:侯白,字君素,魏郡临漳(今属河北)人。敏而好学,举秀才,为儒林郎。唐高祖召入秘书省,命修国史。其人滑稽善辩,口才便给,好为俳谐杂说,著有《旌异记》十五卷。孙伏伽(?—658):贝州武城(今河北故城)人。隋大业末为万年县法曹。唐

武德初上言谏事，授治书侍御史。太宗朝累迁大理寺卿，出为陕
州刺史，永徽间致仕。

㉑彰：显著。甲：冠于。贞观：唐太宗李世民的年号（627—649）。

㉒盖：语气词。多用于句首。文皇帝：即李世民（599—649），庙号
太宗，谥号文皇帝。唐朝第二位皇帝，626—649年在位。随唐高
祖李渊晋阳起兵，战功赫赫，封秦王，拜天策上将。发动"玄武门
之变"，杀死太子李建成和齐王李元吉，迫使唐高祖李渊退位，以
皇太子即位，改元贞观。在位期间对内劝课农桑，举贤任能，虚心
纳谏，政治清明，对外先后平定东突厥与薛延陀，征服西域诸国，
设立安西四镇，获称"天可汗"，开创"贞观之治"，为唐朝的强
盛奠定了重要基础。修文偃武：修明文教，停息武备。修，修明。
偃，停止。唐薛逢《九日曲池游眺》："正当海晏河清日，便是修文
偃武时。"

㉓天赞：天佑。

㉔幸：皇帝亲临。端门：宫殿的正南门。

㉕缀行而出：排列而行，鱼贯而出。缀行，连接成行。

㉖入吾彀（gòu）中：比喻在我掌握之中。彀中，牢笼之中，圈套之
中。彀，牢笼，圈套。

㉗若乃：至于。用于句子开头，表示另起一事。光宅：广有。《尚
书·虞夏书·尧典序》："昔在帝尧，聪明文思，光宅天下。"四夷：统
称四方少数民族。李益《登长城》诗："当今圣天子，不战四夷平。"

㉘垂祚（zuò）：国祚永垂。祚，帝位，国统。

㉙何莫：何不，哪不。表强调。

【译文】

永徽以前，俊士、秀才二科仍和进士科并列。咸亨以后，凡由文学
被举荐给有关部门的，几乎全集中于进士科。因此赵修等人在编辑《登
科记》的时候曾删去俊士、秀才二科，故而称之为《进士登科记》。古时

候,间里有序,乡党有庠,依照时序安排教学,按照仪制举行礼仪,考察教化。学生中如有优异特出的人才,就把他们举荐给诸侯的学校。诸侯每年贡举其中特别出众的人才,移送给天子,升入太学,称他们为造士,然后加以任用。《周礼》中说:"大乐正分析评定造士中的优秀者,上报给国君,举荐给司马,叫进士。司马对评定人才的结论加以辨别,按照才能加以任用,评定进士中的贤能者,上报给国君,以下定论。定论之后委任官职,委任官职然后授予爵位,爵位确定然后发给俸禄。"若以科举考试的科目而论,那么俊士科、秀才科兴盛于汉、魏,而进士科,是隋朝大业年间所置,如侯君素、孙伏伽,都明确是隋朝的进士。然而进士科显著于武德年间而兴盛于贞观年间。太宗文皇帝修明文教,停息武备,得上天保佑,神明授命,他曾经私下驾临端门,看见新科进士鱼贯而出,高兴地说:"天下英雄都被我笼络了!"至于大唐广有四夷边疆,传国三百年,哪里不是由此道而来啊。

述进士下篇

【题解】

　　此门采自李肇的《唐国史补》,介绍当时进士考试中的各种名目和习俗,上至考试流程,下至请托作弊,可说是进士考试小百科。了解这些名目习俗,可对唐朝士人的某些诗文创作有更具体的理解。例如姚合《寄张籍》诗:"秋卷多唯好,时名屈更肥。明年取前字,杯酒赛春辉。"下第举子要准备秋卷,预备来年考试,所以寄赠下第者的诗往往提及"秋卷",并常常称"屈",代下第者感到不平之意。考进士者都可称进士,但只有得第才能称"前进士","明年取前字"就是姚合祝愿张籍明年考中进士,得以在"进士"前添一"前"字。进士放榜、入选吏部在春天,故曰"杯酒赛春辉"。了解进士考试的相关名目和习俗,对理解唐代诗文和士人交际甚为重要。

元和中①，中书舍人李肇撰《国史补》②，其略曰：进士为时所尚久矣，是故俊乂实在其中③。由此而出者，终身为文人④，故争名常为时所重。其都会谓之"举场"⑤，通称谓之"秀才"，投刺谓之"乡贡"⑥，得第谓之"前进士"⑦，互相推敬谓之"先辈"⑧，俱捷谓之"同年"⑨，近年及第，未过关试⑩，皆称"新及第进士"⑪，所以韩中丞仪尝有《知闻近过关试仪以一篇纪之》曰⑫："短行纳了付三铨，休把新衔恼必先⑬。今日便称前进士，好留春色与明年⑭。"有司谓之"座主"⑮，京兆府考而升者谓之"等第"⑯，外府不试而贡者谓之"拔解"，然拔解亦须预托人为词赋，非谓白荐。将试各相保谓之"合保"⑰，群居而赋谓之"私试"⑱，造请权要谓之"关节"⑲，激扬声价谓之"还往"⑳，既捷列名于慈恩寺塔谓之"题名"㉑，大宴于曲江亭子谓之"曲江会"㉒，曲江大会在关试后，亦谓之"关宴"，宴后同年各有所之，亦谓之为"离会"。藉而入选谓之"春关"㉓，不捷而醉饱谓之"打毷氉"㉔，匿名造谤谓之"无名子"㉕，退而肄业谓之"过夏"㉖，执业以出谓之"夏课"㉗。亦谓之"秋卷"。挟藏入试谓之"书策"。此其大略也。其风俗系于先达㉘，其制置存于有司㉙。虽然，贤者得其大者，故位极人臣，常有十二三，登显列㉚，十有六七。而元鲁山、张睢阳有焉㉛，刘辟、元翛有焉㉜。

【注释】

①元和：唐宪宗李纯的年号（806—820）。

②中书舍人：官名。魏晋时于中书省内置中书通事舍人，掌传宣诏

命。南朝沿置，至梁武帝，除"通事"二字，称中书舍人，任起草诏令之职。隋唐时，中书舍人在中书省掌制诰，多以有文学资望者充任。李肇：赵州赞皇（今属河北）人。德宗贞元年间任左拾遗、大理评事。宪宗元和年间任翰林学士。穆宗长庆以后累官尚书左司郎中、中书舍人、台州刺史等。著有《唐国史补》三卷。此书记述自开元至长庆年间事，共三百零八条，遍及政治、经济、军事、宗教、礼仪、民俗、文艺等各领域，保存了大量唐中后期的社会风俗史料以及政治家、文艺家的轶事。本门即录自《唐国史补》卷下，文字稍有不同。

③俊乂（yì）：才德出众之人。《尚书·虞夏书·皋陶谟》郑玄注："才德过千人为俊，百人为乂。"

④文人：《唐国史补》作"闻人"。闻人，有名望的人。

⑤都会：会聚考试之地。进士会聚考试在礼部贡院。

⑥投刺：投递名帖。刺，名帖，名片。乡贡：由州县推荐应科举的士子。《新唐书·选举志上》："唐制，取士之科，多因隋旧，然其大要有三：由学馆者曰生徒，由州县者曰乡贡，皆升于有司而进退之……其天子自诏者曰制举。"

⑦前进士：进士及第而尚未通过吏部铨选授官，称"前进士"。

⑧推敬：推重尊敬。

⑨捷：原指胜利。此指进士及第。

⑩关试：吏部为及第举子举行的资格考试，考试内容为试判两节。唐代进士及第只是取得了出身资格，需要经过吏部关试，身份关系才能从礼部转到吏部，获得参加铨选授官的资格。

⑪新及第进士：进士及第还未通过关试的称为"新及第进士"。通过关试，以待铨选，即可称为"前进士"。

⑫韩中丞仪：韩仪（839—?），字羽光，京兆万年（今陕西西安）人。唐昭宗时以翰林学士为御史中丞。朱温篡唐，以不附朱贬为棣州

司马。中丞,即御史中丞。官名。西汉置,为御史大夫的副官,掌
管文书档案、监察执法、督察诸郡等。东汉独立为御史台长官,职
权甚重。唐代为清要之官,佐御史大夫监察弹劾百官。知闻:朋
友。按,此诗《全唐诗》题作《记知闻近过关试》。

⑬ 短行纳了付三铨,休把新衔恼必先:在关试中将试判两节的判词
交纳之后,就属于吏部选人了,不要拿新名衔去招惹落第同人烦
恼。短行,短文。此指关试试判的判词。纳,交纳,呈上。三铨,
唐代前期选官制度,六品以下文官铨选分为三铨,尚书掌尚书铨,
负责六品与七品官员铨选。侍郎二人分掌中铨、东铨,负责八品
与九品官员铨选。唐睿宗景云(710—711)时,始通其品而铨试,
也常以其他官员代替尚书和侍郎主持铨选。铨,铨量,量才授官。
新衔,即“前进士”。必先,唐代应试举子相互间的敬称,言其登
第必在同辈之先,亦称下第的同人。此指后者。

⑭ 今日便称前进士,好留春色与明年:从今天开始便可称为前进士,
宜留春色等待明年。唐代进士及第后需要等待吏部铨选授官,而
考中制举或吏部科目选者可以直接授官,参见卷三“今年及第明
年登科”门中何扶之诗“金榜题名墨尚新,今年依旧去年春”。

⑮ 有司:专职官员。此指主考官。

⑯ 京兆府:唐开元元年(713)改雍州置,治所在长安、万年(今陕西
西安)二县。开元二十一年(733)以后为关内道、京畿道治。等
第:唐代科举,由京兆府考试后选送前十名升入礼部参加科考,称
为“等第”。

⑰ 合保:唐代制度,乡贡举人送到尚书省后,于礼部缴纳解状,然后
以五人为单位进行人品德行的担保,称“结款通保”。

⑱ 私试:应试举子在考试前自发组织的不定期模拟考试。白居易
《靖安北街赠李二十》诗:“还似往年安福寺,共君私试却回时。”

⑲ 造请:登门拜见。

⑳激扬声价：激励宣扬名声。《后汉书·党锢传序》："故匹夫抗愤，处士横议，遂乃激扬名声，互相题拂。"

㉑慈恩寺塔：即大雁塔，在长安大慈恩寺。位于今陕西西安南。唐代进士通过关试之后，集于慈恩寺塔下题名，后世以"雁塔题名"代指进士及第。

㉒曲江：即曲江池。在今陕西西安长安区东南。汉武帝时据湖扩建，唐开元中重加疏凿，是当时长安盛景之一，为皇帝宴请百官和进士登第赐宴之地。

㉓春关：唐代科举考试放榜之后，礼部将及第举子的材料文书移交吏部进行关试，登记入选，发给及第举子春关牒，凭此参加吏部铨选。关试多在春天，故称为"春关"。

㉔打毷氉（mào sào）：消除烦恼。毷氉，烦恼。按，毷氉，底本作"眊燥"，据《唐国史补》《太平广记》等改。

㉕造谤：诽谤。

㉖肄（yì）业：修习课业。过夏：指举子下第后，寄读京师过夏秋，以待再试。

㉗执业以出：拿着文章课业出去行卷。唐代科举，应试者在考试之前挑选自己的优秀诗文装成卷轴，投送名流显贵以博得赏识，播扬声誉，增加录取机会，称为"行卷"。夏课：夏日课读为文，谓之"夏课"，在秋日出去行卷，是亦称"秋卷"。

㉘先达：有德行学问的前辈。

㉙制置：处理，处置。

㉚登显列：跻身高位。登，跻身。显列，显要的行列。

㉛元鲁山（约695—约754）：元德秀，字紫芝，门人私谥文行先生，河南（今河南洛阳）人。尝任鲁山县令，因称"元鲁山"。开元二十一年（733）登进士第。少孤贫，事母以孝闻。品行高洁，为政清廉，学识渊博，善为文章，为时人所称。著有《季子听乐论》及

《塞士赋》等。张睢阳：张巡（709—757），字巡，蒲州河东（今山西永济）人，一说邓州南阳（今属河南）人。开元进士，为地方官，有政声。安史之乱中率军民抗击叛军，守卫雍丘（今河南杞县）。至德二载（757）移守睢阳（今河南商丘），与太守许远合兵守城，前后大小四百余战，城中粮草耗尽，援兵不至，城陷被俘，不屈而死。后人称其为张睢阳。

㉜刘辟（？—806）：字太初。贞元进士，登博学宏词科。剑南西川节度使韦皋辟为从事。永贞元年（805）皋死，自为留后，得充剑南西川节度使。次年，求统三川不成，举兵造反，失败后被擒送京师处斩。元修（xiāo）：事迹未详。

【译文】

　　元和年间，中书舍人李肇撰写《国史补》，概略说道：进士被时俗推崇为时已久，因此才德出众之人实在其中。由进士出身的，终身为有名望之人，因此争名常被时俗看重。进士会聚考试之地称为"举场"，应试举子通称为"秀才"，向别人投递名帖自称"乡贡"，进士及第称作"前进士"，互相尊称为"先辈"，同时得第称为"同年"，近些年来进士及第之后，尚未通过吏部关试的，都称为"新及第进士"，所以御史中丞韩仪曾有《知闻近过关试仪以一篇纪之》诗写道："短行纳了付三铨，休把新衔恼必先。今日便称前进士，好留春色与明年。"主考官称为"座主"，通过京兆府考试升入礼部参加科考的称为"等第"，外州府不经过地方考试而直接贡入礼部参加科考的称为"拔解"，然而拔解也需要预先托人写词赋，不是凭空荐举的。考试之前互相结款通保称为"合保"，聚集在一起考试诗赋称为"私试"，拜访求见权要称为"关节"，激励宣扬名声称为"还往"，登第之后留名于慈恩寺塔称为"题名"，在曲江亭子大开宴席称为"曲江会"，曲江大会在关试之后，也称为"关宴"，宴后各位同年进士各有所去，因此也称为"离会"。登记入册参加吏部铨选称为"春关"，落第之后酒食过度称为"打毷氉"，匿名诽谤称为"无名子"，落第后寄读京师称为"过夏"，拿着新的文章课业出去行卷称为

"夏课"。也称"秋卷"。夹带藏扱进考场称为"书策"。这些是进士考试的大概。进士考试的风尚由先辈达人主导,具体处置在于相关官署。虽然如此,及第进士中仍以贤能之人居多,因此位极人臣的,常有十分之二三,跻身高位的,有十分之六七。而进士中既有元鲁山、张睢阳这样的高洁忠贞之士,也有刘辟、元翛这样的造反作乱之人。

散序进士

【题解】

此门叙述唐朝进士之显耀。在唐朝,虽然门荫仍是官员的重要来源,但才学取士逐渐成为社会主流,即使门荫入仕也需要考试,高官子弟无不向往科举出身,家族的维系往往靠子孙进士相继而不是单纯靠门荫,如文中所引独孤及撰《河南府法曹参军张从师墓志》。唐朝中后期高级官员大多出身进士,士人一旦考中进士,即使还没做官也已经具有一定社会地位,而官员即使位极人臣,没有进士出身也终觉遗憾,因此考进士成为唐朝士人梦寐以求的仕进之途,为此可抛弃一切,潜心科举,即使老死科场也无遗憾,可见科举制度对士大夫阶层的影响之深。进士考试及第者约占应考者的百分之二左右,非常难考,至有"三十老明经,五十少进士"之语。

进士科始于隋大业中,盛于贞观、永徽之际。搢绅虽位极人臣[①],不由进士者,终不为美,以至岁贡常不减八九百人。其推重谓之"白衣公卿"[②],又曰"一品白衫"。其艰难谓之"三十老明经,五十少进士"。其负倜傥之才[③],变通之术,苏、张之辨说[④],荆、聂之胆气[⑤],仲由之武勇[⑥],子房之筹画[⑦],弘羊之书计[⑧],方朔之诙谐[⑨],咸以是而晦之[⑩],修身慎行,虽处子之不若⑪。其有老死于文场者,亦所无恨。故有诗云:"太宗皇帝真长策,赚得英雄尽白头!"独孤及撰《河南府法曹参军张从师墓志》云⑫:"从师祖损之⑬,隋大业中进士甲科⑭,位至侍御史、诸曹员外郎⑮。损之生法⑯,以硕学丽藻名动京师⑰,亦举进士,自监察御史为会稽令⑱。"

【注释】

① 搢(jìn)绅:插笏于绅带间。原指古代官员的装束,引申为士大夫。搢,插。

② 推重谓之"白衣公卿":唐代考进士的举子常穿白麻衣,举子们在还穿着白衣去行卷、应试的时候,就已被人推重,认为将来能够位至公卿,官居一品。白衣公卿,唐代对进士的尊称。公卿,泛指三公九卿一类高官。

③ 倜傥(tì tǎng):卓异,超常。司马迁《报任安书》:"古者富贵而名摩灭,不可胜记,唯倜傥非常之人称焉。"

④ 苏、张之辨说:战国时纵横家苏秦、张仪,以辩才著称,合称"苏张"。苏秦(?—前284),字季子,战国时东周洛阳(今属河南)人。游说诸国合纵抗秦,佩六国相印。后入齐从事反间活动,被车裂而死。著有《苏子》三十一篇,今佚。张仪(?—前309),战国时魏国安邑(今山西万荣)人。秦惠文王十年(前328)任秦相,封武信君,以连横游说各国亲秦。后入魏为相,不久即死。

⑤ 荆、聂:战国时的刺客荆轲、聂政。荆轲(?—前227),战国时卫国人。慷慨任侠,被燕太子丹尊为上卿,奉命去刺杀秦王政,与诸人易水诀别。后刺秦失败,被杀。诗歌中多咏此事。骆宾王《于易水送人》:"此地别燕丹,壮士发冲冠。昔时人已没,今日水犹寒。"聂政(?—前397),战国时韩国轵(今河南济源轵城镇)人。

以侠义著称,感韩大夫严遂之恩,为其刺杀仇人相国侠累,自杀
身死。

⑥仲由(前542—前480):字子路,一字季路,春秋时鲁国卞(今山
东泗水)人。"孔门十哲"之一,随孔子周游列国。性情刚直,勇
武过人,以政事著名,担任卫国大夫孔悝的蒲邑宰。后卫国内乱,
为救孔悝遇害。

⑦子房:张良(?—约前186),字子房,谥文成侯,颍川城父(今河
南宝丰)人。韩国贵族后裔。曾于博浪沙狙击秦始皇未中。后
聚众归刘邦,成为刘邦的重要谋士,西汉开国功臣,"汉初三杰"
之一。汉朝建立,封留侯。筹画:筹策谋划。司马迁《史记·留
侯世家》中汉高祖刘邦评论张良:"运筹策帷帐中,决胜千里外,
子房功也。"

⑧弘羊:即桑弘羊(约前155—前80),洛阳(今属河南)人。西汉政
治家,擅于理财。汉武帝时,任治粟都尉,领大司农。改革币制,
制定推行盐铁酒类的官营专卖,创立平准、均输法稳定物价,管控
商品流通,大大增加了政府的财政收入。又主张积极抗击匈奴。
汉昭帝即位,与霍光、金日磾共同辅政,任御史大夫。后卷入上官
桀父子和燕王刘旦的谋反案,被杀。书计:文字筹算。

⑨方朔:即东方朔(约前161—约前93),字曼倩,平原厌次(今山东
惠民)人。西汉文学家。汉武帝时,为太中大夫。性诙谐,滑稽
多智,善辞赋。著有《答客难》《非有先生论》等。

⑩咸:都。晦:隐藏。

⑪处子:此指有才德而隐居不仕的处士。

⑫独孤及(725—777):字至之,谥号宪,洛阳(今属河南)人。中唐
著名文学家。天宝十三载(754)举洞晓玄经科。代宗时为左拾
遗,历太常博士,濠州、舒州、常州刺史等。古文运动先驱,与李
华、萧颖士齐名。著有《毗陵集》。法曹参军:官名。西汉公府有

　　贼曹掾之置,掌刑法。历代均有法曹。隋初改为法曹行参军,炀帝时又改为法曹书佐。诸郡则称司法书佐。唐朝诸王、都督、都护、使府称法曹参军事,掌刑狱、捕盗贼之事。张从师:吴县(今江苏苏州)人。官至河南府法曹参军。

⑬损之:张损之,吴县(今江苏苏州)人。张从师的祖父。进士出身,官至侍御史、尚书水部郎。

⑭甲科:唐代明经分甲、乙、丙、丁四科,进士分甲、乙两科。

⑮侍御史:官名。西汉时置,为御史大夫属官,掌纠弹巡察。历代沿置。唐朝侍御史属御史台台、殿、察三院之台院,掌管纠察百官,入阁承诏、刑狱会审等。诸曹:各部。员外郎:官名。隋文帝开皇三年(583)置,为六部各司之次官,炀帝大业三年(607)废,唐高祖武德三年(620)复置,协助长官郎中处理司务,与郎中通称郎官。

⑯法:张法,吴县(今江苏苏州)人。张从师之父。进士出身,曾任监察御史、会稽令。

⑰硕学丽藻:学问渊博,文辞华丽。

⑱监察御史:官名。隋文帝开皇二年(582)由检校御史改置。唐代监察御史属御史台之察院,掌管监察百官、肃整朝仪、巡按州县等。会稽:县名。唐为越州治,在今浙江绍兴。

【译文】

　　进士科目始设于隋大业年间,兴盛于大唐贞观、永徽之际。士大夫即使位极人臣,然而不是由进士出身的,终究不能满意,以至于每年岁贡入京考进士的常常不下八九百人。进士受人推重,被称为"白衣公卿",又叫"一品白衫"。进士考试之艰难,被称为"三十老明经,五十少进士"。那些身负卓越的才能,应变的权术,苏秦、张仪的辩才,荆轲、聂政的胆量,仲由的勇武,张良的谋划,桑弘羊的筹算,东方朔的诙谐的人,也都因此而隐藏才能,谨慎修行,即使有才德而隐居不仕的处士也比不上他们。甚至有到老死都消磨在进士考场之中的,也没有悔恨。因此有诗说:"太宗皇帝真长策,赚得英雄尽白头!"独孤及撰写《河南府法曹参军张从师墓志》说:"从师的祖父张损之,隋朝大业年间考中进士甲科,官至侍御史、诸曹员外郎。张损之生子张法,以学问渊博和文辞华丽而名动京师,也考中了进士,自监察御史当上会稽县令。"

两监

【题解】

此门叙述唐朝的国子监和州县官学制度。唐朝前期国子监发达,太宗贞观时极盛,高宗时增设东都国子监,并称"两监"。武则天时学校教授内容和科举考试脱节,导致经学衰微,官学废散。中宗时学校和科举的关系日益密切,玄宗时官学更加系统化,进一步纳入科举轨道,不仅流程上举子们进京后要到国子监拜谒先师,录取上也加重国子监学生的比例。因此开元时进士都以两监生徒出身为荣,而天宝以后官学废弛,由两监及第者渐少,由乡贡及第者渐多,人心逐渐重乡贡而轻生徒。朝廷为了振兴官学屡屡下令,强制举人隶名官学,以此压制乡贡,提拔国子监和州县官学,但颓势难挽,德宗贞元以后进士出身两监者近乎绝迹。

按《实录》①:西监②,隋制;东监③,龙朔元年所置④。开元已前,进士不由两监者,深以为耻。李华员外《寄赵七侍御》诗⑤,略曰:"昔日萧邵友⑥,四人才成童。"华与赵七侍御骅、萧十功曹颖士、故邵十六司仓畛,未冠游太学⑦,皆苦贫共弊。五人登科⑧,相次典校⑨。邵后二年擢第⑩,以冤横贬⑪,卒南中⑫。又郭代公、崔湜、范履冰辈⑬,皆由太学登第。李肇舍人撰《国史补》亦云:天宝中⑭,袁咸用、刘长卿分为朋头⑮,是时尚重两监^⑯。尔后物态浇漓^⑰，稔于世禄^⑱，以京兆为荣美^⑲，同、华为利市^⑳，莫不去实务华，弃本逐末。故天宝十二载敕天下举人不得言乡贡^㉑，皆须补国子及郡学生。广德二年制京兆府进士^㉒，并令补国子生。斯乃救压覆者耳^㉓。奈何人心既去，虽拘之以法，犹不能胜^㉔。矧或执大政者不常其人^㉕，所立既非自我，则所守亦不坚矣。繇是贞元十年已来^㉖，殆绝于两监矣^㉗。

【注释】

①《实录》：古代编年史的一种，专记某一皇帝统治时期的大事。最早见于记载的有南朝梁周兴嗣等编撰的《梁皇帝实录》。唐以后由史臣撰已故皇帝一朝政事为实录，如《顺宗实录》。后世沿之，成为定制。

②西监：设于西京长安的国子监。

③东监：设于东都洛阳的国子监。

④龙朔元年：661年。龙朔，唐高宗李治的年号（661—663）。

⑤李华（715—780？）：字遐叔，赵州赞皇（今属河北）人。开元二十三年（735）登进士第，后又登博学宏词科，拜监察御史，迁右补阙。安史之乱中曾受伪职，贬杭州司户参军。上元中，以左补阙、司封员外郎召之，称病不赴，后隐居。中唐著名古文家，与萧颖士齐名，世称"萧李"。著有《李遐叔文集》。员外：员外郎的简称。赵七侍御：即赵骅（？—783），字云卿，邓州穰（今河南邓州）人。开元二十三年（735）登进士第，补太子正字。历大理评事、陈留支使、监察御史、比部员外郎等。代宗大历间，历祠部、膳部、仓部郎中。德宗时官至秘书少监。志学，善属文，与萧颖士、李华等交好。《全唐诗》存诗一首。七，家族排行第七。唐人行第，同族中

同一辈人以年齿为序,赵骅行七,因称"赵七"。

⑥萧邵:萧颖士和邵轸(zhěn)。萧颖士(717—760),字茂挺,萧梁宗室后裔,祖籍南兰陵(今江苏常州),居于颖川(今河南许昌)。少聪慧,开元二十三年(735)登进士第,授金坛尉。历扬州参军、秘书正字、集贤校理等。天宝年间被李林甫排斥,调为广陵府参军事,后转河南参军事。官终扬州功曹参军。中唐名士,著名文学家,古文运动先驱,奖掖后进,门人众多,名重一时,卒后门人私谥文元先生。著有《萧茂挺文集》。邵轸,字纬卿,汝南(今属河南)人。开元二十五年(737)登进士第,与萧颖士、李华等游。蒙冤被贬,死在南方。

⑦未冠:年龄未满二十。古代男子年二十行冠礼,以示成年。

⑧五人:据上文,应为四人。文渊阁本作"四人",当是。

⑨相次:相继。典校:主持校勘书籍。太子正字、秘书正字等皆是校书之官。

⑩擢(zhuó)第:科举考试及第。擢,登,及。

⑪冤横:蒙冤受祸。

⑫南中:泛指南方地区。

⑬郭代公:郭震(656—713),字元振,以字行,魏州贵乡(今河北大名)人。唐朝名将、宰相。少入太学,咸亨四年(673)登进士第,复中拔萃科,授通泉尉。历任凉州都督兼陇右诸军州大使、安西大都护,平息边患,安抚民生,累官至同中书门下三品,迁吏部尚书、兵部尚书。玄宗立,封代国公。后坐罪流放新州,病卒。著有《郭元振集》。崔湜(shí,671—713):字澄澜,定州安喜(今河北定州)人。唐朝宰相。举进士,历左补阙、殿中侍御史、考功员外郎、中书舍人、兵部侍郎等,累官至中书侍郎、同中书门下平章事,进中书令。后参与太平公主谋乱,被赐死。《全唐诗》存诗三十九首。范履冰(? —690):字始凝,怀州河内(今河南沁阳)人。唐

朝宰相。显庆元年（656）登进士第。武后时期"北门学士"之一。历任门下侍郎、吏部侍郎、礼部尚书，拜同凤阁鸾台平章事。后坐罪被杀。

⑭天宝：唐玄宗李隆基的年号（742—756）。

⑮袁咸用：李肇《唐国史补》作"袁成用"。事迹未详。刘长卿（约727—约790）：字文房，河间（今属河北）人。玄宗时进士，历任地方官，代宗大历中以检校祠部员外郎出为转运使判官，鄂岳转运留后，被诬贬睦州司马。德宗建中年间任随州刺史，世称"刘随州"。中唐著名诗人，生性刚傲，工于五律，自称"五言长城"。著有《刘长卿集》。朋头：又作"棚头"，朋党领袖。《封氏闻见记·贡举》载："玄宗时，士子殷盛，每岁进士到省者，常不减千余人。在馆诸生更相造诣，互结朋党，以相渔夺，号之为'棚'，推声望者为棚头。"

⑯是时：此时。

⑰物态：世态。浇漓：浮薄。

⑱稔（rěn）于世禄：习于利禄。稔，熟悉，习知。世禄，世代的爵禄，古代贵族世代享有爵禄。

⑲荣美：荣耀。

⑳利市：吉利。

㉑天宝十二载：753年。

㉒广德二年：764年。广德，唐代宗李豫的年号（763—764）。制：帝王的命令。

㉓压覆：埋没、困顿。

㉔胜：成功。

㉕矧（shěn）或：何况，况且。

㉖贞元十年：794年。贞元，唐德宗李适的年号（785—805）。

㉗殆（dài）：几乎，大概。

【译文】

据《实录》记载：西京长安国子监，隋代已有制度；东都洛阳国子监，龙朔元年设置。开元以前，进士不由两监出身的，深以为耻。李华员外有《寄赵七侍御》诗，写道："昔日萧邵友，四人才成童。"李华与侍御史赵七赵骅、功曹萧十郎萧颖士、已故的司仓邵十六邵轸，少时在太学游学，都同贫共苦。四人考中进士，相继担任校书的官职。邵轸在其后二年登第，蒙冤被贬，死在南方。又如郭元振、崔湜、范履冰等人，也都是从太学考中进士。李肇舍人撰写《国史补》也说：天宝年间，袁咸用、刘长卿分别为朋辈的领袖，当时还很看重两监。之后世态浮薄，人们热衷利禄，以京兆府出身考进士为荣耀，以同州、华州出身考进士为吉利，没有人不离弃实在，务求浮华，抛弃根本，追逐末梢。因此天宝十二载皇帝敕令天下应试的举人不得由乡贡，都必须补为国子监或者州县官学学生。广德二年下令京兆府出身考取进士，都要补为国子监学生。这是挽救被埋没的两监。怎奈人心已散，即使以法令拘束，仍不能成功。何况主政者不能固定，所制定的法令既然不是出自我，那么遵照执行也不会坚决。因此贞元十年以来，由两监出身的进士几乎绝迹。

贞观五年已后①，太宗数幸国学②，遂增筑学舍一千二百间，增置学生凡三千二百六十员③。无何④，高丽、百济、新罗、高昌、吐蕃诸国酋长⑤，亦遣子弟请入。国学之内，八千余人，国学之盛，近古未有。至永淳已后⑥，乃废。

【注释】

①贞观五年：631年。
②国学：国家最高学府，京师官学的通称。此指国子监。
③凡：总共。

④无何：不久。

⑤高丽：古国名。亦称高句丽，都平壤（今属朝鲜）。故地在今朝鲜半岛北部。相传朱蒙于前37年建国。4世纪后强大，与新罗、百济互相争霸。隋朝东征高丽，屡屡失败。唐朝时两国多次征战，总章元年（668）为唐军所灭，唐于卫壤置安东都护府以统之。百济：古国名，都慰礼城（今韩国首尔特别市）。故地在今朝鲜半岛西南部。相传由朱蒙子温祚建立，4世纪后逐渐强大，与高丽、新罗鼎足称雄。显庆五年（660）为唐军所灭。新罗：古国名，都金城（今韩国庆尚北道庆州市）。故地在今朝鲜半岛东南部。唐高祖封其王为乐浪郡王、新罗王，借唐朝的力量先后灭百济与高丽，统一朝鲜半岛大部，以唐朝诸侯国自居，与唐朝关系密切，遣唐使居唐朝外藩之首。10世纪为王氏高丽取代。高昌：古国名。位于今新疆吐鲁番市高昌区东南。十六国时期，高昌地区先后隶属前凉、前秦、后凉、西凉、北凉五国。442年沮渠无讳建立高昌北凉政权。后历经阚氏高昌、张氏高昌、马氏高昌及麴（qū）氏高昌。贞观十四年（640）为唐军所灭，设安西都护府统之。吐蕃（bō）：中国古代藏族政权名。7—9世纪时在青藏高原建立。赞普松赞干布定都逻些（今西藏自治区拉萨），制定法律，创建文字，形成了以赞普为中心的奴隶主贵族统治。8世纪后半期，势力达到西域河陇地区。9世纪中期，爆发大规模的奴隶和平民起义，吐蕃瓦解。酋长：部落首领。

⑥永淳：唐高宗李治的年号（682—683）。

【译文】

　　贞观五年以后，太宗皇帝数次亲临国子监，因此增建学舍一千二百间，增置学生共三千二百六十人。没多久，高丽、百济、新罗、高昌、吐蕃诸国首领，也都派遣子弟请求进入国子监读书。国子监之内，有八千余人，国子监的盛况，近古还未曾有过。到永淳以后，渐渐废弛。

　　龙朔二年九月敕^①："学生在学，各以长幼为序。初入学，皆行束脩之礼^②。国子、太学^③，各绢三匹；四门学生^④，各绢二匹；俊士及律、书、算学、州县学^⑤，各绢一匹。皆有酒脯^⑥。其分束脩，三分入博士^⑦，二分助教^⑧。又，每年国子监所管学生，国监试；州县学生，当州试。并艺业优长者为试官，仍长官监试。其试者，通计一年所授之业，口问大义十条^⑨。得八已上为上，得六已上为中，得五已下为下。类三下及在学九年、律生六年不任贡举者^⑩，并解退^⑪。其从县向州者，年数、下第^⑫，并须通计^⑬。服阕重任者^⑭，不在计限。诸博士、助教皆分经授，每一经必令终讲，未终不得改业。"

【注释】

①龙朔二年：662年。

②束脩（xiū）：原指条束的干肉。此指古代入学送给老师的见面礼。

③国子、太学：底本无此四字，据《唐会要》《全唐文》等补。

④四门学：我国古代学校。北魏创立四门小学。唐代四门学为大学，隶属国子监，招收七品以上官员子弟和优秀的平民子弟。

⑤律：律学。律学学习法律。魏晋始置律学博士，隋代律学隶属大理寺，唐代隶属国子监。书：书学。曹魏设书博士，隋朝首创书学，唐朝书学成为国子监六学之一。培养书法人才。算学：隋唐时为培养天文、数学人才而设。教授《周髀（bì）算经》《九章算术》等。

⑥酒脯：酒和干肉。后亦泛指酒肴。

⑦博士：原指博学多闻之士。战国时成为官职，掌管图书典籍，以备顾问。汉初诸学皆立博士，汉武帝时改置五经博士，置弟子，兼具学官职能，执掌教授儒家经学，考核人才等。后来精通一艺、从事

　　教授职业的学官皆称博士,如律学博士、医学博士、算学博士、书
　　学博士等。

⑧助教:学官名。西晋武帝咸宁年间(275—280)立国子学,始置助
　　教,传授经典。其后历代沿置,协助博士教授生徒。

⑨口问:口试。大义:要义,要旨。

⑩类三下及在学九年:三次考居下等以及在学九年。不任贡举:不
　　堪被贡举,不能获得贡举资格。不任,不堪。

⑪解退:免退,退学。

⑫年数、下第:在学年数以及考居下等的次数。下第,下等,劣等。
　　按,底本无“年”字,据《唐会要》等补。

⑬通计:总计。

⑭服阕(què):守丧期满除服。阕,终了。

【译文】

　　龙朔二年九月敕令:“在学学生,各以长幼顺序排列。初始入学,都要行束脩敬师之礼。国子学、太学的学生,每人纳绢三匹;四门学的学生,每人纳绢二匹;俊士及律学、书学、算学、州县学的学生,每人纳绢一匹。都要有酒脯。束脩的分配,三分归博士,二分归助教。此外,每年国子监所管理的学生,由国子监考试;州县学生,由本州考试。以文艺和经业都优良的人为主试官,仍由主管长官监考。所考试的内容,统计一年内所教授的学业,口试要旨十条。通过八条以上的为上等,通过六条以上的为中等,通过五条以下的为下等。三次考试下等以及已在学九年、律学学生六年而不能获得贡举资格的,一概退学。那些从县学入州学的,在学年数以及考居下等的次数,都须总计。服丧期满重新入学的,不在此限之内。诸位博士、助教都分经讲授,每一经必须让他们讲授完毕,没讲完不得改授他经。”

　　开元二十一年五月敕①:“诸州县学生二十五已下八

品、九品子弟，若庶人，并年二十一已下，通一经已上，未及一经而精神聪悟、有文词史学者，每年铨量举送所司简试②，听入四门学充俊士③。即诸州贡人省试下第④，情愿入学者，听。国子监所管学生，尚书省补。州县学生，州县长官补，州县学生取郭下县人替⑤。诸州县学生习本业之外，仍令兼习吉凶礼⑥，公私有礼事，令示仪式，余皆不得辄使。诸百姓立私学，其欲寄州县学授业者，亦听。”

【注释】

①开元二十一年：733年。

②铨量：衡量才能高低和考查政绩优劣，量才授官或升降除复。简试：铨叙考试。即一种考核其成绩，确定其升降级别的考试。

③听：准许。

④省试：在尚书省举行的考试。唐代省试初由吏部考功员外郎主持，玄宗开元二十四年（736）后改由礼部侍郎主持。

⑤郭下：城下，本地。

⑥吉凶礼：吉礼和凶礼。古代以祭祀之礼为吉礼，以丧礼、吊礼等为凶礼。

【译文】

开元二十一年五月敕令：“诸州县学生中二十五岁以下的八品、九品官员子弟，若是庶人，则二十一岁以下，能精通一部经书以上，或者尚未精通一部经书但聪明颖悟、有文词史学才能的，每年考查衡量之后推举送入有关部门铨叙考试，允许进入四门学修习俊士之业。如诸州举子省试落第，情愿入学的，也都准许。国子监所管学生，由尚书省增补。州县学生，由州县长官增补，州县学生选取本地各县人补替。诸州县学生修习本属学业之外，仍让他们兼学吉凶之礼的礼仪，公私如有礼仪之事，可让他们演示仪式，其余场合都不能随便役使他们。百姓建立私学，有想借州县官学传道授业的，也都予以准许。"

会昌五年正月敕^①："公卿百寮子弟及京畿内土人、寄客修明经、进士业者^②，并宜隶名太学；外州寄学及土人，并宜隶名所在官学^③。仍永为常制。"

【注释】

①会昌五年：845年。

②土人：当地人。世居本地的人。寄客：底本无"客"，依《全唐文》补。

③宜：应当，应该。

【译文】

会昌五年正月敕令："公卿百官子弟以及京畿内当地人、寄居者中修习明经、进士课业的，都要向国子监报名；外州寄学者以及当地人，都当向所在官学报名。如此永远作为常规制度。"

西监

【题解】

安史之乱后各地学校废弛，国子监作为显赫一时的国家最高教育机构，六学只存一半，室庐荒毁，堂宇倾颓，博士凄凉，生徒不振。文官士大夫屡屡上书修缮两京国子监，但情况直至唐末也没有太大改善。作为实体的国子监事实上已经无法承担教育功能，但作为制度的国子监仍然存在。隶名于国子监的举子，可以得到官方提供的食宿，这对长期停留京师的贫寒举子来说意义重大，国子监的生徒名额意味着有多少举子可以得到国家补贴留京备考。朝廷规定名额，礼部依此补录生员，监司供给食宿。此门记录的就是元和二年（807）所定两京国子监生徒总数和西监生徒每馆员额。

元和二年十二月①,奏:"两京诸馆学生总六百五十员②。每馆定额如后③。西京学生五百五十员:国子馆八十员,太学七十员④,四门馆三百员,广文馆六十员⑤,律馆二十员,书馆、算馆各十员⑥。"又奏:"伏见天宝已前⑦,国学生其数至多,并有员额。至永泰后⑧,西监置五百五十员,东监近置一百员,未定每馆员额。今谨具每馆定额如前。伏请下礼部准格补置⑨。"敕旨:"依。"

【注释】

①元和二年:807年。

②两京:按文意,似应为西监。

③每馆定额如后:按,此节各馆定额颇有差异,据《唐会要》《册府元龟》等改。

④太学七十员:底本作"七十四员"。

⑤广文馆:唐代国子监下属学校。天宝九载(750)始设,置博士及助教,掌教国子监中修习进士课业的学生。

⑥律馆二十员,书馆、算馆各十员:底本作"律馆、算馆各十员"。

⑦伏:敬词。古时臣对君奏言多用之。

⑧永泰:唐代宗李豫的年号(765—766)。

⑨准格:依据规格。准,依据,根据。格,标准,规格。

【译文】

元和二年十二月,上奏:"两京诸馆学生总计六百五十员。每馆定额如后。西京学生共五百五十员:国子馆学生八十员,太学生七十员,四门馆学生三百员,广文馆学生六十员,律馆学生二十员,书馆、算馆学生各十员。"又上奏："伏见天宝以前,国学生数量很多,并有规定名额。到永泰以后,西监置学生五百五十员,东监近来置学生一百员,没有规定每馆员额。今谨开具每馆定额如之前所奏。伏请发下礼部依据规格补置。"敕旨："准依所奏。"

东监

【题解】

此门同上,记录元和二年(807)朝廷规定的东监生徒员额。东监规模小于西监,人数只有西监五分之一。唐朝中后期仍在东都洛阳举行过科考,东监在制度上也同于西监,分国子馆、太学馆、四门馆、广文馆、律馆、书馆、算馆七馆,分馆定额,为在馆生员提供物质保障。其中前四馆培养科举人才,生员以此为主,后三馆培养专门技术人才,人数较少。只要不出监,在馆人员就可以免除食宿之忧。物质保障代替了教育功能,几乎成为国子监在唐朝中后期最有实质性的意义。

　　东监,元和二年十二月,敕东都国子监量置学生一百员①:国子馆十员,太学十五员,四门五十员,律馆十员,广文馆十员,书馆三员,算馆二员。

【注释】

①量置:酌量安置。

【译文】

　　东监,元和二年十二月,朝廷敕令东都国子监酌量安置学生一百员:国子馆学生十员,太学生十五员,四门馆学生五十员,律馆学生十员,广文馆学生十员,书馆学生三员,算馆学生二员。

乡贡

【题解】

此门考辨了古之乡贡和今之乡贡。唐朝进士、明经等的来源分生徒和乡贡。通过官学选拔送考的称"生徒",不由官学而举于州县的称"乡贡"。作者认为古之乡贡虽云乡贡,但贡入太学读书,亦是生徒。睿宗景云以前,优秀人才被贡入国子监读书,考中进士的大都是两监生徒出身,自乡贡者寥寥无几。作者据此认为这是"古之乡贡",而之后乡贡大增,社会重乡贡而轻学校,乡贡举人只是"假名就贡",寄名应考而已,名不副实,已失去古之乡贡之义。对于杨绾恢复古制的建议被搁置,作者殊觉可惜。

　　乡贡里选①,盛于中古乎! 今之所称,盖本同而末异也。今之解送,则古之上计也。汉武帝置五经博士②,博士奉常③,通古今,员数十人。汉置五经而已。太常选民年十八已上好学者④,补弟子⑤。郡国有好文学,敬顺于乡党者,令与计偕,受业太常,如弟子⑥。一岁辄课⑦。通经艺,补文学掌故⑧;上第⑨,为郎⑩;其秀异等,太常以名闻⑪;其下材不事学者,罢之。若等虽举于乡,亦由于学。两汉之制盖本乎周礼者也。有唐贞元已前,两监之外,亦颇重郡府学生,然其时亦由乡里所升,直补监生而已⑫。尔后膏粱之族率以学校为鄙事⑬,若乡贡,盖假名就贡而已⑭。景云之前⑮,乡贡岁二三千人,盖用古之乡贡也。咸亨五年⑯,七世伯祖鸾台凤阁袭石泉公⑰,时任考功员外郎⑱,下覆试十一人⑲,内张守贞一人乡贡⑳。开耀二年㉑,刘思立下五十一人㉒,内雍思泰一人^㉓。永淳二年^㉔，刘廷奇下五十五人^㉕，内元求仁一人^㉖。光宅元年闰七月二十四日^㉗，刘廷奇重试下一十六人，内康庭芝一人^㉘。长安四年^㉙，崔湜下四十一人^㉚，李温玉称苏州乡贡^㉛。景龙元年^㉜，李钦让称定州乡贡附学^㉝。尔来乡贡渐广^㉞，率多寄应者^㉟，故不甄别于榜中。信本同而末异也明矣。大历中^㊱，杨绾疏请复旧章^㊲，贵全乎实。寻亦寝于公族^㊳，垂空言而已。

【注释】

① 乡：基层行政区划名。周制，一万二千五百家为乡。里：古代地方行政组织。自周始，后代多因之，其制不一。

② 五经博士：教授《诗》《书》《易》《礼》《春秋》五经的博士，汉武帝置。

③ 奉常：官名。秦置，掌管天文历法、宗庙礼仪、礼乐祭祀及文化教育等。

④ 太常：官名。西汉景帝中元六年（前144）由奉常改名，掌管宗庙祭祀、文化教育等。两汉时博士属太常，掌管博士及博士弟子的考核选拔。隋唐设太常寺。

⑤ 弟子：指博士弟子。

⑥ "郡国有好文学"几句：郡国中有爱好学习，敬重恭顺于乡里的，命令他们与上计吏一起入京，受业于太常，如同博士弟子。计，计吏，又称上计吏，古代州郡掌管簿籍并负责入京上计的官员。偕，偕同。语出《史记·儒林列传》："公孙弘为学官，悼道之郁滞，乃请曰：'丞相御史言……郡国县道邑有好文学，敬长上，肃政教，顺乡里，出入不悖所闻者，令相长丞上属所二千石，二千石谨察可者，当与计偕，诣太常，得受业如弟子。'"

⑦ 课：考核。

⑧文学掌故：官名。西汉置，太常属官。掌管文学及礼乐制度等典章故事，以备咨询。博士弟子经考试选补。

⑨上第：上等。

⑩郎：郎官泛称，春秋战国至秦有郎中，为君王侍从近官，职责守卫门户、护卫陪从、顾问差遣等。西汉有议郎、中郎、侍郎、郎中、外郎等。郎官因与皇帝关系密切，升迁常多，是士人选官的重要途径。魏晋以来备侍从宿卫选官的郎官制度废除，尚书、中书、门下、秘书、著作等机构所设郎、郎中、侍郎等皆为固定官职。

⑪以名闻：将名字报知朝廷。

⑫直：只不过。监生：国子监学生。

⑬膏粱之族：富贵人家。膏粱，肥肉和细粮。率：一般，大都。

⑭假名：借名。假，借。

⑮景云：唐睿宗李旦的年号（710—711）。

⑯咸亨五年：674年。

⑰七世伯祖鸾台凤阁袭石泉公：指王方庆（？—702），本名王綝，字方庆，谥号贞，雍州咸阳（今属陕西）人。武周宰相。起家越王府参军，累迁太仆少卿、广州都督等，武则天时迁同凤阁鸾台平章事，封石泉公。博学多闻，尤精三礼，著有《礼经正义》《礼杂问答》。鸾台凤阁，即同凤阁鸾台平章事，武周时宰相称号。王方庆是王定保的七世伯祖。按，底本作"七世伯祖鸾台凤阁龙石白水公"，"白水"为"泉"字之讹，"龙"字或系衍文，或为"袭"字之讹。

⑱考功员外郎：官名。隋文帝开皇六年（586）始置，唐沿置，为尚书省吏部考功司副长官，位郎中下，分掌外官考课之事，兼掌贡举。玄宗开元二十四年（736）以贡举事属礼部。

⑲下：取。覆试：重试。起源于东汉顺帝年间。为公平起见，对于有问题的科举考试进行重试，叫"覆试"。

⑳张守贞:咸亨五年(674)登进士第。

㉑开耀二年:682年。开耀,唐高宗李治的年号(681—682)。

㉒刘思立(? —约682):宋州宁陵(今属河南)人。高宗时为侍御史,迁考功员外郎。调露二年(680),奏请进士科加试帖经与杂文两道,取熟识文律、文艺出众者,然后方能试策。

㉓雍思泰:开耀二年(682)登进士第。

㉔永淳二年:683年。

㉕刘廷奇:据陈尚君《登科记考补正》考,永淳二年(683)知贡举者应为贾大隐,非刘廷奇。刘廷奇于光宅元年(684)和垂拱元年(685)知贡举。

㉖元求仁:永淳二年(683)登进士第。

㉗光宅元年:684年。光宅,武则天年号(684)。

㉘康庭芝:武则天光宅元年(684)登进士第,曾任洛州士曹参军、河阴令,迁祠部员外郎。工诗。

㉙长安四年:704年。长安,武则天的年号(701—704)。

㉚崔湜:唐朝宰相。曾任考功员外郎。见本卷"两监"门注。

㉛李温玉:长安四年(704)登进士第,曾任相王府文学。苏州:州名。唐武德四年(621)置,治吴县(今江苏苏州)。

㉜景龙元年:707年。景龙,唐中宗李显的年号(707—710)。

㉝李钦让:景龙元年(707)登进士第。定州:州名。唐武德四年(621)改高阳郡为定州,治安喜县(今河北定州)。

㉞尔来:从那时以来。

㉟寄应:寄名应考。

㊱大历:唐代宗李豫的年号(766—779)。

㊲杨绾(wǎn,约718—777):字公权,谥文简,华州华阴(今属陕西)人。天宝十三载(754)制举第一。累迁中书舍人、礼部侍郎。官至中书侍郎、同平章事。为人清正公直,以品德著称。曾向唐代

宗上疏奏陈贡举的弊端,认为贡举争尚文辞,华而不实,争名逐
利,败坏风俗,请求废除贡举,恢复古制,选取真正贤良仁德之人。
不果。

㊳寻:不久。寝:停止,废止。

【译文】

乡贡里选的制度,兴盛于中古啊! 现今所说的乡贡,与古制本原相
同而末节各异。现今所谓解送,就是古时候的上计。汉武帝设置五经博
士,博士属奉常,通晓古今,人数有数十名。汉朝只置五经博士而已。太常选拔
民众中十八岁以上爱好学习的,补为博士弟子。郡国中有爱好学习,敬
重恭顺于乡里的,命令他们与上计吏一起入京,受业于太常,如同博士弟
子。一年考核一次。能够贯通一经的,补为文学掌故之官;考核为上等
的,为郎官;特别优秀的,太常将他们的名字报知朝廷;低劣之才不事学
习的,免退。各等人才虽然由乡里举荐,但也是由学校出身。两汉乡贡
的制度大略本自周礼。唐贞元以前,除东西两监之外,也很看重郡府官
学的学生,然而那时也是由乡里举荐,只是补为国子监学生而已。之后
富贵人家大都以出身学校为鄙陋之事,至于乡贡,是假借名义获得贡举
而已。景云年间之前,乡贡每年有二三千人,用古时候的乡贡之义。咸
亨五年,我的七世伯祖宰相石泉公,当时担任考功员外郎,覆试取了十一
人,其中只有张守贞一人为乡贡。开耀二年,刘思立所取五十一人,只有
雍思泰一人为乡贡。永淳二年,刘廷奇所取五十五人,只有元求仁一人
为乡贡。光宅元年闰七月二十四日,刘廷奇重试取了十六人,只有康庭
芝一人为乡贡。长安四年,崔湜所取四十一人,只有李温玉称是苏州乡
贡。景龙元年,李钦让称是定州乡贡附学生。从那时以来,乡贡范围渐
广,大多是寄名应考的,因此不再在及第者榜中加以区别。确实本源相
同而末节各异,这是明显的。大历年间,杨绾上疏请求恢复原来的荐举
制度,以保全实质为贵。不久就被权贵们废止了,只留下空言而已。

广文

【题解】

此门介绍国子监中广文馆的设置与兴废。玄宗开元、天宝之际，乡贡兴而生徒衰，人人竞趋乡贡取解而不入学。为了吸引士人进入官学，朝廷于天宝九载（750）增设广文馆，选宿学鸿儒为师，专门培养进士人才，以提高国子监生徒在进士考试中的竞争力。广文馆作为官学的激励手段而生，并未能力挽狂澜，振兴日渐衰微的官学。重乡贡、轻生徒的局面难以改变，广文馆生徒也往往不受重视。杜甫写给广文馆博士郑虔的诗中说："广文先生官独冷。"（《醉时歌》）虽然说的是广文馆老师，但广文馆的地位也可想而知了。

天宝九年七月①，诏于国子监别置广文馆，以举常修进士业者②，斯亦救生徒之离散也。始其春官氏擢广文生者③，名第无高下④。贞元八年⑤，欧阳詹第三人⑥，李观第五人⑦。迩来此类不乏⑧。暨大中之末⑨，咸通、乾符以来⑩，率以为末第。或曰：乡贡，宾也；学生，主也。主宜下于宾，故列于后也。大顺二年⑪，孔鲁公在相位⑫，思矫其弊，故特置吴仁璧于蒋肱之上⑬。明年，公得罪去职，及第者复循常而已。悲夫！

【注释】

①天宝九年：750年。

②以举常修进士业者：以拔举国子监中常修进士课业的士人。指聚集国子监中修习进士课业的人，由广文馆统一授业，举荐应试。

③春官氏：礼部。武则天光宅元年（684）改礼部为春官，此后春官

便成为礼部的别称。开元二十四年（736）后贡举归礼部掌管。

④名第：科举考试中的名次等第。

⑤贞元八年：792年。

⑥欧阳詹（约759—约801）：字行周，泉州晋江（今福建泉州）人。德宗贞元八年（792）与韩愈同榜登进士第。一生落魄，官终国子监四门助教。古文运动的早期创作者，颇有文名，与韩愈、柳宗元等交往。著有《欧阳詹集》。

⑦李观（766—794）：字元宾，陇西成纪（今甘肃秦安）人。德宗贞元八年（792）与韩愈、欧阳詹等同榜登进士第，又举博学宏词科，授太子校书郎。不久卒。博学善属文，提倡文学复古，与韩愈、孟郊等交好。著有《李观集》。

⑧迩（ěr）来：此后，从那时以来。

⑨暨（jì）：至，到。大中：唐宣宗李忱的年号（847—860）。

⑩咸通：唐懿（yì）宗李漼（cuǐ）的年号（860—874）。乾符：唐僖宗李儇（xuān）的年号（874—879）。

⑪大顺二年：891年。大顺，唐昭宗李晔（yè）的年号（890—891）。

⑫孔鲁公：孔纬（约830—895），字化文，鲁郡曲阜（今属山东）人。唐朝宰相。大中十三年（859）状元及第。历校书郎、监察御史、考功员外郎、翰林学士、中书舍人、户部侍郎等。僖宗光启年间，拜中书侍郎、同中书门下平章事。昭宗即位，进司徒，封鲁国公。大顺中以事贬均州刺史。后复拜相，不久卒。

⑬吴仁璧（？—901）：字廷宝，吴郡（今江苏苏州）人。大顺二年（891）进士，入浙谒钱镠（liú），累辟不肯就，被杀。《全唐诗》存诗十一首。蒋肱（gōng）：袁州宜春（今属江西）人。大顺二年（891）进士。唐末居荆南节度使成汭幕。《全唐诗》存诗一首。

【译文】

天宝九载七月，皇帝下诏在国子监中另外设置广文馆，以拔举国子监中常修进士课业的士人,这也是为挽救生徒离散的局面。起初礼部在选拔广文馆出身的进士时,并无名次等第的高低。贞元八年,欧阳詹中第三名进士,李观中第五名进士。此后也不乏类似事例。到大中末年,咸通、乾符以来,大都把广文馆出身的进士列为末等。有人说:乡贡,是宾客;广文馆学生,是主人。主人理应列于宾客之下,因此登第的名次列于乡贡之后。大顺二年,鲁国公孔纬做宰相,想要矫正这个弊端,故而特意将广文馆学生吴仁璧列于乡贡蒋肱之上。第二年,孔纬因罪被免去宰相之职,进士及第的名次又恢复常例。可悲呀!

两都贡举

【题解】

此门叙述唐代宗时两都贡举制度的兴废。武则天时以洛阳为政治中心,已有东西两都同时贡举。代宗之后,文宗时亦有东都贡举,因此亦非代宗大历十一年(776)后不置。著名诗人杜牧就是文宗大和二年(828)在东都洛阳考中进士,在《及第后寄长安故人》诗中写:"东都放榜未花开,三十三人走马回。"武则天时东都贡举出于政治目的,代宗后东都贡举大多出于经济原因,"以京师米贵,遂分两京集举人"(《唐会要》卷七六《贡举》)。须注意的是东都考试及第后仍需回长安,到吏部应关试。

永泰元年①,始置两都贡举②,礼部侍郎官号皆以"知两都"为名③,每岁两地别放及第④。自大历十一年停东都贡举⑤,是后不置。

【注释】

①永泰元年:765年。

②两都贡举:指在西京长安和东都洛阳同时进行科举考试。贡举,

原指地方向中央举荐人才,此指科举。

③礼部侍郎:官名。尚书省礼部的副长官。隋炀帝大业三年(607)
　始置,武则天光宅元年(684)改称春官侍郎,后复旧。辅佐礼部尚
　书掌管礼仪祭祀、学校教育等,开元二十四年(736)后兼掌贡举。

④别放及第:分别放榜公示及第进士名单。放,放榜。

⑤大历十一年:776年。

【译文】

　　永泰元年,始设置东西两都同时进行贡举,主考官礼部侍郎的官号
都加以“知两都”之名,每年两地分别放榜公示及第进士名单。从大历
十一年开始停止东都贡举,此后不再设置。

试杂文

【题解】

　　此门叙述进士考试加试杂文的由来。进士考试初只试策,太宗贞
观八年(634)加试经、史,高宗调露二年(680),考功员外郎刘思立奏请
加试帖经与杂文,永隆二年(681)朝廷颁布《条流明经进士诏》,明确进
士加试杂文两篇,以提高及第者的文化水准。起初杂文种类不定,诗赋
箴表铭颂皆有,开元、天宝年间逐渐专用诗赋。杂文在进士考试中的分
量日益提高,甚至第一场帖经考试不合格,还可以用试诗放过,称为“赎
帖”。及第者中的文学之士大大增加。此后基于选拔人才的需要,历朝对
进士录取中杂文和试策的侧重各有不同,但推崇文学已经成为社会风尚。

　　进士科与俊、秀同源异派,所试皆答策而已①。两汉之
制,有射策、对策。二义者何?射者,谓列策于几案,贡人以
矢投之,随所中而对之也。对则明以策问授其人,而观其臧
否也②。如公孙弘、董仲舒③,皆由此而进者也。有唐自高祖

至高宗,靡不率由旧章④。垂拱元年⑤,吴师道等二十七人及第后⑥,敕批云:"略观其策,并未尽善。若依令式⑦,及第者唯只一人。意欲广收其材,通三者并许及第⑧。"后至调露二年⑨,考功员外刘思立奏请加试帖经与杂文⑩,文之高者放入策⑪。寻以则天革命⑫,事复因循⑬。至神龙元年⑭,方行三场试⑮,故常列诗赋题目于榜中矣。

【注释】

①答策:回答策问。策,古代考试,以经义或政事等设问,书之于策。

②臧否(zāng pǐ):好坏善恶。臧,好,善。否,坏,恶。

③公孙弘(前200—前121):字季,谥献侯,齐地菑川薛县(今山东滕州南)人。汉武帝丞相。据《汉书·公孙弘传》载:"时对者百余人,太常奏弘第居下。策奏,天子擢弘对为第一。"曾建议设五经博士,置弟子员,考其优者为官,大大推广了儒学发展。历任左内史、御史大夫、丞相,封平津侯。著有《公孙弘》。董仲舒(前179—前104):广川(今河北景县)人。西汉哲学家、今文经学家。据《汉书·董仲舒传》载:"武帝即位,举贤良文学之士前后百数,而仲舒以贤良对策焉。"曾任江都王相、胶西王相,后辞官归乡。董仲舒提出"天人感应""大一统"等重要理论,主张"罢黜百家,独尊儒术",建立以"三纲五常"为核心的儒家伦理政治体系,影响中国古代社会两千多年。著有《春秋繁露》《天人三策》《士不遇赋》等。

④率由旧章:沿用旧日典章。率由,遵循,沿用。

⑤垂拱元年:685年。垂拱,武则天的年号(685—688)。

⑥吴师道:一作吴道师,邺县(今河北临漳)人。一说渤海(今山东滨州)人。垂拱元年(685)状元及第。历任司勋员外郎、户部郎

中、吏部侍郎等职。善属文,《文苑英华》收《贤良方正策对》五道。

⑦令式:章程,程式。进士试策,五道全通者为甲第,通四道以上为乙第。

⑧通三:指能通过策问三道。

⑨调露二年:680年。按,调露在垂拱之前,此曰"后至",疑误。

⑩帖经:唐代科举考试的内容之一。《文献通考·经籍考》:"帖经者,以所习经,掩其两端,中间惟开一行,裁纸为帖。凡帖三字,视时增损,可否不一,或得四、得五、得六者为通。"

⑪文之高者放入策:文章考高等者才能准予试策。《新唐书·选举志上》:"永隆二年,考功员外郎刘思立建言:'明经多抄义条,进士唯诵旧策,皆亡实才,而有司以人数充第。'乃诏自今明经试帖粗十得六以上,进士试杂文二篇,通文律者然后试策。"

⑫则天革命:指武则天改唐为周。革命,变革天命,古代认为王者受命于天,改朝换代谓之"革命"。

⑬因循:拖延。

⑭神龙元年:705年。神龙,唐中宗李显的年号(705—707)。

⑮三场试:指进士考试考帖经、杂文、时务策三场。

【译文】

　　进士科与俊士科、秀才科同出一源而流派不同,所考试的内容都是答策而已。两汉时的制度,有射策、对策。两者是什么意思? 射策,是列策于几案之上,贡举之人用箭投射,根据所射中的策问而进行对答。对策则是公开把策问交予贡举之人,考察他们对答的好坏得失。如公孙弘、董仲舒,都由对策而进身。唐朝自高祖至高宗,无不沿用旧规。垂拱元年,吴师道等二十七人进士及第后,皇帝敕批说:"大略查看这些答策,并不完美。如果依照章程,能及第者只有一人。朝廷意欲广收人才,因此能通过三道策问的都准予进士及第。"调露二年,考功员外郎刘思立奏请进士考试中加试帖经和杂文,文章考高等的才能准予试策。不久因为武则天改唐为周,事情拖延下来。到神龙元年,才实行帖经、杂文、试策三场考试,因此常将诗赋题目列于榜中。

朝见

【题解】

　　此门叙述贡士在考试前朝见天子的源流兴衰。唐朝举子取解后,作为地方"上贡"之一,和各地特色产物一起随地方官府派出的朝集使入京朝见天子,即"统序科第"门所言"随物入贡"。举子一般于十月二十五日至京,十一月一日于含元殿朝见。安史之乱后地方州府不再派朝集使进京,也就不再有举人朝见天子之礼。建中元年(780),德宗在宣政殿接见朝集使和贡士,恢复旧典,颇有中兴之象,但是不久后四镇之乱和泾原兵变接连爆发,德宗仓皇出逃奉天,朝见之礼再次荒废。

　　国朝旧式①,天下贡士十一月一日赴朝见。长寿二年②,拾遗刘承庆上疏③:"请元日举人朝见④,列于方物之前⑤。"从之。见状,台司接览⑥,中使宣口敕慰谕⑦。建中元年十一月⑧,朝集使及贡士见于宣政殿⑨。兵兴已来⑩,四方不上计,内外不会同者⑪,二十五年矣⑫。今计吏至一百七十三人矣。仍令朝集使每日二人待制⑬。

【注释】

①旧式:旧例,惯例。

②长寿二年:693年。长寿,武则天的年号(692—694)。

③刘承庆:底本作"刘承之",据《通典》《唐会要》等改。刘承庆,官左拾遗、太常博士。

④元日：正月初一。

⑤方物：本地土产。嵇康《答难养生论》："犹九土述职，各贡方物，以效诚耳。"

⑥台司：三公等宰辅大臣。羊祜《让开府表》："臣昨出，伏闻恩诏，拔臣使同台司。"李善注："台司，三公也。"接览：接待考察。

⑦中使：宫中派出的使者。多指宦官。口敕：口头诏令。白居易《缭绫》诗："去年中使宣口敕，天上取样人间织。"

⑧建中元年：780年。建中，唐德宗李适的年号（780—783）。

⑨朝集使：官名。隋唐置，为外官入朝参朝班者统称。唐玄宗开元八年（720）定制。地方官员每年入京纳贡，汇报地方行政及官员考课情况。参见"统序科第"门注。宣政殿：唐代长安城大明宫中的第二大殿，皇帝日常听政之处。

⑩兵兴已来：此指安史之乱以来。

⑪会同：古代诸侯朝见天子的通称。潘岳《上客舍议》："方今四海会同，九服纳贡。"

⑫二十五年：从天宝十四载（755）爆发安史之乱，到建中元年（780），凡二十五年。

⑬待制：等待诏命。《资治通鉴》载唐德宗建中元年："十一月，初令待制官外，更引朝集使二人，访以时政得失，远人疾苦。"

【译文】

国朝旧例，天下贡士于十一月一日入宫朝见天子。长寿二年，拾遗刘承庆上疏说："请求让各地贡士于正月初一日朝见天子，列置于各地土产贡物之前。"皇帝下令依从。见到贡士之后，宰辅大臣接待考察，宫中使者宣读皇帝的口头诏令以抚慰晓谕。建中元年十一月，各地朝集使和贡士在宣政殿朝见天子。自从安史之乱以来，各地不上京汇报，内外不会同朝见，已经二十五年了。现今各地上计吏已经有一百七十三人。仍令朝集使每天二人等待诏命。

谒先师

【题解】

此门录自开元年间唐玄宗敕令贡士到国子监谒见孔子的诏书。《唐大诏令集》题作《令明经进士就国子监谒先师敕》,《全唐文》题作《优礼诸州乡贡明经进士诏》。玄宗敕令举子们在朝见天子之后,要到国子监拜谒先师,并要求中央官员和地方朝集使并往观礼。将谒先师作为隆重的文化政治典礼来举行,除了重学尊师,表明朝廷对儒家的尊崇和对举子的重视之外,还是提高国子监地位,将官学纳入科举制度的一大举措。不过朝见之礼和国子监在天宝之后均已荒毁,谒先师也不再是科举考试中的"常式"了。

开元五年九月①,诏曰:"古有宾献之礼②,登于天府③,扬于王庭④。重学尊师,兴贤进士,能美风俗,成教化,盖先王之彝焉。朕以寡德,钦若前政⑤,思与子大夫复臻于理⑥,故他日访道⑦,有时忘殆⑧;乙夜观书⑨,分宵不寐⑩。悟专经之义⑪,笃学史之文。永怀覃思⑫,有足尚者,不示褒崇,孰云奖劝! 其诸州乡贡明经、进士,见讫⑬,宜令引就国子监谒先师⑭,学官为之开讲,质问其义⑮。宜令所司优厚设食。两馆及监内得举人亦准⑯。其日,清资官五品已上及朝集使往观礼⑰,即为常式⑱。《易》曰⑲:'学以聚之,问以辩之⑳。'《诗》曰㉑:'如切如磋,如琢如磨㉒。'此朕所望于贤才也㉓。"

【注释】

①开元五年:717年。

②宾献:献贡。引申为向朝廷贡献人才。

③天府:官署名。唐朝天府院为太常寺所领四院之一,掌管收藏瑞
　　应及珍宝,宗庙大祭则陈列于庭。

④王庭:朝廷。

⑤钦若:敬顺。

⑥子大夫:古代国君对大臣的美称。臻(zhēn):达到。理:治。引申
　　为安定。

⑦他日:往日,昔日。

⑧飱(cān):同"餐"。

⑨乙夜:二更时候,约为夜间九十点。胡三省注《资治通鉴》:"夜有
　　五更:一更为甲夜,二更为乙夜,三更为丙夜,四更为丁夜,五更为
　　戊夜。"

⑩分宵:半夜。寐:睡。

⑪专经:本指专习某一经或某几经。此指儒家经典。

⑫覃(tán)思:深思。

⑬见讫:指朝见天子之后。讫,了。

⑭先师:指孔子。

⑮质问:询问诗书大义以正其是非。

⑯两馆:指弘文馆与崇文馆,唐代中央国学"六学二馆"之二馆。弘
　　文馆原名修文馆,创置于唐高祖武德四年(621)。崇文馆原名崇
　　贤馆,创置于唐太宗贞观十三年(639)。两馆皆置学士,掌校正
　　图籍,教授生徒,依照国子监,选拔学生参加科举考试。

⑰清资官:谓资品显要又有清誉的官。

⑱常式:固定的制度。

⑲《易》:《周易》,又名《易经》。本是商末周初人们用来占卜算卦
　　的方法,旧说为周文王姬昌所作。后加之以《文言》《象传》《彖
　　传》等十篇《易传》,汉武帝立入五经学官。唐代为九经之一。

⑳学以聚之,问以辩之:君子靠学习来积累知识,靠多向别人发问请

教来辨决疑难。辩，通"辨"，辨明裁决。语出《周易·乾·文言》。

㉑《诗》：《诗经》。我国第一部诗歌总集，收集和保存了商代到春秋中期以前的三百零五篇诗歌。由孔子编定。唐代九经之一。

㉒如切如磋，如琢如磨：比喻君子研究学问和培养品德要精益求精。语出《诗经·卫风·淇奥》。

㉓贤才：底本作"习才"，据《册府元龟》《唐大诏令集》等改。

【译文】

开元五年九月，玄宗皇帝下诏说："古时候有向朝廷贡献人才的礼制，选拔入天府，扬名于朝廷。重视学习、尊重师长，拔擢贤能举荐士人，能使风俗变好，教化成功，这是先王之道。朕因为德薄，敬顺前王的惠政，想和诸位大臣重新使天下大治，因此往日访求大道，有时忘记进餐；深宵读书，经常半夜不睡。体悟经典的大义，专研史学的文理。长怀深思，其中有足堪崇尚者，如果不对这些加以褒扬推崇，怎么还能称得上奖赏劝勉呢！诸州贡举入京应明经、进士试者，朝见天子之后，应带领他们到国子监拜谒先师，学官为他们讲解经典，质询其中的大义。应令有关官署置备丰厚的饮食。两馆及国子监内被贡举的学生也准此办理。当天，五品以上的清资官和朝集使前往观礼，以此作为固定制度。《周易》中说：'学以聚之，问以辩之。'《诗经》中说：'如切如磋，如琢如磨。'这是朕期望于众位贤才的。"

进士归礼部

【题解】

此门叙述因为举子李权对主考官李昂的攻讦，进士考试从由吏部考功员外郎主持，改由礼部侍郎主持。唐初科举由吏部考功司主管，考功员外郎主持，而随着科举日益重要，举子日益增多，士人自成朋党，喧嚣纷吵，权贵频繁插手，请托横行，科举事务变得繁难异常，官小位轻的考功员外郎无力应对,朝廷已经开始重视提高贡举主司的地位。即使没有李权与李昂的纠纷事件,将科举考试机关与官员铨选机关分开,提高主考官的地位也势在必行。本门末"论曰"一段,是作者的评论。作者认为唐高宗、武则天时期生徒重于乡贡,两监进士都是道德学问之交,令人向往,而后来学校荒废弛,举人们只是群居瓦合之徒而已。特别是李权和李昂因为举场矛盾而互相攻击,更令作者感叹交友须谨慎。其实无论是学校荒废还是考场纠纷,其实大都是制度问题,并不全如作者所言,都归结于道德问题。

俊、秀等科,比皆考功主之①。开元二十四年②,李昂员外性刚急③,不容物,以举人皆饰名求称④,摇荡主司⑤,谈毁失实⑥,窃病之而将革焉⑦。集贡士,与之约曰:"文之美恶悉知之矣,考校取舍存乎至公,如有请托于时,求声于人者,当首落之⑧。"既而昂外舅常与进士李权邻居相善⑨,乃举权于昂。昂怒,集贡人,召权庭数之⑩。权谢曰⑪:"人或猥知⑫,窃闻于左右⑬,非敢求也。"昂因曰:"观众君子之文,信美矣。然古人云:'瑜不掩瑕,忠也⑭。'其有词或不典⑮,将与众评之,若何?"皆曰:"唯公之命!"既出,权谓众曰:"向之言⑯,其意属吾也。吾诚不第决矣,又何藉焉⑰!"乃阴求昂瑕以待之。异日会论,昂果斥权章句之疵以辱之⑱。权拱手前曰⑲:"夫礼尚往来,来而不往,非礼也⑳。鄙文不臧,既得而闻矣。而执事昔有雅什㉑,尝闻于道路,愚将切磋,可乎?"昂怒而嘻笑曰:"有何不可!"权曰:"'耳临清渭洗㉒,心向白云闲。'岂执事之词乎?"昂曰:"然。"权曰:"昔唐尧衰耄㉓,厌倦天下,将禅于许由㉔,由恶闻,故洗耳。今天子春秋鼎盛^㉕，不揖让于足下^㉖，而洗耳，何哉？"是时国家宁谧^㉗，百寮畏法令，兢兢然莫敢蹉跌^㉘。昂闻惶骇，蹶起^㉙，不知所酬，乃诉于执政^㉚，谓权风狂不逊^㉛。遂下权吏^㉜。初，昂强愎^㉝，不受嘱请，及是，有请求者，莫不允从。由是庭议以省郎位轻^㉞，不足以临多士^㉟，乃诏礼部侍郎专之矣。

【注释】

①比：先前，以前。《吕氏春秋·先识览·先识》："臣比在晋也，不敢直言。"

②开元二十四年：736年。

③李昂：开元二年（714）状元及第，开元九年（721）登拔萃科。开元二十四年（736）任考功员外郎，知贡举，为举人所讼。工诗，著有《赋戚夫人楚舞歌》等。

④饰名求称：故意做作，谋取美名，博得称赞。

⑤摇荡：撼动，摇动。主司：主考官。

⑥谈毁：评论毁誉。

⑦病：不满。

⑧落：除名，黜落。

⑨外舅：岳父。常：通"尝"，曾经。李权：事迹未详。

⑩数（shǔ）：数落，责备。

⑪谢：谢罪，道歉。

⑫猥知：谬知。猥，谦辞，犹言辱，指他人对自己降低身份。杜甫《奉赠韦左丞丈二十二韵》："每于百僚上，猥诵佳句新。"

⑬窃：私下。左右：敬称。不直称对方，而称其左右执事者，表示尊敬。《史记·张仪列传》："是故不敢匿意隐情，先以闻于左右。"

⑭瑜不掩瑕，忠也：语出《礼记·聘义》："瑕不掩瑜，瑜不掩瑕，忠

也。"优点掩盖不了缺点,这是忠实。忠,忠实,真实。

⑮不典:不合准则。

⑯向:刚才。

⑰藉:顾念,顾惜。

⑱章句:文章诗句。

⑲拱:拱手作礼。

⑳"夫礼尚往来"几句:出自《礼记·曲礼上》:"礼尚往来。往而不来,非礼也;来而不往,亦非礼也。"

㉑执事:敬称。不直称对方而称其管事之人。雅什:高雅的诗文。常用作对他人诗文的美称。古时文章以十篇为一卷,名曰"什",借指诗文篇章。

㉒清渭:清澈的渭水。渭水,在今陕西中部,源出甘肃渭源西南鸟鼠山,横贯陕西渭河平原,在潼关入黄河。古以为泾浊渭清,是谓"清渭"。

㉓唐尧:即尧。祁姓,名放勋,封于唐,故称陶唐氏、唐尧。传说中父系氏族社会后期部落联盟领袖。相传曾设官掌管时令,观测天象,制定历法,治理水患。晚年禅位于舜。为古代贤君的代表。衰耄(mào):衰老。耄,八、九十岁,泛指老年。

㉔许由:一作许繇。相传尧要将君位让给他,他逃到箕山下,农耕而食。尧又请他做九州长,他到颍水边洗耳,表示不愿听到。死后葬于箕山(今河南登封东南)。

㉕春秋鼎盛:指年富力强,正当壮年。春秋,年龄。

㉖揖让:禅让,让位于贤。

㉗宁谧(mì):安定平静。

㉘兢兢然:小心谨慎貌。蹉跌:失足跌倒。喻指犯过失。

㉙蹶起:跌倒后站起。

㉚酬:对答,应答。

㉛风狂不逊：疯狂无礼。

㉜下权吏：将李权交司法官吏审讯。

㉝强愎（bì）：刚愎，倔强固执。

㉞庭议：朝廷议事。省郎：中枢各省的郎官。此指吏部考功员外郎。

㉟临：面对，管理。多士：众多贤士。此指众多贡士。《诗经·大雅·文王》："济济多士，文王以宁。"

【译文】

俊士、秀才等科目，以前都由吏部考功员外郎主持。开元二十四年，李昂员外性情刚直急躁，不能容人，因贡举的士人往往矫饰声名谋求时誉，动摇主考官的心志，评论毁誉都与事实不符，私下对此不满而想要改变。李昂召集贡士，和他们约定："你们文章的好坏我都已经知道了，考试的录取和舍弃在于公正之心，如果有这时候来请托，向人谋取名声的，定当首先黜落。"不久，李昂的岳父因为曾和考进士的李权比邻而居，关系亲善，便在李昂面前举荐李权。李昂恼怒，集合贡士，召来李权当庭数落。李权道歉说："有人谬赞我，私下将我的情况告诉了您，并不是我敢有所请求。"李昂于是说："观览众君子的文章，的确很好。然而古人说：'优点掩盖不了缺点，这是忠实。'如果有文辞不合准则的，打算与诸位一起评论，怎么样？"大家都回答："我们都听您的命令！"出来之后，李权对众人说："刚才的话，意思是针对我的。我这次落第真是确凿无疑了，又有什么可顾惜的呢！"于是暗地里搜求李昂的错处以等待机会。他日，众人集会评论文章，李昂果然指斥李权文章诗句里的瑕疵来羞辱他。李权拱手上前说："礼尚往来，来而不往，非礼也。我的文章不好，已经听闻指教了。而您昔日有高雅的诗篇，我曾经在众人口中听到过，我想与您就此切磋，可以吗？"李昂怒极反笑道："有什么不可以的！"李权说："'耳临清渭洗，心向白云闲。'是您的诗句吧？"李昂说："是的。"李权说："古时候唐尧年迈体衰，厌倦治理天下，想要禅位给许由，许由不愿意听到这种话，因此洗耳。当今天子年富力强，并不想禅位给您，而您洗耳，是为什么呢?"当时国家安定,百官敬畏法令,小心谨慎不敢犯错。李昂听到李权的诘问之后惶恐惊骇,跌倒后站起,不知道该怎么回答,于是向执政官员控诉,说李权疯狂无礼。李权于是被交给司法官吏审讯。起初,李昂倔强固执,不接受别人的嘱托请求,至此之后,凡有请求者,无不允诺。因此朝廷商议,因为吏部考功员外郎官小位轻,不足以管理众多贡士,于是下诏由礼部侍郎专掌贡举之事。

　　论曰①:永徽之后,以文儒亨达,不由两监者稀矣。于时场籍②,先两监而后乡贡。盖以朋友之臧否③,文艺之优劣,切磋琢磨,匪朝伊夕④,抑扬去就,与众共之。有如赵、邵、萧、李,赵骅、邵轸、萧颖士、李华⑤。娄、郭、苑、陈,娄师德、郭元振、苑咸、陈子昂⑥。靡不名遂功成,交全分契⑦。洎乎近代⑧,厥道浸微⑨,玉石不分,薰莸错杂⑩。长我之望殊缺,远方之来亦乖⑪。止谓群居,固非瓦合⑫?是知生而知之者,性也;学而知之者,习也。浑金璞玉,又何追琢之劳乎⑬?潢污行潦⑭,又何板筑之置乎⑮?纻衣之献⑯,彼迹疏而道亲也;画龙之刓⑰,斯面交而心贼也。后之进者,定交择友,当问道之何如。

【注释】

①论:论赞。附在史传后面的评语。司马迁《史记》称"太史公曰",班固《汉书》、范晔《后汉书》皆称"赞",陈寿《三国志》称"评",荀悦《汉纪》称"论",谢承《后汉书》称"诠",其他或称"序",或称"议",或称"述",名称不一。刘知幾《史通·论赞》总称为"论赞"。论赞是古代史家撰述的一种格式,用以辩论得失,展示褒贬。《唐摭言》卷中和卷末有"论""赞"二十余条,申明大

　　义所在和自己撰书的目的。

②场籍:科场的考生名册。

③臧否:褒贬,评价。

④匪朝伊夕:非一朝一夕。匪,同"非"。

⑤赵骅、邵轸、萧颖士、李华:参见本卷"两监"门注。

⑥娄师德(630—699):字宗仁,谥号贞,郑州原武(今河南原阳)
　　人。唐朝宰相、名将。进士出身。起家江都县尉,累迁至监察御
　　史。从军有功,授殿中侍御史、河源军司马,主持屯田,成效卓著。
　　迁左金吾将军、检校丰州都督。武则天时期两次拜相。郭元振:
　　参见"两监"门注。苑咸:生卒年不详,京兆(今陕西西安)人,
　　一说成都(今属四川)人。玄宗开元中进士及第,为李林甫主书
　　记。预修《唐六典》,拜司经校书。天宝中任考功郎中、知制诰,
　　转中书舍人。官终永阳太守。曾与王维交游唱和,精通梵文、禅
　　理。著有《苑咸集》。《全唐诗》存诗二首。陈子昂(661—702):
　　字伯玉,梓州射洪(今属四川)人。初唐著名诗人。少时任侠尚
　　气,后发愤苦读,登进士第。武则天时,为右拾遗。后因进言频繁
　　被贬职。辞官回乡,被诬下狱,忧愤而死。于诗提倡汉魏风骨,反
　　对齐梁以来的绮丽风格。诗风刚劲有力,慷慨苍凉。著有《陈伯
　　玉集》。

⑦交全分契:交谊保全,情分投合。契,合。

⑧洎(jì):至,到。

⑨浸(jìn)微:逐渐衰微。浸,逐渐。

⑩薰莸(yóu):香草和臭草。比喻善恶好坏。薰,香草。莸,臭草。

⑪乖:背离,不和谐。

⑫固:岂,乃。表示反诘。瓦合:凑合在一起的破瓦。比喻临时凑
　　合,虽曰聚合而不齐同。

⑬追(duī)琢:雕琢。追,通"雕",雕琢。

⑭潢（huáng）污行潦（lǎo）：泛指积水。潢，积水池。污，池塘。行潦，道路上的积水。语出《左传·隐公三年》：“潢污行潦之水，可荐于鬼神，可羞于王公。”比喻只要彼此诚信相待，潢污行潦之水也可用于祭祀结盟，不需隆重的仪式。

⑮板筑：筑墙的工具。板，夹墙的板。筑，捣土的杵。古时候筑土墙，以两板相夹，填土于其中，用杵捣实。泛指土木建筑。

⑯纻（zhù）衣之献：子产献给季札纻衣。比喻朋友交谊，轻物而重义。据《左传·襄公二十九年》：“（吴公子季札）聘于郑，见子产，如旧相识，与之缟带，子产献纻衣焉。”纻衣，苎麻所织之衣。

⑰画龙之劾：萧望之弹劾韩延寿画龙。比喻互相攻击陷害。据《汉书·韩延寿传》，西汉萧望之弹劾韩延寿僭越不道，“治饰兵车，画龙虎朱爵”，韩延寿也弹劾萧望之行为不法。汉宣帝下公卿廷议，众人皆以为韩延寿罪证确凿，韩延寿因此被杀。按，“劾”底本作“效”，依他本改。

【译文】

论曰：高宗永徽年间以后，以文学儒士身份而亨通顺达的，不由两监出身的很少。那时候的科举名册，都先列两监生徒而后列乡贡举人。以朋友的褒贬评价，和文艺的高低优劣，互相切磋琢磨，非一朝一夕，在世道上沉浮进退，也都和众人一起。如赵、邵、萧、李，赵骅、邵轸、萧颖士、李华。娄、郭、苑、陈，娄师德、郭元振、苑咸、陈子昂。无不功成名就，交谊保全而情分投合。到了近代，此道逐渐衰微，美玉和顽石不分，香草和臭草错杂。能长引我景仰瞻望的人太少，而远方来客也不投契。只能称作群居，难道不是瓦合？由此而知生来就知道的，是天性；学习才知道的，是习性。本性纯美如浑金璞玉，又何劳刻意雕琢？潢污行潦也可用来结盟定交，又何必设置墙屋？子产献给季札纻衣，他们交往虽少而道义相亲；萧望之弹劾韩延寿画龙，这是面上交往而内心毒害。后来的人，在选择朋友结交的时候，应当了解对方的道义如何。

卷二

京兆府解送

【题解】

此门叙述京兆府解送中的"等第"始末。唐代京兆府举送在科举中占据特殊地位,即卷一"两监"门所说"以京兆为荣美"。京兆府选送前十名升入礼部再试,称为"等第"。等第的录取率极高,甚至不问贤愚全部录取,如身在等第而被黜落未及第,就被称为怪事。柳宗元在《送辛生下第序略》中写道:"京兆尹岁贡秀才,常与百郡相抗。登贤能之书,或半天下。取其殊尤以为举首者,仍岁皆上第,过而就黜,时谓怪事,有司或不问能否而成就之。"和本门所言一致,说明了京兆府等第之煊赫。京兆府等第因为在科举中的特殊地位,往往被士人争夺,时多弊病,因此常常废置又重置。

神州解送^①,自开元、天宝之际,率以在上十人,谓之等第,必求名实相副,以滋教化之源。小宗伯倚而选之^②,或至浑化^③,不然,十得其七八。苟异于是,则往往牒贡院请落由^④。暨咸通、乾符,则为形势吞嚼临制^⑤,近同及第^⑥,得之者互相夸诧⑦,车服侈靡,不以为僭⑧;仍期集人事⑨,贞实之士不复齿⑩。所以废置不定,职此之由⑪。其始末录之如左。

【注释】

①神州:指京师所在之州,即京兆府。

②小宗伯:官名。《周礼》大宗伯的属官,协助大宗伯管理礼仪祭祀,亦称"少宗伯"。隋唐以后为礼部侍郎的别称。

③浑化:指被解送应试者全部录取。

④牒:官府往来文书。此指发文,行文。贡院:科举考试的机构。请落由:询问落第的原由。请,问。

⑤吞嚼临制:吞没控制。临制,监临控制。

⑥近同:类似,近乎。

⑦夸诧:亦作"夸咤"。犹夸耀。

⑧僭(jiàn):超越本分。

⑨期集:进士及第后聚集在一起宴游活动。人事:交际应酬之事。白居易《论于頔(dí)裴均状》:"窃见外使入奏,不问贤愚,皆欲仰希圣恩,傍结权贵,上须进奉,下须人事。"

⑩贞实:忠信诚实。不复齿:不再与之同列。齿,并列。

⑪职此之由:只因如此。职,只。

【译文】

京兆府选送举人,自开元、天宝年间,通常以排名前十之人为等第,一定要求名副其实,以滋养教化的源头。礼部侍郎根据等第选择录取,有甚至全部录取的,即非如此,也取中十分之七八。如果事情不是这样,京兆府往往行文贡院,询问落第的原由。到咸通、乾符年间,被形势控制,等第近乎及第,列入等第者互相夸耀,车马服饰奢侈靡费,不以为超越本分;还效仿及第进士聚集应酬,忠信诚实的士人不再与之共列。之所以等第时废时置没有一定,都因为这个原因。事情的始末记录如下。

元和元年登科记京兆等第榜叙

【题解】

科举时代及第士人的名录叫《登科记》，京兆府贡举人多，几占天下一半，而列于等第者录取率极高，因此京兆府等第榜单和《登科记》一样成为人们关注的重心。从宪宗元和元年（806）开始，人们在《登科记》中特意另编《京兆等第榜》，也叫《神州等第录》。此门即录自元和元年（806）的《京兆等第榜》序文。作为府试名单而能列于《登科记》，可见入等第几乎等同科举及第，所谓一飞冲天之始。

　　天府之盛①，神州之雄，选才以百数为名，等列以十人为首，起自开元、天宝之世，大历、建中之年，得之者抟跃云衢②，阶梯兰省③，即六月冲霄之渐也④。今所传者始于元和景戌岁⑤，次叙名氏⑥，目曰《神州等第录》。

【注释】

①天府：原指朝廷收藏宝物的府库。此指京兆府。

②抟（tuán）跃：乘风飞跃。比喻迅速高升。云衢：云中的道路。比喻高位。

③阶梯：作动词，以之为阶梯。引伸为进身、跻身。兰省：唐代尚书省的别称。白居易《庐山草堂夜雨独寄牛二李七庾三十二员外》："兰省花时锦帐下，庐山雨夜草庵中。"

④六月冲霄：乘着六月的大风直上云天。比喻取得功名一飞冲天。《庄子·逍遥游》："鹏之徙于南冥也，水击三千里，抟扶摇而上者九万里，去以六月息者也。"渐：开端，起始。

⑤传：记载。元和景戌：即元和元年（806），岁次丙戌。唐人避唐高

祖李渊父李昞（bǐng）讳，改"丙"为"景"。

⑥名氏：姓名。

【译文】

京兆府是天府神州，繁盛宏大，选拔人才以百数为额，排列等第以十人为首，起自开元、天宝之际，大历、建中年间，得列等第者跃升高位，跻身兰省，是取得功名一飞冲天的开始。如今所记载的始于元和丙戌年，依次记叙姓名，名为《神州等第录》。

废等第

【题解】

此门叙述京兆府等第制度在唐文宗开成二年（837）、唐宣宗大中七年（853）两次被废除的经过。区分等第本就不在科举条例之中，何况唐朝每年进士录取人数不过二三十人，京兆府等第便占了将近一半，这一方面损害了科举考试的公平性，另一方面引得士人为争夺等第奔走经营，趋竞请托。有京兆尹鉴于此弊，废除等第。其实争夺等第和争夺科第没有太大区别，都是"定高卑于下第之初，决可否于差肩之日"，录取与否和名次高低往往在考试之前就已定下。科举风气如此，等第终究难以彻底废除。

开成二年①，大尹崔珙判云②："选文求士，自有主司。州府送名，岂合差第③？今年不定高下，不锁试官，既绝猜嫌，暂息浮竞④。"差功曹卢宗回主试⑤。除文书不堪送外，便以所下文状为先后⑥，试杂文后，重差司录侯云章充试官⑦，竟不列等第⑧。明年，崔珙出镇徐方⑨，复置等第。

【注释】

①开成二年:837年。

②大尹:此指京兆尹。尹,官名。殷商时掌管民众师田行役等劳作,西周时主持册命、祭祀等仪式,汉朝始以为都城行政长官,后代沿置。崔珙(gǒng):博陵安平(今属河北)人。唐朝宰相。以书判拔萃高等,文宗时历任泗州刺史、太府卿、广州刺史、岭南节度使、徐州刺史、武宁军节度使等,开成二年(837)迁京兆尹。武宗时任户部侍郎,同中书门下平章事。坐贬澧州刺史,再贬恩州司马。宣宗立,召为太子宾客,任凤翔节度使,卒于镇。判:判令。犹命令。

③差第:分别等级。

④浮竞:争名夺利。

⑤功曹:官名。功曹参军之简称。南北朝诸州府等置,唐功曹参军职掌吏事,主选举,常主持州府解试。卢宗回:字望渊,南海(今广东广州)人。元和十年(815)进士。官终集贤校理。好读书,性恬淡。《全唐诗》存诗一首。

⑥文状:家状、文解等考试相关的文书。

⑦司录:官名。司录参军的简称。唐玄宗开元元年(713)改京兆府录事参军置。掌符印,参议府政得失。侯云章:宝历元年(825)进士。

⑧竟:终于,到底。

⑨徐方:古徐国。代指徐州。按,崔珙出镇徐州在出任京兆尹之前,此处或误。

【译文】

开成二年,京兆尹崔珙判令说:"选拔文章求取才士,自有主考官负责。州府递送举子名单,怎么能够区分等级?今年不定选送者的名次高低,不锁定主考官,既杜绝猜忌嫌怨,也暂息争名夺利。"派功曹卢宗回主持京兆府试。除了文书不堪呈送的之外,便以所送文状的次序为先后，考试杂文之后，重派司录参军侯云章充任主考官，始终没有排列等第。第二年，崔珙离京出任徐州刺史，京兆府试又设置等第。

　　大中七年①，韦澳为京兆尹②，榜曰："朝廷将裨教化③，广设科场，当开元、天宝之间，始专明经、进士；及贞元、元和之际，又益以荐送相高④。当时唯务切磋，不分党甲⑤，绝侥幸请托之路⑥，有推贤让能之风。等列标名，仅同科第⑦，既为盛事，固可公行。近日已来，前规顿改，互争强弱，多务奔驰⑧。定高卑于下第之初，决可否于差肩之日⑨。曾非考核，尽系经营。奥学雄文⑩，例舍于贞方寒素⑪；增年矫貌⑫，尽取于朋比群强⑬。虽中选者曾不足云，而争名者益炽其事。澳叨居畿甸⑭，合贡英髦⑮；非无藻鉴之心⑯，惧有爱憎之谤。且李膺以不察孝廉去任⑰，胡广以轻举茂才免官⑱；况在管窥⑲，实难裁处。况礼部格文⑳，本无等第，府解不合区分㉑。其今年所合送省进士、明经等，并以纳策试前后为定，不在更分等第之限。"

【注释】

①大中七年：853年。

②韦澳：字子斐，谥号贞，京兆（今陕西西安）人。太和六年（832）登进士第，后又登博学宏词科。宣宗大中时累官至考功员外郎，迁库部郎中、知制诰、充翰林学士，拜中书舍人等。为京兆尹，不避权贵，出为河阳节度使等。懿宗时入为户部侍郎，转吏部。以不受请托为执政所恶，出为邠州刺史、邠宁节度使。后以秘书监分司东都，拜河南尹，以疾不就，乞归樊川，卒赠户部尚书。著有

《续唐历》《诸道山河地名要略》）。京兆尹：官名。西汉京畿地方行政长官之一。武帝太初元年（前104）改右内史置，职掌如郡太守。因治京师，又得参与朝政，故又有中央官性质。地位高于郡守。唐朝开元元年（713）始改雍州为京兆府，雍州长史为京兆尹，为首都行政长官。唐以后亦作京城地方行政长官惯称。

③裨（bì）教化：助益教化。裨，补益，助益。

④相高：比高，争胜。杜牧《长安秋望》诗："南山与秋色，气势两相高。"

⑤党甲：派系与门第。

⑥请托：以私事相托。走门路，通关节。《汉书·何武传》："欲除吏，先为科例以防请托。"

⑦等列标名，仅同科第：分等级题名，几乎类同科第。标名，题名。仅，几乎，接近。

⑧奔驰：奔走钻营。

⑨差肩：比肩，并列。

⑩奥学雄文：学问高深，文章雄健。张彦远《历代名画记·叙画之兴废》："雄词冠于一时，奥学穷乎千古，图书兼蓄，精博两全。"

⑪贞方：正直不阿。寒素：指家世清贫、门第寒微之人。

⑫增年矫貌：更改年龄与容貌。此指作伪。《通典·选举二》："然而乡举里选，不核才德，其所进取，以官婚胄籍为先，遂令甲族以二十登仕，后门以三十试吏，故有增年矫貌，以图进者。"

⑬朋比群强：勾结依附豪强。朋比，依附，勾结。

⑭叨（tāo）居畿（jī）甸：忝居京兆尹之职。叨，忝。畿甸，指京城地区。

⑮英髦（máo）：俊秀杰出的人才。

⑯藻鉴：评量和鉴别人才。藻，品藻，品鉴。

⑰李膺（yīng，110—169）：字元礼，颍川襄城（今属河南）人。举孝廉，历任青州刺史、渔阳、蜀郡太守，又转为护乌桓校尉、度辽将

军,声威远播。入为河南尹,因检举不法,被诬陷免官。后出任司隶校尉,反对宦官专权,被逮入狱,赦归乡里。灵帝时与陈蕃等人谋诛宦官失败,死狱中。去任:离职。

⑱胡广(91—172):字伯始,谥文恭侯,南郡华容(今湖北监利)人。举孝廉,历任尚书郎、尚书仆射、济阴太守、汝南太守、大司农、司徒、太尉、司空等职,因拥立汉桓帝有功,获封安乐乡侯。汉灵帝即位后,拜太傅,总录尚书事。为人温厚谦恭,常举荐人才,主张"选举因才,无拘定制",出任济阴太守时曾因举官不实而被罢免。茂才:即秀才。东汉时避光武帝刘秀讳,改秀才为茂才。此后成为荐举科目之一。

⑲管窥:从竹管里窥探。比喻目光短浅,见闻狭隘。多用于自谦。《庄子·秋水》:"是直用管窥天,用锥指地也,不亦小乎?"

⑳格文:合格的公文。

㉑府解:州府贡举士子入京省试,称为府解。

【译文】

大中七年,韦澳做京兆尹,在榜文中说:"朝廷为助益教化,广设科场,当开元、天宝之际,开始专攻明经、进士;到贞元、元和年间,又更以举荐选送争胜。当时只致力于互相切磋,不区分派系与门第,杜绝想要侥幸走后门的道路,有推让贤能的风气。分等级题名,几乎类同科第,这既然是美事,自然可以公开进行。近年以来,以前的规矩忽然改变,互相争强斗胜,大都致力于奔走钻营。刚开始录取,名次高低就已经定下;还在比肩应考的时候,录取与否就已经决定。实非考核之法,而全是经营之道。正直不阿的寒门子弟,即使学问高深,文章雄健,也一概舍弃;而矫饰作伪的人,却都因为勾结依附豪强而尽数录取。虽然中选者终究不足道,而争名夺利的人却更加热衷此事。我韦澳忝居京兆尹之职,理应向朝廷贡举英才;不是没有鉴别人才的心愿,只是怕人们责备我有私人的爱憎。况且李膺尚以不察举孝廉而离职,胡广也因为轻率举荐秀才而免官；何况我以管窥天，见闻有限，实在难以裁定人才的等级。何况礼部举格的公文里，本来就没有等第之说，府解不应该对举人加以区分。今年应该送省应进士、明经考试的举人，次序都以缴纳策试先后为定，不再更分等第的界限。"

置等第

【题解】

　　此门叙述唐僖宗乾符四年（877）等第重置，并列出当年等第中的十人。除去事迹无考之人，其余大都以文辞知名当时，如沈驾、罗隐、周繁、刘纂、倪曙、康骈、贾涉等。罗隐是唐末著名诗人，康骈是著名笔记小说《剧谈录》的作者。试官公乘亿本身是文辞之士，又蹭蹬考场多年才考中进士，因此所取等第中人也大多是出身寒微的才士。刘纂、倪曙、康骈均在之后进士及第，前二人还在唐末十国做到尚书、宰相的高官。入等第者考中进士的比例虽不至十之七八，也相差不远。

　　乾符四年①，崔涓为京兆尹②，复置等第。差万年县尉公乘亿为试官③。试《火中寒暑退赋》，《残月如新月》诗。

　　李时文公孙④。　韦硎⑤　沈驾⑥　罗隐⑦　刘纂⑧　倪曙⑨　康骈⑩　周繁⑪池人，善赋。　吴廷隐⑫　贾涉⑬其年所试八韵⑭，涉擅场⑮，而屈其等第⑯。

【注释】

①乾符四年：877年。

②崔涓：底本作"崔淯"，据他本改。

③县尉：官名。战国置。县级行政机构佐官，掌管一省军事，追捕盗

赋。秦汉沿置,隋、唐、五代掌课调征收,判司户、司法等曹事务。唐代通常为进士入仕者初任之官。公乘亿:字寿仙,一字寿山,魏州(今河北大名)人。懿宗咸通十二年(871)进士。僖宗乾符四年(877)任万年县尉,被京兆尹崔涓选为京兆府试官。后魏博节度使乐彦祯辟为从事,加授监察御史。昭宗时又为魏博节度使罗弘信从事。工诗善赋,擅名于时。著有《赋集》《珠林集》《华林集》等。其及第事参见本书卷八"忧中有喜"门。

④ 李时:事迹未详。文公:指李翱(约774—约836),字习之,谥号文,陈留(今河南开封)人。德宗贞元十四年(798)登进士第,任义成军观察判官。宪宗元和间为国子博士、史馆修撰、考功员外郎、朗州刺史等。文宗大和年间拜中书舍人,累迁户部侍郎,卒于山南东道节度使任所。中唐著名古文家、教育家,师从韩愈,主张复性论。著有《李文公集》。

⑤ 韦硎(xíng):事迹未详。

⑥ 沈驾:晚唐诗人,以词赋著称当时,事见《剧谈录》。

⑦ 罗隐(833—910):原名横,字昭谏,号江东生,余杭新城(今浙江富阳)人。晚唐诗人,工诗善文,名重一时。累举进士不第,改名隐。懿宗咸通末年始为衡阳主簿。朱温以谏议召,不至。往依镇海节度使钱镠。钱镠表奏为钱塘令,迁著作郎,辟掌书记,充节度判官。后梁开平年间授给事中,迁盐铁发运副使,寓于萧山,病卒。与宗人罗虬、罗邺齐名,称"江东三罗"。诗风俊爽,长于咏史,尤工七律。著有《罗隐集》。

⑧ 刘纂(zuǎn):桐庐(今属浙江)人。僖宗乾符四年(877)为京兆府等第,不中,直到昭宗乾宁四年(897)方进士及第。后入蜀为礼部尚书。参见下"为等第后久方及第"门以及卷九"误摅恶名"门。

⑨ 倪曙:字孟曦,侯官(今福建福州)人。僖宗中和元年(881)登进

士第，为太学博士。后仕南汉为工部侍郎、同平章事。著有《获藁（gǎo）集》。

⑩康骈：字驾言，池州（今安徽贵池）人。僖宗乾符五年（878）登进士第，后又登博学宏词科。官崇文馆校书郎，曾为宣州刺史田頵（yūn）的幕僚。著有《剧谈录》，多记中晚唐史事。

⑪周繁：池州青阳（今属安徽）人。"咸通十哲"之一周繇之弟。应进士试不第，曾入淮南节度使高骈幕府。工辞赋，有温庭筠之风。著有《小山集》。参见卷十"海叙不遇"门。

⑫吴廷隐：事迹未详。

⑬贾涉：事迹未详。

⑭八韵：唐代科举，杂文考一诗一赋，赋多用八个韵脚。因以"八韵"指律赋。韵，诗赋中的韵脚。

⑮擅场：压倒全场。指技艺超群。

⑯屈其等第：屈抑了他的等第。指排在等第之末。屈，屈抑，压抑。

【译文】

乾符四年，崔涓担任京兆尹，重又设置等第。差万年县尉公乘亿做主试官。试《火中寒暑退赋》，《残月如新月》诗。

李时李文公之孙。　韦硎　沈驾　罗隐　刘纂　倪曙　康骈　周繁池州人，善赋。　吴廷隐　贾涉当年所考的八韵律赋，贾涉压倒全场，却屈抑了他的等第。

府元落

【题解】

此门记录府元之落第者。府元是府试的第一名，亦称"解元"。居京兆府等第之首而落第，时属罕见，因此作者特意单列一门。其中可考之人，大部分后来还是考中了进士，其中郑从谠最后做到了宰相，当然，这跟他出身荥阳郑氏，祖父郑馀庆是两朝宰相，父亲郑澣曾知贡举不无关系。而平曾因为恃才傲物，得罪了权贵，和贾岛等人以"挠扰贡院"之罪被逐出，无缘再入考场，作为京兆府元而因为才大气粗被贬逐，可见唐朝士人的肮脏不平之气还未被科举制度完全消磨。

郭求元和元年^①　杨正举六年^②　唐炎八年^③　高钺九年^④ 平曾长庆二年贬^⑤　崔伸宝历二年罢^⑥　韦铤大和二年^⑦　郑从说开成二年^⑧　韦彖乾宁二年^⑨

【注释】

①郭求：京兆（今陕西西安）人。宪宗元和元年（806）落第，元和二年（807）中贤良方正能直言极谏科。授校书郎，历任蓝田尉、史馆修撰充翰林学士、左拾遗等。文宗大和五年（831），自太子左庶子贬婺（wù）王府司马。后分司东都，与白居易同官，来往较多。《全唐诗》存诗一首。

②杨正举：事迹未详。六年：元和六年，811年。

③唐炎：事迹未详。八年：元和八年，813年。

④高钺（yì）：字翘之。元和间进士及第，补秘书省校书郎，累迁至右补阙，充史馆修撰，转起居郎。穆宗时充翰林学士，迁兵部员外郎。敬宗时拜中书舍人。文宗时累迁吏部侍郎，出为同州刺史兼御史中丞。卒赠兵部尚书。九年：元和九年，814年。

⑤平曾：宪宗元和中曾投谒浙西观察使薛苹，恃才傲物。穆宗长庆二年（822），以府元荐举，与贾岛等人以"挠扰贡院"之罪被逐出，号为"举场十恶"。文宗开成间，往游剑南西川节度使李固言幕，对幕主李固言轻佻无礼，曾作赋讥之。参见卷十"海叙不遇"门。《全唐诗》存诗三首。按，据傅璇琮《唐才子传校笺》考，长庆二年（822）应为开成二年（837）。

⑥崔伸:事迹未详。宝历二年:826年。宝历,唐敬宗李湛的年号（825—827）。

⑦韦铤:事迹未详。大和二年:828年。大和,唐文宗李昂的年号（827—835）。

⑧郑从谠（dǎng,？—约887）:字正求,谥文忠,郑州荥阳（今属河南）人。唐朝宰相。会昌二年（842）登进士第。授秘书省校书郎,历任尚书郎、中书舍人、礼部侍郎、吏部侍郎、河东节度使、宣武军节度使、岭南节度使、刑部尚书,封荥阳县男。僖宗乾符五年（878）授中书侍郎,同中书门下平章事,进门下侍郎兼兵部尚书。参与平黄巢之乱。晚年拜司空,历司徒、太傅兼侍中。开成二年:837年。

⑨韦彖（tuàn）:字象先,池州青阳（今属安徽）人。乾宁四年（897）登进士第,历任右拾遗、给事中等。卷五"切磋"门记录韦彖受知于吴融,取得京兆府解之事。《全唐文补编》存文一篇。乾宁二年:895年。乾宁,唐昭宗李晔的年号（894—898）。

【译文】

郭求元和元年落第　杨正举元和六年落第　唐炎元和八年落第　高钺元和九年落第　平曾长庆二年贬黜　崔伸宝历二年罢举　韦铤大和二年落第　郑从谠开成二年落第　韦彖乾宁二年落第

等第末为状元

【题解】

此门记录列于等第末尾,结果中了状元之人,算是当时的奇谈,和"府元落"门恰成对比。关于李固言得状元,《北梦琐言》中记载了一个故事。李固言当时寄住在表亲柳氏家,行卷之时,柳氏兄弟戏弄他,让他先去拜访常侍许孟容,并在他帽子后面贴了一张纸条:"此处有屋僦赁。"

常侍为朝中所鄙，无人拜谒，许孟容自惭帮不上忙，"某官绪极闲冷，不足发君子声采"，但心中已暗记李固言，又看见李固言帽子后的纸条，明白他生性质朴，被人戏弄。次年许孟容出任主考官，即录取李固言为状元。卷八"遭遇"门中记载牛锡庶误入许久无人拜谒的老官员萧昕家，得其称赏，适逢皇帝任命萧昕为当年主考官，萧昕便取中牛锡庶为状元。当时士子竞趋权贵之门请托行卷，李固言和牛锡庶却因为无意中拜谒冷官而中状元，可谓遭遇神奇。

李固言元和七年①

【注释】

①李固言（782—860）：字仲枢，赵州赞皇（今属河北）人。唐朝宰相。元和七年（812）状元及第。文宗时历任礼部郎中、给事中、工部侍郎，出为华州刺史，寻拜吏部侍郎、御史大夫，迁门下侍郎同平章事，出为山南西道节度使。甘露之变后复为宰相，出为成都尹、剑南西川节度使。武宗时历任兵、户二部尚书。宣宗时授右仆射、太子太傅，东都留守。卒于任上，追赠太尉。

【译文】

李固言元和七年状元及第

等第罢举

【题解】

此门记录府试列入等第名单而未参加进士试者。因故未能参加省试称为"罢举"。前"置等第"门中，当年京兆府等第十人，其中就有韦珝、沈驾、罗隐、周繁四人罢举。罢举的原因很多，生病、丁忧、财力不济，或者被人举报等等。下"争解元"门中纥干峻兄弟因为被人质疑谋害同考生而罢举,卷四"气义"门中熊执易因为将行囊财物赠给穷困潦倒的同路考生樊泽,自己无力再进京赴考而罢举。也有因为无人援引而罢举,因久考不中而罢举,或因被藩镇辟召而罢举的。种种原因,不一而足。

　　刘鷕　田自 并元和七年[①]　张俣　韦元佐并元和八年[②]
孟夷十二年[③]　韦璟十四年[④]　辛谅　崔慤　薛浑并长庆元年[⑤]　韦渐　李余并二年[⑥]　郭崖三年[⑦]　李景方　卢镒并宝历元年[⑧]　韦敖二年[⑨]　元道　韦衍并大和二年[⑩]　殷恪　刘筠并八年[⑪]　崔渍开成二年[⑫]　胡澳　樊京并三年[⑬]　温岐四年[⑭]　苏俊□年[⑮]　韩宁会昌二年[⑯]　李薹　韩肱并三年[⑰]　魏镣　孙玙并四年[⑱]　韦硎　沈驾　罗隐　周繁并乾符三年[⑲]

【注释】

①刘鷕:事迹未详。田自(chàng):宝历元年(825)中贤良方正能直言极谏科。元和七年:812年。

②张俣:事迹未详。韦元佐:事迹未详。元和八年:813年。

③孟夷:事迹未详。十二年:元和十二年,817年。

④韦璟:事迹未详。十四年:元和十四年,819年。

⑤辛谅:事迹未详。崔慤(què):《新唐书·艺文志》载有"崔慤《儒玄论》三卷"。崔慤,字敬之,贝州清河(今属河北)人。僖宗中和间任光禄丞。按,僖宗中和年间(881—885)距长庆元年(821)已六十余年,应非一人。薛浑:《旧唐书》《新唐书》等载长庆年间士族子弟薛浑私通襄阳公主,流放崖州。并载浑为进士。长庆元年:821年。长庆,唐穆宗李恒的年号(821—824)。

⑥韦渐(sī):事迹未详。李余:成都(今属四川)人。穆宗长庆三年(823)进士。曾受辟为湖南观察使从事。与元稹、张籍、姚合、贾

岛等交游唱和。长于乐府诗。《全唐诗》存诗二首。二年：长庆二年，822年。

⑦郭崖：事迹未详。三年：长庆三年，823年。

⑧李景方、卢镒（yì）：事迹未详。宝历元年：825年。

⑨韦敖：事迹未详。二年：宝历二年，826年。

⑩元道、韦衍：事迹未详。大和二年：828年。

⑪殷恪、刘筠：事迹未详。八年：大和八年，834年。

⑫崔濆（fén）：事迹未详。开成二年：837年。

⑬胡澳、樊京：事迹未详。三年：开成三年，838年。

⑭温岐：即温庭筠（约801—866），字飞卿，太原（今属山西）人。才思敏捷，恃才傲物，常忤权贵，因此数举进士不第，屡遭贬谪，仕途不得意，只担任过襄阳节度使巡官、国子助教、方城尉等小官。诗歌与李商隐齐名，文辞华丽，称"温李"。又善词，如《菩萨蛮》《望江南》等，细腻绮靡，为花间词人鼻祖，和韦庄齐名，称"温韦"。著有《金筌集》《温飞卿集》等。四年：开成四年，839年。

⑮苏俊：事迹未详。

⑯韩宁：事迹未详。会昌二年：842年。

⑰李蓦（mó）、韩肱：事迹未详。三年：会昌三年，843年。

⑱魏镠、孙玙（yú）：事迹未详。四年：会昌四年，844年。

⑲韦硎（xíng）、沈驾、罗隐、周繁：见本卷"置等第"门。乾符三年：876年。

【译文】

刘骘　田岊俱在元和七年罢举　张俣　韦元佐俱在元和八年罢举　孟夷元和十二年罢举　韦璟元和十四年罢举　辛谅　崔悫　薛浑俱在长庆元年罢举　韦渐　李余俱在长庆二年罢举　郭崖长庆三年罢举　李景方　卢镒俱在宝历元年罢举　韦敖宝历二年罢举　元道　韦衍俱在大和二年罢举　殷恪　刘筠俱在大和八年罢举　崔濆开成二年罢举　胡澳　樊京俱在开成三年罢

举　温岐开成四年罢举　苏俊□年罢举　韩宁会昌二年罢举　**李蓍**　**韩胘**俱在会昌三年罢举　**魏镣**　**孙玙**俱在会昌四年罢举　**韦硎**　**沈驾**　**罗隐**　**周繁**俱在乾符三年罢举

为等第后久方及第

【题解】

　　此门记录列入京兆府等第后未及第,多年后才及第者。最久者刘纂,为等第后二十一年才及第。作者评论说科举考试应以才能决定命运,不应让有才之人蹉跎沦落,如果违背了这个道理,就会出现违法作乱的事。比起为等第后久方及第者,身在等第而终身不第者更为可惜,作者点出温庭筠与罗隐两位晚唐著名诗人,二人皆负才气而名列等第,却屡试不中,殊为可惜。温、罗不曾作乱,而下第举子如黄巢却真的掀起了覆灭唐朝的滔天巨浪。黄巢揭露朝廷弊政时就有一条"铨贡失才"。作者特意在此点出"巢寇",或许心有余悸而为之。后来的宋王朝有"特奏名"制度,屡试不第者特赐出身,以此安抚笼络多次落第的举子。

　　韦力仁^①　赵蕃并三年^②　黄颇后十三年^③　刘纂^④后二十一年

　　论曰:孟轲言^⑤,遇不遇命也^⑥。或曰:性能则命通^⑦。以此循彼^⑧,匪命从于性耶?若乃大者科级^⑨,小者等列,当其角逐文场,星驰解试^⑩,品第潜方于十哲^⑪,春闱断在于一鸣^⑫。奈何取舍之源,殆不踵此^⑬。或解元永黜,或高等寻休^⑭。黄颇以洪奥文章^⑮,蹉跎者一十三载;刘纂以平漫子弟^⑯,汩没者二十一年^⑰。温岐滥窜于白衣^⑱,罗隐负冤于丹桂^⑲。由斯言之,可谓命通性能,岂曰性能命通者欤?苟怫于是^⑳，何奸宄乱常不有之矣^㉑！京兆府解试比同礼部三场试^㉒，巢寇之后^㉓，并只就一场耳。

【注释】

① 韦力仁：曾入京兆府等第，不中，后三年方及第。开成年间为谏议大夫。

② 赵蕃：宪宗元和元年（806）为京兆府等第，不中，元和四年（809）进士及第。历官侍御史、尚书郎。文宗大和中任袁州刺史，累迁御史中丞。武宗会昌中任太仆卿，曾出使黠戛斯，官终国子祭酒。《全唐诗》存诗二首。《全唐文》存赋七篇。按，底本无"并三年"，依他本补。

③ 黄颇：字无颇，宜春（今属江西）人。京兆府解送列等第，不中，后与卢肇同游李德裕门下，以能诗为王起所知，遂于武宗会昌三年（843）以第三人登进士第。后官监察御史。诗文并工。韩愈为袁州刺史，师韩愈为文，文名大振。参见卷三"慈恩寺题名游赏赋咏杂纪"门以及卷四"师友"门。按，底本作"并十三年"，依他本校改。

④ 刘纂：参见前"置等第"门注。

⑤ 孟轲：孟子（约前372—约前289），名轲，字子舆，战国中期鲁国邹（今山东邹城）人。相传为孔子之孙子思的弟子，是继孔子之后儒家最重要的代表人物之一。游说诸侯，主张性善论，提倡"仁义"，在仁义的基础上建立维护封建制度的伦理纲常。后世尊为"亚圣"。和门人著有《孟子》。

⑥ 遇不遇命也：得志与否，都是命运。遇，得遇，得志。此句实出《汉书·扬雄传》："以为君子得时则大行，不得时则龙蛇，遇不遇命也，何必湛身哉！"

⑦ 性能则命通：天性有才能则命运通达。性，天性，本质。《黄帝阴

符经注序》："所谓命者,性也。性能命通,故圣人尊之以天命,愚其人而智其圣。"

⑧以此循彼:以这个道理来省察那一个。循,省察,察看。

⑨科级:科第。

⑩星驰:疾走奔驰。

⑪品第潜方于十哲:等级暗暗比拟于十哲。品第,等级。方,比拟。十哲,本指孔门十哲。唐人常用"十哲"之名,比如"芳林十哲""咸通十哲"等。京兆府等第十人,因以"十哲"为比。

⑫春闱断在于一鸣:省试定然一鸣惊人。春闱,省试。唐朝省试在春季举行,故称"春闱"。断,一定、绝对。一鸣,一鸣惊人。唐人常用来比喻发迹之端。刘禹锡《送韦秀才道冲赴制举》诗:"一鸣从此始,相望青云端。"

⑬殆:几乎,大概。踵(zhǒng):脚后跟。引申为跟随、根据。

⑭寻:旋即,不久。休:停止。此指落第或罢举。

⑮洪奥:博大深奥。

⑯平漫:平庸浮浅。此指寒门子弟。卷九"误掇恶名"门载刘纂"寒栖京师"。

⑰汩没(gǔ mò):沉沦,埋没。汩,淹没,湮灭。杜甫《赠陈二补阙》诗:"世儒多汩没,夫子独声名。"

⑱温岐滥窜于白衣:温岐冤屈被逐于平民之中。滥窜,冤屈被逐。滥,冤屈。窜,放逐。温岐因为帮人作弊,以"搅扰场屋"之名被黜落。参见卷十一"无官受黜"门。白衣,古代平民服色,代指平民。

⑲罗隐负冤于丹桂:罗隐负冤屈才始终落第。负冤,罗隐名高才重,累举不第,因称"负冤"。丹桂,晋代郄诜(xì shēn)曾以"桂林之一枝"比喻自己举贤良对策得中,后世因以"折桂""丹桂"等比喻科举及第。罗隐《南康道中》诗:"丹桂竟多故,白云空有情。"

⑳苟怫(bèi)于是:如果背离此理。怫,通"悖",违反,悖逆。是,

此。即"性能命通"这个道理。

㉑奸宄（guǐ）乱常：违法作乱，破坏纲常。奸宄，违法违禁。

㉒礼部三场试：礼部试即省试。玄宗开元二十四年（736）后改由礼部侍郎主持进士考试，因称"礼部试"。试分三场，分别为帖经、杂文、试策，中唐以后改为杂文、帖经、试策。

㉓巢寇：指唐末黄巢农民起义。

【译文】

韦力仁　赵蕃都在入京兆府等第三年后及第　黄颇入京兆府等第十三年后及第　刘纂入京兆府等第二十一年后及第

论曰：孟子说，得志与否，都是命运。有人说：天性有才能则命运通达。以这个道理来省察，岂非命运从于天性？大至省试科第，小至府试等列，当他们角逐于文场，奔走于解试的时候，等级暗暗比拟于十哲，省试定然一鸣惊人。怎奈取舍的源由，大概不根据这个道理。有的解元永被黜落，有的列于高等却旋即落第。黄颇以其博大深奥的文章，蹉跎落第十三年；刘纂因是寒门子弟，沉沦埋没二十一年。温岐冤屈被逐于平民之中，罗隐负冤屈才始终落第。由此而言，可以说是命运通达则天性有才能，怎么说得上是天性有才能则命运通达呢？如果背离"性能命通"这个道理，什么违法作乱、破坏纲常的事不会有啊！京兆府解试以前类同礼部三场试，而黄巢作乱之后，就都只有一场考试了。

海述解送

【题解】

此门是"海述"，即漫说、漫谈。记录了长年没有出过进士的荆南方镇"破天荒"考中了一名进士，当地节度使因以巨资相赠。唐朝中后期的乡贡举人，由京兆府和同州、华州解送的，录取比例很高，而偏远州府解送者录取比例很低。荆州本是人才荟萃之地，却在五十多年间无一进士,可见当时录取之失衡。据《北梦琐言》载,刘蜕及第以后,当地居住的士人余知古、关图、常修等都有文才,连登上科。值得注意的是,刘蜕和上一门"为等第后久方及第"中的刘纂是父子,关图和常修是郎舅,此中略见唐代进士的家族性。

　　荆南解,比号"天荒"①。大中四年②,刘蜕舍人以是府解及第③。时崔魏公作镇④,以破天荒钱七十万资蜕。蜕谢书略曰:"五十年来⑤,自是人废;一千里外,岂曰天荒!"

【注释】

①荆南解,比号"天荒":荆南解送,以前号称"天荒解"。荆南,唐方镇名。参见卷一"会昌五年举格节文"门注。比,先前,以前。天荒,原指边远荒僻之地。此指科考多不及第,进士荒芜。孙光宪《北梦琐言》卷四:"唐荆州衣冠薮泽,每岁解送举人,多不成名,号曰'天荒解'。刘蜕舍人以荆解及第,号为'破天荒'。"

②大中四年:850年。

③刘蜕:字复愚,号文泉子,桐庐(今属浙江)人。宣宗大中三年(849)自荆州获解,次年登进士第,时称"破天荒"。历校书郎、太学助教、集贤校理、中书舍人、户部郎中等,终商州刺史。工古文,文风奇崛。著有《文泉子》。

④崔魏公:即崔铉(xuàn),字台硕,博陵(今河北安平)人。唐朝宰相。文宗太和进士。先辟幕府,入为左拾遗、司勋员外郎,知制诰,充翰林学士,迁中书舍人。武宗会昌中拜中书侍郎、同平章事,出为陕虢观察使。宣宗初,为河中节度使,召为御史大夫,复拜相,出为淮南节度使。懿宗咸通年间徙为荆南节度使,封魏国公,卒于江陵。《全唐诗》存诗二首。作镇:指任荆南节度使。按,崔铉任荆南节度使在懿宗咸通年间,晚于宣宗大中年间。此门言

　　"时崔魏公作镇",疑误。

　　⑤五十年来:荆州自德宗贞元年间有人中进士以来,到宣宗大中年
　　　间再中进士,时隔五十多年。

【译文】

　　荆南解送,以前号称"天荒解"。大中四年,刘蜕舍人以本府解送入
试,进士及第。当时魏国公崔铉任荆南节度使,以破天荒钱七十万资助
刘蜕。刘蜕在答谢书中说道:"五十年来,自是士人荒废罢了;离京不过
一千多里,怎能说是天荒?"

争解元 叩贡院门求试后到附

【题解】

　　此门记录士人们争夺各地解元的趣闻轶事。夺得解元,大大有助于
进士及第,因此争夺之激烈不下于考进士,如卢弘正与马植争解元、张祜
与徐凝争解元等,都是文学史上有名的公案。解元不仅能助进士及第,
还能获得相当的钱财资助,如江西锺传资助举人入京,动辄数十万,可谓
巨财,这也是士人们前赴后继来应试的动机之一。唐朝前期取解须在本
乡,后期不再受籍贯限制,士人取解非常自由,或者因为某地选送及第较
容易而投奔取解,如赴京兆府、同州、华州等"利市";或者因为某地官员
名望高而投奔取解,如白居易担任杭州刺史,江东士人纷纷奔赴杭州取
解;或者因为某地资助钱财多而投奔取解,如赴江西锺传处取解等。解
试不顺,对士人的科举之路是一大打击,因此多有詈骂主考官和造谣中
伤之事,如尹璞骂罗邺、纥干峻罢举等。府试和省试都有时间限制,但也
有失期而能例外补考高中的,如李群和高郢。

　　同、华解最推利市①,与京兆无异,若首送②,无不捷者。
元和中,令狐文公镇三峰③,时及秋赋④,榜云:"特加置五

场。"盖诗、歌、文、赋、帖经⑤，为五场。常年以清要书题求荐者⑥，率不减十数人，其年莫有至者。虽不远千里而来，闻是皆寝去⑦；唯卢弘正尚书独诣华请试⑧。公命供帐⑨，酒馔侈靡于往时⑩。华之寄客毕纵观于侧⑪。弘正自谓独步文场⑫。公命日试一场，务精不务敏也。弘正已试两场，而马植下解⑬。植，将家子弟，从事辈皆窃笑⑭。公曰："此未可知。"既而试《登山采珠赋》。略曰："文豹且异于骊龙⑮，采斯疏矣；白石又殊于老蚌，剖莫得之。"公大伏其精当⑯，遂夺弘正解元。后弘正自丞郎将判嶰⑰，俄而为植所据。弘正以手札戏植曰⑱："昔日华元，已遭毒手；今来嶰务，又中老拳⑲。"复日⑳，试《破竹赋》。

【注释】

①同、华解：同州、华州的解试。同州、华州的解试和京兆府解试都被时人看重，为士人取解的首选之地。参见卷一"两监"门。利市：吉利，好运气。

②首送：以第一名选送。

③令狐文公：即令狐楚（766—837），字壳士，自号白云孺子，谥号文，太原（今属山西）人。唐朝宰相。德宗贞元七年（791）登进士第，授校书郎。宪宗元和年间历右拾遗、礼部员外郎、职方员外郎、知制诰等，充翰林学士，元和十三年（818）出为华州刺史，即本门所云"文公镇三峰"，寻转河阳节度使，次年拜中书侍郎、同平章事。穆宗时出为宣歙观察使，再贬衡州刺史。敬宗时自河南尹迁宣武军节度使。文宗大和间历东都留守及天平军、河东节度使，入为吏部尚书，迁尚书左仆射、领盐铁转运使，卒于山南西道节度使任上。长于诗赋，与刘禹锡等唱和，曾教授李商隐骈

文,著有《漆奁集》。三峰:即华州。华州境内华山有"落雁""朝阳""莲花"三峰,故名。

④秋赋:州府解试。解试在秋季举行,故称。

⑤歌:诗体的一种。

⑥清要:清贵显要的官职。此指显贵者。书题:书信。

⑦寝去:离去。寝,止也。

⑧卢弘正:字子强,河中(今山西永济)人。中唐诗人卢纶之子。宪宗元和末进士。历监察御史、侍御史、兵部郎中、给事中等。宣宗大中年间官至户部侍郎,充盐铁转运使,迁京兆尹、武宁军节度使、兵部尚书、宣武军节度使等,卒于镇。尚书:官名。战国置。初掌文书,地位甚轻。西汉武帝以后地位渐重,东汉尚书台分六曹,各置尚书,掌纳奏拟诏,承宣布政。魏晋南北朝成为行政官员。隋、唐为尚书省吏、户、礼、兵、刑、工六部长官,分掌行政。历代因之。

⑨供帐:陈设帷帐、饮食等以供宴会所用。

⑩酒馔(zhuàn):酒食。侈靡:奢侈浪费。

⑪寄客:寄居他乡之人。此指寄居华州的士人。

⑫独步文场:在科场中遥遥领先。此指以府元入试。独步,超群出众,独一无二。文场,科场。

⑬马植(？—857):字存之,扶风(今属陕西)人。凤州刺史马勋之子,武将家出身。唐朝宰相。宪宗元和十四年(819)登进士第,后又登贤良方正能直言极谏科,授寿州团练副使,历安南都护、大理卿。宣宗时迁刑部侍郎、户部侍郎,充诸道盐铁转运使,同中书门下平章事,进中书侍郎,兼礼部尚书、集贤殿大学士。以结交宦官贬常州刺史,以太子宾客分司东都。后起为忠武军节度使、宣武军节度使,卒于镇。

⑭从事:官名。州部属吏。汉元帝置,隋朝改名参军。唐朝藩镇幕僚

泛称从事。此指令狐楚帐下幕僚。

⑮文豹：豹。因其皮有花纹，故称。骊龙：黑龙。《庄子·列御寇》："夫千金之珠，必在九重之渊而骊龙颔下。"

⑯伏：通"服"，佩服。

⑰丞郎：尚书省左右丞和六部侍郎、郎中的通称。判醝（cuó）：署理盐务，即充任盐铁转运使。判，署理。醝，盐。

⑱手札：亲笔书信。

⑲"昔日华元"几句：当年华州解元之位，已经遭你的毒手夺去，现在这个盐铁转运使的差使，又中了你的老拳被夺走了。华元，华州解元。醝务，掌管盐务的工作。卢弘正、马植在宣宗大中年间先后担任盐铁转运使。毒手、老拳，戏称。《晋书·石勒载记》："初，勒与李阳邻居，岁常争麻池，迭相殴击；至是，谓父老曰：'李阳，壮士也，何以不来？ 沤麻是布衣之恨，孤方崇信于天下，宁仇匹夫乎！'乃使召阳。既至，勒与酣谑，引阳臂笑曰：'孤往日厌卿老拳，卿亦饱孤毒手。'"

⑳复日：过了一日。

【译文】

同州、华州的解试最被认为吉利，和京兆府解试没有差别，如果能以第一名选送，没有不考中进士的。元和年间，令狐文公任华州刺史，到了秋天解试的时候，出榜文说："特此加置五场考试。"诗、歌、文、赋、帖经，共为五场。往年拿着显贵们的书信来求举荐的，大都不下十几人，当年没有来的。即使有不远千里而来的，听到这事也都离开了；只有后来任尚书的卢弘正独自到华州请求解试。令狐文公命令设宴接待，酒食奢侈丰盛过于往日。华州寄居的士人全都来一旁观看。卢弘正自以为府元非己莫属。令狐文公命令每天考试一场，求精而不求快。卢弘正已经考试了两场，而马植才来参加解试。马植是武将家的子弟，令狐文公的幕僚们都暗中讥笑。令狐文公说："此时还不知道如何呢。"不久考试《登山采珠赋》。马植写道:"文豹不同于骊龙,采到的很少;白石更不同于老蚌,剖开也得不到宝珠。"令狐文公非常佩服赋文写得精确恰当,于是马植就夺走了卢弘正的解元。后来卢弘正以侍郎充任盐铁转运使,不久被马植占据了这个职位。卢弘正写信给马植,开玩笑说:"当年华州解元之位,已经遭你的毒手夺去;现在这个盐铁转运使的差使,又中了你的老拳被夺走了。"过了一日,考试《破竹赋》。

咸通末,永乐崔侍中廉问江西①,取罗邺为督邮②,邺因主解试。时尹璞自远来求计偕③,璞有文而使气④,邺挟私黜之⑤,璞大恚怒⑥,疏邺云⑥:"罗邺讳'则'⑦,则可知也。"邺父则,为余杭盐铁小吏⑧。

【注释】

①永乐崔侍中廉问江西:永乐崔安潜侍中担任江西观察使。永乐,唐长安坊名。中唐以后大臣有名者,常以所居坊里称。崔安潜居永乐坊,故称永乐崔侍中。《新唐书·李景让传》:"元和后,大臣有德望者,以居里显。"崔侍中,崔安潜(?—898),字进之,谥贞孝,清河东武城(今河北清河)人。宣宗大中三年(849)登进士第。起家校书郎,历万年县尉、吏部员外郎、司封郎中等。懿宗咸通年间为江西观察使、忠武军节度使。僖宗乾符年间迁剑南西川节度使,守卫西川,改革弊政。后被诬,左迁太子宾客分司东都。广明年间从僖宗幸蜀,为诸道行营兵马副都统,入为刑部尚书,后以功累加至检校侍中。昭宗时任平卢节度使,累迁太子太师、左仆射,封清河郡开国公。《全唐诗》存诗一首。侍中,官名。秦置,往来殿中奏事,两汉时为侍从亲近之官。魏晋南北朝以来地位益高。唐朝置为门下省长官,掌审议封驳中书省草拟诏敕,与中书、

尚书省长官同为宰相。唐朝中期以后常加检校名义,用为褒赏功臣、藩镇的加官。廉问江西,指崔安潜任江西观察使。廉问,察访查问,此指担任观察使。

②罗邺:余杭(今浙江杭州余杭区)人。出身于豪富盐铁小吏之家,屡举进士不中。早年曾出塞,后游宦于池州、江西、东川等州郡,皆不得志,郁郁而终。工诗,尤长七律,与宗人罗隐、罗虬合称"三罗"。著有《罗邺诗》。督邮:官名。汉置。郡府属吏,代表郡守督察诸县,宣达教令,兼司狱讼捕亡等事。隋唐后废。此指参军、录事一类州府佐吏。罗邺事参见卷十"韦庄奏请追赠不及第人近代者"门。

③尹璞:懿宗时人。《全唐诗》存诗一首。求计偕:求解,求取入京省试。古时贡举之人与计吏偕同入京,因称举人赴京省试为计偕。

④使气:意气用事。

⑤恚(huì)怒:愤怒。

⑥疏:分条列明。

⑦讳:回避,顾忌。则:本指标准、法则。此处一语双关,指称罗邺之父名"则"。古人避家讳,尹璞故意冒犯,以示愤怒。

⑧盐铁小吏:指管理食盐专卖,兼掌银、铜、铁、锡之采冶的事务。

【译文】

咸通末年,永乐崔安潜侍中担任江西观察使,任用罗邺为佐官,罗邺因而主持解试。当时尹璞自远方来求取入京省试,尹璞有文才而意气用事,罗邺心怀私念黜落了他,尹璞大为愤怒,分条陈述罗邺的过失说:"罗邺避讳'则'字,他的准则可想而知。"罗邺的父亲罗则,担任余杭的盐铁小官。

白乐天典杭州①,江东进士多奔杭取解②。时张祜自负诗名③,以首冠为己任④。既而徐凝后至⑤。会郡中有宴⑥,

乐天讽二子矛楯⑦。祜曰："仆为解元⑧,宜矣。"凝曰:"君
有何嘉句?"祜曰:"《甘露寺》诗有'日月光先到,山河势尽
来'。又《金山寺》诗有'树影中流见,钟声两岸闻'。"凝
曰:"善则善矣,奈无野人句云'千古长如白练飞⑨,一条界
破青山色'。"祜愕然不对。于是一座尽倾⑩。凝夺之矣。

【注释】

①白乐天:白居易(772—846),字乐天,晚号香山居士,下邽(今陕
西渭南)人,生于新郑(今属河南)。德宗贞元十六年(800)登
进士第,后又登书判拔萃科,授秘书省校书郎。再登才识兼茂明
于体用科,历盩厔(zhōu zhì)尉、翰林学士、左拾遗,改授京兆府
户曹参军、太子左赞善大夫。因为上书言事为权贵所恶,贬江州
司马,移忠州刺史。后召入,任尚书司门员外郎、主客郎中知制诰
及中书舍人等,先后出任杭州刺史、苏州刺史、河南尹,武宗会昌
年间以刑部尚书致仕。中唐著名诗人。与元稹等倡导新乐府运
动,主张"文章合为时而著,歌诗合为事而作",作有组诗《新乐
府》《秦中吟》,而以长篇歌行《长恨歌》《琵琶行》在文学史上享
有崇高声誉。著有《白氏长庆集》。典:掌管,任职。

②江东进士:江东一带考取进士的士人。江东,古时将长江下游芜
湖、南京以下的地区称作江东,也泛指长江下游地区。

③张祜(hù,约791—约852):字承吉,南阳(今属河南)人。终身
未仕,长年漫游各地,出入幕府。以诗投调名公,以求汲引,终无
所成。诗风自然纯熟,委婉多致,为杜牧、皮日休、陆龟蒙等推重。
著有《张承吉文集》。

④首冠:第一。此指首送,解元。

⑤既而:不久。徐凝:睦州(今浙江建德)人。宪宗元和中有诗名,

　　与韩愈、白居易、元稹等有交往。一生未仕,归乡而终。《全唐诗》
　　存诗一卷。

⑥会:适逢。

⑦讽:委婉地劝告。矛楯(dùn):原指言语或行为自相抵触,互不相
　　容。此指以文词互相辩难。楯,同"盾"。

⑧仆:旧时谦称"我"。

⑨野人:山野之人。旧时未出仕之人的谦称。

⑩倾:倾慕,钦佩。《史记·司马相如列传》:"相如不得已,强往,一
　　坐尽倾。"

【译文】

　　白居易担任杭州刺史,江东考进士的士人很多奔赴杭州求取解送。
当时张祜以诗名自负,以夺得解元为自己的分内之务。不久徐凝来了。
适逢州府有宴席,白居易暗示让二人以文词互相辩难。张祜说:"我做解
元正合适。"徐凝问:"您有什么好诗句?"张祜说:"《甘露寺》诗中有'日
月光先到,山河势尽来'。另外《金山寺》诗中有'树影中流见,钟声两
岸闻'。"徐凝说:"好是好,怎奈没有像我这样的诗句'千古长如白练飞,
一条界破青山色'。"张祜惊愕无以言对。于是满座都为之倾倒。徐凝
夺得了当年的解元。

　　大中中,纥干峻与魏镖争府元①,而纥干屈居其下。翌
日②,镖暴卒③。时峻父方镇南海④,由是为无名子所谤⑤,
曰:"离南海之日,应得数斤;当北阙之前,未消一捻⑥。"因
此峻兄弟皆罢举。

【注释】

①纥(hé)干峻:事迹未详。魏镖:事迹未详。

②翌（yì）日：次日。

③暴卒：突然去世。

④时峻父方镇南海：当时纥干峻的父亲纥干臮（jì）正出任岭南东道节度使。南海，今广州，唐朝为岭南东道节度使治所。

⑤无名子：无名氏。参见卷一"述进士下篇"门注。

⑥"离南海之日"几句：离开南海的时候，应该带了数斤毒药；到朝廷之前，还用不了一捻那么多。俗以为岭南多毒药之属。韩愈《八月十五夜赠张功曹》诗："下床畏蛇食畏药。"白居易《送客春游岭南二十韵》诗："须防杯里蛊（原注：南方蛊毒多置酒中）。"北阙，古代宫殿北面的门楼。是臣子等候朝见或上书奏事之处。引申为官阙、朝廷。一捻（niē），形容少量。捻，量词。犹把。

【译文】

大中年间，纥干峻与魏镳争夺府元，而纥干峻屈居魏镳之下。次日，魏镳突然去世。当时纥干峻的父亲纥干臮正出任岭南东道节度使，于是被无名氏中伤，说："离开南海的时候，应该带了数斤毒药；到朝廷之前，还用不了一捻那么多。"因此纥干峻兄弟都未参加当年的进士考试。

张又新时号"张三头"①。进士状头②，宏词敕头③，京兆解头④。

【注释】

①张又新：字孔昭，深州陆泽（今河北深州）人。初为京兆解头，宪宗元和九年（814）状元及第，十二年（817）举博学宏词科为敕头，时号"张三头"。应辟为广陵从事，历补阙、祠部员外郎等，文宗大和时贬汀州刺史，武宗会昌年间为江州刺史。著有《煎茶水记》等。

②状头：即状元。

③宏词：博学宏词科，吏部科目选之一。敕头：即博学宏词科第一名。后世"敕头"亦指状元。

④解头：即解元、府元。

【译文】

　　张又新当时号称"张三头"。进士考试的状头，博学宏词科考试的敕头，京兆府解试的解头。

　　国朝自广明庚子之乱①，甲辰天下大荒②，车驾再幸岐梁③，道殣相望④，郡国率不以贡士为意。江西锺传令公起于义聚⑤，奄有疆土⑥，充庭述职⑦，为诸侯表式⑧，而乃孜孜以荐贤为急务⑨。虽州里白丁⑩，片文只字求贡于有司者⑪，莫不尽礼接之。至于考试之辰，设会供帐，甲于治平⑫。行乡饮之礼⑬，常率宾佐临视，拳拳然有喜色⑭。复大会以饯之，筐篚之外⑮，率皆资以桂玉⑯。解元三十万，解副二十万⑰，海送皆不减十万⑱。垂三十载，此志未尝稍怠。时举子有以公卿关节，不远千里而求首荐者⑲，岁常不下数辈。

【注释】

①广明庚子之乱：唐僖宗广明元年（880），黄巢率军攻陷长安，僖宗经由凤翔、兴元，出奔西蜀，中和五年（885）方经凤翔还京师。广明元年岁次庚子，因称"庚子之乱"。广明，唐僖宗李儇的年号（880—881）。

②甲辰：唐僖宗中和四年（884），岁次甲辰。大荒：大饥荒。《新唐书·五行志》："中和四年，江南大旱，饥，人相食。"

③车驾再幸岐梁：皇帝再次巡幸凤翔。车驾，天子出巡时乘坐的马车。代指天子。岐梁，岐山和梁山，代指凤翔。杜甫《送樊二十三侍御赴汉中判官》诗："顿兵岐梁下，却跨沙漠裔。"仇兆鳌注："岐梁二山，在凤翔境内，王师在焉。"光启元年（885），军阀王重

荣、李克用等进逼长安,僖宗再次逃亡到凤翔。

④道殣(jìn)相望:道路上饿死的人到处都是。殣,饿死。

⑤锺传(?—906):洪州高安(今属江西)人。唐末军阀。商贩出身。唐末大乱中,聚集万人,自称高安镇抚使,阻击王仙芝,入据抚州,被任为抚州刺史。中和二年(882),逐江西观察使高茂卿,占有洪州。朝廷任为江西观察使兼团练使,擢镇南节度使、检校太保、中书令,割据江西近三十年,封南平郡王。令公:对中书令的尊称。中唐以后,节度使多加中书令。义聚:以义聚众举兵。

⑥奄有:全部占有。

⑦充庭述职:朝见天子,汇报职务。充庭,古代朝会时,陈皇帝车驾仪仗于殿庭,称为充庭。此指朝见。述职,古时诸侯向天子陈述职守。

⑧诸侯:此指藩镇。表式:表率,楷模。

⑨孜孜:勤勉不懈。

⑩白丁:平民。

⑪求:底本作"来",依他本改。

⑫甲:首位。此指超过。治平:国家安定。

⑬行乡饮之礼:举子解送京师之前行乡饮酒礼,参见卷一"贡举厘革并行乡饮酒"门。

⑭拳拳然:形容诚挚恳切。

⑮筐篚(fěi):原指盛物的竹器。引申为礼物。

⑯桂玉:桂薪玉粒,以桂为柴,以玉为米。常用来比喻京师生活昂贵。此指京师所居需要的钱物。李群玉《金塘路中》诗:"桂玉愁居帝里贫。"

⑰解副:唐代州府解试的第一名为解元,第二名为解副。

⑱海送:此指解元、解副之外的一般荐送举子。

⑲首荐:以第一名被推荐。指取得解元。

【译文】

国朝自从广明年间黄巢作乱，中和四年天下大饥荒，光启元年皇帝又再次巡幸凤翔，饿死的人满路都是，地方州府大都不再重视贡举。江西锺传令公起于义兵，广有疆土，朝见天子，汇报职守，成为藩镇的表率，还勤勉不懈地以荐举贤士为紧要之事。即使是州里的平民，拿着片文只字到相关部门请求贡举，也没有不尽礼接待的。到了解试的时候，为举子设置考场，供应食宿，胜过太平时期。举行乡饮酒礼，常常带着幕宾僚佐亲临省视，诚挚恳切，面露喜色。更举办盛宴为赴京举子饯行，除了礼物之外，大都给予钱财资助。给解元三十万，解副二十万，其他举子都不下十万。将近三十年，锺传令公的这一志愿未曾稍有懈怠。当时举子凭借公卿大臣的人情请托，不远千里而来此地求取解元的，每年都有好几人。

合肥李郎中群^①，始与杨衡、苻载等同隐庐山^②，号"山中四友"。内一人不记姓名。先是^③，封川李相迁阁长^④，会有名郎出牧九江郡者^⑤，执辞之际^⑥，屡以文柄迎贺于公^⑦。公曰："诚如所言，庐山处士四人，傥能计偕^⑧，当以到京先后为齿。"既而，公果主文^⑨。于是拥旌旗^⑩，造柴关^⑪，激之而笑^⑫。时三贤皆胶固^⑬，唯合肥公年十八，矍然曰^⑭："及其成功，一也^⑮！"遂束书就贡^⑯。比及京师，已锁贡院，乃槌贡院门请引见^⑰。公问其所止^⑱。答云："到京后时^⑲，未遑就馆^⑳。"合肥神质瑰秀^㉑，主司为之动容，因曰："不为作状头，便可延于吾庐矣^㉒。"杨衡后因中表盗衡文章及第^㉓，诣阙寻其人^㉔，遂举，亦及第。或曰：见衡业古调诗^㉕，其自负者，有"一一鹤声飞上天"之句。初遇其人颇愤怒，既而问曰："某'一一鹤声飞上天'在否？"前人曰："此句知兄最惜，不敢辄偷。"衡笑曰:"犹可恕矣。"符载后佐李骘为江西副使㉖,失意,去从刘辟㉗。已上李群与杨衡、符载等事一节,事意、年代前后不相接,差互尤甚㉘。

【注释】

①合肥:县名。唐属庐州。李郎中群:李群(779—848),字处一,庐州合肥(今属安徽)人。穆宗长庆四年(824)状元及第。历左拾遗、殿中侍御史、洛阳令、淮南观察判官、比部郎中等,官终濠州刺史。

②杨衡:字中师,凤翔宝鸡(今属陕西)人。早年随父宦游于蜀,曾与符载等共隐青城山。后隐于庐山,称"山中四友"。德宗贞元五年(789)登进士第,曾入桂管观察使齐映、岭南节度使薛珏等幕。擅长古体诗,《全唐诗》存诗一卷。符载:字厚之,凤翔(今陕西宝鸡凤翔区)人,一说蜀(成都)人。早年隐居。德宗贞元年间辟为西川节度使韦皋节度支使,宪宗元和年间为荆南节度使赵宗儒记室。工诗,有志节,为柳宗元推重。《全唐诗》存诗二首。按,"符载"底本作"苻载",据岑仲勉《跋唐摭言》改。庐山:山名,又名匡庐、匡山。位于江西九江市南。有白鹿洞、香炉峰、三叠泉等,为中国名山之一。

③先是:之前。

④封川李相:即李宗闵(? —846),字损之,陇西成纪(今甘肃秦安)人。唐朝宗室之后,唐朝宰相,牛李党争中牛党领袖之一。贞元二十一年(805)进士。历监察御史、礼部员外郎等,随裴度平淮西之乱有功。穆宗长庆间拜中书舍人,贬剑州刺史。与李德裕结怨,党争倾轧。后再为中书舍人,权知礼部侍郎,掌贡举,选拔人才,所取多名士。文宗太和三年(829)以吏部侍郎同平章事,后罢为山南西道节度使。后复入相,又因党争贬明州刺史、潮州司户等。开成年间为杭州刺史、太子宾客分司东都。武宗会昌

年间,李德裕为相后,被长流封州,继贬为郴州司马,未行而卒。封川,今广东封开县封川镇。唐封州治封川,李宗闵被贬封州,因称封川李相。阁长:或即阁老。唐代对中书舍人中年资深久者及中书省、门下省属官的敬称。

⑤会有名郎出牧九江郡者:适逢有位礼部郎官出任江州刺史。名郎,指礼部郎官。郑谷《春夕伴同年礼部赵员外省直》诗:"锦帐名郎重锦科,清宵寓直纵吟哦。"出牧,出任州府长官。九江郡,即江州,治今江西九江。庐山在江州。

⑥执辞:话别。

⑦文柄:考选文士的权柄。即知贡举。

⑧傥(tǎng)能计偕:如能入京省试。傥,如果。

⑨主文:主持考试,知贡举。

⑩拥旌旗:旌旗簇拥。旧时大官出行的排场。岑参《陪封大夫宴瀚海亭纳凉(得时字)》诗:"吾从大夫后,归路拥旌旗。"

⑪柴关:柴门。以树枝、木干做成的门。隐士所居。此指李群等人隐居之处。

⑫激:鼓动。

⑬三贤:指"山中四友"中除李群以外的三人。胶固:固执。此指三人不愿出山应试。

⑭矍(jué)然:急切地说。

⑮及其成功,一也:到成功之时,也都一样了。语出《礼记·中庸》:"或安而行之,或利而行之,或勉强而行之,及其成功,一也。"此谓只要能实现理想,隐居读书以养名和出山应试求科第都是一样的。

⑯束书:收拾书籍。皎然《送梁拾遗肃归朝》诗:"束书辞东山,改服临北风。"

⑰槌(chuí):敲打。

⑱所止:所居。《诗经·商颂·玄鸟》:"邦畿千里,维民所止。"

⑲后时：失时，错过了时间。

⑳未遑（huáng）：未及，没来得及。就馆：去到馆驿。就，到。

㉑神质瑰秀：精神和形体都瑰异秀美。

㉒延：请。吾庐：自家屋舍。

㉓中表：中表兄弟。古代称父亲的姐妹之子为外兄弟，母亲的兄弟姐妹之子为内兄弟，外为表，内为中，合称"中表"。

㉔诣阙：到京城。阙，宫殿的门楼。代指京城。

㉕业：从事，专攻。古调诗：指汉魏以来形成的古体诗，与后起的近体律绝相对。

㉖李骘（zhì，？—约870）：陇西成纪（今甘肃秦安）人，家于涔阳（今湖北公安）。文宗开成时为荆南节度使李石巡官，武宗会昌间入为祠部员外郎，宣宗大中时出为山南东道节度副使，懿宗时历太常少卿、弘文馆学士、翰林学士，加知制诰，迁中书舍人，后出为江西观察使，卒于镇。《全唐诗》存诗五首。

㉗刘辟：曾任剑南西川节度使。参见卷一"述进士下篇"门注。

㉘"已上李群与杨衡、符载等事一节"几句：以上记载李群和杨衡、符载等事这一节，事情的内容、年代前后不衔接，差错尤为严重。差互，差错。按，此注当为后人抄录时所增，非王定保自注。此门人物、年代、事迹舛错甚多。杨衡于德宗贞元五年（789）登第，李群于长庆四年（824）登第，杨衡不应在李群之后。李骘出镇江西在懿宗咸通九年（868），刘辟卒于元和元年（806），符载不可能先佐李骘后从刘辟。

【译文】

　　合肥李群郎中，早先的时候和杨衡、符载等一同隐居庐山，号称"山中四友"。其中一人不记得姓名。之前，封川李宗闵相公迁任中书舍人，适逢有位礼部郎官出任江州刺史，话别之际，屡次以将知贡举向李宗闵庆贺。李宗闵说："真如你所说的话，庐山有四位处士，如果能入京省试，我当以他们到京的先后顺序录取。"不久，李宗闵果然知贡举。江州刺史于是被旌旗簇拥着，造访隐士们的居所，用话鼓动他们，以此为笑谈。当时三位隐士都固执不肯出山应试，只有李群年当十八，急切地说："到成功之时，也都一样了！"于是收拾书籍参加贡举。等到了京师，贡院已经锁闭，李群于是敲打院门请求引见。李宗闵问他住在什么地方。李群回答说："到京已经错过了时间，还没来得及去到馆驿。"李群精神瑰异，姿仪秀美，主考官为之动容，于是说："如果不是要取他做状元，就可以请到我家了。"杨衡后来因为中表兄弟剽窃他的诗文进士及第，到京城来找这个人，于是参加贡举，也进士及第。有人说：见杨衡专攻古体诗，他得意的，有"一一鹤声飞上天"这一句。杨衡刚遇到剽窃他诗文的人时很愤怒，随后问："我的'一一鹤声飞上天'还在吗？"那个人说："这一句知道兄长最爱惜，不敢贸然偷窃。"杨衡笑着说："这样还能宽恕。"符载后来辅佐李骥做江西观察副使，不得志，去依从剑南西川节度使刘辟。以上记载李群和杨衡、符载等事这一节，事情的内容、年代前后不衔接，差错尤为严重。

高贞公郢就府解后时①，试官别出题目曰《沙洲独鸟赋》。郢援笔而成曰②："鹥有飞鸟③，在河之洲。一饮一啄，载沉载浮④。赏心利涉之地⑤，浴质至清之流⑥。"其年首送。

【注释】

①高贞公郢：高郢（yǐng，740—811），字公楚，谥号贞，卫州（今河南卫辉）人。唐朝宰相。宝应二年（763）登进士第，后又登茂才异行科，授华阴尉。先后入郭子仪、李怀光幕府。入为刑部郎中、中书舍人，以礼部侍郎知贡举，拜太常卿。贞元十九年（803）擢中书侍郎、同中书门下平章事。顺宗时转刑部尚书，后出镇华州。宪宗元和初，召为太常卿，除御史大夫，改兵部尚书，以尚书右仆射致仕。为官清正廉洁，不受请托，节俭自奉，为时人所称。

②援笔:提笔,执笔。

③鹬(yù):鸟疾飞。

④载沉载浮:时沉时浮。

⑤利涉:顺利渡河。《周易·需》:"利涉大川。"

⑥浴质:洗浴身体。质,形体。

【译文】

高郢参加府解误期失时,主考官另外出题目叫《沙洲独鸟赋》。高郢提笔一挥而就,写道:"孤鸟疾飞而起,落在河洲之中。或饮或啄,时沉时浮。悦心于渡河之便地,沐浴于至清之水流。"当年以第一名选送。

得失以道

【题解】

此门录自中唐著名古文家李翱写给从弟李正辞的书信。李正辞参加京兆府解试,未获解送。李翱劝慰他应当力学仁义与文章,培养内心的浩然之气,不当汲汲于富贵,惑溺于浮文,因一时得失忧喜而动心。卷七"知己"门载有李翱的《感知己赋序》,李翱自认为文章高超,"虽不敢同德于古人,然亦幸无怍于中心",却因为无人提携而屡屡落第,声名不显,前途晦暗,遂感叹知己难得,忧虑自己将要终身迍邅(zhūn zhān)厄穷。其文颇有牢骚抱怨之情、郁勃不平之气。《与弟正辞书》写于李翱中进士数年之后,自己已然及第,便可谆谆教诲其弟休以功名富贵为念,"吾何爱而屑屑于其间哉"了。

李翱《与弟正辞书》①,贞元末,正辞取京兆解②,掾不送③,翱故以书勉之。其书曰:"知汝京兆府取解,不得如其所怀,念勿在意。凡人之穷达④,所遇犹各有时尔,何独至于贤丈夫而反无其时哉? 此非吾人之所忧也。吾所忧者何? 畏吾之道未到于天人之际耳⑤。其心既自以为到，且无谬，则吾何往而不得所乐？何必与夫时俗之人同得失忧喜而动于心乎？借如用汝之所知⑥，分为十焉，用其九学圣人之道而和其心，使其余者以与时进退俯仰⑦。如可求也⑧，则不啻富且贵也⑨；如非吾力也，虽尽其十，只益动其心尔，安能有所得乎？汝勿信人号文章为一艺⑩。夫所谓一艺者，乃时俗所好之文，或有盛名于近代者是也。其能到古人者，则仁义之辞也，恶得一艺而名之哉？仲尼、孟轲⑪，没千余岁矣，吾不及见其人，能知其圣且贤者，以吾读其辞而得之者也。后来者不可期，安知其读吾辞者而不知吾心之所存乎？亦未可诬也⑫。夫性于仁义者，未见其无文也；有文而能到者，则吾未见其不力于仁义也。由仁义而后文者，性也；由文而后仁义者，习也。犹诚明之必相依尔⑬。贵与富，在乎外者也，吾未能知其有无也，非吾求而能至者也，吾何爱而屑屑于其间哉⑭？仁义与文章，生乎内者也，吾知其有也，吾能求而充之者也，吾何惧而不为哉？汝虽天性过于人，然而未能浩浩于其心⑮，吾故书其所怀以张汝⑯，且以乐言吾道云尔。"

【注释】

①李翱：师从韩愈，中唐著名古文家。参见"置等第"门注。正辞：李正辞，李翱从弟。宪宗时官拾遗、补阙、刑部郎中等，后坐罪贬金州刺史。此文《全唐文》题作《寄从弟正辞书》。

②取京兆解：就京兆府取解。

③掾（yuàn）：官府佐吏的通称。

④凡人之穷达：普通人的困顿与显达。凡人，寻常之人。白居易

《羸骏》诗:"岂无市骏者,尽是凡人目。"

⑤天人之际:天道与人事间的相互关系。司马迁《报任安书》:"亦欲以究天人之际,通古今之变,成一家之言。"比喻认识事理之深。

⑥借如:例如。

⑦进退俯仰:原指人或进或退、或低头或抬头的动作。引申为举动、周旋应对。《左传·定公十五年》:"将左右周旋,进退俯仰,于是乎取之。"

⑧如可求也:如果追求得到。《论语·述而篇》:"子曰:'富而可求也,虽执鞭之士,吾亦为之。如不可求,从吾所好。'"

⑨不啻(chì):不过。

⑩号:称。

⑪仲尼、孟轲:孔子和孟子,儒家的两大宗师。参见卷一"统序科第"门、卷二"为等第后久方及第"门注。

⑫未可诬:不能断为虚无。诬,虚假,虚妄。

⑬诚明:天性真诚和明白道理。"诚"和"明"是中国古代哲学术语。《礼记·中庸》:"自诚明,谓之性;自明诚,谓之教。诚则明矣,明则诚矣。"

⑭屑屑:劳碌不安貌。

⑮浩浩:胸怀开阔坦荡。《孔子家语·弟子行》:"其骄大人也,常以浩浩,是以眉寿。"

⑯张汝:开阔你的胸怀。即开导之意。

【译文】

李翱有《与弟正辞书》,贞元末年,李正辞就京兆府取解,掾吏没有解送他,李翱因此写信勉励他。信中写道:"知道你在京兆府取解,没有如愿,希望你不要在意。普通人的困顿与显达,遭遇如何尚且各有时机,怎么会单单到了贤能之士处而反倒没有时机之说呢?这不是我辈所当忧虑的。我所忧虑的是什么呢?是忧虑我对大道的研求还没达到天人融合的精深境界。如果心里自以为已经达到了，而且没有谬误，那么我去到哪里而不能得到快乐呢？何必和世俗之人有相同的得失忧喜而动摇心志？例如把你的心智，分为十分，用九分去学习圣人之道而使自己的内心与之调和，用余下的十分之一来与时俗周旋应对。如果富贵追求得到，那么不过是富贵而已；如果富贵不是我能追求得到的，即使用尽十分心智，也只是更加动摇心志罢了，哪能得到什么呢？你不要听信人家把文章称为一种技艺。所谓的一种技艺，只是时俗所喜好的文章，或者在近代享有盛名的文章罢了。如果能到古人境界的，就是仁义之辞，又怎么能用一种技艺来称呼它呢？孔子、孟子，去世已经一千多年了，我未及见到他们本人，之所以能够知道他们是圣人贤者，是因为我读了他们的文章而知道的。后来之人不可预期，怎么知道他们读我的文章而不了解我内心的思想呢？也不能说一定没有这样的事。天性仁义之人，没有见他们没有文章的；有文章而能到达一定境界之人，我也没见过他们不力行仁义的。由仁义而后具备文章的，是天性所然；由文章而后达到仁义的，是学习所致。就像天性真诚和明白道理必然相互依存一样。贵与富，是外在的东西，我不能认为它们不存在，只是不是我追求就能得到的，我有什么贪图而非要奔波劳碌于其中呢？仁义与文章，是生于我内心的东西，我知道它们存在，我能追求得到它们来充实自己，我有什么畏惧而不去做呢？你虽然天性过于常人，然而心胸还不够开阔坦荡，因此我写下内心的想法和感受来开导你，也因为乐于谈论我的修习之道。"

恚恨

【题解】

此门记录因为府试解送而引发的龃龉之事。小至卢肇调谑"首冠"、王泠然数落高昌宇，大至魏晋罗织陷罪李回，可见府解不如意之怨仇，实不下于进士落第。作者在"争解元"门后接以"得失以道"和"恚恨"门,先是引录李翱对解送失败者的劝勉之辞,然后罗列解送不顺而引发的种种矛盾,其实更加说明解送不如意对士人心态的影响。高昌宇当年没有解送王泠然,王泠然在书信中说:"使仆一朝出其不意,与君并肩台阁,侧眼相视,公始悔而谢仆,仆安能有色于君乎?"这恰与李回不送魏暮,两人同朝为官时魏暮对李回"某顷岁府解,蒙明公不送,何幸今日同集于此"的讽刺出于一辙。可见士人心态大多如此,区别只在口头牢骚还是厉行报复而已。作者在评论中说,府试作为科举的起始,士人在起家之初想要一个好的开端无可厚非,但要严格要求自己,不能怨天尤人。像李翱、徐凝、马植等,都是反求诸己的君子之儒,而王泠然、魏暮、尹璞等因为府试落选而怀恨报复,都是阴险邪僻之辈。作者的道德之论固然堂皇,但普遍存在的解送纠纷实非道德所能辖。

　　太和初,李相回任京兆府参军①,主试②,不送魏相公暮③,深衔之④。会昌中,回为刑部侍郎,暮为御史中丞,尝与次对官三数人候对于阁门⑤。暮曰:"某顷岁府解⑥,蒙明公不送⑦,何幸今日同集于此?"回应声答曰:"经上呼如今也不送⑧。"暮为之色变,益怀愤恚。后回谪牧建州⑨,暮大拜⑩,回有启状⑪,暮悉不纳。既而回怒一衙官⑫,决杖勒停⑬。建州衙官能庇徭役⑭,求隶籍者所费不下数十万⑮,其人切恨停废。后因亡命至京师,接时相诉冤⑯,诸相皆不问。会停午⑰,憩于槐阴⑱,颜色憔悴⑲,傍人察其有私⑳,诘之㉑。其人具述本意,于是诲之曰㉒:"建阳相公素与中书相公有隙㉓,子盍诣之㉔?"言讫,魏公导骑自中书而下㉕。其人常怀文状,即如所诲,望尘而拜。导从问㉖,对曰:"建州百姓诉冤。"公闻之,倒持麈尾㉗,敲檐子门㉘,令止;及览状,所论事二十余件,第一件取同姓子女入宅^㉙。于是为魏相极力锻成大狱^㉚。时李相已量移邓州刺史^㉛,行次九江^㉜,遇御史鞫^㉝,却回建阳^㉞,竟坐贬抚州司马^㉟,终于贬所^㊱。

【注释】

①李相回:李回,本名躔(chán),避武宗讳改,字昭度,谥文懿。唐朝宰相。穆宗长庆元年(821)登进士第,后又登贤良方正能直言极谏科。为宰相李德裕赏识。文宗大和年间任起居郎,历职方、吏部、刑部三员外郎。开成初以库部郎中知制诰,进中书舍人。武宗时历工部、户部侍郎,会昌五年(845)拜相,封陇西郡公。宣宗时出为剑南西川节度使,坐与李德裕亲善,贬潭、建、抚州刺史,寻卒。《全唐诗》存诗三首。

②主试:主持解试。

③魏相公暮:魏暮(mó,793—859),字申之,下曲阳(今河北晋州)人。魏徵后裔。唐朝宰相。文宗大和七年(833)登进士第,累官右拾遗。开成年间擢为右补阙,转起居舍人,拜谏议大夫。宣宗时迁御史中丞,大中五年(851)以户部侍郎同平章事。官终检校右仆射、太子少保。工诗文,著有《魏暮集》等。《全唐诗》存诗一首。

④衔:怀藏。此指衔恨。

⑤尝与次对官三数人候对于阁门:曾与几名待制官在阁门等候皇帝召对。次对官,待制官。唐始置。唐太宗命京官五品以上更宿中书、门下省,以备咨询政事,草拟制敕。候对,等候帝王召对。阁门,官中偏殿。

⑥某:代指"我"。顷岁:昔年。

⑦明公:旧时对有名位者的尊称。

⑧上(shǎng)呼:作上声,第三声。

⑨谪(zhé)牧建州:谪为建州刺史。谪,旧指官员降职。牧,指担任

　　刺史。建州,州名。唐武德四年(621)置,治建安县(今福建建瓯)。

⑩大拜:指担任宰相。拜,拜官。

⑪启状:书启、疏状。

⑫衙官:刺史的属官。

⑬决杖:处以杖刑。勒停:勒令停职。

⑭庇徭役:包庇他人逃避徭役。庇,遮蔽,庇护。徭役,古代官方向
　　劳动人民摊派的无偿性社会劳动。

⑮隶籍:隶属户籍。此指为躲避徭役而隶籍于人。

⑯时相:当朝宰相。

⑰停午:正午,中午。

⑱憩:休息。

⑲颜色:神色。憔悴:烦恼。

⑳傍人:旁人。私:私事。此指心事。

㉑诘(jié):追问。

㉒诲:教导,开示。此指指引。

㉓建阳相公:指李回。李回谪建州,建阳属建州,因称。中书相公:
　　指魏謩。魏謩任中书侍郎,因称。隙:嫌隙,矛盾。

㉔盍:何不。

㉕导骑:前导的骑士。

㉖导从:古时帝王、权贵出行时,前驱者称导,后随者称从。泛指随从。

㉗麈(zhǔ)尾:古人闲谈时执以驱虫、掸尘的一种工具,流行于士大
　　夫之间。

㉘檐子门:轿舆之门。

㉙子女:特指女子。崔颢《江畔老人愁》诗:"父兄三叶皆尚主,子女
　　四代为妃嫔。"

㉚锻:罗织罪状,陷人于罪。

㉛量移:官员因罪远谪,遇赦酌情调迁近处安置。邓州:州名。唐武

德元年（618）置，治穰县（今河南邓州）。

㉜次：出行途中停留。

㉝遇御史鞫（jū）：遇到御史审讯。御史，官名。西周为侍从属吏，春
秋战国置为史官，秦汉时掌管监察审讯，置御史大夫为其长官。
隋唐以来成为对侍御史、殿中侍御史、治书侍御史、监察御史、巡
按御史等的通称。鞫，审讯。

㉞却回：回转。

㉟坐：坐罪。抚州：州名。唐武德五年（622）改临川郡为抚州，治临
川县（今江西抚州临川区）。天宝元年（742）改为临川郡，乾元
元年（758）复为抚州。

㊱终：卒。

【译文】

太和初年，李回相公任京兆府参军，主持解试，没有选送后来的宰相
魏謩，魏謩深为怀恨。会昌年间，李回为刑部侍郎，魏謩为御史中丞，曾
与几名待制官在阁门等候皇帝召对。魏謩说："我昔年在京兆府解试，蒙
您不送，何故今日有幸聚集在此啊？"李回应声回答道："就是如今也不
送。"魏謩听了神色为之一变，心中更加怀恨。后来李回被贬谪为建州
刺史，魏謩做了宰相，李回凡有书启疏状，魏謩一概不接纳。不久，李回
恼怒一名衙官，处以杖刑并勒令停职。建州衙官能包庇他人逃避徭役，
请求隶籍的人花费不下数十万，这个人切齿痛恨被停职。他后来逃亡到
了京师，接近当朝宰辅们投诉冤屈，诸位宰相都置之不理。一日恰逢正
午，这个人在槐荫下休息，神色烦恼，旁人察觉他有心事，就追问他。这
个人就详细陈述了他来京城诉冤的本意，于是那个人指引他说："建阳李
相公向来和中书魏相公有嫌隙，你何不去找魏相公？"刚说完，魏公的前
导骑士从中书省而来。衙官一直把诉状带在身上，于是就像别人指引他
的那样，望着车马扬起的尘土下拜。导从问他何事，回答说："建州百姓
诉冤。"魏公听了，倒持麈尾，敲轿舆的门，让车马停下；等到阅览诉状，

上面所论之事有二十多件,第一件是娶同姓女子入门。于是这事被魏相公极力罗织成为大案。当时李相公已被酌情移置邓州刺史,走到九江,遇到御史审讯,退回到建州,最后坐罪被贬为抚州司马,卒于贬所。

卢吉州肇①,开成中,就江西解试,为试官末送②。肇有启谢曰③:"巨鳌屃赑,首冠蓬山④。"试官谓之曰:"昨某限以人数挤排⑤,虽获申展⑥,深惭名第奉浼⑦,焉得翻有'首冠蓬山'之谓?"肇曰:"必知明公垂问。大凡顽石处上,巨鳌戴之,岂非'首冠'耶!"一座闻之大笑。

【注释】

①卢吉州肇:卢肇字子发,袁州宜春(今属江西)人。韩愈做袁州刺史时跟从韩愈学习,以文受知于宰相李德裕,遂于会昌三年(843)状元及第。宣宗时先后入鄂岳节度使卢商、江陵节度使裴休、太原节度使卢简求的幕府。入为秘书省著作郎,迁仓部员外郎,充集贤院直学士。懿宗咸通时,历任歙、宣、池、吉四州刺史,因称"卢吉州"。著有《文标集》《逸史》等。其及第事参见卷三"慈恩寺题名游赏赋咏杂纪"门、卷十二"自负"门。

②末送:以最后一名选送。

③启:泛指书信。

④巨鳌屃赑(xì bì),首冠蓬山:巨龟强壮有力,头上顶着蓬山。语出左思《三都赋》:"巨鳌赑屃,首冠灵山。"传说蓬莱、瀛洲、方壶、岱舆、员峤五神山由巨鳌顶在头上固定。屃赑,亦作"赑屃",蟕(xī)龟的别名,善负重。引申为强壮有力。首冠,原指头上戴着,引申为第一。科举考第一者常称"首冠"。此句为双关,戏谑府试夺冠者是巨龟。

⑤挤排：排挤，推挤。

⑥申展：犹伸展。伸展怀抱。此指府试获得解送。

⑦深惭名第奉浼（měi）：很惭愧在名次上让您受了委屈。名第，科举考试中式的名次。奉浼，蒙受委屈。浼，玷污。

【译文】

吉州刺史卢肇，开成年间，到江西参加解试，被主考官以最后一名选送。卢肇写信答谢道："巨鳌屃赑，首冠蓬山。"主考官问他："日前我限于人数排挤，虽然使您获得解送，但很惭愧在名次上让您受了委屈，怎么反而有'首冠蓬山'的说法呢？"卢肇回答道："我就知道您一定会问。大凡顽石在上，由巨龟顶着，岂不是'首冠'吗！"满座的人听了都大笑。

华良夫尝为京兆解①，不送。良夫以书让试官曰："圣唐有天下，垂二百年；登进士科者，三千余人。良夫之族，未有登是科者，以此慨叹愤惋。从十岁读书，学为文章，手写之文，过于千卷②。"

【注释】

①华良夫：元和年间曾任义成军节度掌书记、监察御史里行。

②"良夫以书让试官曰"几句：疑有脱文。让，责备。

【译文】

华良夫曾参加京兆府解试，没有获得荐送。华良夫以书信责备主考官道："大唐有天下，将近二百年；登进士科的，有三千余人。良夫的家族，还从未有考中进士的，因此而愤慨叹惋。我从十岁读书，学着做文章，亲手书写的文章，超过一千卷。"

王泠然《与御史高昌宇书》曰①："仆之怪君，甚久矣。

不忆往日任宋城县尉乎②？仆稍善文章③，每蒙提奖④，勤勤见过⑤；又以齐甿⑥，叨承恩顾⑦，铭心在骨。复闻升进不出台省⑧，当为风波可望⑨，故旧不遗。近者，伏承'皇皇者华'⑩，出使江外⑪，路次于宋，依然旧游，门生故人，动有十辈，蒙问及者众矣，未尝言泠然。明公纵欲高心⑫，不垂半面，岂不畏天下窥公侯之浅深与？著绿袍⑬，乘骢马⑭，跄跄正色⑮，谁敢直言？仆所以数日伺君⑯，望尘而拜，有不平事，欲图于君，莫厌多言而彰公短也。

【注释】

①王泠然（692—725）：字仲清，太原（今属山西）人。开元五年（717）登进士第，后四年登拔萃科。授太子校书郎。曾上书张说自荐，未果。秩满，迁右威卫兵曹参军，卒于任。工文赋诗。《唐才子传》说他"气质豪爽，当言无所回忌，乃卓荦奇才，济世之器"。《全唐诗》存诗四首。其上书张说自荐，见卷六"公荐"门。高昌宇：事迹未详。

②宋城：隋开皇十八年（598）改睢阳县置，治今河南商丘。

③稍：略微。

④每蒙提奖：常常蒙受提携奖励。每，常常。

⑤勤勤：恳切至诚。

⑥齐甿（méng）：平民。甿，古称种田的人。《旧唐书·张廷珪传》："或谓人之穷乏不足恤者，则将齐甿沮志，亿兆携离，愁苦势极，无以奉上矣。"

⑦叨（tāo）承：忝受，承蒙。

⑧升进：官职升迁。台省：御史台和尚书、门下、中书三省合称"台省"。高昌宇任御史，故称。

⑨风波：风浪。引申为坎坷。皇甫冉《送张南史》诗："风波杳未极，几处逢相识。"

⑩皇皇者华：《诗经》篇名。为《诗经·小雅》中的一篇，描写使臣秉承君命，出使四方，访贤求策。因高昌宇出使江外，故而引用。

⑪江外：江南。

⑫高心：心高气傲。

⑬绿袍：唐代六品官员服深绿，七品服浅绿。侍御史是从六品官，殿中侍御史是从七品官，皆服绿。故称高昌宇"著绿袍"。

⑭骢（cōng）马：御史所乘之马。代指御史。《后汉书·桓典传》："（桓典）辟司徒袁隗府，举高第，拜侍御史。是时宦官秉权，典执政无所回避。常乘骢马，京师畏惮，为之语曰：'行行且止，避骢马御史。'"

⑮跄跄（qiāng）：形容步履从容有威仪。《诗经·小雅·楚茨》："济济跄跄，絜尔牛羊，以往烝尝。"

⑯伺：观察，等候。

【译文】

王泠然《与御史高昌宇书》写道："我责怪您，已经很久了。您不记得以前担任宋城县尉的时候了吗？我略微擅长文章，常常蒙受您的提携奖励，诚恳地来探望我；作为平民百姓，承蒙您的恩惠照顾，刻骨铭心。又听闻您的升迁不出台省，应当能被风波坎坷之人所仰望，不会遗忘故人旧友。近来，您承受皇帝的命令，出使江南，途中驻留在宋城，依然和那些旧日的朋友来往，门生故人，常常有十几个，承蒙您问到的人很多，却未曾提到泠然。您纵然心高气傲，不肯赐见半面，难道不怕天下之人由此窥测到您的度量深浅吗？您穿着绿袍，乘着骏马，行步威仪，神色端严，谁敢向您直言呢？我之所以几天来等候您，望着车马扬起的尘土而下拜，是因为有不平之事，想有所图于您，不要厌恶我话多而彰显了您的短处。

"先天年中①,仆虽幼小,未闲声律②,辄参举选。公既明试,量拟点额③;仆之枉落,岂肯缄口? 是则公之激仆④,仆岂不知? 公之辱仆,仆终不忘其故。亦上一纸书,蒙数遍读,重相摩奖⑤,道有性灵⑥,云某年来掌试,仰取一名⑦。于是逡巡受命,匍匐而归⑧,一年在长安,一年在洛下⑨,一年在家园。去年冬十月得送⑩,今年春三月及第。往者虽蒙公不送,今日亦自致青云⑪。天下进士有数,自河以北,唯仆而已,光华藉甚⑫,不是不知。君须稍垂后恩,雪仆前耻;若不然,仆之方寸别有所施⑬。

【注释】

①先天:唐玄宗李隆基的年号(712—713)。

②闲:通"娴",娴熟,熟练。声律:声韵格律。

③点额:相传鱼渡龙门便为龙,否则便头撞石壁,点额而还。后用以比喻应试落第。郦道元《水经注·河水四》:"《尔雅》曰:鳣(zhān),鮪(wěi)也。出巩穴,三月则上渡龙门,得渡为龙矣。否则,点额而还。"

④是则:虽则。

⑤重相摩奖:多次抚慰鼓励。

⑥性灵:天性灵智。

⑦仰取:仰而取之。此指录取。

⑧于是逡巡受命,匍匐而归:于是小心谨慎来应试,落第失意而归去。逡巡,小心谨慎。受命,承教。此指应试。匍匐,手足伏地爬行。比喻落第失意而归。

⑨洛下:指洛阳。

⑩得送:得以选送赴京省试。

⑪自致青云：靠自己跻身青云之上。此指进士及第。《史记·范雎蔡泽列传》："须贾顿首言死罪，曰：'贾不意君能自致于青云之上。'"

⑫光华藉甚：光彩非常，名声远播。

⑬方寸：内心。

【译文】

"先天年间，我虽然还小，尚未娴熟声律，就已经参加选举。您既然公正考试，铨量拟定使我落选；而我枉曲被落，岂肯闭口不言？虽然这是您对我的激励，我岂能不知？但您对我的这一挫辱，我始终不能忘怀。我也曾给您呈上一封书信，蒙您读了数遍，多次抚慰鼓励，称道我的文章有天性灵智，说某年来主持府试，会录取我为其中一名。于是我小心谨慎来应试，落第失意而归去，一年在长安，一年在洛阳，一年在家乡。去年冬天十月我得以被选送赴京省试，今年春天三月进士及第。往日虽然蒙您不送，如今我也靠自己跻身青云之上。天下进士寥寥有数，黄河以北，只有我一人而已，光彩非常，名声远播，您不是不知道。您现在需要稍微施与一点后到的恩德，以洗雪我以前在您这里蒙受的耻辱；如若不然，我的心思会别有所用。

"何者？故旧相逢，今日之谓也。仆之困穷，如君之往昔；君之未遇，似仆之今朝。因斯而言，相去何远？君是御史，仆是词人①，虽贵贱之间，与君隔阔②，而文章之道，亦谓同声③，而不可以富贵骄人，亦不可以礼义见隔。且仆家贫亲老，常少供养，兄弟未有官资④，嗷嗷环堵⑤，菜色相看，贫而卖浆⑥。值天凉，今冬又属停选⑦。试遣仆为御史，君在贫途，见天下文章，精神、气调得如王子者哉⑧，实能忧其危，拯其弊。今公之富贵亦不可多得。意者望御史今年为仆索一妇^⑨，明年为留心一官。幸有余力，何惜些些^⑩？此仆之宿憾，口中不言；君之此恩，顶上相戴。倪也贵人多忘，国士难期^⑪，使仆一朝出其不意，与君并肩台阁^⑫，侧眼相视，公始悔而谢仆^⑬，仆安能有色于君乎^⑭？仆生长草野，语诚触忤^⑮。并诗若干首，别来三日，莫作旧眼相看。山东布衣^⑯，不识忌讳。泠然顿首^⑰。"

【注释】

①词人：擅长文辞之人。进士为文辞之科，王泠然新中进士，故称。

②隔阔：相差悬殊。

③同声：声气相同。代指同道中人。

④官资：做官的资格。亦指薪俸。

⑤嗷嗷环堵：家徒四壁，嗷嗷待哺。嗷嗷，哀叫。环堵，四面围绕土墙的狭屋。比喻家贫。

⑥卖浆：卖茶水饮料等。比喻微贱的职业。

⑦停选：停止铨选。

⑧王子：王泠然自称。子，古代对男子的美称。

⑨意者：表示揣想、测度。索：寻找，挑选。

⑩些些：少许，一点儿。

⑪国士难期：国士的恩德难以期待。国士，一国中最优秀的才士。刘长卿《重推后却赴岭外待进止寄元侍郎》诗："却访巴人路，难期国士恩。"

⑫台阁：御史台、尚书省等的别称。泛指中央官署。

⑬谢：道歉。

⑭有色：有好脸色，和颜悦色。

⑮触忤（wǔ）：冒犯。

⑯山东：指崤山以东。

⑰顿首：叩头下拜。古代书信中的敬语。

【译文】

"为什么呢？故人相逢，正是今日的情形。我现在的穷困，就像您的往昔；您未曾得志之时，就像我的如今。以此而言，相去又能有多远？您是御史，我是文辞之士，虽然地位贵贱之间，和您相差悬殊，而就文章之道而言，我们也算声气相同，不可以富贵傲视他人，也不可以礼义来隔绝。况且我家里贫穷，长辈老迈，常常缺乏供养之资，兄弟中也没人有官资薪俸，家徒四壁，嗷嗷待哺，相看都是满脸菜色，穷到以卖浆为生。时逢天气寒冷，今年冬天又停止了吏部铨选。假如有一天我做御史，您穷困潦倒，见天下的文章中，有精神、才调能和我相比的，我实在会忧虑他的艰危，拯救他的贫苦。今日您的富贵也很难得。希望高御史您今年为我找一个妻子，明年为我留心谋求一个官职。您既然侥幸有余力，何必吝惜这一点微劳呢？这是我的旧恨，嘴上不说而已；您若施恩，我一定感恩戴德。如果您贵人多健忘，国士的恩德难以期待，假使我有一天出其不意，和您并肩台阁，侧目而视，您这时才后悔而道歉，我还能对您和颜悦色吗？我生长在乡间僻野，说话诚然多有冒犯。和若干首诗一起呈上，士别三日，不可用旧日的眼光来看我。我本是山东一介布衣，不知忌讳。泠然顿首。"

论曰：子曰："不怨天，不尤人，下学而上达①。"又曰："求己，不责于人②。"君子振迹发身③，咸觊善地④。反之于己，何得丧之不常⑤？望之于人，则爱憎之竞作⑥。王泠然之负气，推命何疏⑦；魏丞相之复仇，尤人太过。陵铄险诐⑧，二子得之。有若李文公诲弟之书，华良夫干时之启⑨，所谓君子之儒也⑩。徐凝、马植，岂非得之？赋当垂名于不朽矣⑪，尹璞所谓虽文何益。后之学者，得不以为炯戒哉⑫！

【注释】

①"不怨天"几句：不怨恨上天，不责备他人，学习切身的知识而通达天理。语出《论语·宪问》。

②求己，不责于人：责求自己，不责求他人。求，责求。《论语·卫灵公》："君子求诸己，小人求诸人。"

③振迹发身：奋起成就事业，使自身发达。

④咸觊（jì）善地：都希望得到好位置。觊，希望得到。

⑤得丧：得失。

⑥竞作：竞相发作。

⑦推命何疏：推算命运何其不切实际。

⑧陵铄（shuò）险诐（bì）：欺压倾轧，阴险邪僻。陵铄，欺压。铄，毁谤。诐，谄佞，偏颇。

⑨干时：干时求进，求合于时世。

⑩君子之儒：学以载道的儒者。《论语·雍也》："子谓子夏曰：'女为君子儒，无为小人儒！'"何晏集解引孔安国曰："君子为儒，将以明道；小人为儒，则矜其名。"

⑪赋：原文作"且武"，疑为"赋"之误。马植和卢弘正争夺解元，以《登山采珠赋》胜之。徐凝和张祜争夺解元，白居易出考题《长剑倚天外赋》、《余霞散成绮》诗，徐凝胜之。事俱见本卷，唯徐张试题不载。

⑫得不：能不。炯戒：鲜明的警诫或鉴戒。炯，明显。

【译文】

论曰：孔子说："不怨恨天，不责备人，学习切身的知识而通达天理。"又说："责求自己，不责求他人。"君子奋起成就事业，使自身发达，都希望得到好位置。反省责求自身，有什么得失不是平常的呢？一味期望别人,则爱恨之心竟相发作。王泠然任性使气,推算命运何其不切实际;魏丞相的复仇,怪罪别人也太过分。欺压倾轧,阴险邪僻,这二人都是这样。至如李翱教诲弟弟的书信,华良夫干时求进的书启,他们是所谓的君子之儒。徐凝、马植,岂不也是吗?他们的应试之赋也将垂名于永久,尹璞就是所谓的虽然有文才却没有什么益处之人。后来的学者,能不以此为鲜明的警诫吗!

卷三

散序

此门先是叙述作者编写《唐摭言》的缘由,是出于对科举制度的兴趣和国朝旧事的向往,因此遍访耆旧亲朋,采摭资料。其次考证了曲江大会的来由、演变和兴衰存亡的始末。曲江大会是进士活动中规模最大者,皇帝亲临曲江观赏,公卿大臣举家出游,在新进士中挑选东床快婿,众进士于会后集于慈恩寺塔下题名,其热闹欢乐可谓举国之盛事。其中特别提到"进士团",这是一个以新科进士为生意对象的民间机构,负责筹办和新科进士有关的各种活动,如通知及第者进士登科、租借期集院、帮助新科进士拜谢座主及参谒宰相、举办各种游宴集会、为新科进士开路喝道、追索欠债以及纠察违例者等等,从中牟取暴利。然而在通过各种活动勾连新科进士和官员们的紧密关系,将曲江大会操办成为一春之胜景方面,进士团也功不可没。

定保生于咸通庚寅岁①,时属南蛮骚动②,诸道征兵,自是联翩③,寇乱中土。虽旧第太平里④,而迹未尝达京师,故治平盛事,罕得博闻。然以乐闻科第之美,尝谘访于前达间⑤，如丞相吴郡公宸⑥、翰林侍郎濮阳公融⑦、恩门右省李常侍渥⑧、颜夕拜荛⑨、从翁丞相溥⑩、从叔南海记室涣⑪，其次同年卢十三延让⑫、杨五十一赞图⑬、崔二十七籍若等十许人⑭，时蒙言及京华故事，靡不录之于心，退则编之于简策⑮。

【注释】

①咸通庚寅岁：咸通十一年（870），岁次庚寅。

②南蛮骚动：当指咸通十年（869）十月，南诏骠信坦绰酋龙（即世隆）率众寇边事。南诏世代依附唐朝，至劝丰祐之子世隆（844—877），唐以其名犯太宗（世民）、玄宗（隆基）讳，称为"酋龙"，不行册封。世隆遂与唐决裂。僭称皇帝，建元建极，号大礼国。多次与唐发生战争，曾攻入安南、邕管、黔州、西川等，给唐朝带来了极大的压力。

③联翩：接连不断。

④太平里：太平坊。宋敏求《长安志》："朱雀街西第二街，北当皇城，南面之含光门，街西从北第一太平坊。"

⑤谘访于前达：向前辈达人咨询访问。

⑥丞相吴郡公宸（yǐ）：陆扆（847—905），字祥文，初名允迪，吴郡（今江苏苏州）人，徙居陕州（今河南三门峡陕州区）。唐朝宰相。僖宗光启二年（886）登进士第，任校书郎，授蓝田尉，直弘文馆，历任左拾遗、翰林学士、中书舍人。乾宁时以户部侍郎同中书门下平章事，光化时进封吴郡开国公，转门下侍郎。后贬濮州司户参军，被朱温杀害于白马驿。

⑦翰林侍郎濮阳公融：吴融（？—903），字子华，越州山阴（今浙江绍兴）人。晚唐诗人，作者王定保的岳父。昭宗龙纪元年（889）登进士第。韦昭度讨蜀，表掌书记。累迁侍御史、左补阙、中书

舍人、户部侍郎、翰林承旨。工诗善文，以文思敏捷和提携后进誉于当时文坛。著有《吴融诗集》等。其事参见卷五"切磋"门、卷六"公荐"门、卷十"海叙不遇""韦庄奏请追赠不及第人近代者"门、卷十一"恶分疏"门、卷十二"自负"门、卷十三"敏捷"门。

⑧恩门右省李常侍：恩师右散骑常侍李渥。李渥，陇西姑臧（今甘肃武威）人。懿宗咸通十四年（873）登进士第，授太原从事，历左拾遗。僖宗年间宰相郑从谠出镇河东，辟为掌书记。累迁中书舍人。昭宗光化三年（900），以礼部侍郎知贡举。仕至右散骑常侍。《全唐诗》存诗一首。王定保于昭宗光化三年及第，李渥是王定保的座主，因称"恩门"。唐朝中书省官署在门下省之右，别称"右省"。右散骑常侍隶中书省，因称"右省李常侍"。

⑨颜夕拜荛：给事中颜荛。颜荛，寓居江南。少时受知于张祜，后登进士第。昭宗时任尚书郎，历合州刺史，礼部、虞部郎中，知制诰，迁中书舍人，又拜给事中。能诗善文，与陆龟蒙交好，《全唐诗》存诗一首，《北梦琐言》载其自撰墓志一篇。夕拜，汉代黄门侍郎每日傍晚时，对着青琐门参拜，称为"夕拜"。唐代为给事中别称。颜荛曾任给事中，故称。

⑩从翁：叔祖。或称同族中的长辈。丞相溥（pǔ）：王溥（？—905），字德润，太原（今属山西）人。唐朝宰相。进士出身，累擢礼部员外郎、史馆修撰，充集贤殿直学士，迁刑部郎中。昭宗光化三年（900），宦官刘季述等谋废昭宗，立太子李裕，王溥与崔胤设计杀之，迎立昭宗复位。拜翰林学士，以中书侍郎、同中书门下平章事，判户部事。后改任太常卿、工部尚书。后贬淄州司户参军，被朱温杀害于白马驿。

⑪南海记室涣：王涣（859—901），字群吉，太原（今属山西）人。昭宗大顺二年（891）登进士第。历拾遗、补阙、起居郎，后转司勋员外郎、判考功员外郎。徐彦若镇岭南，辟为节度掌书记。擅长诗

文,著有《燕南笔稿》等。记室,职官名。公府、州郡佐吏,掌章表书记文檄等。岭南节度使镇南海,因称"南海记室"。

⑫卢十三延让:卢延让,字子善,行十三,范阳(今河北涿州)人。昭宗光化三年(900)登进士第。后入蜀,授水部员外郎,累迁给事中、工部侍郎、刑部侍郎。诗学薛能,以苦吟著称,自云"吟安一个字,捻断数茎须"(《苦吟》)。《全唐诗》存诗十四首。

⑬杨五十一赞图:杨赞图,行五十一,昭宗乾宁四年(897)状元及第。曾官左丞,又为弘文馆直学士,官至司封员外郎、知制诰。按其及第之年早于王定保,则同年之杨赞图似另有一人。

⑭崔二十七籍若:崔籍若,行二十七,事迹未详。

⑮简策:古代连接成册的竹简。泛指书籍。

【译文】

我生于咸通庚寅年,当时正值南诏骚乱,诸道纷纷征兵,自此以后战事接连不断,侵扰中原。我家虽有旧宅在太平坊,但我却未曾去过京师,故而对国家太平时期的盛事,极少有广博的了解。然而我乐于听到科举考试的种种美事,曾向前辈达人咨询访问,如丞相吴郡公陆扆、翰林侍郎濮阳公吴融、恩师右散骑常侍李渥、给事中颜荛、从翁丞相王溥、从叔南海掌书记王涣,其次还有同年卢十三卢延让、杨五十一杨赞图、崔二十七崔籍若等十几个人,时时承蒙他们谈及京师的往事,无不牢记于心,回家后则把这些编入书中。

始以进士宴游之盛。案李肇舍人《国史补》云①:曲江大会比为下第举人,其筵席简率,器皿皆隔山抛之属②,比之席地幕天,殆不相远。尔来渐加侈靡,皆为上列所据③,向之下第举人不复预矣。所以长安游手之民,自相鸠集④,目之为"进士团"。初则至寡,洎大中、咸通已来⑤,人数颇众。

其有何士参者为之酋帅⑥，尤善主张筵宴⑦。凡今年才过关宴，士参已备来年游宴之费，繇是四海之内，水陆之珍，靡不毕备。时号"长安三绝"。南院主事郑容⑧，中书门官张良佐，并士参为"三绝"。团司所由百余辈⑨，各有所主。

【注释】

①李肇：曾任中书舍人，著有《唐国史补》三卷。参见卷一"述进士下篇"门注。

②器皿皆隔山抛之属：器皿都是随手可抛的东西。

③上列：名列前茅者。此指进士及第者。

④鸠集：聚集。

⑤洎(jì)：至，到。

⑥何士参：唐宣宗、懿宗时的进士团首领，死后由其子何汉儒继承其业。酋帅：为首的人。

⑦主张：筹办。筵宴：宴会，酒席。

⑧南院：礼部南院，即贡院。又，吏部选院也叫"南院"，负责选拔人才。主事：官名。汉朝光禄勋所属有南北庐主事、三署主事，于诸郎中察茂才高第者为之。晋朝门下、中书亦置，北齐尚书诸曹、隋初诸省亦置。唐、五代以流外官入流者充任，为中央部分官府掌管署覆文书案牍之下级官员，然而职权甚重。

⑨团司所由：指进士团主司和有关管事者。所由，所由官的简称。犹言有关官吏。因事必经由其手，故称。南朝至唐宋常用此语。

【译文】

以进士宴游的盛况为起始。考查李肇舍人的《国史补》：曲江大会以前是为下第举人办的，筵席简陋粗率，所用器皿都是随手可抛的东西，和幕天席地相比，几乎差不多。后来渐渐奢侈靡费，都被及第进士所占据，以前的下第举人不再参加了。所以长安城里一些不务正业的民众，自发聚集起来，称为"进士团"。起初人数极少，自大中、咸通以来，人数很多。其中有一个叫何士参的是进士团的首领，尤其擅长筹办筵席。通常今年的关宴刚结束，何士参已经筹备来年的游宴费用了，因此四海之内的佳肴，水陆所产的珍品，无不应有尽有。当时被称为"长安三绝"。南院主事郑容，中书省门官张良佐，和何士参共为"三绝"。进士团主司和有关管事者有百来号人，各有主管的事务。

　　大凡谢后便往期集院，团司先于主司宅侧税一大第①，与新人期集。院内供帐宴馔，甲于辇毂②。其日，状元与同年相见后，便请一人为录事③。旧例率以状元为录事。其余主宴、主酒、主乐、探花、主茶之类④，咸以其日辟之⑤。主乐两人，一人主饮妓⑥，放榜后⑦，大科头两人⑧，第一部⑨。小科头一人，第二部。常诘旦至期集院⑩；常宴则小科头主张，大宴则大科头。纵无宴席，科头亦逐日请给茶钱⑪。平时不以数，后每人日五百文。第一部乐官科地每日一千⑫，第二部五百，见烛皆倍⑬，科头皆重分⑭。逼曲江大会⑮，则先牒教坊请奏⑯，上御紫云楼⑰，垂帘观焉。时或拟作乐，则为之移日⑱。故曹松诗云⑲："追游若遇三清乐⑳，行从应妨一日春。"敕下后，人置被袋㉑，例以图障、酒器、钱绢实其中㉒，逢花即饮。故张籍诗云㉓："无人不借花园宿，到处皆携酒器行。"其被袋，状元、录事同点检，阙一则罚金。曲江之宴，行市罗列㉔，长安几于半空。公卿家率以其日拣选东床㉕，车马阗塞㉖，莫可殚述㉗。洎巢寇之乱，不复旧态矣。

【注释】

①税：租。大第：大府第。

②甲于辇毂（niǎn gǔ）：冠于京师。辇毂，原指皇帝的车舆。此处代指京城。

③录事：官名。掌管文书、钩稽缺失。三国诸军府始置。隋唐诸府州县等皆置，总掌诸曹事务。此处指主掌之人。

④探花：探花使。唐代探花是在同科进士中选择两个年轻俊秀的，游遍名园采折名花。宋代以后将第三名进士称为"探花"。

⑤辟：原指征召来授予官职。此指选定。

⑥饮妓：陪酒的妓女。

⑦放榜：指进士放榜。

⑧大科头：古代教坊歌乐分部分科，其头目称为"科头"。按部科不同有大科头、小科头之分。

⑨第一部：唐教坊分十部乐。白居易《琵琶行》："十三学得琵琶成，名属教坊第一部。"

⑩诘旦：亦作"诘朝"。清晨。

⑪逐日：按日。

⑫科地：旧时艺人应邀于喜庆筵席间演出。

⑬见烛：即入夜。

⑭重分：双份，双倍。

⑮逼：快到，临近。

⑯牒教坊请奏：呈文给教坊请求在大会中演奏。牒，牒文。此作动词。教坊，唐代管理宫廷音乐的官署。专管雅乐以外的音乐、舞蹈、百戏的教习演出等。唐初属太常寺，武则天以后以中官为教坊使。

⑰紫云楼：位于曲江之南，唐文宗大和年间建。每逢曲江大会，皇帝登临此楼，在此欣赏歌舞，与民同乐。

⑱移日：移动日影，指相当长的一段时间。

⑲曹松：字梦徵，舒州（今安徽潜山）人。早年栖居洪州西山，后往依建州刺史李频。昭宗光化四年（901）登进士第。授校书郎。诗学贾岛。著有《曹松诗集》。参见卷八"放老"门。

⑳三清乐：道家仙乐。比喻皇帝亲拟之乐。

㉑被袋：被囊，放置被褥衣物的行李袋，出行所用。

㉒图障：绘有图画的屏风或软障。白居易《题岳阳楼》诗："此地唯堪画图障，华堂张与贵人看。"钱绢：唐朝绢帛也是法定货币，因称钱绢。

㉓张籍（约766—约830）：字文昌，祖籍苏州（今属江苏），移居和州（今安徽和县）。德宗贞元十五年（799）登进士第。历任太常寺太祝、国子助教、国子博士、水部员外郎、主客郎中、国子司业等职，世称"张水部"或"张司业"。师从韩愈，和当时文学名士如王建、白居易、孟郊、贾岛等多有交往。擅长乐府诗，出语凝练隽永，被白居易等推崇。与王建齐名，并称"张王"。著有《张司业集》。

㉔行市：原指商店会集的地方。此指临时店铺。

㉕东床：女婿。东晋王羲之坦腹东床，被郗鉴选中做女婿，后以东床代指女婿。

㉖阗（tián）塞：拥挤堵塞。

㉗殚（dān）述：详尽叙述。殚，竭尽。

【译文】

大凡新科进士谢恩后便去往期集院，团司先在主考官的宅邸旁租一个大府第，供新科进士期集。院内所设置的帷帐、宴席酒食，冠于京师。那天，状元和同年见过之后，便请一人做录事。旧例大都以状元为录事。其余主宴、主酒、主乐、探花、主茶之类的人，都在那天选定。主管乐舞的有两个人，一人主管陪酒的艺妓，考试放榜后，大科头两人，教坊第一部。小科头一人，教坊第二部。通常清早就到期集院；普通宴会由小科头主持，大宴会由大科头主持。即使没有宴会，也要按日给科头茶钱。平常没有数目，后来每人每天五百文钱。第一部乐伎在宴席中演出每天一千钱，第二部乐伎每天五百钱，入夜都加倍，科头都给双倍。临近曲江大会，便呈文给教坊请求在大会中演奏，皇帝亲临紫云楼，垂帘观看。皇帝有时还亲自拟定奏乐，就会持续很长时间。故而曹松诗中写道："追游若遇三清乐，行从应妨一日春。"皇帝的敕令下达后，新科进士每人置备一个被袋，依例将画障、酒器、钱绢等装在里面，遇到有花的地方就饮酒。因此张籍诗中说："无人不借花园宿，到处皆携酒器行。"他们的被袋，状元、录事一同检查，缺一件东西就要罚钱。曲江之宴举办时，到处店铺林立，长安城几乎半空。公卿之家大都在这一天在新科进士中挑选女婿，车马拥挤堵塞，无法尽述。自黄巢作乱之后，再也不复旧日胜景了。

谢恩

【题解】

　　此门介绍新科进士向主考官行谢恩之礼。进士放榜后，新进士们先要参谒宰相，然后向主考官谢恩。谢恩一般在主考官宅第，有时也在贡院。谢恩一般有两次，第一次是自我介绍，新进士们表明自己的身份门第，并感谢主考官的提携之恩，确立座主和门生的关系。三日之后第二次谢恩，主考官一一点明新进士们背后的举荐人，使其各自感谢知遇之恩。两次谢恩将主考官、新进士和他们背后的举荐人紧密联系在一起，为初得科第的进士们建立起一张初步的官场关系网。

　　状元已下，到主司宅门下马，缀行而立，敛名纸通呈①。入门，并叙立于阶下②，北上东向③。主司列席褥④，东面西向⑤。主事揖状元已下⑥，与主司对拜。拜讫，状元出行致词，又退著行，各拜，主司答拜。拜讫，主事云："请诸郎君叙中外⑦。"状元已下各各齿叙⑧,便谢恩。余人如状元礼。礼讫,主事云:"请状元曲谢名第⑨。第几人,谢衣钵⑩。""衣钵"谓得主司名第⑪,其或与主司先人同名第,即谢衣钵,如践世科⑫,即感泣而谢。谢讫,即登阶,状元与主司对坐。于时,公卿来看,皆南行叙坐⑬;饮酒数巡,便起赴期集院。或云:此礼亦不常。即有,于都省致谢⑭。公卿来看,或不坐而去。三日后,又曲谢。其日,主司方一一言及荐导之处⑮,俾其各谢挈维之力⑯;苟特达而取⑰,亦要言之⑱。

【注释】

①名纸:名帖,名片。通呈:通报呈递。

②叙立:依次序站立。

③北上东向:以北为上首,面向东方。

④席褥:席、褥,皆铺垫之具。跪坐于席,席上铺褥。

⑤东面西向:站在东面,面朝西方。

⑥主事:主持事务之人。

⑦叙中外:介绍中外亲属。指介绍亲属中有名望之人,借以表明门第,显示身份。中外,中表亲属。泛指各种亲属关系。

⑧各各:各自。齿叙:依次叙述。

⑨曲谢:遍谢。曲,周遍。

⑩衣钵:原指佛教中僧人的袈裟与钵盂。传给弟子称传递衣钵。后泛指老师所传授的知识、思想、技能等。

⑪"衣钵"谓得主司名第:"衣钵"指的是考得了主考官当年考进士的名次。

⑫如践世科:如同承袭了世传的科第。

⑬南行叙坐:在南面依次落座。

⑭都省：官署名，即尚书都省。唐代尚书省总官署。

⑮荐导：推荐，荐引。

⑯挈（qiè）维：提携。

⑰特达：特别突出。

⑱要言：择要言之。

【译文】

自状元以下的新科进士，到主考官门前下马，排列站立，收集名帖通报呈递。进门后，都依次序站在台阶下，以北为上首，面向东方。主考官设列席褥，站在东面，面朝西方。主事向状元以下诸人作揖，引众人和主考官对拜。拜完之后，状元出列向主考官致辞，再退回行列，进士们一一拜见主考官，主考官答拜。拜礼完毕，主事说："请诸位郎君各自介绍中外亲属。"状元以下各自依次叙述，然后向主考官谢恩。其余人依照状元的礼节行礼。礼毕，主事说："请状元遍谢名次。其中某人，请出列谢衣钵。""衣钵"指的是考得了主考官当年考进士的名次，或者和主考官的先人同名次，即谢衣钵，如同承袭了世传的科第，于是感动流泪而拜谢。拜谢完毕，便登上台阶，状元与主考官对坐。此时，公卿百官前来观看，都在南面依次落座；饮酒数轮，新科进士便起身去往期集院。有人说：此礼也不常有。即使有，是在尚书都省致谢。公卿来看，有时不坐便离去。三日后，新科进士们又来遍谢。那天，主考官才一一谈及荐引之处，使他们各自感谢提携自己的人；如果因自己特别突出而被录取的，也择要言之。

期集

【题解】

此门介绍进士们的期集活动。新进士们参见宰相、拜谢座主之后，就要定期举办各种聚会，称为"期集"。期集院由进士团事先租定，一般在主考官宅邸附近，方便进士们向主考官谢恩。期集基本每天举行，进士团牵头举办各种游宴聚会,为进士们提供场合互相交际以及交往达官贵人。期集开销巨大,光此门中所载谢恩后期集,进士团主司和有关管事者参拜状元及众位进士,就要花费数十万钱。这些都是新进士们为了进入上层官僚体系所必须缴纳的入场券,也是进士团能够以此牟利的原因。

　　谢恩后,方诣期集院。大凡敕下已前,每日期集,两度诣主司之门;然三日后,主司坚请已,即止。同年初到集所,团司所由辈参状元后,便参众郎君。拜讫,俄有一吏当中庭唱曰①:"诸郎君就坐,只东双西②。"其日醵罚不少③。又出抽名纸钱,每人十千文。其敛名纸,见状元,俄于众中蓦抽三五个,便出此钱铺底,一自状元已下,每人三十千文。

【注释】

①俄:俄顷,一会儿。唱:高呼,大声叫。

②只东双西:名次单数的坐东面,双数的坐西面。只,单数。双,双数。

③醵(jù)罚:聚饮之钱和罚金。进士期集中罚金很多。醵,凑钱聚饮。

【译文】

　　新科进士谢恩后,才到期集院。一般在皇帝的敕令下达以前,每天期集,两次到主考官府上;然而三天后,主考官坚决请求不要再去,于是停止。同年进士初次到期集院,进士团主司和有关管事者参拜状元后,便参拜众位进士。参拜完毕,随即有一小吏在庭中高呼道:"诸位郎君请坐,名次单数的坐东面,双数的坐西面。"那日聚饮之钱和罚金不少。又要出抽名帖钱,每人十千文。收集名帖,若见到状元,就随即在众帖中很快抽取三五个,这几人便出钱铺底,自状元已下,每人三十千文。

点检文书

【题解】

此门介绍主司在进士中选择工于诗文者查检文书和进士们的文章，精心装裱制作之后呈上。宰相和皇帝都可干预最终的进士录取，所以第一要避皇帝和宰相的名讳，如果之前文字有错误之处，可以趁此机会改正。

状元、录事具启事取人数[1]，主司于其间点请三五人工于八韵、五言者[2]。或文字乖讹[3]，便在点窜矣[4]。大约避庙讳、御名、宰相讳[5]。然三十所制[6]，分为两卷，以金铜轴头、青缥首进上[7]。

【注释】

①启事：陈述某事的公文。

②点请：点名选取。八韵：八韵律赋。唐代应试之赋多用八韵。五言：五言诗。唐代应试之诗多为五言诗。

③乖讹：差错，错讹。

④点窜：修改。

⑤庙讳：皇帝父祖的名讳。御名：皇帝的名字。

⑥三十：疑为所取进士之约数。

⑦青缥（piǎo）首：青白色丝绸制成卷首。

【译文】

状元、录事准备公文上报选取人数，主考官于其中点名选取三五个工于八韵赋、五言诗的。如果有文字错讹，便在修改之列。主要是避庙讳、御名、宰相名讳。将这些人所作之文，分为两卷，以金铜制成轴头、青白色丝绸制成卷首呈上。

过堂

【题解】

此门介绍进士们拜见宰相。宰相在中书都堂办公，因此称为"过堂"。进士团在中书省附近的光范门准备酒食，新进士们在此集合，由主考官带领，等待宰相们上堂后参见。唐中后期进士名单有向宰相呈榜的惯例，宰相常常能干预进士录取。新进士放榜后要先拜见宰相，然后才有谢恩、期集、关试等等。中书舍人掌制诰，是掌管中书省事务的重要官员，唐朝常以中书舍人知贡举，而知贡举者后为宰相的概率很高。新进士拜见宰相之后还需拜见中书舍人。

其日，团司先于光范门里东廊供帐备酒食①，同年于此候宰相上堂后参见②。于时，主司亦召知闻三两人③，会于他处。此筵罚钱不少④。宰相既集⑤，堂吏来请名纸⑥，生徒随座主过中书⑦。宰相横行⑧，在都堂门里叙立。堂吏通云："礼部某姓侍郎，领新及第进士见相公。"俄有一吏抗声屈主司⑨，乃登阶长揖而退，立于门侧，东向。然后状元已下叙立于阶上。状元出行致词云："今月日⑩，礼部放榜，某等幸忝成名⑪，获在相公陶铸之下⑫，不任感惧⑬。"在左右下，即云庆惧⑭。言讫，退揖⑮。乃自状元已下，一一自称姓名。称讫，堂吏云："无客。"主司复长揖，领生徒退诣舍人院⑯。主司襕简⑰，舍人公服靸鞋⑱，延接主司。然舍人礼貌谨敬有加。随事叙杯酒⑲，列于阶前，铺席褥，请舍人登席。诸生皆拜，舍人答拜。状元出行致词，又拜，答拜如初。便出于廊下，候主司出，一揖而已。当时诣宅谢恩，便致饮席⑳。

【注释】

①光范门:光范门距离宣政殿不远,毗邻中书省。

②堂:政事堂。宰相办公场所。又称中书政事堂或中书都堂,在中书省。

③知闻:朋友。

④罚钱:罚酒之钱。

⑤宰相既集:宰相们齐集之后。唐朝是群相制,宰相非止一名。

⑥堂吏:中书省的办事吏员。

⑦生徒:原指学生。此指新科进士。

⑧横行:排成横列。

⑨抗声:高声,大声。屈:请。王谠《唐语林·补遗三》:"卫公不悦,遣马屈白员外至。"

⑩今月日:犹言此月此日。

⑪幸忝成名:侥幸中第。成名,此指科举登第。

⑫陶铸:造就,栽培。

⑬不任感惧:不胜感激惶恐。

⑭在左右下,即云庆惧:如说"在相公保护下",就说"不胜庆幸惶恐"。左右,保护。庆惧,庆幸惶恐。

⑮退揖:揖而退下。

⑯舍人院:官署名。舍人办公之所。中书舍人属中书省。

⑰襕(lán)简:身穿襕袍,手持笏板。襕,襕袍。古代的一种公服,袍下施以横襕,故称。简,笏板。

⑱公服靸(sǎ)鞋:身穿礼服,脚踩靸鞋。靸鞋,没有跟的鞋。

⑲随事叙杯酒:根据地位高低依次饮酒。

⑳致:置办。

【译文】

此日,团司先在光范门里东廊设置帷帐备下酒食,同年进士在此等候宰相上堂后参见。此时，主考官也邀约三两个朋友，在其他地方聚会。这次筵席罚酒之钱不少。宰相们齐集之后，政事堂吏员来请进士们呈上名帖，进士们随座主去往中书省。宰相们排成横列，在都堂门里依次站立。政事堂吏员通传道："礼部某姓侍郎，率领新科进士晋见相公。"随即有一官吏高声请主考官，主考官于是登上台阶，长揖之后退下，立在门侧，面朝东方。然后状元以下依次站立在台阶上。状元出列致辞道："此月此日，礼部放榜，某等侥幸科举登第，得以在相公栽培之下，不胜感激惶恐。"如说"在相公保护下"，就说"不胜庆幸惶恐"。说完，揖而退下。于是自状元以下，一一自报姓名。报名完毕，政事堂吏员说："无客。"主考官再次长揖，率领新科进士退出都堂前往舍人院。主考官身穿襕袍，手持笏板，舍人身穿礼服，脚踩靸鞋，迎接主考官。而舍人非常礼貌恭谨。根据地位高低依次饮酒，进士们排列在台阶之前，铺设席褥，请舍人登席。进士们皆行拜礼，舍人答拜。状元出列致辞，再拜，舍人答拜如前。于是退出到廊下，等候主考官出来，再作揖一次即止。此时前往府中谢恩，便置办酒宴。

关试

【题解】

此门介绍新科进士们踏上仕途前还需要经过一道手续，即关试。关试是吏部为及第举子举行的资格考试，考试内容为试判两节。唐代进士及第只是取得了出身资格，需要经过吏部关试，身份关系才能从礼部转到吏部，由吏部给予春关牒，获得参加铨选授官的资格。关试之后，新及第进士们便可称为"前进士"，自此步入青云了。姚合《答韩湘》诗写得明白："昨闻过春关，名系吏部籍。三十登高科，前途浩难测。"关试之后便是曲江大会，所以又称"关宴"。

吏部员外①，其日于南省试判两节②。诸生谢恩。其日称门生，谓之"一日门生"。自此方属吏部矣。

【注释】

①吏部员外：吏部员外郎。官名。隋文帝开皇六年（586）始置。唐置二员，一掌核实选人解状、簿书、资历与考课，以呈尚书、侍郎，称判南曹；一掌判本司事务，称判废置。

②南省：唐朝尚书省的别称。唐朝中书、门下、尚书三省均在大内之南，而尚书省更在中书、门下二省之南，故称"南省"。试判两节：试作两节判词，看是否文理通达。

【译文】

吏部员外郎，那天在尚书省让新科进士试作两节判词。诸位进士谢恩。那天对主考官自称门生，叫作"一日门生"。从此新科进士才属于吏部。

宴名

【题解】

宴名即宴席的名目。此门介绍新科进士游宴的各种名目，其中关宴最为盛大和重要，此外还有很多游宴。其中主考官的相识宴相当隆重，比如下"慈恩寺题名游赏赋咏杂纪"门中记载敬宗宝历年间，杨嗣复两知贡举，他父亲杨於陵从洛阳去往长安朝见天子，杨嗣复率领进士们到潼关迎接，之后又在长安大设宴席，录取的进士济济一堂，场面十分盛大。其余著名的还有樱桃宴、牡丹宴和月灯阁打球宴等，都是规模大、耗费多而颇具观赏性的大型游宴。这些游宴对家境贫寒的进士们来说是一大负担，而富贵者自可挥金如土，比如僖宗时淮南节度使刘邺之子刘覃进士及第，斥巨资单独举办樱桃宴，大会公卿，又在月灯阁打球宴上力挫军将，大出风头（"慈恩寺题名游赏赋咏杂纪"门）。

　　大相识^①_{主司在具庆}^②。　**次相识**_{主司在偏侍}^③。　**小相识**_{主司有兄弟}。　**闻喜**^④_{敕士宴}。　**樱桃**^⑤　**月灯打球**^⑥　**牡丹**^⑦　**看佛牙**^⑧_{每人二千以上。佛牙楼，宝寿、定水、庄严皆有之}^⑨。宝寿量成佛牙^⑩，用水精函子盛^⑪，银菩萨奉之，然得一僧跪捧菩萨，多是僧录或首座方得捧之矣^⑫。　**关宴**_{此最大宴，亦谓之"离筵"}^⑬，备述于前矣。

【注释】

①相识：相识宴。主考官带领新科进士举办的家宴，席上主考官的父母兄弟、亲朋好友俱在。按照主考官的父母兄弟存亡情况分为大相识、次相识、小相识三种。

②主司在具庆：主考官的父母俱在。

③主司在偏侍：主考官的父母仅一方在世。

④闻喜：皇帝发下敕令之后，新科进士聚饮于曲江，称"闻喜宴"，又称"敕士宴"。

⑤樱桃：新科进士中有资财者购得初上市的樱桃设宴，称"樱桃宴"。新进士尤重樱桃宴。参见本卷"慈恩寺题名游赏赋咏杂纪"门。

⑥月灯打球：新科进士在月灯阁下聚会打马球，之后举宴。月灯阁是长安名胜之一，元稹、白居易等常在月灯阁闲游。打球，打马球，唐代盛行的一种体育运动。参见下文"乾符四年诸先辈月灯阁打球之会"段。

⑦牡丹：新科进士四处游宴，观赏名园中的牡丹。

⑧看佛牙：佛牙传说是释迦牟尼火化后遗留下来的牙齿，佛教徒奉为至宝，加以供奉。新科进士到寺庙看佛牙，然后举行宴会。

⑨宝寿、定水、庄严:长安寺庙名。

⑩量成:《绀珠集》作"最盛"。疑是。

⑪水精:即水晶。函:匣,盒子。

⑫僧录:官名。管理佛教事务的僧官,唐朝有左、右僧录司,掌众僧
　　事。首座:禅寺首领之一,选德业兼修者担任,代住持统领全寺
　　僧众。

⑬离筵:又称"离会"。参见卷一"述进士下篇"门。

【译文】

　　大相识主考官的父母俱在。　　**次相识**主考官的父母仅一方在世。　　**小相
识**主考官有兄弟。　　**闻喜**皇帝敕士之宴。　　**樱桃　月灯打球　牡丹　看佛
牙**每人花费二千钱以上。佛牙楼,宝寿寺、定水寺、庄严寺都有。宝寿寺看佛牙最为
兴盛,佛牙用水晶盒子盛放,由一银制菩萨捧持,还得一名僧人跪捧菩萨,大多是僧
录或首座才能捧菩萨。　　**关宴**此是规模最大的宴会,也叫"离筵",前面已经详细叙
述过了。

今年及第明年登科

【题解】

　　此门介绍进士及第之后又考中制举或吏部科目选者。唐代进士及
第后需要等待吏部铨选授官,而考中制举或吏部科目选者可以直接授
官、超迁授官。唐代考中常科、制科和吏部科目选都可称为及第,后期一
般习惯将考中进士、明经称及第,将考中制举或吏部科目选称登科。本
门所举例子一是制举,一是吏部科目选。制科本是进士及第后迅速升迁
的重要途径,中晚唐政局混乱,宦官专权,朋党不绝,考制科者常在对策
中指陈时弊,触怒了当权者,因此文宗以后制举实际上已经停止,之后吏
部科目选成为新进士快速升迁的主要通道。吏部科目选的主要科目有
博学宏词科和拔萃科等。士人及第再登科后便可授校书郎、正字或畿赤

县主簿、县尉等（唐代京城所治之县为赤县，京之旁邑为畿县，合称"畿赤"。进士及第一般授普通县主簿、县尉，及第再登科方可授畿赤县主簿、县尉）。县主簿、县尉等官位虽不高，却是快速通往公卿将相等高级官员的起始，这是普通及第所难得的。考察仕途较为顺利的唐代士人，制举和吏部科目选再登科在他们的升迁中都起到了重要作用。

郭代公十八擢第①；其年冬，制入高等②。

何扶③，大和九年及第；明年，捷三篇④，因以一绝寄旧同年曰："金榜题名墨尚新，今年依旧去年春。花间每被红妆问：何事重来只一人？"

【注释】

①郭代公：郭震，字元振。唐朝名将、宰相，封代国公。高宗咸亨四年（673）登进士第，同年以拔萃科制入高等。参见卷一"两监"门。

②制入高等：制举考试列入高等。

③何扶：文宗大和九年（835）登进士第，次年又中博学宏词科。《全唐诗》存诗二首。

④三篇：即博学宏词科。博学宏词科是吏部科目选之一，考试内容是"试文三篇"，包括诗、赋、议论各一，因此博学宏词科别称"三篇"。

【译文】

代国公郭元振十八岁进士及第；那年冬天，制科考试列入高等。

何扶，大和九年进士及第；第二年，又考中博学宏词科，于是写了一首绝句寄给旧日同年："金榜题名墨尚新，今年依旧去年春。花间每被红妆问：何事重来只一人？"

慈恩寺题名游赏赋咏杂纪

【题解】

此门在《唐摭言》中篇幅最长，引用奏表、诏令、考试题目等叙述了进士及第后雁塔题名、曲江大会等风气的兴盛、废止和重新流行，记录关于进士及第的各种趣闻轶事，收录相关的诗文创作，刻画种种人情世态，是极其丰富的进士及第面面观，充分展现了作者醉心"治平盛事"、"乐闻科第之美"的编纂动机，对研究当时的进士录取情况、士人心态、科举习俗、座主与门生之间的关系、唐代科举与文学的相互影响等也有重要作用。其中有不少故事如"卢钧仆""宣慈寺门子"等，文笔细致，生动宛曲，颇具唐传奇色彩。

进士题名，自神龙之后，过关宴后，率皆期集于慈恩塔下题名。故贞元中，刘太真侍郎试《慈恩寺望杏园花发》诗①。会昌三年②，赞皇公为上相③，其年十一月十九日，敕谏议大夫陈商守本官④，权知贡举。后因奏对不称旨⑤，十二月十七日，宰臣遂奏：依前命左仆射兼太常卿王起主文⑥。二十二日，中书覆奏："奉宣旨，不欲令及第进士呼有司为座主，趋附其门，兼题名、局席等条疏进来者⑦。伏以国家设文学之科，求贞正之士，所宜行敦风俗，义本君亲，然后申于朝廷，必为国器⑧。岂可怀赏拔之私惠⑨，忘教化之根源！自谓门生，遂成胶固⑩，所以时风浸薄⑪，臣节何施？树党背公⑫，靡不由此。臣等商量，今日已后，进士及第任一度参见有司⑬，向后不得聚集参谒，及于有司宅置宴。其曲江大会朝官及题名、局席⑭，并望勒停⑮。缘初获美名，实皆少隽⑯；

既遇春节^⑰，难阻良游。三五人自为宴乐，并无所禁，唯不得聚集同年进士，广为宴会。仍委御史台察访闻奏^⑱。谨具如前。"奉敕："宜依。"于是向之题名，各尽削去，盖赞皇公不由科第^⑲，故设法以排之。洎公失意^⑳，悉复旧态。

【注释】

①刘太真（725—792）：字仲适，润州上元（今江苏南京）人。少师萧颖士，玄宗天宝十三载（754）登进士第。代宗大历中历任常熟令，浙东、淮南节度从事。后征拜起居郎，累迁工部侍郎。德宗贞元间任礼部侍郎，四年、五年两知贡举，多取大臣贵近子弟，坐贬信州刺史卒。有诗名，曾得德宗赏识。《全唐诗》存诗三首。

②会昌三年：843年。

③赞皇公：李德裕（787—850），字文饶，赵州赞皇（今属河北）人。唐朝宰相，牛李党争中李党的首领。早年以荫补校书郎，历幕职。穆宗即位，擢翰林学士，转考功郎中、知制诰，旋擢中书舍人。后历任义成、西川、浙西节度使，政绩颇著。文宗大和七年（833）召入拜相，封赞皇县伯。武宗会昌年间再度拜相，大破回纥，弭藩镇之祸，制驭宦官，以功进太尉，封卫国公。宣宗大中时牛党执政，迭贬崖州司户卒。后人因称"李赞皇""李卫公""李太尉""李崖州"等。著有《会昌一品集》《次柳氏旧闻》等。上相：对宰相的尊称。

④谏议大夫：官名。秦置，专掌议论。历代废置不定。唐朝谏议大夫掌谏议得失，侍从赞相。陈商：字述圣，宣州当涂（今属安徽）人。元和九年（814）进士。曾任史馆修撰、谏议大夫、礼部侍郎知贡举、秘书监等职，封许昌县男。与郑亚等撰《敬宗实录》。守本官：通常称官阶低而署理较高职务者为"守某官"。

⑤称旨:符合上意。

⑥命左仆射兼太常卿王起主文:命令左仆射兼太常卿王起主持考试。左仆射,官名。秦汉置,和右仆射并为尚书令的副职。唐高宗龙朔年间废置尚书令,左、右仆射成为尚书省最高长官,和中书省、门下省长官并为宰相。玄宗以后逐渐成为安置元老旧臣的荣衔。太常卿,官名,即太常。参见卷一"乡贡"门。王起(760—847),字举之,谥文懿,太原(今属山西)人,家于扬州(今属江苏)。德宗贞元十四年(798)登进士第,后又登贤良方正能直言极谏科。授蓝田尉,历任中书舍人等职。穆宗时迁礼部侍郎,两知贡举。文宗时历河中、山南东道节度使,皆有政声。以兵部尚书充翰林侍讲学士。武宗时累迁左仆射,复两知贡举。所选皆名士,时称公正。封魏郡公,以同中书门下平章事充山南西道节度使,卒于镇。博学强记,时多唱和。《全唐诗》存诗六首。

⑦局席:举行宴会。条疏:条奏。

⑧国器:治国之材,国家栋梁。

⑨赏拔:赏识提拔。

⑩胶固:勾连牢固,互结不解。

⑪浸薄:日渐浇薄。浸,渐渐。

⑫树党背公:结党营私,背弃公心。

⑬一度:一次。

⑭曲江大会朝官:在曲江宴会上大会朝廷官员。新科进士曲江大会朝官者,参见下文刘覃办樱桃宴,"大会公卿"。

⑮勒停:强制停止。

⑯少隽:亦作"少俊"。少年英俊。

⑰春节:指春季。

⑱御史台:官署名。国家最高监察机构,东汉始置。掌文书档案、监察弹劾百官等。长官为御史中丞。唐朝沿置,下设台、殿、察三

院。台院置侍御史,监察百官,管理台务;殿院置殿中侍御史,监督朝会,掌管官禁门户;察院置监察御史,分察尚书省六部,巡按州县等。

⑲不由科第:不由科举出身。

⑳失意:不得志。此指李德裕大中初年被贬。

【译文】

　　进士题名之风,起自神龙年间以后,经过关宴后,新科进士大都期集于慈恩塔下题名。因此贞元年间,刘太真侍郎曾出试题《慈恩寺望杏园花发》诗。会昌三年,赞皇公李德裕为宰相,那年十一月十九日,敕令谏议大夫陈商以本官身份,权且主持贡举。后因奏对不合上意,十二月十七日,宰相于是上奏:依照之前命令左仆射兼太常卿王起主持考试。二十二日,中书省重又上奏:"奉命宣旨,不希望使及第进士称主考官为座主,奔走依附在其门下,以及慈恩塔题名、举行宴会等之前已条奏进呈。国家设置文学科目,求取贞实端正之人,应该行为敦厚风俗,道义本自君亲,然后申荐于朝廷,务必使其成为国家栋梁。岂可怀抱赏识提拔的私恩,忘记教化的根源!新科进士对主考官自称门生,于是勾连牢固,所以世俗风气日渐浇薄,人臣的气节何以施行?结党营私,背弃公心,无不由此而来。臣等商量,自今以后,进士及第后允许参见主考官一次,之后不得聚集参谒,以及在主考官家里设宴。至于在曲江游宴上大会朝廷官员以及慈恩塔题名、举行宴会,希望一并勒令停止。由于新科进士刚刚获得荣名,实际上都是少年英俊之才;既然时逢春季,难以阻止他们乘兴宴游。三五成群自行宴游取乐,并不禁止,只是不能聚集同年进士,大开宴席。仍旧委派御史台官员察访上报。谨备文上奏如前。"奉皇帝敕令:"依准。"于是先前的题名,全都削去,大概因为李德裕不是由科举出身,因此设法排斥题名等事。自从李德裕大中初年被贬之后,一切又都恢复旧状。

曲江游赏，虽云自神龙以来，然盛于开元之末。何以知之？案《实录》：天宝元年①，敕以太子太师萧嵩私庙逼近曲江②，因上表请移他处③，敕令将士为嵩营造④。嵩上表谢⑤，仍让令将士创造⑥。敕批云："卿立庙之时，此地闲僻；今傍江修筑，举国胜游。与卿思之，深避喧杂，事资改作⑦，遂命官司⑧。承已拆除，终须结构⑨。已有处分⑩，无假致辞⑪。"

【注释】

①天宝元年：742年。

②太子太师萧嵩私庙逼近曲江：太子太师萧嵩的家庙临近曲江。太子太师，官名。东宫三师之首。西晋始置，掌辅导太子。隋唐沿置，多为安置退免大臣的闲职或加官，无官属。萧嵩（？—749），字乔甫，南兰陵（今江苏常州）人。唐朝宰相。开元初为中书舍人，后官至兵部侍郎。以兵部尚书领朔方节度使，徙河西节度使，以破吐蕃功进同中书门下三品，兼中书令，封徐国公。后以太子太师致仕。私庙，家庙。

③上表：上奏。

④将士：此指将作监。按《唐会要》所载萧嵩表文云："拟令将作，与臣营造。伏蒙殊渥，感戴交深。……今日已令下手移拆讫。所令官作，岂敢当之。"

⑤谢：辞谢。

⑥创造：营造，建造。

⑦资：需要。改作：改建。

⑧官司：官府。

⑨结构：建造。

⑩处分：处理，处置。

⑪无假：无须。

【译文】

曲江游赏，虽说是自神龙年间开始流行，但兴盛是在开元末年。何以得知呢？考查《实录》：天宝元年，因为太子太师萧嵩的家庙临近曲江，就此上表请求移至别的地方，于是皇帝敕令将作监为萧嵩建造。萧嵩上表辞谢，皇帝仍让将作监建造。敕批萧嵩辞谢的表文说道："卿建立家庙之时，此地还属偏僻；如今沿江修筑楼台，已成为京城的胜游之地。为卿考虑，家庙应当远避喧嚣嘈杂，需要改建，于是命令官府处理。卿虽已自行拆除，终究需要重新建造。此事已有处置，无须再上书辞谢。"

　　萧颖士开元二十三年及第①，恃才傲物，敻无与比②。常自携一壶，逐胜郊野③。偶憩于逆旅④，独酌独吟。会风雨暴至，有紫衣老父，领一小僮避雨于此。颖士见其散冗⑤，颇肆陵侮。逡巡⑥，风定雨霁⑦，车马卒至⑧，老父上马呵殿而去⑨。颖士仓忙觇之⑩，左右曰："吏部王尚书丘⑪。"颖士常造门⑫，未之面⑬，极所惊愕，明日，具长笺⑭，造门谢。尚书命引至庑下⑮，坐而责之，且曰："所恨与子非亲属，当庭训之耳⑯！"复曰："子负文学之名，踞忽如此⑰，止于一第乎！"后颖士终于扬州功曹。

【注释】

①萧颖士：中唐名士。开元二十三年（735）进士，仕途坎坷，官终扬州功曹参军。参见卷一"两监"门。

②敻（xiòng）无与比：无与伦比。敻，远。

③逐胜：追寻胜景。

④逆旅：客舍，旅店。

⑤散冗：闲散。

⑥逡（qūn）巡：顷刻，不一会儿。

⑦霁（jì）：雨后天晴。

⑧卒：同"猝"，突然。

⑨呵殿：谓古代官员出行，仪卫前呵后殿，喝令行人让道。

⑩仓忙：匆忙，慌忙。觇（chān）：觇视，窥看。

⑪吏部王尚书丘：王丘（？—743），字仲山，谥号文，相州安阳（今属河南）人。年十一擢童子科，弱冠举制科，授奉礼郎。玄宗开元中历任考功员外郎、吏部侍郎、尚书右丞、黄门侍郎。后出为怀州刺史，入为尚书左丞等，以礼部尚书致仕。善词赋，《全唐诗》存诗三首。王丘于开元间曾任吏部侍郎。然开元二十一年（733）以礼部尚书致仕，非吏部尚书。

⑫常：通"尝"。

⑬未之面：未曾面见其人。

⑭笺：书信。

⑮庑（wǔ）下：廊下。庑，堂下周围的走廊、廊屋。

⑯庭训：父亲的教诲。典出《论语·季氏》，孔子在庭院中教育其子孔鲤要学习《诗》《礼》。

⑰踞（jù）忽：傲慢轻忽。踞，通"倨"，倨傲。

【译文】

萧颖士在开元二十三年进士及第，恃才傲物，无与伦比。经常独自携酒一壶，在郊野寻访胜景。有一次偶尔在旅店休息，独自饮酒吟诗。适逢风雨骤然而至，有一名身穿紫衣的老人，领着一个小僮到此避雨。萧颖士见他形容闲散，就大肆轻慢侮辱。不一会儿，风停雨息，车马忽然到来，老人上马前呼后拥而去。萧颖士慌忙窥看，旁边的人说："这是吏部王尚书。"萧颖士曾到王尚书府上拜访，但未曾面见其人，听闻之后极为惊讶，次日，准备了一封长信，登门谢罪。王尚书命人将他引至廊庑下,让他坐下责备他,并且说:"遗憾的是我跟你非亲非故,否则应该好好教训你!"又说:"你身负文章才学的大名,却傲慢轻忽如此,难道就止于进士及第了吗!"萧颖士最后只做到了扬州功曹这样的小官。

　　小归尚书榜①,裴起部与邠之李抟先辈旧友②。抟以诗贺廷裕曰:"铜梁千里曙云开③,仙篆新从紫府来④。天上已张新羽翼,世间无复旧尘埃。嘉祯果中君平卜⑤,贺喜须斟卓氏杯⑥。应笑戎藩刀笔吏⑦,至今泥滓曝鱼鳃⑧。"既而复以二十八字谑之曰⑨:"曾随风水化凡鳞,安上门前一字新。闻道蜀江风景好,不知何似杏园春⑩?"裴有六韵答曰:"何劳问我成都事?亦报君知便纳降。蜀柳笼堤烟矗矗⑪,海棠当户燕双双。富春不并穷师子,濯锦全胜旱曲江⑫。高卷绛纱扬氏宅⑬,时主文寓扬子巷,故有此句。半垂红袖薛涛窗⑭。浣花泛鹢诗千首⑮,静众寻梅酒百缸⑯。若说弦歌与风景,主人兼是碧油幢⑰。"

【注释】

①小归尚书:即归仁绍。苏州(今属江苏)人。唐懿宗咸通十年(869)状元及第。曾官侍御史。广明间,从僖宗奔蜀,中和年间任礼部侍郎,知贡举。其父归融曾任兵部尚书,因称"小归尚书"。当时僖宗避难成都,因此科举在成都举行。

②裴起部与邠之李抟(tuán)先辈旧友:裴廷裕和邠州的李抟先辈是老朋友。裴起部,裴廷裕,一作庭裕,字膺馀,绛州闻喜(今属山西)人。僖宗中和二年(882)在成都登进士第。昭宗大顺时累官右补阙兼史馆修撰。乾宁中为翰林学士,历司封郎中知制诰,迁左散骑常侍。后贬湖南卒。文思敏捷,著有《东观奏记》。

起部，工部的别称。裴廷裕或在工部任过职。邠，或指邠州（今陕西彬州）。李抟，僖宗乾符年间进士。从下文诗意来看，似曾在邠宁节度使幕下任职。

③铜梁：山名。在今重庆。此处代指蜀地。

④仙箓（lù）：神仙的簿籍。比喻进士榜。

⑤嘉祯：佳兆。祯，祥也。君平卜：西汉严君平隐居不仕，曾卖卜于成都，精研《周易》数理和老庄哲学，时人敬之。卜，卜卦。

⑥卓氏杯：西汉司马相如与卓文君曾在成都生活，文君在临邛当垆卖酒，因以为典故。

⑦戎藩：军府，幕府。刀笔吏：掌文书案牍的官吏。古代在竹简上用笔记事，用刀削误，故称书吏为"刀笔吏"。李抟自称。时或在邠宁节度使幕下任掌书记等职。

⑧曝鱼鳃：比喻挫折、困顿。典出刘欣期《交州记》："有堤防龙门，水深百寻，大鱼登此门化成龙，不得过，曝鳃点额，血流此水，恒于丹池。"

⑨二十八字：指一首七绝。

⑩"曾随风水化凡鳞"几句：我也曾随风顺水化去凡鳞而跃入龙门，列于安上门前一字排开的新科进士中。听说蜀江的风景很好，不知道和杏园春景比起来如何？安上门，长安城南三门，东曰安上门。一字新，指连缀出行的新科进士，排列成"一"字形。杏园，园名。故址在今陕西西安南曲江池西。唐代新科进士多游宴于此。李抟中进士在长安，裴廷裕中进士在成都，不游曲江而游蜀江，因此李抟问他蜀江风景和长安杏园相比如何。裴廷裕的答诗夸赞蜀地科举及第之风光远胜长安。

⑪矗矗：重叠貌。

⑫富春不并穷师子，濯（zhuó）锦全胜旱曲江：富春坊放灯的美景和简陋的长安不同，浩荡锦江更远胜干旱少水的曲江。富春，富

春坊。成都歌伎聚集之地。不并,不同。费著《岁华纪丽谱》引
《旧记》:"唐明皇上元京师放灯,灯甚盛,叶法善奏曰:'成都灯亦
盛。'遂引帝至成都,市酒于富春坊。"濯锦,濯锦江,即锦江,今成
都南之南河。

⑬绛纱:犹绛帐。对老师的敬称。典出《后汉书·马融传》:"(融)
常坐高堂,施绛纱帐,前授生徒,后列女乐。"此句谈及裴廷裕的
座主归仁绍,因用此典。扬氏宅:西汉末蜀郡学者、大文学家扬雄
的宅第。

⑭薛涛(? —约834):字洪度,长安(今西安)人。幼时随父入蜀,
后为乐妓,出入于幕府,侍酒赋诗,以诗闻名。剑南西川节度使韦
皋曾拟奏请朝廷授以秘书省校书郎之衔,时人称其为"女校书"。
晚年居成都浣花溪,以溪水造十色笺,名"浣花笺",人称"薛涛
笺"。王建、元稹、白居易、刘禹锡、杜牧等皆与其唱和。《全唐诗》
存诗一卷。

⑮浣花:即浣花溪。又名百花潭。在成都西郊,溪旁有杜甫故居浣
花草堂。鹢(yì):水鸟名。古时画于船头,后代指船。

⑯静众:寺名。在成都。

⑰碧油幢(chuáng):青绿色的油布车帷。唐以后御史及高官大臣
多用之,节度使多用作军帐。常代指节度使。

【译文】

归仁绍尚书在成都所取的进士榜中,裴廷裕和邠州的李抟先辈是老
朋友。李抟以一首诗祝贺裴廷裕进士及第:"铜梁千里曙云开,仙箓新从
紫府来。天上已张新羽翼,世间无复旧尘埃。嘉祯果中君平卜,贺喜须
斟卓氏杯。应笑戎藩刀笔吏,至今泥滓曝鱼鳃。"不久又以一首七绝戏谑
道:"曾随风水化凡鳞,安上门前一字新。闻道蜀江风景好,不知何似杏园
春?"裴廷裕写了一首六韵诗答道:"何劳问我成都事? 亦报君知便纳降。
蜀柳笼堤烟蠹蠹,海棠当户燕双双。富春不并穷师子,濯锦全胜旱曲江。

高卷绛纱扬氏宅,当时主考官住在扬子巷,因有此句。半垂红袖薛涛窗。浣花泛鹢诗千首,静众寻梅酒百缸。若说弦歌与风景,主人兼是碧油幢。"

　　大和二年①,崔郾侍郎东都放榜②,西都过堂。杜牧有诗曰③:"东都放榜未花开,三十三人走马回④。秦地少年多酿酒,却将春色入关来。"

【注释】

①大和二年:828年。

②崔郾(yǎn,768—836):字广略,谥号德,清河东武城(今河北清河)人。德宗贞元十二年(796)登进士第,授集贤殿校书郎。历吏部员外郎、吏部郎中、翰林侍讲学士、中书舍人、礼部侍郎等。唐文宗大和元年(827)、大和二年(828)两知贡举。后历陕虢、鄂岳、浙西观察使,封清河郡公,赠吏部尚书。

③杜牧(803—852):字牧之,京兆万年(今陕西西安)人。晚唐著名诗人。文宗大和二年(828)登进士第,又登贤良方正能直言极谏科,授弘文馆校书郎。曾入沈传师江西观察使、宣歙观察使幕和牛僧孺淮南节度使幕。历监察御史,黄、池、睦、湖等州刺史,仕至中书舍人。为人倜傥不群,善论兵,曾注《孙子》,屡上书言政,颇有见地。诗文负有盛名,与李商隐齐名,并称"小李杜"。代表作有《阿房宫赋》《遣怀》《泊秦淮》等。著有《樊川文集》。其本年登第事参见卷六"公荐"门。

④三十三人:当年进士及第者三十三人。

【译文】

　　大和二年,崔郾侍郎主持贡举,在东都洛阳放榜,回西都长安率新进士过堂参见宰相。新科进士杜牧写诗道:"东都放榜未花开,三十三人走马回。秦地少年多酿酒,却将春色入关来。"

胡证尚书质状魁伟①，膂力绝人②，与裴晋公度同年③。度尝狎游④，为两军力人十许辈陵轹⑤，势甚危窘。度潜遣一介求救于证⑥。证衣皂貂金带⑦，突门而入⑧。诸力士睨之失色⑨。证饮后到酒⑩，一举三钟⑪，不啻数升⑫，杯盘无余沥⑬。逡巡，主人上灯，证起取铁灯台，摘去枝叶⑭，而合其跗⑮，横置膝上，谓众人曰："鄙夫请非次改令⑯，凡三钟⑰，引满一遍《三台》⑱，酒须尽，仍不得有滴沥⑲。犯令者一铁跗。"自谓灯台。证复一举三钟。次及一角觚者⑳，凡《三台》三遍，酒未能尽，淋漓逮至并座㉑。证举跗将击之。群恶皆起设拜㉒，叩头乞命，呼为神人。证曰："鼠辈敢尔㉓，乞汝残命㉔！"叱之令去。

【注释】

①胡证（758—828）：字启中，河中河东（今山西永济）人。德宗贞元五年（789）登进士第。辟为河中府从事，历殿中侍御史、左司员外郎、长安县令、户部郎中，累官至御史中丞，充魏博节度副使。元和年间因党项寇边，授单于都护、振武军节度使以守边。官至岭南节度使，卒于任。质状：身体，体态。

②膂（lǚ）力：体力。绝人：过人。

③裴晋公度：裴度（765—839），字中立，谥文忠，闻喜（今属山西）人。唐朝著名宰相。德宗贞元五年（789）登进士第，后又登博学宏词科，又中贤良方正能直言极谏科，授河阴县尉。宪宗元和年间任中书舍人、御史中丞，力主削藩，被李师道所遣刺客斫伤。拜为中书侍郎同中书门下平章事，元和十二年（817）督师讨平淮西，封晋国公。十四年（819），出为河东节度使。穆宗及敬宗时两次入相，身系天下重轻者近三十年。后官至中书令，晚年留守

东都，筑绿野堂以自适，与白居易、刘禹锡等唱酬。《全唐诗》存诗一卷。

④狎（xiá）游：嬉游玩乐。多指狎妓。

⑤两军：左、右神策军。力人：力士。陵轹（lì）：欺压。轹，欺凌，压制。

⑥介：传递消息的人。

⑦皂貂：黑貂袍。皂，黑色。

⑧突门而入：破门而入。

⑨睨（nì）：顾视，回视。

⑩后到酒：后到的罚酒。

⑪举：饮，喝。钟：大酒杯。

⑫不啻（chì）：不止。

⑬余沥（lì）：剩酒。沥，点滴。

⑭枝叶：指灯盘、灯盏等枝杈。

⑮合：倒覆。跗（fū）：物体的底部。

⑯鄙夫：自称的谦辞。非次：指不按常规。令：指酒令。

⑰凡：皆，都。

⑱引：引歌。《三台》：曲名。唐天宝中羽调曲有《三台》，又有《急三台》。王建《江南三台》之三："朝愁暮愁即老，百年几度《三台》。"

⑲滴沥：指酒滴下。

⑳角觝（jué dǐ）：即角抵，古代体育项目之一。类似于现代的摔跤、相扑。

㉑淋漓逮至并座：酒液淋漓流到了同座。淋漓，淌下，流滴。

㉒设拜：行礼。

㉓敢尔：竟敢如此。

㉔乞：给予。此指饶恕。

【译文】

胡证尚书体格魁梧壮伟，体力过人，和晋国公裴度是同年进士。裴度曾经狎妓游乐,被神策军力士十几个人欺侮,情况非常危急窘迫。裴度暗中派人向胡证求救。胡证身穿黑貂袍,腰束金带,破门而入。那些力士看到他都大惊失色。胡证喝了后到的罚酒,一次喝了三大杯,不下数升,杯中没有一滴剩酒。过了一会儿,主人送上灯,胡证起身取过铁灯台,摘去灯盘、灯盖等枝杈,把灯台的底座倒过来,横放在膝上,对众人曰:"我请求不按常规,更改酒令,都喝三钟酒,唱完一遍《三台》,酒都必须喝完,还不能洒出一滴。违犯酒令的人打一铁跻。"自名灯台。胡证又一次喝了三钟酒。其次轮到一个角抵者,《三台》一共唱了三遍,酒还没喝完,酒液淋漓流到了同座。胡证举起灯台要打他。那群恶汉都起身行礼,磕头请求饶命,将胡证称为神人。胡证说:"你们这群鼠辈竟敢如此大胆,暂且饶恕你们的性命!"呵斥他们让他们离去。

崔沆及第年为主罚录事①。同年卢彖俯近关宴②,坚请假往洛下拜庆③,既而淹缓久之④。及同年宴于曲江亭子,彖以雕幰载妓⑤,微服弹鞚⑥,纵观于侧。遽为团司所发⑦。沆判之⑧,略曰:"深搀席帽,密映毡车⑨。紫陌寻春⑩,便隔同年之面;青云得路,可知异日之心。"

【注释】

①崔沆(hàng,?—881):字内融,博陵安平(今属河北)人。唐朝宰相。宣宗大中十二年(858)登进士第。官至员外郎,知制诰,拜中书舍人。坐事贬循州司户。僖宗乾符初,复拜舍人,寻迁礼部侍郎,知贡举。后以户部侍郎同中书门下平章事。中和元年(881)为黄巢所杀。

②卢彖(tuàn):宣宗大中十二年(858)登进士第。俯近:临近。

③拜庆:即拜家庆。子女远游在外,回家省亲。张九龄《夏日奉使

南海在道中作》诗："肃事诚在公，拜庆遂及私。"

④淹缓：迟缓。

⑤雕幰（xiǎn）：装饰华美的车子。幰，车上的帷幔。代指车。

⑥微服：变更常服以隐藏身份避人耳目。亸鞚（duǒ kòng）：松弛马勒，纵马奔驰。亸，松弛。鞚，马笼头。

⑦遽（jù）：遂，就。发：揭发，揭露。

⑧判：评判，判罚。

⑨深搀席帽，密映毡车：深深垂下席帽，秘密隐藏在毡车之后。席帽，用藤草编织成的帽子。形似毡笠，四缘垂下，可蔽日遮颜。韩琦《上巳会兴庆池》诗："芳辰况任游人乐，不必低将席帽搀。"毡车，以毛毡为篷的车子。

⑩紫陌：泛称京师的道路。刘禹锡《元和十年自朗州承召至京戏赠看花诸君子》："紫陌红尘拂面来，无人不道看花回。"

【译文】

崔沆在及第那年做主罚录事。同年卢象在临近关宴的时候，坚持请假去洛阳省亲；之后迟缓淹留了很久。到了同年进士大宴于曲江亭子的时候，卢象用华美的车子载着妓女，变更常服骑马奔驰，在旁纵览。于是被团司揭发。崔沆判罚此事，写道："深深垂下席帽，秘密隐藏在毡车之后。在京师道上寻春览胜的时候，就已经隔开不见同年之面；若有一天青云得志高高在上，可想而知他那时的心态。"

咸通中，进士及第过堂后，便以骡从[①]，车服侈靡之极；稍不中式[②]，则重加罚金。蒋泳以故相之子[③]，少年擢第。时家君任太常卿[④]，语泳曰："尔门绪孤微[⑤]，不宜从世禄所为。可先纳罚钱，慎勿以骡从也。"

【注释】

①骡从：骡马之仆从，当时新科进士必备之物之一。李淖《秦中岁
　时记》载："期集谢恩了，从此使著披袋、筐子、骡从等，仍于曲江
　点检，从物无得有阙，阙即罚钱。"

②中式：符合规格。

③蒋泳：字越之，常州义兴（今江苏宜兴）人。宰相蒋伸之子。懿宗
　咸通七年（866）登进士第。僖宗时为考功郎中。

④家君：王定保对自己父亲的尊称。

⑤门绪：家门世系。孤微：孤冷清贫。

【译文】

　　咸通年间，进士及第过堂之后，便以骡马跟从，车子服饰奢侈靡费到
了极点；稍微有一点不符合规格，就要被重重罚钱。蒋泳作为前任宰相
之子，年纪轻轻就进士及第。当时我父亲担任太常卿，对蒋泳说："你家
贫人少，不应该跟从官宦世家们的子弟行事。可先交纳罚钱，千万不要
置办骡从。"

　　卢文焕①，光化二年状元及第②，颇以宴醵为急务③。常
俯关宴，同年皆患贫，无以致之④。一旦，给以游齐国公亭
子⑤，既至，皆解带从容⑥。文焕命团司牵驴。时柳璨告文
焕以驴从非己有⑦。文焕曰："药不瞑眩，厥疾弗瘳⑧！"璨甚
衔之。居四年，璨登庸⑨。文焕忧戚日加⑩。璨每遇之，曰：
"药不瞑眩，厥疾弗瘳！"

【注释】

①卢文焕：昭宗光化二年（899）状元及第。

②光化二年：899年。光化，唐昭宗李晔的年号（898—901）。

③宴醵（jù）：聚钱宴饮。

④致：获得。

⑤绐（dài）：欺骗，哄骗。

⑥解带：指解开车马的带子。从容：盘桓游览。

⑦柳璨（càn，？—906）：字照之，河东（今山西永济）人。唐朝宰
　相。少孤贫好学。光化二年（899）登进士第。得昭宗赏识重用，
　任为翰林学士，天复四年（904）以谏议大夫同中书门下平章事。
　升迁超常。后投靠朱温，策划白马驿之祸，屠戮大批公卿大臣，最
　终为朱温所杀。

⑧药不瞑眩（mián xuàn），厥疾弗瘳（chōu）：用药不到头晕目眩的地
　步，病是不会好的。语出《尚书·商书·说命上》："若药弗瞑眩，
　厥疾弗瘳。"瞑眩，指用药后产生的头晕目眩的反应。瘳，病愈。

⑨登庸：选拔任用。此指拜相。

⑩忧戚：忧愁烦恼。

【译文】

　　卢文焕，光化二年状元及第，很将聚钱宴饮当作紧要之事。当快到
关宴的时候，同年进士都苦于贫穷，没有办法获得宴会的费用。一天，卢
文焕欺诈大家去游赏齐国公亭子，到了那里，大家都解开车马，盘桓闲
游。卢文焕命令团司牵来了别人的驴。当时柳璨告诉卢文焕说驴从不
是他的。卢文焕说："药不瞑眩，厥疾弗瘳！"柳璨非常怀恨。过了四年，
柳璨拜相。卢文焕忧虑日增。柳璨每次遇到他，都说："药不瞑眩，厥疾
弗瘳！"

　　曲江亭子，安、史未乱前①，诸司皆列于岸浒②；幸蜀之
后③，皆烬于兵火矣④，所存者唯尚书省亭子而已。进士关
宴，常寄其间。既彻馔⑤，则移乐泛舟，率为常例。宴前数

日,行市骈阗于江头^⑥。其日,公卿家倾城纵观于此,有若中东榻之选者十八九,钿车珠鞍^⑦,栉比而至^⑧。或曰:乾符中,薛能尚书为大京兆^⑨,杨知至侍郎将携家人游^⑩,致书于能,假舫子^⑪。先是舫子已为新人所假^⑫。能答书云:"已为三十子之鸠居矣^⑬。"知至得书,怒曰:"昨日郎吏^⑭,敢此无礼!"能自吏部郎中拜京兆少尹,权知大尹^⑮。

【注释】

① 安、史未乱前:安史之乱未爆发以前。安、史,指发动安史之乱的安禄山和史思明。

② 岸浒(hǔ):水岸,岸边。

③ 幸蜀:指天宝十四载(755)安史之乱爆发,唐玄宗逃往蜀中。

④ 烬:化为灰烬。

⑤ 彻馔(zhuàn):撤去酒席。彻,撤除,撤去。

⑥ 骈(pián)阗:聚集。

⑦ 钿(diàn)车珠鞍:形容华贵的车马。钿车,用金银珠宝装饰的车子。

⑧ 栉(zhì)比:如梳齿一般紧密排列。栉,梳子和篦(bì)子的总称。

⑨ 薛能(约817—约882):字太拙,汾州(今山西汾阳)人。晚唐诗人。武宗会昌六年(846)登进士第。屡佐使幕,后为剑南西川节度副使摄嘉州刺史,入为主客、度支、刑部郎中,自给事中迁京兆尹。出为徐州感化军节度使,征为工部尚书,复出为许州忠武军节度使,为部将所逐。自负诗才,著有《薛许昌集》。大京兆:即京兆尹。下文京兆少尹是其副职。

⑩ 杨知至:字几之,虢州弘农(今河南灵宝)人。进士及第。历户部员外郎、郎中、比部郎中知制诰。僖宗时任京兆尹,迁工部侍郎,

终户部侍郎。《全唐诗》存诗二首。

⑪假：借。舫（fǎng）子：船。

⑫新人：此指新科进士。

⑬已为三十子之鸠居矣：船已被三十多名新科进士们借走。三十子，新科进士的约数。本科进士为三十一人。鸠居，鸠鸟的居处。"鸠居鹊巢"的意思。

⑭郎吏：郎官。薛能曾为诸部郎中。

⑮权知：谓代掌某官职。

【译文】

曲江亭子，安史之乱没有爆发以前，各官署的亭子都列在曲江岸边；唐玄宗到蜀地之后，这些亭子都被战火化为灰烬，留存下来的只有尚书省亭子而已。进士关宴，常借其地举行。等到撤去酒席之后，就把歌舞伎乐都移到船上，泛舟曲江，都已经成为惯例。宴会前数天，各种店铺都已聚集在江头。宴会那天，公卿贵族之家倾城而出，在这里恣意观览，新进士中如果有十分之八九可能成为东床快婿人选的，那么华贵的车马就紧密接连而至。有人说：乾符年间，薛能尚书任京兆尹，杨知至侍郎要携带家人出游曲江，写信给薛能，想要借船。之前船已被新科进士们借走了。薛能回信说："船已被三十一名新科进士借走了。"杨知至收到回信，大怒说："昨日还不过是郎官而已，竟敢如此无礼！"薛能由吏部郎中担任京兆少尹，权知京兆尹。

开成五年①，乐和李公榜②，于时上在谅暗③，故新人游赏，率常雅饮④。诗人赵嘏寄赠曰⑤："天上高高月桂丛，分明三十一枝风⑥。满怀春色向人动，遮路乱花迎马红。鹤驭回飙云雨外⑦，兰亭不在管弦中⑧。居然自是前贤事⑨，何必青楼倚翠空⑩？"

【注释】

①开成五年：840年。

②乐和李公：李景让，字后己，谥号孝，太原文水（今属山西）人。宪宗元和中进士及第，授校书郎。敬宗初为右拾遗，因直言极谏知名，累迁商州刺史。文宗时入为中书舍人，后出为华、虢二州刺史，再入为礼部侍郎、知贡举。武宗时任浙西观察使。宣宗时入为尚书左丞，累官御史大夫。出为剑南西川节度使，晚年以太子少保分司东都。李景让住在东都乐和里，因称"乐和李公"。

③于时上在谅暗：当时皇帝正在居丧。上，指唐武宗。谅暗，居丧时所住的房子。代指居丧。唐文宗此年卒，武宗即位，须服丧。

④雅饮：此指无乐舞的饮宴。

⑤赵嘏（gǔ）：字承祐，山阳（今江苏淮安）人。长期游幕，与杜牧等交游唱和。武宗会昌四年（844）登进士第。宣宗大中年间任渭南尉。工诗，著有《渭南集》。其《长安秋望》有"残星几点雁横塞，长笛一声人倚楼"之句，为杜牧激赏，称为"赵倚楼"。

⑥三十一枝：晋代郤诜以"桂林之一枝"比喻自己举贤良对策得中。此指三十一名新进士。

⑦鹤驭回飙云雨外：乘鹤上天之意。讳指皇帝去世。回飙，旋风。

⑧兰亭：东晋王羲之等宴于兰亭。比喻新科进士们宴于尚书省亭子。

⑨居然：自然。

⑩翠空：碧空，晴空。

【译文】

开成五年，乐和李公景让主持贡举发榜，当时皇帝正在居丧，因此新科进士宴游，大都是没有乐舞的宴会。诗人赵嘏寄诗以赠，写道："天上高高月桂丛，分明三十一枝风。满怀春色向人动，遮路乱花迎马红。鹤驭回飙云雨外，兰亭不在管弦中。居然自是前贤事，何必青楼倚翠空？"

　　宝历年中,杨嗣复相公具庆下继放两榜^①。时先仆射自东洛入觐^②,嗣复率生徒迎于潼关^③。既而大宴于新昌里第^④,仆射与所执坐于正寝^⑤,公领诸生翼坐于两序^⑥。时元、白俱在^⑦,皆赋诗于席上。唯刑部杨汝士侍郎诗后成^⑧。元、白览之失色^⑨。诗曰:"隔坐应须赐御屏^⑩,尽将仙翰入高冥^⑪。文章旧价留鸾掖^⑫,桃李新阴在鲤庭^⑬。再岁生徒陈贺宴^⑭,一时良史尽传馨^⑮。当年疏傅虽云盛^⑯,讵有兹筵醉醑醽^⑰!"汝士其日大醉,归谓子弟曰:"我今日压倒元、白。"

【注释】

①杨嗣复相公具庆下继放两榜:杨嗣复相公父母俱在,相继两年取进士放榜。杨嗣复(783—848),字继之,谥孝穆,虢州弘农(今河南灵宝)人。唐朝宰相。德宗贞元十八年(802)登进士第,后又登博学宏词科,授秘书省校书郎。累迁至中书舍人。敬宗宝历年间权知礼部侍郎,连知贡举。文宗开成时以户部侍郎同平章事,封弘农伯。与牛僧孺、李宗闵为朋党。武宗时贬潮州刺史,卒于岳州。继放两榜,杨嗣复宝历元年(825)、二年(826)两知贡举。

②先仆射:指杨嗣复之父杨於陵。杨於陵(753—830),字达夫,谥贞孝,虢州弘农(今河南灵宝)人。代宗大历六年(771)登进士第,后又登博学宏词科。累迁至浙东观察使。宪宗元和年间拜户部侍郎,得罪宰相,出为岭南节度使。后官至户部尚书,封弘农郡公。敬宗时以左仆射致仕。因称"先仆射"。入觐:入朝进见天子。

③潼关:在今陕西潼关东北,为长安至洛阳驿道的要冲。

④新昌里:即新昌坊,据《长安志》载,在长安朱雀街东自北数第八坊。

⑤所执:至交好友。执,至交。正寝:正厅或正屋。

⑥翼坐：像展开的羽翼一般依次坐在两侧。序：正屋两旁的东西厢房。

⑦元、白：元稹和白居易。两人是好友，诗风和文学主张相近，并称"元白"。元稹（779—831），字微之，河南河内（今河南洛阳）人。唐朝宰相。十五岁明经及第。元和元年（806）登才识兼茂明于体用科第一名，除左拾遗，历监察御史，因触怒宦官被贬为江陵府士曹参军。后召还京，转而依附宦官，迁中书舍人，充翰林学士承旨，以工部侍郎同平章事。后出为同州刺史、越州刺史、浙东观察使等，卒于武昌军节度使任所。中唐著名诗人，善于抒情，代表作有《连昌宫词》《三遣悲怀》《离思五首》等。著有《元氏长庆集》。白居易，中唐著名诗人。参见卷二"争解元"门注。

⑧杨汝士：字慕巢，虢州弘农（今河南灵宝）人。宪宗元和四年（809）登进士第，后又登博学宏词科。穆宗时由监察御史迁右补阙，累官至中书舍人。文宗时历工部侍郎、同州刺史、户部侍郎、兵部侍郎、剑南东川节度使等。官至刑部尚书。《全唐诗》存诗七首。

⑨失色：此指因惊叹而神色改变。

⑩隔坐应须赐御屏：应该用御赐屏风隔开老师和门生，以示尊师重道。东汉第五伦曾举荐郑弘，后来郑弘的官位高于第五伦，但上朝时依然对第五伦恭敬有加，不欲位次在第五伦之上，皇帝因此用屏风隔开两人。

⑪仙翰：本指凤凰。此指新登第的进士。高冥：高空。

⑫旧价：原先的名声。鸾掖：宫殿边门。借指宫殿。

⑬桃李：比喻后辈门生。鲤庭：孔鲤趋而过庭，受教于其父孔子。此指杨嗣复在新昌里的府第。因杨氏父子俱在，故称"鲤庭"。

⑭再岁生徒：两年所取的进士。再岁，两年。

⑮传馨：传播美名。

⑯疏傅：疏广，字仲翁，东海兰陵（今山东枣庄）人。少好学，弟子甚多，后征为博士。汉宣帝时任太子太傅，因称"疏傅"。

⑰讵：岂，难道。醁醽（lù líng）：美酒名。

【译文】

宝历年间，杨嗣复相公父母俱在，相继两年取进士放榜。当时他的父亲左仆射杨於陵从洛阳去往长安朝见天子，杨嗣复率领进士们到潼关迎接。之后又在长安新昌坊的宅第里大设宴席，左仆射杨於陵和至交好友们坐在正厅，杨嗣复率领诸位进士像展开的羽翼一般依次坐在两侧厢房。当时元稹、白居易都在座，大家都在席上作诗。只有刑部侍郎杨汝士的诗最后写完。元稹、白居易读过他的诗之后惊叹失色。诗写道："隔坐应须赐御屏，尽将仙翰入高冥。文章旧价留鸾披，桃李新阴在鲤庭。再岁生徒陈贺宴，一时良史尽传馨。当年疏傅虽云盛，讵有兹筵醉醁醽！"杨汝士当天喝得大醉，回家对子弟们说："我今日作诗压倒了元稹和白居易。"

大顺中①，王涣自左史拜考功员外②，同年李德邻自右史拜小戎③，赵光胤自补衮拜小仪④，王拯自小版拜少勋⑤。涣首唱长句感恩⑥，上裴公曰⑦："青衿七十榜三年⑧，建礼含香次第迁⑨。珠彩乍连星错落，桂花曾对月婵娟。玉经磨琢多成器，剑拔沉埋便倚天。应念衔恩最深者，春来为寿拜尊前。"裴公答曰："谬持文柄得时贤，粉署清华次第迁⑩。昔岁策名皆健笔⑪，今朝称职并同年⑫。各怀器业宁推让⑬，俱上青霄岂后先！何事老来犹赋咏，欲将酬和永留传。"

【注释】

①大顺：唐昭宗李晔的年号（890—891）。

②王涣：王定保从叔，昭宗大顺二年（891）登进士第。历起居郎、员外郎等。见本卷"散序"门注。左史：起居郎的别称。唐高宗龙

朔二年（662）至咸亨元年（670），改门下省起居郎为左史，改中
书省起居舍人为右史。按，王涣是大顺二年（891）进士，光化元
年（898）升任考功员外郎。座主裴贽一共录取了三榜，第三榜是
在乾宁五年（898），不应大顺中就有三榜之贺。详下文之意，诸
人"大顺中"升迁应为"光化中"。

③李德邻：昭宗大顺二年（891）登进士第。小戎：唐代兵部郎官别称。

④赵光胤：京兆奉天（今陕西乾县）人。后唐宰相。昭宗大顺二年
（891）登进士第。累官至驾部郎中。唐亡，入后唐，拜平章事。补
衮：唐代左、右补阙的别称。小仪：唐代礼部郎官的别称。

⑤王拯：昭宗大顺二年（891）登进士第。小版：唐代户部员外郎的
别称。少勋：唐代司勋员外郎的别称。

⑥长句：七言诗。相对五言为长句。

⑦裴公：即裴贽（？—905），字敬臣，郡望河东闻喜（今属山西）。唐
朝宰相。懿宗咸通十三年（872）登进士第，历主客、司勋员外郎。
僖宗时擢右补阙、御史中丞。昭宗时三知贡举。光化三年（900）
由礼部尚书转刑部尚书，寻拜中书侍郎，同中书门下平章事，充集
贤殿大学士。以司空致仕，后被朱温杀害。按，此诗《全唐诗》题
作《上裴侍郎》。

⑧青衿七十榜三年：三年主持贡举发榜，录取了七十名进士。青衿，
出《诗经·郑风·子衿》："青青子衿，悠悠我心。"原指学子。此
指及第进士。

⑨建礼含香次第迁：依次迁为尚书省郎官。建礼、含香，皆代指尚书
省郎官。建礼，汉官门名，为尚书郎直勤之处。含香，汉代尚书郎
奏事答对时，口含鸡舌香以去秽。

⑩粉署：即粉省。尚书省的别称。清华：指职位清高显贵。

⑪策名：指科举及第。

⑫称职：才能与职位相称。

⑬器业:才能学识。宁:岂,难道。

【译文】

大顺年间,王涣由起居郎升任考功员外郎,同年李德邻由起居舍人升任兵部郎官,赵光胤由补阙升任礼部郎官,王拯由户部郎官升任吏部郎官。王涣领头写七言律诗谢恩,呈上座主裴公的诗写道:"青衿七十榜三年,建礼含香次第迁。珠彩乍连星错落,桂花曾对月婵娟。玉经磨琢多成器,剑拔沉埋便倚天。应念衔恩最深者,春来为寿拜尊前。"裴公在答诗中写道:"谬持文柄得时贤,粉署清华次第迁。昔岁策名皆健笔,今朝称职并同年。各怀器业宁推让,俱上青霄岂后先! 何事老来犹赋咏,欲将酬和永留传。"

王起于会昌中放第二榜①,内道场诗僧广宣以诗寄贺曰②:"从辞凤阁掌丝纶③,便向青云领贡宾④。再辟文场无枉路,两开金榜绝冤人⑤。眼看龙化门前水,手放莺飞谷口春⑥。明日定归台席去⑦,鹓鸰原上共陶钧⑧。"起答曰:"延英面奉入青闱⑨,亦选功夫亦选奇。在冶只求金不耗,用心空学称无私。龙门变化人皆望,莺谷飞鸣自有时。独喜向公谁是证:弥天上士与新诗⑩。"

【注释】

①第二榜:第二次知贡举放榜。按,王起第二次主持贡举在穆宗长庆二年(822),非会昌中。

②内道场:皇宫中举行佛事的道场。广宣:中唐僧人。俗姓廖,交州(今越南河内)人。宪宗元和间入长安,奉诏住安国寺红楼院。以诗应制供奉十余年,与当时诗人白居易、韩愈、元稹、刘禹锡、李益、张籍、薛涛等皆有诗唱和。著有《红楼集》等。

③凤阁掌丝纶：指任职中书省。凤阁，中书省的别称。武则天光宅元年（684）改中书省为凤阁。掌丝纶，中书省代皇帝草拟诏旨，称为掌丝纶。丝纶，指帝王的诏旨。出《礼记·缁衣》："王言如丝，其出如纶。"王起曾任中书舍人，故曰。

④贡宾：指进士。

⑤金榜：指科举考试录取之榜。刘禹锡《送裴处士应制举》诗："彤庭翠松迎晓日，凤衔金榜云间出。"冤人：指屈枉下第之人。

⑥眼看龙化门前水，手放莺飞谷口春：眼看水中鱼跃龙门，亲手放黄莺飞出谷口报春。龙化，相传鲤鱼跃过龙门之后，便可化身为龙，腾飞升天。常用以比喻进士及第。莺飞，出《诗经·小雅·伐木》："伐木丁丁，鸟鸣嘤嘤。出自幽谷，迁于乔木。"自唐以来，常以莺迁指登第。

⑦台席：古代以三台星象征三公之位，后以台席指宰相。《资治通鉴》胡三省注："宰相之位，取象三台，故曰台席。"

⑧鹡鸰（jí líng）原上共陶钧：和您的兄长一样执掌宰相之权。鹡鸰原，《诗经·小雅·常棣》："脊令在原，兄弟急难。"后常以"鹡鸰在原"比喻兄弟友爱。陶钧，原指制造陶器时用的转轮。借指治理国家。常用以形容宰相。白居易《闻李尚书拜相因以长句寄贺微之》诗："那知沦落天涯日，正是陶钧海内年。"王起之兄王播曾任宰相。

⑨延英：延英殿。唐代长安大明宫殿，位于紫宸殿西。王起在此受命主持贡举。青闱：亦名"春闱"，指礼部考试。

⑩弥天上士：满朝贤士。门生黄颇的《和主司酬周侍郎》（一作《和主司王起》）诗曰："二十二年文教主，三千上士满皇州。"

【译文】

王起在会昌年间第二次知贡举放榜，内道场的诗僧广宣写诗寄赠以庆贺："从辞凤阁掌丝纶，便向青云领贡宾。再辟文场无枉路，两开金榜绝冤人。眼看龙化门前水,手放莺飞谷口春。明日定归台席去,鹈鸪原上共陶钧。"王起写答诗道:"延英面奉入青闱,亦选功夫亦选奇。在冶只求金不耗,用心空学称无私。龙门变化人皆望,莺谷飞鸣自有时。独喜向公谁是证:弥天上士与新诗。"

　　周墀任华州刺史①,武宗会昌三年②,王起仆射再主文柄③,墀以诗寄贺,并序曰:"仆射十一叔以文学德行④,当代推高。在长庆之间,春闱主贡,采摭孤进⑤,至今称之。近者,朝廷以文柄重难⑥,将抑浮华,详明典实⑦,繇是复委前务。三领贡籍⑧,迄今二十二年于兹,亦搢绅儒林罕有如此之盛⑨。况新榜既至,众口称公。墀忝沐深恩⑩,喜陪诸彦⑪,因成七言四韵诗一首⑫,辄敢寄献,用导下情⑬,兼呈新及第进士:文场三化鲁儒生⑭,二十余年振重名。曾忝《木鸡》夸羽翼,又陪金马入蓬瀛⑮。墀初年《木鸡赋》及第,常陪仆射守职内庭。虽欣月桂居先折,更羡春兰最后荣⑯。欲到龙门看风水,关防不许暂离营⑰。"时诸进士皆贺。起答曰⑱:"贡院离来二十霜⑲,谁知更忝主文场。杨叶纵能穿旧的,桂枝何必爱新香⑳!九重每忆同仙禁,六义初吟得夜光㉑。莫道相知不相见,莲峰之下欲征黄㉒。"

【注释】

①周墀(chí,793—851):字德升,汝南(今属河南)人。唐朝宰相。穆宗长庆二年(822)登进士第。文宗时累迁起居舍人,转考功员外郎,加知制诰,充翰林学士,拜中书舍人。武宗时任工部侍郎,出为华州刺史,迁江西观察使,转义成节度使。宣宗时以兵部侍

郎召判度支,进同中书门下平章事。后出为剑南东川节度使,卒于镇。《全唐诗》存诗二首。

②武宗:唐武宗李炎(814—846)。唐穆宗子,敬宗、文宗弟,840—846年在位。被宦官拥立,在位期间倚重宰相李德裕,澄清吏治,革除积弊,削弱宦官和藩镇势力,大破回鹘,安定边境。又拆毁佛寺,没收大量寺院土地,增加政府收入。后因服食丹药过量而死。会昌三年:843年。

③再主文柄:再次主持科举考试。王起在穆宗长庆年间曾知贡举,武宗会昌年间再次知贡举。

④仆射十一叔:即王起。王起排行十一。

⑤采摭(zhí):选取。孤进:孤立求取二进,特别出色之人。

⑥重难:繁重而艰难。

⑦详明:审察明白。典实:史实。此指真才实学。

⑧三领贡籍:三次主持贡举选士。贡籍,贡士名册。

⑨搢绅儒林:泛指士大夫和读书人。

⑩忝沐深恩:蒙受深恩。周墀是王起在长庆二年(822)所取的进士,故有此说。

⑪彦:俊彦,俊士贤才。

⑫七言四韵诗:即七言律诗。《全唐诗》本诗题作《贺王仆射放榜》。

⑬用导下情:以抒发我的心情。下情,对尊者表白时,称自己的情况或心情的谦辞。

⑭文场三化鲁儒生:在科举考场中曾经三次让读书人化鱼成龙。鲁儒生,鲁国儒生。泛指读书人。此指应试举子。

⑮曾忝《木鸡》夸羽翼,又陪金马入蓬瀛:曾经侥幸以一篇《木鸡赋》进士及第,又陪您一起入值翰林院。夸羽翼,夸耀羽翼。此指进士及第。金马,金马门。汉宫门名。学士待诏之处。王起曾任翰林侍读学士,周墀任翰林学士。蓬瀛,蓬莱和瀛洲。传为仙

人所居。此指翰林院。

⑯虽欣月桂居先折,更羡春兰最后荣:虽然欣慰已经先行得第,但更羡慕后来取中的进士们。月桂、春兰,皆比喻科举得中。

⑰欲到龙门看风水,关防不许暂离营:想要到长安看望恩师与诸位新进士,但因镇守华州而不能暂时离开军营。关防,华州是唐朝后期的防御州,有关防重任。

⑱起答曰:王起的答诗《全唐诗》题作《和周侍郎见寄》,自注曰:"会昌三年,起三典举场,周侍郎墀时刺华州,以诗贺之,起因答和,门生亦皆有和。"

⑲二十霜:二十年。霜,星霜。指年。

⑳杨叶纵能穿旧的(dì),桂枝何必爱新香:纵然能射穿杨叶的旧靶,却何必更偏爱桂枝的新香? 意思是纵然新进士能和你一样考中,我却何必厚此薄彼更偏爱新人呢? 此是对周墀"虽欣月桂居先折,更羡春兰最后荣"句的抚慰。唐人常用"穿杨""折桂"比喻进士及第。刘商《送杨行元赴举》诗:"千钧何处穿杨叶,二月长安折桂枝。"的,箭靶的中心。

㉑九重每忆同仙禁,六义初吟得夜光:每每回忆同在宫中当值的情景,先前在考场中你吟诗作赋使我得到了贤才。此是对周墀"曾忝《木鸡》夸羽翼,又陪金马入蓬瀛"句的唱和。九重、仙禁,皆喻指宫禁。六义,指风、雅、颂、赋、比、兴。代指诗,唐代科考重诗赋。夜光,宝珠名。比喻贤才。孟郊《送温初下第》诗:"日落浊水中,夜光谁能分。"

㉒莫道相知不相见,莲峰之下欲征黄:不要说相知而不能相见,朝廷就要从华州将你征召入京。此是对周墀"欲到龙门看风水,关防不许暂离营"句的劝勉。莲峰,华山西峰又名莲花峰,借指华山。华山在华州,代指华州。征黄,西汉黄霸为颍川太守,治绩出众,征为京兆尹、太子太傅,迁御史大夫。后因以"征黄"谓地方官员

有治绩,必将被朝廷征用,升任京官。此喻指周墀将被征召入京。

【译文】

周墀担任华州刺史,武宗会昌三年,王起仆射再次主持科举考试,周墀寄诗祝贺,并作诗序说道:"仆射十一叔以他的学识和德行,为当代所推崇。在长庆年间,主持礼部考试,选拔孤进出色的人才,至今为人称道。近来,朝廷因为主持贡举的任务繁重而艰难,又要抑制虚浮华靡之风,审察明白真才实学,因此再次委以主持贡举的任务。三次主持贡举选士,迄今为止已经二十二年,士大夫和读书人中罕有如此的盛况。况且新榜发下之后,众口一词认为公道。我曾蒙受深恩,如今喜陪诸位俊彦,于是写成七律一首,冒昧寄献,以抒发我的心情,兼呈给诸位新及第进士:文场三化鲁儒生,二十余年振重名。曾忝《木鸡》夸羽翼,又陪金马入蓬瀛。我当年以一篇《木鸡赋》及第,常陪王仆射在官中当值。虽欣月桂居先折,更美春兰最后荣。欲到龙门看风水,关防不许暂离营。"当时诸位新科进士都写诗祝贺。王起写答诗道:"贡院离来二十霜,谁知更忝主文场。杨叶纵能穿旧的,桂枝何必爱新香!九重每忆同仙禁,六义初吟得夜光。莫道相知不相见,莲峰之下欲征黄。"

王起门生一榜二十二人和周墀诗①:

嵩高降德为时生,洪笔三题造化名②。凤诏伫归专北极,骊珠搜得尽东瀛③。褒衣已换金章贵,禁掖曾随玉树荣④。明日定知同相印,青衿新列柳间营⑤。卢肇⑥,字子发。

公心独立副天心,三辖春闱冠古今⑦。兰署门生皆入室,莲峰太守别知音⑧。同升翰苑时名重,遍历朝端主意深⑨。新有受恩江海客,坐听朝夕继为霖⑩。丁棱⑪,字子威。

【注释】

①王起门生一榜二十二人和周墀（chí）诗：王起会昌三年（843）取中的二十二名门生唱和王起的《和周侍郎见寄》诗。《全唐诗》名为《和主司王起》，或《和主司酬周侍郎》《奉和主司王仆射答周侍郎贺放榜作》《和主司王仆射答华州周侍郎贺放榜作》等。诗意主要是感激王起的栽培之恩，和对王起、周墀早晚入相的祝贺。

②嵩高降德为时生，洪笔三题造化名：王仆射您垂降恩德为时而生，大笔三次题写幸运及第者的名单。嵩高，形容高。亦用指中岳嵩山。语出《诗经·大雅·崧高》："崧高维岳，骏极于天。"代指崇高、尊贵之人。此指王起。降德，赐予恩德。洪笔，大笔。造化，幸运。此指进士及第者。

③凤诏伫归专北极，骊珠搜得尽东瀛：皇帝的诏书等待周刺史归来执掌朝廷，天下的人才已被王仆射像东海的骊珠一样搜尽。凤诏，皇帝的诏书。伫归，企盼归来。北极，此指朝廷。"凤诏伫归专北极"句是唱和王起的"莲峰之下欲征黄"。东瀛，东海。

④褒衣已换金章贵，禁掖曾随玉树荣：周刺史原本读书人的服装已经换成了高级官员的官服，他曾跟随王仆射您在宫禁之中荣任翰林。褒衣，原指儒生的宽大之衣。泛指读书人的服装。李白《嘲鲁儒》："秦家丞相府，不重褒衣人。"金章，古代高级官员的官服。禁掖，宫廷，宫禁。玉树，如玉般的美树，比喻尊贵美好之人。此指王起。周墀贺诗中有"又陪金马入蓬瀛"之句，故曰"禁掖曾随玉树荣"。

⑤明日定知同相印，青衿（jīn）新列柳间营：知道你们不久一定会双双佩带相印，我们这些新的门生正在柳营中列队。相印，宰相的官印。柳间营，即柳营。汉周亚夫为将军，治军谨严，驻军细柳，号细柳营。周亚夫后为丞相。王起和周墀都曾出任方镇，因此以"柳间营"比喻他们都将像周亚夫一样出将入相。按，王起次年

拜为使相,周墀在宣宗时拜相。

⑥卢肇:字子发。武宗会昌三年(843)状元及第。参见卷二"恚恨"门注。

⑦公心独立副天心,三辖春闱冠古今:王仆射之心特立超群而符合天心,三次主持贡举冠于古今。副,相称,符合。天心,天意。辖,主管。

⑧兰署门生皆入室,莲峰太守别知音:兰署中您的门生都已登堂入室,华州周刺史尤为知音。兰署,御史台或秘书省的别称。亦泛称尚书省各郎曹。莲峰太守,指华州刺史周墀。莲峰,莲花峰,华山三峰之一。代指华州。

⑨同升翰苑时名重,遍历朝端主意深:你们同时升任翰林院,享有崇高名望,遍任朝廷高官,深得天子看重。王起和周墀同时担任翰林学士,也都曾担任侍郎、尚书等高级长官。朝端,指中央朝廷的高级长官。

⑩新有受恩江海客,坐听朝夕继为霖:我作为新受恩德的江海之人,坐听你们早晚相继为宰相的佳音到来。江海客,未入仕宦之人。作者自指。朝夕,早晚。指短时间内。为霖,如同霖雨施泽于民。此指做宰相。语出《尚书·商书·说命上》商王武丁命宰相傅说之语:"若岁大旱,用汝作霖雨。"

⑪丁棱:字子威。武宗会昌三年(843)因宰相李德裕推荐,登进士第二名。貌不惊人,口讷。《玉泉子》中记载他代替状元卢肇向宰相致辞,因口吃而不能卒言之事。

【译文】

王起的门生一榜二十二人和周墀诗:

嵩高降德为时生,洪笔三题造化名。凤诏仁归专北极,骊珠搜得尽东瀛。襃衣已换金章贵,禁掖曾随玉树荣。明日定知同相印,青衿新列柳间营。卢肇,字子发。

公心独立副天心，三辖春闱冠古今。兰署门生皆入室，莲峰太守别知音。同升翰苑时名重，遍历朝端主意深。新有受恩江海客，坐听朝夕继为霖。丁棱，字子威。

三年竭力向春闱，塞断浮华众路歧①。盛选栋梁称昔日，平均雨露及明时②。登龙旧美无斜径，折桂新荣尽直枝③。莫道只陪金马贵，相期更在凤凰池④。姚鹄⑤，字居云。

昔年桃李已滋荣，今日兰荪又发生⑥。蔚菲采时皆有道，权衡分处且无情⑦。叨陪鸳鹭朝天客，共作门阑出谷莺⑧。何事感恩偏觉重？忽闻金榜扣柴荆⑨。退之自顾微劣，始不敢有叨窃之望⑩，策试之后⑪，遂归蓥屋山居⑫。不期一旦进士团遣人赍榜⑬，扣关相报，方知忝幸矣。高退之⑭，字遵圣。

【注释】

①三年竭力向春闱，塞断浮华众路歧：王仆射您三年尽心竭力贡举选士，阻断各种虚浮不实的歧路。"三年竭力向春闱"即周墀《贺王仆射放榜》序中说的"三领贡籍"。众路歧，众多歧路，指各种请托之路。

②盛选栋梁称昔日，平均雨露及明时：昔日优选栋梁之材为人所称，当今圣明之时更广选人才普降恩泽。雨露，比喻恩泽。高适《送李少府贬峡中王少府贬长沙》诗："圣代即今多雨露，暂时分手莫踌躇。"

③登龙旧美无斜径，折桂新荣尽直枝：昔日登龙门的进士没有从邪路来的，今日折桂的新进士也都是取自正道。旧美，指王起早年知贡举时所取之人，如周墀等。

④莫道只陪金马贵，相期更在凤凰池：周刺史不要说陪着王仆射任

职翰林在官中当值就是荣贵,你们更会在宰相之位上相会。凤凰池,中书省的别称。唐代宰相称同中书门下平章事,故多以"凤凰池"指宰相职位。

⑤姚鹄:字居云,蜀(今四川)人。武宗会昌三年(843)因宰相李德裕推荐登进士第。懿宗年间累官至台州刺史。著有《姚鹄诗》。

⑥昔年桃李已滋荣,今日兰荪(sūn)又发生:昔年的门生已如桃李繁荣,今日的门生又如兰荪兴起。兰荪,即菖蒲。以香草比喻贤士。

⑦葑(fēng)菲采时皆有道,权衡分处且无情:若有一德一才可取,皆以公道取之,取落之权衡分处,都大公无私。葑菲,芜菁一类普通菜蔬。叶与根皆可食。但其根有时略带苦味,人们有因其苦而弃之。后因以"葑菲"用为鄙陋之人或有一德可取之谦辞。语出《诗经·邶风·谷风》:"采葑采菲,无以下体。"

⑧叨陪鸳鹭朝天客,共作门阑出谷莺:叨光陪侍朝廷高官,一起做恩师门下的门生。鸳鹭,比喻朝廷高官。鸳和鹭止有班,立有序,如朝官排列有序,故称。此指周墀。门阑,师门。出谷莺,比喻进士。

⑨何事感恩偏觉重?忽闻金榜扣柴荆:什么事让我特别感恩?是忽然在柴门内听到及第的消息。扣,敲门。

⑩叨窃:自谦不该得而得。

⑪策试:礼部三场试的最后一场,考策问。

⑫盩厔(zhōu zhì):县名。故治即今陕西周至。

⑬一旦:一天。赍(jī)榜:带着榜文。赍,持,带,送。

⑭高退之:字遵圣。武宗会昌三年(843)登进士第。

【译文】

三年竭力向春闱,塞断浮华众路歧。盛选栋梁称昔日,平均雨露及明时。登龙旧美无斜径,折桂新荣尽直枝。莫道只陪金马贵,相期更在凤凰池。姚鹄,字居云。

昔年桃李已滋荣,今日兰荪又发生。葑菲采时皆有道,权衡分处且无情。叨陪鸳鹭朝天客,共作门阑出谷莺。何事感恩偏觉重?忽闻金榜扣柴荆。我自以为人微才劣,开始的时候不敢有及第的希望,考完策试之后,就回到鳌屃山中居住。不料一天进士团遣人送及第榜文,敲门报知消息,这才知道侥幸及第了。高退之,字遵圣。

　　当年门下化龙成,今日余波进后生①。仙籍共知推丽则,禁垣同得荐嘉名②。桃溪早茂夸新萼,菊圃初开耀晚英③。谁料羽毛方出谷,许教齐和九皋鸣④。孟球⑤,字廷玉。

　　孔门频建铸颜功,紫绶青衿感激同⑥。一篑勤劳成太华,三年恩德重维嵩⑦。杨随前辈穿皆中,桂许平人折欲空⑧。惭和周郎应见顾,感知大造意无穷⑨。刘耕⑩,字遵益。

【注释】

①当年门下化龙成,今日余波进后生:当年周刺史在王仆射门下鱼化成龙,今日余波亦使后辈进身。

②仙籍共知推丽则,禁垣同得荐嘉名:都知道进士推崇雅丽之辞,翰林院中你们一同得以推荐美名。仙籍,古以进士及第为登仙,名单称为仙籍。丽则,华丽典雅。禁垣,宫中官署。此指翰林院。

③桃溪早茂夸新萼,菊圃初开耀晚英:桃林早已繁茂夸耀新萼,菊圃刚刚盛开晚来之花。分别指早已及第的周墀和刚刚及第的新进士。

④谁料羽毛方出谷,许教齐和九皋(gāo)鸣:谁能料到我们这些刚出谷的小鸟,能够齐声和鸣声闻九皋的仙鹤之声呢?指新进士唱和王起的《和周侍郎见寄》诗。羽毛,代指鸟。九皋鸣,深泽鹤鸣。语出《诗经·小雅·鹤鸣》:"鹤鸣于九皋,声闻于天。"

⑤孟球:字廷玉。武宗会昌三年(843)登进士第。累迁至金部员外郎、户部郎中,转司勋郎中。懿宗时为晋州刺史,旋迁检校工部尚

书、兼徐州刺史。

⑥孔门频建铸颜功,紫绶青衿感激同:师门频频建立培养人才的功业,达官和学生们的感激都相同。孔门,对王起的尊称,喻其为孔子。唐文宗曾下诏为王起画像,号"当世仲尼",故而门徒常以孔子相比。铸颜,指孔子培养弟子颜渊成才。后泛指培养人才。语出西汉扬雄《法言·学行》:"或曰:'人可铸与?'曰:'孔子铸颜渊矣。'"紫绶,紫色丝带。古代高级官员用作印组,或作服饰。此指周墀。青衿,指新及第进士。

⑦一篑(kuì)勤劳成太华,三年恩德重维嵩:勤劳垒土一篑之功成就太华山,三年以来培育门生的恩德重如嵩山。篑,盛土的筐子。此反用"功亏一篑"。太华,代指华州刺史周墀。维嵩,即嵩山。

⑧杨随前辈穿皆中,桂许平人折欲空:跟着前辈都射中了杨叶,桂枝允许普通人尽皆折取。比喻跟随前辈周墀等都考中了进士。"穿杨""折桂"见前注。

⑨惭和周郎应见顾,感知大造意无穷:惭愧唱和周郎的诗歌多有瑕疵,或许会被回头看顾,共同感知王仆射的大恩,其意无穷。此以周瑜比周墀,用《三国志》中"曲有误,周郎顾"的典故。大造,大功劳,大恩德。

⑩刘耕:字遵益。武宗会昌三年(843)登进士第。

【译文】

当年门下化龙成,今日余波进后生。仙籍共知推丽则,禁垣同得荐嘉名。桃溪早茂夸新荨,菊圃初开耀晚英。谁料羽毛方出谷,许教齐和九皋鸣。孟球,字廷玉。

孔门频建铸颜功,紫绶青衿感激同。一篑勤劳成太华,三年恩德重维嵩。杨随前辈穿皆中,桂许平人折欲空。惭和周郎应见顾,感知大造意无穷。刘耕,字遵益。

　　常将公道选群生，犹被春闱屈重名①。文柄久持殊岁纪，恩门三启动寰瀛②。云霄幸接鸳鸾盛，变化欣同草木荣③。乍得阳和如细柳，参差长近亚夫营④。裴翱⑤，字云章。

　　满朝簪绂半门生，又见新书甲乙名⑥。孤进自今开道路，至公依旧振寰瀛⑦。云飞太华清词著，花发长安白屋荣⑧。忝受恩光同上客，唯将报德是经营⑨。樊骧⑩，字彦龙。

　　满朝朱紫半门生，新榜劳人又得名⑪。国器旧知收片玉，朝宗转觉集登瀛⑫。同升翰苑三年美，继入花源九族荣⑬。共仰莲峰听雪唱，欲赓仙曲意怔营⑭。崔轩⑮，字鸣冈。

【注释】

①常将公道选群生，犹被春闱屈重名：王仆射常以公道之心来选拔人才，负此重名而再次被请来主持春闱。屈，请。

②文柄久持殊岁纪，恩门三启动寰（huán）瀛：久知贡举已超过一岁纪，恩门三次开启震动天下。殊，超过。岁纪，十二年。寰瀛，天下。

③云霄幸接鸳鸾盛，变化欣同草木荣：有幸在云霄中靠近贤达显宦，变化如同草木欣欣向荣。鸳鸾，亦作"鹓鸾"，比喻贤人或者朝官。

④乍得阳和如细柳，参差长近亚夫营：忽然得到阳和之气，如同细柳参差，长近周亚夫的军营。阳和，温暖和畅的春气。

⑤裴翱：字云章。武宗会昌三年（843）登进士第。

⑥满朝簪绂（fú）半门生，又见新书甲乙名：满朝大臣一半是王仆射您的门生，又见登科榜上写上新的进士姓名。簪绂，冠簪和缨绂。古代官员的佩饰，比喻达官显贵。甲乙，唐朝科举考试分甲、乙等科。代指进士名单。

⑦孤进自今开道路，至公依旧振寰瀛：孤进之士自今起开辟道路，而您依旧名震天下。至公，极为公正。对主考官的敬称。

⑧云飞太华清词著,花发长安白屋荣:周墀刺史奋发有为,如同青云飞驻太华山,清词丽句显扬人间,新进士如同长安花开,平民也焕发荣耀。白屋,茅屋。古代平民住的房屋。代指平民。

⑨忝受恩光同上客,唯将报德是经营:惭愧和周墀刺史这样的高官贵客一起蒙受了恩泽,唯有好好筹划如何报答大德。恩光,恩泽。

⑩樊骧(xiāng):字彦龙,河南(今河南洛阳)人。武宗会昌三年(843)登进士第。授华州参军,改河南府参军。懿宗咸通年间任仓部员外郎,转郎中。

⑪满朝朱紫半门生,新榜劳人又得名:满朝公卿一半是王仆射您的门生,新榜之上原本屈心抑志之人也得以列名。朱紫,唐代五品以上官员着绯,三品以上着紫。比喻高官。劳人,忧伤压抑之人。《诗经·小雅·巷伯》:"骄人好好,劳人草草。"

⑫国器旧知收片玉,朝宗转觉集登瀛:原本就知道科举考试会招收国器英贤,朝见之时渐觉如同登上了瀛洲仙境。片玉,群贤之一。《晋书·郄诜传》:"臣举贤良对策,为天下第一,犹桂林之一枝,昆山之片玉。"

⑬同升翰苑三年美,继入花源九族荣:周刺史和王仆射您曾共同升任翰林院,成就三年之美,我们这些新人继入进士之中,九族都感到荣耀。花源,比喻进士榜。

⑭共仰莲峰听雪唱,欲赓(gēng)仙曲意怔营:共同仰望周刺史聆听他的高雅诗篇,想要唱和王仆射您的酬答之作却又惶恐不安。雪唱,指《阳春》《白雪》之歌。出宋玉《对楚王问》。此指周墀的贺诗。赓,酬答,唱和。仙曲,指王起的答诗。怔营,惶恐不安貌。

⑮崔轩:字鸣冈。武宗会昌三年(843)登进士第。

【译文】

常将公道选群生,犹被春闱屈重名。文柄久持殊岁纪,恩门三启动寰瀛。云霄幸接鸳鸾盛,变化欣同草木荣。乍得阳和如细柳,参差长近亚夫营。裴翛,字云章。

满朝簪绂半门生,又见新书甲乙名。孤进自今开道路,至公依旧振寰瀛。云飞太华清词著,花发长安白屋荣。忝受恩光同上客,唯将报德是经营。樊骧,字彦龙。

满朝朱紫半门生,新榜劳人又得名。国器旧知收片玉,朝宗转觉集登瀛。同升翰苑三年美,继入花源九族荣。共仰莲峰听雪唱,欲赓仙曲意怔营。崔轩,字鸣冈。

一振声华入紫微,三开秦镜照春闱①。龙门旧列金章贵,莺谷新迁碧落飞②。恩感风雷皆变化,诗裁锦绣借光辉③。谁知散质多荣忝,鸳鹭清尘接布衣④。蒯希逸⑤,字大隐。

龙门一变荷生成,况是三传不朽名⑥。美誉早闻喧北阙,颓波今见走东瀛⑦。鸳行既接参差影,鸡树仍同次第荣⑧。从此青衿与朱紫,升堂侍宴更何营⑨?林滋⑩,字后象。

恩光忽逐晓春生,金榜前头忝姓名⑪。三感至公裨造化,重扬文德振寰瀛⑫。仁为霖雨曾相贺,半在云霄觉更荣⑬。何处新诗添照灼?碧莲峰下柳间营⑭。李宣古⑮,字垂后。

【注释】

①一振声华入紫微,三开秦镜照春闱:王仆射您的声名大振,上达天听,三次主持春闱大公无私。声华,声誉,声名。紫微,指帝王宫殿。秦镜,传说秦王有镜,能照见人的五脏六腑,鉴别人心邪正。见《西京杂记·卷三》。后指能洞鉴是非善恶的明镜。常用来形容主考官大公无私。刘长卿《温汤客舍》诗:“且喜礼闱秦镜在,还将妍丑付春官。”

②龙门旧列金章贵,莺谷新迁碧落飞:昔日跃入龙门之人已经位列

高官,今日新有莺迁出谷飞向青天。分别指周墀等旧进士和今日
的新进士。碧落,布满碧霞的天空。

③恩感风雷皆变化,诗裁锦绣借光辉:感恩风雷之中都将我们加以
变化,王仆射您和周刺史的诗篇如裁锦绣,借予我们无限光辉。
变化,指鱼化成龙。齐己《同光岁送人及第东归》诗:"变化龙三
十,升腾凤一行。"

④谁知散质多荣忝,鸳鹭清尘接布衣:谁知我们这些平庸之人愧居
高位,布衣之身而能接近贤达显贵的清高风范。散质,谓资质凡
庸。清尘,清高的风范。韦应物《酬刘侍郎使君》诗:"宿昔陪郎
署,出入仰清尘。"

⑤蒯(kuǎi)希逸:字大隐。武宗会昌三年(843)登进士第。有诗
名,与杜牧有交往。

⑥龙门一变荷生成,况是三传不朽名:龙门一跃而变化,深受王仆射您
的造就之恩,何况您三次主持贡举,传下不朽之美名。荷,承受,
承蒙。

⑦美誉早闻喧北阙,颓波今见走东瀛:您的美名早已闻于朝廷,龙门
选士的水波下走东海。颓波,水波下流。

⑧鸳行既接参差影,鸡树仍同次第荣:王仆射和周刺史已经在朝官
之列中参差相接,也会同样次第为相而荣耀。鸡树,中书省的别
称。唐代宰相政事堂在中书省。

⑨从此青衿与朱紫,升堂侍宴更何营:从此以后新进士和前辈高官,
除了升堂陪侍之外更有何营求?

⑩林滋:字后象,闽县(今福建福州)人。武宗会昌三年(843)登进
士第。历祠、金两部郎中,后王铎辟为判官。以赋著称。时同乡
中詹雄善诗,郑诚(xián)善文,滋善赋,时称"闽中三绝"。

⑪恩光忽逐晓春生,金榜前头忝姓名:王仆射的提携之恩跟随春光
忽然到来,进士金榜前惭愧列入了我的姓名。

⑫三感至公裨造化，重扬文德振寰瀛：天下士人三次感激王仆射的
大公无私补益造化之功，重新发扬文章道德名震天下。裨，弥补，
助益。

⑬伫为霖雨曾相贺，半在云霄觉更荣：伫听您拜为宰相的佳音以待
祝贺，我虽半在云霄却更觉荣耀。半在云霄，指初入仕途。

⑭何处新诗添照灼？碧莲峰下柳间营：何处有新诗传来增光添彩？
来自华州周刺史的柳营之中。照灼，照耀。

⑮李宣古：字垂后，澧（lǐ）阳（今湖南澧县）人。武宗会昌三年
（843）登进士第，后又登博学宏词科。性喜讥诮，终身未仕。按，
"宣"底本作"仙"，据《唐诗纪事》等改。

【译文】

一振声华入紫微，三开秦镜照春闱。龙门旧列金章贵，莺谷新迁碧
落飞。恩感风雷皆变化，诗裁锦绣借光辉。谁知散质多荣忝，鸳鹭清尘
接布衣。蒯希逸，字大隐。

龙门一变荷生成，况是三传不朽名。美誉早闻喧北阙，颓波今见走
东瀛。鸳行既接参差影，鸡树仍同次第荣。从此青衿与朱紫，升堂侍宴
更何营？林滋，字后象。

恩光忽逐晓春生，金榜前头忝姓名。三感至公裨造化，重扬文德振
寰瀛。伫为霖雨曾相贺，半在云霄觉更荣。何处新诗添照灼？碧莲峰下
柳间营。李宣古，字垂后。

　　二十二年文教主，三千上士满皇州①。独陪宣父蓬瀛
奏，方接颜生鲁卫游②。多羡龙门齐变化，屡看鸡树第名
流③。升堂何处最荣美？朱紫环尊几献酬④。黄颇⑤，字无颇。

　　三开文镜继芳声，暗指云霄接去程⑥。曾压洪波先得
路，早升清禁共垂名⑦。莲峰对处朱轮贵，金榜传时玉韵

成⑧。更许下才听白雪，一枝今过郄诜荣⑨。张道符⑩，字梦锡。

常将公道选诸生，不是鸳鸿不得名⑪。天上宴回联步武，禁中麻出满寰瀛⑫。簪裾尽过前贤贵，门馆仍叨后学荣⑬。看著凤池相继入，都堂那肯滞关营⑭？丘上卿⑮，字陪之。

【注释】

①二十二年文教主，三千上士满皇州：王仆射您身为二十二年的文教之主，取了无数贤士，布满京城。皇州，京城。

②独陪宣父蓬瀛奏，方接颜生鲁卫游：周刺史曾独自陪着恩师奏对翰林院，新进士们正接续周墀在礼仪之地周游。宣父，孔子。此指王起。蓬瀛，比喻翰林院。颜生，颜渊。此指周墀。鲁卫，泛指礼仪之地。

③多羡龙门齐变化，屡看鸡树第名流：多次羡慕他人登上龙门成为进士，不久将会看到你们位居宰相品列中书。黄颇屡举不第，故言"多羡"，预贺王起、周墀为相，故言"屡看"。

④升堂何处最荣美？朱紫环尊几献酬：升堂之时觉得何事最为荣耀？达官贵人环列尊前屡次酬答。献酬，酬答。

⑤黄颇：字无颇，宜春（今属江西）人。曾在科场蹉跎十三年，武宗会昌三年（843）方登进士第。参见卷二"为等第后久方及第"门。

⑥三开文镜继芳声，暗指云霄接去程：王仆射您三次公正无私地主持春闱贡举，使美名得以承继，暗暗指向云霄使我们能接续前人的去路。文镜，即文场公正无私之镜。芳声，美好的声誉。

⑦曾压洪波先得路，早升清禁共垂名：周刺史曾力压洪波先得道路化龙而成，早已升入宫禁官署和王仆射一起留下美名。清禁，皇宫。

⑧莲峰对处朱轮贵，金榜传时玉韵成：莲花峰正对着周刺史尊贵的车骑，进士传榜之时贺诗已经写成。朱轮，红色的车轮。代指显

贵者所乘之车。岑参《陪使君早春东郊游眺》诗："太守拥朱轮，东郊物候新。"玉韵，对他人诗文的美称。

⑨更许下才听白雪，一枝今过郤诜（xì shēn）荣：更允许我这资质低劣之人听闻阳春白雪的高雅篇章，这一桂枝比当年的郤诜更加荣耀。下才，资质低劣之人。郤诜，即"郄诜"，见前注。

⑩张道符：字梦锡。武宗会昌三年（843）登进士第。宣宗年间任谏官，历主客员外郎、户部郎中。懿宗时以户部郎中赐绯充翰林学士，加司封郎中知制诰，卒赠中书舍人。

⑪常将公道选诸生，不是鸳鸿不得名：王仆射您常以公道之心来选拔诸生，不是鸾凤鸿鹄这样的优秀人才就不能榜上有名。鸳鸿，亦作"鹓鸿"。鹓鹐和鸿雁。比喻贤人。

⑫天上宴回联步武，禁中麻出满寰瀛：您和周刺史宫中宴回联步而出，禁中草拟诏出名满天下。联步武，即联步。武，半步。麻，指诏书。唐代诏书用麻纸书写。王起和周墀都担任过翰林学士、中书舍人之职，负责草拟诏书。

⑬簪裾（jū）尽过前贤贵，门馆仍叨后学荣：前贤贵官尽从您门下而过，门馆仍然允许后辈学子叨光。簪裾，冠簪和衣裾，贵人服饰。代指显贵。

⑭看著凤池相继入，都堂那肯滞关营：眼看两位都即将拜相，周刺史怎么会滞留在华州的关防军营而不入都堂呢？凤池，即凤凰池。关营，关防军营。

⑮丘上卿：字陪之，吴兴（今浙江湖州）人。武宗会昌三年（843）登进士第。

【译文】

二十二年文教主，三千上士满皇州。独陪宣父蓬瀛奏，方接颜生鲁卫游。多美龙门齐变化，屡看鸡树第名流。升堂何处最荣美？朱紫环尊几献酬。黄颜，字无颇。

三开文镜继芳声,暗指云霄接去程。曾压洪波先得路,早升清禁共垂名。莲峰对处朱轮贵,金榜传时玉韵成。更许下才听白雪,一枝今过都诜荣。张道符,字梦锡。

常将公道选诸生,不是鸳鸿不得名。天上宴回联步武,禁中麻出满寰瀛。簪裾尽过前贤贵,门馆仍叨后学荣。看著凤池相继入,都堂那肯滞关营?丘上卿,字陪之。

重德由来为国生,五朝清显冠公卿①。风波久伫济川楫,羽翼三迁出谷莺②。绛帐青衿同日贵,春兰秋菊异时荣③。孔门弟子皆贤哲,谁料穷儒忝一名④!石贯⑤,字总之。

文学宗师心称平,无私三用佐贞明⑥。恩波旧是仙舟客,德宇新添月桂名⑦。兰署崇资金印重,莲峰高唱玉音清⑧。羽毛方荷生成力,难继鸾凰上汉声⑨。李潜⑩,字德隐。

科文又主守初时,光显门生济会期⑪。美擅东堂登甲乙,荣同内署待恩私⑫。群莺共喜新迁木,双凤皆当即入池⑬。别有倍深知感士,曾经两度得芳枝⑭。孟宁⑮,字处中。

【注释】

①重德由来为国生,五朝清显冠公卿:王仆射您这样的大德之人由来为国而生,历经五朝位居清要显贵之职,冠于公卿百官。清显,清要显达的官位。

②风波久伫济川楫,羽翼三迁出谷莺:我困于风波久久等待能够渡河的舟楫,终于在您的提携下长成羽翼,能够莺迁出谷。久伫,久候。

③绛帐青衿同日贵,春兰秋菊异时荣:师门学生同日称贵,虽然及第时间不同,却如春兰秋菊异时而同芳。

④孔门弟子皆贤哲,谁料穷儒忝一名:孔门弟子都是贤人哲士,谁料

得到我这样一名穷儒生忝列其中。贤哲,孔门有十哲、七十二贤。

⑤石贯:字总之,湖州(今属浙江)人。武宗会昌三年(843)登进士第。宣宗年间任太学博士。

⑥文学宗师心称平,无私三用佐贞明:文学宗师王仆射秉心公正,三次以无私之心佐使贡举如日月长明。心称,比喻公正之心其平如秤。贞明,指日月长明。

⑦恩波旧是仙舟客,德宇新添月桂名:恩波旧时曾送仙舟之客,德泽荫庇之下新添上及第人名。仙舟客,东汉名士李膺与郭泰交好,同乘一舟,众人以为神仙。此比喻周墀。德宇,德泽恩惠的庇荫。

⑧兰署崇资金印重,莲峰高唱玉音清:王仆射您在兰省中资望尊崇官高位显,周刺史您在华州高声吟唱诗篇清越。崇资,资望崇高。玉音,对他人诗文的美称。

⑨羽毛方荷生成力,难继鸾凰上汉声:我等小鸟刚刚蒙受王仆射您的造就之力,还难以跟随你们凤凰般直上霄汉的声音。汉,银河。

⑩李潜:字德隐,江夏(今湖北武汉)人。武宗会昌三年(843)登进士第。后官至西川观察推官、监察御史里行。

⑪科文又主守初时,光显门生济会期:王仆射您再次主持科举,依旧守初时之心,荣显的门生在会期济济一堂。科文,即科举文场。光显,荣显。

⑫美擅东堂登甲乙,荣同内署待恩私:新科进士在贡院科考及第,擅美一时,王仆射您和周刺史在翰林院等候皇帝的恩宠,荣耀相同。东堂登甲乙,指科举及第。东堂,贡院。晋武帝时郤诜于东堂对策得第,后因以为试院的代称。内署,指翰林院。因院设官禁之内,故称。

⑬群莺共喜新迁木,双凤皆当即入池:群生共喜登科及第,你们二位俊杰都当马上拜相。池,凤凰池。

⑭别有倍深知感士,曾经两度得芳枝:别有倍加感恩之人,王仆射您

曾两次取中我为进士。穆宗长庆间,王起知贡举,取中孟宁及第,但被当时的宰相除名。武宗会昌三年(843),王起再知贡举,孟宁已年老,再来应试,方登进士第。故曰"两度得芳枝"。

⑮孟宁:一作孟守,字处中。武宗会昌三年(843)登进士第。

【译文】

重德由来为国生,五朝清显冠公卿。风波久仗济川楫,羽翼三迁出谷莺。绛帐青衿同日贵,春兰秋菊异时荣。孔门弟子皆贤哲,谁料穷儒忝一名! 石贯,字总之。

文学宗师心称平,无私三用佐贞明。恩波旧是仙舟客,德宇新添月桂名。兰署崇资金印重,莲峰高唱玉音清。羽毛方荷生成力,难继鸾凰上汉声。李潜,字德隐。

科文又主守初时,光显门生济会期。美擅东堂登甲乙,荣同内署待恩私。群莺共喜新迁木,双凤皆当即入池。别有倍深知感士,曾经两度得芳枝。孟宁,字处中。

儒雅皆传德教行,几敦浮俗赞文明①。龙门昔上波涛远,禁署同登渥泽荣②。虚散谬当陪杞梓,后先宁异感生成③? 时方侧席征贤急,况说歌谣近帝京④! 唐思言⑤,字子文。

圣朝文德最推贤,自古儒生少比肩⑥。再启龙门将二纪,两司莺谷已三年⑦。蓬山皆羡齐荣贵,金榜谁知忝后先⑧。正是感恩流涕日,但思旌旆碧峰前⑨。左牢⑩,字德胶。

【注释】

①儒雅皆传德教行,几敦浮俗赞文明:王仆射您的儒学典雅众口皆传,德行教化行于四方,几次敦厚风俗襄助文明。赞,帮助,辅佐。

②龙门昔上波涛远,禁署同登渥泽荣:周刺史昔日曾上龙门,波涛已

远,你们二位同登翰林院,恩惠深荣。渥泽,恩惠。

③虚散谬当陪杞(qǐ)梓,后先宁异感生成:浅薄闲散之人谬来陪侍俊杰良材,及第的先后岂会影响感激王仆射您的造就之恩。虚散,浅薄闲散。杞梓,杞、梓皆为良木,比喻优秀的人材。

④时方侧席征贤急,况说歌谣近帝京:此时天子正急待征用贤能,更何况对周刺史的歌颂已经传到了京城。侧席,指谦恭以待贤者。《后汉书·逸民传序》:"光武侧席幽人,求之若不及。"歌谣,歌颂。

⑤唐思言:字子文。武宗会昌三年(843)登进士第。

⑥圣朝文德最推贤,自古儒生少比肩:圣朝注重文德最推崇贤哲,自古以来的儒生少有能和王仆射声望并列的。比肩,并列。

⑦再启龙门将二纪,两司莺谷已三年:再度开启龙门已将近二十四年,两次主持贡举已经三年。纪,十二年为一纪。

⑧蓬山皆羡齐荣贵,金榜谁知忝后先:都羡慕周刺史能和王仆射一起在翰林院风光荣贵,谁知道我等在进士榜上忝为其后。

⑨正是感恩流涕日,但思旌旆(pèi)碧峰前:正是感恩流泪之日,只是想起周刺史正在华山的军营之中。旌旆,旗帜。借指军旅。

⑩左牢:字德胶。武宗会昌三年(843)登进士第。

【译文】

儒雅皆传德教行,几敦浮俗赞文明。龙门昔上波涛远,禁署同登渥泽荣。虚散谬当陪杞梓,后先宁异感生成? 时方侧席征贤急,况说歌谣近帝京! 唐思言,字子文。

圣朝文德最推贤,自古儒生少比肩。再启龙门将二纪,两司莺谷已三年。蓬山皆羡齐荣贵,金榜谁知忝后先。正是感恩流涕日,但思旌旆碧峰前。左牢,字德胶。

春闱帝念主生成,长庆公闻两岁名①。有诏赤心分雨露,无私和气浃寰瀛②。龙门乍出难胜幸,鸳侣先行是最荣③。遥仰高峰看白雪，多惭属和意屏营④。王甚夷⑤，字无党。

　　长庆曾收间世英，早居台阁冠公卿⑥。天书再受恩波远，金榜三开日月明⑦。已见差肩趋翰苑，更期联步掌台衡⑧。小儒谬迹云霄路，心仰莲峰望太清⑨。金厚载⑨，字化光。

【注释】

①春闱帝念主生成，长庆公闻两岁名：天子重视春闱，让王仆射您主掌贡举，长庆年间您的大名就已两度听闻。闻，指闻之于帝。

②有诏赤心分雨露，无私和气浃（jiā）寰瀛：王仆射您奉诏以一片赤诚之心分洒恩德，无私的阳和之气遍及天下。浃，遍满。

③龙门乍出难胜幸，鸳侣先行是最荣：忽然跳出龙门难以承受欣幸之情，有周刺史这样的贤能做先行最为荣耀。鸳侣，比喻仕宦同僚。

④遥仰高峰看白雪，多惭属（zhǔ）和意屏（bīng）营：遥遥仰望高峰，看那阳春白雪般高雅的诗篇，深深惭愧唱和之作的低劣，心中惶恐不安。属和，唱和。屏营，惶恐。

⑤王甚夷：字无党。武宗会昌三年（843）登进士第。

⑥长庆曾收间世英，早居台阁冠公卿：长庆年间王仆射您曾选取前辈英才，现在早已位列台阁名冠公卿。间世，隔代。

⑦天书再受恩波远，金榜三开日月明：再次领受天子的诏书主持贡举，远扩恩波，金榜三次开启选拔良材，公正无私如日月长明。

⑧已见差肩趋翰苑，更期联步掌台衡：已见王仆射您和周刺史并肩步入翰林院，更期待你们一起官拜宰相。差肩，并肩。台衡，比喻宰辅大臣。台，三台星。衡，玉衡星。都是星名，位于紫微宫帝座之前，故用来比喻宰辅大臣。陆机《赠弟士龙》诗："奕世台衡，扶帝紫极。"

⑨小儒谬迹云霄路，心仰莲峰望太清：小生惭愧追随云霄之路，内心

敬仰周刺史而望向苍天。迹,追踪,追寻。

⑩金厚载:字化光。武宗会昌三年(843)登进士第。

【译文】

春闱帝念主生成,长庆公闻两岁名。有诏赤心分雨露,无私和气浃寰瀛。龙门乍出难胜幸,鸳侣先行是最荣。遥仰高峰看白雪,多惭属和意屏营。王甚夷,字无党。

长庆曾收间世英,早居台阁冠公卿。天书再受恩波远,金榜三开日月明。已见差肩趋翰苑,更期联步掌台衡。小儒谬迹云霄路,心仰莲峰望太清。金厚载,字化光。

　　曹汾尚书镇许下①,其子希干及第②,用钱二十万。榜至镇③,开贺宴日,张之于侧。时进士胡锜有启贺④,略曰:"桂枝折处,著莱子之采衣⑤;杨叶穿时,用鲁连之旧箭⑥。"汾之名第同故也。又曰:"一千里外,观上国之风光⑦;十万军前,展长安之春色。"

【注释】

①曹汾:字道谦,一字子晋,河南(今河南洛阳)人。文宗开成四年(839)登进士第。除秘书省正字,累官户部郎中、知制诰,拜中书舍人。懿宗时由刑部侍郎出为河南尹。迁检校工部尚书、许州刺史、忠武军节度观察等使。僖宗时入为户部侍郎、判度支。许下:许州旧称"许下"。为忠武军节度使镇所。

②希干:曹希干,字荷臣,曹汾之子。咸通十四年(873)登进士第。

③镇:即节度使镇所。

④胡锜(yǐ):咸通十四年(873)曹希干同榜进士。

⑤莱子:老莱子。春秋时楚国隐士,传说他七十岁的时候,穿着五色

彩衣，作婴儿戏，以娱乐父母。后常用"老莱采衣"作为孝养父母
的典故。岑参《奉送李宾客荆南迎亲》诗："手把黄香扇，身披莱
子衣。"

⑥鲁连：即鲁仲连。战国时齐人。常周游各国，帮人排难解纷。据
《史记·鲁仲连列传》载，齐国田单攻聊城，久攻不下，鲁仲连修
书，用箭射入城中，燕将因以自杀，田单遂克聊城。后常以"鲁连
箭"或"鲁连书"作以文制胜的典故。李白《奔亡道中》之三："仍
留一只箭，未射鲁连书。"

⑦观上国之风光：观览京城上国的风光。此指入京应试。上国，京城。

【译文】

曹汾尚书镇守许州，其子曹希干进士及第，花了二十万钱。榜文到
镇所许州，曹汾大开宴席庆贺的那天，将榜文张贴在一侧。当时进士胡
锜有书启祝贺，其中写道："进士及第，如同穿着老莱子的彩衣娱亲；及第
之时，用的还是鲁连当年的旧箭。"曹希干和曹汾进士及第的名次相同，故有此
语。又写道："一千里外，观览京城上国的风光；十万军前，展览长安进士
及第的春色。"

杨汝士尚书镇东川，其子知温及第①。汝士开家宴相
贺，营妓咸集②。汝士命人与红绫一匹。诗曰："郎君得意及
青春③，蜀国将军又不贫④。一曲高歌绫一匹，两头娘子谢夫
人⑤。"

【注释】

①知温：杨知温，字德之，虢州弘农（今河南灵宝）人。文宗开成年
间登进士第。宣宗大中年间自礼部郎中入充翰林学士，历工部侍
郎、吏部侍郎。僖宗年间为荆南节度使。按，杨汝士任剑南东川

节度使在文宗开成元年（836）到开成四年（839），因此杨知温及
第应在文宗开成年间，非《登科记考》所载武宗会昌四年（844）。

②营妓：古代军中的官妓。

③及青春：双关语。指杨知温青春年少就已及第，时间又正值春天。

④蜀国将军：指杨汝士。

⑤两头娘子：指营妓。

【译文】

杨汝士尚书镇守东川，其子杨知温进士及第。杨汝士开家宴庆贺，军
中营妓都聚集前来。杨汝士命人给每个营妓红绫一匹。并且写诗道："郎
君得意及青春，蜀国将军又不贫。一曲高歌绫一匹，两头娘子谢夫人。"

　　华州榜①，薛侍郎《示诸门生》诗曰②："时君过听委平
衡，粉署华灯到晓明③。开卷固难窥浩汗④，执心空欲慕公
平⑤。机云笔舌临文健⑥，沈宋篇章发韵清⑦。自笑观光浑
昨日⑧，披心争不愧群生⑨！"

【注释】

①华州榜：昭宗乾宁四年（897）礼部试在华州。时昭宗驻跸华州，
于华州放榜。

②薛侍郎：即薛昭纬，字纪化，河中宝鼎（今山西万荣）人。曾任祠部
员外郎、礼部员外郎。昭宗时迁中书舍人，拜礼部侍郎，知贡举。
历户、兵二部侍郎，后授御史中丞。为人恃才傲物。后为宰相崔胤
所恶，贬为溪州刺史。本诗《全唐诗》题作《华州榜寄诸门生》。

③时君过听委平衡，粉署华灯到晓明：天子误信于我委以知贡举，尚
书省考场的灯火彻夜通明。过听，误听、误信。用作谦辞。平衡，
权衡使保持公平。此指贡举选拔人才。唐代进士考试常常考通

宵,故有"华灯到晓明"之语。

④浩汗:盛大繁多。形容考生之博学洽闻。

⑤执心:居心,秉心。

⑥机云:晋代陆机、陆云兄弟皆以文才著称,此处比喻考生才华出
　众。笔舌:比纸笔代口舌,为文辞代称。

⑦沈宋:初唐诗人沈佺期、宋之问的并称。二人作诗讲求声韵格律,
　此处比喻考生韵律精审。李商隐《漫成五章》其一:"沈宋裁辞矜
　变律,王杨落笔得良朋。"

⑧自笑观光浑昨日:自笑我考进士的情景仍像昨天一般。观光,指
　入京科考。浑,仍,还。

⑨披心:披露真心。

【译文】

　　昭宗乾宁四年华州放进士榜,薛昭纬侍郎《示诸门生》诗写道:"时
君过听委平衡,粉署华灯到晓明。开卷固难窥浩汗,执心空欲慕公平。机
云笔舌临文健,沈宋篇章发韵清。自笑观光浑昨日,披心争不愧群生!"

　　卢相国钧初及第①,颇窘于牵费②。俄有一仆愿为月
佣③,服饰鲜洁,谨干不与常等④。睹钧褊乏⑤,往往有所资。
时俯及关宴,钧未办醵率⑥,忧形于色。仆辄请罪⑦,钧具
以实告。对曰:"极细事耳。郎君可以处分,最先合勾当何
事⑧。"钧初疑其妄,既而将觇之⑨,绐谓之曰⑩:"尔若有伎⑪,
吾当主宴,第一要一大第为备宴之所,次则徐图⑫。"其仆唯
而去⑬,顷刻乃回白钧曰:"已税得宅矣,请几郎检校⑭。"翌
日,钧强往看之,既而朱门甲第拟于宫禁。钧不觉欣然,复
谓曰:"宴处即大如法⑮,此尤不易张陈⑯。"对曰:"但请选日
启闻侍郎⑰,张陈某请专掌。"钧始虑其非,反覆诘问,但微

笑不对;或意其非常人,亦不固于猜疑^⑱。既宴除之日^⑲,钧止于是^⑳,俄睹幕帟茵毯^㉑,华焕无比^㉒,此外松竹、花卉皆称是^㉓。钧之醵率毕至,由是公卿间靡不夸诧。诘朝,其仆请假,给还诸色假借什物,因之一去不返。逮旬日^㉔,钧异其事,驰往旧游访之,则向之花竹一无所有,但见颓垣坏栋而已。议者以钧之仁,感通神明,故为曲赞一春之盛^㉕,而成此终身之美。卢肃^㉖,钧之孙,贞简有祖风^㉗,光化初,华州行在及第^㉘。洎大寇犯阙二十年^㉙,搢绅靡不褊乏。肃始登第,俄有李鸿者造之,愿佣力。鸿以锥刀^㉚,暇日往往反资于肃,此外未尝以所须为意。肃有旧业在南阳,常令鸿征租,皆如期而至,往来千里,而未尝侵费一金。既及第,鸿奔走如初。及一春事毕,鸿即辞去。

【注释】

①卢相国钧:卢钧(774—860),字子和,谥号元,京兆蓝田(今属陕西)人。宪宗元和四年(809)登进士第。文宗时任左补阙,历衢、常、华州刺史,改岭南节度使。武宗时任山南东道、昭义节度使,拜户部尚书。宣宗时封范阳郡公,历宣武、河东、山南西道节度使,东都留守。践历中外,政绩颇著。懿宗时以太保致仕。

②牵费:初仕酬酢之费。

③月佣:按月雇佣的仆人。

④谨干:谨慎干练。

⑤褊(biǎn)乏:指钱财匮乏,拮据。

⑥醵(jù)率:按规定的标准凑钱聚饮。醵,凑钱聚饮。

⑦请罪:请罪而问。

⑧勾当：料理，处理。

⑨觇（chān）：观看，观察。

⑩绐（dài）：欺骗。

⑪伎：本领，才能。

⑫徐图：徐徐图之。从容地设法谋取。

⑬唯：下对上的应答。

⑭几郎：犹某郎。几，类"某"。检校：查核察看。

⑮如法：得法，符合规定。

⑯张陈：陈设，安排。

⑰侍郎：即主考官礼部侍郎。

⑱固：执意，坚持。

⑲宴除之日：宴会将举办之日。

⑳止：到。

㉑幕帟（yì）茵毯：泛指铺设之物。幕帟，帐幕，帷幔。茵毯，褥子，
毛席。

㉒华焕：光彩绚丽。

㉓称是：与此相称或相当。

㉔逮：及，及至。旬日：十天。

㉕曲赞：从旁赞助。

㉖卢肇：字子庄，京兆蓝田（今属陕西）人。昭宗乾宁五年（898）登
进士第。乾宁五年即光化元年。

㉗贞简：守正而清简。

㉘行在：旧指帝王巡幸所居之地。

㉙大寇犯阙：指黄巢在广明元年（880）攻入长安。

㉚锥刀：微利。比喻从事微贱工作。

【译文】

卢钧相国刚刚进士及第的时候，很为初仕酬酢的费用而困窘。不

久,有一名仆人愿意按月受雇做他的佣人,这个人服饰光鲜洁净,谨慎干练不同于寻常仆人。他看到卢钧拮据,往往有所资助。当时临近关宴,卢钧还没有置办聚饮所需要的钱物,忧虑形诸于色。仆人于是向他请罪,询问他烦恼的原因,卢钧把实情都告诉了他。仆人答道:"这是再小不过的事。郎君可以吩咐,最先要料理什么事情。"卢钧一开始怀疑他说大话,后来打算观察一下,就假意说道:"你如果有本事,我就主持宴席,第一要有一所很大的宅第作为置备宴席的场所,其余的事情慢慢再设法。"仆人应答而去,很快就回来对卢钧说:"已经租到宅院了,请郎君前去察看。"第二天,卢钧勉强去看,结果看见一所朱门大院的宅第,几乎能和宫苑相比。卢钧不由得十分高兴,又对仆人说:"宴会的地方很符合标准,这就更加不容易布置安排。"仆人回答说:"郎君只管选择宴会日期告知礼部侍郎,至于陈设安排我请求专掌其事。"卢钧一开始担心他说的不可靠,反复盘问,他只是微笑不答;卢钧认为这个仆人不是常人,也就不执意去猜疑他了。到宴会将举办那天,卢钧到这里来,看到帷幔褥席等一应俱全,光彩绚丽无比,此外松竹、花卉等也都布置得与此相称。卢钧的宴席办得尽善尽美,于是公卿大臣之间没有不夸赞称奇的。第二天一早,仆人向卢钧请假,要去归还各种借来的器物,从此一去不回。过了十余天,卢钧觉得此事奇异,骑马到当日举行宴会的地方寻访,然而之前的松竹、花卉等已经消失了,只见到倾颓的墙壁和塌坏的房梁而已。人们议论说因为卢钧仁厚,感通了神明,故而从旁赞助他成功举办了一场春日盛会,而成为终身的美事。卢肃,是卢钧的孙子,守正清简有祖父的风范,光化初年,在华州行在进士及第。自从黄巢攻入长安以来二十年,士大夫之家没有不拮据的。卢肃刚登进士第,就有一个叫李鸿的人前来求见,愿为佣人。李鸿从事一些微贱的职业,空闲之日往往反过来资助卢肃,此外从来不把日常所需放在心上。卢肃有旧时的产业在南阳,常常命令李鸿去收租,李鸿每次都能按时回来,往来跋涉千里,却从来没有侵占花费一点钱。卢肃及第后,李鸿像以前一样为他奔走效劳。等到进士在春季应办之事全部完毕，李鸿便告辞而去。

　　新进士尤重樱桃宴^①。乾符四年^②，永宁刘公第二子覃及第^③。时公以故相镇淮南^④，敕邸吏日以银一铤资覃醵罚^⑤，而覃所费往往数倍。邸吏以闻，公命取足而已^⑥。会时及荐新^⑦，状元方议醵率^⑧，覃潜遣人厚以金帛预购数十石矣^⑨。于是独置是宴，大会公卿。时京国樱桃初出^⑩，虽贵达未适口^⑪，而覃山积铺席^⑫，复和以糖酪者^⑬，人享蛮榼一小益^⑭，亦不啻数升^⑮。以至参御辈^⑯，靡不沾足^⑰。

【注释】

①樱桃宴：曲江游宴的名目之一。

②乾符四年：877年。

③永宁刘公第二子覃及第：永宁坊刘邺相公的次子刘覃进士及第。永宁，唐长安坊名。刘公，刘邺（？—881），字汉藩，润州句容（今属江苏）人。唐朝宰相。懿宗时擢左拾遗，召为翰林学士，赐进士第。历尚书郎中知制诰、中书舍人、户部侍郎等。咸通十二年（871）迁礼部尚书、同中书门下平章事。僖宗时出任淮南节度使等，入拜左仆射，后为黄巢所杀。少有诗名。著有《甘棠集》等。覃，刘覃，字致君。僖宗乾符四年（877）登进士第。任校书郎。性豪纵。事见下"月灯阁打球之会"及《北里志》等。

④淮南：唐方镇名，治扬州（今属江苏）。参见卷一"会昌五年举格节文"门注。

⑤邸吏：古代地方驻京办事机构的官吏。铤（dìng）：量词，计量金、银、墨等物的单位。

⑥取足：取够，充分取得。

⑦荐新：以时鲜食品进荐。

⑧醵率：见前注。此指办樱桃宴。

⑨石：容量单位。容十斗。

⑩京国：京城，国都。

⑪适口：适合口味。此犹言品尝。

⑫山积：堆积如山。铺席：铺满席面。

⑬糖酪（lào）：加糖的乳酪。酪，用乳汁制作的半凝固状食品。

⑭蛮榼（kē）：南方制的盛器。白居易《夜招晦叔》诗："高调秦筝一两弄，小花蛮榼二三升。"盎：盆类盛器。

⑮不啻（chì）：不止。啻，仅，止。

⑯参御：泛指侍从、仆役。参，参陪，参随。御，驾驶车马的人。

⑰沾足：原指雨水充足。此指普遍受惠得益。

【译文】

新科进士尤其重视樱桃宴。乾符四年，永宁坊刘邺相公的次子刘覃进士及第。当时刘公以前宰相的身份镇守淮南，命令驻京官员每天用一锭银子资助刘覃聚饮罚钱之用，而刘覃所花费的往往数倍于此。驻京官员将此情况报告给刘公，刘公只是让他们给刘覃补足而已。恰逢此时到了进荐时鲜食品的时候，状元正商议举办樱桃宴，刘覃已经暗地里命人用重金预先购买数十石樱桃。于是刘覃独自操办了樱桃宴，在宴席之上大会公卿。当时京城的樱桃刚刚上市，即使是达官贵人都还未品尝，而刘覃准备的樱桃堆积如山，更混合以加糖的乳酪，每人能享受蛮榼一小盎，也不下于数升。以至侍从、仆役之辈，无不受惠得益。

罗玠①，贞元五年及第关宴，曲江泛舟，舟沉，玠以溺死。后有关宴前卒者，谓之"报罗"。

【注释】

①罗玠(jiè)：衡山(今属湖南)人。德宗贞元五年(789)登进士第。此处说罗玠及第后溺水而死，而刘禹锡《送周鲁儒赴举诗(并引)》中说罗玠进士及第后曾"仕甸服，佐君藩，为御史"。未详孰是。

【译文】

罗玠，在贞元五年进士及第的关宴之上，众人在曲江泛舟，舟沉没，罗玠被淹死。之后有关宴之前去世的，称为"报罗"。

宣慈寺门子①，不记姓氏，酌其人②，义侠之徒也。咸通十四年③，韦昭范先辈登第④，昭范乃度支侍郎杨严懿亲⑤。宴席间，帘幕、器皿之类皆假于计司⑥，杨公复遣以使库供借⑦。其年三月中，宴于曲江亭，供帐之盛，罕有伦拟⑧。时饮兴方酣，俄睹一少年跨驴而至，骄悖之状⑨，旁若无人。于是俯逼筵席，张目，引颈及肩，复以巨棰抧筑佐酒⑩，谑浪之词⑪，所不忍聆。诸君子骇愕之际⑫，忽有于众中批其颊者⑬，随手而坠。于是连加殴击，复夺所执棰，棰之百余。众皆致怒，瓦砾乱下，殆将毙矣。当此之际，紫云楼门轧开⑭，有紫衣从人数辈驰告曰："莫打！莫打！"传呼之声相续。又一中贵⑮，驱殿甚盛⑯，驰马来救。门子乃操棰迎击，中者无不面仆于地，敕使亦为所棰⑰。既而奔马而返，左右从而俱入，门亦随闭而已。座内甚欣愧⑱，然不测其来，仍虑事连宫禁，祸不旋踵⑲。乃以缗钱、束素⑳，召行殴者讯之曰："尔何人？与诸郎君谁素㉑，而能相为如此㉒？"对曰："某是宣慈寺门子，亦与诸郎君无素，第不平其下人无礼耳㉓。"众皆嘉叹㉔，悉以钱帛遗之㉕。复相谓曰:"此人必须亡去,不则当为擒矣㉖。"
后旬朔㉗,座中宾客多有假途宣慈寺门者㉘,门子皆能识之,
靡不加敬,竟不闻有追问之者。

【注释】

①宣慈寺:长安寺庙。位于宣平坊内。门子:守门的人。

②酌:衡量,估量。

③咸通十四年:873年。

④韦昭范:字宪之。懿宗咸通十四年(873)登进士第,僖宗乾符二
　年(875)登博学宏词科。

⑤昭范乃度支侍郎杨严懿亲:韦昭范是度支侍郎杨严的至亲。度支
　侍郎,户部侍郎的别称,或指管理度支的侍郎。中唐以后,户部诸
　司职权多被侵废,唯本司所掌财赋出纳日益重要,多以宰相或户
　部侍郎判度支事务。杨严,字凛之,同州冯翊(今陕西大荔)人。
　武宗会昌四年(844)登进士第。咸通中,累迁至给事中、工部侍
　郎,寻以本官充翰林学士,出为浙东团练观察使,坐其兄杨收罢相
　贬邵州刺史。乾符五年(878)以兵部侍郎判度支,卒。懿亲,至
　亲。按,韦昭范及第与杨严判度支时间不合,未详孰是。

⑥计司:古代掌管财政、赋税、贸易等事务官署的统称。此指度支司。

⑦使库:度支使的库房。

⑧伦拟:比较,比并。

⑨骄悖:傲慢狂悖。

⑩复以巨棰(chuí)抦(chéng)筑佐酒:又用巨大的鞭子击打劝酒的
　歌妓。棰,马鞭。抦筑,击打。抦,触,碰撞。筑,打。佐酒,此指
　劝酒的歌妓。

⑪谑浪:戏谑放荡。

⑫骇愕：惊愕。

⑬批：用手击。批颊即打耳光。

⑭轧开：轧轧开启。轧，象声词。此指开门之声。柳永《采莲令》词："翠娥执手，送临歧、轧轧开朱户。"

⑮中贵：有权势的宦官。中，即禁中，指皇宫。

⑯驱殿：前导为驱，后从为殿。泛指护从。

⑰敕使：皇帝的使者。此指前文之"中贵"。

⑱欣愧：欣喜而感激。愧，感激。

⑲旋踵：掉转脚跟。比喻时间极短。

⑳缗钱：用绳穿连成串的铜钱。束素：一束绢帛。铜钱和绢帛都是唐代的通行货币。

㉑素：旧交。

㉒相为：相助，相护。

㉓不平：不忿，因不平之事而激动愤怒。下人：小人，卑劣之人。

㉔嘉叹：赞叹。

㉕遗（wèi）：馈赠，赠送。

㉖不则：犹否则。

㉗旬朔：十天或一个月。泛指不长的时日。旬，十天。朔，月初。

㉘假途：借路，路过。

【译文】

长安宣慈寺的守门人，不记得他的姓名，估量他的行事为人，是侠义一类人物。咸通十四年，韦昭范先辈进士及第，他是度支侍郎杨严的至亲。举办宴会期间，帷幕、器皿之类的用具都从度支司借来，杨严又派人将使库内的用具供其借用。那年三月中，在曲江亭子设宴，宴席的规模之隆盛，很少能与之相比。当时众人酒兴正浓，忽然看到一个少年骑驴而来，一副傲慢狂悖的模样，旁若无人。于是少年逼近宴席，瞪大眼睛，伸长脖子和肩膀，又用巨大的鞭子击打劝酒的歌妓，言辞戏谑放荡，不堪入耳。诸君子正在惊愕的时候，忽然有人自人群中打那少年耳光，少年应声从驴子上跌落。于是那人接连殴打，又夺去少年拿着的鞭子，抽打了他百余下。众人都很愤怒，瓦砾纷纷砸下，差点把少年打死。正在此时，紫云楼的大门轧轧开启，有几个紫衣仆从骑马而来，呼告道："不要打了！不要打了！"传呼之声连续不断。又有一个显宦，前呼后拥地带着很多护从，骑马飞驰来救。守门人于是操起鞭子迎头痛击，被打中的人全都脸朝下栽倒在地，显宦也被鞭打。不一会儿，显宦骑马飞奔返回紫云楼，左右随从都跟着一起进楼，楼门也随之关闭。宴席中人都非常欣喜感激，然而不知道那人的来历，担忧此事关系宫中之人，恐怕祸患很快降临。于是大家拿出铜钱、绢帛，召来殴打少年的人询问道："你是什么人？与座中哪位郎君有交情，而能如此出力相助？"那人回答说："我是宣慈寺的守门人，也与诸位郎君素不相识，只是不忿那个小人无礼罢了。"众人纷纷赞叹，把钱帛都馈赠给他。又互相说："这人一定要逃走，否则就会被抓住。"过了一段时日，当时座中的宾客有很多人路经宣慈寺大门，守门人都能认识，对他们无不格外恭敬，最后也没听到有追问这件事的。

裴思谦状元及第后①，作红笺名纸十数，诣平康里②，因宿于里中。诘旦，赋诗曰："银缸斜背解鸣珰③，小语偷声贺玉郎④。从此不知兰麝贵，夜来新惹桂枝香⑤。"

【注释】

①裴思谦：字自牧，闻喜（今属山西）人。文宗开成三年（838）倚仗宦官仇士良之势状元及第。宣宗时历节度判官、郎中，累官左散骑常侍兼大理卿。僖宗时官卫尉卿。

②平康里：唐代长安街坊名。为当时妓女聚居处。

③银缸：银灯。缸，同"钉"，灯。鸣珰（dāng）：指女子的首饰。金玉

所制,摇晃有鸣击声,故称。珰,耳饰。泛指首饰。

④小语偷声:细语低声。玉郎:古代诗文中对情郎的美称。

⑤从此不知兰麝贵,夜来新惹桂枝香:从此不知兰麝之香有何贵重,因为昨夜新沾惹了状元的气息。兰麝,兰与麝香。泛指昂贵的香料。桂枝,指进士,此特指状元。

【译文】

裴思谦状元及第后,用红色笺纸制作了十几张名帖,造访平康里,就住在那里。第二天早上,写诗道:"银缸斜背解鸣珰,小语偷声贺玉郎。从此不知兰麝贵,夜来新惹桂枝香。"

　　郑合敬先辈及第后[①],宿平康里,诗曰:"春来无处不闲行,楚闰相看别有情。好是五更残酒醒[②],时时闻唤状头声。"楚娘、闰娘,妓之尤者[③]。

【注释】

①郑合敬:一作郑合。郑州荥泽(今河南郑州西北古荥镇)人。僖宗乾符二年(875)状元及第,仕至谏议大夫。

②好是:妙在。

③楚娘、闰娘,妓之尤者:楚娘和闰娘是妓女中的翘楚。尤者,最优异者。按,《北里志》载:"楚儿字润娘,素为三曲之尤,而辩慧,往往有诗句可称。"又有妓名小润者。

【译文】

郑合敬先辈状元及第后,宿在平康里,写诗道:"春来无处不闲行,楚闰相看别有情。好是五更残酒醒,时时闻唤状头声。"楚娘、闰娘,是妓女中的翘楚。

　　卢肇①,袁州宜春人,与同郡黄颇齐名②。颇富于产,肇幼贫乏。与颇赴举,同日遵路③,郡牧于离亭饯颇而已④。时乐作酒酣,肇策蹇邮亭侧而过⑤;出郭十余里⑥,驻程俟颇为侣⑦。明年,肇状元及第而归,刺史已下接之,大惭恚⑧。会延肇看竞渡⑨,于席上赋诗曰:"向道是龙刚不信,果然衔得锦标归⑩。"锦标,船头所得。

【注释】

①卢肇:字子发。武宗会昌三年(843)状元及第。生平事迹和及第事参见卷二"恚恨"门、卷十二"自负"门。

②黄颇:字无颇。武宗会昌三年(843)登进士第。见卷二"为等第后久方及第"门注。

③遵路:犹出发。

④郡牧:郡守。此指州刺史。离亭:驿亭。古代建于道旁供行旅止息的地方。行人往往于此送别。饯:设酒食送行。

⑤策蹇(jiǎn):骑驴。蹇,驴,一指驽马。邮亭:即驿亭。

⑥郭:外城。

⑦俟(sì):等待。

⑧惭恚:羞惭懊恼。

⑨竞渡:竞相渡过。指赛舟。

⑩向道是龙刚不信,果然衔得锦标归:之前就说这条龙舟能赢却偏偏不信,现在果然衔得锦标回来。此双关语,意思是之前我就认定能考中进士,偏偏没人信,现在果然考得第一名,状元及第而归来。刚,固执。锦标,锦制的旗帜,古代用以颁发给竞渡的领先者。白居易《和春深》其十五:"齐桡争渡处,一匹锦标斜。"

【译文】

卢肇,袁州宜春人,和同郡的黄颇齐名。黄颇富于产业,而卢肇自幼家贫。卢肇和黄颇一起赴京应试,同日出发,袁州刺史只在驿亭为黄颇设宴饯行。当时音乐大作酒兴方酣,卢肇骑驴从驿亭旁经过;出城十余里,停下来等待黄颇同行。第二年,卢肇状元及第归来,刺史以下官员都去迎接,大为羞惭。恰逢请卢肇观看赛舟,卢肇在席上写诗道:"向道是龙刚不信,果然衔得锦标归。"锦标,夺冠船头所得。

薛监晚年厄于宦途①,尝策赢赴朝②,值新进士榜下,缀行而出。时进士团司所由辈数十人,见逢行李萧条③,前导曰:"回避新郎君!"逢冁然④,即遣一介语之曰:"报导莫贫相⑤!阿婆三五少年时,也曾东涂西抹来⑥。"

【注释】

①薛监:薛逢,字陶臣,蒲州河东(今山西永济)人。武宗会昌元年(841)登进士第,授秘书省校书郎。宣宗时历万年尉、侍御史、尚书郎。发言率直,出为巴州(一云嘉州)刺史。懿宗时,复斥为蓬、绵二州刺史。召为太常少卿、历给事中,官终秘书监。工诗善赋,以才名著于时。著有《薛逢诗集》等。

②策赢(léi):骑着瘦弱的牲口。

③行李:出门时所携带的行装。萧条:简陋。

④冁(chǎn)然:微笑貌。

⑤贫相:犹言小家子气,寒酸没见识。

⑥阿婆三五少年时,也曾东涂西抹来:阿婆年轻的时候,也曾像这样东涂西抹。意思是我年轻的时候,也曾进士及第,像这样风光过。阿婆,妇人年老而辈分尊贵者的通称。三五,十五岁。

【译文】

秘书监薛逢晚年仕途坎坷,曾经骑着瘦弱的牲口去上朝,正逢新科进士出榜,新进士们鱼贯而出。当时进士团的相关主事者有数十人,见薛逢行装简陋,在前导路喝道:"回避新郎君!"薛逢微笑,随即差了一个人对他们说:"前导喝路不要这么寒酸没见识!我年轻时进士及第,也像这样风光无限呢。"

许昼者①,睢阳人也,薄攻五字诗②。天复四年③,大驾东幸④,驻跸甘棠⑤。昼于此际及第⑥。梁太祖长子⑦,号大卿郎君者,常与昼属和。昼以卿为奥主⑧,随驾至洛下,携同年数人,醉于梁祖私第,因折牡丹十许朵。主吏前白云⑨:"凡此花开落,皆籍其数申令公⑩。秀才奈何恣意攀折!"昼慢骂久之⑪。主吏衔之,潜遣一介驰报梁祖⑫。梁祖闻之,颇睢盱⑬,独命械昼而献⑭。于时,大卿窃知⑮,间道先遣使至⑯。昼遂亡命河北,莫知所止。

【注释】

①许昼:睢阳(今河南商丘)人。性躁急,与吴融、独孤损为知己。昭宗天复四年(904)登进士第。因醉后失态,得罪朱温,逃奔河北,不知所终。

②薄攻:专攻。五字诗:即五言诗。

③天复四年:904年。天复,唐昭宗李晔的年号(901—904)。

④大驾东幸:皇帝从长安东去洛阳。大驾,皇帝的乘舆。代指皇帝。

⑤驻跸(bì)甘棠:停驻在陕州。驻跸,帝王出行,途中停留暂住。甘棠,木名。即棠梨。代指陕州。周初召伯治理陕州,有德行,曾居甘棠树下理政,民人敬之而颂《甘棠》之诗。后因用甘棠来代

指陕州。刘禹锡《送王司马之陕州》诗:"暂辍清斋出太常,空携诗卷赴甘棠。"

⑥昼于此际及第:许昼在此进士及第。天复四年(904)的科考在陕州举行。

⑦梁太祖长子:即朱友裕(?—904),字端夫,宋州砀山(今属安徽)人。幼善射御,骁勇善战,随朱温征战多年,天复初为奉国军节度留后,迁华州节度使,加检校太保、兴德尹。天祐元年(904)卒。追赠郴王。梁太祖:即朱温(852—912),宋州砀山(今属安徽)人。后梁开国皇帝,开平元年(907)到乾化二年(912)在位。唐末参加黄巢军,后降唐,因镇压黄巢军有功,被唐僖宗赐名"全忠"。又击败诸藩镇,大杀宦官,挟制唐昭宗,尽揽重权,进封梁王。天祐元年(904),逼迫昭宗迁都洛阳。不久杀之,立哀帝。天祐四年(907)废哀帝自立,都汴,国号梁,年号开平。晚年为其子友珪所杀。

⑧奥主:靠山。

⑨主吏:属官。

⑩令公:对中书令的尊称。朱温以中书令兼任节度使,故称。

⑪慢骂:辱骂,谩骂。

⑫驰报:疾速报告。

⑬睚眦(yá zì):瞋目怒视。借指微小的怨恨。此指因小事而怀恨。

⑭独:特别。械:木枷和镣铐之类的刑具。此指拘系,抓捕。

⑮窃知:暗中得知。

⑯间道:抄近路。

【译文】

许昼,睢阳人,专攻五言诗。天复四年,皇帝从长安东去洛阳,停驻在陕州。许昼在此进士及第。梁太祖朱温的长子朱友裕,当时号称大卿郎君,经常和许昼作诗唱和。许昼把大卿郎君当作靠山,跟随皇帝一起到了洛阳,带着几个同年进士,在朱温的私人府第饮酒大醉,于是折了十几朵牡丹花。府里的属官上前说:"凡是此花的开落,都要记录它的数目申报给中书令朱公。秀才为何随意攀折!"许岊辱骂了他很久。属官怀恨在心,暗地里派人疾速报告给朱温。朱温听说后,虽是小事却非常恼怒,特命把许岊抓了送来。当时,大卿郎君暗中得知此事,派人抄近路先去通知许岊。许岊于是逃奔河北,不知所终。

郑光业新及第年^①,宴次^②,有子女卒患心痛而死^③,同年皆惶骇。光业撤筵中器物,悉授其母^④,别征酒器^⑤,尽欢而散。

【注释】

①郑光业(? —887):名昌图,字光业,郑州荥阳(今属河南)人。唐朝宰相。懿宗咸通十三年(872)状元及第。僖宗时累官中书舍人,迁兵部侍郎、判度支,后以本官同平章事。后卷入谋反,被诛。性倜傥不群。其事见卷十二"轻佻"门。

②宴次:宴会中间。

③子女:特指青年女子。此指陪酒的歌妓。

④母:指歌妓之母。

⑤征:求取。

【译文】

郑光业刚刚进士及第那年,宴会中间,有一名陪酒的歌妓突发心痛病而死,同年进士都惶恐惊骇。郑光业撤去筵席上的用具器物,全都给了歌妓的母亲,另外求取酒器,与同年进士们尽欢而散。

乾符四年^①,诸先辈月灯阁打球之会,时同年悉集。无何,为两军打球,军将数辈,私较于是。新人排比既盛②,勉强迟留③,用抑其锐。刘覃谓同年曰④:"仆能为群公小挫彼骄,必令解去,如何?"状元已下应声请之。覃因跨马执杖⑤,跃而揖之曰:"新进士刘覃拟陪奉⑥,可乎?"诸辈皆喜。覃驰骤击拂⑦,风驱电逝,彼皆愕视⑧。俄策得球子⑨,向空磔之⑩,莫知所在。数辈惭沮⑪,俛俛而去⑫。时阁下数千人因之大呼笑,久而方止。

【注释】

①乾符四年:877年。

②排比:准备,安排。

③勉强:尽力而为。迟留:停留,逗留。

④刘覃:僖宗乾符四年(877)登进士第。见前"新进士尤重樱桃宴"段。

⑤杖:打马球的球杖。

⑥陪奉:即奉陪。

⑦驰骤:驰骋,疾奔。击拂:拍击,拍打。指击球。

⑧愕视:惊奇地瞪着眼睛看。

⑨策:用鞭棒驱赶。此指用球杖抢到球。

⑩磔(zhé):投掷,击掷。

⑪惭沮:羞愧沮丧。

⑫俛俛(mǐn fǔ):须臾,顷刻。

【译文】

　　乾符四年,及第的各位先辈在月灯阁举办打球会,当时同年进士们全都会集。不一会儿,有神策军打球,军中将领若干人,在这里私下较量。新科进士们的打球会安排得非常隆盛,于是尽力留在这里,以抑制军将们的锐气。刘覃对同年们说:"我能为诸位稍微挫去他们的骄横之气,一定能让他们散去,怎么样?"状元以下众人都应声请他出马。刘覃于是跨上马,手执球杖,跃马上前作揖道:"新科进士刘覃想要奉陪诸位打球,可以吗?"打球众军将都很高兴。刘覃纵横驰骋击球,如风驰电逝,众军将都看得目瞪口呆。刘覃很快用球杖抢到了球,凌空一击,没人知道球飞到哪里去了。那些军将们都很羞愧沮丧,于是顷刻之间尽皆散去。当时月灯阁下观看的数千人因此而欢呼大笑,很久才停止。

　　咸通十三年三月^①,新进士集于月灯阁为蹴鞠之会^②。击拂既罢,痛饮于佛阁之上^③,四面看棚栉比^④,悉皆褰去帷箔而纵观焉^⑤。先是饮席未合,同年相与循槛肆览^⑥。邹希回者^⑦,年七十余,榜末及第。时同年将欲即席^⑧,希回坚请更一巡历^⑨。众皆笑。或谑之曰:"彼亦何敢望回^⑩!"

【注释】

①咸通十三年:872年。

②蹴鞠(cù jū):同"蹴鞠",踢球。我国古代的一种类似足球的运动。传说起源于黄帝时代,流行于汉唐,宋代发展到巅峰。蹴,通"蹴",踢。

③佛阁:即月灯阁。

④看棚:搭建于月灯阁广场四周,供士绅人家观看盛会的棚席。

⑤褰(qiān):撩起,掀开。帷箔(bó):帷幕和帘子。

⑥相与循槛肆览:一起沿着栏杆极目遍览。相与,一起,共同。槛,栏杆。肆览,遍览。

⑦邹希回:懿宗咸通十三年(872)登进士第。

⑧即席:入席。

⑨巡历：巡行看视。即循槛肆览。

⑩彼亦何敢望回：他们怎么敢希望您再回去一次！此以邹希回的名字一语双关。回，亦指颜回，孔子的得意门生。《论语·公冶长》载孔子问子贡和颜回相比如何，子贡说："赐也何敢望回？"邹名希回，故有此语。

【译文】

咸通十三年三月，新科进士会集于月灯阁举办蹴鞠大会。打球结束后，众人在月灯阁上痛饮，四面观赏蹴鞠大会的看棚鳞次栉比，都掀去了帷幕和帘子尽情观览。之前饮酒的筵席还没有安排好的时候，众进士一起沿着月灯阁的栏杆极目遍览。有个叫邹希回的进士，七十多岁了，排在及第榜单的末尾。当时同年进士们正要入席，邹希回坚持请求再沿着栏杆巡行观览一番。众人都笑了起来。有人戏谑他说："他们怎么敢希望您再回去一次！"

　　大中十年①，郑颢都尉放榜②，请假往东洛觐省③，生徒饯于长乐驿④。俄有纪于屋壁曰："三十骅骝一烘尘⑤，来时不锁杏园春。杨花满地如飞雪，应有偷游曲水人⑥。"

【注释】

①大中十年：856年。

②郑颢（hào，？—860）：字养正，洛州河清（今河南济源）人。宪宗朝宰相郑细孙。武宗会昌二年（842）状元及第，授弘文馆校书郎，迁右拾遗、内供奉、起居郎。宣宗时充翰林学士，尚万寿公主，拜驸马都尉，擢中书舍人、礼部侍郎。两知贡举，奖拔人才，为时所称。后迁刑、吏二部侍郎，出为河南尹。

③觐（jìn）省：探望双亲。

④长乐驿：唐驿站名。圣历元年（698）置，在通化门东七里长乐坡

下。位于今陕西西安东十五里长乐坡。

⑤骅骝（huá liú）：周穆王八骏之一，泛指骏马。此指三十名新科进士。烘尘：飘尘。张泌《浣溪沙》："马嘶尘烘一街烟。"

⑥曲水：古代风俗，于农历三月上巳日就水滨宴饮，认为可祓除不祥，后人因引水环曲成渠，流觞取饮，相与为乐，称为"曲水"。此指曲江池。

【译文】

大中十年，郑颢都尉放新进士榜后，请假去洛阳探望双亲，新科进士们在长乐驿为他饯行。不久有人在长乐驿墙壁上题诗纪事，写道："三十骅骝一烘尘，来时不锁杏园春。杨花满地如飞雪，应有偷游曲水人。"

　　乾符丁酉岁①，关宴甲于常年。有温定者②，久困场屋③，坦率自恣④，尤愤时之浮薄，设奇以侮之。至其日，蒙衣肩舆⑤，金翠之饰，夐出于众⑥，侍婢皆称是，徘徊于柳阴之下。俄顷，诸公自露棚移乐登鹢首⑦，既而谓是豪贵，其中姝丽⑧，因遣促舟而进，莫不注视于此，或肆调谑不已⑨。群兴方酣，定乃于帘间垂足定膝，胫伟而毳⑩。众忽睹之，皆掩袂⑪，亟命回舟避之⑫。或曰："此必温定矣！"

【注释】

①乾符丁酉岁：即乾符四年（877），岁次丁酉。

②温定：事迹未详。

③久困场屋：指屡试不第。场屋，指科举考场。

④自恣：放任自己，不受约束。

⑤蒙衣：以巾蒙头。肩舆：以肩抬的轿子。此指乘着肩舆。

⑥夐（xiòng）出于众：远在众人之上。夐，远。

⑦露棚：四周无遮蔽的棚屋。鹢（yì）首：古时船头常画鹢鸟。代
　　指船。

⑧姝（shū）丽：美女。

⑨调谑（xuè）：调笑戏谑。

⑩胫（jìng）：小腿。毳（cuì）：细毛。此指腿毛浓密。

⑪掩袂：用衣袖遮面。

⑫亟（jí）：赶快，急切。

【译文】

　　乾符四年，关宴比往年更为盛大。有一个叫温定的人，屡试不第，为
人坦率放纵，尤其愤恨时俗的浮华浅薄，故意做出奇特的举动来侮慢时
俗。到了关宴那天，温定以巾蒙头，乘着肩舆，用金珠翡翠加以装饰，超
凡出众，侍婢的装扮也都与此相称，徘徊在柳荫之下。不一会儿，参加关
宴的诸人自露棚转移乐舞登舟游玩，不久看到肩舆，以为装束如此华贵，
肩舆中定有佳人，于是催船前进，无不注视肩舆，有人还肆意调笑不止。
众人兴致正浓，温定自肩舆中垂下双腿直到膝盖，小腿粗壮多毛。众人
忽然看到此景，都用衣袖遮面，赶紧命船掉头回避。有人说："这人肯定
是温定！"

　　乾宁末①，驾幸三峰②，太子太师卢知猷于西溪亭子赴
进士关宴③，因谓前达曰④："老夫似这关宴，至今相继赴三
十个矣！"

【注释】

①乾宁：唐昭宗李晔的年号（894—898）。

②驾幸三峰：皇帝驾临华州。乾宁三年（896），李茂贞进犯京师，昭
　　宗出，驻跸华州，乾宁五年（898）始还京师。三峰，指华州。

③卢知猷（yóu）：字子蕃，范阳（今河北涿州）人。登进士第，授秘

书省正字,迁右补阙,出为饶州刺史,累进中书舍人。僖宗时历任工部侍郎、使馆修撰、太常卿、户部尚书。昭宗在华州,进位太子太师,检校司空。气度宽厚,工于书法。西溪亭子:华州西溪号称"小曲江",溪边有游春亭。

④前达:指有地位有声望的先辈。

【译文】

乾宁末年,皇帝驾临华州,太子太师卢知猷在西溪亭子赴进士关宴,对前辈达人们说:"像这样的关宴,我至今已经连续赴了三十个了!"

李峣及第①,在偏侍下②,俯逼起居宴③,霖雨不止,遣赁油幕以张去之④。峣先人旧庐升平里,凡用钱七百缗⑤,自所居连亘通衢⑥,殆足一里余。参驭辈不啻千余人⑦。鞯马车舆⑧,阗咽门巷⑨。来往无有沾濡者⑩,而金碧照耀,颇有嘉致⑪。峣时为丞相韦都尉所委⑫,干预政事,号为"李八郎"。其妻又南海韦宙女⑬。宙常资之,金帛不可胜纪⑭。

【注释】

①李峣(yáo):咸通年间登进士第,依附宰相韦保衡。

②在偏侍下:即主司在偏侍。主考官的父母仅一方在世。

③俯逼:临近,靠近。起居宴:指在家中举办宴会。

④去:别本作"盖",可取。

⑤缗:串,贯。

⑥连亘:接连不断,绵延。通衢(qú):大路,四通八达的道路。

⑦参驭:泛指乘车骑马之人。

⑧鞯(jiān)马车舆:泛指车马。鞯,鞍鞯。

⑨阗(tián)咽:拥挤,喧哗。门巷:门庭里巷。

⑩沾濡（rú）：沾湿。

⑪嘉致：优美的景致。

⑫丞相韦都尉：韦保衡（？—873），字蕴用，京兆杜陵（今陕西西安）人。唐朝宰相。咸通五年（864）登进士第，累迁起居郎。尚懿宗女同昌公主。历翰林学士、中书舍人、兵部侍郎，承旨，懿宗咸通十一年（870）以本官同平章事。恃恩弄权，排斥异己。公主死后恩礼渐薄，累贬澄迈令，赐死。委：委任，信任。

⑬韦宙：京兆万年（今陕西西安）人。唐朝宰相。以父荫入仕，为河南府司录参军，转河阳节度府从事。宣宗时擢为侍御史，迁度支郎中、吏部郎中、永州刺史、大理少卿。屡有政绩。出为江西观察使，迁岭南东道节度使，加检校尚书左仆射，同中书门下平章事。岭南节度使镇南海，故称“南海韦宙”。

⑭不可胜纪：不能逐一记述。极言其多。

【译文】

李峣进士及第，主考官父母只有一人在世，当时临近起居宴，久雨不止，李峣派人租赁油布帷幕以遮雨。李峣的先人有旧宅在升平里，一共花了七百贯钱，帷幕从自家宅第起绵延到四面八方的大路之上，几乎有一里多长。乘车骑马之人不下一千多名。车马不断，门庭里巷拥挤喧哗。往来之人没有被雨淋湿的，而处处金碧辉煌，景致颇为优美。李峣当时被丞相韦都尉信任，干预政事，号称“李八郎”。他的妻子是岭南节度使韦宙的女儿。韦宙经常资助他，金银财帛多得无法计算。

神龙已来，杏园宴后，皆于慈恩寺塔下题名。同年中推一善书者纪之。他时有将相，则朱书之。及第后知闻①，或遇未及第时题名处，则为添“前”字。或诗曰：“曾题名处添‘前’字，送出城人乞旧衣②。”

【注释】

①知闻：通知，告知。

②曾题名处添"前"字，送出城人乞旧衣：曾经题名的地方添上一个"前"字，送我出城的人求取我考进士时穿的旧麻衣。唐代被州府或学校选拔入京考进士的人皆可称进士，考中者称新及第进士，通过关试后称前进士，因此曾经题名"进士某某"者，关试后可添一"前"字。当时风俗，人们送进士及第者离京出城时，常讨取他们穿着考试的旧麻衣，以图吉利。

【译文】

　　神龙年间以来，在杏园宴之后，新科进士皆在慈恩寺塔下题名。同年中推选一名擅长书法的人题名纪事。以后其中如果有出任将帅和宰相一类高官的，则用朱笔描写。及第后告知众人，有人遇到未及第时他们题名的地方，就为他们添一个"前"字。有人写诗说："曾题名处添'前'字，送出城人乞旧衣。"

　　苗台符六岁能属文①，聪悟无比；十余岁博览群籍，著《皇心》三十卷，年十六及第。张读亦幼擅词赋②，年十八及第。同年进士，同佐郑薰少师宣州幕③。二人尝列题于西明寺之东庑④。或窃注之曰⑤："一双前进士，两个阿孩儿⑥。"台符，十七，不禄⑦；读，位至正卿⑧。

【注释】

①苗台符：潞州壶关（今属山西）人。宣宗大中六年（852）登进士第。曾入宣歙观察使郑薰幕。属文：连缀字句而成文，指写文章。

②张读（833—889）：字圣朋，深州陆泽（今河北深州）人。苗台符之表兄，二人皆为牛僧孺的外孙。幼聪颖。大中六年（852）登

进士第，入宣歙观察使郑薰幕。累官至中书舍人、礼部侍郎，知贡举，时称得士。黄巢陷长安，随僖宗入蜀，官吏部侍郎，终尚书左丞。著有笔记小说《宣室志》。

③郑薰：字子溥，号七松处士。文宗大和二年（828）登进士第。历户部员外郎、考功郎中。宣宗时充翰林学士知制诰，拜中书舍人，工、礼二部侍郎。自河南尹改宣歙观察使，坐事贬棣王府长史。懿宗时累擢吏部侍郎，以太子少师致仕。能诗善文，《全唐诗》存诗一首。

④西明寺：寺名，在唐长安延康坊西南隅。东庑（wǔ）：东边的走廊。庑，堂下周围的走廊、廊屋。

⑤注：注解。此戏谑语。

⑥阿孩儿：小孩儿。

⑦不禄：年少而死。按，《旧唐书》等载苗台符在大中九年（855）曾应博学宏词科考试。此言十七岁即亡，似误。

⑧正卿：卿大夫之长。春秋始见，战国沿用。为诸侯国的最高执政大臣，权力仅次于国君。此指唐代六部九寺等之正官。

【译文】

苗台符六岁能写文章，聪明颖悟无与伦比；十多岁时博览群书，撰写《皇心》三十卷，十六岁进士及第。张读也自幼擅长词赋，十八岁进士及第。苗台符和张读是同年进士，同在郑薰少师的宣州幕府中任职。两人曾在西明寺的东廊下题名。有人偷偷在旁做注解："一双前进士，两个小孩儿。"苗台符，十七岁时夭折；张读，后来官至正卿。

　　李汤题名于昭应县楼①，韦蟾睹之②，走笔留谑曰③："渭水秦川拂眼明，希仁何事寡诗情④？只应学得虞姬婿，书字才能记姓名⑤。"

【注释】

①李汤：字希仁，陇西成纪（今甘肃秦安）人。宰相李宗闵之侄，官给事中。昭应县：唐天宝七载（748）改会昌县置，属京兆府。治所即今陕西西安临潼区。

②韦蟾：字隐珪，京兆下杜（今陕西西安）人。宣宗大中七年（853）登进士第。初为山南东道节度使徐商掌书记。懿宗咸通十年（869）自职方郎中充翰林学士，加户部郎中、知制诰，迁中书舍人。十二年（871）任工部侍郎。次年为承旨学士，旋改御史中丞，兼刑部侍郎。僖宗乾符元年（874）出为鄂岳观察使，六年（879）任尚书左丞。工诗，与李商隐、罗隐等交往唱和。在山南东道幕时，与段成式、温庭筠等唱和，辑成《汉上题襟诗集》。

③走笔：指用笔很快地写。

④寡诗情：诗情匮乏。寡，缺少。

⑤只应学得虞姬婿，书字才能记姓名：只应是学了项羽，学书只是为了记记姓名而已。虞姬婿，即项羽。据《史记·项羽本纪》载，项羽年轻时学书学剑皆不成，说："书足以记名姓而已。剑一人敌，不足学，学万人敌。"

【译文】

李汤曾在昭应县城楼题名，韦蟾看到之后，提笔写下了一首诗戏谑说："渭水秦川拂眼明，希仁何事寡诗情？只应学得虞姬婿，书字才能记姓名。"

裴晋公赴敌淮西①，题名华岳之阙门②。大顺中，户部侍郎司空图以一绝纪之曰③："岳前大队赴淮西，从此中原息战鼙④。石阙莫教苔藓上，分明认取晋公题。"

【注释】

①裴晋公赴敌淮西：晋国公裴度督师讨平淮西。裴度见本门前注。淮西：淮南西道的简称，唐方镇名。肃宗至德元载（756）置，初治颍川郡（今河南许昌），后几经移治，至大历八年（773）移治蔡州（今河南汝南）。大历中淮西被军阀割据，屡屡反叛，宪宗元和十二年（817），裴度、李愬等平定淮西，生擒叛将吴元济，复为淮西节度使。十三年（818）宪宗下诏废除淮西节度使。

②华岳：西岳华山。阙门：指华山岳庙前的石阙。

③司空图（837—908）：字表圣，自号知非子，又号耐辱居士，河中虞乡（今山西永济）人。懿宗咸通十年（869）登进士第。历殿中侍御史、礼部员外郎、中书舍人等。后隐居中条山王官谷。后梁代唐，绝食而卒。晚唐诗人和诗歌理论家，著有《一鸣集》《二十四诗品》等。

④战鞞（pí）：古代军中马上所击的鼓。借指战争。鞞，同"鼙"，古代军中的一种小鼓。

【译文】

晋国公裴度督师讨平淮西，在西岳华山的石阙上题名。大顺年间，户部侍郎司空图写了一首绝句纪念此事："岳前大队赴淮西，从此中原息战鞞。石阙莫教苔藓上，分明认取晋公题。"

白乐天一举及第①，诗曰："慈恩塔下题名处，十七人中最少年。"乐天时年二十七②。省试《性习相近远赋》，《玉水记方流》诗。携之谒李凉公逢吉③。公时为校书郎，于时将他适。白遽造之④，逢吉行携行看⑤，初不以为意；及览赋头曰："噫⑥！下自人，上达君，咸德以慎立，而性由习分⑦。"逢吉大奇之⑧，遂写二十余本⑨。其日，十七本都出。

【注释】

①白乐天：白居易，字乐天，晚号香山居士。中唐著名诗人。参见卷二"争解元"门注。

②乐天时年二十七：白居易当时二十七岁。按，白居易生于大历七年（772），贞元十六年（800）及第，应为二十九岁。

③李凉公逢吉：李逢吉（758—835），字虚舟，谥号成，陇西成纪（今甘肃秦安）人。唐朝宰相。德宗贞元十年（794）登进士第。历左拾遗、右司郎中、给事中、中书舍人等。元和十一年（816）拜门下侍郎同平章事，次年因反对裴度对淮西用兵而罢相。个性忌刻，排斥异己。穆宗时代裴度为相。敬宗时封凉国公，出为山南东道节度使。文宗时官至尚书左仆射，以司徒致仕。

④遽（jù）造：突然造访。

⑤行携行看：指带着边走边看。行，又，再。

⑥噫（yī）：语气词。表感叹。

⑦"下自人"几句：下自常人，上至君王，德行都以谨慎而建立，相近的天性由于教育不同而区分开来。

⑧奇：赏识，看重。《史记·袁盎晁错列传》："书数十上，孝文不听，然奇其材，迁为中大夫。"

⑨写：誊写。

【译文】

白居易一次考试就进士及第，写诗道："慈恩塔下题名处，十七人中最少年。"白居易当时二十七岁。省试题目是《性习相近远赋》，《玉水记方流》诗。白居易携带考试的诗赋去拜见凉国公李逢吉。李逢吉时任校书郎，当时正准备去别的地方。白居易突然造访，李逢吉于是带着诗赋边走边看，一开始的时候不以为意；等到看了赋的开头，写道："噫！下自常人，上至君王，德行都以谨慎而建立，相近的天性由于教育不同而区分开来。"李逢吉大为赏识，于是誊写了二十多本。那日，十七本都送了出去。

论曰：科第之设，沿革多矣。文皇帝拨乱反正，特盛科名[1]，志在牢笼英彦[2]。迩来林栖谷隐[3]，栉比鳞差[4]。美给华资[5]，非第勿处[6]；雄藩剧郡[7]，非第勿居[8]。斯乃名实相符，亨达自任[9]，得以惟圣作则[10]，为官择人。有其才者，靡捐于瓮牖绳枢[11]；无其才者，讵系于王孙公子[12]！莫不理推画一，时契大同[13]。垂三百年，擢士众矣。然此科近代所美[14]。知其美之所美者，在乎端己直躬[15]，守而勿失；昧其美之所美者，在乎贪名巧宦[16]，得之为荣。噫！大圣设科[17]，以广其教，奈何昧道由径[18]，未旋踵而身名俱泯[19]，又何科第之庇乎？矧诸寻芳逐胜[20]，结友定交，竞车服之鲜华，骋杯盘之意气[21]，沽激价誉[22]，比周行藏[23]，始胶漆于群强，终短长于逐末[24]。乃知得失之道，坦然明白[25]。丘明所谓"求名而亡，欲盖而彰"[26]。苟有其实，又何科第之蹶欤！

【注释】

①特盛科名：特别重视科举功名。盛，称赞，重视。科名，科举功名。

②牢笼：笼络。

③林栖谷隐：指隐居山林的人。

④栉（zhì）比鳞差：犹鳞次栉比。像梳齿和鳞片一样紧密排列。形容密集。

⑤美给华资：优厚的待遇和显贵的地位。

⑥处：享有，具有。

⑦雄藩剧郡：地位重要的藩镇和政务繁剧的紧要州郡。

⑧居：居位，居职。

⑨亨达自任：靠自己得到通达顺利的前途。自任，自用。

⑩惟圣作则：遵从圣人制定的规则。

⑪捐：舍弃，抛弃。瓮牖（yǒu）绳枢：用破瓮口作窗户，用绳子作门轴。比喻贫寒简陋，出身微贱。牖，窗户。枢，门轴。

⑫讵（jù）：岂，难道。系：归属。

⑬理推画一，时契大同：以理推求，标准一致，以达到天下大同。画一，整齐，一致。契，达到。

⑭美：称美，以为荣美。

⑮端己直躬：端正自己，以正直之道持身处世。躬，自身。

⑯贪名巧宦：贪图名利，巧于钻营仕途。巧宦，善于钻营的官吏。

⑰大圣：指皇帝。

⑱昧道由径：不明事理，不由正道。昧，愚昧，糊涂。由径，从小路走，比喻不由正道。语出《论语·雍也》："有澹台灭明者，行不由径。"

⑲泯：泯灭。

⑳矧（shěn）：况且，而况。

㉑杯盘：指酒席之间。

㉒沽激价誉：矫情做作以求名誉。沽激，矫情求誉。价誉，声价名誉。

㉓比周行藏：共同进退朋比结党。比周，结党，联合。行藏，指出处或行止。

㉔始胶漆于群强，终短长于逐末：一开始和豪强牢固联合，最后在追逐末利中互争短长。胶漆，像胶和漆一样牢固地结合在一起。

㉕坦然：显然。

㉖丘明：指左丘明。春秋末期鲁国史官，相传著有《左传》和《国语》。求名而亡，欲盖而彰：有的人想要求名而得不到名，有的人想要遮盖掩饰却反而更加显明。彰，明显，显著。语出《左传·昭公三十一年》："或求名而不得，或欲盖而名章，惩不义也。"

【译文】

论曰：科举的设置，沿革很多。太宗文皇帝拨乱反正，特别重视科举功名，意在笼络英才。那时以来隐居山林的人，鳞次栉比前来应考。优厚的待遇和显贵的地位，不是科第出身就不能享有；实力雄厚的藩镇和政务繁剧的紧要州郡，不是科第出身就不能居职。如此名称与实质相符，靠自己得到通达顺利的前途，才能够遵从圣人制定的规则，为官职而选拔人才。有这样才能的，不因为出身微贱而被抛弃；没有这样才能的，岂因为出身高贵而官职自动归属！无不以理推求，标准一致，以达到天下大同。近三百年，擢拔的贤能之士很多。然而进士科近代以来被认为荣美。知道荣美之所以为荣美的原因的，在意端正自己，以正直之道持身处世，坚守本质而不失去；不知道荣美之所以为荣美的原因的，在意贪图名利，巧于钻营仕途，得到其名以为荣耀。噫！皇帝设置科举，用以推广教化，怎奈有人不明事理，不由正道，旋即身与名一起泯灭，科第对他们又有何庇护之用呢？何况寻芳猎艳追求胜景，结好朋友定下交谊，竞争车马服饰的鲜丽华美，放任酒席之间的一时意气，矫情做作以求名誉，共同进退朋比结党，一开始和豪强牢固联合，最后在追逐末利中互争短长。于是知道得失的道理，显然而明白。左丘明所谓"有的人想要求名而得不到名，有的人想要遮盖掩饰却反而更加显明"。如果有实质，又何来缺乏科第之名呢？

卷四

节操

【题解】

此门记录了唐代士人们关于品德操守的轶事,作者在结尾的论赞中强调了士人德行的重要性。通观故事,作者不是单纯赞颂仁义道德,而是将道德和科第联系在了一起。裴度屡试不第,后因为归还他人失物而积阴骘,不仅考中了进士,还由饿死之命改为宰相之命。卢补阙不贪图眼前富贵而改变考进士的初衷,终于考中。孙泰宅心仁厚,多行善事,后代进士及第。将科第和积善行德、因果报应联系在一起,是科举时代特有的道德观。

裴晋公质状眇小①,相不入贵②。既屡屈名场③,颇亦自惑。会有相者在洛中④,大为搢绅所神⑤。公时造之问命。相者曰:“郎君形神稍异于人⑥,不入相书⑦。若不至贵,即当饿死。然今则殊未见贵处。可别日垂访⑧,勿以蔬粝相鄙⑨。候旬日,为郎君细看。”公然之⑩,凡数往矣。无何,阻朝客在彼⑪,因退游香山佛寺⑫,徘徊廊庑之下。忽有一素衣妇人,致一缇缗于僧伽和尚栏楯之上^⑬,祈祝良久^⑭,复取笈掷之^⑮,叩头瞻拜而去^⑯。少顷,度方见其所遗忘,念致彼既不可追,然料其必再至,因为收取。踟蹰至暮^⑰,妇人竟不至,度不得已,携之归所止。诘旦,复携至彼。时寺门始辟,俄睹向者素衣疾趋而至^⑱,逡巡,抚膺惋叹^⑲,若有非横^⑳。度从而讯之。妇人曰:"新妇阿父无罪被系^㉑,昨告人^㉒,假得玉带二、犀带一^㉓,直千余缗^㉔,以遗津要^㉕。不幸遗失于此。今老父不测之祸无所逃矣!"度怃然^㉖,复细诘其物色^㉗,因而授之。妇人拜泣,请留其一。度不顾而去^㉘。寻诣相者,相者审度^㉙,声色顿异,大言曰^㉚:"此必有阴德及物^㉛! 此后前途万里,非某所知也。"再三诘之,度偶以此言之。相者曰:"只此便是阴功矣^㉜,他日无相忘! 勉旃^㉝,勉旃!"度果位极人臣。

【注释】

①裴晋公:裴度。唐朝著名宰相。参见卷三"慈恩寺题名游赏赋咏杂纪"门注。眇(miǎo)小:指形貌矮小瘦弱。

②相不入贵:指从相法来看非富贵之相。相,察看。此指相术。古代一种迷信,认为可以通过观察人的相貌体态等,从而预言命运,卜测吉凶。

③屡屈名场:指屡试不第。名场,科场。以其为士子求功名的场所,故称。名,科举功名。

④相者:指以相术为业的人。

⑤神:灵验。

⑥形神:形骸与精神。

⑦不入相书：指相书中没有记载。

⑧别日：改日，他日。

⑨蔬粝（lì）：野菜与糙米。泛指粗食。粝，糙米。

⑩然：同意，答应。

⑪朝客：指朝官。

⑫香山佛寺：洛阳的佛寺，在洛阳龙门山上。白居易《修香山寺记》：
　　"洛都四野，山水之胜，龙门首焉。龙门十寺，观游之胜，香山首焉。"

⑬致一缇绤（tí xí）于僧伽和尚栏楯（shǔn）之上：把一个赤丝包裹
　　放在观音大士的栏杆之上。致，放置。缇绤，橘红色的厚重丝织
　　物。此指缇绤包裹。僧伽和尚，和尚。僧伽，梵语的译音，指僧
　　侣。一指观音大士。栏楯，栏杆。纵为栏，横曰楯。

⑭祈祝：祈求祝祷。

⑮筊（jiào）：同"珓"。一种迷信占卜的用具。多用两个蚌壳或像蚌
　　壳的竹、木片做成，掷在地上，看它的俯仰，以此占卜吉凶。

⑯瞻拜：瞻仰礼拜。

⑰踌躇：停留。

⑱向者：之前，前些时候。

⑲抚膺（yīng）：抚胸，表示悲恨。膺，胸。

⑳非横：不测之祸，非常大的祸事。

㉑新妇：泛指妇人。系：拘囚，关进牢狱。

㉒告：求告。

㉓玉带二、犀带一：两条玉带、一条犀角带。唐代制度，三品以上文
　　武官员方许佩用玉带、犀角带。《新唐书·车服志》："一品、二品
　　服玉及通犀，三品服花犀、班犀。"

㉔直：价值。

㉕遗：馈赠。此指贿赂。津要：比喻显要的地位。此指身居要职之人。

㉖怃（wǔ）然：惊愕貌。

㉗物色：样子，外观轮廓。

㉘不顾：不回头看。

㉙审：审视。

㉚大言：高声地说。

㉛阴德：不为人所知的善行。物：他人。

㉜阴功：阴德。

㉝勉旃（zhān）：努力。劝勉之词。旃，语助，之焉的合音字。

【译文】

晋国公裴度形貌矮小瘦弱，从相法来看非富贵之相。屡试不第之后，自己也很疑惑。恰逢有相者在洛阳，士大夫们都认为他的相术非常灵验。裴度常常造访他，探问自己的命运。相者说："郎君的形骸与精神和别人有些不一样，相书中没有记载。如果不是极其尊贵之命，就应当是饿死之命。然而现在尚未看到尊贵的迹象。郎君可改日再来，不要鄙弃这里的粗茶淡饭。等过十天，再为郎君仔细相看。"裴度答应了，一共去了几次。没多久，恰逢有朝廷官员在相者那里，于是退回游览香山佛寺，在寺院的廊庑之下徘徊。忽然有一名身穿素衣的妇人，把一个赤丝包裹放在观音大士的栏杆之上，祈求祝祷了很长时间，又拿筊掷在地上占卜，磕头瞻仰礼拜之后离去。过了一会儿，裴度才看见她刚才遗忘的包裹，想要还给她，但已经追不上了，然而料想她肯定会再来，于是暂且收取。停留到傍晚，妇人一直没来，裴度不得已，就把包裹带回自己住的地方。第二天一早，又带着包裹到原地去。当时寺门刚刚开启，忽然看见之前的素衣妇人很快地走过来，不一会儿，拍着胸膛惋惜悲叹，好像有什么极大的祸事。裴度因而上前询问。妇人说："小妇人的父亲没有犯罪却被关进牢狱，昨日求告别人，借得两条玉带、一条犀角带，价值千贯，用来贿赂身居要职的人。不幸在这里遗失。如今父亲的大难没有办法可以躲避了！"裴度听了非常惊愕，又仔细询问丢的东西是什么样的，于是把捡到的包裹还给了她。妇人下拜哭泣，请求裴度留下一条。裴度头也不回径自离去。不久去造访相者，相者审视裴度，声音和表情忽然改变，高声说道："这一定是有阴德惠及他人！从此以后前途万里，不是我所能知道的了。"再三询问裴度，裴度偶然把捡还玉带之事告诉了他。相者说："只此就是阴功，他日富贵不要忘了我！努力！努力！"后来裴度果然位极人臣。

　　卢大郎补阙[①]，卢名上字与仆家讳同[②]，下字曰晖。升平郑公之甥也[③]。晖少孤，长于外氏[④]，愚常诲之举进士。咸通十一年初举[⑤]。广明庚子岁，遇大寇犯阙，窜身南服[⑥]。时外兄郑续镇南海[⑦]，晖向与续同庠序[⑧]。续仕州县官，晖自号"白衣卿相"[⑨]。然二表俱为愚钟爱[⑩]。尔来未十稔[⑪]，续为节行将[⑫]，晖乃穷儒，复脱身虎口，挈一囊而至[⑬]。续待之甚厚。时大驾幸蜀[⑭]，天下沸腾[⑮]，续勉之出处[⑯]，且曰："人生几何！苟富贵可图，何须一第耳！"晖不答。复请宾佐诱激者数四[⑰]，复虚右席以待晖[⑱]。晖因曰："大朝设文学之科以待英俊[⑲]，如晖能否，焉敢期于饕餮[⑳]！然闻昔舅氏所勖[㉑]，常以一第见勉。今旧馆寂寥[㉒]，奈何违宿昔之约[㉓]！苟白衣没世[㉔]，亦其命也；若见利改图，有死不可！"续闻之，加敬。自是龙钟场屋复十许岁[㉕]，大顺中，方为弘农公所擢[㉖]，卒于右衮[㉗]。

【注释】

①卢大郎补阙：名字未详。晚唐人，官终右补阙。补阙，官名。武则天垂拱元年（685）置，有左右之分。左补阙属门下省，右补阙属中书省，掌供奉讽谏，为士人清选。

②家讳：父祖的名讳。此指作者王定保的家讳。

③升平：唐长安坊名。郑公：郑愚，广州（今属广东）人。登进士第，曾任监察御史、左补阙。历西川节度判官、商州刺史。懿宗时任桂管观察使、岭南西道节度使，后入为礼部侍郎、知贡举，出为岭南东道节度使。官终尚书左仆射。

④外氏：指外祖父母家。

⑤咸通十一年：870年。初举：初次考进士。

⑥"广明庚子岁"几句：广明庚子年，黄巢进犯京师，卢补阙逃亡岭南。广明庚子岁，880年。黄巢于880年攻破长安，唐僖宗出逃四川。窜身，藏身，逃亡。南服，南方。古代王畿以外地区，依距离远近分为五服，称南方为"南服"。此指岭南。

⑦郑续：僖宗乾符六年（879）至光启二年（886）中，为广州刺史、岭南东道节度使，镇守南海（今广东广州）。

⑧同庠（xiáng）序：即同学。庠序，泛指学校。《孟子·滕文公上》："夏曰校，殷曰序，周曰庠。"

⑨白衣卿相：指尚未发迹的应进士试的读书人。参见卷一"散序进士"门注。

⑩二表：即表兄弟二人。

⑪稔（rěn）：年。古代谷一熟为一年。

⑫节行将：持节的大将。此指节度使。

⑬挈（qiè）：携带。

⑭大驾幸蜀：皇帝驻跸在蜀地。

⑮沸腾：动荡，动乱。殷济《无名歌》诗："天下沸腾积年岁，米到千钱人失计。"

⑯出处：出仕和退隐。此专指出仕。

⑰诱激：诱导激励。数四：再三再四，多次。

⑱虚右席：空出高位。右席，此指幕府中的高位。古以右为尊。李

中《送朐山孙明府赴寿阳幕府辟命》诗："堪羡元戎虚右席,便承
纶绋赴金台。"

⑲大朝:朝廷。

⑳饕餮(tāo tiè):传说中一种凶恶贪食的野兽。比喻贪恋高官厚禄。

㉑勖(xù):劝勉,勉励。

㉒旧馆寂寥:旧日的馆舍已经寂静冷清。比喻物是人非。旧馆,指
郑愚居住的地方。

㉓宿昔:从前,往日。

㉔没世:终生。

㉕龙钟:潦倒失意。

㉖弘农公:或即杨涉。昭宗时为吏部侍郎,封弘农县伯,唐末、后梁
为宰相。擢(zhuó):擢拔。指取中为进士。

㉗右衮:右补阙的别称。

【译文】

卢大郎补阙,卢补阙的名字上一字和我的家讳相同,下一字是晖。是升平
郑公郑愚的外甥。卢补阙少时父亲去世,在外祖父母家长大,郑愚常常
教诲他要考进士。咸通十一年卢补阙初次考进士。广明庚子年,黄巢进
犯京师,卢补阙逃亡岭南。当时卢补阙的表哥郑续镇守南海,卢补阙以
前和郑续是同学。郑续出任州县官职,卢补阙自号"白衣卿相"。表兄
弟二人都为郑愚所钟爱。之后不到十年,郑续担任节度使,卢补阙还是
一介穷书生,又刚虎口逃生,带着背囊来投奔。郑续待他非常亲厚。当
时皇帝驻跸在蜀地,天下动荡,郑续劝卢补阙出仕做官,且说道:"人生匆
匆能有几年!如果富贵可求,何必定要一个进士的功名呢!"卢补阙没
有回答。郑续又请宾客幕僚多次诱导激励,又空出幕府中的高位来等待
卢补阙。卢补阙于是说:"朝廷设置文学的科目来等待英才俊彦,像我这
样的人但看能否考中,岂敢期待贪恋高官厚禄!然而往日听闻舅父的劝
勉,常以科第功名来勉励我。如今虽已物是人非,但我怎能违背往日的

约定呢！即使终身不能考取，也是命运使然；如果因为利益而改变初衷，除非身死不可！"郑续听到此话，更加尊敬他。卢补阙自此以后又在考场蹉跎失意十多年，大顺年间，才被弘农杨公擢拔及第，卒于右补阙任上。

孙泰①，山阳人，少师皇甫颖②，操守颇有古贤之风。泰妻即姨妹也③。先是姨老矣，以二子为托④，曰："其长损一目⑤，汝可娶其女弟⑥。"姨卒，泰娶其姊。或诘之，泰曰："其人有废疾⑦，非泰不可适⑧。"众皆伏泰之义。尝于都市遇铁灯台⑨，市之⑩，而命洗刷，即银也，泰亟往还之。中和中⑪，将家于义兴⑫，置一别墅，用缗钱二百千。既半授之矣，泰游吴兴郡⑬，约回日当诣所止。居两月⑭，泰回，停舟途步，复以余资授之，俾其人他徙⑮。于时，睹一老妪，长恸数声⑯，泰惊悸，召诘之。妪曰："老妇常逮事翁姑于此⑰，子孙不肖，为他人所有，故悲耳！"泰怃然久之⑱，因绐曰："吾适得京书，已别除官⑲，固不可驻此也⑳，所居且命尔子掌之。"言讫，解维而逝㉑，不复返矣。子展，进士及第，入梁为省郎㉒。

【注释】

①孙泰：山阳（今江苏淮安）人。昭宗时曾任左拾遗，预修《宣宗实录》。

②皇甫颖：晚唐人，以清操著称。乾符中登进士第，终身未仕。参见卷八"及第后隐居"门。

③姨妹：姨母的女儿，表妹。

④子：孩子，这里指女儿。

⑤损一目：一只眼睛瞎了。

⑥女弟:妹妹。

⑦废疾:残疾。

⑧适:旧称女子嫁人。

⑨都市:都城中的集市。

⑩市:买。

⑪中和:唐僖宗李儇的年号(881—885)。

⑫家:安家。义兴:义兴县,隋开皇九年(589)改阳羡县置,治所即
　今江苏宜兴。

⑬吴兴郡:唐天宝、至德间改湖州为吴兴郡,治乌程县(今浙江湖
　州)。

⑭居:经过。表示隔了一段时间。

⑮俾(bǐ):使,让。

⑯长恸(tòng):大哭。

⑰翁姑:公婆。

⑱怃(wǔ)然:怅然失意貌。

⑲除官:授官。除,任命官职。

⑳固:当然,已经。

㉑维:系船之绳。

㉒省郎:指中央各省的官员。

【译文】

　　孙泰,是山阳人,年轻时师从皇甫颖,志行品德很有古代贤人的风范。孙泰的妻子是他姨母家的表妹。当初姨母年老的时候,把两个女儿托付给孙泰,说:"长女一只眼睛瞎了,你可以娶她的妹妹。"姨母去世后,孙泰娶了姨母的长女为妻。有人问他这么做的原因,孙泰说:"她身有残疾,除了我无人可嫁。"众人都佩服孙泰的义气。孙泰曾经在都城中的集市上看到一座铁灯台,把它买了下来,叫人洗刷,原来是银制的,孙泰连忙前往集市归还卖主。中和年间,孙泰想在义兴安家,购置了一

座别墅,用了铜钱两百贯。已经交付了一半,孙泰前往吴兴郡游玩,约定回来后就到新买的别墅去住。过了两个月,孙泰回来,停船步行前往别墅,又把剩余的款项交给卖主,让他们搬迁到别处。在这个时候,看到一个老妇人连声痛哭,孙泰听了惊异心悸,就叫她来询问原因。老妇人说:"我曾经在这里侍奉过公婆,子孙不成材,使这里被他人拥有,因此而悲伤。"孙泰怅然失意了很久,就骗她说:"我刚好收到京师来的文书,已经被另外授官,自然不能住在这里了,这栋房子暂且由你的儿子管理。"说完,解开船绳就离去了,没有再回来。孙泰的儿子孙展,进士及第,入梁任职省郎。

论曰:范宣之三立①,德居其首;夫子之四科②,行在其先。矧乃五常者③,总之于仁;百虑者,试之于利。祸福不能回至德④,贫富不能窥至仁⑤。夫炯戒之伦⑥,而穷达不侔者⑦,其惟命与! 苟届诸道⑧,又何穷达之异致矣⑨!

【注释】

①范宣之三立:范宣子所说的立德、立功、立言。范宣,即范宣子,名士匄(gài,? —前548),封地在范,谥号宣,故称"范宣子"。春秋时期晋国政治家、军事家、法家先驱,制订"范宣子刑书"。《左传·襄公二十四年》载范宣子问穆叔何为不朽,穆叔说:"大上有立德,其次有立功,其次有立言,虽久不废,此之谓不朽。"则三立之说非范宣子。

②夫子之四科:即孔门德行、言语、政事、文学四科。

③矧(shěn):何况。五常:指仁、义、礼、智、信。

④回:改变,违背。

⑤窥:窥图,夺取。

⑥伦：辈，类。

⑦侔（móu）：相等，齐。

⑧届：到达。

⑨异致：不同情状。

【译文】

论曰：范宣子的三立之中，以立德居于首位；孔夫子的四科之中，德行排在最先。何况仁、义、礼、智、信五常，总归于仁；千思百虑，都可用利益来试验。无论祸福都不能改变最高的德行，无论贫富都不能夺取最大的仁德。这些人都属鲜明的鉴戒之类，而他们的穷困亨达却不相同，大概是因为命运吧！如果能达于道，又有什么穷困亨达的不同呢！

与恩地旧交

【题解】

此门记录应试举子和主考官有旧交的例子。举子和主考官有交情，一般来说需要回避，比如崔群被陆贽取中进士，等崔群知贡举时，为了避讳，就不让陆贽之子参加贡举。但人情在进士录取中还是能起很大作用，本门中刘虚白和孟启都在旧日朋友做主考官时得中进士。其中裴坦因为录取了自己的故人刘虚白和不少高官子弟，在当时颇受非议。而另一面，刘虚白和孟启都是文辞之士，孟启更是《本事诗》的作者，二人考了二三十年，年纪很大，当年的同学、学生都做了主考官，才终于考中，寒士的科举坎坷之路令人唏嘘。

刘虚白与太平裴公早同砚席①。及公主文，虚白犹是举子。试杂文日，帘前献一绝句曰："二十年前此夜中，一般灯烛一般风②。不知岁月能多少，犹著麻衣待至公③！"

孟启年长于小魏公④。放榜日,启出行曲谢。沆泣曰:"先辈,吾师也。"沆泣,启亦泣。启出入场籍三十余年⑤。

长孙籍与张公旧交⑥,公兄呼籍。公尝讽其改图⑦,籍曰:"朝闻道,夕死可矣⑧!"

【注释】

①刘虚白与太平裴公早同砚席:刘虚白和太平坊相公裴坦早年曾共同学习。刘虚白,竟陵(今湖北天门)人。宣宗大中十四年(860)登进士第。太平,唐长安坊名,位于朱雀门街西第二街。裴坦宅在此。裴公,裴坦(?—874),字知进,闻喜(今属山西)人。唐朝宰相。文宗大和八年(834)登进士第。累官中书舍人。宣宗大中十三年(859)知礼部贡举。后出为江西观察使,又为谏议大夫、华州刺史。僖宗初为中书侍郎、同中书门下平章事。同砚席,同一砚台和座席。指在一起研讨诗文或同学。

②一般灯烛一般风:还是一样的灯烛一样的风。唐朝科考在贡院廊庑下进行,常常考到深夜,故有"灯烛""风"之语。

③麻衣:举子赴考所穿之麻衣。

④孟启年长于小魏公:孟启比主考官小魏公崔沆年长。孟启,字初中。僖宗乾符元年(874)进士。凤翔节度使令狐绹辟为推官,后为司勋郎中。著有《本事诗》,保存了不少唐朝诗人的轶事,并收录了相关的一些诗歌。小魏公,即崔沆。唐朝宰相。参见卷三"慈恩寺题名游赏赋咏杂纪"门注。崔沆的父亲崔铉封魏国公,因称"小魏公"。按,启,底本作"棨",据陈尚君等考证改。

⑤出入场籍:指参加科举考试。

⑥长孙籍:事迹未详。张公:事迹未详。

⑦讽:用含蓄的话劝告。改图:改变打算。即不再考进士。

⑧朝闻道,夕死可矣:如果早上闻知大道,哪怕当晚就死去也是值得
　的。语出《论语·里仁》:"子曰:'朝闻道,夕死可矣。'"此指不
　会改变考进士的决心。

【译文】

　　刘虚白和太平坊相公裴坦早年曾共同学习。到裴坦知贡举的时候,
刘虚白还是应试的举子。在考试杂文那天,刘虚白在帘前献上一首绝
句,写道:"二十年前此夜中,一般灯烛一般风。不知岁月能多少,犹著麻
衣待至公!"

　　孟启比主考官小魏公崔沆年长。进士放榜那天,孟启出列遍谢。崔
沆流泪说:"孟启先辈,是我的老师。"崔沆哭泣,孟启也为之哭泣。孟启
参加科举考试已经三十多年了。

　　长孙籍和张公是老朋友,张公称呼长孙籍为兄。张公曾劝告长孙籍
不要再考进士了,长孙籍说:"朝闻道,夕死可矣!"

师友

【题解】

　　此门记录了唐朝士人们的师友之谊,收录了不少名诗佳文,其中李
华的《祭萧颖士文》、杜甫的《醉时歌(赠广文馆博士郑虔)》等,无不情
真意切,展现了朋友间肝胆相照的情谊。诸人中犹以韩愈为代表。韩愈
作为中唐文坛领袖,亲爱友朋,提携后辈,无不尽心尽力,卷六"公荐"、
卷八"通榜"、卷十"韦庄奏请追赠不及第人近代者"等门类中都有不少
韩愈笃于师友之情的例子,譬如教导李翱、张籍、卢肇、黄颇,襄扬孟郊、
李观、崔群、欧阳詹,为李贺作《讳辩》等,借韩愈之力考中进士者更是不
知凡几。

　　　李华以文学名重于天宝末①。至德中②,自前司封员

外③，起为相国李梁公岘从事④，检校吏部员外⑤，时陈少游镇淮扬⑥，尤仰公之名。一旦，城门吏报华入府⑦，少游大喜，簪笏待之⑧；少顷，复白云："已访萧公功曹矣⑨。"即颖士也。

【注释】

①李华：赵州赞皇（今属河北）人。中唐著名古文家，与萧颖士齐名，世称"萧李"。参见卷一"两监"门注。名重：名声显赫。

②至德：唐肃宗李亨的年号（756—758）。

③司封员外：司封员外郎。官名。唐高宗龙朔二年（662）改主爵员外郎置。为尚书省吏部司封司次官。掌管封爵、朝会、赐予等事。

④起：起用。相国李梁公岘（xiàn）：李岘（约712—766），京兆（今陕西西安）人。唐朝宰相。玄宗时以门荫入仕，因得罪杨国忠贬长沙太守。肃宗时为扶风太守兼御史大夫，累迁京兆尹，封梁国公，以中书侍郎同中书门下平章事，因事贬蜀州刺史。代宗时再次拜相，不久迁礼部、吏部尚书，知江南东西、福建道选事。后卒于衢州刺史任上。从事：泛称藩镇幕僚。

⑤检校：官制用语。代理之意。多为外官寄衔，不实掌其事。

⑥陈少游（约724—约785）：博州博平（今山东茌平）人。进士及第。历任侍御史、郑州刺史、御史中丞、宣歙观察使、浙东观察使等。大历中迁扬州大都督府长史、淮南节度观察使、检校兵部尚书。按，李华入李岘幕府在广德二年（764）到永泰元年（765），此时萧颖士早已去世，陈少游任淮南节度观察使在大历八年（773），时间非一，且均非至德（756—758）中。扬：底本作"阳"，据《太平广记》等改。

⑦府：即扬州大都督府。

⑧簪笏：冠簪与手版。古代官员礼服所用。此隆重之意。

⑨萧公功曹：萧颖士。中唐名士，著名文学家，古文运动先驱。曾任

扬州功曹参军。参见卷一"两监"门注。

【译文】

李华在天宝末年以文学而名声显赫。至德年间,自前任司封员外郎,起用为宰相梁国公李岘的幕府从事,检校吏部员外郎,当时陈少游镇守扬州,尤其敬仰李华的文名。一天,守门官吏来报告说李华到了扬州都督府,陈少游喜出望外,穿着朝服等待他来;没多久,又来报告说:"已经去拜访萧功曹了。"就是萧颖士。

　　庐江何长师①,赵郡李华②,范阳卢东美③,少与韩衢为友④,江淮间号曰"四夔"⑤。

　　裴佶字弘正⑥,宰相耀卿之孙⑦,吏部郎中综之子⑧,卒于工部尚书。郑馀庆请先行朋友服⑨,私谥曰"贞"⑩,子曰泰章⑪。

【注释】

①何长师:庐江(今属安徽)人。事迹未详。

②赵郡:郡名。东汉建安十七年(212)改赵国置,治所在邯郸县(今河北邯郸西南)。后几经废立。唐武德初改为赵州,天宝初复为郡。

③卢东美:字西城,范阳(今河北涿州)人。博通诗书。历任太常博士、考功员外郎。

④韩衢:据《旧唐书》、韩愈《考功员外卢君墓铭》等,应为韩愈之兄韩会。韩会(738—780),河内河阳(今河南孟州)人。韩愈兄。有文名。被宰相元载赏识,累官起居舍人。元载被杀,坐贬韶州刺史,卒于官。韩愈幼时丧父,随会至岭表,由会妻郑氏抚养长大。

⑤四夔(kuí):四名像夔一样的才士。夔,人名。相传为尧、舜时乐

官，居官有政绩，借指贤明的辅弼大臣。据《旧唐书·崔造传》载："崔造，字玄宰，博陵安平人。少涉学，永泰中，与韩会、卢东美、张正则为友，皆侨居上元，好谈经济之略，尝以王佐自许，时人号为'四夔'。"与此之"四夔"有异。

⑥裴佶（jí，752—813）：字弘正，谥号贞，绛州稷山（今属山西）人。代宗大历五年（770）登进士第，补校书郎，判入高等，授蓝田尉。奔赴德宗行在，授补阙。历任谏议大夫、黔中观察使、同州刺史、中书舍人、吏部侍郎等。官至工部尚书。

⑦耀卿：裴耀卿（681—743），字焕之，谥文献，绛州稷山（今属山西）人。唐朝宰相。八岁以神童举。弱冠授秘书省正字，累迁国子主簿。玄宗开元初为长安令，历迁济、宣、冀州刺史，皆有惠政。授京兆尹，改革运粮体制，治理有功，拜黄门侍郎、同中书门下平章事，充转运使，进侍中，封赵城侯。天宝初，改任尚书右仆射。能诗善文，《全唐诗》存诗二首。

⑧综：裴综，绛州稷山（今属山西）人。裴耀卿子。官至吏部郎中。

⑨郑馀庆请先行朋友服：郑馀庆请求先以朋友身份服丧。郑馀庆（746—820），字居业，谥号贞，郑州荥阳（今属河南）人。唐朝宰相。代宗大历十二年（777）登进士第。德宗时擢翰林学士，拜中书侍郎、同中书门下平章事，坐事贬郴州司马。宪宗时，复拜相，后历国子祭酒、兵部尚书、凤翔节度使等职。封荥阳郡公，进位检校司徒以终。有《郑馀庆集》。行服，谓穿孝服居丧。

⑩私谥：古时人死后由亲属或门人给予的谥号。"私谥"相对于君主封赠的谥号而言。据《新唐书·裴耀卿传》附《裴佶传》："卒，赠吏部尚书，谥曰贞。"则"贞"似为官方谥号。

⑪泰章：裴泰章，字敦藻，绛州稷山（今属山西）人。官太常少卿、给事中、右散骑常侍等。

【译文】

庐江的何长师,赵郡的李华,范阳的卢东美,年轻时和韩衢互为朋友,在江淮间被人称为"四夔"。

裴佶字弘正,是宰相裴耀卿的孙子,吏部郎中裴综的儿子,卒于工部尚书任上。郑馀庆请求先以朋友身份服丧,为他私谥为"贞",裴佶的儿子叫裴泰章。

乔潭①,天宝十三年及第,任陆浑尉②。时元鲁山客死是邑③,潭减俸礼葬之,复恤其孤。李华《三贤论》曰:"潭,昂之孙,有古人风④。"李华称元德秀、张有略⑤:"志如道德,行如经术⑥。"

贞元十二年⑦,李挚以大宏词振名⑧,与李行敏同姓⑨,同年同登第,又同甲子⑩,及第时俱二十五岁。又同门⑪。挚尝答行敏诗曰:"因缘三纪异,契分四般同⑫。"

【注释】

①乔潭:字德源,梁(今河南商丘)人。师元德秀。天宝十三载(754)登进士第,后官陆浑尉。

②陆浑:县名。唐都畿道河南府属县之一,故治在今河南嵩县东北、伊河西。

③元鲁山:即元德秀。尝任鲁山县令,因称"元鲁山"。品行高洁,为政清廉,学识渊博,善为文章,为时人所称。参见卷一"述进士下篇"门注。客死:死于外乡。

④"潭"几句:今传李华《三贤论》作:"梁国乔潭德源,昂昂有古风。"则引文似误。

⑤张有略:一作张友略,字维之,南阳(今属河南)人。官大理评事。

⑥志如道德，行如经术：元德秀的志节如同他的道德规范，张有略的行为如同他的经术准则。李华《著作郎赠秘书少监权君墓表》："元之志如其道德，张之行如其经术。"

⑦贞元十二年：796年。

⑧李挚以大宏词振名：李挚以博学宏词科及第而闻名。李挚，约于德宗贞元初任延陵令，贞元十二年（796）中博学宏词科。大宏词，指博学宏词科。

⑨李行敏：赵州赞皇（今属河北）人。德宗贞元十二年（796）中博学宏词科。

⑩甲子：干支纪年，甲为天干的首位，子为地支的首位。古代以天干和地支递次相配，如甲子、乙丑、丙寅，从甲子起至癸亥止，共六十年一循环，称一甲子。泛指年岁。此指年龄。

⑪同门：同一师门。

⑫因缘三纪异，契分四般同：三纪以来虽然因缘各异，情分却有四样相同。三纪，三十六年。纪，十二年为一纪。契分，情分，缘分。

【译文】

乔潭，天宝十三载进士及第，担任陆浑县尉。当时客居于此的元德秀亡故，乔潭减去自己的俸禄以礼安葬元德秀，并抚恤他的遗孤。李华在《三贤论》中说："乔潭，乔昂之孙，有古贤人之风。"李华称赞元德秀、张有略："元德秀的志节如同他的道德规范，张有略的行为如同他的经术准则。"

贞元十二年，李挚以博学宏词科及第而闻名，和李行敏同姓，同年及第，又同岁，及第的时候都是二十五岁。又师出同门。李挚曾经答和李行敏的诗，写道："因缘三纪异，契分四般同。"

陇西李舟与齐相国映友善①，映为将相，舟为布衣②，而舟致书于映，以交不以贵也。时映左迁于夔③，舟书曰："三十三官足下④,近年已来,宰臣当国⑤,多与故人礼绝。仆以礼处足下⑥,则足下长者⑦,仆心未忍;欲以故人处足下,则虑悠悠之人⑧,以仆为诡。几欲修书,逡巡至今。忽承足下出守夔国⑨,于苍生之望,则为不幸;为足下谋之,则名遂身退⑩,斯又为佳。仆昧时者⑪,谨以为贺。但鄱阳、云安⑫,道阻且长⑬,音尘寂蔑⑭,永以增叹⑮。仆所疾沉痼⑯,方率子弟力农⑰,为世疏矣,足下亦焉能不疏仆耶? 足下素□,仆所知之;其于得丧⑱,固怡如也⑲。然朝臣如足下寡矣,明王岂当不察之耶⑳? 惟强饭自爱㉑。珍重,珍重!"

【注释】

①李舟:字公受,陇西成纪(今甘肃秦安)人。十六岁以黄老学一举登第,任校书郎,辟宣歙、浙东等幕府,历任殿中侍御史、金部员外郎、陕州刺史、处州刺史等,封陇西县男。家于鄱阳,以病卒。齐相国映:齐映(748—795),谥号忠,瀛州高阳(今属河北)人。唐朝宰相。代宗大历四年(769)状元及第,举博学宏词科,补河南府参军。德宗建中初升刑部员外郎。泾原兵变中随德宗逃奔梁州,官给事中,又改中书舍人。贞元二年(786)以中书舍人同中书门下平章事,寻改中书侍郎,封河间县男。贞元三年(787)贬夔州刺史,转衡州刺史、江西观察使等。卒赠礼部尚书。

②布衣:借指平民百姓。此指退居民间。李舟早年登第,仕宦颇多,后退居鄱阳,非平民百姓。

③左迁于夔:指贞元三年(787)齐映贬夔州刺史。夔,夔州,治奉节县(今属重庆)。

④三十三官:犹三十三郎。以行第为称。

⑤宰臣:宰相。当国:主掌国政。白居易《寄隐者》诗:"云是右丞

相，当国握枢务。"

⑥处：对待。

⑦长者：指有德行的人。

⑧悠悠之人：泛指众人，世俗之人。悠悠，众多。

⑨夔国：周诸侯国，在今湖北秭归。此指夔州。

⑩名遂身退：指成就功业和名声后自身隐退。遂，成就。

⑪昧时：犹言不识时务。谦辞。

⑫鄱阳：鄱阳郡，唐天宝元年（742）改饶州为鄱阳郡，治所在鄱阳（今属江西）。云安：云安郡，唐天宝元年（742）改夔州置，治奉节县（今属重庆）。分指李舟所在之地和齐映被贬之地。

⑬道阻且长：道路艰险而遥远。《诗经·秦风·蒹葭》："溯洄从之，道阻且长。"

⑭音尘寂蔑：音信隔绝。音尘，音信。寂蔑，沉寂，断绝。谢灵运《邻里相送至方山诗》："各勉日新志，音尘慰寂蔑。"

⑮永以增叹：长时间悲伤感叹。增叹，更加悲叹。张衡《四愁诗》："路远莫致倚增叹。"

⑯沉痼（gù）：积久难治的病。

⑰力农：致力于农事。

⑱得丧：犹得失。

⑲怡如：恬淡和悦。

⑳明王：圣明的君主。

㉑惟：希望。强饭：努力加餐。勉励语。

【译文】

陇西李舟和宰相齐映是好朋友，齐映担任将帅和宰相这样的高官，李舟退居民间，而李舟写信给齐映，论友情而不论身份的贵贱。当时齐映被贬到夔州，李舟给他写信道："三十三郎阁下，近年以来，宰相执政，多和以前的老朋友以礼断绝来往。我如果按照礼仪对待您，断绝来往，则您是忠厚长者,我于心不忍;如果以老朋友的身份和您相处,又担心悠悠世人,认为我狡诈谄媚。几次想写信给您,却一直犹豫至今。忽然听闻您出京担任夔州刺史,对百姓的期望来说,是不幸;为您考虑起见,则您功成身退,又是好事。我是不识时务的人,谨因此事而祝贺您。但是我在鄱阳,您在云安,道路艰险而遥远,音信隔绝,只让人长久悲伤感叹。我的病积久难治,正率领子弟致力于农事,与时世疏隔,您又怎能不疏远我呢?您的平素为人,我是知道的;对于一己得失,本来就能恬淡处之。朝廷官员中像您这样的很少,圣明天子怎么会不明察呢?希望您努力加餐爱惜自己。珍重,珍重!"

　　李华《祭萧颖士文》:"维乾元三年二月十日①,孤子赵郡李华以清酌之奠②,敬祭于亡友故扬府功曹兰陵萧公之灵③:呜呼茂挺④,平生相知,情体如一⑤,岁月之别⑥,俄成古今⑦。天乎丧予⑧,此痛何极!华罾罚深重⑨,艰难所钟⑩,殊方永慕⑪,触目号裂⑫,途穷易感⑬,况哭故人。以足下才惟挺生⑭,名盖天下,道孤命屈⑮,沦厄终身⑯。避乱全絜⑰,忠也;冒危迁祔⑱,孝也。有王佐之才⑲,先师之训⑳,而殁于道路㉑,何负于天乎㉒?痛哉!华畴昔之岁㉓,幸忝周旋㉔,足下不弃愚劣,一言契合㉕,古称管、鲍㉖,今则萧、李,有过必规,无文不讲。知名当世,实类无人,循环往复,何日忘此!存、实等泣血千里㉗,羁旅相依。闻其一哀,心骨皆断㉘。夫痛之至者,言不能宣,虽欲寄词,只益填塞㉙。茂挺,君其降灵!尚享㉚!"

【注释】

①乾元三年：760年。

②孤子：居父丧而母尚在者的自称。清酌：古代祭祀所用的清酒。

③扬府功曹兰陵萧公：萧颖士官终扬州府功曹参军，祖籍南兰陵（今江苏常州），因称"扬府功曹兰陵萧公"。

④茂挺：萧颖士字茂挺。

⑤情体如一：指精神形体都亲密如一。

⑥岁月之别：一年或几月的别离。指短时间的别离。

⑦古今：指生死之别。生者为今，死者为古。

⑧天乎丧予：是上天惩罚我。《论语·先进》："颜渊死，子曰：'噫！天丧予！天丧予！'"

⑨衅（xìn）罚：罪罚。衅，罪过。

⑩钟：汇集，集中。

⑪殊方永慕：长久思念远方。犹天人永隔。殊方，远方。永慕，长久思念。

⑫触目号裂：触目惊心，哀号欲裂。号裂，嚎啕痛哭，肝胆欲裂。

⑬途穷易感：困窘之时易于感伤。途穷，前途穷尽。比喻走投无路或处境困窘。

⑭挺生：特出，杰出。杜甫《秋日荆南述怀三十韵》诗："昔承推奖分，愧匪挺生材。"

⑮道孤命屈：道义孤独，命运屈枉。道，学说或主张。屈，冤屈。白居易《哭刘尚书梦得二首》其二："今日哭君吾道孤，寝门泪满白髭须。"

⑯沦厄：沉沦困厄。

⑰避乱全絜：避开祸乱，保全清白。絜，清白。此指萧颖士预知安禄山造反而避乱出走。

⑱冒危迁祔（fù）：冒着危险迁葬先人。迁祔，迁柩合葬。萧颖士任

扬州府功曹参军两日即去,赴嵩条迁祔先人遗骨,客死汝南旅舍
之中。当时安史之乱未平,因曰"冒危迁祔"。

⑲王佐之才:辅佐帝王之才。

⑳先师之训:指圣人之教。先师,孔子。

㉑殁(mò)于道路:指客死于旅舍之中。

㉒何负于天乎:指对上天有什么亏负而遭此横祸。

㉓畴昔:往昔,以前。

㉔幸忝周旋:指有幸和萧颖士交往相处。周旋,打交道。

㉕契合:投合,意气相投。

㉖管、鲍:春秋时的管仲和鲍叔牙,二人是至交好友。后常用来比喻
交谊深厚的朋友。

㉗存、实:萧颖士长子萧实,字伯诚。次子萧存,字成性。泣血:泪尽
血出。形容极度悲恸。

㉘心骨皆断:痛彻心骨。形容极度悲痛。

㉙填塞:充塞,填满。此指内心被悲痛充满。

㉚尚享:亦作"尚飨"。希望死者享用祭品。多用作祭文的结语。

【译文】

李华的《祭萧颖士文》中写道:"乾元三年二月十日,孤子赵郡李华
以清酒为祭,恭敬祭奠于亡友已故扬州府功曹参军兰陵萧公的英灵之
前:呜呼茂挺,你我是平生相知的挚友,精神形体亲密如一人,怎料数月
别离,忽成生死之隔。这是上天惩罚我,这样的哀痛怎么会有尽头!我
罪过深重,艰难困苦集于一身,和你天人永隔,触目惊心哀号欲裂,困窘
之时易于感伤,更何况是为故人痛哭。以你杰出的才能,名震天下,而道
义孤独命运屈枉,沉沦困厄至于终身。你避乱远走保全名节,这是忠;冒
着危险迁葬先人,这是孝。你有辅佐帝王之才,传承圣人之教,而客死于
旅舍之中,对上天有什么亏负而遭此横祸? 悲痛啊! 我从前的时候,有
幸和你交往相处,你不鄙弃我是愚劣之材,一言而意气相投,古时有管、

鲍这样的好友,现今有你我这样的至交,我有过错你必然规劝,没有文章不为我讲解优劣。知名于当世,实在是无人可以和你可比,过往的交情在我心中循环往复,何曾有一天能够忘记!令公子存、实等千里恸哭,在羁旅中相依为命。我听到他们哭声一起,真是痛彻心骨。痛苦到了极点,言语无法表达,虽然想寄托于文词,只更增加内心的悲痛而已。茂挺,希望你神灵下降!享用祭品!"

　　韩文公《瘗砚文》①:"陇西李元宾始从进士贡在京师②,或贻之砚③。四年,悲欢否泰④,未尝废用⑤。凡与之试艺春官实三年⑥,登上第⑦。行于褒谷间⑧,役者误坠之地,毁焉。乃匦归⑨,埋于京师里中⑩。昌黎韩愈,其友人也,赞而识之⑪:土乎成质,陶乎成器⑫。复其质,非生死类⑬。全斯用⑭,毁不忍弃。埋而识之,仁之义。砚乎砚乎,与瓦砾异。"

【注释】

①韩文公:韩愈(768—824),字退之,谥号文,故称"韩文公",河阳(今河南孟州)人。郡望昌黎(今辽宁义县),世称"韩昌黎"。德宗贞元八年(792)登进士第。贞元十八年(802)由观察推官进四门博士,历任国子博士、中书舍人、国子监祭酒、兵部侍郎、京兆尹,终吏部侍郎,又称"韩吏部"。韩愈是唐代著名诗人、文学家、思想家,被后人尊为"唐宋八大家"之首,与柳宗元并称"韩柳"。代表作有《师说》《进学解》《左迁至蓝关示侄孙湘》等。著有《昌黎先生集》。瘗(yì):埋。

②李元宾:李观(766—794),字元宾。德宗贞元八年(792)与韩愈同榜登进士第。参见卷一"广文"门注。

③贻(yí):赠送。

④否（pǐ）泰：否、泰皆为《周易》卦名。否象天地不交，表厄运。泰
　象天地交泰，表好运。否泰比喻命运的好坏。

⑤废用：弃用。

⑥凡与之试艺春官实三年：一共和它参加礼部考试整三年。试艺
　春官，指参加礼部试。试艺，以文艺应试。三年，李观贞元五年
　（789）入京考进士，至八年（792）进士及第，共三年。按，"三"
　底本作"二"，据《韩愈文集汇校笺注》改。

⑦登上第：指考居上等。李观以第五名进士及第。

⑧褒谷：亦称"南谷"。秦岭古道褒斜道的西段。在今陕西汉中西北。

⑨匣：用匣子收藏。

⑩里：指居所。

⑪识（zhì）：记住，纪念。

⑫陶：制造陶器。

⑬非生死类：指土本是不生不死之类的事物。

⑭全斯用：未破时被人使用。全，完全，没有损坏。

【译文】

　　韩文公《瘗砚文》写道："陇西李元宾一开始的时候以考进士而被贡入京师，有人送了他一块砚台。四年以来，无论李观是悲是喜，命运是坏是好，都没有弃用过这块砚台。李观带着它参加礼部考试整三年，以上等名次进士及第。行路经过褒谷，仆人不慎将砚台掉在地上，摔坏了。李观把摔坏的砚台装在匣中带回，埋在京城的住所。昌黎韩愈，是他的朋友，称赞此事并且写文纪念：砚台以泥土为本质，经过陶制而成为器具。回归它的本质，本就无生无死。未破时被人使用，毁坏了也不忍抛弃。埋藏然后纪念，是仁义。砚台啊砚台，不是瓦砾。"

　　杜工部交郑广文①，尝以诗赠虔曰②："诸公衮衮登台省③，广文先生官独冷④。甲第纷纷厌粱肉⑤，广文先生饭

不足。先生有义出羲皇⑥,先生有才过屈宋⑦。德尊一代常
坎壈⑧,名垂万古知何用! 杜陵野老人更嗤⑨,短褐身窄鬓
如丝⑩。日籴太仓五升米⑪,时赴郑老同襟期⑫。得钱则相
觅,沽酒不复疑。忘形到尔汝⑬,痛饮真我师。清夜沉沉动
春酌⑭,灯前细雨檐花落。但觉高歌有鬼神,焉知饿死填沟
壑! 相如逸才亲涤器⑮,子云识字终投阁⑯。先生早赋归去
来⑰,石田茅屋荒苍苔⑱。儒术于我何有哉? 孔丘盗跖俱尘
埃⑲。不须闻此意惨澹⑳,生前相遇且衔杯㉑!”又曰㉒:“广文
到官舍,系马堂阶下。醉则骑马归,频遭官长骂。垂名三十
年,坐客寒无毡。赖有苏司业㉓,时时与酒钱。”及虔即世㉔,
甫赋《八哀诗》㉕,其一章诔虔也㉖。

【注释】

①杜工部:杜甫(712—770),字子美,自称杜陵布衣、少陵野老。原
　籍襄阳(今属湖北),自曾祖迁居巩县(今河南巩义)。早年漫
　游吴越。举进士落第,复游齐赵。天宝三载(744)结识李白,同
　游梁、宋等地。后居留长安十年,投诗干谒权贵,饱尝辛酸,又向
　朝廷进《三大礼赋》。天宝十四载(755)始得授右卫率府胄曹
　参军。安史之乱爆发,被俘困长安。后间道奔肃宗行在凤翔,授
　左拾遗,因上疏救房琯贬为华州司功参军。弃官经秦州、同谷入
　蜀,寄居成都。代宗宝应元年(762)蜀乱,流亡梓、阆诸州。广
　德二年(764)回成都。时严武为剑南西川节度使,荐为节度参
　谋、检校工部员外郎,世称“杜工部”。后离蜀至夔州。大历三年
　(768)正月出峡,漂泊于湖北、湖南一带,历尽艰辛。五年(770)
　冬,病卒于由潭州往岳阳的舟中。杜甫是唐代最伟大的诗人之
　一,被誉为“诗圣”,其诗被誉为“诗史”,内容上深刻地反映了大

动乱中的社会现实和民生疾苦,艺术上极尽声调格律之变化,各体兼擅,尤工七律,对后世影响十分深远,与李白并称"李杜"。代表作如"三吏""三别"、《秋兴八首》等。著有《杜工部集》。
郑广文:郑虔(?—约764),字若齐,一作弱齐,郑州荥阳(今属河南)人。玄宗时任左监门录事参军、协律郎。诗、书、画皆精妙,玄宗题曰:"郑虔三绝。"天宝九载(750)授广文馆博士,因称"郑广文"。天宝末迁著作郎。安禄山陷京师,伪授水部郎中,称疾不就。乱平,贬台州司户参军,卒于贬所。与杜甫、苏源明友善,《全唐诗》存诗一首。

②尝以诗赠虔曰:曾写诗送给郑虔。此诗《杜诗详注》题为《醉时歌(赠广文馆博士郑虔)》。

③衮衮:众多。台省:御史台和尚书、门下、中书三省合称"台省"。此指清要之高官。

④广文先生:天宝九载(750)在国子监下设广文馆,置博士及助教,掌教国子监中修习进士课业的学生。此指广文馆博士郑虔。冷:冷官。指地位不重要的官职。

⑤厌:饱,满足。

⑥羲皇:伏羲氏。

⑦屈宋:指战国时楚国诗人屈原、宋玉。

⑧坎壈(lǎn):困顿,坎坷。

⑨杜陵野老:杜甫自称。杜陵,今陕西西安长安区东北。杜甫先祖杜预是京兆杜陵人,因称。野老,村野的老百姓。嗤:嗤笑。

⑩短褐:古代平民穿的粗布短衣。鬓如丝:鬓如丝白之意。

⑪籴(dí):买进粮食。太仓:古代京师储存粮食的大仓。《旧唐书》:"(天宝十二载)八月,京城霖雨,米贵,出太仓米十万石,减价粜与贫人。"

⑫时赴:时时造访。襟期:襟怀、志趣。

⑬忘形：指不拘形迹。尔汝：尔、汝皆代称，即你。古时不可直称他人为尔、汝，彼此以尔和汝相称，表示亲密，不遵礼法。

⑭春酤：春酒。

⑮相如逸才亲涤器：司马相如人才出众却亲自洗涤器具。相如，司马相如（？—前118），字长卿，蜀郡成都（今属四川）人。汉武帝时拜中郎将，奉使巴蜀，后拜孝文园令，以病免。善辞赋，著有《子虚赋》《上林赋》等。曾与卓文君私奔，于临邛卖酒，亲自涤器。逸才，卓越出众的才能。涤器，洗涤杯盘碗碟等器物。《史记·司马相如列传》："相如身自著犊鼻裈，与保庸杂作，涤器于市中。"

⑯子云识字终投阁：扬雄能认识奇字却最终投阁。子云，扬雄（前53—18），字子云，蜀郡成都（今属四川）人。两汉之交大学者、文学家。博览群书，长于辞赋。汉成帝时，入奏《羽猎赋》，授给事黄门侍郎。王莽当政时，曾因恐惧被逮而投阁。著有《甘泉赋》《河东赋》《太玄》《法言》等。识字，指认识奇字。《汉书·扬雄传》："时，雄校书天禄阁上，治狱使者来，欲收雄，雄恐不能自免，乃从阁上自投下，几死。莽闻之曰：'雄素不与事，何故在此？'间请问其故，乃刘棻（fēn）尝从雄学作奇字，雄不知情。"

⑰归去来：辞赋名，即《归去来兮辞》。东晋陶渊明作。表达作者辞官归隐后的内心感受。

⑱石田：比喻贫瘠的田地。

⑲盗跖（zhí）：相传为古代的大盗。

⑳惨澹：暗淡，辛苦。

㉑衔杯：谓饮酒。

㉒又曰：又写诗相赠。此诗《杜诗详注》题为《戏简郑广文虔兼呈苏司业源明》。

㉓苏司业：苏源明（？—764），字弱夫，初名预，避代宗讳改今名，京兆武功（今属陕西）人。玄宗时进士及第，又中制举。累官国子

司业。安禄山陷京师，称病不受伪职。肃宗至德时擢为考功郎中、知制诰，正除中书舍人，入为翰林院学士，转秘书少监。工文辞，和杜甫、郑虔、元结等交好。《全唐诗》存诗二首。司业，国子司业。隋炀帝大业三年（607）始置，为国子监的次官，协助国子祭酒掌管学校教育。

㉔即世：去世。

㉕《八哀诗》：诗歌篇名。指杜甫伤悼王思礼、李光弼、严武、汝阳王李琎（jìn）、李邕（yōng）、苏源明、郑虔、张九龄等八人所作的五言古诗八首。

㉖诔（lěi）：致悼辞。叙述死者生平，表示哀悼。

【译文】

检校工部员外郎杜甫和广文博士郑虔相交，曾写诗送给郑虔："诸公衮衮登台省，广文先生官独冷。甲第纷纷厌粱肉，广文先生饭不足。先生有义出羲皇，先生有才过屈宋。德尊一代常坎壈，名垂万古知何用！杜陵野老人更嗤，短褐身窄鬓如丝。日籴太仓五升米，时赴郑老同襟期。得钱则相觅，沽酒不复疑。忘形到尔汝，痛饮真我师。清夜沉沉动春酌，灯前细雨檐花落。但觉高歌有鬼神，焉知饿死填沟壑！相如逸才亲涤器，子云识字终投阁。先生早赋归去来，石田茅屋荒苍苔。儒术于我何有哉？孔丘盗跖俱尘埃。不须闻此意惨怆，生前相遇且衔杯！"又写诗赠郑虔："广文到官舍，系马堂阶下。醉则骑马归，频遭官长骂。垂名三十年，坐客寒无毡。赖有苏司业，时时与酒钱。"郑虔去世之后，杜甫写《八哀诗》，其中一章是哀悼郑虔的。

　　崔群字敦诗①，贞元八年②，陆贽下及第③，与韩愈为友。群佐宣州幕时，愈与群书论交④，略云："考之百行而无瑕尤⑤，窥之阃奥而不见畛域⑥，明白淳粹⑦，辉光日新者⑧，唯吾崔君一人。仆愚陋无所知晓,然圣人之书无所不读,其精粗巨细⑨,出入晦明⑩,虽不尽识,抑不可谓不涉其源者也⑪。以此而推之⑫,而度之⑬,诚足下出群拔萃⑭,无谓仆从何而得也⑮。"

刘驾与曹邺为友⑯,俱攻古风诗。邺既擢第,而不即出京,俟驾成名同去⑰,果谐所志⑱。

【注释】

①崔群(772—832):字敦诗,号养浩,清河武城(今河北故城)人。唐朝宰相。德宗贞元八年(792)和韩愈同榜登进士第,又制策登科,授秘书省校书郎。宪宗时拜翰林学士,历中书舍人,迁礼部侍郎、中书侍郎、同中书门下平章事,出为湖南观察使。穆宗时为武宁军节度使、宣歙观察使等,拜兵部尚书。文宗时官至吏部尚书,封清河县公。

②贞元八年:792年。

③陆贽(754—805):字敬舆,谥号宣,苏州嘉兴(今属浙江)人。唐朝宰相。代宗大历八年(773)登进士第,后又登博学宏词科,累迁监察御史。德宗建中时任翰林学士,泾原兵变中扈从德宗奔奉天,后进中书舍人。贞元八年(792)以兵部侍郎知贡举,取中韩愈、李观、欧阳詹、李绛、崔群、王涯等,时称"龙虎榜"。当年迁中书侍郎、同中书门下平章事。后罢为太子宾客,贬忠州别驾。工诗文,著有《翰苑集》等,《全唐诗》存诗三首。

④论交:结交。此文《韩愈文集》题作《与崔群书》。

⑤百行:韩集中作"言行"。瑕尤:缺点,过失。

⑥窥之阃(kǔn)奥而不见畛(zhěn)域:窥测胸怀心志而不见界限。阃奥,胸怀心志,内心深处。畛域,范围,界限。语出《庄子·秋

水》："泛泛乎其若四方之无穷,其无所畛域。"

⑦淳粹:淳厚精粹。

⑧辉光日新:辉耀光芒,日日有所增新。指一个人在道德学问等方面日有长进。语出《周易·大畜·象传》:"刚健笃实,辉光日新。"

⑨精粗巨细:精微和粗率,巨大和细微。

⑩出入:不一致,互相出入。晦明:隐晦和明白。

⑪涉其源:渡过源头。比喻知道根底。

⑫推:推断,推究。

⑬度:衡量,揣度。

⑭诚:实在,的确。出群拔萃:犹出类拔萃。

⑮无谓:没有意义,不足道。

⑯刘驾(822—?):字司南。宣宗大中六年(852)登进士第,官至国子博士。与曹邺、薛能、李频等交游唱和。工诗,尤长古风,多比兴含蓄,表现民生疾苦。著有《刘驾集》。曹邺(约816—约875):字邺之,桂州阳朔(今属广西)人。宣宗大中四年(850)登进士第。曾任天平军节度判官、太常博士、祠部郎中、洋州刺史、吏部郎中等职。中年辞官南归,隐居桂林。工诗,长于古风,与刘驾、李频、李洞、郑谷等为诗友。著有《曹邺诗》。

⑰成名:此指进士及第。

⑱谐所志:达成志愿。谐,成功。志,志愿。

【译文】

崔群字敦诗,贞元八年,在主考官陆贽榜下进士及第,和韩愈是朋友。崔群在宣州任职幕僚的时候,韩愈在给崔群的书信中谈论交情,写道:"考察言行举止而没有瑕疵,窥测胸怀心志而不见界限,光明磊落淳厚精粹,道德学问日有进益的人,只有您一个。我虽然愚昧浅陋见识狭隘,但是圣人之书无所不读,其中的精微和粗率、大节和细微之处,互相出入以及隐晦和明显的关键,我虽然不能全都领会认识,但也不能说不

知道根底。以此推究,以此衡量,您的确是出类拔萃,我从何而得之实在
不足道。”

　　刘驾与曹邺是朋友,都专攻写古体诗。曹邺进士及第之后,没有立
刻离京,等待刘驾也进士及第后两人一同离去,后来果然达成了志愿。

　　毛杰与卢藏用书①:“月日②,云梦子毛杰谨致书于卢公
足下:杰闻君所贵者,道也;所好者,才也。故才高则披襟而
论翰墨③,道狎则言事而致谈笑④。何必鸡鸣狗盗⑤,始资侥
幸之能;箪食瓢饮⑥,不顾清虚之用⑦? 自公立名休代⑧,博
物多能⑨。帝曰尔谐⑩,擢为近侍⑪。所以从容禁省⑫,出入
琐闱⑬;忠弼在躬⑭,优柔荐及⑮。杰时在草莽⑯,运厄穷愁,
思折俎而无因⑰,嗟扫门而不逮⑱。岂知群邪遘逆⑲,联声嗷
嗷⑳;紫夺我朱㉑,远诣恶土㉒。赖公神色自若,心行不逾㉓;
饵芝术以养闲㉔,坐烟篁而收思㉕。杰梁鸿远旅㉖,闵仲未
归㉗,留恋德音㉘,徘徊失路㉙。互乡童子,当愿接于宣尼㉚;
苏门先生,竟未言于阮籍㉛。公于杰者如彼,仆于公者若此。
百年朝夕㉜,何事惜于交游;四海兄弟㉝,何必轻于行路㉞?
贾生不云乎㉟:‘达人大观,物无不可;小智自私,贱彼贵
我㊱。’况公拂衣高尚㊲,习静闲局㊳,世事都捐,尤精道意㊴,
岂有自私而已无大观者哉? 傥能怜云壑㊵,奖无知㊶,愍张良
小子㊷,说鸿蒙之偈㊸,遗黄石之书㊹。虚往实归㊺,沾雾露之
微润㊻;哀多益寡㊼,落丘山之一毫㊽。则知足下之眷深焉㊾,
小人之庆毕矣㊿。”

【注释】

①毛杰：一名钦一，号云梦子，荆州长林（今湖北荆门）人。卢藏用：字子潜，幽州范阳（今河北涿州）人。初隐居，武周时召授左拾遗。中宗时历中书舍人、吏部侍郎、黄门侍郎、修文馆学士，转工部侍郎。玄宗先天时坐附太平公主，流配岭南。开元初，起为黔州都督府长史，兼判都督事，未行而卒。工书善文，雅擅琴棋，与陈子昂等交好。

②月日：指某月某日。

③披襟：袒露胸襟，推诚相与。翰墨：原指笔、墨，借指文章。

④道狎（xiá）：亲近，接近。

⑤鸡鸣狗盗：战国时，齐国孟尝君被秦国扣留。他的一个门客装作狗夜里潜入秦宫，偷出本已献给秦王的狐白裘献给秦王的爱姬求情；另一个门客学鸡叫，骗开城门，孟尝君因此而脱难逃回齐国。典出《史记·孟尝君列传》。后来用"鸡鸣狗盗"比喻微不足道的技能。

⑥箪（dān）食瓢饮：用箪吃饭，用瓢饮水。指安贫乐道。箪，古代盛饭的圆竹器。典出《论语·雍也》："子曰：'贤哉，回也！一箪食、一瓢饮，在陋巷，人不堪其忧，回也不改其乐。'"

⑦清虚：清静无为。

⑧休代：犹言盛世。

⑨博物：博通万物，知识广博。

⑩谐：妥当。

⑪近侍：指帝王的亲近侍从之人。

⑫从容：周旋。禁省：指皇宫。

⑬琐闱：雕饰连琐图案的宫门。常指代宫廷。

⑭忠弼：忠诚辅佐。弼，辅佐。在躬：在自身。

⑮优柔：宽和温厚以待人。荐：屡次。

⑯草莽：草野，民间。

⑰折俎（zǔ）：古代祭祀、宴会时，杀牲肢解而后置于俎上。引申为参与国家大典。俎，盛牺牲的礼器。因：凭借。此指介绍引荐之人。

⑱扫门：西汉魏勃为了求见齐相曹参，每天天还没亮就去清扫齐相舍人的门口，最后终于如愿晋见曹参。典出《史记·齐悼惠王世家》。后用以比喻设法求谒权贵。

⑲遘（gòu）逆：此指诬蔑。遘，通"构"，诬陷，陷害。

⑳嗷嗷：形容众口嘈杂。

㉑紫夺我朱：紫色排挤了大红色的光彩。比喻邪恶排挤正义。古代以朱为正色，紫为杂色。语出《论语·阳货》："子曰：'恶紫之夺朱也，恶郑声之乱雅乐也，恶利口之覆邦家者。'"

㉒远诣恶土：远贬至险恶之地。恶土，贫瘠和落后的地方。此指岭南，唐代以岭南为瘴乡恶土。卢藏用此时被流放岭南。

㉓心行不逾：品行不改变。心行，品行。

㉔饵芝术（zhú）以养闲：服食药草以静心养性。饵，服食，吃。芝术，泛指药草。芝，灵芝。术，山蓟（jì）。多年生草本，根茎可入药。养闲，在闲静中养生。

㉕烟篁（huáng）：竹林。篁，竹。收思：收敛思虑。

㉖梁鸿远旅：如梁鸿一般寄身远乡。梁鸿，字伯鸾，扶风平陵（今陕西咸阳）人。东汉隐士。家贫好学，耿介有节操。以世道混乱，与妻子孟光隐居霸陵山，耕织为业，诗书弹琴以自娱。后居吴地。

㉗闵仲未归：像闵仲一样客居未归。闵仲，即闵贡，字仲叔，太原（今属山西）人。东汉高士，以节操著称。曾应司徒侯霸之辟，侯霸不能用，遂辞去。复以博士征，不至。客居沛（今江苏沛县）。

㉘德音：德言，令名。此指卢藏用。

㉙失路：迷失道路。比喻不得志。

㉚互乡童子，当愿接于宣尼：互乡童子，自当愿意接受孔子的教导。

语出《论语·述而》:"互乡难与言,童子见,门人惑。"宣尼,孔子。汉平帝元始元年(1)追谥孔子为褒成宣尼公,后因称孔子为"宣尼"。

㉛苏门先生,竟未言于阮籍:苏门先生,竟未及开口与阮籍交谈。苏门先生,孙登,魏晋时期著名的隐士,隐居于苏门山。阮籍(210—263),字嗣宗,陈留尉氏(今属河南)人。"建安七子"之一阮瑀(yǔ)的儿子。魏晋"竹林七贤"之一。曾任步兵校尉,世称"阮步兵"。好《书》《诗》,嗜老庄,有济世之志,因魏晋之际世事险恶,常借酒以避祸患。以《咏怀诗》《大人先生传》等著名,著有《阮嗣宗集》。《晋书·阮籍传》:"籍尝于苏门山遇孙登,与商略终古及栖神导气之术,登皆不应,籍因长啸而退。至半岭,闻有声若鸾凤之音,响乎岩谷,乃登之啸也。"

㉜百年朝夕:百年在于朝夕之间。形容人生苦短。

㉝四海兄弟:四海之内皆兄弟。语出《论语·颜渊》:"(子夏曰)君子敬而无失,与人恭而有礼,四海之内皆兄弟也。"

㉞行路:过路人。比喻不相关的人。传苏武所作《诗四首》:"四海皆兄弟,谁为行路人?"

㉟贾生:贾谊(前200—前168),洛阳(今属河南)人。西汉初年著名政论家、文学家,世称"贾生"。少有才名,汉文帝时任博士,迁太中大夫,很受赏识。被权臣排挤,谪为长沙王太傅,故称"贾长沙""贾太傅"。后为梁怀王太傅,梁怀王坠马而死,以忧卒。著有《过秦论》《吊屈原赋》《鵩(fú)鸟赋》等。

㊱"达人大观"几句:通达之人从大处着眼,万事万物等量齐观;有小聪明的人存心自私,贱视他人以己为贵。达人,指通达事理、道德高尚之人。物无不可,万事万物等量齐观,无所不可。语出贾谊《鵩鸟赋》:"小知自私兮,贱彼贵我;通人大观兮,物无不可。"

㊲拂衣:振衣。借指归隐。

㊳习静：谓习养静寂的心性。亦指过幽静生活。闲局：清闲。

㊴道意：道家清静无为的真意。

㊵云壑：此指隐居之人。毛杰自称。

㊶无知：无知小辈。自称的谦辞。

㊷愍（mǐn）张良小子：怜悯像张良一样的后辈。愍，怜悯。张良（？—前186），字子房。西汉开国功臣，"汉初三杰"之一。参见卷一"散序进士"门注。小子，自称的谦辞。

㊸鸿蒙之偈（jì）：鸿蒙的高论。鸿蒙，指自然的元气。《庄子·在宥》载云将问道于鸿蒙，有所得而去。偈，本指佛经中的唱词，此指揭示真理的妙论。

㊹黄石之书：指黄石公送给张良的奇书。传说黄石公曾传授给张良一册书，名《太公兵法》，学之可为王者师。此以黄石公比喻卢藏用。

㊺虚往实归：空虚而来，满载而归。语出《庄子·德充符》："常季问于仲尼曰：'王骀（tái），兀者也。从之游者，与夫子中分鲁。立不教，坐不议，虚而往，实而归。'"

㊻雾露：比喻恩泽。

㊼裒（póu）多益寡：减有余以补不足。裒，减少。

㊽丘山：泛指山。毫：毫毛。比喻极细小。

㊾眷：恩顾，爱护。

㊿小人：自称的谦辞。庆：福庆，福泽。毕：齐备。

【译文】

毛杰在给卢藏用的书信中写道："某月某日，云梦子毛杰恭谨写信给卢公足下：我听说您所贵重的，是道义；所喜好的，是才学。因此才华横溢的人您和他推诚相与讨论文章，道义亲近的人您和他讨论世事谈笑风生。何必有鸡鸣狗盗的微末技能，才能侥幸和您结交；箪食瓢饮安贫乐道，您岂会对这种清净无为的道理不屑一顾？自从您在盛世成名以来，以博通万物多才多能而著称。皇帝认为您办事妥当，擢拔为亲近侍从。

所以您周旋于皇城禁省,出入宫廷之中;忠诚辅佐责在自身,宽和温厚屡屡照拂他人。我当时身在草野,时运不济穷愁潦倒,想要参与国事却没有介绍引荐之人,嗟叹想要谒见您而不能实现。岂料邪恶之辈构陷诬蔑您,群起攻讦众口嘈杂;邪恶排挤正义,使您远贬至险恶之地。所幸您神色从容自然,品行也不因此而改变;服食药草以静心养性,端居竹林之中收敛思虑。我如梁鸿一般寄身远乡,像闵仲一样客居未归;留恋于您的德言美名,徘徊而不得志。互乡童子,自当愿意接受孔子的教导;苏门先生,竟未及开口与阮籍交谈。您对于我如同孔子和孙登,而我对于您就像互乡童子和阮籍。百年岁月只在朝夕,何故吝惜而不交游;四海之内皆为兄弟,何必相轻如同路人?贾谊不就说过:'通达之人从大处着眼,万事万物等量齐观;有小聪明的人存心自私,贱视他人以己为贵。'何况您归隐山林品行高尚,习养静心幽居清闲,世俗万事都已抛弃,尤为精通道家真意,岂有自私之心而没有远见达观呢?倘若您能爱惜山野之士,奖掖无知之人,怜悯像张良一样的后辈小子,讲说鸿蒙的高论,馈赠黄石公的奇书。使我空虚而来,满载而归,得以沾润您的些许恩泽;减有余以补不足,对您来说只不过是振落山中一根毫毛而已。就知道您对我的恩顾极深,而我的福泽齐备了。"

　　卢答毛公:"毛子足下①:勤身访道②,不毒氛瘴③,裹粮鬼门④,放荡云海⑤,有足多矣。一昨不遗⑥,猥辱书札⑦,期我遐意⑧,询于道真⑨,使人惭愧也。仆知之矣:士之生代⑩,则有冥志深蔽⑪,灭木穷窒⑫,炼九还以咽气⑬,味三秀以咏言⑭;固将养蒙全理⑮,不以能鸣夭性⑯,则其上也。义感当途⑰,说动时主⑱;怀全德以自达⑲,裂山河以取贵⑳,又其次也。至于诚信不申㉑,忠孝胥缺㉒,独御魑魅㉓,永投豺虎㉔;无面目以可数,椎心膺以问天㉕,斯最下也。仆在壮年,常慕其上，先贞后黩㉖，卒罹忧患㉗，负家为孽㉘，置身于此，何颜复讲道德哉！虽然，少好立言㉙，亟闻长者之说㉚；老而弥笃，犹怜薄暮之晷㉛。加我数年，庶无大过㉜。览庄生鹍鹏之喻，则乾坤龙马之旨可好矣㉝；培风运海，则六九之源无差矣㉞；隮之正气㉟，则洗心藏密有由矣㊱。开卷独得，恬然会真㊲，不知寰宇之寥廓，不知生之与谢㊳，斯亦暧昧所守㊴，何必为是！傥吾人起予指掌而说㊵，今之隐几㊶，不亦乐乎！道在稊稗㊷，理无相阻，曷为区区㊸，过劳按剑也㊹！顷风眩成疾㊺，下泪复厉㊻，笔此还答㊼，无所铨次㊽，淹迟日期㊾，庶不我责。卢藏用顿首。"

【注释】

①毛子：对毛杰的尊称。

②勤身：劳苦其身。

③不毒氛瘴（zhàng）：不以氛瘴为毒。氛瘴，瘴气。

④裹粮：裹携粮食。远行前的准备，代指远行。鬼门：通往阴间之门。比喻险恶的境地。

⑤放荡：浪游。云海：云雾如海。形容苍茫远方。宋之问《桂州三月三日》诗："登高望不极，云海四茫茫。"

⑥一昨：往日。杜甫《寄赞上人》诗："一昨陪锡杖，卜邻南山幽。"遗：遗忘。

⑦猥辱：谦辞。犹言承蒙。书札：书信。

⑧遐意：高远的意兴。

⑨道真：道德、学问的真谛。

⑩生代：谓生在世上。

⑪冥志深蔽：静心求道于深远幽蔽之处。冥志，静心。

⑫灭木穷窒（qióng zhì）：隐遁避世。灭木，水淹没树木。语出《周易·大过·象传》："泽灭木，大过。君子以独立不惧，遁世无闷。"指君子在危难之时，卓尔独立，无所畏惧，隐遁避世而不郁闷。穷窒，堵塞。比喻断绝外界。

⑬炼九还以咽气：炼制九转还丹以吐纳练气。九还，九转还丹。道家的炼丹术。吴商浩《北邙山》诗："堪取金炉九还药，不能随梦向浮生。"咽气，指吐纳呼吸，使内气与外气相应。道家修炼之术。

⑭味三秀以咏言：品味三秀灵芝而长声吟咏。三秀，芝草。灵芝一年开花三次，故称"三秀"。屈原《九歌·山鬼》："采三秀兮于山间，石磊磊兮葛蔓蔓。"

⑮养蒙：蒙昧隐默，修养正道。语出《周易·蒙·象传》："蒙以养正，圣功也。"全理：保全性理。

⑯能鸣：能够鸣叫。比喻有才。语出《庄子·山木》："竖子请曰：'其一能鸣，其一不能鸣，请奚杀？'主人曰：'杀不能鸣者。'"夭性：扼杀天性。嵇康《太师箴》："刑教争施，夭性丧真。"

⑰当途：指掌握政权的大臣。

⑱时主：当代的君主。

⑲全德：道德完备无瑕缺。自达：自致显达。

⑳裂山河：指裂土封爵。

㉑申：申达于上。

㉒胥（xū）：全，都。

㉓独御魑魅（chī mèi）：独自抵御魑魅鬼怪。比喻流放边野荒僻之地。魑魅，山泽异气所生精灵。亦泛指鬼怪。语出《左传·文公十八年》："投诸四裔，以御螭魅。"

㉔永投豺虎：长久投饲豺虎。比喻弃置于豺虎荒蛮之地。语出《诗经·小雅·巷伯》："取彼谮（zèn）人，投畀（bì）豺虎。"

㉕椎心膺（yīng）：捶击胸口。膺，胸。

㉖贞：坚贞清白。黩（dú）：玷污。

㉗罹（lí）：遭受苦难或不幸。

㉘负家：辜负家族。孽（niè）：罪过，灾害。

㉙立言：树立精辟可传的言论、学说。

㉚亟（qì）：屡次。

㉛老而弥笃，犹怜薄暮之晷（guǐ）：老了之后尤为深厚诚笃，更加珍惜暮年的时光。笃，忠实，一心一意。薄暮之晷，傍晚的日影。比喻暮年的时光。晷，日影。

㉜加我数年，庶无大过：让我多活几年，或许能没有大的过失了。庶，或许，希望。语出《论语•述而》："子曰：'加我数年，五十以学《易》，可以无大过矣。'"

㉝览庄生鹍鹏之喻，则乾坤龙马之旨可好矣：观览庄子鲲化为鹏的比喻，那么乾坤八卦的大旨就便于理解了。庄生，即庄周，战国时宋国蒙（今河南商丘）人，曾为漆园吏。中国古代著名哲学家、文学家，崇尚自然无为，逍遥自得，与老子并称"老庄"，是道家思想的代表人物之一。著有《庄子》，想象丰富，奇诡伟丽，多寓言譬喻。鹍鹏之喻，鲲化为鹏的比喻。《庄子•逍遥游》："北冥有鱼，其名为鲲。鲲之大，不知其几千里也。化而为鸟，其名为鹏。鹏之背，不知其几千里也；怒而飞，其翼若垂天之云。"龙马，传说为伏羲氏所见的神马，伏羲据之画八卦。《文献通考》："伏牺氏有天下，龙马负图出于河，遂法之以画八卦。"

㉞培风运海，则六九之源无差矣：体悟大鹏乘风在海上飞行的境界，那么阴阳卦象的源头就认识不差了。培风运海，乘风在海上飞行。《庄子•逍遥游》："是鸟也，海运则将徙于南冥。……故九万里，则风斯在下矣，而后乃今培风。"培风，乘风。运，海风动。六九，指阴阳卦象。《周易》六十四卦皆由阳爻和阴爻配合组成。阳

爻以九为标志,阴爻以六为标志。

㉟ 戮(huī):戮引,导引。

㊱ 洗心藏密:洗涤心胸,怀藏隐秘。

㊲ 会真:领会真意。

㊳ 生之与谢:生成与沦谢。

㊴ 暧昧所守:不明白所信守的道理。

㊵ 傥吾人起予指掌而说:倘若您能领会我指着手掌对您说的这些微妙之言。吾人,吾子,吾辈。对对方的敬称,意谓志同道合。起予,指能领会我的意思。语出《论语·八佾》:"子曰:'起予者,商也!始可与言《诗》已矣。'"指掌,用手指指着手掌给人看。语出《论语·八佾》:"或问禘(dì)之说,子曰:'不知也。知其说者之于天下也,其如示诸斯乎!'指其掌。"毛杰信中将卢藏用比作孔子,故而卢藏用有"起予""指掌"之说。

㊶ 隐几:凭几,靠着几案。隐,倚靠。几,古人用来凭靠的坐具。古人闲居时凭几而坐。代指闲居。

㊷ 道在稊稗(tí bài):大道在稊稗之中。指大道无处不在。语出《庄子·知北游》:"东郭子问于庄子曰:'所谓道,恶乎在?'庄子曰:'无所不在。'……曰:'在稊稗。'"稊稗,含米的小草。

㊸ 曷(hé):何。

㊹ 过劳按剑:过分劳动按剑,猜疑不定。比喻过分伤神。按剑,以手抚剑。《史记·邹阳列传》:"臣闻明月之珠,夜光之璧,以暗投人于道路,人无不按剑相眄者。"

㊺ 顷:近来。风眩:病名。又称"风头眩"。

㊻ 下泪:眼睛流泪。病症之一种。

㊼ 笔:写。还答:答复。

㊽ 铨次:次序。

㊾ 淹迟:拖延,耽搁。日期:底本作"□期",依别本改。

【译文】

卢藏用在给毛杰的回信中写道："毛子足下：劳苦其身以寻访大道，不以氛瘴为毒，携粮远行至险恶之地，浪游于云海之间，我已经经历足够多了。往日您没有遗忘我，承蒙惠书，期望我有高远的意兴，向我询问道德、学问的真谛，使我深感惭愧。我已经感悟到这个道理：士人生在世上，能静心求道于深远幽蔽之处，隐遁避世，炼制九转还丹以吐纳练气，品味三秀灵芝而长声吟咏；自然能够修养正道保全性理，而不以才能扼杀天性，这是上等境界。道义感动执政之人，论说打动在位君主；怀有完备的道德而自致显达，裂土封爵而取得富贵，这是次一等的境界。至于诚信不能申达于上，忠孝全都欠缺，流放边野独御魑魅之害，远投荒蛮弃置豺虎之口；没有面目可以数说，捶击胸膛求问苍天，这是最下等的境地。我在壮年之时，常常钦慕上等境界，然而起先坚贞清白而后声名玷污，最终遭受忧患不幸，辜负家族带来灾难，置身在这种境地，还有什么颜面再来讲论道德呢！虽然如此，但我年轻的时候喜爱立论，屡屡听闻前辈长者的学说；老了之后尤为深厚诚笃，更加珍惜暮年的时光。让我多活几年，或许能没有大的过失了。观览庄子鲲化为鹏的比喻，那么乾坤八卦的大旨就便于理解了；体悟大鹏乘风在海上飞行的境界，那么阴阳卦象的源头就认识不差了；导引正气，那么洗涤心胸怀藏隐秘就有来由了。开卷读书独有心得，安然领会真意，如果不知天下之辽阔，不知生死代谢，这也是不明白所信守的道理，何必为此！倘若您能领会我指着手掌对您说的这些微妙之言，那么我现在凭几闲居，不也是乐事吗！如同大道在稊稗之中，大道本就无处不在，没有什么能够阻碍人去理解追求，何必为这区区小事，有劳过分伤神！近来我的风眩成了疾病，眼睛流泪愈演愈烈，写了此信作为答复，没有什么次序条理，又耽搁了日期，希望您不要责怪我。卢藏用顿首。"

方干师徐凝①。干常刺凝曰②："把得新诗草里论③。"反语曰："村里老④。"李频师方干⑤,后频及第,诗僧清越赠干诗云⑥："弟子已得桂,先生犹灌园⑦。"

【注释】

①方干(? —约885):字雄飞,门人私谥玄英先生。祖籍睦州清溪(今浙江淳安),居于睦州桐庐(今属浙江)。屡举进士不第,隐居会稽之鉴湖,终生不仕。曾学诗于徐凝,与李频、段成式、李群玉等交游唱和。著有《玄英先生集》。徐凝:中晚唐诗人。布衣终身。参见卷二"争解元"门注。

②刺:讽刺。

③把得:手持。

④反语曰:"村里老":"草里论"反切为"村里老"。反语,反切,古代注音的一种方法。用两个字注读另一个字,取上字的声母,与下字的韵母和声调,来拼读被切字。"草里论"的草、论二字,草之声母与论之韵母声调切"村"字,论之声母与草之韵母声调切"老"字。则"草里论"反语为"村里老"。村里老,野老村夫。没有功名之平民。

⑤李频(? —876):字德新,睦州寿昌(今浙江建德)人。少好学,工诗,与方干友善,从姚合学诗,娶其女。宣宗大中八年(854)登进士第,授校书郎,为南陵主簿。试判入等,迁武功令。懿宗时,以有治声擢为侍御史,累迁都官员外郎。僖宗乾符时为建州刺史,有能政,卒于任。民为立庙梨山,且尊山为岳,岁祠之。著有《李频诗》。

⑥清越:晚唐诗僧,与许棠、张乔、方干等当时著名诗人交好。

⑦灌园:浇灌园圃。指家居未仕。按,此诗又见于诗僧贯休的《禅月集》。

【译文】

方干师从徐凝。方干曾写诗戏谑徐凝道:"把得新诗草里论。""草里论"反切为"村里老"。李频师从方干,后来李频进士及第,诗僧清越在赠给方干的诗里写道:"弟子已得桂,先生犹灌园。"

　　韩文公名播天下①,李翱、张籍皆升朝籍②,北面师之③,故愈《答崔立之书》曰④:"近有李翱、张籍者,从予学文⑤。"翱《与陆傪员外书》亦曰⑥:"韩退之之文,非兹世之文也⑦,古之文也;其人,非兹世之人,古之人也。"后愈自潮州量移宜春郡⑧,郡人黄颇师愈为文⑨,亦振大名。颇尝睹卢肇为碑版⑩,则唾之而去⑪。案《实录》:愈与人交,其有沦谢⑫,皆能恤其孤,复为毕婚嫁,如孟东野、张籍之类是也⑬。

　　李义山师令狐文公⑭,呼小赵公为"郎君"⑮,于文公处称"门生"。

【注释】

①韩文公:韩愈。见前注。

②李翱:师从韩愈,中唐著名古文家。参见卷二"置等第"门注。张籍:师从韩愈,擅长乐府诗,与王建齐名。参见卷三"散序"门注。升朝籍:升入朝籍之中。指位列朝官。朝籍,在朝官吏的名册。姚合《寄九华费冠卿》诗:"阙下无朝籍,林间有诏书。"

③北面:弟子行敬师之礼。古代老师的座位坐北朝南,学生北面受教,以示尊敬。

④崔立之:字斯立,一说名斯立,字立之,郡望博陵安平(今属河北)。德宗贞元四年(788)登进士第,后又登博学宏词科,授秘书省校书郎,迁大理评事,历蓝田丞,官至国子博士。

⑤近有李翱、张籍者,从予学文:近来有李翱、张籍,跟从我学文章。按,今《韩愈文集》中《答崔立之书》不见此句。《与冯宿论文书》

云："近李翱从仆学文,颇有所得,然其人家贫多事,未能卒其业。有张籍者,年长于翱,而亦学于仆,其文与翱相上下,一二年业之,庶几乎至也。"

⑥陆傪（约748—802）：字公佐,吴郡（今江苏苏州）人。德宗贞元时拜祠部员外郎,后出为歙州刺史,道病卒。善识人,精鉴裁,文学知名之士如梁肃、权德舆、韩愈、李翱等均与之游。其事参见卷八"通榜"门。李翱的《与陆傪员外书》全文参见卷五"切磋"门。

⑦兹世：此世,今世。兹,此。

⑧愈自潮州量移宜春郡：韩愈从潮州刺史酌情移官至袁州刺史。元和十四年（819）正月韩愈因劝谏唐宪宗不要迎佛骨而被贬为潮州刺史,同年十月量移为袁州刺史。潮州,州名。隋开皇十一年（591）分循州置,治海阳县（今广东潮州）。唐时名称几经改易。宜春郡,隋大业三年（607）改袁州置,治宜春（今属江西）。后改袁州。

⑨黄颇：师从韩愈。武宗会昌三年（843）登进士第。参见"为等第后久方及第"门、卷三"慈恩寺题名游赏赋咏杂纪"门。

⑩卢肇：师从韩愈。武宗会昌三年（843）状元及第。生平事迹参见卷二"恚恨"门、卷三"慈恩寺题名游赏赋咏杂纪"门、卷十二"自负"门。碑版：石碑上的刻文。

⑪唾：吐唾沫,唾弃。

⑫沦谢：去世。

⑬如孟东野、张籍之类是也：如孟郊、张籍等人。孟东野,孟郊（751—814）,字东野,私谥贞曜先生,湖州武康（今浙江德清）人。早年隐居嵩山。德宗贞元十二年（796）登进士第。任溧阳县尉,抑郁不得志,遂辞官。曾任河南水陆转运从事、试协律郎。宪宗元和九年（814）,因山南西道节度使郑馀庆奏,迁为兴元军参谋,试大理评事,赴任时暴死途中。工于五古,性耿介,终生贫

困潦倒，诗风瘦硬悲凉，为韩愈所推崇。代表作有《游子吟》《秋怀》等。著有《孟东野诗集》。按，张籍卒于韩愈之后，此言韩愈恤其孤、毕子女婚嫁，似误。

⑭李义山：李商隐（813—858），字义山，号玉谿生，又号樊南生，怀州河内（今河南沁阳）人。少时入令狐楚幕中，从之学文，深受器重。开成二年（837）登进士第，授秘书省校书郎，调补弘农尉。武宗会昌二年（842）以书判拔萃复入秘书省为正字。后曾入桂管观察使郑亚、武宁军节度使卢弘正幕下。柳仲郢镇东川，辟为节度判官，后任盐铁推官。一生卷入牛李党争的倾轧之中，终身不得志，困厄落魄，历经波折，最后客死荣阳。工诗善文，尤长七律，以《无题》《锦瑟》为代表，诗风深情绵邈，寄托深婉，为晚唐著名诗人，与杜牧齐名，合称"小李杜"。著有《李义山诗集》。令狐文公：即令狐楚，谥号文，故称"令狐文公"。唐朝宰相，长于诗赋，曾教授李商隐骈文。参见卷二"争解元"门注。

⑮小赵公：即令狐绹（táo），生卒年不详。字子直，太原（今属山西）人。令狐楚之子。唐朝宰相。文宗大和四年（830）登进士第，累官户部员外郎、右司郎中，出为湖州刺史。宣宗时充翰林学士，拜中书舍人，转户部侍郎，大中四年（850）以兵部侍郎同中书门下平章事。后出为河中、宣武、淮南节度使。卒于凤翔节度使任上。封赵国公。郎君：汉制，二千石以上官员得任其子为郎，后来门生故吏因称长官或师门子弟为郎君。李商隐是令狐楚的属下门生，因称令狐绹为郎君。

【译文】

韩愈名扬天下，李翱、张籍都位列朝官，敬尊韩愈为师，故而韩愈在《答崔立之书》中写道："近来有李翱、张籍，跟从我学文章。"李翱在《与陆修员外书》中也写道："韩退之的文章，不是今世的文章，而是古代的文章；韩退之其人，也不是今世之人，而是古时之人。"后来韩愈从潮州刺史酌情移官至袁州刺史，当地人黄颇师从韩愈学作文章，也名声大振。黄颇曾看同学卢肇撰写碑文，唾弃而去。根据《实录》记载：韩愈与人交往，其中有人去世，他都能抚恤其人子女，又为他们办完婚嫁之事，如孟郊、张籍等人。

李商隐师从令狐楚，称呼赵国公令狐绹为"郎君"，在令狐楚面前自称"门生"。

气义

【题解】

此门记录了唐朝士人们仗义疏财的义气之举。唐朝有向名士达人请求接济的社会习俗，但并非人人都乐意接济，小小打发者有之，倾囊相助者少之又少。本门中人则不同，即使不认识的人请求接济，也全力救助，特别是助人科举或者归葬先人，无不慷慨解囊。杨虞卿、李邕等尽出婚聘之资，郭元振、熊执易等甚至因此放弃自己科举考试的机会。这些人皆是后来的著名文人或名公重臣，当他们未曾发迹之时，已有此心胸格局。作者在末尾论赞中强调君子应当重义轻利，不要计较个人的荣辱得失。

郭代公年十六①，入太学，与薛稷、赵彦昭为友②。时有家信至，寄钱四十万以为学粮③。忽有一衰服者叩门云④："五代未葬⑤，各在一方，今欲同时举大事⑥，乏于资财。闻公家信至，颇能相济否⑦？"公即命以车，一时载去⑧，略无留者，亦不问姓氏。深为赵、薛所诮⑨。元振怡然曰："济彼大事，亦何诮焉！"其年，为粮食断绝⑩，竟不成举。

【注释】

①郭代公：郭震，字元振。唐朝名将、宰相，封代国公。参见卷一"两监"门注。

②薛稷（jì，649—713）：字嗣通，蒲州汾阴（今山西万荣）人。薛道衡曾孙。唐朝宰相。武后长寿三年（694）中临难不顾徇节宁邦科，又举进士。累迁中书舍人。中宗景龙末为谏议大夫，昭文馆学士。睿宗时封晋国公，累拜中书侍郎、参知政事，历工部、礼部尚书，位终太子少保，世称"薛少保"。后坐太平公主事，赐死。工书善画，诗文亦佳，与欧阳询、虞世南、褚遂良并称唐初四大书法家。《全唐诗》存诗十四首。赵彦昭：字奂然，甘州张掖（今属甘肃）人。唐朝宰相。少以文辞知名，进士及第。中宗景龙中累迁中书侍郎、同中书门下三品，兼修国史，充修文馆学士。睿宗时出为凉州都督，入为吏部侍郎，迁刑部尚书，封耿国公。后姚崇为相，被劾，贬江州别驾卒。

③学粮：指求学的费用。

④衰（cuī）服者：穿着丧服的人。衰，古代用粗麻布制成的毛边丧服。

⑤五代：五代的先人。

⑥举大事：指迁葬。

⑦颇：略微，稍微。

⑧一时：短时间内，即刻。

⑨诮（qiào）：责备。

⑩粮食：指学粮。

【译文】

代国公郭元振十六岁的时候，在太学读书，和薛稷、赵彦昭是朋友。当时郭元振有家信寄来，给他寄了四十万钱作为读书的费用。忽然有一个身穿丧服的人叩门求见说："我家中五代先人都未能安葬，棺柩各在不同的地方，现在打算同时迁葬，但缺少费用钱财。听说您家信到京送来钱款,能稍微接济我一些吗?"郭元振当即命令备车,将四十万钱即刻让那人载去,一点也没有留下,也没有询问那人的姓名。此举深为赵彦昭和薛稷所责备。郭元振怡然自若地说:"我接济他操办大事,又有什么好责备的呢!"这一年,因为钱粮断绝,郭元振最终未能参加科举考试。

　　熊执易赴举^①,行次潼关^②,秋霖月余^③,滞于逆旅。俄闻邻居有一士吁嗟数四^④,执易潜伺之,曰:"前尧山令樊泽举制科^⑤,至此,马毙囊空,莫能自进!"执易造焉,遽辍所乘马^⑥,倒囊济之^⑦。执易其年罢举,泽明年登科。

【注释】

①熊执易:洪州(今江西南昌)人。德宗建中四年(783)登进士第。贞元中先后考中博通坟典达于教化科、贤良方正能直言极谏科。历任右补阙、库部员外郎兼御史中丞、户部郎中等。

②潼关:关隘名。古称"桃林塞"。东汉建安时设潼关,故址在今陕西潼关东北,处陕西、山西、河南三省要冲,素称险要。

③霖:久雨不止。

④吁嗟(xū jiē):哀叹,叹息。

⑤前尧山令樊泽举制科:前尧山县令樊泽,去京城参加制举考试。尧山,尧山县。治今河北隆尧。樊泽,字安时,谥号成,河中(今山西永济)人。有武力,喜兵法。初为尧山县令,德宗建中元年(780)举贤良方正能直言极谏科,授左补阙,兼御史中丞,历任都官员外郎、金部郎中、山南东道行军司马、山南东道节度使等职,参与平定李希烈叛乱。后任右卫大将军、荆南节度使、山南东道节度使,累加检校右仆射。制科,即制举。和进士等常科相对,是为选拔非常之才而举行的不定期非常规考试。通常由皇帝或者宰相重臣亲自考试。唐朝制科名目繁多,如贤良方正能直言极谏

科、才识兼茂明于体用科等。

⑥遽：就，竟。辍：取出，拿出。此指让出。

⑦倒囊：倒出囊中所有的钱物。比喻慷慨助人。

【译文】

　　熊执易赴京应试，行至潼关，秋雨连绵下了一个多月，滞留在旅店里。忽然听到隔壁房间有一个士人连声叹气，熊执易暗中探看，那个人说："我是前尧山县令樊泽，去京城参加制举考试，走到这里，马死了，口袋里的钱也花光了，没有办法继续前进！"熊执易去拜访樊泽，就让出自己所骑的马给他，并倾囊相助。熊执易当年没能参加科举考试，而樊泽次年制举及第。

　　代公为通泉县尉①，掠卖千余人以供过客②。天后异之③，召见，大惬圣旨④。并口占《古剑》一篇以进⑤。上奇之，命缮写⑥，赐当直学士⑦。

【注释】

①通泉县：隋开皇三年（583）改通井县置，治今四川射洪。

②掠卖：劫掠贩卖人口。过客：过往宾客。

③天后：即武则天（624—705），并州文水（今属山西）人。武周皇帝。初为唐太宗才人。唐高宗时封为昭仪，永徽六年（655）立为皇后。上元元年（674）加号天后，与高宗并称二圣。高宗驾崩后，先后立唐中宗、唐睿宗，以皇太后身份临朝称制。天授元年（690）称帝，改国号为周，定都洛阳，建立武周。神龙元年（705），宰相张柬之等发动政变，拥立唐中宗复位。同年去世，遗命去帝号，称"则天大圣皇后"。执政期间明察善断，知人善任，重视人材选拔，奖励农桑，改革吏治。同时重用酷吏，大肆杀害宗室重臣。

④惬（qiè）：合乎。圣旨：帝王的意旨。

⑤口占：指作诗文不起草稿，随口而成。《古剑》：即《古剑篇》，一作《宝剑篇》。郭元振的名作，警句："虽复尘埋无所用，犹能夜夜气冲天。"

⑥缮（shàn）写：誊写。

⑦当直学士：值班的学士。据张说《兵部尚书代国公赠少保郭公行状》："则天览而佳之，令写数十本，遍赐学士李峤、阎朝隐等。"

【译文】

郭元振做通泉县尉的时候，劫掠贩卖一千多人以供给过往宾客。武则天得知后十分惊异，召见问话，郭元振的回答很合乎武则天的心意。又随口作《古剑篇》一诗进献。武则天大为赏识，命令誊写，赐给当值的学士们。

　　杨虞卿及第后①，举三篇②，为校书郎③。来淮南就李鄘亲情④，遇前进士陈商启护穷窘⑤，公未相识，问之，倒囊以济。

　　李北海年十七⑥，携三百缣就纳国色⑦，偶遇人启护，倾囊救之。

【注释】

①杨虞卿（？—835）：字师皋，虢州弘农（今河南灵宝）人。宪宗元和五年（810）登进士第，后又登博学宏词科，授校书郎。元和末，累官至监察御史。穆宗长庆初，迁侍御史，转礼部员外郎、史馆修撰。文宗时任给事中等。阿附权幸，与李宗闵等朋比唱和，与兄弟汝士、汉公操纵举场选士，时号"党魁"。大和中累官至京兆尹。被劾，贬虔州司户参军卒。

②举三篇：考中博学宏词科。三篇，博学宏词科的别名。参见卷三

"今年及第明年登科"门注。

③校书郎：官名。东汉置，以郎官典校皇家书籍。唐秘书省及著作局、弘文馆、崇文馆皆置，掌校雠典籍，为文士起家之良选，由此进身，往往可达清高显要之位。

④李鄘（yōng，？—820）：字建侯，谥号肃，鄂州江夏（今湖北武汉武昌区）人。唐朝宰相。代宗大历中进士及第，补秘书省正字，累迁吏部员外郎，进御史中丞。唐宪宗时任京兆尹，凤翔、陇右、河东、淮南节度使，召拜为门下侍郎、同中书门下平章事，以疾辞，改授户部尚书。晚年以太子少傅致仕，累封江夏县开国侯。亲情：此指亲事。《新唐书·杨虞卿传》："虞卿第进士、博学宏辞，为校书郎。抵淮南，委婚币焉。会陈商葬其先，贫不振，虞卿未尝与游，悉所赍助之。"按，"李鄘"底本作"李鄑"，据《太平广记》等改。

⑤陈商：字述圣，官至秘书监。参见卷三"慈恩寺题名游赏赋咏杂纪"门注。启护：请求援助救济。

⑥李北海：即李邕（678—747），字泰和，扬州江都（今江苏扬州）人。早擅才名，曾助其父李善注《文选》。武后长安初李峤等荐其词高行直，授左拾遗。中宗时出为南和令，又贬富州司户参军。玄宗时入为户部郎中，以军功累转括、淄、滑等州刺史。天宝初，为汲郡、北海太守，世称"李北海"。天宝六载（747）为李林甫所害。以文名天下，精于书法，为当世所贵。著有《李北海集》。

⑦缣（jiān）：双丝织的细绢。国色：容貌冠绝一国的美女。

【译文】

杨虞卿进士及第后，又考中博学宏词科，被任命为校书郎。来淮南节度使李鄘这里办婚事，遇到前进士陈商因为穷厄窘迫而请求接济，杨虞卿不认识陈商，问了他的情况之后，倾囊相助。

北海太守李邕十七岁的时候，携带三百匹缣来娶美女，偶然遇到人请求援助救济，倾囊相助。

　　许棠久困名场^①，咸通末，马戴佐大同军幕^②，棠往谒之，一见如旧相识。留连数月，但诗酒而已，未尝问所欲。一旦，大会宾客，命使者以棠家书授之。棠惊愕^③，莫知其来。启缄^④，乃知戴潜遣一介恤其家矣。

【注释】

①许棠（822—?）：字文化，宣州泾县（今属安徽）人。二十多年屡试不第，懿宗咸通十二年（871）始登进士第，时年已五十。任泾县尉、虔州从事、江宁丞。不久，归居泾县陵阳别业。性僻，工诗，尚苦吟。"咸通十哲"之一。著有《许棠诗》。久困名场：长久困于科场。指屡试不第。

②马戴：字虞臣，曲阳（今江苏东海）人。屡试不第，与姚合、贾岛、顾非熊等交游唱和，漫游各地。武宗会昌四年（844）登进士第。宣宗大中年间，佐太原幕，以直言获罪，贬龙阳尉。后得赦回京，官国子博士，卒。工诗，尤长五律，为时人所称。著有《马戴诗》。大同：唐方镇名，治云州（今山西大同）。按，马戴佐大同军幕其事未详，或为太原幕之误。且许棠咸通十二年（871）已及第，此言咸通末尚困于名场，往谒马戴，应误。

③惊愕（è）：惊愕。愕，同"愕"。

④启缄（jiān）：打开信件。缄，书信。

【译文】

　　许棠屡试不第，咸通末年，马戴在大同节度使幕府中任职，许棠前往拜见他，两人一见如故。许棠在那里流连数月，两人只是写诗饮酒而已，马戴未曾询问许棠有什么请求。一天，马戴广邀宾客朋友，让使者把许棠的家书给他。许棠惊愕不已，不知家书从何而来。打开信件，才知道马戴已经暗地派人去接济他的家人了。

　　赞曰:孰以显廉^①? 临财不苟^②。孰以定交? 弘道则久^③。穷乃益坚^④,达以胡有^⑤! 无得无丧^⑥,天长地久。君子行之,小人则否^⑦。

【注释】

①孰:什么。

②临财不苟:谓面对钱财不随便获取。苟,随便,轻率。语出《礼记·曲礼上》:"临财毋苟得,临难毋苟免。"

③弘道:弘扬道义。

④穷乃益坚:处境越艰难,意志更加坚定。语出《后汉书·马援传》:"丈夫为志,穷当益坚,老当益壮。"

⑤达以胡有:即使显达,对自己来说又有什么重要。胡有,何有。胡,何。先秦《击壤歌》:"帝力于我何有哉?"

⑥无得无丧:没有得失之心。

⑦否:不能如此。

【译文】

　　赞曰:什么能显示清廉? 面对钱财而不随便求取。什么能定下交情? 弘扬道义友情才能长久。处境越艰难,意志更加坚定,即使再显达,又有什么重要! 没有得失之心,方能垂名长久。君子能够践行,小人则不能够。

卷五

切磋

【题解】

　　此门记录了唐朝士人们在道德学问上互相切磋的一些事例，大至论道规箴，小至一字之师，皆有虚心好学者。行卷者犹须虚心，正面例子比如韦彖虚心求教于吴融，吴融便为他取得府解。反面例子如向皇甫湜行卷的李生，自己行卷求进士，却和皇甫湜长篇辩论进士文章之不足取。皇甫湜文奇僻而性辨激，在回信中对那些鄙视诗赋文采而高论治国安邦，瞧不起屈原、宋玉而自夸文章得道等种种虚夸矫饰之言一一驳斥，言辞犀利，"诗未有刘长卿一句，已呼阮籍为老兵矣；笔语未有骆宾王一字，已骂宋玉为罪人矣"，"生既不以一第为事，不当以进士冠姓名也"。作者全文收录皇甫湜的答李生二书，不仅因为二人的辩论针锋相对，大约也因为作者本人重视词艺，对某些鄙薄文才以虚张声势，大言欺人以沽名钓誉的举坛风尚有所不满。

　　大居守李相读《春秋》①，误呼叔孙婼敕略为婼敕晷②。日读一卷，有小吏侍侧，常有不怿之色③。公怪问之④："尔常读此书耶！"曰："然。""胡为闻我读至此而数色沮耶⑤？"

吏再拜言曰⑥:"缘某师授⑦,误呼文字;今闻相公呼婼_{敕略}为婼_{敕暑},方悟耳。"公曰:"不然。吾未之师也⑧,自检《释文》而读⑨,必误在我,非在尔也。"因以《释文》示之。盖书"略"字以"田"加"各"首,久而成"曰",配"昝"为"暑"⑩。小吏因委曲言之⑪。公大惭愧,命小吏受北面之礼⑫,号为"一字师"。

【注释】

①大居守李相读《春秋》:东都留守相国李程读《春秋》。大居守,官名。京都留守的别称。皇帝不在京城,则置重臣以留置守护。此指东都留守。李相,即李程(766—842),字表臣,谥号缪,陇西成纪(今甘肃秦安)人。唐朝宰相。德宗贞元十二年(796)状元及第,后又登博学宏词科。累迁翰林学士、兵部郎中、知制诰,拜中书舍人,权知礼部贡举,历礼部侍郎、鄂岳观察使、吏部侍郎。敬宗时同中书门下平章事,加中书侍郎,封彭原郡公。后出为河东、河中、宣武军、山南东道等节度使,卒于东都留守任所。《全唐诗》存诗五首。性疏懒,好滑稽,不修仪检。其事又见卷八"已落重收"、卷十三"惜名"门。《春秋》,书名。孔子据鲁史修订而成的编年体史书。所记起自鲁隐公元年(前722),迄鲁哀公十四年(前481),共二百四十二年。其书常以一字一语之褒贬寓微言大义,劝恶扬善。左氏、公羊、穀梁三家为之作传,称为"春秋三传"。

②误呼叔孙婼_{敕略}为婼_{敕暑}:误将叔孙婼的婼敕略切读为婼敕暑切。叔孙婼,即叔孙昭子(?—前517),春秋时期鲁国大夫。姬姓,叔孙氏,名婼,一名舍,谥号昭,史称"叔孙昭子"。叔孙豹之子,鲁国三桓之叔孙氏宗主。敕略,敕略切。由敕、略二字反切注音。反切,取上字之声母和下字之韵母、声调拼读。参见卷四"师友"门注。敕暑,敕暑切。

③不怿（yì）：不悦服。怿，悦服。

④怪问：觉得奇怪而询问。

⑤胡为：为何。色沮：神色沮丧。

⑥再拜：先后拜两次，表示恭敬。

⑦缘：因为，由于。

⑧未之师：没有跟从老师学习。

⑨自检《释文》而读：自己查阅《经典释文》而读字。检，查阅。《释文》，指《经典释文》，是解释儒家典籍文字音义的字典，唐代陆德明著。

⑩"盖书'略'字以'田'加'各'首"几句：因为书上的"略"字是把"田"字加在"各"字上面，时间长了"田"字模糊成了"曰"字，加上由"各"模糊成的"咎"字就成了"暑"字。"略"本上下结构，写作"畧"。

⑪委曲：委婉，婉转。

⑫受北面之礼：接受拜师之礼。北面，弟子行敬师之礼，北面拜之。参见卷四"师友"门注。

【译文】

东都留守相国李程读《春秋》，误将叔孙婼的婼敕略切读为婼敕暑切。每天读一卷，有一名小吏在旁侍奉，经常流露不悦服的神色。李程觉得奇怪而询问道："你经常读这本书吗？"小吏回答："是的。""为什么你听我读到这里而每每神色沮丧呢？"小吏拜了两拜之后说："因为我的老师教我读书，读错了文字；如今听到相公读婼敕略切为婼敕暑切，方才明白。"李程说："不是这样的。我没有跟老师学习，是自己查阅《经典释文》而读的，错误一定在我，而不在你。"于是把《经典释文》给小吏看。因为书上的"略"字是把"田"字加在"各"字上面，时间长了"田"字模糊成了"曰"字，加上由"各"模糊成的"咎"字就成了"暑"字。小吏于是委婉地告诉了李程。李程非常惭愧，让小吏接受拜师之礼，称他为自己的"一字师"。

韩文公著《毛颖传》①，好博簺之戏②。张水部以书劝之③，凡二书。其一曰："比见执事多尚驳杂无实之说④，使人陈之于前以为欢，此有累于令德⑤。又高论之际⑥，或不容人之短，如任私尚胜者⑦，亦有所累也。先王存六艺⑧，自有常矣，有德者不为，犹以为损；况为博簺之戏，与人竞财乎！君子固不为也。今执事为之，以废弃时日，籍实不识其然。"文公答曰："吾子讥吾与人言为无实驳杂之说⑨，此吾所以为戏耳，比之酒色，不有间乎⑩！吾子讥之，似同浴而讥裸体也。若高论不能下气⑪，或似有之，当更思而诲之耳⑫。博簺之讥，敢不承教⑬！其他俟相见。"

【注释】

①韩文公：韩愈。中唐著名诗人、文学家、思想家，张籍的老师和好友。参见卷四"师友"门注。《毛颖传》：韩愈的名篇之一，寓庄于谐，借为毛笔立传抒发士人被弃置的牢骚。

②博簺(sài)：古代的一种赌博游戏。《庄子·骈拇》："臧与穀二人相与牧羊而俱亡其羊。问臧奚事，则挟筴(cè)读书；问穀奚事，则博塞以游。二人者，事业不同，其于亡羊均也。"

③张水部：张籍，曾任水部员外郎，故称。参见卷三"散序"门注。

④比见执事多尚驳杂无实之说：近来见您颇为喜爱一些混杂而不实在的学说。比，近来。执事，对人的敬称。尚，喜欢，爱好。驳杂无实，混杂而不实在。

⑤累：连累，损害。《尚书·周书·旅獒(áo)》："不矜细行，终累大德。"

⑥高论：纵论。

⑦任私尚胜：任性好胜。

⑧先王：古代圣王。六艺：指礼、乐、射、御、书、数六种才能和技艺。

⑨吾子：您。古时对人的尊称。杜甫《短歌行赠王郎司直》诗："青眼高歌望吾子，眼中之人吾老矣。"

⑩有间：有别。

⑪下气：平心静气。

⑫诲：通"悔"，悔改。

⑬敢不承教：岂敢不虚心受教。敢，岂敢。承教，接受教诲。谦辞。

【译文】

韩愈写《毛颖传》，喜欢玩博簺的游戏。张籍写信劝告他，一共写了两封信。其中一封写道："近来见您颇为喜爱一些混杂而不实在的学说，让人陈列在前以为乐事，这是损害您的美德。另外您在纵论的时候，有时候不能宽容别人的短处，就像任性好胜，这也损害您的德行。古代圣王存留六艺，本自有常规，然而有德行的人不去做，尚且以这些为损害；何况去做博簺之类的游戏，跟别人争夺钱财呢！君子一定不做这种事情。如今您做了，以此荒废时光，我实在不明白您这么做的原因。"韩愈回信写道："您讥讽我对人说的那些话是虚浮不实的驳杂之说，这是我以此为戏谑罢了，和沉迷酒色比起来，不是有差别吗！您讥讽我，好像在一起沐浴而讥讽别人裸体一样。至于我在纵论的时候不能平心静气，有时候好像有这样的问题，我应当再三反思而悔改。至于讥讽我玩博簺的游戏，岂敢不虚心受教！其他事情到见面的时候再谈。"

羊绍素夏课有《画狗马难为功赋》①，其实取"画狗马难于画鬼神"之意也，投表兄吴子华②。子华览之，谓绍素曰："吾子此赋未嘉。赋题无鬼神，而赋中言鬼神。子盍为《画狗马难于画鬼神赋》，即善矣。"绍素未及改易，子华一夕成于腹笥③。有进士韦象④，池州九华人⑤，始以赋卷谒子华。子华闻之⑥，甚喜。象居数日，贡一篇于子华，其破题曰⑦:"有丹青二人⑧:一则矜能于狗马⑨,一则夸妙于鬼神⑩。"子华大奇之,遂焚所著,而绍素竟不能以己下之⑪。其年,子华为象取府解。

【注释】

①羊绍素:昭宗乾宁五年(898)状元及第。曾在明州刺史黄晟处为幕僚。夏课:落第举子居京读书过夏,所作诗文称为"夏课"。参见卷一"述进士下篇"门注。

②吴子华:即吴融,昭宗时累官户部侍郎、翰林承旨,工诗善文,以文思敏捷和提携后进誉于当时文坛。参见卷三"散序"门注。

③腹笥(sì):腹中的学问。此指腹稿。笥,书箱。语出《后汉书·边韶传》:"边为姓,孝为字。腹便便,《五经》笥。"

④进士韦彖:考进士的韦彖。韦彖,乾宁四年(897)进士及第。参见卷二"府元落"门注。

⑤池州九华:九华山在池州,今安徽青阳。

⑥闻:传告。

⑦破题:唐宋时应举诗赋的起首处,用一两句话剖析题义,叫"破题"。明清八股文沿用。

⑧丹青:朱砂和石青。中国古代绘画所用的主要颜料。借指绘画。此指画师。

⑨矜能:夸耀自己的才能。

⑩夸妙:夸耀自己的妙处。

⑪以己下之:降低自己的身份虚心下问,求教于人。

【译文】

羊绍素在京所作的夏课有《画狗马难为功赋》,其实取自"画狗马难于画鬼神"的意思,羊绍素将此赋投送给表兄吴子华。吴子华看了之后,对羊绍素说:"你这篇赋不算好。赋的题目中并没提到鬼神,而赋中却说到鬼神。你何不将题目改为《画狗马难于画鬼神赋》,这样就好了。"羊绍素还没来得及修改,吴子华只一个晚上就打好了腹稿。有个来考进士的叫韦象,是池州九华人,起初以赋行卷拜谒吴子华。吴子华把《画狗马难于画鬼神赋》的题目告诉了他,韦象很高兴。韦象过了几天,献了一篇《画狗马难于画鬼神赋》给吴子华,破题写道:"有两名画师:一个夸耀自己画狗马的才能,一个夸耀自己画鬼神的妙处。"吴子华大为称奇,于是把自己所写的赋烧掉,而羊绍素终究不肯向韦象虚心求教。那一年,吴子华在府试中为韦象争取到了府解。

　　陈峤谒安陆郑郎中诚①,三年方一见。诚从容谓峤曰:"识闵廷言否②?"峤曰:"偶未知闻③。"诚曰:"不妨与之还往④,其人文似西汉。"

【注释】

①陈峤谒安陆郑郎中诚:陈峤拜谒安陆郑郎中诚。陈峤(825—899),字延封,号景山,泉州莆田(今属福建)人。僖宗光启四年(888)进士。曾任京兆府参军,后随王潮、王审知兄弟入闽,辟为从事,授大理评事、监察御史,迁大理司直兼殿中侍御史。安陆,安陆郡,即安州,治所在今湖北安陆。郑郎中诚,郑诚,字中虞,闽县(今福建福州)人。武宗会昌进士。宣宗时任国子司业,懿宗时任郓、安等州刺史,僖宗时历主客郎中、金部郎中、户部郎中、刑部郎中等。善文辞,和同乡林滋之赋、詹雄之诗并称"闽中三绝"。参见卷三"慈恩寺题名游赏赋咏杂纪"门注。郑诚曾任安州刺史、郎中,因称安陆郑郎中诚。

②闵廷言:洪州豫章(今江西南昌)人。善古文,文格高绝。懿宗咸通间,与来鹄齐名。时人评曰:"闵生之文,酷似西汉。"参见卷十"海叙不遇"门。

③偶：恰巧，正好。知闻：交结，交往。白居易《醉后走笔酬刘五主
　簿长句之赠兼简张大贾二十四先辈昆季》诗："得意忘年心迹亲，
　寓居同县日知闻。"
④还往：来往。

【译文】

　　陈峤拜谒安陆郑郎中诚，三年才得见一面。郑诚周旋闲谈之际对陈
峤说："你认识闵廷言吗？"陈峤说："恰巧未曾交往。"郑诚说："你不妨和
他交往，此人的文章类似西汉文章的风格。"

　　吴融，广明、中和之际，久负屈声①；虽未擢科第，同人
多贽谒之如先达②。有王图③，工词赋，投卷凡旬月，融既见
之，殊不言图之臧否④，但问图曰："更曾得卢休信否⑤？何
坚卧不起⑥，惜哉！融所得⑦，不如也！"休，图之中表，长于
八韵，向与子华同砚席，晚年抛废⑧，归镜中别墅⑨。

【注释】

①久负屈声：久负屈才的名声。屈声，指因受屈而形成的声誉。
②同人：志同道合的人。贽谒（zhì yè）：原指持礼物以求见尊长。此
　指携行卷拜谒。贽，初次拜见尊长所送的礼物。
③王图：事迹未详。
④殊：竟，竟然。
⑤卢休：唐末举进士，不第。僖宗广明、中和间有诗名，与吴融、罗隐
　等交游。
⑥坚卧：原指安卧。引申为隐居，不出仕。
⑦所得：所获得的东西。此指道德文章。
⑧抛废：废置。此指抛弃世事。

⑨镜中别墅：或指镜湖中的别墅。镜，镜湖，一名鉴湖。在今浙江绍兴。

【译文】

　　吴融，僖宗广明、中和年间，久负屈才的名声；虽然没有考中进士，仍有许多同道中人如同拜见前辈达人一样携带行卷去拜谒他。有一个叫王图的人，擅长写词赋，向吴融投递文卷共有十个月，吴融见到他之后，竟不谈王图文章的好坏，只是问他："你近来有卢休的消息吗？他为什么隐居不出，太可惜了！我的道德文章，不如他啊！"卢休，是王图的表亲，擅长写八韵律赋，以前跟吴融是同学，到了晚年抛弃世事，归隐镜湖中的别墅。

　　李翱《与陆傪书》①："李观之文章如此②，官止于太子校书③，年止于二十九，虽有名于时俗，其卒深知其至者④，果谁哉⑤！信乎天地鬼神之无情于善人，而不罚罪也甚矣！为善者将安所归乎？翱书其人⑥，赠于兄；赠于兄，盖思君子之知我也。予与观平生不得相往来，及其死也，则见其文，尝叹：使李观若永年⑦，则不远于扬子云矣⑧！书己之文次，忽然若观之文，亦见于君也⑨；故书《苦雨赋》缀于前⑩。当下笔时，复得咏其文，则观也虽不永年，亦不甚远于扬子云矣。书《苦雨》之辞既，又思：我友韩愈，非兹世之文，古之文也；非兹世之人，古之人也。其词奥⑪，其意适⑫，则孟轲既没⑬，亦不见有过于斯者。当下笔时，如他人疾书写之。诵其文，不是过也⑭。其词乃能如此。尝书其一章曰《获麟解》⑮，其他亦可以类知也⑯。穷愁不能无述⑰，适有书寄弟正辞⑱，及其终，亦自觉不甚下寻常之所为者，亦以赠焉。亦唯读观、愈之词，冀一详焉⑲。翱再拜。"

【注释】

①李翱：师从韩愈，中唐著名古文家。官至户部侍郎，参见卷二"置等第"门注。陆傪（cān）：德宗贞元时拜祠部员外郎，与韩愈、李翱、梁肃、权德舆等交游。参见卷四"师友"门注。

②李观：字元宾。德宗贞元八年（792）与韩愈同榜登进士第，授太子校书郎。早卒。参见卷一"广文"门注。

③太子校书：官名。北齐置，东宫官属。隋、唐沿置，掌校刊经史。

④至：极致，精妙。

⑤果：究竟，到底。

⑥书：缮写，誊写。

⑦永年：长寿。

⑧扬子云：扬雄，字子云。两汉之交大学者、文学家。参见卷四"师友"门注。

⑨见：同"现"，显示，展示。

⑩《苦雨赋》：李观所著散文。

⑪奥：奥妙，微妙。

⑫适：得当。

⑬孟轲（约前372—约前289）：即孟子，字子舆。战国大思想家，继孔子之后儒家最重要的代表人物之一。参见卷二"为等第后久方及第"门注。

⑭不是过：不过是。没有能超过于此的。是，此。过，超过。

⑮《获麟解》：韩愈名篇之一。以麒麟设喻，寄托士人怀才不遇的怨愤。

⑯类知：依类推知。

⑰述：述作，创作。

⑱适有书寄弟正辞：恰好要写信寄给舍弟正辞。即卷二"得失以道"门所录。劝慰李正辞应当力学仁义与文章，培养内心的浩然之气，不要因一时得失忧喜而动心。

⑲详：审读。

【译文】

　　李翱在《与陆傪书》中写道："李观的文章如此精妙，然而官职止于太子校书郎，年纪止于二十九岁，虽然有名于当世，但到头来能深入了解他文章精妙之处的人，到底有谁呢！确实天地鬼神对善人无情，而不惩罚罪人也太过分了！行善的人能归往何处呢？我誊写他的文章，赠给兄台；赠给兄台，因为知道您是了解我的。我和李观平生没有机会交往，在他死后，才看到他的文章，我曾感叹：如果李观能够长寿，那么他的文章水平离扬雄也不远了！在誊写自己文章的时候，忽然想到李观的文章，也应当展示给您；因此誊写李观的《苦雨赋》置于前面。当下笔誊写的时候，再次吟咏他的文章，觉得李观虽不能长寿，但文章水平离扬雄也不太远了。誊写《苦雨赋》的文辞完毕之后，又想：我的朋友韩愈，他的文章不是今世的文章，而像是古代的文章；他也不是今世之人，而像是古时之人。他的文章文词奥妙，意旨得当，从孟子去世以来，没有看到有人的文章能超过他的。当下笔誊写的时候，就像誊写其他人的文章一样奋笔疾书。而写完诵读，没有文章能超过他的。他的文章竟能达到如此的境界。我曾誊写其中一篇文章叫《获麟解》，他的其他文章也可以依类推知了。穷愁困厄的人不能不有所述作，我恰好要写信寄给舍弟正辞，到写完的时候，自己也觉得不比平常写得差，也寄送给您。这也只是希望您读李观、韩愈的文章时，能审读一番。李翱再拜。"

　　李元宾与弟书曰："年不甚幼，近学何书？拟应明经，为复有文①？明经世传，不可坠也②。文贵天成，强不高也③。二事并良④，苟事立⑤，汝择处焉⑥。"

【注释】

　　①拟应明经，为复有文：打算应明经试，还是应进士试？有文，指文

学之科。即进士科。

②坠：废弛，荒废。

③文贵天成，强不高也：文章贵在自然天成，勉强而为不算高明。

④二事：指明经和进士。

⑤苟事立：如事可成。

⑥择处：选择。

【译文】

李观写给弟弟的书信中说："你的年纪也不小了，近来都学习什么书？打算应明经试，还是应进士试？明经是我们家世代相传的举业，不可荒废。文章贵在自然天成，勉强而为不算高明。明经和进士都不错，如事可成，你可以选择。"

景福中①，江西节度使锺传遣僧从约进《法华经》一千部②，上待之恩渥有加③，宣从约入内赐斋④，面锡紫衣一副⑤。将行，太常博士戴司颜以诗赠行⑥。略曰："远来朝凤阙，归去恋元侯⑦。"时吴子华任中谏⑧，司颜仰公之名，志在属和，以为从约之资⑨。融览之，拊掌大笑曰："遮阿师更不要见⑩，便把拽出得！"其承奉如此矣⑪。

【注释】

①景福：唐昭宗李晔的年号（892—893）。

②锺传（？—906）：唐末军阀。割据江西近三十年，封南平郡王。参见卷二"争解元"门注。从约：事迹未详。《法华经》：书名。佛教经典。全名《妙法莲华经》，后秦鸠摩罗什译。是天台宗的主要经典。

③恩渥（wò）：恩泽。

④内：皇宫大内。

⑤锡：赏赐。一副：一套。

⑥戴司颜：昭宗大顺元年（890）登进士第。景福中任太常博士。有
　诗名，《全唐诗》存诗二首。

⑦元侯：原指诸侯之长。后指节度使等重臣大吏。此指江西节度使
　锺传。

⑧时吴子华任中谏：当时吴融担任补阙。中谏，唐代谏官"补阙"的
　别称。按，景福中吴融任侍御史，乾宁三年（896）任左补阙。

⑨资：送。

⑩遮：这。阿师：指僧人。

⑪承奉：奉承，逢迎。

【译文】

　　景福年间，江西节度使锺传派遣僧人从约向皇帝进献《法华经》一
千部，皇帝对他恩宠有加，宣从约入宫中赐斋饭，又当面赏赐紫衣一套。
从约临走的时候，太常博士戴司颜以诗送行。写道："远来朝凤阙，归去
恋元侯。"当时吴融担任补阙，戴司颜仰慕他的名声，希望他能唱和自己
的诗，以此送从约。吴融看了他的诗后，拍手大笑说："这个僧人我不要
见，却把我拉扯出来！"吴融当时被人逢迎如此。

　　皇甫湜答李生二书①。第一书："辱书②，适曛黑③，使者
立复④，不果一二⑤，承来意之厚。《传》曰：'言及而不言，失
人⑥。'粗书其愚⑦，为足下答，幸察⑧：来书所谓今之工文，或
先于奇怪者⑨，顾其文工与否耳⑩。夫意新则异于常，异于常
则怪矣；词高则出众，出众则奇矣。虎豹之文⑪，不得不炳于
犬羊⑫；鸾凤之音，不得不锵于乌鹊⑬；金玉之光，不得不炫
于瓦石⑭：非有意先之也，乃自然也。必崔巍然后为岳⑮，必

滔天然后为海。明堂之栋⑯，必挠云霓⑰；骊龙之珠，必锢深泉⑱。足下少年气盛，固当以出拔为意⑲。学文之初，且未自尽其才，何遽称力不能哉？图王不成，其弊犹可以霸；其仅自见也，将不胜弊矣⑳。孔子讥其身不能者，幸勉而思进之也㉑。来书所谓浮艳声病之文㉒，耻不为者，虽诚可耻，但虑足下方今不尔㉓，且不能自信其言也。何者？足下举进士；举进士者，有司高张科格㉔，每岁聚者试之，其所取乃足下所不为者也。工欲善其事，必先利其器㉕，足下方伐柯而舍其斧㉖，可乎哉？耻之，不当求也；求而耻之，惑也。今吾子求之矣，是徒涉而耻濡足也㉗，宁能自信其言哉？来书所谓急急于立法宁人者㉘，乃在位者之事，圣人得势所施为也，非诗赋之任也。功既成，泽既流㉙，咏歌记述光扬之作作焉㉚。圣人不得势，方以文词行于后。今吾子始学未仕，而急其事，亦太早计矣。凡来书所谓数者，似言之未称，思之或过；其余则皆善矣。既承嘉惠，敢自固昧㉛！聊复所为，俟见方尽。湜再拜。"

【注释】

①皇甫湜（shí，约777—约835）：字持正，睦州新安（今浙江淳安）人。唐宪宗元和元年（806）进士。授陆浑县尉，累迁殿中侍御史内供奉、工部郎中，终东都留守判官。师从韩愈，倡导古文运动。著有《皇甫持正集》。李生：未详其人。

②辱书：承蒙惠书。辱，谦辞，表示承蒙。

③曛（xūn）黑：日暮昏暗。

④使者立复：使者立等回信。

⑤不果一二：没有写成只言片语。不果，不成，没有结果。一二，一点儿。

⑥"《传》曰"几句：《论语》中说："应该和他谈话的人却不和他谈，是错过了对象。"《传》，汉代时《论语》《荀子》《礼记》等非经的典籍，被视为辅翼解释经书的"传""记"等。此指《论语》。《论语·卫灵公》原文作："可与言而不与之言，失人。"

⑦粗书其愚：粗略写下我的愚见。

⑧幸察：敬辞。希望明察。幸，希望。

⑨或先于奇怪者：有崇尚新奇怪异的。先，尊崇，重视。奇怪，新奇怪异。

⑩顾：但看。

⑪文：花纹。

⑫炳：显著鲜明。

⑬锵（qiāng）：清越嘹亮。形容凤凰鸣声。《左传·庄公二十二年》："是谓'凤皇于飞，和鸣锵锵'。"乌鹊：乌鸦。

⑭炫：光明炫目。

⑮崔巍：形容山高峻雄伟。东方朔《七谏》："高山崔巍兮，水流汤汤。"

⑯明堂：古代帝王举行大典的地方。

⑰挠云霓（ní）：阻遏云霓。形容高耸入云。挠，阻遏。霓，彩虹的一种。

⑱锢深泉：禁闭在深渊之中。锢，禁闭。泉，渊。《庄子·列御寇》："夫千金之珠，必在九重之渊而骊龙颔下。"

⑲出拔：出类拔萃。

⑳"图王不成"几句：图谋王业不成功，最差的结果尚且可以图谋霸业；如果仅仅限于自我表现，那么最差的结果就不堪忍受了。王充《论衡·气寿》："语曰：'图王不成，其弊可以霸。'"王，王道，指以德服人成就王业。霸，霸道，指以力服人成就霸业。《孟子·公孙丑上》："孟子曰：'以力假仁者霸，霸必有大国；以德行仁者王，

王不待大。'"散，害处。此指最差的结果。

㉑孔子讥其身不能者，幸勉而思进之也：孔子讥讽以自身做不到来搪塞的人，希望他们能够勉励进取。《论语·雍也》："冉求曰：'非不说子之道，力不足也。'子曰：'力不足者中道而废，今女画。'"

㉒浮艳声病：华而不实讲究声律。浮艳，辞章华美而内容贫乏。声病，原指诗文声律上的毛病。此指讲究声律。南朝梁沈约等人提出八病，指五言诗在词句音律上的弊病。唐代以诗赋取士，特重声病。

㉓不尔：不能如此。

㉔科格：指科举考试的规则标准。

㉕工欲善其事，必先利其器：工匠要想做好工作，必须要先使工具精良。语出《论语·卫灵公》："子曰：'工欲善其事，必先利其器。'"

㉖柯：树枝。

㉗徒涉而耻濡（rú）足：徒步过河而耻于沾湿双脚。徒涉，从河水中走过去。濡，沾湿。

㉘立法宁人：制定法令安定百姓。

㉙泽既流：恩泽流布。

㉚光扬：发扬光大。

㉛固昧：固守愚昧。

【译文】

皇甫湜有两封答复李生的回信。第一封信写道："承蒙惠书，适逢日暮天黑，使者立等回信，却没有写成只言片语，多承您来信中的厚意。《论语》中说：'应该和他谈话的人却不和他谈，是错过了对象。'粗略写下我的愚见，作为对您的答复，希望您明察；您来信中所谓今日工于文章的人，有崇尚新奇怪异的，这要看他们的文章是否工整。文章立意新颖则异于常人，异于常人就显得怪异；文词高妙则超出众人，超出众人就显得新奇。虎豹的花纹，不能不比犬羊的花纹显著鲜明；鸾凤的声音，不能不比乌鸦的鸣叫清越嘹亮；金玉的光芒，不能不比瓦石的光芒明亮炫目：这不是有意要超过后者，而是自然而然罢了。土石必须高峻雄伟才能成为山岳，流水必须弥漫无际才能成为海洋。天子明堂的梁栋，必然高耸入云霄之内；骊龙颔下的宝珠，必然禁闭在深渊之中。您正值年少气盛，本当追求出类拔萃。刚开始学写文章，况且还没有竭尽才能，为何就自称能力不足呢？图谋王业不成功，最差的结果尚且可以图谋霸业；如果仅仅限于自我表现，那么最差的结果就不堪忍受了。孔子讥讽以自身做不到来搪塞的人，希望他们能够勉励进取。您来信中所说华而不实讲究声律的文章，您以之为耻而不屑去写，这些固然可耻，但我恐怕您现在做不到您所说的，而且您自己也不能相信您所说的。为什么呢？您现在正考进士；考进士的，有关职司已经高张榜文宣布考试的规则标准，每年汇聚应试者考试，所取的文章正是您不屑去写的。工匠要想做好工作，必须要先使工具精良，您正要砍树却丢弃斧头，能够做到吗？若是以此为耻，那就不应该去追求；追求而又以之为耻，令人疑惑。如今您既然要考进士，这就是徒步过河而耻于沾湿双脚，难道您自己能相信您说的这些话吗？您来信中所说急于要制定法令安定百姓，这是当政者的事情，圣人得到权位才去施行，不是诗赋的任务。功业既成，恩泽流布，歌咏记述发扬光大的文章自然就会产生。圣人得不到权位，才以文词流传后世。现在您刚学写文尚未出仕，就急于做这些事，也考虑得太早了。您来信中所说的以上数事，似乎言辞不太适当，思虑得有些过分；其余都说得很好。既然承蒙惠书，岂敢固守愚昧！聊且答复以上，其余等见面之后再详谈。皇甫湜再拜。"

皇甫湜与李生第二书："湜白：生之书辞甚多，志气甚横流①，论说文章，不可谓无意②。若仆愚且困，乃生词竞于此③，固非宜。虽然，恶言无从④，不可不卒，勿怪。

【注释】

①横流：恣肆。

②无意：没有道理。

③竞：辩论。

④恶言无从：不善之言不要信从。《诗经·唐风·采苓》："人之为言，苟亦无从。"

【译文】

皇甫湜在给李生的第二封回信中写道："皇甫湜述道：你的来信中言辞很多，志向气概汪洋恣肆，评论文章，不能说没有道理。像我这样愚陋而且困惑的人，你和我在此以文词辩论，本来不适宜。虽然如此，不善之言不可信从，我的话不能不说完，请你不要责怪。

"夫谓之奇，则非正矣，然亦无伤于正也①。谓之奇，即非常矣。非常者，谓不如常，乃出常也。无伤于正，而出于常，虽尚之亦可也。此统论奇之体耳②，未以言文之失也。夫文者非他，言之华者也③，其用在通理而已④；固不务奇，然亦无伤于奇也。使文奇而理正，是尤难也。生意便其易者乎⑤！夫言，亦可以通理矣；而以文为贵者，非他，文则远，无文即不远也⑥。以非常之文，通至正之理，是所以不朽也。生何嫉之深耶⑦？夫'绘事后素'⑧，既谓之文，岂苟简而已哉！圣人之文，其难及也；作《春秋》，游、夏之徒不能措一词⑨，吾何敢拟议之哉！

【注释】

①无伤：无妨害。

②统论：总论。

③华：精华。

④通理：传达事理。

⑤意：以为。

⑥文则远，无文即不远也：有文采才能流传长远，没有文采则不能流
传长远。语出《左传·襄公二十五年》："言之无文，行而不远。"

⑦嫉：憎恨。

⑧绘事后素：先以白色打底，再上颜色。比喻修饰的重要性。《论
语·八佾》："子曰：'绘事后素。'"

⑨游、夏之徒不能措一词：子游、子夏这样的文学之士尚且不能增删
一字一句。形容文章的精妙已达到最高境界。曹植《与杨德祖
书》："至于制《春秋》，游、夏之徒，乃不能措一辞。"游，言偃（前
506—?），字子游，春秋吴国人。孔子弟子，仕鲁为武城宰，习于
礼，以文学著称，名列孔门四科之文学科。夏，卜商（前507—?），
字子夏，春秋卫国人。孔子弟子，擅长文学，曾讲学于西河，传授
五经，名列孔门四科之文学科。措，置。

【译文】

"称作奇，自然不是正，然而也不妨害正。称为奇，就是不平常。不
平常，就是说和平常不一样，就是超出平常的意思。不妨害正，而超出
平常，即使崇尚它也是可以的。这是总论奇的本质，不是讨论文采的过
失。文采不是其他，而是语言的精华，作用在于传达事理而已；固然不必
追求奇，然而也不必以奇为害。假使文采奇特而说理正确，这是尤其困
难的事。你以为这是很轻易的事吗！言语，也可以传达事理；而以文采
为珍贵的原因，不是其他，有文采才能流传长远，没有文采则不能流传长
远。以非同寻常的文采，传达至为正确的道理，这是文章所以垂名不朽
的原因。你为什么要如此憎恨文采呢？圣人所说'先以白色打底，再上
颜色'，既然称为文采，岂能苟且简略为之就算了呢！圣人的文章，这是
难以企及的；圣人作《春秋》，子游、子夏这样的文学之士尚且不能增删

一字一句,我岂敢揣度议论圣人之文!

　　"秦、汉以来至今,文学之盛,莫如屈原、宋玉、李斯、司马迁、相如、扬雄之徒①。其文皆奇,其传皆远。生书文亦善矣,比之数子,似犹未胜,何必心之高乎?《传》曰:'其言之不出,耻躬之不逮也②。'生自视何如哉?《书》之文③,不奇;《易》之文,可为奇矣,岂碍理伤圣乎? 如'龙战于野,其血玄黄''见豕负涂,载鬼一车''突如其来,如焚、如死、如弃'④。 如此,何等语也? 生轻宋玉而称仲尼、班、马、相如为文学⑤。案司马迁传屈原曰:'虽与日月争光,可矣⑥。'生当见之乎! 若相如之徒,即祖习不暇者也⑦。岂生称误耶? 将识分有所至极耶⑧? 将彼之所立卓尔,非强为所庶几⑨,遂仇嫉之耶⑩? 其何伤于日月乎! 生笑'紫贝阙兮珠宫'⑪,此与《诗》之'金玉其相'何异⑫? 天下人有金玉为之质者乎?'被薜荔兮带女萝'⑬,此与'赠之以芍药'何异⑭? 文章不当如此说也。岂谓怒三四而喜四三,识出之白,而性入之黑乎⑮?

【注释】

①文学之盛,莫如屈原、宋玉、李斯、司马迁、相如、扬雄之徒:负有文
　学盛名的,要数屈原、宋玉、李斯、司马迁、司马相如、扬雄等人。
　屈原(约前339—约前278),名平,字原。战国时楚国杰出的诗
　人、政治家、理想主义者,在中国文学史上具有崇高的地位。曾被
　楚怀王任为左徒,被上官大夫等人谗害,遭到疏远。后劝谏楚怀
　王不可入秦,怀王不听,入秦被拘,死于秦。顷襄王即位后,再度

受谗，被放逐于沅湘一带，痛感国家危亡、理想破灭，自投汨罗江而死。著有《离骚》《九章》《九歌》《天问》等。其中《离骚》是中国文学史上最伟大的作品之一，对后世影响源远流长。宋玉，战国时楚国人。传说是屈原弟子，曾在楚顷襄王时任大夫之职。继屈原之后的著名辞赋家。著有《九辩》等。文学史上常以"屈宋"并称。李斯（？—前208），楚国上蔡（今属河南）人。秦朝著名政治家、文学家。少从荀子学习，后受秦始皇重用，辅佐秦始皇统一六国，升任丞相。主张废封建，定郡县，行禁书令，统一文字。后为赵高所杀。著有《谏逐客书》等。司马迁（前145—约前87），字子长，左冯翊夏阳（今陕西韩城）人。西汉著名史学家、文学家。继父亲司马谈任太史令，后因替李陵败降之事辩解而受腐刑。发愤著书，以"究天人之际，通古今之变，成一家之言"的精神创作了中国第一部纪传体通史《史记》，上起传说中的黄帝，下到汉武帝时期，在中国史学史和文学史上都具有崇高的地位，被鲁迅誉为"史家之绝唱，无韵之离骚"。相如，司马相如。西汉著名文学家，善辞赋。参见卷四"师友"门注。扬雄，两汉之交大学者、文学家。博览群书，长于辞赋。参见卷四"师友"门注。

② "《传》曰"几句：《论语》中说："言语不随便出口，是耻于自身的行为做不到。"见《论语·里仁》："子曰：'古者言之不出，耻躬之不逮也。'"

③ 《书》：《尚书》。最早名为《书》，后又称《书经》。是一部古代历史文献的资料汇编。分为《虞夏书》《商书》《周书》。

④ "龙战于野"几句：皆《周易》中语。龙战于野，其血玄黄，意为龙在原野上交战，流出青黄色的鲜血。比喻阴阳二气交合。语出《周易·坤》。见豕负涂，载鬼一车，意为恍惚看见猪背上沾着污泥，车上载着一大群鬼怪。比喻因多疑而心生恍惚。语出《周易·睽（kuí）》。突如其来，如焚、如死、如弃，意为太阳的起落仿

佛忽然之间,高照之时炎热得像焚烧一样,再如死一样的寂静,最后因为背离正道而被抛弃。比喻因其位不正,在盛极一时之后就迅速走向衰落与死亡。语出《周易·离》,原文作:"突如其来如,焚如,死如,弃如。"

⑤班:班固(32—92),字孟坚,扶风安陵(今陕西咸阳东北)人。东汉史学家、文学家。曾任兰台令史、玄武司马,随窦宪出击匈奴,为中护军。后坐窦宪事被捕,死于狱中。著有《汉书》《两都赋》等。《汉书》是中国第一部纪传体断代史,开后世官方修史之端绪。因其史学上的卓越贡献,后世常把他与司马迁并称"班马"。马:司马迁。

⑥虽与日月争光,可矣:即使说他与日月同辉,也不为过。语出《史记·屈原贾生列传》:"推此志也,虽与日月争光可也。"

⑦祖习:宗奉学习。

⑧将:抑或。识分:见识。

⑨庶几:相近,差不多。

⑩仇嫉:仇恨,嫉恨。

⑪紫贝阙兮珠宫:紫贝装饰宫门啊珍珠做成宫殿。语出屈原《九歌·河伯》:"鱼鳞屋兮龙堂,紫贝阙兮朱宫。"

⑫金玉其相:品质如同精雕细琢的金玉。语出《诗经·大雅·棫(yù)朴》:"追琢其章,金玉其相。"

⑬被薜(bì)荔兮带女萝:身披薜荔啊腰系女萝。语出屈原《九歌·山鬼》:"若有人兮山之阿,被薜荔兮带女萝。"薜荔,香草名。缘木而生。女萝,松萝。一说菟丝。

⑭赠之以芍药:互相赠送芍药。语出《诗经·郑风·溱洧(zhēn wěi)》:"伊其相谑,赠之以芍药。"

⑮"岂谓怒三四而喜四三"几句:难道说是像猴子一样愤怒于朝三暮四而欢喜于朝四暮三,识见明明出于白,而性情却又入于黑这

么自相矛盾吗？怒三四而喜四三，典出《庄子·齐物论》，养猴人喂猴子吃栗子，朝三升而暮四升，众猴皆怒，朝四升而暮三升，众猴皆喜。比喻自作聪明之人看不到事情本质上的同一性，为形式上的细微差别而忽喜忽怒。识，识见，辨别是非的能力。性，性情。识出之白，而性入之黑，比喻自相矛盾。

【译文】

　　"秦、汉以来直到如今，负有文学盛名的，要数屈原、宋玉、李斯、司马迁、司马相如、扬雄等人。他们的文章都有奇才，流传都很久远。你信里的文采也很好，但比这几个人，似乎还没有胜过，那又何必心气那么高傲呢？《论语》中说：'言语不随便出口，是耻于自身的行为做不到。'你自以为如何呢？《尚书》的文采，不算奇特；《周易》的文采，可谓奇特，难道妨碍至理伤损圣德了吗？比如'龙战于野，其血玄黄''见豕负涂，载鬼一车''突如其来，如焚、如死、如弃'。像这样的，是何等奇特的言语？你轻视屈原、宋玉而称赞孔子、班固、司马迁、司马相如的文章为文学。考察司马迁为屈原立传说：'即使说他与日月同辉，也不为过。'你应该读到过吧！像司马相如之辈，宗奉学习屈原还怕来不及。难道是你称赞有误？抑或你的见识有限？还是屈原等人的文学成就卓越绝伦，不是强行努力所能企及，于是嫉恨他们？而这又哪里妨碍得了他们如同日月一般的光辉呢！你嘲笑屈原所作'紫贝阙兮珠宫'，然而这和《诗经》中的'金玉其相'有什么区别？都是修辞而已，天下人难道有以金玉作为本质的吗？屈原的'被薜荔兮带女萝'，和《诗经》中的'赠之以芍药'有什么区别？文章不应该像你那样评说。难道说你是像猴子一样愤怒于朝三暮四而欢喜于朝四暮三，识见明明出于白，而性情却又入于黑这么自相矛盾吗？

　　"生云：'虎豹之文非奇。'夫长，本非长，短形之则长矣[①]。虎豹之形于犬羊，故不得不奇也。他皆仿此。生云：

'自然者,非性。'不知天下何物非自然乎！生又云:'物与文学不相侔②。'此喻也。凡喻,必以非类,岂可以弹喻弹乎③? 是不根者也④。生称以'知难而退为谦'。夫无难而退,谦也;知难而退,宜也,非谦也。岂可见黄门而称贞哉⑤！生以一诗一赋为非文章,抑不知一之少便非文章耶? 直诗赋不是文章耶⑥? 如诗赋非文章,三百篇可烧矣⑦。如少非文章,汤之《盘铭》是何物也⑧? 孔子曰:'先行其言⑨。'既为甲赋矣⑩,不得称不作声病文也⑪。孔子云:'必也正名乎⑫!'生既不以一第为事,不当以进士冠姓名也⑬。夫'焕乎''郁郁乎'之文⑭,谓制度,非止文词也。前者捧卷轴而来⑮,又以浮艳声病为说,似商量文词,当与制度之文异日言也⑯。

【注释】

①形:比较,对照。

②相侔(móu):相等。侔,齐等。

③弹:以竹为弦的弓。

④不根:没有根据,荒谬。

⑤岂可见黄门而称贞哉:岂可见到宦官而称赞他们贞洁呢！语出嵇康《与山巨源绝交书》:"若吾多病困,欲离事自全,以保余年,此真所乏耳,岂可见黄门而称贞哉?"黄门,宦官。东汉时黄门令等皆由宦官充任,故称宦官为"黄门"。

⑥直:只。

⑦三百篇:指《诗经》。《诗经》存三百零五篇,因此别名三百篇。

⑧汤之《盘铭》:商汤的《盘铭》之文。《礼记·大学》:"汤之《盘铭》

　　曰：'苟日新，日日新，又日新。'"盘铭，刻在盥洗盘器上用来警戒
　　自己的箴言。

⑨先行其言：先实行然后再说。语出《论语·为政》："子曰：'先行
　　其言而后从之。'"

⑩甲赋：指应试所撰之赋。

⑪声病文：指讲究声律的文章。

⑫必也正名乎：必须要辨正名称！ 语出《论语·子路》："子曰：'必
　　也正名乎！'"

⑬不当以进士冠姓名：不应该在姓名前面冠上进士之称。唐代考进
　　士的举子皆可自称进士，此皇甫湜讥讽李生既然看不起进士所考
　　的诗赋，就不应该在投卷给他的时候自称进士某某。

⑭焕：光明貌。形容礼仪典制盛大灿烂。语出《论语·泰伯》："焕
　　乎其有文章！"郁郁：美盛貌。形容典章制度的丰富完备。语出
　　《论语·八佾》："周监于二代，郁郁乎文哉！"

⑮卷轴：指行卷之卷轴。

⑯异日言：指不可相提并论、同日而语。

【译文】

　　"你说：'虎豹的文采算不得奇特。'说长，不是绝对的长，而是和短
比较起来显得长。虎豹的文采和犬羊相比较，因此不能不说是奇特。其
他都是这个道理。你说：'这都是自然形成，并非本性如此。'那我不知
道天下有什么东西不是自然形成的！ 你又说：'事物与文学不相等。'这
是比喻而已。凡是比喻，必定要用不同类的事物来比喻，岂能用弹弓来
比喻弹弓呢？ 这是荒谬无根之论。你声称'知难而退是谦让'。没有困
难而退让，这才是谦让；知道困难而退让，顺势而为罢了，不是谦让。岂
可见到宦官而称赞他们贞洁呢！ 你认为进士考试的一诗一赋不是文章，
不知道是文字一少就不算文章了呢？ 还是只要是诗赋就不是文章？ 如
果说诗赋不是文章，那么《诗经》就可以烧了。如果文字少就不算文章，

那么商汤的《盘铭》之文是什么呢？孔子说：'先实行然后再说。'你既然要写考试的诗赋，就不能声称自己不写讲究声律的文章。孔子说：'必须要辨正名称！'你既然不在意科举功名，就不应该在姓名前面冠上进士之称。至于'焕乎''郁郁乎'的文章，这是制度典章，不只是文词而已。前些日子你捧着卷轴来行卷，又以华而不实讲究声律为说辞，似乎是在跟我商量文词之事，这应该不能和制度典章之文相提并论。

　　"近风偷薄①，进士尤甚，乃至有'一谦三十年'之说，争为虚张，以相高自谩②。诗未有刘长卿一句③，已呼阮籍为老兵矣④；笔语未有骆宾王一字⑤，已骂宋玉为罪人矣。书字未识偏旁，高谈稷、契⑥；读书未知句度⑦，下视服、郑⑧。此时之大病，所当嫉者。生美才，勿似之也。《传》曰⑨：'唯善人能受善言⑩'。孔子曰：'君子无所争，必也射乎⑪？'问于湜者多矣，以生之有心也，聊有复，不能尽，不宣⑫。湜再拜。"

【注释】

①偷薄：浇薄。

②争为虚张，以相高自谩（mán）：竞相虚张声势，以互相吹捧自欺欺人。谩，欺骗，蒙蔽。

③刘长卿：中唐著名诗人，尤工五律，自称"五言长城"。参见卷一"两监"门注。

④阮籍：魏晋著名诗人，"竹林七贤"之一。曾任步兵校尉，世称"阮步兵"。参见卷四"师友"门注。

⑤骆宾王（约638—？）：字观光，婺州义乌（今属浙江）人。七岁能诗，有神童之称。与王勃、杨炯、卢照邻齐名，"初唐四杰"之一。高宗永徽中为道王李元庆府属，历武功、长安主簿，迁侍御史。因

上书言事，被诬下狱。武则天时左迁临海丞，因不得志而弃官，世称"骆临海"。光宅元年（684）参加徐敬业起兵讨武，为作《代李敬业传檄天下文》。敬业败，亡命不知所踪。著有《骆临海全集》。

⑥稷：后稷。周朝的祖先。名弃，相传姜嫄（yuán）践天帝足迹而生。尧、舜时为农官。契：商朝的祖先。传说简狄吞玄鸟卵而生。兴于唐、虞、大禹之际，助禹治水有功而封于商。

⑦句度：犹句读（dòu）。指文章休止和停顿处。古代文章没有标点符号，文中语意完足处称为"句"，语意未完而可稍停顿处称为"读"。书面上用圈和点来标记。

⑧服：服虔，初名重，又名祇，字子慎，荥阳（今属河南）人。东汉经学家。举孝廉，官尚书郎、高平令，迁九江太守。善《春秋》，著有《春秋左氏传解谊》等。郑：郑玄（127—200），字康成，北海高密（今属山东）人。东汉著名经学家。家贫好学，专心学问，绝意仕途，晚年被朝廷征为大司农，乞病还家。遍注儒家经典，为汉代经学的集大成者。存有《三礼注》《毛诗传笺》等。

⑨《传》：此指《国语》。

⑩唯善人能受善言：只有善人才能够接受毫无保留好言劝告的话。语出《国语·周语》："唯善人能受尽言。"

⑪君子无所争，必也射乎：君子没有什么可争的，有争的话，必定就是射了。语出《论语·八佾》。射，射箭。射艺是古代贵族必须掌握的技艺之一。此以射喻文。

⑫不宣：不一一细说。旧时书信末尾常用此语。

【译文】

"近来风俗浇薄，在考进士的人中尤其如此，甚至有'一谦三十年'的说法，竞相虚张声势，以互相吹捧自欺欺人。写诗还未能有一句及得上刘长卿，就已经称呼阮籍是老兵了；下笔写不出比得上骆宾王的一个字，就已经骂宋玉是罪人了。写字还不认识偏旁，就高谈阔论什么稷、契；读书还没弄懂句读，就看不起服虔、郑玄了。这是时俗的一大弊病，理应憎恨。你有大才，可不要像他们一样。《国语》中说：'只有善人才能够接受毫无保留好言劝告的话。'孔子说：'君子没有什么可争的，有争的话，必定就是射了。'问我的人很多，因为你有心，因此聊作答复，不能尽意，也就不一一细说了。皇甫湜再拜。"

以其人不称才试而后惊

【题解】

此门记录了因为年纪、相貌、门第出身等受到轻视的才士，最终以文才惊艳众人的故事。其中李贺七岁赋《高轩过》诗，王勃十四岁作《滕王阁序》的故事流传已久，然而其中人物、时间皆未可深信。此外，蒋凝、黎逢因形貌不佳、马植因出身军将家而受轻视，则当时常有其事。唐人重门第形貌，出身寒微、举止粗疏都易为笑柄，如卷十五"旧话"门中说："虽有烜赫之文，终负生疏之诮。"而蒋凝登进士第，黎逢状元及第，马植官至宰相，实有其才者终能脱颖而出。

　　韩文公、皇甫补阙见李长吉时①，年七岁②。二公不之信，因面试《高轩过》一篇。

【注释】

①韩文公：韩愈。皇甫补阙：皇甫湜。李长吉：李贺（790—816），字长吉，郡望陇西成纪（今甘肃秦安），家福昌（今河南宜阳）之昌谷，因称"李昌谷"。唐宗室郑王之后。父名晋肃，毁谤者称其举进士犯父讳，使不得应试。韩愈为作《讳辩》。后任奉礼郎，以病辞官，早卒。长于乐府诗，诗风新奇诡丽，独树一帜，称"李长吉体"。代表作有《金铜仙人辞汉歌》《雁门太守行》《李凭箜篌引》

等。著有《李长吉歌诗》。杜牧为作集序,李商隐为传生平。韩
愈、皇甫湜与李贺结交事详见卷十"韦庄奏请追赠不及第人近代
者"门。

②年七岁:当时李贺年方七岁。按,《李贺诗歌集注》原诗题下有序
云:"韩员外愈、皇甫侍御湜见过,因而命作。"韩愈任都官员外
郎,皇甫湜任侍御史,在元和四年(809)后,时李贺二十岁左右。

【译文】

韩愈、皇甫湜初见李贺之时,李贺年方七岁。二人不相信李贺的文
才,于是面试《高轩过》诗一篇。

　　蒋凝①,咸通中词赋绝伦,随计途次汉南②,谒相国徐
公③。公见其人么麽④,不信有其才,因试《岘山怀古》一
篇⑤。凝于客位赋成⑥,公大奇之。

【注释】

①蒋凝:字仲山。懿宗咸通中登进士第。擅词赋,著有《蒋凝赋》。
其事又见卷七"知己"门、卷十"载应不捷声价益振"门。

②随计途次汉南:进京应试的时候途经襄阳。随计,原指应朝廷征
召之人随计吏入京。此指各州郡贡举之举子入京赴试。途次,途
中停留。汉南,县名。西魏以华山县改置,治所即今湖北宜城,属
襄阳郡。卷七"知己"门记此事为"随计途次襄阳"。

③相国徐公:即徐商。字义声,一字秋卿,郑州新郑(今属河南)人。
唐朝宰相。文宗大和五年(831)登进士第,累擢翰林学士,礼部
郎中知制诰,拜中书舍人,迁尚书左丞。宣宗时拜河中节度使,改
镇山南东道。懿宗时累迁兵部侍郎、同中书门下平章事,后罢为
荆南节度使,入为吏部尚书,终太子太保。

④么麽(mó):谓形貌瘦小,其貌不扬。

⑤岘（xiàn）山：山名。一名岘首山。在湖北襄阳南。西晋名臣羊祜
　　（hù）镇襄阳时，常登此山，置酒吟咏，卒后百姓为之建碑立庙。
　　徐商任山南东道节度使，镇襄阳，故出题《岘山怀古》。

⑥客位：宾客的席位。

【译文】

　　蒋凝，咸通年间以善作词赋超出众人，进京应试的时候途经襄阳，拜谒相国徐商。徐商见他其貌不扬，不相信他有那么高的才华，于是考试《岘山怀古》一篇。蒋凝在客席之上即时写成，徐商大为称奇。

　　令狐文公镇三峰①，时及秋赋，特置五场试。第一场，杂文；第二场，诗歌篇；第三场，表檄②。先是卢弘正一人就试③，来者皆栗缩而退④。马植以将家子来求荐⑤，文公与从事皆鄙之，专令人伺其词句。既而试《登山采珠赋》。曰："文豹且异于骊龙，采斯疏矣；白石又殊于老蚌，剖莫得之。"众皆大惊，遂夺弘正解元矣。

【注释】

①令狐文公：令狐楚，谥号文，故称。唐朝宰相。元和十三年（818）
　　出为华州刺史，即所谓"文公镇三峰"。令狐楚取马植为解元事
　　又见卷二"争解元"门，稍有不同。

②表檄（xí）：表文与檄文。表，古代大臣给皇帝的奏章。檄，古代官
　　府用以晓谕或声讨的文书。

③卢弘正：中唐诗人卢纶之子，宪宗元和末进士，官至兵部尚书。参
　　见卷二"争解元"门注。

④栗缩：畏缩。

⑤马植：凤州刺史马勋之子，武将家出身。唐朝宰相。参见卷二

"争解元"门注。求荐：即求取府解。

【译文】

令狐楚任华州刺史，到了秋天解试的时候，特意设置了五场考试。第一场，考杂文；第二场，考诗歌篇什；第三场，考表文与檄文。之前只有卢弘正一个人来考试，其余来的人都畏缩退出。马植以将门子弟的身份来求取府解，令狐楚和帐下幕僚们都轻视他，专门派人探看他考试的词句。不久考试《登山采珠赋》。马植写道："文豹不同于骊龙，采到的很少；白石更不同于老蚌，剖开也得不到宝珠。"众人都大为惊叹，于是当年马植夺走了卢弘正的解元。

黎逢气貌山野^①，及第年，初场后至，便于帘前设席^②。主司异之，诮其生疏^③，必谓文词称是。专令人伺之，句句来报。初闻云："何人徘徊^④？"曰："亦是常言。"既而将及数联，莫不惊叹，遂擢为状元。

【注释】

①黎逢气貌山野：黎逢的气度形貌粗野。黎逢，代宗大历十二年（777）状元及第，后又登经学优深科，任监察御史等。与韦应物等唱酬。《全唐诗》存诗二首。气貌，气度，风貌。山野，粗野不文雅。

②设席：设置考席。

③诮（qiào）：嘲笑，讥刺。生疏：粗疏。

④何人徘徊：黎逢应试赋名《通天台赋》，《文苑英华》首句作："行人徘徊。"

【译文】

黎逢的气度形貌粗野，他进士及第那年，第一场考试迟到，于是就在主考官帘前为自己设置考席。主考官看了感到诧异，讥笑他举止粗疏，认为他的文章一定和举止一样。专门派人探看，每写一句都来报告。一开始听说写道："何人徘徊？"说："也是老生常谈。"不久报告了接下来的数句，主考官听了连连惊叹，于是当年将黎逢擢拔为状元。

王勃著《滕王阁序》^①，时年十四^②。都督阎公不之信^③，勃虽在座，而阎公意属子婿孟学士者为之^④，已宿构矣^⑤。及以纸笔巡让宾客^⑥，勃不辞让。公大怒，拂衣而起，专令人伺其下笔。第一报云："南昌故郡，洪都新府^⑦。"公曰："亦是老生常谈！"又报云："星分翼轸，地接衡庐^⑧。"公闻之，沉吟不言。又云："落霞与孤鹜齐飞^⑨，秋水共长天一色。"公矍然而起曰："此真天才，当垂不朽矣！"遂亟请宴所，极欢而罢。

【注释】

① 王勃（649或650—676）：字子安，绛州龙门（今山西河津）人。隋末大儒王通的孙子。"初唐四杰"之一。聪颖早慧，未冠应举及第，拜朝散郎。召为沛王府修撰，因戏撰《檄英王鸡文》被斥出府。咸亨年间补虢州参军，坐事革职，其父亦受牵连左迁交趾令。上元二年（675）赴交趾，途经南昌，撰《滕王阁序》，为世所称。次年渡海溺水而卒。著有《王子安集》。滕王阁：唐高祖的儿子滕王李元婴任洪州刺史时修建，在今江西南昌赣江边。

② 时年十四：据傅璇琮等学者考证，王勃著《滕王阁序》在上元二年（675）约二十六岁时。

③ 都督阎公：旧说是阎伯玙。阎伯玙天宝、大历时人，恐非。

④ 子婿：女婿。孟学士：事迹未详。

⑤ 宿构：预先写好。

⑥巡让：依次邀请。让，请。

⑦南昌故郡，洪都新府：这里是旧时的南昌郡城，如今的洪州都督府。南昌故郡，一作豫章故郡。南昌，即今江西南昌，汉代豫章郡治所，因称故郡。唐改豫章郡为洪州，设都督府，因称洪都新府。

⑧星分翼轸（zhěn），地接衡庐：天上属于翼、轸二星的分野，地域连接衡山与庐山。星分，古人用天上二十八宿的方位来划分地上的区域，某一星宿对应地面的某一区域，叫作某地在某星的分野。翼轸，星名。二十八宿中的翼宿和轸宿。衡庐，湖南的衡山和江西的庐山。

⑨鹜（wù）：野鸭。

【译文】

王勃写《滕王阁序》，当时年仅十四岁。洪州都督阎公不相信王勃的才学，王勃虽然在座，然而阎公想让自己的女婿孟学士写这篇文章，孟学士已经预先写好。等到拿纸笔依次邀请宾客动笔的时候，王勃没有辞让。阎公大怒，拂袖而去，专门派人探看他下笔写了什么。第一次来报告说王勃写了："南昌故郡，洪都新府。"阎公说："也是老生常谈。"又来报告说写了："星分翼轸，地接衡庐。"阎公听了，沉吟不语。又来报告说写了："落霞与孤鹜齐飞，秋水共长天一色。"阎公急忙起身说："这真是天才，当垂名不朽啊！"于是连忙请王勃赴宴，尽欢而罢。

论曰：《书》云："人无常师，主善为师①。"於戏②！近世浮薄，率皆贵彼生知，耻乎下学③。质疑问礼者④，先怀愧色；探微赜奥者⑤，翻诅沉流⑥。风教颓圮⑦，莫甚于此！由是李华自曰⑧："师于茂挺⑨。"李翱亦曰⑩："请益退之⑪。"于时，名遂功成，才高位显，务乎矫俗⑫，以遏崩波⑬；盛则盛矣，方之缪公以小吏一言⑭，北面而师之者，可谓旷古一人而已！有若考核词艺之臧否，振举后生之行藏⑮，非唯立贤⑯，所谓报国。噫！今之论者，信侥幸之贼欤！

【注释】

①人无常师，主善为师：没有固定不变的老师，以善为法则的都可以作为老师。语出《尚书·商书·咸有一德》："德无常师，主善为师。"

②於戏（wū hū）：犹於乎、呜呼。感叹词。

③贵彼生知，耻乎下学：以生而知之为贵，而耻于向人求教。生知，不待学而知之。语出《论语·季氏》："生而知之者上也。"下学，向比自己地位低的人学习。《论语·公冶长》："敏而好学，不耻下问。"

④质疑问礼：提出疑问向人学习。问礼，询问礼法。此指向人学习。典出《史记·老子韩非列传》："孔子适周，将问礼于老子。"

⑤探微赜（zé）奥：察探精微探索奥秘。赜，探测，探求。

⑥翻汩（gǔ）沉流：却埋没于流俗之中。翻，却。汩，汩没，淹没。

⑦颓圮（pǐ）：堕落，败坏。

⑧李华：中唐著名古文家，与萧颖士齐名，世称"萧李"。参见卷一"两监"门注。

⑨茂挺：萧颖士，字茂挺。中唐名士，著名文学家，名重一时。参见卷一"两监"门注。

⑩李翱：师从韩愈，中唐著名古文家。生平事迹参见卷二"置等第"门注，师韩愈，参见卷四"师友"门注。

⑪请益：请教。退之：韩愈，字退之。中唐著名诗人、文学家、思想家。参见卷四"师友"门注。

⑫矫俗：匡正时俗。

⑬崩波：比喻日趋败坏的风气。

⑭缪公：即李程。

⑮振举：整顿。

⑯立贤：推举贤才。

【译文】

论曰：《尚书》中说："没有固定不变的老师，以善为法则的都可以作为老师。"呜呼！近世风俗浮华轻薄，大都以生而知之为贵，而耻于向人求教。提出疑问向人学习的人，已先怀有羞愧之色；察探精微探索奥秘的人，却埋没于流俗之中。风俗教化堕落败坏，没有比这更严重的了！因此李华自称："拜萧茂挺为师。"李翱也说："请教韩退之。"当此之时，这些人都已功成名就，才识高远位置显要，力在匡正时俗，以挽救日趋败坏的风气；这些确实是很好的事，然而比起李程因小吏的一句话，就此拜其为师来说，李程可谓是自古以来第一人！有如考核文词才艺的好坏优劣，整顿后生晚辈的行为举止，不但是推举贤才，更是报效国家。噫！如今的议论，实在都是以图侥幸的祸害啊！

卷六

公荐门生荐座主师友相荐附

【题解】

　　唐代科举考试前，朝廷公卿大臣向主考官推荐才艺卓著者以列科第，称为"公荐"。本门所列吴武陵荐杜牧、韩愈及皇甫湜荐牛僧孺、吴融荐卢延让即属此类。除公荐之外，亦有门生荐座主，师友相荐，或者自荐等，推荐的目的不限于科举。门生荐座主如韩偓荐赵崇为相。师友相荐如崔颢荐樊衡举州贡、令狐楚荐齐孝若入幕、李翱荐孟郊于张建封等。自荐如王泠然向宰相张说上书自荐。王定保在卷末论赞中认为推荐贤才应该公心为国，而不可如王泠然，为一己之私自荐求官。其实唐朝自荐属寻常事，王泠然也颇有才华，《唐才子传》评价其人："工文赋诗，气质豪爽，当言无所回忌，乃卓荦奇才，济世之器。"王泠然上书以求提携，发出"拾遗、补阙，宁有种乎"之狂言，更批评宰相失职，"以傲物而富贵骄人，为相以来，竟不能进一贤，拔一善""忘往日之栖迟，贪暮年之富贵"，真可谓"当言无所回忌"之至。其所论甚多，关于官员铨选颇有中肯之处，不必以自荐而全盘否定。

　　崔郾侍郎既拜命[①]，于东都试举人[②]，三署公卿皆祖于长乐传舍③,冠盖之盛④,罕有加也⑤。时吴武陵任太学博士⑥,策蹇而至。郾闻其来,微讶之,乃离席与言。武陵曰:"侍郎以峻德伟望⑦,为明天子选才俊,武陵敢不薄施尘露⑧? 向者偶见太学生十数辈⑨,扬眉抵掌⑩,读一卷文书⑪,就而观之,乃进士杜牧《阿房宫赋》⑫。若其人⑬,真王佐才也⑭。侍郎官重,必恐未暇披览⑮。"于是擥笏⑯,朗宣一遍⑰。郾大奇之。武陵曰:"请侍郎与状头。"郾曰:"已有人。"曰:"不得已,即第五人⑱。"郾未遑对,武陵曰:"不尔⑲,即请此赋⑳。"郾应声曰:"敬依所教。"既即席,白诸公曰:"适吴太学以第五人见惠。"或曰:"为谁?"曰:"杜牧。"众中有以牧不拘细行间之者㉑。郾曰:"已许吴君矣。牧虽屠沽㉒,不能易也。"

【注释】

①崔郾:贞元进士,敬宗宝历间任礼部侍郎,文宗大和元年(827)、大和二年(828)两知贡举。参见卷三"慈恩寺题名游赏赋咏杂纪"门注。拜命:受命,多指拜官任职,此指命知贡举。

②于东都试举人:在东都洛阳主持考试举子。东都,洛阳。唐朝考进士通常在长安,有时也在东都洛阳,大和二年(828)即在洛阳举行。

③三署:泛指朝廷台省。唐中书省、门下省称北省,尚书省称南省,南、北省和御史台合称三署。又,汉代五官署、左署、右署合称三署。《汉官仪》:"三署谓五官署也,左、右署也,各置中郎将以司之。"故唐代亦常称尚书省六部郎官为三署。祖:原指古代出行时祭路神的仪式。引申为宴饮送行。唐韩愈《祖席前字(送王涯

徙袁州刺史作）》："祖席洛桥边，亲交共黯然。"传舍：古代驿站供
行人休息住宿的房舍。

④冠盖：原指古代官员的冠帽与车盖。引申为达官贵人。唐杜甫
《梦李白二首》其二："冠盖满京华，斯人独憔悴。"

⑤有加：超过。

⑥吴武陵（？—834）：原名侃（kǎn），信州贵溪（今属江西）人。宪
宗元和二年（807）登进士第。坐事流永州，与柳宗元交游密切。
文宗大和初入为太学博士。后出为韶州刺史，贬潘州司户参军。
工诗文，《全唐诗》存诗二首。太学博士：学官名。汉、魏置五经
博士，掌教授太学生，亦掌承问对，以备顾问咨询，参与议政制礼，
隶属太常。东晋以后统称太学博士，不复分经。隋、唐以来，隶属
国子监。

⑦峻德伟望：高尚的品德与崇高的声望。

⑧薄施尘露：略效绵薄之力。尘露，微尘滴露，比喻微小的贡献。

⑨太学生：就读太学的生员。唐代太学隶属国子监，招收五品以上
官员子弟。太学生成绩优异者可直接应进士试。

⑩扬眉抵掌：形容高兴或兴奋的神情动作。扬眉，眉飞色舞。抵掌，
击掌称快。

⑪文书：文章。

⑫进士杜牧《阿房宫赋》：应进士者杜牧的《阿房宫赋》。进士，唐
朝凡是应进士考试者皆可称为进士，非必进士及第。杜牧，晚唐
杰出诗人、散文家，仕至中书舍人，著有《樊川文集》。参见卷三
"慈恩寺题名游赏赋咏杂纪"门注。《阿房宫赋》，杜牧23岁时所
著，假借秦朝故事讽刺唐敬宗大修宫室，耽溺声色。杜牧《上知
己文章启》："宝历大起宫室，广声色，欲作《阿房宫赋》。"

⑬若其人：这个人，这样的人。若，这个，这样。

⑭王佐才：辅佐君王的人才。《三国志·魏书·荀彧传》："彧年少

时,南阳何颙异之,曰:'王佐才也。'"

⑮必恐:恐怕。

⑯搢笏(hù):插笏于腰带之上。搢,插。笏,古代官员用来记事备忘的手板,不用时插在腰带之上。此处指插笏于带,双手捧读《阿房宫赋》,以示重视。宋李流谦《送勾龙伯秋出幕守三荣得出字》:"尝觇赋千字,诵之当搢笏。"

⑰朗宣:高声宣读。

⑱第五人:第五名。按,《太平广记》引本书作:"武陵曰:'不然,则第三人。'郾曰:'亦有人。'武陵曰:'不得已,即第五人。'"则此时前几名都已定下。

⑲不尔:不然,不这样的话。

⑳即请此赋:即请以此赋见还之意。

㉑细行:小节,小事。间:诋毁,非难。

㉒屠沽:泛指宰牲卖酒一类微贱之人。屠,宰牲。沽,卖酒。

【译文】

礼部侍郎崔郾奉命知贡举,去东都洛阳主持考试举子,各衙署公卿大臣都到长乐传舍为他设宴饯行,冠盖云集的场面非常盛大,很少有能超过这一次的。当时吴武陵担任太学博士,骑驴而来。崔郾听说他来了,有些惊讶,于是离开宴席跟他说话。吴武陵说:"崔侍郎您凭着高尚的品德和崇高的声望,为圣明天子选拔英才俊杰,我岂敢不略效绵薄之力?前些时候我偶尔遇见十几个太学生,眉飞色舞拍掌击节,共读一卷文章,我近前去看,见他们读的是这次来应进士试的杜牧的《阿房宫赋》。杜牧这样的人,真是辅佐君王的人杰。崔侍郎您官高事忙,恐怕未必有时间阅览此文。"于是把笏板插进腰带里,拿出《阿房宫赋》的文卷朗诵了一遍。崔郾大为赏识。吴武陵说:"请求崔侍郎录取此人为状元。"崔郾说:"状元已经有人了。"吴武陵说:"如不得已,就请以第五名录取。"崔郾还没来得及回答,吴武陵说:"如果不这样的话,就请把文卷还给我吧。"崔郾应声回答说:"就照您说的办。"重新入席之后,崔郾对诸位官员说:"刚才太学吴博士惠赐了一个第五名进士。"有人问:"是谁?"崔郾回答说:"杜牧。"众中有人以杜牧不拘小节为由来诋毁他。崔郾说:"已经许诺吴博士了。就算杜牧是宰牲卖酒之流,也不能更改了。"

　　韩文公、皇甫湜①,贞元中名价籍甚②,亦一代之龙门也③。奇章公始来自江、黄间④,置书囊于国东门⑤,携所业⑥,先诣二公卜进退⑦。偶属二公⑧,从容皆谒之,各袖一轴面贽⑨。其首篇《说乐》。韩始见题而掩卷问之曰:"且以拍板为什么⑩?"僧孺曰:"乐句⑪。"二公因大称赏之⑫。问所止,僧孺曰:"某始出山随计⑬,进退唯公命,故未敢入国门。"答曰:"吾子之文,不止一第,当垂名耳。"因命于客户坊僦一室而居⑭。俟其他适⑮,二公访之,因大署其门曰⑯:"韩愈、皇甫湜同访几官先辈⑰,不遇。"翌日,自遗、阙而下⑱,观者如堵,咸投刺先谒之。由是僧孺之名,大振天下。

【注释】

①韩文公:韩愈,中唐著名诗人、文学家、思想家,被后人尊为"唐宋八大家"之首。参见卷四"师友"门注。皇甫湜:宪宗元和元年(806)进士。师从韩愈,倡导古文运动。参见卷五"切磋"门注。

②名价:名声。籍甚:盛大。《汉书·陆贾传》:"贾以此游汉廷公卿间,名声籍甚。"

③龙门:传说鲤鱼跃龙门而化龙。比喻得到有声望、地位之人的赏识犹如鱼跃龙门。典出《后汉书》卷五十七《党锢列传·李膺传》:"士有被其容接者,名为登龙门。"此处指得到韩愈、皇甫湜的看重犹如登龙门,身价倍增。

④奇章公：牛僧孺（780—848），字思黯，谥文贞，安定鹑觚（今甘肃灵台）人。唐朝宰相。牛李党争中牛派的首领人物。少时读书长安城南樊乡，受知于宰相韦执谊。韦执谊命刘禹锡、柳宗元造访之，由是知名。德宗贞元二十一年（805）登进士第，后又登贤良方正能直言极谏科。历监察御史、考功员外郎、库部郎中知制诰、御史中丞等。穆宗长庆三年（823）以户部侍郎同平章事。敬宗时封奇章郡公，出为武昌军节度使。文宗大和四年（830）还任兵部尚书、同平章事，后出为淮南、山南东道节度使。武宗会昌初，李德裕为相，贬循州长史。宣宗立，还为太子少师，卒于洛阳。博学好文，与白居易、刘禹锡等常往来唱和，著有传奇集《玄怪录》。江、黄：江州、黄州。泛指今江西西部、湖北东部一带。

⑤国东门：长安东门。国，古指京城。

⑥所业：指平时所作的文章。业，习业，学业。

⑦卜进退：预测能否得第。

⑧属（zhǔ）：适逢，恰遇。

⑨各袖一轴面贽（zhì）：各以携带的一轴文卷面呈请教。袖，藏物于袖。此指携带。轴，指行卷之卷轴。面贽，面呈，当面以文卷谒见。贽，原指初次拜见所送之礼物。此指持物以求见。

⑩拍板：乐器名。用檀木、象牙或铁数片，串联以击节。亦指用拍板打拍子。

⑪乐句：乐曲的节拍。明王骥德《曲律·论板眼》："牛僧孺目拍板为'乐句'，言以句乐也。盖凡曲，句有长短，字有多寡，调有紧慢，一视板以为节制，故谓之'板眼'。"

⑫称赏：称赞赏识。

⑬出山随计：指初始应试。

⑭客户坊：或指多外来入京者租赁居住的永乐坊。僦（jiù）：租赁。

⑮俟其他适：等他出门去往别处。适，去。

⑯署：题字。

⑰几官先辈：某郎君先辈。几官，某官人，某郎君。

⑱遗、阙：拾遗、补阙，唐武则天时置。拾遗与补阙皆属谏官，共同负责规谏朝政得失、百官任免等，有左、右拾遗和左、右补阙之分。

【译文】

韩愈、皇甫湜，贞元年间名望很高，时人都以蒙他们看重为荣。牛僧孺从江州、黄州一带入京应试，将书箱行李寄放于长安东门，携带平时所作诗文，先来拜见二人以预测自己能否得第。牛僧孺恰好遇到了韩愈与皇甫湜，便从容大方地拜见二人，各以携带的一轴文卷面呈请教。文卷的首篇是《说乐》。韩愈刚见到题目就收起文卷问牛僧孺："且说拍板是什么？"牛僧孺答道："是乐曲的节拍。"韩愈和皇甫湜因此对他大为称赞赏识。问他居住何处，牛僧孺回答说："我刚开始应试，得第与否全仗两位先生决定，因此还不敢先入京城住下。"二人回答说："以您的诗文，何止能得一个进士科第而已，应当垂名后世。"于是让他在客户坊租房暂住。趁牛僧孺出门去往别处的时候，二人来拜访他，就在门上大字题写："韩愈、皇甫湜同访某郎君先辈，不遇。"第二天，自拾遗、补阙以下的官员名士，来看的人很多，都送了名帖请求拜见牛僧孺。牛僧孺的声名，从此大震天下。

卢延让①，光化三年登第。先是，延让师薛许下为诗②，词意入癖③，时人多笑之。吴翰林融为侍御史④，出官峡中⑤，延让时薄游荆渚⑥，贫无卷轴，未遑贽谒⑦。会融表弟滕籍者⑧，偶得延让百篇，融览，大奇之，曰："此无他，贵不寻常耳。"于是称之于府主成汭⑨。时故相张公职大租于是邦⑩，常以延让为笑端⑪，及融言之，咸为改观。由是大获举粮⑫，延让深所感激；然犹因循⑬，竟未相面⑭。后值融赴急征入内庭，孜孜于公卿间称誉不已。光化戊午岁⑮，来自襄南⑯，融一见如旧相识，延让呜咽流涕。于是攘臂成之矣⑰。

【注释】

①卢延让：晚唐苦吟诗人。曾受吴融知遇提携，昭宗光化三年（900）登进士第。后入蜀，官至刑部侍郎。参见卷三"散序"门注。卢延让与吴融交往事另见卷十二"自负"门。

②薛许下：即薛能。晚唐诗人。著有《薛许昌集》。曾任许州忠武军节度使。许州旧称许下，因称"薛许下"。生平事迹参见卷三"慈恩寺题名游赏赋咏杂纪"门。

③癖：通"僻"，生僻，怪僻。

④吴翰林融：吴融，晚唐诗人，著有《吴融诗集》等。以文思敏捷和提携后进誉于当时文坛。生平事迹参见卷三"散序"门。

⑤出官峡中：在峡州一带做官。峡中，峡州一带。唐末属荆南节度使管辖。吴融此时在荆南节度使成汭幕下做幕僚。

⑥薄游：薄宦，为薄禄而宦游于外。一指漫游。荆渚：荆州一带。渚，渚宫，春秋楚宫名，位于荆州。唐宋常以荆渚代指荆州。贯休《赠抱麻刘舍人》诗："荆渚遇平津。"自注："江陵见吏部相公。"

⑦贽谒：指携行卷拜谒。

⑧滕籍：事迹未详。

⑨府主：幕僚对州郡长官的敬称，亦泛指州郡长官。成汭（ruì，？—903）：一名郭禹，青州（今属山东）人，一作淮西（今河南汝南）人。唐末军阀，任荆南节度使，以功累进中书令，封上谷郡王。

⑩故相张公职大租于是邦：前宰相张濬在当地任租庸使。张公，唐昭宗时宰相张濬，曾任武昌军节度使，天下租庸使。职大租，负责管理租庸，征敛钱粮。是邦，指湖北一带。参见《北梦琐言》卷七"卢诗三遇"。

⑪笑端：笑料。

⑫举粮：资助举子读书或应试之钱物。

⑬因循：延宕，拖延。

⑭相面：相见。宋陈长方《寄黄端冕时从张丞相幕中》："三年不相面，思君夕十起。"

⑮光化戊午：昭宗光化元年（898），岁次戊午。

⑯襄南：襄州一带。

⑰攘臂：捋起衣袖，伸出胳膊。形容激奋努力之态。

【译文】

　　卢延让，光化三年登进士第。先前，卢延让师法薛能作诗，诗意多僻，当时人大多讥笑他。翰林学士吴融当时担任侍御史，在荆南节度使成汭幕下做官，卢延让当时正在荆州一带漫游，因穷困而准备不出行卷的卷轴，没有及时去拜谒吴融。恰好吴融有个表弟滕籍，偶然间得到了卢延让的一百多篇诗文，吴融看过之后，大为赞叹，说："这些诗文没别的，但贵在出语不凡。"于是在上司荆南节度使成汭面前对卢延让大加赞扬。当时前宰相张濬在当地担任租庸使，经常拿卢延让的诗文做笑料，及至吴融向他称赞卢诗的好处之后，对卢延让大为改观。卢延让因此获得了不少资助，对吴融非常感激；但由于世事延宕，两人竟未能相见。后来吴融被紧急召回京城入内庭任职，仍然不断在公卿大臣面前称赞卢延让。光化元年，卢延让从襄南到京城，吴融对他一见如故，卢延让感激不已呜咽流涕。吴融奋力奔走赞扬，于是成就了卢延让的进士功名。

　　将仕郎守太子校书郎王泠然谨再拜上书相国燕公阁下①："孔子曰：'居是邦也，事其大夫之贤者②。'则仆所以有意上书于公，为日久矣。所恨公初为相，而仆始总角③；公再为相，仆方志学④；及仆预乡举，公左官于巴丘⑤；及仆参常调，而公统军于沙朔⑥。今公复为相，随驾在秦⑦，仆适效官⑧，分司在洛⑨，竟未识贾谊之面，把相如之手⑩，则尧、舜、禹、汤之正道⑪，稷、契、夔、龙之要务⑫，焉得与相公论之乎？昔者，公之有文章时，岂不欲文章者见之乎？公未富贵时，岂不欲富贵者用之乎？今公贵称当朝，文称命代⑬，见天下未富贵、有文章之士，不知公何以用之？公一登甲科，三至宰相，是因文章之得用，于今亦三十年。后进之士，公勿谓无其人。何者？长安令裴耀卿于开元五年掌天下举⑭，擢仆高第，以才相知；今尚书右丞王丘于开元九年掌天下选，拔仆清资，以智见许。然二君者，若无明鉴，宁处要津？是仆亦有文章，思公见也；亦未富贵，思公用也。此非自媒自炫⑮，恐不道不知。

【注释】

①王泠然：开元五年（717）登进士第，后四年登拔萃科。授太子校书郎，所带散官号是将仕郎，因称将仕郎守太子校书郎。生平事迹参见卷二"恚恨"门。相国燕公：即张说（667—730），字道济，一字说之，谥文贞，洛阳（今属河南）人。唐朝宰相。武则天永昌中考中贤良方正科第一，授太子校书，转右补阙，预修《三教珠英》，累迁凤阁舍人。因不附张易之兄弟，忤旨流配钦州。中宗复位后召还，拜兵部员外郎，转工部尚书。睿宗景云二年（711），以中书侍郎同平章事，监修国史。玄宗即位，因诛太平公主有功，拜中书令，封燕国公，世称"张燕公"。后因与姚崇不和，出为相州、岳州刺史。开元九年（721），又召为兵部尚书，同中书门下三品，次年任朔方军节度使，迁中书令，官至尚书左丞相。历任四朝，三

度拜相,掌文学之任凡三十年,好延纳后进,文学之士多投谒之。长于文辞,朝廷重要文诰多出其手,与许国公苏颋(tǐng)并称"燕许大手笔"。著有《张燕公集》。

②居是邦也,事其大夫之贤者:居住在这个国家,要事奉他们大夫中的贤者。语出《论语·卫灵公》:"居是邦也,事其大夫之贤者,友其士之仁者。"

③总角:两侧发束如角,古代幼童的发式。借指童年。

④志学:立志专心求学。语出《论语·为政》:"吾十有五而志于学。"

⑤及仆预乡举,公左官于巴丘:等我参加科举考试时,您左迁于岳州。预,参加。乡举,乡举里选。指科举考试。左官,左迁,贬职。巴丘,县名。也作巴陵山。在今湖南岳阳西南,为岳州治所。代指岳州。张说开元三年(715)左迁岳州刺史。

⑥及仆参常调,而公统军于沙朔:等我参加选官的时候,您正统军塞北。常调,按常规迁选官吏。沙朔,北方沙漠之地。此指塞北。开元七年(719),张说任检校并州大都督长史兼天兵军大使。开元八年(720)、九年(721),平定突厥降户反叛,拜兵部尚书、同中书门下三品。开元十年(722)任朔方军节度使,十一年(723)迁中书令。

⑦秦:指长安。

⑧效官:授官。

⑨分司在洛:唐代中央官员在洛阳任职,称为分司东都。

⑩竟未识贾谊之面,把相如之手:竟未能与贾谊识面,与司马相如携手。贾谊,西汉初年著名政论家、文学家,世称"贾生"。少有才名,曾受汉文帝重视,被权臣排挤,以忧卒。把,携,握。相如,司马相如。西汉文学家,善辞赋。参见卷四"师友"门注。

⑪尧、舜、禹、汤:皆上古贤君。尧,又称唐尧。上古时期部落联盟首领。传说帝喾(kù)之子,祁姓,名放勋,属陶唐氏。设官分职,制

定历法,推广农耕,治理水患,晚年禅位于舜。舜,又称虞舜。上古时期部落联盟首领。姚姓,名重华,属有虞氏。以孝闻名,代尧执政,削除"四凶",任能举贤,晚年禅位于禹。南巡,死于苍梧之野。禹,夏禹。又称大禹、帝禹。夏朝开国君王。姒姓,名文命。继鲧(gǔn)治水,三过家门而不入。因治水有功继舜为帝,划定九州,大会诸侯,开创夏朝。汤,商汤。又称成汤、殷汤。商朝开国君主。子姓,名履。任用伊尹等贤臣,发展国力,消灭夏王朝,统一中原,施行仁政。

⑫ 稷、契、夔、龙:皆上古贤臣。稷,后稷。周朝的祖先。尧、舜时为农官。参见卷五"切磋"门注。契,商朝的祖先。助禹治水有功而封于商。参见卷五"切磋"门注。夔,相传为尧、舜时乐官。龙,相传为尧、舜时谏官。张说《奉和圣制送宇文融安辑户口应制》诗:"咋非夔龙佐,徒歌鸿雁飞。"

⑬ 命代:著称于当代。

⑭ 裴耀卿:唐朝宰相。玄宗开元初为长安令。参见卷四"师友"门注。

⑮ 自媒自炫:自我介绍,自我夸耀。

【译文】

将仕郎守太子校书郎王泠然谨再拜上书相国燕公阁下:"孔子说:'居住在这个国家,要事奉他们大夫中的贤者。'我有意给您写信,已经有很长时间了。遗憾的是您初任宰相的时候,我还是孩童;您再任宰相的时候,我正是求学的年纪;等我参加科举考试时,您左迁于岳州;等我参加选官的时候,您正统军塞北。如今您复为宰相,随天子车驾在长安,我正值授官,在东都洛阳任职,竟未能与贾谊识面,与司马相如携手,那么尧、舜、禹、汤的治国正道,稷、契、夔、龙的治道要务,又怎么能够与您谈论呢?往年,您擅长写文章之时,难道不希望文章高手看到您吗?您尚未富贵时,难道不希望富贵中人任用您吗?如今您富贵显达于当朝,文章著称于当代,见到天下尚未富贵、擅长文章的才士,不知您将如何任用他们呢？您一朝科举及第，三度拜相，是因为擅长文章而得到任用，至今已经三十年了。后辈人中，您不要以为没有这样的人。为什么这么说呢？长安令裴耀卿在开元五年知贡举，拔擢我在高等考中进士，以文采而相知；如今的尚书右丞王丘在开元九年掌吏部铨选，选拔我担任清资官，以才智而受到他的赞许。这两位，如果没有明察的见识，怎么能够身处这种重要的职位呢？如此，我也擅长文章，希望您能看到；我也尚未富贵，希望您能任用。这不是自我介绍自我夸耀，而是恐怕我不说出来您不知道。

"有唐以来，无数才子，至于崔融、李峤、宋之问、沈佺期、富嘉谟、徐彦伯、杜审言、陈子昂者①，与公连飞并驱②，更唱迭和③；此数公者，真可谓五百年后挺生矣④。天丧斯文，凋零向尽⑤，唯相公日新厥德⑥，长守富贵，甚善，甚善。是知天赞明主而福相公。当此之时，亦宜应天之休⑦，报主之宠，弥缝其阙，匡救其灾⑧；若尸禄备员⑨，则焉用彼相矣！仆闻位称燮理者⑩，则道合阴阳；四时不愆⑪，则百姓无怨。岂有冬初不雪，春尽不雨，麦苗继日而青死⑫，桑叶未秋而黄落，蠢蠢迷愚⑬，嗷嗷愁怨⑭，而相公温眠甲第⑮，饱食庙堂！仆则天地之一生人，亦同人而怨相公也。

【注释】

①崔融、李峤、宋之问、沈佺期、富嘉谟、徐彦伯、杜审言、陈子昂：皆初唐知名诗人。崔融（653—706），字安成，谥号文，齐州全节（今山东章丘）人。高宗上元三年（676）中辞弹文律科，累补宫门丞、崇文馆学士。武则天时任春官郎中知制诰、凤阁舍人、司礼少卿。中宗复位，因阿附张易之兄弟贬袁州刺史，寻召拜国子司

业，兼修国史，封清河县子。擅长文辞，朝廷诏令多由其草拟，与苏味道、李峤、杜审言齐名，合称"文章四友"。著有《崔融集》。李峤，字巨山，赵州赞皇（今属河北）人。唐朝宰相。高宗时进士，制策登科，武则天时拜相，领修《三教珠英》。中宗复位，因阿附张易之兄弟贬通州刺史，后复拜相，封赵国公。睿宗即位，出为怀州刺史，寻以年老致仕。擅长文辞，与苏味道齐名，并称"苏李"。著有《李峤集》。宋之问（约656—712），字延清，虢州弘农（今河南灵宝）人。高宗上元二年（675）登进士第。武则天时官尚方监丞。中宗复位，因阿附张易之兄弟贬泷州参军，后以户部员外郎兼修文馆直学士，再转考功员外郎，坐罪贬越州长史。睿宗时流放钦州，后赐死。诗歌精于格律，工丽严整，与沈佺期齐名，并称"沈宋"，为律诗的正式形成做出了贡献。著有《宋之问集》。沈佺期（约656—713），字云卿，相州内黄（今属河南）人。高宗上元二年（675）登进士第。武则天时官考功员外郎、给事中等。中宗复位，因阿附张易之兄弟流放驩（huān）州，后召还，以起居郎兼修文馆直学士，历中书舍人，官终太子少詹事。工诗，尤长律诗，与宋之问并称"沈宋"。著有《沈佺期集》。富嘉谟（？—706），雍州武功（今属陕西）人。进士出身。武则天时官晋阳尉、寿安尉，预修《三教珠英》。中宗时迁左台监察御史。与吴少微同任晋阳尉，长于文辞，以碑颂闻名，时称"富吴体"。著有《富嘉谟集》。徐彦伯（？—714），名洪，以字行，兖州瑕丘（今山东兖州）人。少以文章闻名，以对策擢第。授永寿县尉，转蒲州司兵参军。武则天时官给事中，预修《三教珠英》，以宗正卿出为齐州刺史。中宗复位，改太常少卿，以预修《则天实录》成，封高平县子，历修文馆学士、工部侍郎，官终太子宾客。著有《徐彦伯前集》。杜审言（约645—708），字必简，祖籍襄阳（今属湖北），迁居巩县（今河南巩义）。杜甫的祖父。高宗咸亨元年（670）登进士第。任隰（xí）城尉，累转洛阳丞。武则天时坐事贬吉州司户参军，后拜著作佐郎，迁膳部员外郎。中宗复位，因阿附张易之兄弟流放峰州，后召还，授国子监主簿，加修文馆直学士。工诗善文。著有《杜审言集》。陈子昂（659—700），初唐著名诗人。生平事迹参见卷一"进士归礼部"门注。

②连飞并驱：并驾齐驱。连飞，齐飞。

③更唱迭和：彼此唱和。

④五百年后挺生：五百年间的杰出人物。五百年，语出《孟子·公孙丑下》："五百年必有王者兴，其间必有名世者。"挺生，特出，杰出。

⑤天丧斯文，凋零向尽：上天要使斯文沦丧，这些人都死亡殆尽。斯文，礼乐教化。语出《论语·子罕》："天之将丧斯文也，后死者不得与于斯文也。"凋零，凋谢零落。代指死亡。向尽，接近全无。

⑥日新厥德：每日更新德行。《礼记·大学》："汤之《盘铭》曰：'苟日新，日日新，又日新。'"

⑦休：吉庆，福禄。

⑧弥缝其阙，匡救其灾：补救阙失，匡救灾害。弥缝，弥补，补救。语出《左传·僖公二十六年》："桓公是以纠合诸侯而谋其不协，弥缝其阙而匡救其灾，昭旧职也。"

⑨尸禄备员：尸位素餐，以此充数。尸禄，不做事而空受俸禄。

⑩燮（xiè）理：协和治理。此指宰相。旧称宰相燮理阴阳。

⑪愆（qiān）：延误，耽误。

⑫青死：指庄稼未熟就干旱而死。

⑬蠢蠢迷愚：百姓迷惑愚昧。蠢蠢，愚笨。指无知百姓。迷愚，迷惑愚昧。

⑭嗷嗷愁怨：众口愁怨声。

⑮温眠：安眠。

【译文】

"大唐开国以来,有无数文人才子,例如崔融、李峤、宋之问、沈佺期、富嘉谟、徐彦伯、杜审言、陈子昂等,和您并驾齐驱,彼此唱和;这几位前辈,真称得上是五百年间的杰出人物。上天要使斯文沦丧,这些人都死亡殆尽,只有您德行日新,长保富贵,很好,很好。由此知道上天护佑圣明天子而赐福给相公您。当此之时,您应该回应上天的福佑,报答天子的宠信,弥补阙失,匡救灾害;如果只是尸位素餐以充数,那为何还要任用宰相呢! 我听说如果宰相称职,那么阴阳协调合于大道;四时不延误,那么百姓没有怨望。哪有到冬天了不下雪,整个春天不下雨,麦苗连日干旱而死,桑叶未到秋天就凋落,百姓迷惑愚昧,众口愁怨,而您还能安眠于豪宅,饱食于朝廷这个道理呢! 我是天地中的一个人,也和别人一样怨恨您。

"京房《易传》曰:'欲德不用,兹谓张①。'言人君欲贤者而不用,徒张此意。'厥灾荒,云大旱也,阴阳不雨②。'复曰:'师出过时,兹谓旷,其旱不生③。'夫天道远,人道迩④。仆多言者也,安知天道! 请以人事言之。主上开张翰林⑤,引纳才子,公以傲物而富贵骄人⑥,为相以来,竟不能进一贤,拔一善。汉高祖云:'当今之贤士,岂独异于古人乎⑦?'有而不知,是彰相公之暗⑧;知而不用,是彰相公之短。故自十月不雨,至于五月,云才积而便散,雨垂落而复收,此欲德不用之罚也。

【注释】

①"京房《易传》曰"几句:京房《易传》中说:"想要贤德而不能任用,是谓虚张。"京房(前77—前37),西汉学者,本姓李,字君明,

东郡顿丘（今河南清丰）人。师从焦延寿学《周易》，好讲阴阳灾变，以自然灾害推衍人事，开创了京氏易学。汉元帝初元四年（前45），举孝廉为郎，多次上疏论说灾异，得罪权贵，出为魏郡太守，被诬，下狱死。著有《易传》等。

② "厥灾荒"几句：灾荒，是说大旱，阴云密布而不下雨。《后汉书·五行志》引京房《易传》："厥灾荒，其旱阴云不雨。"

③ "复曰"几句：又说："士兵征战过时不归，是谓旷废，大旱草木不生。"《后汉书·五行志》引京房《易传》："众出过时，兹谓广，其旱不生。"

④ 天道远，人道迩：天道幽远，人道切近。迩，近。语出《左传·昭公十八年》："子产曰：'天道远，人道迩，非所及也，何以知之？'"

⑤ 主上：指天子。开张：开设。

⑥ 公以傲物而富贵骄人：您恃才傲物且以富贵盛气凌人。傲物，恃才傲物，轻慢他人。

⑦ "汉高祖云"几句：汉高祖说："当今的贤能之士，难道和古人有什么不一样吗？"汉高祖，刘邦，字季，沛丰邑（今江苏丰县）人。汉朝开国皇帝。秦末任泗水亭长，率众响应陈胜、吴广农民起义，自称沛公。先从项梁，后攻破咸阳，受秦王子婴降，废除秦朝苛法，约法三章。与项羽争夺天下，善用人才，举贤任能，获得楚汉之争的最终胜利，统一天下，定都长安。休养生息，重农抑商，恢复社会生产，强化封建皇权。死后谥号高皇帝，庙号太祖。《汉书·高帝纪》载汉高祖下诏求贤，曰："今天下贤者智能，岂特古之人乎？"意思是贤能之士难道只有古代才有吗？

⑧ 暗：昏昧。

【译文】

"京房《易传》中说：'想要贤德而不能任用，是谓虚张。'说君主想要贤能之人而宰相不能任用，徒然伸张此意。'灾荒，是说大旱，阴云密布而不下雨。'又说：'士兵征战过时不归，是谓旷废，大旱草木不生。'天道幽远，人道切近。我只是话多而已，哪里知道天道呢！请允许以人事来讨论。天子开设翰林院，招引吸纳天下人才，而您恃才傲物且以富贵盛气凌人，担任宰相以来，竟然不能推举一个贤人，提拔一个良士。汉高祖说：'当今的贤能之士，难道和古人有什么不一样吗？'有贤能之士而不知道，是彰显您的昏昧；知道有贤能之士而不任用，是彰显您的过失。所以自从去年十月以来不下雨，到了五月，云刚积聚就散开，雨才落下就停止，这就是想要贤德而不能任用的惩罚。

　　"仍闻六胡为孽①，日寇边陲，邦家连兵②，来往塞下，巴西诸将③，必不出师，过时之咎也④。四郊之多垒，卿大夫之辱也⑤。不知庙堂肉食者何以谋之⑥？相公在外十余年，而复相国，险阻艰难，备尝之矣；民之情伪，尽知之矣⑦。今人室如悬磬，野无青草，何恃而不恐⑧！天则不雨，公将若之何？昨五月有恩，百官受赐，相公官既大，物亦多，有金银器及锦衣等，闻公受之，面有喜色。今岁大旱，黎民阻饥⑨，公何不固辞金银⑩，请赈仓廪⑪？怀宝衣锦⑫，于相公安乎？百姓饿欲死，公何不举贤自代，让位请归？公三为相而天下之人皆以公为亢极矣⑬。夫物极则反，人盛必衰；日中则昃，月满则亏⑭。老子曰：'功成、名遂、身退，天之道也⑮。'今公富贵功成，文章名遂，唯身未退耳。

【注释】

①六胡：指突厥。唐朝平定东突厥后，调露元年（679），在黄河河套南侧的灵州、夏州之间设置鲁、丽、塞、含、依、契六个羁縻州，以安

置突厥降户,时人统称"六胡州"。为孽:作乱。唐玄宗开元八年（720）以来,六州胡户时时造反。

②邦家:国家。

③巴西:巴西郡。唐属绵州,治巴西县,即今四川绵阳。

④咎:灾祸,罪过。

⑤四郊之多垒,卿大夫之辱也:国家多难,这是士大夫的耻辱。四郊之多垒,四郊营垒很多。形容外敌侵迫,征战频繁,国家多难。语出《礼记·曲礼上》:"四郊多垒,此卿大夫之辱也。"

⑥肉食者:食肉者。指享有俸禄的官员。《左传·庄公十年》:"曹刿（guì）请见。其乡人曰:'肉食者谋之,又何间焉?'刿曰:'肉食者鄙,未能远谋。'"

⑦"险阻艰难"几句:险阻艰难,全都尝遍了;民情的真伪,全都了解了。情伪,真假。情,实。语出《左传·僖公二十八年》:"险阻艰难,备尝之矣;民之情伪,尽知之矣。"

⑧"室如悬磬（qìng）"几句:家中空乏如悬磬,田野大旱寸草不生,还有什么倚仗而不恐惧呢! 磬,古代打击乐器,中高而边低,中间空虚。此意为房舍高起,两檐低垂,空无所有,如悬挂之磬。语出《左传·僖公二十六年》:"室如悬磬,野无青草,何恃而不恐!"罄,通"磬"。

⑨阻饥:饥饿。语出《尚书·虞夏书·舜典》:"黎民阻饥。"

⑩固:坚决。

⑪请赈（zhèn）仓廪:请求开仓廪以赈济百姓。

⑫怀宝衣锦:怀藏宝物,身穿锦绣。

⑬亢:高。

⑭日中则昃（zè）,月满则亏:太阳升到正中就要偏西,月亮盈满就要亏缺。昃,太阳偏西。《周易·丰·彖传》:"日中则昃,月盈则食。"

⑮"老子曰"几句:老子说:"功成、名就、自身引退,这是顺应天道。"

语出《老子》："功遂身退，天之道。"老子，李耳，字聃（dān），春秋末期楚国人。中国古代大思想家、哲学家，道家学派创始人和主要代表人物，与庄子并称"老庄"。曾担任周朝守藏室之史，以博学而闻名，后弃官归隐，经函谷关时，受关令尹喜之请著《老子》，又名《道德经》。哲学上主张道法自然，万事万物对立统一，政治上主张修身为本，无为而治。

【译文】

"又听说六胡作乱，不断侵扰边疆，国家连年用兵，往来塞下，巴西众将，一定不肯出兵，这是士兵征战过时不归导致的灾祸。国家多难，这是士大夫的耻辱。不知朝廷高官们用什么办法来应对？您在外为官十余年，复为宰相，险阻艰难，您全都尝遍了；民情的真伪，您也全都了解了。如今百姓家中空乏如悬磬，田野大旱寸草不生，还有什么倚仗而不恐惧呢！老天一直不下雨，您将怎么办呢？之前五月间天子有恩典，百官都受到了赏赐，您官职既高，赏赐也多，有金银器皿和锦绣衣服等，听说您领受赏赐，面有喜色。今年大旱，百姓遭受饥荒，您为何不坚决辞让金银赏赐，请求开仓廪以赈济百姓呢？怀藏宝物而身穿锦绣，您于心何安？百姓饥饿欲死，您为何不举荐贤能代替自己，辞让宰相之位而请求引退呢？您三次担任宰相，天下之人都认为您的地位已经高至极点。事情发展到了极点就会走向反面，人到了鼎盛之时必将走向衰落；太阳升到正中就要偏西，月亮盈满就要亏缺。老子说：'功成、名就、自身引退，这是顺应天道。'如今您富贵之功已成，文章之名已就，只是还没有身退。

"相公昔在南中[①]，自为《岳阳集》[②]，有《送别》诗云[③]：'谁念三千里，江潭一老翁。'则知虞卿非穷愁，不能著书以自见[④]；贾谊非流窜，不能作赋以自安[⑤]。公当此时，思欲生入京华[⑥]，老归田里，脱身瘴疠[⑦]，其可得乎？今则不然，忘往日之栖迟⑧，贪暮年之富贵；仆恐前途更失，后悔难追⑨！主上以相公为贤，使辅佐社稷；若弃德不让，是废明君之举，岂曰能贤！仆见相公事方急，不可默诸桃李；公闻人之言或中，犹可收以桑榆⑩。《诗》曰：'投我以木瓜，报之以琼琚⑪。'此言虽小，可以喻大。相公《五君咏》曰⑫：'凄凉丞相府，余庆在玄成⑬。'苏公一闻此诗⑭，移相公于荆府⑮，积渐至相，由苏得也；今苏屈居益部⑯，公坐庙堂，投木报琼，义将安在？亦可举苏以自代，然后为朔方之行⑰。

【注释】

①南中：南方。

②《岳阳集》：张说被贬岳州刺史时所著诗文集。

③《送别》诗：张集题作《岳州宴别潭州王熊》。

④虞卿非穷愁，不能著书以自见：虞卿如果不是穷愁困厄，就不会著书以自我表白。虞卿，战国游士，曾为赵国上卿，故号为虞卿。主张联合齐魏抵抗秦国，后因救魏相魏齐之故，离赵至魏，发愤著书。著有《虞氏春秋》等。司马迁《史记·平原君虞卿列传》："然虞卿非穷愁，亦不能著书以自见于后世云。"

⑤贾谊非流窜，不能作赋以自安：贾谊如果不是被贬谪流放，就不会作赋来自我安抚。贾谊谪为长沙王太傅时，著有《吊屈原赋》《鹏鸟赋》等。参见卷四"师友"门注。

⑥京华：京师，国都。

⑦瘴疠（zhàng lì）：瘴气。亦指瘴气所生的疾病。俗以南方湿热之地多瘴疠。

⑧栖迟：漂泊失意。

⑨后悔难追：犹后悔莫及。

⑩"仆见相公事方急"几句:我见您正处在紧要关头,不能像桃李一般沉默无言;您听到他人建议之时或有投合,尚可有所弥补。默诸桃李,如桃李不言。语出《史记·李将军列传》:"桃李不言,下自成蹊。"此取反意。中,中肯,投合。收以桑榆,指事犹未晚,尚可补救。语出《后汉书·冯异传》:"始虽垂翅回溪,终能奋翼黾池,可谓失之东隅,收之桑榆。"

⑪投我以木瓜,报之以琼琚(jū):赠我以木瓜,报之以美玉。形容感恩图报。语出《诗经·卫风·木瓜》:"投我以木瓜,报之以琼琚。匪报也,永以为好也!"

⑫《五君咏》:张说在岳阳所写的组诗,其二咏苏许公瑰,当朝宰相苏颋之父。

⑬凄凉丞相府,余庆在玄成:宰相许国公苏瑰虽已去世,但是家有余庆,儿子苏颋像韦贤的儿子韦玄成一样继父为相。丞相,指中宗朝宰相苏瑰。余庆,指留给子孙后辈的德泽。《周易·坤·文言》:"积善之家,必有余庆。"玄成,韦玄成,汉元帝时代的丞相,是汉宣帝时丞相韦贤的儿子。后借指能继承祖先相位的人。

⑭苏公:苏颋(670—727),字廷硕,谥文宪,京兆武功(今属陕西)人。唐朝宰相。弱冠登进士第,授乌程尉。中宗时,历任给事中、修文馆学士、中书舍人。睿宗时,升任工部侍郎,袭父爵许国公,世称"苏许公"。玄宗开元四年(716)拜为宰相,后出为益州大都督府长史。工诗善文,朝廷制诰,多出其手,与燕国公张说并称"燕许大手笔"。著有《苏许公文集》。

⑮荆府:荆州府。张说向苏颋投赠《五君咏》,苏颋见诗而呜咽,向玄宗陈述张说忠良正直有功,不宜久谪在外,遂迁荆州长史。

⑯益部:益州。苏颋罢相后出为益州长史。

⑰为朔方之行:巡视朔方。

【译文】

"您昔日贬谪南方,自己作《岳阳集》,其中有《送别》诗写道:'谁念三千里,江潭一老翁。'由此而知虞卿如果不是穷愁困厄,就不会著书以自我表白;贾谊如果不是被贬谪流放,就不会作赋来自我安抚。您在当时,想要活着回到京师,年老辞归故乡,脱身南方瘴疬之地,能够做到吗?如今却不一样,您忘记了往日的漂泊失意,贪恋晚年的荣华富贵;我担心您前途有所闪失,后悔莫及! 天子认为您是贤能之士,任用您来辅佐国家社稷;如果您抛弃德行而不肯让位,是败坏圣明天子的举用,怎么称得上是贤能之士呢! 我见您正处在紧要关头,不能像桃李一般沉默无言;您听到他人建议之时或有投合,尚可有所弥补。《诗经》中写道:'投我以木瓜,报之以琼琚。'此诗说的是小事,却可以用来比喻大事。您的《五君咏》诗中写道:'凄凉丞相府,余庆在玄成。'苏颋相公一见此诗,就设法使您移官至荆州长史,逐渐升迁至宰相,可说是由苏颋而来;如今苏颋受屈出为益州长史,您高居宰相,诗中说投木报琼感恩图报,您报恩的道义何在? 您也可以举荐苏颋代替自己为相,然后出巡朔方。

"抑又闻:'屋漏在上,知之在下①。'报国之重,莫若进贤。去年赦书云:'草泽卑位之间,恐遗贤俊,宜令兵部即作牒目②,征召奏闻。'而吏部起请云③:'试日等第全下者,举主量加贬削④。'条目一行,仆知天下父不举子,兄不举弟。向者,百司诸州长官皆无才能之辈,并是全躯保妻子之徒⑤。一入朝廷,则恐出;暂居州郡,即思改。岂有轻为进举⑥,以取贬削? 今闻天下向有四百人应举,相公岂与四百人尽及第乎? 既有等差⑦,由此百司诸州长官,惧贬削而不举者多矣。仆窃谓今之得举者,不以亲,则以势;不以贿,则以交,未必能鸣鼓四科,而裹粮三道⑧。其不得举者,无媒无党,有行有才,处卑位之间,仄陋之下⑨,吞声饮气,何足算哉!
何乃天子令有司举之,而相公令有司拒之! 则所谓'欲德不
用''徒张此意',事与京房《易传》同。故天以大旱相试也。
去年所举县令,吏部一例与官。举若得人,天何不雨? 贤俊
之举,楚既失之;县令之举,齐亦未得⑩。夫有贤明宰相,尚
不能燮理阴阳⑪,而令庸下宰君⑫,岂即能缉熙风化⑬? 相公
必欲选良宰,莫若举前仓部员外郎吴太玄为洛阳令⑭;必欲
举御史中丞,莫若举襄州刺史靳恒⑮。清辇毂之路⑯,非太玄
不可;生台阁之风,非靳不可。仆非吴、靳亲友,但以知其贤
明;相公有而不知,知而不用,亦其过深矣。

【注释】

①屋漏在上,知之在下:屋顶是否有漏洞,下面的人才知道。比喻上
　位者的过失,下位者才知道。语出王充《论衡·书解》:"知屋漏
　者在宇下,知政失者在草野,知经误者在诸子。"

②牒目:犹名册。

③起请:奏请。

④试日等第全下者,举主量加贬削:考试的时候等第全下等者,举荐
　的官员酌量加以贬职削官。等第全下,指未考居高等。贬削,贬
　职削官。

⑤全躯保妻子之徒:只顾保全自己性命和妻室儿女利益的人。司马
　迁《报任安书》:"今举事一不当,而全躯保妻子之臣随而媒孽其
　短,仆诚私心痛之。"

⑥进举:推荐举用。

⑦等差:等级差别。

⑧未必能鸣鼓四科,而裹粮三道:未必能鸣鼓召集符合四科取士的

人才,而奔走举荐胜任官员选拔的贤能之士。四科,德行、经学、法令、才略,为汉代取士的四条规则。王融《永明九年策秀才文》:"子大夫选名升学,利用宾王,懋(mào)陈三道之要,以光四科之首。"注引崔寔(shí)《政论》:"故事三公辟召,以四科取士:一曰德行高妙,志节清白;二曰学通行修,经中博士;三曰明晓法令,足以决疑,能案章覆问;四曰刚毅多略,遭事不惑,才任三辅剧县令。"裹粮,携粮以备出行。此指奔走。三道,国体、人事、直言。汉代官员选拔的三项标准。语出《汉书·晁错传》:"故诏有司、诸侯王、三公、九卿及主郡吏,各帅其志,以选贤良明于国家之大体,通于人事之终始,及能直言极谏者,各有人数,将以匡朕之不逮。二三大夫之行当此三道,朕甚嘉之,故登大夫于朝,亲谕朕志。"

⑨仄陋:卑微。

⑩"贤俊之举"几句:举荐贤俊,既未成功;举荐县令,也未得法。司马相如《上林赋》:"楚则失矣,而齐亦未为得也。"指都有过失。楚,西周至春秋战国时期诸侯国,都郢(今湖北荆州)。齐,西周至春秋战国时期诸侯国,都临淄(今山东淄博)。

⑪燮(xiè)理阴阳:调和治理国家大事。

⑫宰君:对知县的敬称。

⑬缉熙风化:发扬光大教化。缉熙,光明。

⑭吴太玄:玄宗时大臣,曾任监察御史、宋城令、仓部员外郎、金部郎中、荆州左司马等。

⑮靳恒:字子济。玄宗时大臣,曾任襄州刺史、陕州刺史等。

⑯清辇毂(niǎn gǔ)之路:清扫京师的道路。指维护京师安定。

【译文】

"又听说:'屋顶是否有漏洞,下面的人才知道。'报效国家最重要的,莫过于举荐贤才。去年朝廷的赦书中说:'民间下层之中,恐怕有遗漏的贤才俊杰,应该命令兵部即刻造出名册,以便征召上奏。'而吏部奏请说：'考试的时候等第全下等的，举荐的官员酌量加以贬职削官。'此条法令一执行，我就知道天下的父亲不会举荐儿子，兄长不会举荐弟弟。多年以来，各官署和诸州长官都是无才无能之辈，全是只顾保全自己性命和妻室儿女利益的人。一到朝廷，就怕放出到地方任职；暂时在州郡为官，就想要改官进京。哪会轻易举荐别人，自取贬职削官的风险呢？如今听说全国到现在有四百人被举荐，您怎么能将四百人全部取中呢？既然必定会有等级差别，那么各官署和诸州长官，惧怕贬职削官而不肯举荐贤才的就多了。我认为如今那些得到举荐的人，不是依靠亲故，就是依靠权势；不是依靠贿赂，就是依靠交情，官员们未必能鸣鼓召集符合四科取士的人才，而奔走举荐胜任官员选拔的贤能之士。那些得不到举荐的，没有媒介和同党，只有德行和才学，处于低贱的职位，卑微的下层，忍气吞声，这样的人哪里数得清！为何天子让有关部门举荐贤才，而您却让有关部门把贤才拒之门外呢！这就是所谓'想要贤德而不能任用''徒然伸张此意'，事情和京房《易传》中所说相同。故而上天以大旱来考验您。去年举荐的县令，吏部一律授予官职。如果举荐之人合适称职，上天为何还不下雨？举荐贤俊，既未成功；举荐县令，也未得法。有贤明的宰相，尚且不能调和治理国家大事，那些平庸低下的县令，又岂能发扬光大教化？您一定要选用好的县令，不如举荐前仓部员外郎吴太玄为洛阳令；一定要举用好的御史中丞，不如举用襄州刺史靳恒。维护京师安定，非吴太玄不可；肃正台阁的风气，非靳恒不可。我不是吴太玄、靳恒的亲友，只是知道他们的贤明；您有贤才而不知道，知道了而不举用，过错也就大了。

　　"抑又闻之，昔闵子骞为政曰①：'仍旧贯，如之何？何必改作②？'凡校书、正字③，一政不得入畿④。相公曾为此职，见贞观已来故事⑤。今吏部侍郎杨滔⑥，眼不识字，心不好贤，芜秽我清司，改张我旧贯⑦，去年冬奏请：'自今已后，官无内外,一例不得入畿。'即知正字、校书,不如十乡县尉^⑧;明经、进士,不如三卫出身^⑨。相公复此改张,甄别安在^⑩?

【注释】

① 闵子骞:闵损(前536—前487),字子骞,春秋时鲁国人。孔子弟子,以德行著称。

② "仍旧贯"几句:按照旧规制,会如何呢?何必改造呢?贯,规制。语出《论语·先进》:"鲁人为长府。闵子骞曰:'仍旧贯,如之何?何必改作?'子曰:'夫人不言,言必有中。'"

③ 正字:官名。北齐始置,为秘书省属官。唐秘书省、集贤院、太子司经局等皆置,掌校雠典籍,和校书皆为文士起家之良选。

④ 一政:一概。入畿:指考入畿县簿尉。畿,唐代县的等级名。京城的旁邑为畿县。

⑤ 故事:旧日的制度。

⑥ 吏部侍郎:官名。吏部次官。隋炀帝大业三年(607)始置。唐居六部侍郎之首,初分掌八九品文官铨选,睿宗景云(710—711)以后,与尚书通掌六品以下文官铨选。时尚书常由宰相兼任或为外官带职,部务实由侍郎主持。杨滔:弘农华阴(今属陕西)人。玄宗开元初,历吏部员外郎、郎中、兵部侍郎、户部侍郎,官至吏部侍郎、同州刺史。

⑦ 芜秽我清司,改张我旧贯:玷污我们清贵的职司,改变我们旧时的规制。芜秽,使污秽,玷污。改张,改弦更张。

⑧ 十乡:形容县小。

⑨ 三卫:亲卫、勋卫、翊卫的合称。多以勋贵子弟补。《朱子语类》卷一一二:"唐之朝廷有亲卫,有勋卫,有翊卫。亲卫则以亲王侯之子为之,勋卫则以功臣之子弟为之,翊卫则惟其所选。"

⑩ 甄别:审核官吏的行状资历而加以区别。

【译文】

"我又听说,昔日闵子骞论及政事说道:'按照旧规制,会如何呢? 何必改造呢?'凡是校书、正字,一概不能考入畿县簿尉。您也曾经担任太子校书之职,知道贞观以来的旧制度。如今吏部侍郎杨滔,不学无术,又不珍爱贤才,玷污我们清贵的职司,改变我们旧时的规制,去年冬天的时候奏请说:'从今以后,官员不分内外,一概不能考入畿县簿尉。'可知正字、校书的官职,不如一个小县的县尉;明经、进士出身,不如三卫出身。您施行这一改变,那么行状资历的审核区别何以体现呢?

"古人有坐钓登相,立筹封侯①,今仆无尚父之谋,薛公之策,徒以仕于书苑②,生于学门,小道逢时③,大言祈相④。仆也幸甚,幸甚! 去冬有诗赠公爱子协律⑤,其诗有句云:'官微思倚玉,交浅怯投珠⑥。'《吕氏春秋》云:'尝一脔之肉,知一鼎之味⑦。'请公且看此十字,则知仆曾吟五言,则亦更有旧文,愿呈作者⑧。如公之用人,盖已多矣;仆之思用,其来久矣。拾遗、补阙,宁有种乎! 仆虽不佞⑨,亦相公一株桃李也⑩。此书上论不雨,阴阳乖度⑪;中愿相公进贤为务;下论仆身求用之路。事繁而言不典⑫,理切而语多忤。其善也,必为执事所哂⑬;其恶也,必为执事所怒。傥哂既罢,怒方解,则仆当持旧文章而再拜来也。"

【注释】

①古人有坐钓登相,立筹封侯:古人有姜太公这样因为垂钓而登上丞相之位的,有薛公这样以献计而封为千户侯的。坐钓,传说姜太公垂钓而遇周文王,尊为尚父。《吕氏春秋·有始览·谨听》:

"太公钓于滋泉,遭纣之世也,故文王得之而王。"立筹封侯,西汉
时汉高祖刘邦问计于楚令尹薛公,薛公为汉高祖献计筹划,封为
千户侯。典出《史记·黥布列传》。

②书苑:指左春坊司经局,太子校书所属。

③小道:小技能。《论语·子张》:"虽小道必有可观者焉。"

④大言:有关大事的言论。

⑤协律:即协律郎。汉置协律都尉,晋改协律校尉,北魏、北齐、隋、
唐置协律郎,隶属太常寺,掌音乐律吕。张说三子张均、张垍
(jì)、张埱(chù),史传未见有任协律一职。

⑥官微思倚玉,交浅怯投珠:官职低微却想和您亲近结交,因为交情
浅薄而畏怯向您展示才能。倚玉,倚靠玉树。比喻高攀或亲附贤
者。刘义庆《世说新语·容止》:"魏明帝使后弟毛曾与夏侯玄共
坐,时人谓'蒹葭倚玉树'。"投珠:投人以宝珠。比喻投赠。《史
记·邹阳列传》:"臣闻明月之珠,夜光之璧,以暗投人于道路,人
无不按剑相眄者。"

⑦"《吕氏春秋》云"几句:《吕氏春秋》中说:"尝一块肉,就可以知道
一锅肉的味道。"脔(luán),切成小块的肉。语出《吕氏春秋·慎
大览·察今》:"尝一脔肉,而知一镬之味,一鼎之调。"《吕氏春
秋》,秦相吕不韦集合门客编撰的一部杂家著作,分为十二纪、八
览、六论,以儒家思想为主导,兼采各家学说,保存了大量珍贵的
先秦史料。

⑧作者:指在文学领域有成就的人。此指张说。

⑨不佞(nìng):不才。谦辞。

⑩桃李:门生。此指后辈。

⑪阴阳乖度:阴阳失调。乖度,违度。

⑫不典:不典雅。

⑬哂(shěn):微笑。

【译文】

"古人有姜太公这样因为垂钓而登上丞相之位的,有薛公这样以献计而封为千户侯的;如今我没有姜太公那样的谋略,薛公那样的计策,只能在司经局任职,生活在学问衙门,以小技能而遇上时运,以讨论大事来祈请相公。我也算得上幸运之极! 幸运之极! 去年冬天我曾有诗赠给您的爱子协律郎,诗中有一句写道:'官微思倚玉,交浅怯投珠。'《吕氏春秋》中说:'尝一块肉,就可以知道一锅肉的味道。'请您姑且看我诗中的这十个字,就知道我曾作五言诗,旧日也有文章,愿意呈现给您。像您曾经任用人才,已经很多;我希望被您任用,由来也很久了。拾遗、补阙这样的官职,难道是天生的吗! 我虽不才,也是您的一个后辈。这封信先论久旱不雨,阴阳失调;中间愿您以举荐贤才为重;最后论我自己的进身之道。事情繁杂而行文不雅,道理切近而语多冒犯。信中好的地方,必定引您发笑;不好的地方,必定让您发怒。倘若您微笑过后,怒气已消,那时我当携带旧日文章再来拜见您。"

　　韩偓①,天复初入翰林。其年冬,车驾出幸凤翔府②,偓有扈从之功③。返正初④,上面许偓为相。奏云:"陛下运契中兴,当复用重德,镇风俗。臣座主右仆射赵崇可以副陛下是选⑤,乞回臣之命⑥,授崇,天下幸甚。"上嘉叹。翌日,制用崇暨兵部侍郎王赞为相⑦。时梁太祖在京⑧,素闻崇之轻佻,赞复有嫌釁⑨,驰入请见,于上前具言二公长短⑩。上曰:"赵崇是偓荐。"时偓在侧,梁主叱之。偓奏曰:"臣不敢与大臣争。"上曰:"韩偓出。"寻谪官入闽⑪。故偓有诗曰:"手风慵展八行书,眼暗休看九局图⑫。窗里日光飞野马,案前筠管长蒲卢⑬。谋身拙为安蛇足,报国危曾捋虎须⑭。满世可能无默识,未知谁拟试齐竽⑮!"

【注释】

①韩偓（wò，844—923）：字致光，一作致尧，小字冬郎，自号玉山樵人，京兆万年（今陕西西安）人。昭宗龙纪元年（889）登进士第。历任左拾遗、左谏议大夫、翰林学士、中书舍人、兵部侍郎、翰林学士承旨等职，深得昭宗信任。朱温专权，恨其不附，累贬邓州司马。后召复原官，不敢入朝，举家入闽依王审知而终。诗风婉丽，著有《韩内翰别集》《香奁集》等。

②车驾出幸凤翔府：皇帝驾临凤翔府。天复元年（901），朱温领兵讨伐韩全诲，韩全诲胁迫唐昭宗出奔凤翔府。

③扈从：旧称天子巡幸时随从护卫之人。

④返正：指帝王复位。天复三年（903）昭宗回到长安。

⑤赵崇（？—905）：字为山，京兆奉天（今陕西乾县）人。懿宗咸通十三年（872）进士。昭宗龙纪元年（889），以礼部侍郎知贡举。为御史大夫，封天水县子，进太子少师。天祐初，检校右仆射，进检校司徒、守太保致仕。后贬曹州司户，被朱温杀害于白马驿。副：相称，符合。

⑥回臣之命：收回对我的任命。

⑦制用崇暨兵部侍郎王赞为相：诏令以赵崇和兵部侍郎王赞为宰相。制，帝王的命令。暨，和。王赞（？—905），昭宗时官兵部侍郎。韩偓荐以为相，为朱温所沮。后贬濮州司户，为朱温所害。

⑧梁太祖：朱温。后梁开国皇帝。参见卷三"慈恩寺题名游赏赋咏杂纪"门注。

⑨嫌疐（xìn）：犹嫌隙。

⑩长短：是非。

⑪闽：今福建。

⑫手风慵展八行书，眼暗休看九局图：手患风痹懒得写书信，老眼昏花也就不去看棋谱了。手风，手上的风痹。八行书，书信。旧式信

笺每页八行,故代称书信。眼暗,老眼昏花。九局图,指棋谱。

⑬窗里日光飞野马,桉(àn)前筠(yún)管长蒲卢:窗口射入的阳光中无数蒸气与尘埃飞舞,几案前的笔管中长出蜂虫进出。形容久不动笔。野马,空中蒸腾的水气。《庄子·逍遥游》:"野马也,尘埃也,生物之以息相吹也。"桉,同"案",几案。筠管,竹管。指毛笔。蒲卢,蜾蠃(guǒ luǒ),一种寄生蜂。

⑭谋身拙为安蛇足,报国危曾捋(lǚ)虎须:我不善于谋身处世,总做无益之举,但危急关头也曾报效国家,面对强暴甘冒奇险。安蛇足,画蛇添足。此指做无益之功。典出《战国策·齐策二》。捋虎须,冒危险。此指得罪朱温。典出《三国志·吴书·朱桓传》注引《吴录》:"桓奉觞曰:'臣当远去,愿一捋陛下须,无所复恨。'权冯几前席,桓进前捋须曰:'臣今日真可谓捋虎须也。'权大笑。"。

⑮满世可能无默识,未知谁拟试齐竽:世上岂会无人将这些事默记于心,不知有谁能像齐湣王听竽那样认真辨别以选拔人才。满世,举世。可能,岂能。默识,暗中记住。试齐竽,仔细试听以避免滥竽充数。典出《韩非子·内储说上》:"齐宣王使人吹竽,必三百人。南郭处士请为王吹竽,宣王说之,廪食以数百人。宣王死,湣王立,好一一听之,处士逃。"

【译文】

　　韩偓,天复初入翰林院。当年冬天,皇帝驾临凤翔府,韩偓有随从护卫的功劳。回京复位的时候,皇帝当面应许韩偓做宰相。韩偓启奏说:"陛下气运契合中兴,应当重用德高望重之人,以镇抚风俗。臣的恩师右仆射赵崇能够符合陛下的选用要求,请求收回对臣的任命,授给赵崇,那么天下就幸运了。"皇帝叹赏。第二天,诏令以赵崇和兵部侍郎王赞为宰相。当时梁太祖朱温在京师,一向听闻赵崇为人轻佻,又和王赞有嫌隙,于是立即入宫请求觐见皇帝,在皇帝面前详细讲说赵崇和王赞的不是。皇帝说:"赵崇是韩偓推荐的。"当时韩偓在旁边,朱温呵斥他。韩偓启奏说:"臣不敢和大臣相争。"皇帝说:"韩偓你先出去。"不久之后韩偓贬官到了闽地。因此韩偓有诗写道:"手风慵展八行书,眼暗休看九局图。窗里日光飞野马,桉前筠管长蒲卢。谋身拙为安蛇足,报国危曾捋虎须。满世可能无默识,未知谁拟试齐竽!"

崔颢《荐樊衡书》①:"夫相州者②,先王之旧都③;西山雄崇④,足是秀异⑤。窃见县人樊衡,年三十,神爽清悟⑥,才能绝伦。虽白面书生,有雄胆大略,深识可以轨时俗⑦,长策可以安塞裔⑧。藏用守道⑨,实有岁年。今国家封山勒崇⑩,希代罕遇⑪;含育之类⑫,莫不踊跃。况诏征隐逸,州贡茂异⑬,衡之际会⑭,千载一时⑮。君侯复躬自执圭⑯,陪銮日观⑰,此州名藩⑱,必有所举。当是举者,非衡而谁?伏愿不弃贤才,赐以甄奖⑲,得奔大礼⑳,升闻天朝㉑。衡因此时策名树绩㉒,报国荣家,令当代之士知出君侯之门矣。颢不胜区区㉓,敢闻左右。俯伏阶屏㉔,用增战汗㉕!"

【注释】

①崔颢(hào,？—754):汴州(今河南开封)人。开元十一年(723)登进士第。曾为太仆寺丞、司勋员外郎。性格放浪不羁,才高而不谨细行。其《黄鹤楼》诗负有盛名。著有《崔颢诗》。樊衡:相州安阳(今属河南)人。玄宗开元十五年(727)登武足安边科。

②相州:唐武德元年(618)置,治安阳(今属河南)。天宝元年(742)改为邺郡,乾元元年(758)复为相州。

③先王之旧都:先帝的旧封地。唐玄宗的父亲睿宗李旦曾封相王,故称。

④西山：太行山。

⑤足是：足为。

⑥神爽清悟：神气清雅聪悟。

⑦轨：规范。

⑧塞裔：指塞外民族。

⑨藏用守道：潜藏功用，坚守道德。

⑩今国家封山勒崇：如今皇帝封于泰山而刻石以敬。国家，此指皇
　帝。封山勒崇，封于泰山而刻石以敬。玄宗开元十三年（725）封
　于泰山。勒崇，在金石上勒名，表示尊崇。勒，刻。

⑪希代：希世少有。

⑫含育之类：被包容化育之类。泛指皇帝恩泽所及之人。

⑬茂异：才德出众之人。

⑭际会：机遇。

⑮千载一时：千年才有一次好时机，形容机会十分难得。

⑯君侯：秦汉时称列侯而为丞相者。后泛指尊贵者。此处所指未
　详，或说为张说。张说陪驾封泰山时，为宰相、燕国公。执圭：以
　手持圭。圭，古代贵族在举行典礼时拿的一种玉器，上尖下方。

⑰銮（luán）：皇帝的车驾。日观：泰山峰名。李白《游泰山》诗其
　三：“平明登日观，举手开云关。”

⑱名藩：地方重镇。

⑲甄奖：选拔褒奖。甄，选拔。

⑳大礼：盛大的典礼。

㉑天朝：对朝廷的尊称。

㉒策名树绩：出仕任官，建立功绩。策名，出仕时书己名于所臣之
　策，以明系属。

㉓不胜区区：不尽的诚挚心意。

㉔阶屏：台阶和当门的小墙。借指大门之外，庭阶之下。

㉕战汗：战栗流汗。形容紧张惶恐。

【译文】

　　崔颢的《荐樊衡书》中写道："相州，是先帝的旧封地；太行山雄伟崇峻，足称秀异。我认识本县人樊衡，今年三十岁，神气清雅聪悟，才能超群出众。虽然只是个年纪轻轻的读书人，然而有雄才大略，深远的见识可以规范时俗，长远的计策可以安定边塞。潜藏功用而坚守道德，确实已有不少年岁。如今皇帝封于泰山而刻石以敬，希世罕见；恩泽所及之人，无不欢欣鼓舞。何况皇帝下诏征辟隐逸之士，州郡贡举才德出众之人，樊衡的机遇，千载难逢。君侯更亲自持圭，陪驾登日观峰，相州是地方重镇，一定有所举荐。能够担当举荐的，除了樊衡还有谁？希望您不弃贤才，赐给樊衡选拔褒奖的机会，使他能够参与大典，上闻朝廷。樊衡因此机遇而能出仕任官，建立功绩，报效国家荣耀家族，让当代的士人知道他出自君侯的门下。我的不尽诚挚心意，希望能够上闻于您。俯伏在庭阶之下，不胜战栗流汗！"

　　颢《荐齐秀才书》①："某官至，辱垂下问，令公举一人②，可管记之任者③。愚以为军中之书记④，节度使之喉舌。指事立言而上达⑤，思中天心⑥；发号出令以下行⑦，期悦人意。谅非容易，而可专据。窃见前进士高阳齐孝若考叔⑧，年二十四，举必专授⑨，文皆雅正，词赋甚精，章表殊健⑩；疏眉目，美风姿，外若坦荡，中实畏慎⑪。执事傥引在幕下，列于宾佐，使其驰一檄飞一书⑫，必能应马上之急求⑬，言腹中之所欲。夫掇芳刈楚⑭，不弃幽远⑮。况孝若相门子弟⑯，射策甲科⑰，家居君侯之宇下⑱，且数年矣。不劳重币，而获至宝，甚善，甚善。雄都大府，多士如林，最所知者，斯人也。请为阁下记其若此。唯用与舍⑲，高玒裁之⑳。谨再拜。"

【注释】

① 颢《荐齐秀才书》：崔颢《荐齐秀才书》。按，齐秀才齐孝若是德宗朝宰相齐映之子，贞元八年（792）登进士第，其时崔颢去世已数十年，崔颢不当作此文。《唐文萃》录此文，署令狐楚作。

② 公举：公议推举。

③ 可：适合。管记：官名。古代对书记、记室参军等文翰职官的通称，常以文学之士担任。一说即记室参军。

④ 书记：掌管公文书信、从事文书工作的僚佐。

⑤ 指事立言：叙述事情而写成文章。

⑥ 中：符合。天心：圣心，皇帝的心意。

⑦ 下行：公文由上级发往下级。

⑧ 齐孝若：字考叔，瀛州高阳（今属河北）人。德宗贞元八年（792）登进士第，与韩愈、李观等同榜。官至大理正。

⑨ 举必专授：进士及第必定经过专门传授学业。

⑩ 章表：奏表。健：雄健。

⑪ 畏慎：戒惕谨慎。

⑫ 驰一檄（xí）飞一书：犹飞书驰檄。形容书写文书非常快速。

⑬ 应马上之急求：应付对文书的紧急需求。形容才思敏捷。典出刘义庆《世说新语·文学》："桓宣武北征，袁虎时从，被责免官。会须露布文，唤袁倚马前令作。手不辍笔，俄得七纸，绝可观。"

⑭ 掇芳刈（yì）楚：摘取芳草，割取翘楚。比喻在同类事物中选拔优异之才。刈楚，在杂乱的柴草中割取其中高大突出的。语出《诗经·周南·汉广》："翘翘错薪，言刈其楚。"

⑮ 幽远：指幽居草野之士。

⑯ 相门子弟：宰相家的子弟。齐孝若是德宗朝宰相齐映之子。齐映见卷四"师友"门注。

⑰ 射策甲科：应进士试考居高等。

⑱宇下：治下。

⑲唯用与舍：任用与否。

⑳高明：对人的敬称。

【译文】

崔颢的《荐齐秀才书》中写道："某官来到此地，承蒙下问，令公议推举一人，适合担任管记的职务。我认为军中的书记，乃是节度使的喉舌。叙事成文上达天听，想要符合圣心；发号施令发往下级，期望取悦人意。料想此事并非容易，需要有专人承担此职位。我见前进士高阳人齐孝若字考叔，今年二十四岁，进士及第必经过专门传授学业，文辞无不典雅规范，词赋颇为精工，奏表写得也很雄健；眉目疏朗，风姿俊美，外表看似坦荡率性，内心却十分戒惕谨慎。您如果能将他引至幕下，位列于宾客僚佐之间，让他飞书驰檄，他一定能应付对文书的紧急需求，畅言您心中之所想。选拔优异之才，不能抛弃幽居草野之士。何况齐孝若是宰相家的子弟，应进士试考居高等，家在君侯的治下，已经数年了。不需花费重金，而能获得至为宝贵的人才，再好不过，再好不过。在这雄伟的州府，贤士众多如林，我最了解的，就是齐孝若。特为阁下介绍如此。任用与否，请您裁决。谨再拜。"

李翱《荐所知于徐州张仆射书》①："翱载拜②。齐桓公不疑于其臣③，管夷吾信而伯天下④，攘戎狄⑤，匡周室，亡国存，荆楚服，诸侯无不至焉。竖刁、易牙信而齐国乱⑥，身死不葬，五公子争立，兄弟相及者数世⑦。桓公之信于其臣，一道也。所信者得其人，则格于天地⑧，功及后世；不得其人，则不能免其身。知人不易也⑨，岂唯霸者为然，虽圣人亦不免焉！帝尧之时，贤不肖皆立于朝⑩，尧能知舜，于是乎放驩兜，流共工，殛鲧，窜三苗⑪，举禹、稷、皋陶二十有二人⑫，加诸上位:故尧崩三载,四海之内,遏密八音^⑬,后世之人皆谓之帝尧焉。向使尧不能知舜^⑭,而遂尊骧兜、共工之徒于朝,禹、稷、皋陶之下二十有二人不能用,则尧将不能得无为尔^⑮;岂复得曰'大哉,尧之为君也!唯天为大,唯尧则之。荡荡乎,民无能名焉'者哉^⑯!

【注释】

①张仆射:张建封(735—800),字本立,邓州南阳(今属河南)人。代宗大历时任大理评事,历佐使府。德宗贞元四年(788),拜御史大夫、徐泗濠节度使,累加检校右仆射。喜文章,性慷慨,镇守徐州十余年,治军有方,礼贤下士,韩愈、于良史等曾佐其幕。著有《张建封集》。

②载拜:再拜。载,又。

③齐桓公(? —前643):姜姓,吕氏,名小白。春秋五霸之首。在位期间任用管仲为相,举贤任能,励精图治,推行改革,富国强兵,以尊王攘夷为旗号,九合诸侯,存亡续绝,成为第一个中原霸主。管仲去世后,任用易牙、竖刁等奸臣,导致国政混乱,病重之时五公子各自树党争位,死后数十日不得安葬。

④管夷吾(前723—前645):姬姓,管氏,名夷吾,字仲,谥号敬,颍上(今属安徽)人。著名经济学家、政治家、军事家。得到鲍叔牙推荐,担任齐国国相,辅佐齐桓公成为春秋五霸之首。对内发展经济、富国安民,对外尊王攘夷,九合诸侯,一匡天下,被尊为"仲父"。著有《管子》。伯:通"霸"。古代诸侯联盟的首领。

⑤攘戎狄:抵御戎狄。攘,抵御,排斥。戎狄,古民族名。西方曰戎,北方曰狄。后泛指西北少数民族。

⑥竖刁、易牙信而齐国乱:信任竖刁、易牙而齐国混乱。竖刁,春秋

时齐国奸臣,齐桓公病危时作乱,恃宠争权,杀群吏,立公子无亏。后被杀。易牙,春秋时齐国奸臣,擅长烹调,得齐桓公宠信,和竖刁等拥立公子无亏,导致齐国大乱。

⑦兄弟相及者数世:兄弟相继为王延及数世。齐桓公的五个儿子公子无亏、公子昭、公子潘、公子商人、公子元相继为王。古者父死子继为常,兄弟相及为反常。

⑧格于天地:达于天地。格,至,到达。《尚书·虞夏书·尧典》:"光被四表,格于上下。"

⑨知人:鉴察了解人的品行才能。

⑩贤不肖:贤与不贤。不肖,不贤。

⑪"于是乎放讙(huān)兜"几句:于是放逐讙兜,流放共工,放逐鲧,驱逐三苗。讙兜,相传为尧舜时的部落首领,和共工、三苗、鲧并称"四凶"。共工,共工氏部落首领,善治水。殛(jí),放逐,一说杀死。鲧,有崇氏部落首领,相传为大禹的父亲,治水不成,获罪。三苗,古代南方少数民族,后被舜征服。语出《尚书·虞夏书·舜典》:"流共工于幽州,放讙兜于崇山,窜三苗于三危,殛鲧于羽山,四罪而天下咸服。"

⑫禹、稷、皋陶(gāo yáo):皆为尧舜时贤臣。禹,继鲧治水,因治水有功继舜为帝,见前注。稷,周朝的祖先,尧舜时为农官。参见卷五"切磋"门注。皋陶,相传为东夷族首领,协助大禹治水有功,虞舜时任司法官。

⑬遏密八音:断绝音乐演奏,一片寂静。指皇帝死后停乐举哀。遏,止。密,静谧。八音,泛指各种音乐。语出《尚书·虞夏书·舜典》:"百姓如丧考妣,三载,四海遏密八音。"

⑭向使:假使。

⑮无为:无为而治。《北史·柳彧(yù)传》:"是以舜任五臣,尧咨四岳,设官分职,各有司存,垂拱无为,天下以义。"

⑯"大哉"几句：伟大啊，尧作为君主！唯有上天最高大，唯有尧能
效法它。浩瀚啊，民众无法形容。语出《论语·泰伯》："子曰：
'大哉，尧之为君也！巍巍乎，唯天为大，唯尧则之。荡荡乎，民无
能名焉。'"

【译文】

李翱的《荐所知于徐州张仆射书》中写道："李翱再拜。齐桓公不怀
疑他的大臣，信任管夷吾而称霸天下，抵御戎狄，匡扶周室，灭亡的国家
因之而得存，荆楚之地因之而归服，诸侯无不前来会盟。信任竖刁、易牙
而导致齐国混乱，自身死亡而不能下葬，五个儿子争夺王位，兄弟相继为
王延及数世。齐桓公信任他的大臣，是一样的。所信任的人得当，那么
德之光辉达于天地，功业传及后世；所信任的人不得当，那么连自身都不
能免遭灾祸。鉴察了解人的品行才能实在不容易，岂止是霸主如此，即
使是圣人也难免！帝尧在位的时候，贤与不贤的大臣都位列朝中，尧能
鉴察了解舜，于是放逐驩兜，流放共工，放逐鲧，驱逐三苗，举用禹、稷、皋
陶等贤臣二十二人，置诸高位：因此尧去世三年，四海之内，停乐举哀，后
世之人都称之为帝尧。假使尧不能鉴察了解舜，而在朝廷之上将驩兜、
共工这样的人尊以高位，不能任用禹、稷、皋陶等贤臣二十二人，那么尧
就不能够无为而治了；又岂能被称为'伟大啊，尧作为君主！唯有上天
最高大，唯有尧能效法它。浩瀚啊，民众无法形容'呢！

"《春秋》曰①：'夏，灭项②。孰灭之？盖齐灭之。曷为
不言齐灭之？为桓公讳也。《春秋》为贤者讳，此灭人之国，
何贤尔？君子之恶恶也疾始，善善也乐终③。桓公尝有继绝
存亡之功④，故君子为之讳也。'继绝存亡，贤者之事也。管
夷吾用，所以能继绝世存亡国焉耳；竖刁、易牙用，则不能
也。向使桓公始不用管夷吾，末有竖刁、易牙，争权不葬，而

乱齐国,则幽、厉之诸侯也⑤。始用贤而终身讳其恶,君子之乐用贤也如此;始不用贤,以及其终,而幸后世之掩其过也,则微矣⑥。然则居上位、流德泽于百姓者,何所劳乎?劳于择贤,得其人,措诸上,使天下皆化之焉而已矣。

【注释】

①《春秋》:此指《春秋公羊传》。以下所引出自《春秋公羊传·僖公十七年》。

②项:西周至春秋时国名,在今河南项城。

③君子之恶恶也疾始,善善也乐终:君子憎恶为恶者,是憎恶他初始之为恶;褒奖贤者,则乐于终其身而褒奖他。善善,第一善字意指褒奖,第二善字意指善人、有才能之人。善人犹贤人。

④继绝存亡:延续断绝的贵族世家,恢复灭亡的国家。

⑤幽、厉:周幽王和周厉王,都是西周末期的亡国之君。周幽王,姬宫湦(shēng,?—前771),周宣王之子。在位期间沉湎酒色,贪婪腐败,任用奸臣,激起民愤,又废嫡立庶,引起诸侯国和犬戎共同攻打,死于骊山之下,西周灭亡。周厉王,姬胡(?—前828),周宣王之父。在位期间不听劝谏,施行暴政,引发民变,被国人驱逐。

⑥微:无,没有。

【译文】

　　"《春秋》中说:'夏,灭项。谁灭亡了它?齐国灭亡了它。为什么不说是齐国灭亡了它?是为齐桓公隐讳。《春秋》为贤德的人隐讳其恶,这是灭人之国的事,有什么贤德可言?君子憎恶为恶者,是憎恶他初始之为恶;褒奖贤者,则乐于终其身而褒奖他。齐桓公曾经有继绝世存亡国的功劳,因此君子为他隐讳恶事。'继绝存亡,是贤者才能做的事。任用管夷吾,所以才能继绝世存亡国;任用竖刁、易牙,就不能了。假使齐桓公一开始不任用管夷吾，晚年任用竖刁、易牙，诸子争夺权力而不为他下葬，导致齐国内乱，那么齐桓公就像是周幽王、周厉王这样的诸侯。一开始任用贤才而君子就为他终身隐讳恶事，君子就是如此乐于褒奖任用贤才；一开始不任用贤才，到了死后，希望后世能替他掩饰过失，这是没有的事。那么身居高位、流布恩德于百姓的人，辛劳在于何处？在于选择贤才，寻得其人，置诸高位，使天下人都受到教化而已。

　　"兹天子之大臣，有土千里者，孰有如阁下之好贤不倦者乎！盖得其人亦多矣。其所可求而不取者，则有人焉。陇西李观①，奇士也，伏闻阁下知其贤，将用之未及，而观病死。昌黎韩愈得古人之遗风，明于理乱根本之所由②，伏闻阁下复知其贤，将用之未及，而愈为宣武军节度使之所用③。观、愈，皆豪杰之士也，如此人，不时出④。观自古天下亦有数百年无如其人者焉。闻阁下皆得而知之，皆不得而用之，翱实为阁下惜焉；岂惟翱一人而已，后之读前载者⑤，亦必多为阁下惜之矣。

【注释】

①李观：郡望陇西（今属甘肃）。德宗贞元八年（792）与韩愈同榜登进士第，早卒。参见卷一"广文"门注。

②理乱：治乱。

③愈为宣武军节度使之所用：韩愈已被宣武军节度使征辟入幕。贞元十二年（796），韩愈担任宣武军节度使董晋的观察推官。

④时出：时常出现。

⑤前载：前代的记载。吴筠《览古》诗其四："闲居览前载，恻彼商与秦。"

【译文】

"现在天子的大臣,领有千里之地的,哪有能和您一样喜爱贤才而不厌倦的呢! 您得到的贤才也很多了。那些可以求取而未曾取得的贤才,也是有的。比如陇西李观,是奇绝之士,听说您知道他的贤能,想要任用而没来得及,李观就病死了。昌黎韩愈有古人的遗风,明了治乱之所以产生的根本,听说您也知道他的贤能,想要任用而没来得及,而韩愈已被宣武军节度使征辟入幕。李观、韩愈,都是豪杰之士,像这样的人,很少出现。纵观自古以来天下也有数百年没有出现这样的人了。听说您都能够知道了解他们,却都未能加以任用,我实在为您感到惋惜;岂止我一人为您惋惜,后人读到前代记载此事的,也必定有很多人为您感到惋惜。

"兹有平昌孟郊^①,贞士也^②,伏闻阁下旧知之。郊为五言诗,自前汉李都尉、苏属国及建安诸子、南朝二谢^③,郊能兼其体而有之。李观《荐郊于梁肃补阙书》曰^④:'郊之五言,其有高处,在古无上;其有平处,下顾二谢。'韩愈送郊诗曰^⑤:'作诗三百首,杳默《咸池》音^⑥。'彼二子皆知言者,岂欺天下之人哉! 郊穷饿,不得安养其亲,周天下无所遇,作诗曰^⑦:'食荠肠亦苦,强歌声无欢。出门即有碍,谁谓天地宽!'其穷也甚矣! 又有张籍、李景俭者^⑧,皆奇才也,未闻阁下知之。凡贤士奇人,皆有所负^⑨,不苟合于世,是以虽见之,难得而知也;见而不能知,如勿见而已矣;知其贤而不能用,如勿知其贤而已矣;用而不能尽其才,如勿用而已矣;能尽其才而容谗人之所间者^⑩,如勿尽其才而已矣。故见贤而能知,知而能用,用而能尽其才,而不容谗人之所间者,天下一人而已矣。

【注释】

①孟郊：郡望平昌（今山东安丘）。工五古，终生贫困潦倒，与韩愈、李观、李翱等交好。参见卷四"师友"门注。

②贞士：志节坚定、操守方正之士。

③李都尉：李陵（？—前74），字少卿，陇西成纪（今甘肃秦安）人。李广之孙。汉武帝时拜骑都尉，与匈奴作战中力竭而降。武帝族灭其家，遂留居匈奴。苏属国：苏武（？—前60），杜陵（今陕西西安）人。西汉杰出的外交家，爱国志士。汉武帝时奉命出使匈奴，被扣留十九年，牧羊北海边，餐毡饮雪，历尽艰辛，持节不屈，至汉昭帝时方获释归汉，拜典属国。苏武与李陵交好，世传李陵《与苏武诗》及苏武《与李陵诗》，真挚凄怆，对后世影响很大。建安诸子：指东汉建安年间（196—220）以"三曹七子"为代表的文学家的合称。"三曹"包括曹操（155—220）、曹丕（187—226）、曹植（192—232）。"七子"包括孔融（153—208）、王粲（177—217）、刘桢（？—217）、陈琳（？—217）、阮瑀（yǔ，约165—212）、应玚（？—217）、徐幹（171—218）。"三曹七子"诗风相近，以悲歌慷慨为主调，被称为"建安风骨"。南朝二谢：南朝诗人谢灵运（385—433）和谢朓（464—499），又称"大谢""小谢"。皆出自陈郡阳夏（今河南太康）大贵族谢氏。二谢皆擅长描写山水景物，诗风清丽凝练，鲜明生动。

④梁肃（753—793）：字敬之，一字宽中，安定（今甘肃泾川）人，世居陆浑（今河南嵩县）。建中元年（780）登文辞清丽科，擢太子校书郎。杜佑节镇淮南，辟为掌书记，召为监察御史，转右补阙、翰林学士、皇太子诸王侍读等。师从独孤及，提倡古文运动，奖掖后进，贞元八年（792）协助陆贽主试，荐举韩愈、李观等登第。著有《梁肃集》。

⑤韩愈送郊诗：韩集题作《孟生诗》。当作于贞元八年（792），时韩

愈与李观、孟郊同在长安,韩、李作诗向张建封举荐孟郊,孟郊也作有《答韩愈李观别因献张徐州》诗。

⑥杳默:渺远幽微。《咸池》:古乐曲名。相传为黄帝之乐,一作尧乐。《庄子·天运》:"帝张《咸池》之乐于洞庭之野。"

⑦作诗曰:此诗孟集题作《赠崔纯亮》。作于贞元九年(793)孟郊再次落第后。

⑧张籍:中唐诗人,师从韩愈。参见卷三"散序"门注。李景俭:字宽中,一字致用。唐宗室后裔。德宗贞元十五年(799)登进士第。宪宗元和年间历任监察御史、忠州刺史、仓部员外郎,迁谏议大夫,寻贬建州刺史。穆宗时复为谏议大夫,以醉酒忤丞相,贬漳州刺史,终少府少监。

⑨负:仗恃,依靠。

⑩间:挑拨离间。

【译文】

"今有平昌孟郊,是坚贞方正之士,我听说您以前就了解他。孟郊作五言诗,从西汉的李陵、苏武到东汉建安诸子、南朝二谢,孟郊能兼有他们的诗体风格。李观在《荐郊于梁肃补阙书》中说:'孟郊的五言诗,其高妙之处,古代人也没有比得上的;其平实之处,也能俯视二谢。'韩愈在送孟郊的诗中写道:'作诗三百首,杳默《咸池》音。'这两位都是深解孟郊之人,岂会欺骗天下人呢!孟郊穷困饥饿,不能安顿奉养亲人,遍游天下而没有好的际遇,写诗道:'食荠肠亦苦,强歌声无欢。出门即有碍,谁谓天地宽!'他的穷愁也太深了!又有张籍、李景俭,都是天下奇才,未曾听说您了解他们。大凡贤士奇人,都各有才能自负,不会苟且迎合世俗,因此即使见到,也难以了解他们;见到他们而不能了解他们,就像没有见到他们一样;知道他们贤能而不能任用他们,就像不知道他们贤能一样;任用他们而不能尽用其才,就像没有任用他们一样;能尽用其才却又容许谗佞之徒挑拨离间,就像没有尽用其才一样。故而见到贤才而能够了解他们，了解他们而能够任用，任用而能够尽用其才，而且不容许谗佞之徒挑拨离间的，天下唯有您一人而已。

　　"兹有二人焉皆来：其一，贤士也；其一，常常之人也①。待之礼貌不加隆焉，则贤者往而常常之人日来矣。况其待常常之人加厚，则善人何求而来哉！孔子曰：'吾未见好德如好色者也②。'圣人，不好色而好德者也；虽好色而不如好德者，次也；色与德均好者，复其次也；虽好德而不如好色者，下也；最甚不好德而好色者，穷矣③！人有告曰：'某所有女④，国色也。'天下之人必竭其财求之而无爱矣⑤。有人告曰：'某所有人，国士也。'天下之人则不能一往而见焉。是岂非不好德而好色者乎？贤者则宜有别于天下之人矣。孔子述《易》，定《礼》《乐》，删《诗》，叙《书》，作《春秋》⑥，圣人也，奋乎万世之上⑦。其所化之者非其道，则夷狄人也⑧。而孔子之庙存焉，虽贤者亦不能日往而拜之，以其益于人者寡矣。故无益于人，虽孔圣之庙犹不能朝夕而事焉。有待于人，而不能礼善人、良士，则不如无待也。

【注释】

①常常：平庸。

②吾未见好德如好色者也：我从未见到喜好美德如同喜好美色的人。语出《论语·子罕》。

③穷：至为下等，到了极点。

④某所：某地。

⑤爱：吝惜。

⑥"孔子述《易》"几句:孔子传述《周易》,审定《仪礼》《乐经》,删定《诗经》,为《尚书》作序,写作《春秋》。述,传述前人成说。《论语·述而》:"子曰:'述而不作,信而好古,窃比于我老彭。'"《礼》,《仪礼》,又称《士礼》《礼经》。孔子在春秋末编订。《乐》,《乐经》。据传为孔子修订,秦末失传。叙,指写序,作序。班固《汉书·艺文志》:"故《书》之所起远矣,至孔子纂焉,上断于尧,下讫于秦,凡百篇,而为之序,言其作意。"

⑦奋:高出。

⑧夷狄:东方曰夷,北方曰狄。后泛称边境的少数民族。此指不遵圣人教化之人。

【译文】

"今有二人一起前来:其中一人,是位贤能之士;另一个,则是平庸之人。对待他们的礼节不够隆重,那么贤能之士离去而平庸之人不断前来。何况对待平庸之人还厚加礼遇,那么贤士又有何求而来呢!孔子说:'我从未见到喜好美德如同喜好美色的人。'圣人,不喜好美色而喜好美德;虽然喜好美色但是不如喜好美德的,次一等;美色和美德都喜好的,更次一等;虽然喜好美德但是不如喜好美色的,属于下等;最差的是不喜好美德而喜好美色的,下等到了极点!倘若有人宣称说:'某地有名女子,是天姿国色。'那么天下之人必定竭尽财力去追求而毫不吝惜。倘若有人宣称说:'某地有名才人,是贤能国士。'那么天下之人就不能前去看他了。这岂不是人们不喜好美德而喜好美色吗?贤者应该和天下之人有所区别。孔子传述《周易》,审定《仪礼》《乐经》,删定《诗经》,为《尚书》作序,写作《春秋》,这是圣人,高出万世之上。他所教化的人如果不遵从他的道理,那么就如同夷狄之人。而孔子的庙还存在,即使是贤者也不能常去拜谒,因为有益于人的地方少了。因此对人没有益处,即使是孔子的庙也不能朝夕事奉。对人有所期待,而又不能礼遇贤者、良士,那还不如无所期待。

"呜呼！人之降年①，不可与期②。郊将为他人所得，而大有立于世，与短命而死，皆不可知也。二者卒然有一于郊之体，其为惜之不可既矣。阁下终不得而用之矣，虽恨之亦无可奈何矣。翱，穷贱人也，直词无让③，非所宜至于此者也，为道之存焉耳；不直则不足以伸道也④，非好多言者也。翱再拜。"

【注释】

①降年：上天赐予人的寿命。

②与期：期待，预期。

③直词无让：据实陈述而无所避讳。

④伸道：发扬大道。

【译文】

"呜呼！人的寿命，不可预期。孟郊像韩愈一样将被他人任用，而大有所为立于世间，或者像李观一样短命而死，都无法知道。如果两者忽然有其中之一发生在孟郊身上，那我就为您惋惜不已了。您终究不能够任用他，虽然憾恨也没有办法了。我李翱，本是穷困微贱之人，据实陈述而无所避讳，实在不应该这样做，只是为了留存圣人之道而已；不直言则不能够发扬大道，实在不是喜好多言的人。李翱再拜。"

赞曰：举孤弃仇①，圣人所美；下展蔽善②，匹夫所鄙。懿彼数公③，时行时止④。守道克勤⑤，荐贤不倚。泠然所尚，鸿儒不为矣⑥。

【注释】

①举孤弃仇：举荐孤进之士而抛弃仇怨。孤，孤进。

②下展蔽善：扩展个人势力而遮掩贤才。

③懿：称颂，赞美。

④时行时止：当行则行，当止则止。时，适时，合于时宜。语出《周易·艮·象传》："时止则止，时行则行，动静不失其时，其道光明。"

⑤克勤：能够为国辛勤操劳。克，能。《尚书·虞夏书·大禹谟》："克勤于邦，克俭于家。"

⑥鸿儒：博学的儒者。

【译文】

赞曰：举荐孤进之士而抛弃仇怨，为圣人所赞美；扩展个人势力而遮蔽贤才，为百姓所鄙夷。称颂这几位君子，当行则行，当止则止。坚守正道，辛勤为国，推荐贤才，不偏不倚。王泠然孜孜自荐，博学的儒者不屑为之。

卷七

起自寒苦_{不第即贵附}

【题解】

　　此门列举了李义琛、王播、李绛、徐商、韦昭度等起自寒门，后来发迹为宰相重臣的士人。唐朝习俗，士人贫寒者多寄居寺庙读书求食，王播、徐商、韦昭度等皆此类，王播"饭后钟"的故事颇为流传。"不第即贵"者郑朗，父、兄皆是宰相，自己也曾状元及第，因事涉请托，重试落第，然而最后还是官至宰相。可见无论是寒门子弟要出人头地，还是世家权贵要沿袭高位，都必须经由科第。如作者在卷九"好及第恶登科"后的论赞中所说："科第之设，草泽望之起家，簪绂望之继世。孤寒失之，其族馁矣；世禄失之，其族绝矣。"以上诸人考之，正是如此。

　　武德五年①，李义琛与弟义琰、从弟上德②，三人同举进士。义琛等陇西人，世居郫城③。国初，草创未定，家素贫乏，与上德同居，事从姑④，定省如亲焉⑤。随计至潼关，遇大雪，逆旅不容。有咸阳商人见而怜之⑥，延与同寝处⑦。居数日，雪霁而去⑧。琛等议鬻驴⑨，以一醉酬之⑩。商人窃知，不辞而去。义琛后宰咸阳^⑪,召商人,与之抗礼^⑫。琛位至刑部侍郎、雍州长史^⑬;义琰,相高宗皇帝^⑭;上德,司门郎中^⑮。

【注释】

①武德五年:622年。

②李义琛(chēn):魏州昌乐(今河南南乐)人,郡望陇西成纪(今甘肃秦安)。武德五年(622)登进士第。曾任监察御史,数次出使吐蕃,修好唐蕃关系,累迁刑部侍郎,任雍州长史,左迁黎州都督,终岐州刺史。义琰(?—688):李义琰,魏州昌乐(今河南南乐)人,郡望陇西成纪(今甘肃秦安)。唐朝宰相。武德五年(622)登进士第。历任太原尉、白水县令、司刑员外郎。博学有才识,累迁中书侍郎。上元三年(762)进同中书门下三品,兼太子右庶子,乞病致仕。据《新唐书》《旧唐书》本传,义琰乃义琛从祖兄,非弟。上德:李义琳,字上德,魏州昌乐(今河南南乐)人,郡望陇西成纪(今甘肃秦安)。武德五年(622)登进士第。授桐乡县尉,官司门郎中。

③邺城:古城名。故址在今河北临漳。

④从姑:从祖姑母,父亲的叔伯姐妹。

⑤定省如亲:早晚请安问好如同侍奉亲长。定省,子女早晚向父母请安问好。《礼记·曲礼上》:"凡为人子之礼,冬温而夏清,昏定而晨省。"

⑥咸阳:县名。在今陕西咸阳,唐属雍州,后属京兆府。

⑦寝处:指坐卧、息止。

⑧霁(jì):泛指风霜雨雪停止,天气晴好。

⑨鬻(yù):卖。

⑩一醉:此指酒宴。

⑪宰咸阳:任咸阳令。据《太平广记》引《云溪友议》,李义琛曾任

咸阳主簿。宰，治理。此指担任县令。

⑫抗礼：以平等的礼节相待。

⑬雍州：唐时指陕西秦岭以北、乾县以东、铜川以南、渭南以西地区，
治长安（今陕西西安）。开元元年（713）改为京兆府。长史：官
名。战国秦置，掌顾问参谋。西汉时丞相、太尉、御史大夫、大将
军等属官均设长史，为掾属之长。唐代诸王府、都督府、州刺史等
下设长史，为幕僚之长。

⑭高宗皇帝：唐高宗李治（628—683），字为善。唐朝第三位皇帝。
在位期间继续执行太宗朝制定的各项政治经济政策，勤于政事，
发展经济，提倡文教，史称"永徽之治"。中期以后因疾病影响，
常由皇后武则天处理政务。死后谥号天皇大帝，庙号高宗。

⑮司门郎中：官名。唐高祖武德三年（620）改司门郎置，为尚书省
刑部司门司长官，掌门关出入之籍及道路遗失之物。

【译文】

武德五年，李义琛与弟义琰、从弟上德，三人同年考中进士。李义琛
等是陇西人，世代居住在邺城。唐朝开国初年，国家刚刚创立尚未安定，
李义琛等家境贫寒，和李上德同住，侍奉从祖姑母，早晚请安问好如同侍
奉亲长。三人入京应试路经潼关，遭遇大雪，旅店不收留他们。有一位
咸阳商人见了很同情他们，就邀请他们和自己同住。过了几天，雪止天
晴准备离去。李义琛兄弟三人商议将驴子卖掉，筹备酒宴来答谢商人。
商人私下知道了，于是不辞而别。李义琛后来任咸阳令，召见那位商人，
以平等的礼节相待。李义琛后来官至刑部侍郎、雍州长史；李义琰，高宗
时担任宰相；李上德，官司门郎中。

王播少孤贫①，尝客扬州惠昭寺木兰院②，随僧斋餐。
诸僧厌怠，乃斋罢而后击钟③。播至，已饭矣。后二纪④，播
自重位出镇是邦⑤，因访旧游，向之题已皆碧纱幕其上⑥。播

继以二绝句曰："二十年前此院游⑦，木兰花发院新修。而今再到经行处，树老无花僧白头。""上堂已了各西东，惭愧阇黎饭后钟⑧。二十年来尘扑面⑨，如今始得碧纱笼。"

【注释】

①王播（759—830）：字明扬，谥号敬，太原（今属山西）人，家于扬州（今属江苏）。唐朝宰相。德宗贞元十年（794）登进士第，后又登贤良方正能直言极谏科。累迁至京兆尹，刑部尚书、充盐铁转运使。穆宗长庆元年（821）拜中书侍郎、同平章事，次年出为淮南节度使。文宗大和初还京，拜尚书左仆射、同平章事，仍领盐铁使。封太原郡开国公。

②惠昭寺：扬州佛寺。《太平广记》《唐诗纪事》等作"惠照寺"。

③乃斋罢而后击钟：于是吃完斋饭后才敲钟。僧院本来应该饭前敲钟，僧人们不想王播来吃饭，于是改饭后敲钟。按，底本无此句，据《太平广记》《唐诗纪事》等补。

④二纪：二十余年。

⑤播自重位出镇是邦：王播以宰相重臣出镇扬州。穆宗长庆二年（822）王播以宰相出为淮南节度使，镇守扬州。

⑥幂：遮护，覆盖。

⑦二十年：《太平广记》等作"三十年"。按，王播自贞元十年（794）登第至长庆二年（822）出镇扬州，近三十年。

⑧阇（shé）黎：梵语音译"阿阇黎"的简称，意谓高僧。泛指僧人、和尚。

⑨尘扑面：灰尘满面。指旧时题名几十年来被灰尘覆盖。

【译文】

王播年轻的时候孤苦贫寒，曾经客居在扬州惠昭寺木兰院，跟随僧人吃斋饭。后来僧人们逐渐厌烦怠慢他，于是吃完斋饭后才敲钟。等王播来吃饭的时候,僧人们已经吃完饭了。二十多年后,王播以宰相重臣出镇扬州,于是旧地重游,以前的题名都已用碧纱遮护起来了。王播在旁边题了两首绝句:"二十年前此院游,木兰花发院新修。而今再到经行处,树老无花僧白头。""上堂已了各西东,惭愧阇黎饭后钟。二十年来尘扑面,如今始得碧纱笼。"

郑朗相公初举①,遇一僧,善气色②,谓公曰:"郎君贵极人臣,然无进士及第之分。若及第,即一生厄塞③。"既而状元及第,贺客盈门,唯此僧不至。及重试,退黜④,唁者甚众⑤,而此僧独贺,曰:"富贵在里。"既而竟如其所卜。

【注释】

①郑朗(? —约857):字有融,郑州荥泽(今河南郑州)人。唐朝宰相。父郑珣(xún)瑜、兄郑覃皆为宰相。历右拾遗、起居郎、谏议大夫、给事中、御史中丞、户部侍郎。出为鄂岳、浙西观察使,义武、宣武节度使。宣宗大中十年(856)拜工部尚书、同中书门下平章事。以疾罢为太子少师卒。

②善气色:擅长观察人的神情气色。此指看相。

③厄塞:困厄艰难。

④退黜(chù):罢退取消。指落第。黜,罢免取消。穆宗长庆元年(821)钱徽知贡举,录取进士中有郑朗等十四名权贵子弟,因事涉请托,敕令中书舍人王起、主客郎中知制诰白居易为主考官重试,郑朗重试落第。

⑤唁(yàn):对遭遇非常变故者进行慰问。

【译文】

郑朗相公参加科举考试的时候,遇到一个僧人,擅长看相,对他说:

"您当位极人臣,然而没有进士及第的缘分。如果进士及第,就会一生困厄艰难。"不久郑朗状元及第,来祝贺的客人很多,只有这个僧人没来。到了重试的时候,郑朗落第,来慰问他的人很多,而只有这个僧人祝贺他,说:"富贵在其中。"后来郑朗果然像他预测的一样官至宰相。

李绛[①],赵郡赞皇人。曾祖贞简[②];祖冈[③],官终襄帅[④]。绛为名相。绛子璋[⑤],宣州观察[⑥]。杨相公造白檀香亭子初成[⑦],会亲宾落之[⑧]。先是,璋潜遣人度其广狭[⑨],织一地毯,其日,献之。及收败[⑩],璋从坐[⑪]。璋子德璘名过其实[⑫],入梁[⑬],终夕拜[⑭]。

【注释】

①李绛(764—830):字深之,谥号贞,赵郡赞皇(今属河北)人。唐朝宰相。德宗贞元八年(792)登进士第,与韩愈同榜,后又登博学宏词科。历任秘书省校书郎、监察御史、翰林学士承旨、司勋员外郎知制诰、中书舍人。宪宗元和六年(811)拜户部侍郎,迁中书侍郎、同中书门下平章事,以疾罢为礼部尚书。穆宗时为兵部尚书。敬宗时拜尚书左仆射。文宗时为山南西道节度使,封赵郡公。为人刚正,匡谏得失,革弊兴利,嫉恶如仇,卒因兵变遇害。

②贞简:李贞简,赵郡赞皇(今属河北)人。曾任司农卿。

③冈:李冈,赵郡赞皇(今属河北)人。曾任成武令。

④襄帅:襄州军帅。按,李绛之父李元善曾为襄州录事参军。

⑤璋:李璋,字重礼,赵郡赞皇(今属河北)人。李绛子。大中初擢进士第。历任监察御史、起居郎、尚书右丞、湖南观察使、宣歙观察使。

⑥宣州观察:即宣歙观察使。

⑦杨相公:杨收(816—869),字藏之,同州冯翊(今陕西大荔)人,

家苏州（今属江苏）。唐朝宰相。少以神童著称。武宗会昌元年（841）登进士第，授校书郎。历任监察御史、太常博士、长安令、吏部员外郎、翰林学士、中书舍人、兵部侍郎等。后罢为宣歙观察使，贬端州司马，长流驩州，坐罪赐死。博闻强记，善文赋，《全唐诗》存诗三首。

⑧落：古代宫室建成时举行的祭礼。此指庆祝落成。《左传·昭公七年》："楚子成章华之台，愿与诸侯落之。"

⑨度其广狭：测量它的面积大小。广狭，指面积大小。

⑩收败：指杨收被贬谪流放赐死。

⑪从坐：犹连坐。因别人犯罪牵连而受处罚。

⑫德璘（lín）：李德璘，赵郡赞皇（今属河北）人。唐时曾任殿中侍御史、右补阙等，入梁为给事中。

⑬梁：后梁（907—923）。朝代名。五代的第一个朝代。朱温所建，都开封。为后唐李存勖（xù）所灭。

⑭终夕拜：官终给事中。夕拜，给事中别称。参见卷三"散序"门注。

【译文】

李绛，是赵郡赞皇人。曾祖是李贞简；祖父李冈，官终襄州军帅。李绛是著名宰相。李绛的儿子李璋，任宣歙观察使。杨收相公建造白檀香亭子刚成，大会亲友宾客庆祝落成。之前李璋暗中派人测量亭子的面积大小，织造了一块地毯，落成那天，把它献给杨收。后来杨收被贬谪流放，李璋受牵连获罪。李璋的儿子李德璘名过其实，入后梁做官，官终给事中。

徐商相公尝于中条山万固寺泉入院读书①。家庙碑云："随僧洗钵②。"

【注释】

①徐商：唐朝宰相。参见卷五"以其人不称才试而后惊"门注。中
　条山：又名雷首山。在今山西西南部，黄河与涑（sù）水、沁河间。
　万固寺：在今山西永济西南的中条山麓，始建于北魏。泉入院：或
　为万固寺中院名。如前惠昭寺木兰院之属。一种说法认为"泉"
　为衍文，可参。

②随僧洗钵：和僧人一起洗钵盂。指随僧就食。钵，钵盂。僧人的
　食器。

【译文】

徐商相公曾经在中条山万固寺泉入院中读书。家庙中的碑文上写
道："和僧人一起洗钵盂。"

韦令公昭度少贫窭^①，常依左街僧录净光大师^②，随僧
斋粥。净光有人伦之鉴^③，常器重之。

【注释】

①韦令公昭度：韦昭度（？—895），字正纪，京兆杜陵（今陕西西安）
　人。唐朝宰相。咸通八年（867）登进士第。累迁尚书郎、中书舍
　人。黄巢攻陷长安，随僖宗奔蜀，拜户部侍郎。唐昭宗即位，拜中
　书令，封岐国公。景福二年（893）复为宰相。后因军阀王行瑜、
　李茂贞威逼，被迫致仕，不久被害。贫窭（jù）：贫穷。窭，贫。

②左街僧录：僧官名。唐文宗开成年间（836—840）设左、右僧录司，
　掌众僧事。其中僧官称为左、右街僧录。净光大师：事迹未详。

③人伦之鉴：指观察评定人才高下的能力。人伦，人才。《晋书·王
　衍传》："衍有重名于世，时人许以人伦之鉴。"

【译文】

韦令公昭度年轻时家中贫困，常常求助依靠左街僧录净光大师，和

僧人们一同吃斋粥。净光大师有观察评定人才高下的能力,对韦昭度一直非常器重。

好放孤寒

【题解】

　　唐代科举中权贵子弟更易及第,孤寒之士往往难进。上门"起自寒苦"中的郑朗,他考进士之年主考官钱徽因为录取了大量权贵子弟而被段文昌等弹劾,但弹劾的直接原因是段文昌等所请托之子弟未被录取。总之权贵子弟无不各显神通,请托关节,扰乱主司,争相入举,而没有背景的寒门子弟想考中进士难上加难,但也有不少主考官甚或皇帝本人比较重视真才实学,抑豪强而擢孤进,多取寒门才士,如本门中的李德裕等人。卷三"慈恩寺题名游赏赋咏杂纪"门中会昌三年(843)的主考官王起就录取了大量孤寒之士,门生们赞美他秉公录取,"孤进自今开道路"。其中状元卢肇就是孤寒之士,学于韩愈,受知于李德裕,被王起取中。可参看。

　　元和十一年①,岁在丙申,李凉公下三十三人②,皆取寒素。时有诗曰:"元和天子丙申年,三十三人同得仙。袍似烂银文似锦③,相将白日上青天④。"

【注释】

①元和十一年:816年,岁次丙申。

②李凉公:李逢吉。唐朝宰相,封凉国公。元和十一年(816)以中书舍人权知礼部贡举。参见卷三"慈恩寺题名游赏赋咏杂纪"门注。

③烂银:灿灿如银。形容雪白闪亮。应试举子多穿白麻衣。

④相将:相伴,相偕。

【译文】

元和十一年，岁次丙申，凉国公李逢吉录取了三十三名进士，都取自清寒门第。当时有诗写道："元和天子丙申年，三十三人同得仙。袍似烂银文似锦，相将白日上青天。"

　李太尉德裕颇为寒进开路①，及谪官南去②，或有诗曰："八百孤寒齐下泪，一时南望李崖州。"

【注释】

①李太尉德裕：李德裕。唐朝宰相，牛李党争中李党的首领。以功进太尉，宣宗时迭贬崖州司户卒。因称"李太尉""李崖州"。参见卷三"慈恩寺题名游赏赋咏杂纪"门注。寒进：谓出身寒微的求取功名者。

②谪官南去：贬官至南方。指李德裕大中时贬官潮州司马，再贬崖州司户。

【译文】

李太尉德裕颇能为寒门才俊开辟进身之路，后来他被贬官至南方，有人写诗道："八百孤寒齐下泪，一时南望李崖州。"

　昭宗皇帝颇为寒进开路①。崔合州榜放②，但是子弟③，无问文章厚薄，邻之金瓦④，其间屈人不少。孤寒中唯程晏、黄滔擅场之外⑤，其余以程试考之，滥得亦不少矣⑥。然如王贞白、张蠙诗⑦，赵观文古风之作⑧，皆臻前辈之阃阈者也⑨。

【注释】

①昭宗皇帝：唐昭宗李晔（867—904）。唐懿宗子，僖宗弟，888—

904年在位。在位期间礼贤下士,励精图治,希望挽回分崩离析
的唐王朝,但最终无法改变宦官专权、军阀割据的混乱局面,数次
被逼出京师,沦落于宦官和军阀之手,后被朱温强迫迁都洛阳,随
即遇害。三年后唐朝灭亡。

②崔合州:崔凝,字得之,博陵(今河北安平)人。懿宗咸通六年(865)
登进士第。历任校书郎、右拾遗、起居舍人、吏部员外郎等。黄巢
攻破长安,奔赴僖宗行在,拜中书舍人、充翰林学士,转户部侍郎
知制诰,累迁户部尚书、御史大夫等。昭宗乾宁二年(895)以刑
部尚书权知礼部贡举,物议录取不当,贬合州刺史,卒于贬所。因
称"崔合州"。

③子弟:此指权贵子弟。

④无问文章厚薄,邻之金瓦:不论文章好坏,一概录取。无问,不论。
厚薄,优劣好坏。邻之金瓦,金玉和瓦砾相邻。比喻混淆优劣。
此指一概录取。据《吴越备史》:"乾宁二年,刑部尚书崔凝主礼
闱,凡二十五人登进士第,逾滥尤众。昭宗御武德殿,命翰林学士
陆扆、秘书监冯渥亲覆试,凡落十人。"

⑤程晏:字晏然。昭宗乾宁二年(895)登进士第。著有《程晏集》。
黄滔:字文江,泉州莆田(今属福建)人。昭宗乾宁二年(895)登
进士第。光化中任四门博士,天复年间以监察御史里行充王审知
威武军节度推官,礼遇名士入闽避乱。工诗善文,著有《黄滔集》。

⑥其余以程试考之,滥得亦不少矣:其余的人按规定的程式考试,徒
有虚名的也不少。程试,按规定的程式考试。后多指科举铨叙考
试。滥得,枉得,徒有虚名。姚合《从军行》:"滥得进士名,才用
苦不长。"

⑦王贞白:字有道,信州永丰(今江西广丰)人。昭宗乾宁二年(895)
登进士第。曾任校书郎,后避乱退居,不复仕进。有诗名,与罗
隐、方干、贯休等唱和。著有《灵溪集》。张蠙(pín):字象文,清

河（今属河北）人。懿宗咸通年间，与许棠、张乔、郑谷等合称"咸通十哲"。昭宗乾宁二年（895）登进士第，授校书郎。历栎阳尉、犀浦令。王建称帝，任膳部员外郎、金堂令等。有诗名，著有《张蠙诗集》。

⑧赵观文：临桂（今广西桂林）人。乾宁二年（895）重试，状元及第。

⑨阃阈（kǔn yù）：指学术、文艺上的较高境界。

【译文】

昭宗皇帝颇能为寒门才俊开辟进身之路。崔凝主考那年放榜，只要是权贵子弟，不论文章好坏，一概录取，其中有不少人负冤受屈而落第。孤寒之士中除了程晏、黄滔技艺超群之外，其余的人按规定的程式考试，徒有虚名的也不少。然而像王贞白、张蠙的诗，赵观文的古体诗，都达到了前辈们的境界。

升沉后进

【题解】

升沉后进指提拔或黜落后辈。品鉴提拔后辈本是前辈分内之事，应当心怀公义，依士人才艺而举之拔之，此门所引崔氏兄弟和韩愈、皇甫湜等即如此类。如果公器私用，以势力倾轧，朋比结党，操控举场选士，则不仅引动众怒，还会引起当权者的不满。此门所举杨虞卿三兄弟，与李宗闵等朋比唱和，操纵举场选士和官员选拔，为唐文宗所厌。后杨虞卿等被御史大夫李固言弹劾朋党，坐罪贬谪。《旧唐书》亦载武宗曰："我比闻杨虞卿兄弟朋比贵势，妨平人道路。"升沉后进者，用以鉴戒。

太和中，苏景胤、张元夫为翰林主人①，杨汝士与弟虞卿及汉公②，尤为文林表式③。故后进相谓曰："欲入举场，先问苏、张；苏、张犹可，三杨杀我④。"

【注释】

①苏景胤、张元夫为翰林主人：苏景胤、张元夫是文林主人。苏景胤，曾任史官，预修《宪宗实录》《穆宗实录》。张元夫，南阳（今属河南）人。进士及第。历殿中侍御史、礼部员外郎、兵部郎中知制诰，迁中书舍人，出为汝州刺史。翰林主人，指文林主人。比喻登科者多经其手。翰林，此指文士之林。翰，笔。扬雄《长杨赋》："聊因笔墨之成文章，故藉翰林以为主人。"

②杨汝士：历中书舍人，官至刑部尚书。参见卷三"慈恩寺题名游赏赋咏杂纪"门注。虞卿：杨虞卿，文宗时任谏议大夫、给事中等。阿附权幸，与李宗闵等朋比唱和，与兄弟汝士、汉公操纵举场选士，时号"党魁"。参见卷四"气义"门注。汉公：杨汉公（？—861），字用乂，虢州弘农（今河南灵宝）人。杨虞卿弟。宪宗元和八年（813）登进士第，后又登书判拔萃科。累迁户部郎中、史馆修撰，司封郎中，因朋党贬舒州刺史，转湖、亳、苏等州刺史。武宗时擢桂管观察使。宣宗时入为给事中，历户部侍郎、同州刺史等。懿宗时徙为宣武、天平两镇节度使。能诗文，《全唐诗》存诗三首。

③文林表式：文坛表率。表式，表率，楷模。

④"欲入举场"几句：要想在科举考场获得成功，先要问苏景胤和张元夫的意见；苏景胤和张元夫还好说，如何取得三杨的同意实在愁杀人。《资治通鉴·文宗太和七年》："时给事中杨虞卿与从兄中书舍人汝士、弟户部郎中汉公、中书舍人张元夫、给事中萧澣等善交结，依附权要，上干执政，下挠有司，为士人求官及科第，无不如志，上闻而恶之。"

【译文】

太和年间，苏景胤、张元夫是文林主人，杨汝士和其弟杨虞卿以及杨汉公，尤其是文坛表率。故而后辈士人互相传说道："要想在科举考场获得成功,先要问苏景胤和张元夫的意见;苏景胤和张元夫还好说,如何取得三杨的同意实在愁杀人。"

　　大中、咸通中,盛传崔慎由相公尝寓尺题于知闻①。或曰:王凝、裴瓒、舍弟安潜②,朝中无呼字知闻,厅里绝脱靴宾客③。凝,终宣城④;瓒,礼部尚书;潜,侍中。

【注释】

①崔慎由:字敬止,清河东武城(今河北清河)人。唐朝宰相。文宗太和初登进士第,后又登贤良方正制科。历秘书省正字、监察御史、殿中侍御史兼集贤殿直学士、考功员外郎知制诰、职方郎中知制诰,充翰林学士,拜中书舍人。出为湖南、浙西观察使,入为户部侍郎。大中十年(856)以工部尚书同平章事。后出为剑南东川、河中节度使,入为吏部尚书,拜太子太保,分司东都。寓尺题:寄信。寓,寄。尺题,信函。知闻:朋友。

②王凝(821—878):字致平,一作成庶,谥号贞,绛州(今山西新绛)人。进士及第。历集贤校理、监察御史、起居郎、考功员外郎、司封郎中、长安令等,迁中书舍人,出为同州刺史。后以礼部侍郎征,取士拔其寒俊,不受权贵请托。出为商州刺史,湖南、宣歙观察使,皆有善政。王仙芝军攻宣城,誓死守城,当年病逝。裴瓒(zàn):字公器,绛州闻喜(今属山西)人。懿宗时历左司员外郎。僖宗时官至礼部侍郎,知贡举。出为湖南观察使,召为吏部侍郎,知东都铨选,兵乱未行。后官礼部尚书,终刑部尚书。安潜:崔安潜,崔慎由弟。官至刑部尚书,以功累加至检校侍中。参见卷二"争解元"门注。

③朝中无呼字知闻,厅里绝脱靴宾客:在朝中没有互相以字称呼的朋友,在家里没有脱靴登堂的宾客。形容王凝三人不徇私交,不

受请托。呼字知闻，互相以字称呼的朋友。以字相呼，表示亲密。
脱靴宾客，脱靴登堂的宾客。脱靴，指不拘形迹。李肇《唐国史
补》："李白在翰林，多沉饮，玄宗令撰乐词，醉不可待，以水沃之，
白稍能动，索笔一挥十数章，文不加点。后对御，引足令高力士脱
靴，上命小阉排出之。"

④宣城：隋大业初改宛陵县为宣城县，故治即今安徽宣城，为宣歙观
　察使治所。

【译文】

大中、咸通年间，盛传崔慎由相公曾经寄信给朋友。有人说其中写
道：王凝、裴瓒，还有我的弟弟崔安潜，他们在朝中没有互相以字称呼的
朋友，在家里没有脱靴登堂的宾客。王凝，官终宣歙观察使；裴瓒，官终
礼部尚书；崔安潜，官终侍中。

太平王崇、窦贤二家①，率以科目为资②，足以升沉后
进，故科目举人相谓曰："未见王、窦，徒劳漫走。"

【注释】

①太平：太平坊。参见卷三"散序"门注。王崇、窦贤：事迹未详。

②科目：分科取士的各种名目。

【译文】

太平坊的王崇、窦贤两家，都以熟知科举考试的科目为资本，足以
帮助后辈士人，故而参加各科目考试的举人互相说："没有见过王家和窦
家，到处奔走都徒劳。"

奇章公始举进士①，致琴书于灞浐间②，先以所业谒韩
文公、皇甫员外③。时首造退之，退之他适，第留卷而已④。

无何,退之访湜,遇奇章亦及门。二贤见刺,欣然同契⑤,延接询及所止。对曰:"某方以薄技卜妍丑于崇匠⑥,进退惟命。一囊犹置于国门之外。"二公披卷⑦,卷首有《说乐》一章,未阅其词,遽曰:"斯高文⑧,且以拍板为什么?"对曰:"谓之乐句。"二公相顾大喜曰:"斯高文必矣!"公因谋所居。二公沉默良久,曰:"可于客户坊税一庙院⑨。"公如所教,造门致谢。二公复诲之曰:"某日可游青龙寺⑩,薄暮而归。"二公其日联镳至彼⑪,因大署其门曰:"韩愈、皇甫湜同谒几官先辈,不遇。"翌日,荜毂名士咸往观焉⑫。奇章之名由是赫然矣⑬。

【注释】

①奇章公:即牛僧孺,唐朝宰相。此节韩愈、皇甫湜提携牛僧孺之事与卷六"公荐"门重复。唯文字有差。按,韩愈、皇甫湜提携牛僧孺故事,人物、时间与史不合,岑仲勉等考之"弗足深信"。

②致琴书于灞浐(bà chǎn)间:把琴匣书箱留在长安城外灞浐之间。致,放置。琴书,琴匣书箱。古代文人随身常携之物。灞浐,灞水和浐水。渭河的支流,流经长安东郊。

③韩文公:韩愈,字退之。皇甫员外:皇甫湜。

④第:只。

⑤同契:同道,同心。

⑥以薄技卜妍丑于崇匠:以微薄的技艺请前辈大师们评判优劣。妍丑,此指优劣高低。崇匠,巨匠,大师。

⑦披:披览,阅读。

⑧高文:对别人诗文的敬称。疑"斯高文"三字为衍文。

⑨税:租赁。

⑩青龙寺:长安名刹。位于长安城东南的乐游原上。

⑪联镳(biāo):骑马并行。代指同行。镳,马嚼子两端露出的部分,代指马。

⑫辇毂(niǎn gǔ):皇帝的车驾。代指京师。

⑬赫然:显赫,盛大。

【译文】

牛僧孺初次入京考进士,把琴匣书箱留在长安城外灞浐之间,先带着所作诗文去拜谒韩愈、皇甫湜。当时他首先去拜访韩愈,韩愈外出不在家,牛僧孺只得将文卷留下。不久,韩愈去造访皇甫湜,正遇牛僧孺也到了皇甫湜家门口。二人见了牛僧孺的名帖,欣然引为同道,接待他并问他住在哪里。牛僧孺回答说:"我正以微薄的技艺请前辈大师们评判优劣,得第与否全仗两位先生决定。书箱行李还放在城门外。"二人披览他的文卷,卷首有一篇《说乐》,还没看文词,就问道:"您这篇高文,且说说拍板是什么?"牛僧孺答道:"是乐曲的节拍。"二人相视大喜道:"这一定是高明的文章!"牛僧孺于是向他们咨询住在何处。二人沉默了很长时间,说道:"可以在客户坊租一庙院住下。"牛僧孺按他们说的做了,登门道谢。二人又诲示他说:"某天你可以去青龙寺游玩,到傍晚再回来。"二人在那天一起去了牛僧孺的住所,就在门上大字题写:"韩愈、皇甫湜同访某郎君先辈,不遇。"第二天,京城的名士们纷纷前来观看。牛僧孺的声名从此显赫。

论曰:马不必骐骥①,要之善走②;浴不必江海,要之去垢。苟华而不实,以比周鼓誉者③,不为君子腹诽④,鲜矣!

【注释】

①骐骥:骏马。

②走:奔跑。《诗经·大雅·绵》:"来朝走马。"

③以比周鼓誉：以朋比结党吹嘘名声。比周，朋比结党。鼓誉，吹嘘
　名声。

④腹诽：口中不言而内心非议。

【译文】

论曰：马不必非是骏马，关键是要善于奔跑；沐浴不必非去江海，关
键是要能涤污去垢。如果华而不实，以朋比结党来吹嘘名声，不被君子
在心中非议，很少啊！

知己

【题解】

此门列举唐朝士人间知己相惜的事例。其中贺知章因《蜀道难》而
惊叹李白为仙人下世，顾况因"野火烧不尽，春风吹又生"而对白居易改
容相敬，杜牧因"残星几点雁横塞，长笛一声人倚楼"而称赵嘏为"赵倚
楼"等，都是广为流传的诗坛佳话。李华的《三贤论》亦是感悼知己的名
篇。知己在唐朝还有特殊的意义，指因为欣赏某人的才华而为之延誉，
使其高中或升迁。李翱在《感知己赋序》中感激梁肃为之延誉，又伤感
梁肃死后没人继续称誉他，因此他久难及第。卷九"好知己恶及第"门
记载的就是被"知己"提拔中举的幸运儿。

张燕公知房太尉^①，独孤常州知梁补阙^②，二君子之美
出于李翱^③。《上杨中丞书》云^④："窃以朝廷之士，文行光
明^⑤，可以为后进所依归者^⑥，不过十人。翱亦常伏其门下。
举其五六人，则本无诱劝之心^⑦，虽有卓荦奇怪之贤^⑧，固不可
得而知也。其余或虽知，欲为荐言于人，复惧人不我信；因人
之所不信，复生疑而不自信；自信犹且不固，矧曰能知人之

固？是以再往见之，或不如其初；三往复，不如其再。若张燕公之于房太尉，独孤常州之于梁补阙者，万不见一人焉！"

【注释】

①张燕公：张说。睿宗、玄宗朝宰相，封燕国公，世称"张燕公"。参见卷六"公荐"门注。房太尉：房琯（guǎn，697—763），字次律，河南（今河南洛阳）人。唐朝宰相。受知于张说，得授秘书省校书郎。后中清廉守节政术可称堪县令科，历监察御史、主客郎中、给事中、宪部侍郎等。安史之乱中，随玄宗入蜀，拜文部尚书、同中书门下平章事。至德元载（756）奉使册立肃宗，甚受信任。次年坐罪贬太子少师。后出为晋州、汉州刺史。卒赠太尉。房琯与杜甫、王维等友善。《全唐诗》存诗一首。《旧唐书•房琯传》："开元十二年，玄宗将封岱岳，琯撰《封禅书》一篇及笺启以献。中书令张说奇其才，奏授秘书省校书郎，调补同州冯翊尉。"

②独孤常州：即独孤及。中唐著名文学家，古文运动先驱，与李华、萧颖士齐名。曾任常州刺史。参见卷一"散序进士"门注。梁补阙：梁肃。师从独孤及，曾任右补阙。参见卷六"公荐"门注。李舟《独孤常州集序》："常州讳及，有遗文三百篇，安定梁肃编为上下帙，分二十卷，作为后序。常州爱士，而肃最为所重，讨论居多，故其为文之意，肃能言之。"

③李翱：师从韩愈，中唐著名古文家。参见卷二"置等第"门注。

④《上杨中丞书》：李集题作《谢杨郎中书》。杨中丞，未详其人。

⑤文行光明：文章与德行光明正大。文行，文章与德行。

⑥依归：尊奉依靠。

⑦诱劝：引导劝勉。

⑧卓荦（luò）奇怪：卓越奇伟。

【译文】

张说知遇房琯,独孤及知遇梁肃,张说、独孤及知人的美名来自李翱。李翱在《上杨中丞书》中写道:"我认为当代的朝廷名士之中,文章与德行光明正大,可以为后辈所尊奉依靠的,不超过十个人。我也曾拜于他们门下。其中的五六个人,他们本没有荐引劝勉后辈的心意,即使后辈中有卓越奇伟的贤能之才,他们也无法得知。其余名士虽然有能赏识知遇后辈,想把后辈推荐给别人的,却又怕别人不相信;因为怕别人不相信,于是产生怀疑而不能自信;自信尚且不坚定,又怎么谈得上知人的坚定呢?因而后辈第二次去拜见这些名士,这些名士对他们的态度就不如初次相见;再去拜见,更不如上次相见。像张说知遇房琯,独孤及知遇梁肃这样始终如一称誉荐进的,万中不见有一人能与之相比!"

李翱《感知己赋序》:"贞元九年①,翱始就州府之贡,与人事②。其九月,执文章一通③,谒右补阙梁君。当此时,梁君誉塞天下④,属词求进之士,奉文章走梁君门下者⑤,盖无虚日⑥。梁君知人之故也。亦既相见,遂于翱有相知之道焉,谓翱得古人之遗风,期翱之名不朽于无穷;许翱以拂拭吹嘘⑦。翱初谓其面相进也⑧,亦未幸甚。十一月,梁君遘疾殁⑨,翱渐游于朋友公卿间,往往皆曰:'吾既籍子姓名于补阙梁君也⑩。'翱乃知其非面进也。当时意谓先进者遇人特达⑪,皆合有此心,亦未谓知己之难得也。梁君殁,于兹五年,翱学圣人经籍教训文句之旨,为文将数万言,愈昔年见梁君之文弗啻数倍⑫,虽不敢同德于古人⑬,然亦幸无怍于中心⑭。每岁试于礼部,连以文章罢黜,名声晦昧于时⑮,俗人皆谓之固宜,然后知先进者遇人特达,亦不皆有此心,乃知知己之难得也。夫见善而不能知,虽善何为! 知而不能誉,则如弗知;誉而不能深,则如勿誉;深而不能久,则如勿深;久而不能终,则如勿久。翱虽不肖,幸辱梁君所知。君为之言于人,岂非誉欤? 谓其得古人之遗风,岂非深欤? 而逮及终身,岂非久欤? 不幸梁君短命遽殁,是以翱未能有成也。其谁将继梁君之志而成之欤? 已焉哉! 天之遽丧梁君也,是使予之命久迍邅厄穷也[16]! 遂赋《感知己》以自伤[17]。其言怨而不乱[18],盖《小雅》、骚人之余风也[19]。"

【注释】

①贞元九年:793 年。

②翱始就州府之贡,与人事:我被州府贡举,开始参加相关的交际应酬之事。就,参加,从事。

③一通:一篇或一卷。杜甫《可叹》诗:"群书万卷常暗诵,孝经一通看在手。"

④誉塞天下:犹誉满天下。

⑤奉:献。

⑥盖无虚日:几乎没有闲过一天。

⑦拂拭吹嘘:提拔奖掖。拂拭,提拔,赏识。吹嘘,奖掖,称扬。

⑧面相进:面上提拔。指当面说说而已。

⑨遘(gòu)疾:生病。遘,遇,遭遇。殁(mò):去世。

⑩籍:登记。此指听闻、记住。

⑪先进:前辈。

⑫愈:胜过。弗啻(chì):不止。

⑬同德于古人:达到古人的境界。

⑭怍(zuò):惭愧。

⑮晦昧：隐晦不明。

⑯迍邅（zhūn zhān）厄穷：困顿艰难。迍邅，处境艰险，前进困难。

⑰《感知己》：底本无"感"字，据李集改。

⑱怨而不乱：怨恨牢骚却不宣扬作乱。《史记·屈原贾生列传》："《国风》好色而不淫，《小雅》怨诽而不乱。若《离骚》者，可谓兼之矣。"

⑲《小雅》：《诗经》组成部分之一。多反映社会矛盾。骚人：指屈原。

【译文】

李翱的《感知己赋序》："贞元九年，我被州府贡举，开始参加相关的交际应酬之事。那年九月，我带着一卷文章，去拜谒右补阙梁肃。当时，梁君誉满天下，写文请求提拔的人，进献文章奔走于梁君门下的人，几乎没有闲过一天。这都是因为梁君有知人之明的缘故。梁君和我相见之后，就对我有同道相知之意，说我的文章有古人遗风，期望我的名声能够流传不朽；并向我许诺提拔奖掖。我一开始以为只是当着我的面说说举荐罢了，也没有希望太多。十一月，梁君生病去世，我逐渐在朋友公卿之间有所交游，常常听到他们说：'我已经在梁补阙那里听说你的姓名了。'我这才知道梁君不是当着我的面说说举荐而已。当时我以为前辈们遇到特别突出的人，都会有这样的提携之心，也并未感觉到知己的难得。梁君去世，到现在已经五年，我学习圣人经典中教导训诫文句的主旨，写文将近数万字，胜过当年展示给梁君的文章不止数倍，虽然不敢说达到古人的境界，然而也庆幸心中无愧。每年参加礼部考试，连连因为文章而落第，在时世中名声黯淡，世俗之人都以为本当如此，然后我才知道前辈们遇到特别突出的人，也不是都有梁君那样的提携之心，于是知道了知己难得。见到贤能而不能了解，那么贤能又有什么意义！知道贤能而不能称誉，那么和不知道一样；称誉而不能深入，那么和不称誉一样；深入而不能持久，那么和不深入一样；持久而不能保持终身，那么和不持久一样。我虽然不贤，有幸蒙梁君知遇。梁君为我在别人面前以言语推荐，岂不是称誉？说我的文章有古人遗风，岂不是深入？称誉我一直到

终身，岂不是持久？不幸梁君短命猝亡，因此我至今没能有所成就。有
谁能继续梁君的心意而成就我呢？算了吧！上天竟使梁君猝然亡故，这
是让我的命运长久困顿艰难啊！于是作了《感知己》以自伤。其中言辞
怨恨牢骚却不宣扬作乱，是《小雅》、屈原的余风。"

　　李元宾曰[①]："观有倍年之友朱巨源[②]。"

【注释】

①李元宾：李观。韩愈同榜进士。参见卷一"广文"门注。

②倍年之友：年龄多一倍的朋友。指忘年交。朱巨源：事迹未详。

【译文】

李观说："我有忘年交朱巨源。"

　　李华撰《三贤论》[①]：刘眘虚[②]，萧颖士[③]，元德秀[④]。"或曰：
吾读古人之书，而求古人之贤，未获。遐叔谓曰：无世无贤
人，其或世教不至[⑤]，沦于风波[⑥]，虽贤不能自辨，况察者未
之究乎！郑卫方奏[⑦]，正声间发[⑧]。极和无味，至文无采[⑨]。
听者不达[⑩]，反以为怪谲之音[⑪]；太师、乐工亦失容而止[⑫]。
曼都之姿[⑬]，杂为憔悴，被缊絮[⑭]，蒙萧艾[⑮]，美丑夷伦[⑯]，自以
为陋。此二者，既病不自明，复求者亦昏；将割其善恶[⑰]，在
迁政化，端风俗[⑱]，则贤不肖异贯[⑲]，而后贤者自明，而察者
不惑也。予兄事元鲁山而友刘、萧二功曹[⑳]：此三贤者，可谓
之达矣。

【注释】

①李华：字遐叔，开元进士，中唐著名古文家，与萧颖士齐名，世称

"萧李"。参见卷一"两监"门注。"或曰"至"故言之不怍云"是
《三贤论》原文，与《全唐文》所收文字略有不同。

② 刘昚（shèn）虚：据李集及《新唐书·刘迅传》等，当为刘迅。刘
迅，字捷卿，一作挺卿，昚虚或为别名。著名史学家刘知幾之子。
徐州彭城（今江苏徐州）人。学识渊博，时有重名。历京兆功曹
参军、右补阙等。上元中，避居安康，终于其地。著有《六书》。

③ 萧颖士：字茂挺。开元进士，中唐名士，著名文学家。仕途坎坷，
官终扬州功曹参军。赴嵩条迁祔先人遗骨，客死汝南旅舍之中。
参见卷一"两监"门注。

④ 元德秀：字紫芝。开元进士，尝任鲁山县令，因称"元鲁山"。品行
高洁，为政清廉，学识渊博，善为文章，为时人所称。客死陆浑，为
乔潭所葬。参见卷一"述进士下篇"门注。

⑤ 世教：社会的教化。

⑥ 风波：比喻动荡。

⑦ 郑卫：春秋战国时郑国与卫国的音乐。古以为郑卫之音轻浮淫靡。

⑧ 正声：指雅正的音乐。间：间或，时而。司空曙《同张参军喜李尚
书寄新琴》诗："正声消郑卫，古状掩笙簧。"

⑨ 极和无味，至文无采：极致的调和没有味道，极致的花纹没有色
彩。和，指和味，调和食物的滋味。采，通"彩"。

⑩ 达：通晓，理解。

⑪ 怪谲（jué）：怪异荒诞。

⑫ 太师：古代乐官之长。殷商、西周、春秋皆置。失容：因惊惶而改
变神色。按，"失容"底本作"朱颜"，据他本改。

⑬ 曼都（dū）：秀美。曼，柔美。都，美好，娴雅。

⑭ 被：穿着。缊（yùn）絮：乱麻旧絮。泛指粗陋的衣服。

⑮ 萧艾：艾蒿。指恶草。

⑯ 夷伦：同等。夷，同。

⑰割：分割，区分。

⑱端风俗：底本无"端风"二字，据他本补。

⑲异贯：区别。

⑳刘、萧二功曹：刘迅任京兆功曹参军，萧颖士任扬州功曹参军，故称二功曹。

【译文】

李华撰写《三贤论》：刘眘虚，萧颖士，元德秀。"有人说：我读古人的书，想寻求像古人那样的贤人，却找不到。我说：没有哪一世没有贤人，如果社会教化不行，沉沦动荡，即使是贤人也不能辨别自己是贤人，何况察访的人也不探究呢！郑卫之音正在演奏，雅正的音乐间或发出声音。极致的调和没有味道，极致的花纹没有色彩。听的人不能理解，反而以为正声是怪异荒诞的声音；乐官、乐工也惊惶变色而停止演奏。秀美的姿容，混杂以憔悴之色，身披粗衣，遮以恶草，美丑同等，美人于是自以为丑陋。这两种情况，既苦于贤者不能自我辨明，又因为寻求贤者的人昏昧不察；想要区分善恶，在于改变政治教化，端正风俗，那么贤与不贤就区别开来，而后贤者自然显明，而察访贤者的人也不会疑惑了。我把元德秀当作兄长而把刘迅、萧颖士二位功曹当成朋友：这三位贤者，可以称得上是通达事理。

"或曰：愿闻三子之略①。遐叔曰：元之志行，当以道纪天下②；刘之志行，当以六经谐人心③；萧之志行，当以中古易今世。元齐愚智④，刘感一物不得其正⑤，萧呼吸折节而获重禄⑥，不易一刻之安⑦。元之道，刘之深，萧之志，及于夫子之门⑧，则达者其流也⑨。然各有病⑩：元病酒，刘病赏物⑪，萧病贬恶太亟，奖能太重⑫。元奉亲孝，居丧哀⑬，抚孤仁，徇朋友之急⑭，莅职明于赏罚⑮，终身贫而乐天知命。以为王者作乐崇德，殷荐上帝，以配祖考⑯，天人之极致也，而辞章不称⑰，是无乐也，于是作《破阵乐词》，协商、周之颂⑱。推是而论，则见元之道矣。刘名儒、史官之家⑲，兄弟以学著称，乃述《诗》《书》《礼》《易》《春秋》，为古文五说⑳，条贯源流㉑，备古今之变。推是而论，则见刘之深矣。萧以史书为烦㉒，尤罪子长不编年㉓，而为列传㉔，后代因之，非典训也㉕。将正其失，自《春秋》三家之后㉖，非训齐生人不录㉗，次序缵修㉘，以迄于今，未就而殁。推是而论，则见萧之志矣。

【注释】

①略：事迹之大略。

②以道纪天下：以道治理天下。纪，纲纪，治理。《韩非子·主道》："道者，万物之始，是非之纪也。"

③六经：《诗》《书》《礼》《乐》《易》《春秋》，合称"六经"。

④齐愚智：同等看待愚者与智者。

⑤感一物不得其正：因一件事物不能正名正位即有感怀。按，"正"底本作"政"，据他本改。

⑥呼吸折节而获重禄：改变志节就能轻易获得高官厚禄。呼吸，比喻轻而易举。折节，改变志节，屈己从人。

⑦安：指内心的安定。

⑧及于夫子之门：形容才德高，可入孔子的门墙。《论语·子张》："子贡曰：'夫子之墙数仞，不得其门而入，不见宗庙之美、百官之富。'"

⑨其流：其类。

⑩病：缺点。

⑪赏物：赏玩外物。

⑫贬恶太亟，奖能太重：贬抑恶行太急迫，奖掖能士太过度。

⑬居丧哀：居丧哀毁。指居亲丧悲伤异常而毁损其身。形容居丧尽礼。

⑭徇：顺从，营求。司马迁《报任安书》："然仆观其为人，自守奇士，事亲孝，与士信，临财廉，取予义，分别有让，恭俭下人，常思奋不顾身，以徇国家之急。"

⑮莅（lì）职：任职。

⑯"以为王者作乐崇德"几句：王者制作音乐以赞扬美德，隆重地进献给天帝，让祖先的神灵配享。《周易·豫·象传》："先王以作乐崇德，殷荐之上帝，以配祖考。"崇德，赞扬盛德。殷，隆盛。荐，献。配，配享。祖考，祖先。

⑰辞章：此指歌辞乐章。

⑱商、周之颂：《诗经》有《商颂》《周颂》。

⑲刘名儒、史官之家：刘迅出身于名儒、史官之家。刘迅的父亲是著名史学家刘知幾，著有我国第一部系统性的史学理论专著《史通》。兄弟刘贶、刘餗、刘秩等都博通经史。

⑳五说：《崇文总目》："唐右补阙刘迅作《六书》，以继六经，故标概作书之谊，而著其目。惟《易》阙而不叙，故止五卷。"

㉑条贯源流：条理分析事物的起源和发展。条贯，条理。

㉒烦：繁琐。

㉓子长：司马迁，字子长。西汉著名史学家、文学家。著《史记》。参见卷五"切磋"门注。编年：史书的一种编写体例，按年代顺序记录史事。

㉔列传：纪传体史书的体例之一，以人物为中心记录史事。司马迁撰《史记》首创，为后世纪传体史书所沿用。

㉕典训：典则。

㉖《春秋》三家：即《春秋》三传。解说《春秋》的三家经传，分别为《春秋左氏传》《春秋公羊传》《春秋穀梁传》。

㉗训齐生人：教化民众，使民齐一。

㉘缵（zuǎn）修：修纂。缵，通"纂"，编纂。

【译文】

　　"有人说：希望了解三位贤者事迹的大略。我说：元德秀的志向品行，当以大道治理天下；刘迅的志向品行，当以六经协调人心；萧颖士的志向品行，当以中古之教化改变今世。元德秀同等看待愚者与智者，刘迅见一件事物不能正名正位即有感怀，萧颖士改变志节就能轻易获得高官厚禄，却不肯用内心一刻的安定去换取。元德秀的大道，刘迅的深厚学问，萧颖士的志向，可以进入孔夫子的门墙，他们都属于达人之列。然而他们也各有缺点：元德秀的缺点是嗜酒，刘迅的缺点是赏玩外物，萧颖士的缺点是贬抑恶行太急迫，奖掖能士太过度。元德秀侍奉亲长孝顺，居丧哀毁，抚恤孤儿仁厚，能营救朋友的急难，居官任职赏罚分明，终身贫穷而能乐天知命。他认为王者制作音乐以赞扬美德，隆重地进献给天帝，让祖先的神灵配享，达到了天道与人事的极致，而歌辞乐章却不相称，这是无乐，于是写作《破阵乐词》，协和《商颂》《周颂》的庄重典雅。由此推论，就可以看出元德秀的大道了。刘迅出身于名儒、史官之家，兄弟都以博学著称，他撰述《诗》《书》《礼》《易》《春秋》，为古文五说，条理分析事物的起源和发展，备述古今的变化。由此推论，就可以看出刘迅的学问深厚了。萧颖士认为史书过于繁琐，尤其责备司马迁不以编年为序陈述史事，而写成列传，后代沿袭，这不是撰写史书的典则。萧颖士要纠正这个失误，自《春秋》三传以后，不是教化民众的人不记录，按年代次序修纂，直到今世，还未完成就已身故。由此推论，就可以看出萧颖士的志向了。

　　"元据师保之席①，瞻其形容②，不俟其言，而见其仁。刘备卿佐之服③，居宾友之地，言理乱根源，人伦隐明④，参乎元精⑤，而后见其妙。萧若百炼之钢，不可屈抑⑥，当废兴去就之际，一死一生之间，而后见其大节⑦。视听过速，欲人人如我，志与时多背，常见诉于人⑧，取其中节之举⑨，足可以为人师矣。学广而不偏精，其贯穿甚于精者，文方复雅尚之至⑩，尝以律度百代为任⑪，古之能者往往不至焉。超绝蹈厉⑫，不可为不知者言也。茂挺父为莒丞⑬，得罪，清河张惟一时佐廉使⑭，按成之⑮。茂挺初登科，自洛还莒，道邀使车，发辞哀乞。惟一涕下，即日舍之，且曰：'萧赞府生一贤才⑯，资天下风教，吾由是得罪，无憾也！'夫如是，得不谓之孝乎？

【注释】

①据师保之席：身处师保的席位。指身为老师。师保，原指教导王室子弟的官员。后泛指老师。元德秀广收学生，传道授业，故称师保。席，席位。

②形容：形体容貌。

③备卿佐之服：身穿官员的礼服，指身为官员。备，预备。引申为身穿。卿佐，辅佐国君的大臣，指官员。

④人伦隐明：伦常的隐微和显明。人伦，封建礼教所规定的君臣、父子、夫妇、兄弟、朋友之间各种尊卑长幼的关系。

⑤元精：天地的元气。《后汉书·郎顗传》："元精所生，王之佐臣。"

⑥屈抑：屈身抑己。

⑦"当废兴去就之际"几句：当仕途面临升退取舍的时候，个人面临生死危难的关头，就能见到他的高尚节操。废兴去就，仕途的升退取舍。大节，危难之际的节操。"废兴去就"指萧颖士因为拒绝逢迎李林甫而仕途坎坷，"一死一生"指萧颖士在安史之乱中冒死迁祔先人遗骨，客死途中。

⑧见诟:被人诟病。诟,讥骂。

⑨中节:适中节制。

⑩雅尚:风雅高尚。

⑪尝以律度百代为任:常以法度规范百代为己任。尝,通"常"。律度,用法度规范。

⑫超绝蹈厉:高超奋发。超绝,超越、远远胜过。蹈厉,形容舞蹈时动作的威武。比喻奋发有为,意气昂扬。

⑬茂挺父为莒(jǔ)丞:萧颖士的父亲担任莒县县丞。莒,今山东莒县。

⑭张惟一:魏州昌乐(今河南南乐)人,郡望清河(今河北故城)。玄宗开元年间为河南采访使的幕僚,平宥萧颖士父罪。天宝中,历监察御史、户部郎中等。肃宗时历华州刺史、荆州防御使。廉使:官名。采访处置使、观察使等的别称。

⑮按成:查办定罪。

⑯赞府:县丞的别称。

【译文】

"元德秀身为老师,瞻看他的形貌,不等他说话,就能看到他的仁德。刘迅身为官员,处于宾客朋友的地位,听他论说治乱的根源,伦常的隐微和显明,参悟天地的元气,就能看到他学问的精妙之处。萧颖士如百炼精钢,不能屈身抑己,当仕途面临升退取舍的时候,个人面临生死危难的关头,就能见到他的高尚节操。萧颖士看和听的速度过快,又希望人人和他一样,志趣和时俗多有违背,常常被人诟病,选取他那些适中节制的举止,就足以为人师表了。他学识广博而不偏精,而融会贯通更甚于专精之人,文章又风雅高尚至极,常以法度规范百代为己任,而古代的才能之士也大多做不到这一点。萧颖士的高超奋发,不能和不了解他的人言说。萧颖士的父亲担任莒县县丞,犯了罪,清河张惟一当时担任河南采访使的幕僚,查办定罪。萧颖士刚进士及第,从洛阳返回莒县,在路上拦住采访使的车子,为父求情言辞哀切。张惟一为之落泪,当天就释放了他父亲,并且说:'萧赞府生了一位贤才,有助于天下的风俗教化,我即使因此事而获罪,也不遗憾!'像这样,能不说是孝吗?

　　"或曰:三子者各有所与游乎①? 遐叔曰:若太尉房公②,可谓名卿矣③,每见鲁山,即终日叹息,谓余曰:'见紫芝眉宇④,使人名利之心尽矣!'若司业苏公⑤,可谓贤人矣,每谓当时名士曰:'仆不幸生于衰俗⑥,所不耻者,识元紫芝。'广平程休士美⑦,端重寡言;河间邢宇绍宗⑧,深明操持不苟⑨;宇弟宙次宗⑩,和而不流⑪;南阳张茂之季丰⑫,守道而能断;赵郡李崿伯高⑬,含大雅之素⑭;崿族子丹叔南⑮,诚庄而文⑯;丹族子惟岳谋道⑰,沉远廉静⑱;梁国乔潭德源⑲,昂昂有古风;弘农杨拯士扶⑳,敏而安道;清河房垂翼明㉑,志而好古;河东柳识方明㉒,遐旷而才㉓:是皆慕元者也。

【注释】

①所与游:交游之人。

②太尉房公:房琯。卒赠太尉。见前注。

③名卿:名公巨卿,有声望的公卿。

④眉宇:眉额之间。泛指容貌。

⑤司业苏公:苏源明。曾官国子司业。参见卷四"师友"门注。

⑥衰俗:风俗衰败之世。

⑦程休:字士美,广平(今河北永年)人。肃宗时官司封员外郎。

⑧邢宇:字绍宗,河间(今属河北)人。肃宗时官户部员外郎,代宗时官吏部考功郎中、江西团练副使,卒于荆南。

⑨深明操持:深明大义持节不苟。

⑩宙:邢宙,字次宗,河间(今属河北)人。代宗时曾佐张镐洪州幕府。

⑪和而不流：为人和顺而不放纵。《荀子·乐论》："乐中平则民和而不流，乐肃庄则民齐而不乱。"

⑫张茂之：字季丰，南阳（今属河南）人。开元二十二年（734）登进士第。

⑬李崿：字伯高，赵郡（今河北赵县）人。开元进士，后又登制科。历南华令、殿中侍御史、湖州防御副使、庐州刺史等。

⑭含大雅之素：本性纯正而有美德。大雅，大德。素，本性。

⑮族子：同族兄弟之子。丹：李丹，字叔南，赵郡（今河北赵县）人。曾官侍御史、虔州刺史、御史中丞等。

⑯诚庄而文：诚实庄重而有礼节。文，礼节。

⑰惟岳：李惟岳，字谋道，一作谟道，赵郡（今河北赵县）人。代宗时曾官监察御史，佐张镐洪州幕府。

⑱沉远廉静：襟怀深远谦逊沉静。

⑲乔潭：字德源，梁（今河南商丘）人。官陆浑尉。元德秀卒后为其收葬。参见卷四"师友"门注。

⑳杨拯：字士扶，弘农（今河南灵宝）人。李华《杨骑曹集序》载与李华、萧颖士同登进士第者名杨极，字齐物，弘农人，与元德秀为友。终右骁卫骑曹参军。

㉑房垂：字翼明，清河（今河北故城）人。与元德秀为友。

㉒柳识：字方明，河东解（今山西运城）人。曾任屯田员外郎、秘书郎、左拾遗等。

㉓退旷：抱负远大。

【译文】

"有人问：这三个人各有交游之人吗？我说：比如太尉房公，可以称得上名公巨卿，每次见到元德秀，就整天叹息，对我说：'一见紫芝之貌，使人名利之心全无！'又如国子司业苏公，可以称得上贤人，常常对当时的名士说：'我不幸生在风俗衰败之世，之所以不感到羞耻，是因为认识元紫芝。'广平程休字士美,端方稳重沉静少言;河间邢宇字绍宗,深明大义持节不苟;邢宇的弟弟邢宙字次宗,为人和顺而不放纵;南阳张茂之字季丰,坚守道义而能决断;赵郡李崿字伯高,本性纯正而有美德;李崿的族子李丹字叔南,诚实庄重而有礼节;李丹的族子李惟岳字谋道,襟怀深远谦逊沉静;梁国乔潭字德源,昂然有古人之风;弘农杨拯字士扶,聪敏勤勉而安于守道;清河房垂字翼明,专心志学而喜好古典;河东柳识字方明,抱负远大而有才能:这些都是仰慕元德秀的人。

　　"刘在京下①,尝寝疾②,房公时临扶风③,闻之通夕不寐,顾谓宾从曰:'挺卿即若不起④,无复有神道⑤!'尚书刘公每有胜理⑥,必诣与谈,终日忘返,退而叹曰:'闻刘公清言,见皇王之理矣⑦。'陈郡殷寅直清有识⑧,尚恨言理少对⑨,未与刘面,常想见其人。河东裴腾士举⑩,朗迈真直⑪;弟霸士会⑫,峻清不杂⑬;陇西李麇敬叔⑭,坚明冲粹⑮;范阳卢虚舟幼真⑯,质方而清;颍川陈谠言士然⑰,淡而不厌⑱;吴兴沈兴宗季长⑲,专静不渝⑳;颍川陈兼不器㉑,行古人之道;渤海高适达夫㉒,落落有奇节㉓:是皆重刘者也。

【注释】

①京下:京师。

②寝疾:卧病。

③房公时临扶风:房琯当时任职扶风郡。扶风,扶风郡,治雍县(今陕西宝鸡凤翔区)。房琯在天宝中曾任扶风太守。

④不起:病不能愈。

⑤神道:自然造化的道理。泛指天理、天道。

⑥尚书刘公:刘晏(约715—780),字士安,曹州南华(今山东菏泽)

人。唐朝宰相。自幼聪颖过人,七岁举神童,玄宗天宝中累官侍御史。肃宗时历度支郎中,领江淮租庸,上元中迁户部侍郎,充度支铸钱盐铁等使。代宗广德元年(763)拜吏部尚书、同平章事,次年罢为御史大夫,仍领诸道度支盐铁转运、租庸等职,岁运江淮粮数十万石至关中,与第五琦分掌天下财赋。改革榷盐、漕运,整顿盐税,行平准法,为国理财二十余年,持节清廉。德宗立,为杨炎构陷,贬忠州刺史,赐死。胜理:高妙的道理。权德舆《与故人夜坐道旧》诗:"胜理方自得,浮名不在求。"

⑦皇王:指古代圣王。杜牧《冬至日寄小侄阿宜诗》诗:"家集二百编,上下驰皇王。"

⑧殷寅:字直清,陈郡(今河南淮阳)人。天宝四载(745)登进士第,后又登博学宏词科,历太子校书、永宁尉,坐罪贬澄城丞。有文名,与萧颖士、李华、邵轸、赵骅、颜真卿、柳芳、陆据等人友善。《全唐诗》存诗二首。《新唐书·刘迅传》:"陈郡殷寅名知人,见迅叹曰:'今黄叔度也!'"

⑨言理少对:言谈理趣缺少对手讨论。

⑩裴腾:字士举,河东(今山西永济)人。官户部郎中。

⑪朗迈真直:爽朗超脱真诚正直。

⑫霸:裴霸,字士会,河东(今山西永济)人。官吏部员外郎。

⑬峻清:高洁。

⑭李㟧(yì):字敬叔,陇西成纪(今甘肃秦安)人。官给事中、河南尹、尚书右丞。

⑮坚明冲粹:坚定明朗中和纯正。粹,纯粹。

⑯卢虚舟:字幼真,幽州范阳(今河北涿州)人。肃宗时自大理司直迁殿中侍御史。累官左司、吏部员外郎,官至秘书少监。曾在浔阳与李白交游,李白作有《庐山谣寄卢侍御虚舟》。

⑰陈谠(dǎng)言:字士然,颍川(今河南许昌)人。官礼部员外郎。

⑱淡而不厌:恬淡而令人不厌。《礼记·中庸》:"君子之道淡而不厌,简而文,温而理,知远之近,知风之自,知微之显,可与入德矣。"

⑲沈兴宗:字季长,吴兴(今浙江湖州)人。官缑氏尉。

⑳专静:纯朴沉静。渝:变更,改变。

㉑陈兼:字不器,颍川(今河南许昌)人。官封丘县丞、右补阙、翰林学士。

㉒高适(约700—765):字达夫,谥号忠,渤海蓨(tiáo)县(今河北景县)人。生性落拓,不拘小节,早年漫游各地,与李白、杜甫等交游。玄宗天宝八载(749)有道科及第,授封丘尉。不得志,入河西节度使哥舒翰幕府。安史之乱中,随玄宗入蜀,擢谏议大夫,历淮南节度使、太子少詹事、彭州刺史、蜀州刺史、剑南西川节度使等职。后入为刑部侍郎,转左散骑常侍,封渤海县侯,世称"高常侍"。唐朝著名边塞诗人,与岑参齐名,并称"高岑"。著有《高常侍集》。

㉓落落:磊落豁达。

【译文】

"刘迅在京师,曾卧病不起,房公当时任职扶风郡,听到以后通宵不眠,对宾客随从们说:'挺卿的病要是好不了,那就没有天理了!'尚书刘公每有高妙的道理,一定会拜访刘迅与之谈论,一整天舍不得离开,回来以后叹息说:'听到刘迅的高妙言论,就像见到了古代圣王的道理。'陈郡的殷寅字直清,博有才识,一直遗憾言谈理趣缺少对手讨论,没有和刘迅见面的时候,时常想见他。河东裴腾字士举,爽朗超脱真诚正直;裴腾的弟弟裴霸字士会,品性高洁而不驳杂;陇西李廙字敬叔,坚定明朗中和纯正;范阳卢虚舟字幼真,质朴方正而清介;颍川陈谠言字士然,恬淡而令人不厌;吴兴沈兴宗字季长,纯朴沉静守志不渝;颍川陈兼字不器,践行古人之道;渤海高适字达夫,磊落豁达有奇伟之节:这些都是看重刘迅的人。

"工部侍郎韦述修国史①，推萧同事②；礼部侍郎阳浚掌贡举③，问萧求人，海内以为德选④。汝南邵轸纬卿⑤，有词学标干⑥；天水赵骅云卿⑦，才美行纯；陈郡殷寅直清，达于名理；河南源衍季融⑧，粹而复微⑨；会稽孔至惟微⑩，述而好古⑪；河南陆据德邻⑫，恢恢善于事理⑬；河东柳芳仲敷⑭，该博故事⑮；长乐贾至幼邻⑯，名重当时；京兆韦收仲成⑰，远虑而深；南阳张有略维之⑱，履道体仁⑲；有略族弟邈季遐⑳，温其如玉㉑；中山刘颖士端㉒，疏明简畅㉓；颍川韩拯佐元㉔，行修而文㉕；乐安孙益盈孺㉖，温良忠厚；京兆韦建士经㉗，中明外纯；颍川陈晋正卿㉘，深于诗书；天水尹徵之诚㉙，贯百家之言：是皆厚于萧者也。尚书颜公㉚，重名节，敦故旧，与茂挺少相知；颜与陆据、柳芳最善，茂挺与赵骅、邵轸泊华最善㉛，天下谓之'颜、萧之交'。殷寅、源衍睦于二交间。

【注释】

①韦述（？—约757）：京兆万年（今陕西西安）人。中宗景龙二年（708）登进士第。玄宗开元中历右补阙、集贤院直学士、起居舍人、吏部郎中、国子司业等，知史官事。天宝间迁工部侍郎，封方城县侯。安史之乱中，陷贼授伪职，流放渝州而卒。博学强识，尤善史学。著有《两京新记》《唐职仪》《高宗实录》《御史台记》等。

②推萧同事：推荐萧颖士相与共事。《新唐书·萧颖士传》："史官韦述荐颖士自代，召诣史馆待制，颖士乘传诣京师。而林甫方威福自擅，颖士遂不屈。"

③阳浚：玄宗开元中进士及第，任校书郎。天宝中任中书舍人，天宝十二载（753）拜礼部侍郎，四知贡举，曾向萧颖士访求人才。肃

宗至德间任尚书右丞。

④德选:犹良选。

⑤邵轸:字纬卿,汝南(今属河南)人。开元二十五年(737)登进士第,与萧颖士、李华等游。参见卷一"两监"门注。

⑥词学标干:文学才能。词学,文学。

⑦赵骅:字云卿,邓州穰(今河南邓州)人,祖籍天水(今属甘肃)。开元二十三年(735)与萧颖士、李华同榜登进士第。官至秘书少监。参见卷一"两监"门注。

⑧源衍:字季融,河南(今河南洛阳)人。与柳芳、颜真卿、殷寅、萧颖士等交游。

⑨粹而复微:纯正而精微。

⑩孔至:字惟微,会稽(今浙江绍兴)人。官著作郎。著有《姓氏杂录》。

⑪述而好古:喜好传述古人的经典。

⑫陆据(?—754):字德邻,河南(今河南洛阳)人。登进士第。工文辞。累官至司勋员外郎。

⑬恢恢:宽阔广大貌。

⑭柳芳:字仲敷,河东(今山西永济)人。开元进士。历永宁尉、拾遗、补阙、员外郎等,知史官事,预修国史。肃宗末贬黔中,后还朝为右司郎中、集贤殿学士。著有《唐历》《永泰新谱》等。

⑮该博故事:博通熟习典故制度。

⑯贾至(718—772):字幼邻,一作幼几,谥号文,洛阳(今属河南)人,郡望长乐(今河北衡水冀州区)。玄宗天宝元年(742)明经擢第。历仕玄宗、肃宗、代宗三朝,累迁中书舍人。代宗大历初,迁兵部侍郎,历京兆尹兼御史大夫,终右散骑常侍。工诗能文,曾与李白、杜甫、王维等人唱和。著有《贾至集》。

⑰韦收:字仲成,京兆(今陕西西安)人。官东川节度判官。

⑱张有略:字维之,南阳(今属河南)人。参见卷四"师友"门注。

⑲履道体仁:躬行仁义之正道。体,躬行。

⑳邈:张邈,字季退,南阳(今属河南)人。张有略弟,与萧颖士等游。

㉑温其如玉:性情温和如美玉。《诗经·秦风·小戎》:"言念君子,温其如玉。"

㉒刘颖:字士端,中山(今河北定州)人。与李华、张继、皇甫冉等交游。

㉓疏明简畅:通达明智简易爽直。

㉔韩拯:字佐元,颖川(今河南许昌)人。与李华、萧颖士等交游。

㉕行修而文:德行美善而有礼节。修,美,善。

㉖孙益:字盈孺,乐安(今山东邹平)。天宝时登书判拔萃科。

㉗韦建:字士经,京兆(今陕西西安)人。官河南令、太子詹事,以秘书监致仕。《全唐诗》存诗二首。

㉘陈晋:字正卿,颖川(今河南许昌)人。与萧颖士等游。

㉙尹徵:字之诚,天水(今属甘肃)人。师从萧颖士。玄宗天宝十三载(754)登进士第。官太子校书郎,终右补阙。

㉚颜公:颜真卿(709—784),字清臣,谥文忠,京兆万年(今陕西西安)人。玄宗开元二十二年(734)登进士第,后又登文词秀逸科。历秘书省校书郎、醴泉尉、监察御史、殿中侍御史等。因不附杨国忠,出为平原太守。安史之乱中和堂兄颜杲卿率兵抵抗,忠义昭著。肃宗拜宪部尚书、御史大夫。直言敢谏,屡遭贬谪。代宗时迁刑部尚书,封鲁郡公,世称"颜鲁公"。大历中出为抚州、湖州刺史,召还为刑部尚书。德宗时改太子太师,李希烈叛乱,受命前往劝谕,不屈被害。唐朝杰出书法家,擅长行、楷,世称"颜体",又工诗善文,著有《颜鲁公集》。

㉛洎:通"暨",和。

【译文】

"工部侍郎韦述修撰国史,推荐萧颖士相与共事;礼部侍郎阳浚知贡举，询问萧颖士征求人才，天下都以为这是恰当的人选。汝南邵轸字纬卿，富有文学才能；天水赵骅字云卿，才能优异德行纯正；陈郡殷寅字直清，通达事物的名理；河南源衍字季融，纯正而精微；会稽孔至字惟微，喜好传述古人的经典；河南陆据字德邻，胸怀宽阔擅长事理；河东柳芳字仲敷，博通熟习典故制度；长乐贾至字幼邻，名声重于当时；京兆韦收字仲成，能够深谋远虑；南阳张有略字维之，躬行仁义之正道；张有略的族弟张邈字季遐，性情温和如美玉；中山刘颖字士端，通达明智简朴爽直；颍川韩拯字佐元，行事周全而有礼节；乐安孙益字盈孺，为人温良忠厚；京兆韦建字士经，内心明智外表纯朴；颍川陈晋字正卿，精通诗书之道；天水尹徵字之诚，融会贯通百家学说：这些都是和萧颖士交情深厚的人。尚书颜公，推崇名节，重视故交旧友，和萧颖士少年时就相互了解；颜公和陆据、柳芳关系最好，萧颖士和赵骅、邵轸以及我最为友善，天下称之为'颜、萧之交'。殷寅、源衍在两群朋友之间都能和睦相处。

"不幸元罢鲁山，终于陆浑；刘避地①，逝于安康②；萧归葬先人，殁于汝南③。今复求斯人，有之无之？是必有之，而察之未克也。三贤不登尊位，不享下寿④，居易委顺⑤，贤人之达也；不蒙其教，生人之病也。余知三贤也深，故言之不怍云。"

【注释】

①避地：避世隐居。

②安康：安康郡，治今陕西安康。

③汝南：汝南郡，治今河南汝南。

④下寿：古人将寿命的长短分为上、中、下三等。下寿一说六十岁，
　　一说八十岁。

⑤居易委顺：居心平正顺应自然。

【译文】

"不幸元德秀卸任鲁山县令之后，在陆浑去世；刘迅避世隐居，在安康去世；萧颖士为先人迁葬归乡，在汝南去世。如今再想寻找这样的人，有没有呢？一定是有的，只是没有察访得到罢了。这三位贤人没有身居高位，未享高寿，居心平正顺应自然，是贤人中的通达者；不能领受他们的教诲，是世人的遗憾。我了解这三位贤人很深，因而说这些话并不羞愧。"

一云：李华复友权皋、张有略①。出皋墓铭②。

【注释】

①权皋：字士繇，谥贞孝，宰相权德舆之父，秦州略阳（今甘肃秦安）人，徙家润州丹徒（今江苏镇江丹徒区）。进士及第。安禄山表为蓟县尉。度安禄山将反，假死逃去。玄宗拜为监察御史。事母以孝闻，以著作郎召，不就。卒赠秘书少监。

②皋墓铭：即李华所作《著作郎赠秘书少监权君墓表》："自开元、天宝已来，高名下位，华方疾不能备举，然所忆者，曰河南元君德秀，元终十年而南阳张君有略，张殁二年而君夭。元之志如其道德，张之行如其经术，君之才如其声望。"

【译文】

又有一种说法：李华和权皋、张有略也是好友。出自李华为权皋所作的墓志铭。

杜紫微览赵渭南卷《早秋》诗云①："残星几点雁横塞，长笛一声人倚楼。"吟味不已②，因目龁为"赵倚楼"③。复有赠龁诗曰④："命代风骚将，谁登李杜坛⑤？少陵鲸海动，翰苑鹤天寒⑥。今日访君还有意,三条冰雪借予看⑦。"紫微更寄张祜⑧,略曰:"睫在眼前长不见,道非身外更何求?谁人得似张公子,千首诗轻万户侯。"

【注释】

①杜紫微览赵渭南卷《早秋》诗:杜牧读了赵嘏文卷中的《早秋》诗。杜紫微,杜牧。晚唐著名诗人。仕至中书舍人。唐玄宗开元元年(713)改中书舍人为紫微舍人,后成为中书舍人的别称。参见卷三"慈恩寺题名游赏赋咏杂纪"门注。赵渭南,赵嘏(gǔ)。会昌进士,官终渭南尉,故称"赵渭南"。参见卷三"慈恩寺题名游赏赋咏杂纪"门注。《早秋》诗,又题作《长安秋望》或《长安晚秋》。

②吟味:吟咏回味。

③目:称。

④赠嘏诗:杜集题作《雪晴访赵嘏街西所居三韵》。

⑤命代风骚将,谁登李杜坛:当代著名诗人中,谁能达到李白和杜甫的水平? 风骚将,指诗人。风骚,《诗经》中《国风》和屈原所作《离骚》的合称,代指诗文。李杜,李白和杜甫。

⑥少陵鲸海动,翰苑鹤天寒:你既有杜甫雄浑壮阔的诗句,也有李白飘然高逸的诗风。少陵,指杜甫。杜甫自称少陵野老。鲸海,杜甫《戏为六绝句》诗之四:"或看翡翠兰苕上,未掣鲸鱼碧海中。"翰苑,指李白。李白曾为翰林供奉,世称"李翰林"。鹤天寒,比喻李白飘然高逸的诗风。裴敬《翰林学士李公墓碑》:"故为诗格高旨远,若在天上物外,神仙会集,云行鹤驾,想见飘然之状。"

⑦三条:泛指京城的纵横大道。卢照邻《长安古意》诗:"南陌北堂连北里,五剧三条控三市。"

⑧紫微更寄张祜:杜牧又有寄赠张祜的诗。张祜,晚唐诗人,终身未仕,诗歌为杜牧等推重。参见卷二"争解元"门注。此诗杜集题

作《登池州九峰楼寄张祜》。

【译文】

杜牧读了赵嘏文卷中《早秋》诗所写："残星几点雁横塞，长笛一声人倚楼。"吟咏回味不已，于是称赵嘏为"赵倚楼"。又有赠给赵嘏的诗写道："命代风骚将，谁登李杜坛？少陵鲸海动，翰苑鹤天寒。今日访君还有意，三条冰雪借予看。"杜牧又有寄赠张祜的诗，写道："睫在眼前长不见，道非身外更何求？谁人得似张公子，千首诗轻万户侯。"

贞元中，李元宾、韩愈、李绛、崔群同年进士①。先是四君子定交久矣，共游梁补阙之门②。居三岁，肃未之面，而四贤造肃多矣，靡不偕行③。肃异之，一日延接④，观等俱以文学为肃所称，复奖以交游之道。然肃素有人伦之鉴。观、愈等既去，复止绛、群，曰："公等文行相契⑤，他日皆振大名；然二君子位极人臣，勉旃⑥！勉旃！"后二贤果如所卜。

【注释】

①李元宾、韩愈、李绛、崔群同年进士：李观、韩愈、李绛、崔群是德宗贞元八年（792）同榜进士。时称"龙虎榜"。

②梁补阙：梁肃，见前注。

③偕行：相伴而行。

④延接：接见，接待。

⑤文行相契：文章和德行相符合。

⑥勉旃（zhān）：努力。多用于劝勉时。

【译文】

贞元年间，李观、韩愈、李绛、崔群同年进士及第。之前四人结交已久，一起造访补阙梁肃。过了三年，梁肃还没有接见他们，而四人前去拜访过多次,没有哪次不结伴同行。梁肃觉得奇怪,有一天接待了他们,李观等人都因为文章受到梁肃的称赞,梁肃又褒奖他们的交往之道。而梁肃素有观察评定人才高下的能力。李观、韩愈等离去之后,梁肃留下了李绛、崔群,对他们说:"四位的文章和德行相符合,日后都将享有大名;而你们二位更会位极人臣,努力! 努力!"后来李绛和崔群果然如梁肃所言官至宰相。

　　李华著《含元殿赋》①,萧颖士见之,曰:"景福之上,灵光之下②。"

【注释】

①含元殿:长安大明宫的正殿。建于唐高宗龙朔二年(662),毁于唐末。故址在今陕西西安解放门外。

②景福之上,灵光之下:在《景福殿赋》之上,《鲁灵光殿赋》之下。景福,宫殿名。三国魏明帝曹叡建,故址在今河南许昌。此指曹魏何晏所作《景福殿赋》。灵光,宫殿名。汉景帝之子鲁恭王刘余建,故址在今山东曲阜。此指东汉辞赋家王延寿所作《鲁灵光殿赋》。

【译文】

李华写《含元殿赋》,萧颖士看了,说:"在《景福殿赋》之上,《鲁灵光殿赋》之下。"

　　白乐天初举①,名未振,以歌诗谒顾况②。况谑之曰③:"长安百物贵,居大不易。"及读至《赋得原上草送友人》诗曰④:"野火烧不尽,春风吹又生。"况叹之曰:"有句如此,居天下有甚难! 老夫前言戏之耳。"

【注释】

①白乐天：白居易，字乐天。中唐著名诗人。参见卷二"争解元"门注。

②顾况：字逋（bū）翁，自号华阳山人，海盐（今属浙江）人。肃宗至
　德二载（757）登进士第。曾任节度判官、秘书郎、著作佐郎。性
　格傲岸，嘲诮权贵，贬饶州司户参军，晚年归隐茅山。工诗，擅古
　体歌行，气势纵横，想象奇异。著有《华阳集》。

③谑（xuè）：开玩笑，嘲弄。

④《赋得原上草送友人》：白集题作《赋得古原草送别》。

【译文】

　　白居易初到京师应试，名声还不显，带着所作诗歌去拜见顾况。顾
况开玩笑说："长安什么东西都很贵，要在这里居住可很不容易。"等读
到《赋得原上草送友人》诗："野火烧不尽，春风吹又生。"顾况惊叹道：
"能写出这样的诗句，居住在天下还有什么困难！我先前所说的都是开
玩笑的。"

　　李太白始自西蜀至京①，名未甚振，因以所业贽谒贺知
章②。知章览《蜀道难》一篇③，扬眉谓之曰："公非人世之
人，可不是太白星精耶④？"

【注释】

①李太白：李白（701—762），字太白，祖籍陇西成纪（今甘肃秦安）。
　博通百家学说，性格浪漫，感情丰富，渴望建功立业，崇尚个人
　尊严与自由。玄宗开元十三年（725）左右离蜀漫游，二十一年
　（733）入长安，结识贺知章等。天宝元年（742）奉诏入京，供奉
　翰林。不久对统治集团失望，自请离开长安。天宝三载（744）在
　洛阳结识杜甫，建立了亲密的友谊。安史之乱爆发，应召入永王
　李璘幕府，王室内讧，牵连获罪，流放夜郎，于白帝城遇赦东归。

上元二年（761），闻李光弼出镇临淮，欲从军报国，半道病还。宝
应元年（762）病逝于当涂。李白是唐代最伟大的诗人之一，被誉
为"诗仙"，和杜甫并称"李杜"。其诗内容丰富，风格多样，想象
瑰丽，激情洋溢，创造性地吸收了前人的诗歌经验，具有辉煌的艺
术成就，是中国诗歌史上承前启后的里程碑。代表作有《行路难》
《蜀道难》《将进酒》等。著有《李太白集》。西蜀：四川西部。

②贺知章（659—744）：字季真，自号四明狂客，越州永兴（今浙江
杭州萧山区）人。武后证圣元年（695）登进士第。历四门博士、
太常博士、礼部侍郎、太子宾客等。官至秘书监，世称"贺
监"。为人旷达，善谈笑，能诗善书，与张旭、包融、张若虚号为"吴中四
士"，与李白、杜甫等诗人友善。著有《贺秘监集》。

③《蜀道难》：李白乐府名篇，气象宏伟，纵横奇丽，充分展现了诗人
的浪漫主义气质和杰出的艺术才能。

④太白星：即金星，又名长庚星。传说李白之母梦太白星而生李白。
《新唐书·李白传》："白之生，母梦长庚星，因以命之。"

【译文】

李白刚从四川西部到京师，名气还不大，于是带着所作诗歌去拜见
贺知章。贺知章看了《蜀道难》一篇，扬起眉毛对李白说："您不是这世
上的凡人，莫不是天上的太白星精吧？"

蒋凝①，江东人，工于八韵，然其形不称名。随计途次
襄阳②，谒徐相商③，公疑其假手④，因试《岘山怀古》一篇。
凝于客次赋成，尤得意。时温飞卿居幕下⑤，大加称誉。

【注释】

①蒋凝：咸通进士。擅词赋。此节蒋凝谒徐商事与卷五"以其人不
称才试而后惊"门重复。唯文字有差。

②途次：途中停留。

③徐相商：徐商，唐朝宰相。宣宗大中十年（856）至十四年（860）任山南东道节度使。参见卷五"以其人不称才试而后惊"门注。

④假手：假借他人之手。此指由别人代笔。

⑤温飞卿：温庭筠，字飞卿。晚唐著名诗人。大中十三年（859）、十四年（860）在徐商山南东道节度使幕下任巡官。参见卷二"等第罢举"门注。

【译文】

蒋凝，是江东人，擅长词赋，然而貌不惊人，和名声不相称。进京应试的时候途中停留在襄阳，拜谒相国徐商，徐商怀疑他的作品由别人代笔，于是考试《岘山怀古》一篇。蒋凝在客席之上即时写成，写得尤其称心如意。当时温庭筠正在徐商幕下，大加赞赏。

论曰：夫求知者，匪言不通；既通者，匪节不合①。得之于内，失之于外②，万万不能移也。所以越石父免于羁束，未旋踵而责以非礼③，善窥其合而已矣。其有属辞叙事，言虽讦④，知之者不其咎欤？苟异于是，其如险诐何⑤！

【注释】

①节：礼节。

②得之于内，失之于外：因为了解内在而得到知己，却因为外在礼节不合而失去。

③越石父免于羁束，未旋踵而责以非礼：越石父为晏婴所赎而免于囚禁，却没过多久就责备晏婴对待他不合礼仪。越石父，春秋时齐国贤人。在中牟为奴隶，齐相晏婴解骖赎之，因晏婴待之不加礼重，越石父以为辱己，要求绝交。晏婴谢罪，延为上客。典出

《晏子春秋》。羁束,束缚,囚禁。旋踵,把脚跟转过来。形容动
作迅速。

④讦(jié):攻击别人的短处。

⑤险诐(bì):阴险邪僻。

【译文】

论曰:欲求知己,不通过言辞无法了解;了解了之后,没有相应的礼
节也不能契合。因为了解内在而得到知己,却因为外在礼节不合而失
去,这是后悔莫及的事。所以越石父为晏婴所赎而免于囚禁,却没过多
久就责备晏婴对待他不合礼仪,这是善于察探是否契合而已。难道有写
文叙事,言语之间虽然攻讦指责,而相知之人却不怪罪他的吗? 如果不
是这样,那又如何对待阴险邪僻之人呢!

卷八

通榜

【题解】

　　唐代科举考试不糊名，主考官预先请人拟定名单，作为录取的参考，称为"通榜"。最终录取者往往出于其中。通榜者可以是一人或者数人，和主考官关系密切，且在文坛上有一定地位和声望。如此门中载，德宗贞元八年（792）陆贽为主考官时名士梁肃通榜，推荐韩愈等人考中进士，十年后权德舆主考时陆傪通榜，韩愈参与其中，推荐十人先后进士及第。崔雍和郑颢交好，二人皆有名望，游其门下者多举进士，郑颢主考，崔雍通榜，为了防止郑颢临时更改名单，崔雍直至放榜前一刻才交出榜单，以至录取之人竟不出于主考官而全出于通榜者，可谓通榜之极致。

　　贞元十八年①，权德舆主文②，陆傪员外通榜帖③。韩文公荐十人于傪④，其上四人曰侯喜、侯云长、刘述古、韦纾⑤，其次六人：沈杞、张弘、尉迟汾、李绅、张后余、李翊⑥。而权公凡三榜，共放六人⑦，而弘、绅、后余不出五年内，皆捷矣。

【注释】

①贞元十八年：802年。

②权德舆（758—815）：字载之，谥号文，秦州略阳（今甘肃秦安）人，徙家润州丹徒（今江苏镇江丹徒区）。唐朝宰相。幼聪慧，德宗时历太常博士、左补阙、司勋郎中、中书舍人、礼部侍郎等。贞元、元和间执掌文柄，典册文诰多出其手，名重一时。贞元十八年（802）、十九年（803）、二十一年（805）三知贡举，时以为选人精当。元和五年（810）拜礼部尚书、同平章事。后出为东都留守、刑部尚书、山南西道节度使。正直宽和，诗文雅正，时称宗匠。著有《权德舆集》。

③陆傪（cān）：德宗贞元时拜祠部员外郎。善识人，精鉴裁，文学知名之士如梁肃、权德舆、韩愈、李翱等均与之游。参见卷四"师友"门注。

④韩文公荐十人于傪：韩愈向陆傪推荐了十个人。见韩集《与祠部陆傪员外荐士书》。韩文公，韩愈。

⑤侯喜（？—822）：字叔起，上谷（今河北易县）人。德宗贞元十九年（803）登进士第。韩愈的友人兼弟子。能古文，工诗。历校书郎、协律郎，终国子监主簿。侯云长：祖籍上谷（今河北易县），世居绛郡（今山西新绛）。德宗贞元十八年（802）登进士第。穆宗长庆初佐马总天平军节度使幕府。刘述古：德宗贞元二十一年（805）登进士第。韦纾：据韩集等，似当为韦珩（héng）。韦珩（？—831），字群玉，京兆杜陵（今陕西西安）人。德宗贞元二十一年（805）登进士第，后又登才识兼茂明于体用科。历台州、江州、湖州刺史。

⑥沈杞：德宗贞元十八年（802）登进士第。张苰（hóng）：宪宗元和二年（807）登进士第。尉迟汾：德宗贞元十八年（802）登进士第。历太常博士、卫尉少卿。李绅（772—846）：字公垂，谥文肃，

润州无锡（今属江苏）人。唐朝宰相。宪宗元和元年（806）登进士第。历校书郎、右拾遗、翰林学士、中书舍人、御史中丞、户部侍郎等。文宗时历浙东观察使，宣武军、淮南节度使。武宗会昌二年（842）拜中书侍郎、同中书门下平章事，封赵郡公。卒于淮南节度使任所。中唐著名诗人，早年多反映现实之作，和白居易、元稹等倡导新乐府运动。著有《追昔游诗》等。张后余（780—808）：常山（今河北正定）人。宪宗元和二年（807）登进士第，次年卒。和柳宗元友善，柳宗元有《哭张后余辞》。李翊（yì）：湖州（今属浙江）人。德宗贞元十八年（802）登进士第。历监察御史、户部员外郎、主客员外郎、许州宣慰使、谏议大夫、给事中、湖南观察使等。

⑦权公凡三榜，共放六人：权德舆三次主持贡举，一共录取了其中的六个人。按，实为七人。

【译文】

贞元十八年，权德舆主持贡举，陆傪员外为通榜。韩愈向陆傪推荐了十个人，列在前面的四个人分别是侯喜、侯云长、刘述古、韦纾，其余六人是沈杞、张苰、尉迟汾、李绅、张后余、李翊。权德舆三次主持贡举，一共录取了其中的六个人，而张苰、李绅、张后余不出五年，也都考中了进士。

陆忠州榜时①，梁补阙肃、王郎中础佐之②，肃荐八人俱捷，余皆共成之。故忠州之得人，皆烜赫③。事见韩文公《与陆傪员外书》④。

【注释】

①陆忠州：陆贽，贞元中贬忠州别驾。参见卷四"师友"门注。

②梁补阙肃：梁肃，曾任右补阙，贞元八年（792）协助陆贽主试，荐

举韩愈、李观、李绛、崔群等登第。参见卷六"公荐"门注。王郎
中础:王础,京兆万年(今陕西西安)人。代宗大历七年(772)进
士。德宗时历祠部、比部、度支郎中。迁秘书少监,官终黔中观察
使兼御史中丞。

③忠州之得人,皆烜(xuǎn)赫:陆贽所取的进士,后来都名声显赫。
烜赫,名声显赫。按,贞元八年(792)陆贽以兵部侍郎知贡举,取
中韩愈、李观、欧阳詹、李绛、崔群、王涯等二十三人,其中三人后
来位至宰相,其余亦多重臣、名士,时称"龙虎榜"。

④《与陆傪员外书》:即《与祠部陆傪员外荐士书》。

【译文】

陆贽主持贡举放榜时,补阙梁肃、郎中王础协助他,梁肃推荐的八个
人全都考中,其余的则与王础共同商议决定。因此陆贽所取的进士,后
来都名声显赫。此事可以参见韩愈的《与陆傪员外书》。

　　三榜裴公①,第一榜,拾遗卢参预之②;第二、第三榜,谏
议柳逊、起居舍人于兢佐之③,钱紫微玕亦颇通矣④。

【注释】

①三榜裴公:即裴贽。唐朝宰相。昭宗大顺元年(890)、大顺二年
(891)、乾宁五年(898)三知贡举,故称"三榜裴公"。参见卷三
"慈恩寺题名游赏赋咏杂纪"门注。

②卢参:唐末官拾遗。

③柳逊:唐末官工部侍郎。与赵崇、裴贽交好,以太子宾客致仕,后
贬曹州司马。起居舍人:官名。隋炀帝大业三年(607)始置,唐
沿置,与起居郎共掌起居注,记录皇帝言行以备修史。于兢:字德
源,河南(今河南洛阳)人。唐末曾官补阙、起居舍人等,入梁官
至中书侍郎同平章事。

④钱紫微珝（xǔ）：中书舍人钱珝。钱珝，字瑞文，吴兴（今浙江湖
　　州）人。僖宗乾符六年（879）登进士第。历京兆府参军、蓝田县
　　尉、集贤校理等。昭宗时迁中书舍人。后贬抚州司马。工诗，著
　　有《舟中录》。

【译文】

　　裴赞相公三次主持贡举，第一次放榜，拾遗卢参参与通榜；第二、第
三次放榜，谏议大夫柳逊、起居舍人于兢协助通榜，中书舍人钱珝也颇多
参与。

　　郑颢都尉第一榜①，托崔雍员外为榜②。雍甚然诺③，颢
从之，雍第推延④。至榜除日⑤，颢待榜不至，陨获旦至⑥。
会雍遣小僮寿儿者传云："来早陈贺⑦。"颢问："有何文
字⑧？"寿儿曰："无。"然日势既暮，寿儿且寄院中止宿。颢
亦怀疑，因命搜寿儿怀袖⑨，一无所得。颢不得已，遂躬自
操觚⑩。夜艾⑪，寿儿以一蜡弹丸进颢⑫，即榜也。颢得之大
喜，狼忙札之⑬，一无更易。

【注释】

①郑颢都尉第一榜：郑颢都尉第一次主持贡举。郑颢，武宗会昌状
　　元，宣宗时尚万寿公主，拜驸马都尉。在大中十年（856）、十三年
　　（859）两知贡举。参见卷三"慈恩寺题名游赏赋咏杂纪"门注。

②崔雍：字顺中，博陵安平（今属河北）人。少举进士，有名望，与郑
　　颢交好，游二人门下者多举进士，号"崔郑世界"。懿宗时由起居
　　郎出为和州刺史，后因求和叛军，坐罪赐死。

③然诺：然、诺皆应对之词，表示允诺、答应。引申为言而有信。

④第：只是，只。推延：拖延。

⑤榜除：即放榜。

⑥陨获：困迫失志、忧闷不安。

⑦来早：明天早晨。

⑧文字：此指榜帖。

⑨怀袖：胸口和衣袖。皆古人藏物之所。

⑩操觚（gū）：执简写作。此指写榜单。觚，木简。

⑪夜艾：夜将尽。艾，尽，绝。《诗经·小雅·庭燎（liáo）》："夜如何其？夜未艾。"

⑫蜡弹丸：蜡制弹丸。蜡丸中空可藏物，能防湿保密，古人常用来传递机密消息。

⑬狼忙：匆忙。札：书写。

【译文】

郑颢都尉第一次主持贡举时，托崔雍员外通榜。崔雍平时言而有信，郑颢很信任他，但此后崔雍只管拖延。到了张榜前日，郑颢等不到崔雍的榜单，忧闷不安担心次日如何放榜。正在此时崔雍派了一个叫寿儿的小僮来传话说："明早来道贺。"郑颢问："有榜帖带来吗？"寿儿说："没有。"然而此时天色已晚，寿儿就在贡院中寄宿。郑颢也有些怀疑，于是命人搜索寿儿的胸口和衣袖，但什么也没找到。郑颢不得已，于是亲自写榜。夜色将尽的时候，寿儿向郑颢呈上一颗蜡制弹丸，里面就是通榜名单。郑颢得到榜单大喜，匆忙按照榜单写榜，没有一点更改。

主司挠闷

【题解】

因为权贵嘱请、士人争名、寒门士子和高官子弟的矛盾等，主考官在决定录取名单时往往难于取舍，此门即记载了一则主考官吕渭因此而挠闷的事例。挠闷即烦闷。吕渭从贞元十一年（795）至十三年（797）三掌贡举,他性好逢迎,非能坚守本心、不受嘱请之人。卷八"已落重收"门中记载贞元十二年(796)吕渭二知贡举,李程杂文落榜,员外郎杨於陵为他鸣不平,请求吕渭重新录取,吕渭因此将李程取为状元。如此看来,吕渭第一次主持贡举时因为难以决定去留取舍而心中烦闷,也许如诗中所言"愁多芳草生",也许因为嘱请太多,左右为难。

　　贞元十一年①,吕渭第一榜②,挠闷不能定去留,因以诗寄前主司曰③:"独坐贡闱里④,愁多芳草生⑤。仙翁昨日事⑥,应见此时情。"

【注释】

①贞元十一年:795年。

②吕渭(735—800):字君载,河中(今山西永济)人。天宝进士。历永康令、浙西节度支使、殿中侍御史、歙州司马等。德宗贞元中迁中书舍人、礼部侍郎。贞元十一年(795)至十三年(797)三掌贡举。后出为湖南观察使,卒。能诗,与鲍防、严维、颜真卿、皎然等多有唱和,《全唐诗》存诗五首。

③前主司:前任主考官。

④贡闱:贡院。

⑤愁多芳草生:因贤才太多难以取舍而忧愁。芳草,比喻贤才。屈原《离骚》:"何昔日之芳草兮,今直为此萧艾也。"

⑥仙翁:对年高德劭者的尊称。指前任主考官。

【译文】

　　贞元十一年,吕渭第一次主持贡举放榜,因为难以决定去留取舍而心中烦闷,于是写诗寄给前任主考官说:"独坐贡闱里,愁多芳草生。仙翁昨日事,应见此时情。"

阴注阳受

【题解】

"阴注阳受"是一种迷信说法,认为阳间之事皆由阴间注定。此门记载"阴注阳受"的故事,说李翱通过道人而连通鬼神,不仅能使妻子病愈,还能使女婿进士及第,且进士名单早在放榜前就由冥冥中注定。故事虽然荒诞不经,但却反映出进士名单因为各种关系网而早早定下这一科场惯例。李翱的女婿能及第,与其说是"阴注",不如说是因为和主考官有关系而"内定"。李翱是古文名家,三个女婿分别是范阳卢氏、荥阳郑氏、京兆杜氏的名门贵族,子孙皆登进士、为宰相,世家贵族传袭高位的方式从门荫转向科举是当时的趋势,对这些家族来说,考进士是必经之路,他们的社会背景和庞大的人际关系网也决定了他们考取进士相对容易。

杨嗣复第二榜①,卢求者②,李翱之婿③。先是翱典合肥郡④,有一道人诣翱⑤,自言能使鬼神。翱谓其妖,叱去。既而谓翱曰:"使君胡不惜骨肉⑥?"翱愈怒,命系于非所⑦。其夕内子心痛将绝⑧,颇为儿女所尤⑨,亟命召至谢焉。道人唯唯而已⑩。翱待之以酒,其人能剧饮,数斗不能乱。翱心敬惮⑪,以孺人之危为乞⑫。因请为翱奏章⑬,其妻寻愈⑭。翱叩头致谢。复谓翱曰:"所写章不谨,某向甚惧谪罚。"翱对以自札固无错误⑮。其人微笑,即探怀中得向所焚章,果注一字⑯,翱益神之。

【注释】

①杨嗣复:唐朝宰相。敬宗宝历元年(825)、二年(826)两知贡举。

参见卷三"慈恩寺题名游赏赋咏杂纪"门注。

②卢求：范阳（今河北涿州）人。敬宗宝历二年（826）登进士第。曾佐白敏中西川节度使幕府，后任刺史。著有《成都记》。《全唐诗》存诗一首。

③李翱：师从韩愈，中唐著名古文家。参见卷二"置等第"门注。

④翱典合肥郡：李翱担任庐州刺史。合肥郡，即庐州，治今安徽合肥。李翱宝历元年（825）出为庐州刺史。

⑤诣：造访。

⑥使君：对州郡长官的尊称。骨肉：比喻至亲。

⑦系于非所：囚禁在监狱。系，拘禁。非所，非人之所。指监狱。

⑧内子：妻子。

⑨尤：责备，怪罪。

⑩唯唯：连声答应。

⑪敬惮：敬畏。

⑫孺人：旧时称大夫之妻为孺人。危：病危。

⑬奏章：此指向上天陈奏。

⑭愈：病愈。

⑮自札：亲写。此指亲自写的奏章。

⑯注：涂抹。

【译文】

杨嗣复第二次主持贡举放榜，录取的人中有叫卢求的，是李翱的女婿。之前李翱担任庐州刺史的时候，有一个道人来拜见他，说自己能役使鬼神。李翱认为是妖人，呵斥把他赶走。不久这人又来对李翱说："您为何不爱惜自己的骨肉至亲？"李翱更加生气，命人把他关进监狱。当晚李翱的妻子忽发心痛命悬一线，李翱很被儿女们责怪，急忙派人把道人请来道歉。道人只是连声应答而已。李翱招待道人饮酒，道人的酒量很大，喝了数斗酒而面不改色。李翱心中敬畏，以妻子病危向他求情。

道人于是请求为李翱向上天陈奏,李翱的妻子很快就病好了。李翱向道人叩头致谢。道人又对李翱说:"您写的奏章不严谨,我刚才很害怕被上天责罚。"李翱回答说自己亲自写的奏章肯定没有错误。道人微笑,随即从怀中取出刚刚焚烧的奏章,果然被涂抹了一个字,李翱益发觉得神异。

　　后翱任楚州,或曰桂州^①。其人复至。其年杨嗣复知举,求落第。嗣复,翱之亲表^②,由是颇以求为慊^③。因访于道人,道人言曰:"此细事,亦可为奏章一通。"几砚纸笔,复置醇酎数斗于侧^④,其人以巨杯引满而饮,寝少顷而觉,觉而复饮。暨罍耻^⑤,即整衣冠北望而拜,遽对案手疏二缄,迟明授翱曰^⑥:"今秋有主司且开小卷,明年见榜开大卷。"翱如所教。寻递中报至^⑦,嗣复依前主文,即开小卷,辞云:"非头、黄尾、三求、六李^⑧。"翱奇之,遂寄嗣复。嗣复已有所贮^⑨,颇疑漏泄。及放榜开大卷,乃一榜焕然^⑩,不差一字。其年裴俅为状元^⑪,黄价居榜末^⑫,次则卢求耳,余皆契合。

【注释】

①翱任楚州,或曰桂州:李翱任职楚州或说桂州。楚州,唐武德八年(625)改东楚州置,治所在今江苏山阳。桂州,唐武德四年(621)改始安郡为桂州,治今广西桂林,为桂管都防御使治所。按,李翱未任职楚州,任职桂管都防御使在大和五年(831),非卢求及第之宝历间。

②亲表:泛指亲戚。

③慊(qiàn):不满。

④醇酎(zhòu):味厚的美酒。

⑤罍(léi)耻:指饮酒至尽,酒器皆空。语出《诗经·小雅·蓼莪(lù

　　ǒ)》:"瓶之罄矣,维罍之耻。"

⑥迟明:天快亮时。

⑦中报:古代朝廷的官报。

⑧非头、黄尾、三求、六李:姓中有非者为状头、黄姓者状尾、三个名中有求、六个姓李。《登科记考》载宝历二年(826)杨嗣复榜取十七人:裴俅、张知实、朱余庆、夏侯孜、刘蒉、李方玄、郑复礼、郭言扬、卢求、崔球、刘符、李从毅、李道裕、李景初、李助、李俅、黄驾。则姓中有非者状头,黄姓者状尾,姓李者六人,而名中有求者四人,非三人。

⑨贮:收藏。此指心中已有人选。

⑩焕然:明显貌。

⑪裴俅:字冠识,一作冠仪,孟州济源(今属河南)人。敬宗宝历二年(826)状元及第。官至谏议大夫。

⑫黄价:《登科记考》作"黄驾"。敬宗宝历二年(826)登进士第。

【译文】

　　后来李翱任职楚州,或说桂州。道人又来了。那年杨嗣复主持贡举,卢求落第。杨嗣复,是李翱的亲戚,因此李翱颇为卢求落第而不满。故为此事拜访道人,道人说:"这是小事,也可以向上天陈奏一番。"李翱置备了桌案砚台纸张笔墨,又在旁边放了数斗美酒,道人用大杯倒满美酒喝下,睡了一小会儿就醒过来,醒过来又喝。等到酒喝完之后,道人整理衣冠向着北方礼拜,就伏案写了两封信函,天快亮的时候交给李翱说:"今年秋天定了主考官之后先打开小的信函,明年放榜之后再打开大的信函。"李翱按他教的做了。不久送来了朝廷的官报,杨嗣复依旧主考,李翱随即打开小的信函,上面写着:"非头、黄尾、三求、六李。"李翱感到奇怪,就把信寄给了杨嗣复。杨嗣复心中已有人选,看了很怀疑人选名单有所泄露。等到放榜之后打开了大的信函,上面是明明白白的一榜进士名单,和所放榜一字不差。那年裴俅是状元,黄价居于榜末,卢求在其中，其余的也都完全契合。

　　后翱镇襄阳^①，其人复至，翱虔敬可知也^②。谓翱曰："鄙人载来，盖仰公之政也。"因命出诸子，熟视^③，皆曰："不继^④。"翱无所得，遂遣诸女出拜之，乃曰："尚书他日外孙三人，皆位至宰辅。"后求子携^⑤，郑亚子畋^⑥，杜审权子让能^⑦，为将相^⑧。

【注释】

①翱镇襄阳：李翱镇守襄阳。李翱大和九年（835）任山南东道节度使，镇守襄阳。

②虔敬：虔诚恭敬。

③熟视：注目细看。

④不继：指不能得到祖辈的阴德庇佑。

⑤携：卢携（？—880），字子升，范阳（今河北涿州）人。唐朝宰相。宣宗大中九年（855）登进士第。历集贤校理、右拾遗、谏议大夫、翰林学士承旨、中书舍人、户部侍郎等。僖宗时两度拜相。黄巢入潼关，坐罪罢为太子宾客，旋服毒自尽。《全唐诗》存诗一首。

⑥郑亚：字子佐，荥阳（今属河南）人。元和十五年（820）登进士第，后又登贤良方正能直言极谏科。佐李德裕浙西幕府。历监察御史、刑部郎中、谏议大夫、给事中，出为桂管经略使。宣宗大中时，坐与李德裕善，贬循州刺史卒。畋（tián）：郑畋，字台文，谥文昭，荥阳（今属河南）人。唐朝宰相。武宗会昌二年（842）登进士第，后又登书判拔萃科。历校书郎、刑部员外郎、翰林学士知制诰、中书舍人、户部侍郎等。僖宗朝两度拜相，与宰相卢携同为李翱外孙，但政见不合。镇压黄巢军有功，进司空，不久病卒。工

诗,著有《玉堂集》等。

⑦杜审权:字殷衡,谥号德,京兆万年(今陕西西安)人。唐朝宰相。
　进士及第,后又登书判拔萃科。历右拾遗、翰林学士承旨、中书舍
　人。懿宗立,拜吏部尚书,进同中书门下平章事。出为镇海军节
　度使。镇压庞勋有功,入为左仆射,出领河中、忠武节度使。让
　能:杜让能(841—893),字群懿,京兆万年(今陕西西安)人。唐
　朝宰相。咸通十四年(873)登进士第,历咸阳尉、集贤校理、右补
　阙、兵部员外郎、中书舍人、翰林学士、兵部尚书。僖宗末年,屡扶
　危困,出任宰相。昭宗即位,封晋国公,进太尉。昭宗攻打李茂贞
　兵败,请死以解帝难。

⑧将相:此指宰相。

【译文】

　　后来李翱镇守襄阳,道人又来了,李翱的虔诚恭敬可想而知。道人
对李翱说:"我这次再来,是仰慕您为政清明。"李翱于是让自己的儿子
们都出来让道人相面,道人一一注目细看,都说:"不能得到您的阴德庇
佑。"李翱没得到想要的结果,于是又让女儿们都出来礼拜道人,道人看
了之后说:"将来您的三个外孙,都会官至宰相。"后来卢求的儿子卢携,
郑亚的儿子郑畋,杜审权的儿子杜让能,都做到了宰相。

梦

【题解】

　　此门列举了所谓梦中预兆得第的事例。俗话说日有所思,夜有所
梦,对孜孜矻矻考进士,老死于文场亦无所恨的士人们来说,梦到及第相
关之事实属寻常。其中有作者王定保自己的亲身经历。王定保考了三
次未中,颇为忧虑。其实唐朝考进士,三四次能考中已属快捷,十数举甚
至数十举才中者大有人在。白居易二十九岁中进士,写诗道:"慈恩塔下

题名处，十七人中最少年。"（卷三"慈恩寺题名游赏赋咏杂纪"门）王定保三十一岁及第，亦可称春风得意。

锺辐①，虔州南康人也。始建山斋为习业之所②，因手植一松于庭际。俄梦朱衣吏白云："松围三尺③，子当及第。"辐恶之。尔来三十余年，辐方策名，使人验之，松围果三尺矣。

【注释】

①锺辐：虔州南康（今属江西）人。咸通末以广文生为苏州盐院巡。

②山斋：山中居室。

③围：周长。

【译文】

锺辐，是虔州南康人。起先建造了一所山中居室作为攻习学业的地方，并亲手在庭院中种了一棵松树。不久梦见一名身穿朱衣的官吏对他说："等松树长到周长三尺，你当进士及第。"锺辐很厌恶这个梦。从那以后过了三十多年，锺辐才考中进士，派人去验看，松围果然已经三尺。

沈光始贡于有司①，尝梦一海船。自梦后，咸败于垂成，暨登第年亦如是。皆谓失之之梦②，而特地不测③。无何，谢恩之际升阶④，忽尔回飙吹一海图⑤，拂光之面，正当一巨舶⑥，即梦中所睹物。

【注释】

①沈光：号云梦子，吴兴（今浙江湖州）人。懿宗咸通七年（866）登进士第。官秘书省校书郎、侍御史。福建观察使韦岫辟为从事。

工诗文,著有《沈光集》。

②失之之梦:指预兆落第的梦。

③特地:特意。测:此指测梦。

④谢恩:指新科进士向主考官行谢恩之礼。

⑤忽尔:忽然。回飙:旋风。

⑥舶（bó）:船。

【译文】

沈光刚开始参加科举考试,曾经梦见一艘海船。自从做了这个梦之后,屡次应试都功败垂成,到考中进士那乇又做了同样的梦。之前都说是预兆落第的梦,于是这次特意没有去测梦。没多久,向主考官谢恩的时候登台阶,忽然一阵旋风吹来了一张海图,拂在沈光的脸上,正好面对一艘巨船,就是沈光梦中所看到的船。

　　孙龙光偓①,崔澹下状元及第②。前一年,尝梦积木数百,偓践履往复③。既而请一李处士圆之④,处士曰:"贺喜郎君,来年必是状元,何者?已居众材之上也⑤。"

【注释】

①孙龙光偓:孙偓,字龙光,武邑（今属河北）人。唐朝宰相。僖宗乾符五年（878）登进士第。历右补阙、长水县令,累官京兆尹。昭宗乾宁二年（895）,迁户部侍郎,同中书门下平章事,任凤翔四面行营都统。俄兼礼部尚书、行营节度诸军都统招讨处置等使。后贬衡州司马,卒。《全唐诗》存诗二首。

②崔澹（dàn）:字知止,博陵安平（今属河北）人。宣宗大中十三年（859）登进士第。累迁礼部员外郎。僖宗乾符初授司封郎中充翰林学士,终吏部侍郎。《全唐诗》存诗一首。

③践履:行走。

④处士：本指有才德而隐居不仕的人，后泛指未做过官的士人。圆：
　　圆梦。指解说梦兆的吉凶。

⑤材：此处双关"木材"与"人才"。

【译文】

　　孙偓字龙光，在崔澹主考下状元及第。前一年，孙偓曾梦到数百根堆放着的木头，他在上面来回行走。不久请了一位李处士来圆梦，李处士说："恭喜郎君，来年必定考中状元，为什么这么说？因为您已经位居众材之上了。"

　　予次匡庐①，其夕遥祝九天使者②。俄梦朱衣道人，长丈余，特以青灰落衣襟间霏霏然③。常自谓鱼透龙门④，凡三经复透矣。私心常虑举事中辍⑤。既三举矣，欲罢不能；于是四举有司，遂侥忝矣⑥。

【注释】

①匡庐：即江西庐山。

②遥祝：远远拜祝。九天使者：九天采访使者。出《录异记》，唐玄宗梦神仙朱衣金冠，自称"九天采访"，欲于庐山立宫庙，遂于其址建九天使者真君庙。

③霏霏然：纷乱貌。

④鱼透龙门：即鱼跃龙门。透，跳。

⑤举事：指考进士之事。

⑥侥忝：侥幸愧居其列。谦辞，指考中进士。王定保于光化三年（900）由礼部侍郎李渥录取及第。参见卷三"散序"门注。

【译文】

　　我途径庐山的时候，当晚远远向九天使者祈祷拜祝。不久梦到一位身穿朱衣的道人，身高丈余，特意用灰尘纷纷扬扬洒落在我的衣襟上。我常以为鱼跃龙门，共跳三次就能跳过了。心中常忧虑考试中途停止。考了三次之后，欲罢不能；于是又去考了第四次，侥幸考中了。

听响卜

【题解】

此门和上门"梦"类似，皆冥通鬼神之荒谬趣闻。听响卜者，以他人无意中言语来占卜预测前程。故事中两位士人皆如所卜得第。其中毕诚出身寒微，而官至宰相。关于其登第，除了"听响卜"外，《北梦琐言》还有另一则故事，亦与他的姓名相关："唐相毕诚，吴乡人，词学器度，冠于侪流。擢进士，未遂其志，尝谒一受知朝士者，希为改名，以期亨达。此朝士讥其醯贾之子，请改为'诚'字，相国忻然，受而谢之。竟以此名登第，致位台辅。前之朝士，惭悔交集也。"

毕诚相公及第年①，与一二同人听响卜②。夜艾人稀，久无所闻。俄遇人投骨于地，群犬争趋。又一人曰："后来者必衔得③。"

【注释】

①毕诚（802—864）：字存之，郓州须昌（今山东东平）人。唐朝宰相。大和六年（832）登进士第，后又登书判拔萃科。辟杜悰幕，历监察御史、侍御史、户部员外郎、职方郎中、翰林学士、中书舍人等，迁刑部侍郎。出任邠宁、昭义、河东、宣武军节度使。和抚边疆，屯田安民。懿宗咸通时拜礼部尚书、同平章事。后出镇河中，卒于任。

②听响卜：一种迷信，通过听别人无意间的讲话来卜吉凶。

③必衔得："毕诚"音同"必衔"。预兆毕诚得第。

【译文】

毕诚相公进士及第那年，和一两个考进士的同人听响卜。夜色将尽行人稀少，很久都听不到有人说话。忽然遇到有人往地上丢骨头，群狗争抢。又有一个人说："后来的必衔得。"

　　韦甄及第年①，事势固万全矣②；然未知名第高下，志在鼎甲③，未免挠怀④。俄听于光德里南街⑤，忽睹一人，叩一版门甚急。良久轧然门开⑥，呼曰："十三官尊体万福⑦。"既而甄果是第十三人矣。

【注释】

①韦甄：唐末官司勋员外郎。

②事势：形势。此指考中。

③鼎甲：考试的前三名。鼎有三足，故称。

④挠怀：同"萦怀"，牵挂于心。

⑤光德里：光德坊。在长安城西第一街十三坊，东南隅有京兆府廨。

⑥轧然：开门声。

⑦万福：多福。古代相见或写信时的祝福语。

【译文】

韦甄进士及第那年，考中固然已经万无一失；然而不知道名次高低，韦甄志在考取前三，未免因此而思虑挂怀。不久去光德里南街听响卜，忽然看到一个人，敲一家的门很急迫。过了很久门才轧轧开启，有人从门里招呼说："十三郎君贵体万福。"不久韦甄果然考了第十三名。

自放状头

【题解】

通榜者通常是主考官的亲友，但也有考生自己通榜的罕见例外，此门所载尹枢与陆扆，不仅自己通榜，还自点状元。其中尹枢的主考官杜黄裳请求考生自己通榜，此棘手之事容易引人非议。尹枢已经七十多岁，自告奋勇为之通榜，更自取状元。他年高望重，众人也无不服。陆扆则是在朝廷动荡、未能举行科举的情况下，为了自己中进士而恳求宰相开设举场，并推荐了主考官，榜帖也由他一人而定，可谓为一人而设科举，自点状元也在意料之中。尹枢与陆扆是唐朝历史上较为有名的状元，尹枢的弟弟尹极后来也状元及第，陆扆则官至宰相。

　　杜黄门第一榜①，尹枢为状头②。先是杜公主文，志在公选，知与无预评品者③。第三场庭参之际④，公谓诸生曰："主上误听薄劣⑤，俾为社稷求栋梁，诸学士皆一时英俊，奈无人相救⑥！"时入策五百余人⑦，相顾而已。枢年七十余，独趋进曰⑧："未谕侍郎尊旨⑨？"公曰："未有榜帖。"对曰："枢不才。"公欣然，延之从容，因命卷帘，授以纸笔。枢援毫斯须而就⑩。每札一人，则抗声斥其姓名⑪。自始至末，列庭闻之咨嗟⑫，叹其公道者一口⑬。然后长跪授之⑭，唯空其元而已⑮。公览读致谢讫，乃以状元为请，枢曰："状元非老夫不可。"公大奇之，因命笔亲自札之⑯。

【注释】

①杜黄门：杜黄裳（约738—808），字遵素，谥号宣，京兆万年（今陕西西安）人。唐朝宰相。肃宗宝应二年（763）登进士第。初为

郭子仪朔方从事,历侍御史、太子宾客、太常卿。宪宗擢门下侍郎、同中书门下平章事。谏言整法度,削诸藩,宪宗嘉纳,君臣相得,号称中兴。官终河中节度使。门下侍郎旧称黄门侍郎,故称"杜黄门"。杜黄裳于德宗贞元七年(791)以刑部侍郎知贡举。

②尹枢:阆州(今四川阆中)人。德宗贞元七年(791)状元及第。及第时年七十余。

③知与:知交好友。

④第三场庭参之际:第三场试策当庭拜谒主考官的时候。唐进士考三场,第三场试策。

⑤薄劣:低劣。自称的谦辞。

⑥相救:相助。

⑦入策:参加试策。

⑧趋进:小步疾行而前。

⑨谕:明白,理解。尊旨:犹尊意。

⑩援毫:执笔。斯须:片刻。

⑪斥:指明,说明。

⑫列庭:排列于庭。指满庭。咨嗟:赞叹。

⑬一口:众口同声。

⑭长跪:古人席地而坐时,两膝着地,臀部压在脚后跟上。长跪时,臀部离开足跟,直身而跪,以示庄重。

⑮元:首。指状元。

⑯命笔:执笔。

【译文】

门下侍郎杜黄裳第一次主持贡举放榜,尹枢是状元。之前杜黄裳主持贡举,志在公平选拔人才,知交好友都没有参与评量品第人才。第三场试策当庭拜谒主考官的时候,杜黄裳对应考诸生说:"天子误信我这个才能低劣之人,让我为国家选取栋梁之材,诸位学士都是当代英才,奈何却没有人相助于我!"当时参加试策的有五百多人,众人面面相觑而已。尹枢当时已经七十余岁,独自小步疾行上前说:"不知侍郎尊意如何?"杜黄裳说:"还没有榜帖。"尹枢答道:"我虽不才,愿为您起草榜帖。"杜黄裳很高兴,请他过来说话,又命人卷起考帘,给他纸笔。尹枢执笔片刻之间拟好榜帖。每写一人,就高声呼其姓名。自始至终,满庭之人听到后都赞叹不已,众口同声地称赞他选人公道。尹枢于是长跪而起,将榜帖交给杜黄裳,只有状元空着没写。杜黄裳读完榜帖向尹枢致谢之后,请他决定状元人选,尹枢说:"状元非老夫不可。"杜黄裳大为称奇,于是亲自执笔写上他的姓名。

郑损舍人①,光启中随驾在兴元②,丞相陆公扆为状元③。先是扆与损同止逆旅,扆于时出丞相文忠公之门④,切于了却身事⑤。时已六月,恳叩公⑥,希奏置举场。公曰:"奈时深夏⑦,复使何人为主司?"扆曰:"郑舍人其人也。"公然之,因请扆致谢于损⑧。扆乃躬诣损拜请,其榜帖皆扆自定。

【注释】

①郑损:字庆远,荥阳(今属河南)人。僖宗光启时,累官中书舍人,后随僖宗避难兴元,知礼部贡举。官至礼部尚书。能诗文。《全唐诗》存诗六首。

②光启中随驾在兴元:光启年间跟着皇帝在兴元府。光启,唐僖宗李儇的年号(885—888)。兴元,兴元府。德宗兴元元年(784)升梁州为兴元府,治南郑县(今陕西汉中)。光启元年(885),军阀王重荣、李克用等进逼长安,僖宗逃亡到凤翔、兴元。

③陆公扆(yǐ):陆扆。唐朝宰相。僖宗光启二年(886)登进士第。

　　参见卷三"散序"门注。

④文忠公:《太平广记》作"韦昭度"。韦昭度,唐朝宰相,参见卷七
　　"起自寒苦"门注。然不闻其谥文忠。

⑤了却身事:解决出身之事。指取得科第。

⑥恳叩:恳求。

⑦深夏:盛夏。

⑧致谢:致意。表达心意。

【译文】

　　中书舍人郑损,光启年间跟着皇帝在兴元府,丞相陆扆是光启二年郑损主持贡举时的状元。之前陆扆和郑损同住在旅舍里,陆扆当时出入丞相文忠公门下,急于取得科第。当时已经六月,陆扆恳求文忠公,希望上奏朝廷举行科考。文忠公说:"怎奈已经盛夏,且又让什么人担任主考官呢?"陆扆说:"郑舍人合适。"文忠公认为他说得对,于是让他向郑损致意。陆扆亲自造访郑损请他主持贡举,那年的榜帖都由陆扆自己决定。

遭遇

【题解】

　　机缘巧合而得中状元的事例,除了上门"自放状头"之外还有不少。卷二"等第末为状元"门中的李固言、此门中的牛锡庶,皆因误入闲官府邸行卷而得中状元。进士及第与否往往取决于考生平日的声誉和文名。因此除了官方纳卷之外,考生还要向权贵名流行卷以提高文名,希求举荐。高官达人之家往往都是士人行卷趋之若鹜之地,行卷既多,即如卷十二"自负"门所言:"公卿之门,卷轴填委,率为阉媪脂烛之费。"而闲散官员门庭冷落,对行卷者往往记挂在心,向此间行卷,如恰逢主人被任命为主考官,则不啻天降奇遇,主人自然会对行卷者特别关照。

贞元二年^①，牛锡庶、谢登^②，萧少保下及第^③。先是，昕宝应二年一榜之后^④，尔来二纪矣。国之耆老^⑤，殆非俊造驰骛之所^⑥。二子久屈场籍^⑦，其年计偕来^⑧；主文颇以耕凿为急^⑨，无何，并驰人事^⑩。因回避朝客，误入昕第，昕岸帻倚杖^⑪，谓二子来谒，命左右延接。二子初未知谁也，潜访于阍吏^⑫，吏曰："萧尚书也。"因各以常行一轴面贽^⑬，大蒙称赏。昕以久无后进及门，见之甚善，因留连竟日^⑭。俄有一仆附耳，昕盼二子辗然^⑮。既而上列继至^⑯，二子隐于屏后。或曰："二十四年载主文柄^⑰，国朝盛事，所未曾有。"二子闻之，亦不意是昕，犹虑数刻淹留^⑱，失之善地^⑲。朝士既去，二子辞；昕面告之，复许以高第，竟如所诺。

【注释】

①贞元二年：786年。按，萧昕复知贡举在贞元三年（787）。

②牛锡庶：德宗贞元三年（787）状元及第。谢登：德宗贞元三年（787）登进士第。官大理丞。编有《格后敕》。

③萧少保：萧昕（699—791），字中明，谥号懿，河南（今河南洛阳）人，祖籍南兰陵（今江苏常州）。玄宗开元十九年（731）首登博学宏词科，天宝初复举宏词。历左拾遗、宪部员外郎、起居郎、中书舍人，迁礼部侍郎。代宗时任国子祭酒，以右散骑常侍充回鹘吊祭使，迁工部尚书。朱泚之乱时从德宗至奉天，拜太子少傅，封晋陵郡公。以太子少师致仕。曾于宝应二年（763）、贞元三年（787）知贡举。《全唐诗》存诗二首。

④宝应二年：763年。

⑤耆老：多指德高望重的老人。

⑥俊造：即隽造。指才智出众而得以贡举之人。此指应试举子。驰

鹜（wù）：奔走趋赴。鹜，奔驰。

⑦久屈场籍：屡试不第。

⑧计偕来：指入京应试。

⑨耕凿：耕田凿井。比喻经营。

⑩并驰人事：一起奔走交际应酬。

⑪岸帻（zé）：推起头巾，露出前额。形容衣着简率随便。帻，古代包扎发髻的巾。

⑫阍（hūn）吏：守门的小吏。阍，守门人。

⑬常行：素常的行卷。

⑭留连：此指一再挽留。竟日：终日，整天。

⑮盼：看。辴（chǎn）然：笑貌。

⑯上列：高官。

⑰载主文柄：再知贡举。

⑱淹留：久留，逗留。

⑲善地：好地方。指有势力应当拜谒的人家。

【译文】

　　贞元二年，牛锡庶、谢登，在萧昕主持贡举的时候进士及第。之前，萧昕自从宝应二年第一次主持贡举之后，到现在已经二十四年了。身为国家的老臣，萧昕家当然不是应试举子奔走趋赴的地方。牛锡庶和谢登屡试不第，那年又入京应试；当时科举颇以经营为急务，没多久，二人就一起奔走交际应酬。有一次二人因为回避朝廷官员，误入萧昕的府第，萧昕高戴头巾拄着手杖，以为二人是来拜谒他的，就让仆从迎接他们。二人一开始还不知道他是谁，暗地里问守门的小吏，小吏说："这是萧尚书。"于是二人各拿出一轴素常的行卷来面呈请教，大受萧昕的赞赏。萧昕因为很久没有后辈来拜谒他，见到二人来行卷很高兴，于是挽留了他们一整天。忽然有一个仆人靠近萧昕耳边小声说话，萧昕看着二人微笑。不久高官们相继来访，二人藏在屏风后面。有人说："二十四年再知贡举,真是国朝盛事,前所未有。"二人听了,也没想到是说萧昕,还在担心又逗留一会,恐怕要失去到有势力的人家拜谒的机会。朝廷官员们都走了之后,二人向萧昕告辞;萧昕当面告诉他们自己被任命主持贡举,并许诺让他们考居高等,最后考试结果和他许诺的一样。

友放

【题解】

　　友放者,因朋友而及第。主考官王起想取白敏中为状元,因白敏中的朋友贺拔甚声名不佳,恐有所牵连,便让白敏中与其绝交。白敏中不愿为了考取进士而断交弃友,最后反而打动了王起,连贺拔甚一起录取。王起一共主持过四次贡举,重视才学辞艺,以"精鉴徇公"著称,本书记载了不少王起知贡举之事。白敏中是白居易从弟,善文辞,王起没有因他违逆自己的意思而生气,依旧录取了他,还因此录取了贺拔甚。这一年王起录取的进士除了白敏中、贺拔甚之外,本书提到的还有周墀(卷三"慈恩寺题名游赏赋咏杂纪"门)、裴休(卷十"载应不捷声价益振"门)、浩虚舟(卷十三"惜名"门)、陈标(卷十五"杂记"门)等,皆有文辞,白敏中、周墀、裴休等后来官至宰相。

　　王相起①,长庆中再主文柄,志欲以白敏中为状元②,病其人与贺拔甚为交友③,甚有文而落拓④。因密令亲知申意⑤,俾敏中与甚绝。前人复约敏中,为具以待之⑥。敏中欣然曰:"皆如所教。"既而甚果造门,左右绐以敏中他适⑦,甚迟留不言而去⑧。俄顷⑨,敏中跃出⑩,连呼左右召甚,于是悉以实告。乃曰:"一第何门不可致,奈何轻负至交!"相与欢醉,负阳而寝⑪。前人睹之,大怒而去。恳告于起⑫,且云不可必矣。起曰："我比只得白敏中，今当更取贺拔惎矣。"

【注释】

①王相起：王起（760—847）。穆宗长庆元年（821）、长庆二年（822）、武宗会昌三年（843）、会昌四年（844），四知贡举。参见卷三"慈恩寺题名游赏赋咏杂纪"门注。

②白敏中（？—863）：字用晦，谥号丑，下邽（今陕西渭南）人。白居易从弟。唐朝宰相。穆宗长庆二年（822）登进士第。历殿中侍御史、户部员外郎等。武宗时以李德裕荐，充翰林学士承旨，迁中书舍人、兵部侍郎。宣宗立，以本官同中书门下平章事。构陷打击李德裕。后出为邠宁、剑南西川、荆南节度使等。懿宗时加中书令，出为凤翔节度使，卒于任。善文辞，《全唐诗》存诗二首。

③贺拔惎（jì）：穆宗长庆二年（822）登进士第。

④落拓：生性放任，不受拘检。

⑤申意：示意。

⑥为具以待之：把情况详细告诉他让他处理。具，具告。

⑦绐（dài）：欺骗。

⑧迟留：停留，逗留。

⑨俄顷：片刻，一会儿。

⑩跃：快速，迅疾。

⑪负阳：晒着太阳。指大白天。

⑫恳告：如实汇报。

【译文】

宰相王起，长庆年间再次主持贡举，打算取白敏中作状元，但是不满他和贺拔惎是朋友，贺拔惎有文才却生性放任不检。王起于是暗中让一个亲信向白敏中示意，让他和贺拔惎绝交。那个亲信于是又约见白敏中，把情况详细告诉他让他处理。白敏中欣然说："一切照您说的做。"

不久贺拔惎果然登门造访,仆从骗他说白敏中出门到别的地方去了,贺拔惎逗留了一会然后一言不发走了。不一会儿,白敏中飞快出来,连连呼喊仆从去把贺拔惎请回来,于是把实情都告诉了他。白敏中说:"一个进士而已哪里不能得到,怎能为此而轻易辜负至交好友!"两人一起欢饮而醉,白昼酣眠。那个亲信看了,大怒离去。回去之后把发生的事如实汇报给了王起,还说白敏中肯定是不能录取了。王起却说:"我之前只想录取白敏中,如今更要多录取一个贺拔惎。"

误放

【题解】

误放者,因主考官失误录取而及第。其中朱姓考生因为和叛乱的朱泚同姓而被宰相黜落,包谊机缘巧合被放入榜,可见宰相对进士录取的干预。卷六"公荐"门中力荐杜牧之吴武陵,其及第经历与此类似。《云溪友议》中记载崔郾知贡举,将录取名单呈给宰相李吉甫,李吉甫与吴武陵有嫌隙,随口问了一句吴武陵是否及第,吴武陵本来不在录取名单之中,崔郾担心他是李吉甫的故交,便趁空将吴武陵的名字添入榜中。举子们的命运往往在宰相或主考官的一言一念之间,误者,只是非因故交而因前隙而上榜。另一误放者颜标,虽被误当作颜真卿的后裔而状元及第,但颜标本人确有节操,动乱中守城抵抗,不屈而死。

包谊者①,江东人也,有文辞。初与计偕,到京师后时,趁试不及②。宗人祭酒佶怜之③,馆于私第。谊多游佛寺,无何,唐突中书舍人刘太真④。睹其色目⑤,即举人也,命一介致问,谊勃然曰:"进士包谊,素不相识,何劳要问?"太真甚衔之⑥,以至专访其人于佶。佶闻谊所为,大怒而忌之,因诘责⑦,遣徙他舍,谊亦无怍色⑧。明年太真主文,志在致其永弃⑨,故落杂文,俟终场明遣之⑩。既而自悔之曰:"此子既忤我⑪,从而报之⑫,是为浅丈夫也必矣⑬;但能永废其人,何必在此!"于是放入策。太真将放榜,先巡宅呈宰相。榜中有姓朱人及第,宰相以朱泚近大逆⑭,未欲以此姓及第,亟遣易之。太真错愕趋出,不记他人,唯记谊尔。及谊谢恩,方悟己所恶也,因明言。乃知得丧非人力也,盖假手而已。

【注释】

①包谊:德宗贞元四年(788)登进士第。

②趁试:赴试。

③宗人:同族之人。祭酒:官名。即国子祭酒。西晋始置,主管国子学,参议礼制,隶属太常。唐朝置为国子监长官,主管全国教育行政,总领国子、太学、广文、四门、律、书、算七学以及府州县学。佶(jí):包佶(约727—792),字幼正,润州延陵(今江苏丹阳)人。玄宗天宝六载(747)登进士第。曾为转运使刘晏判官。代宗大历中历度支郎中、谏议大夫、知制诰。德宗时权领转运盐铁使,历江淮水陆运使、汴东水陆运盐铁使。后入为刑部侍郎、国子祭酒,终秘书监,封丹阳郡公。寻卒。有诗名,著有《包佶集》。

④唐突:冒犯。刘太真:德宗贞元间任礼部侍郎,两知贡举。参见卷三"慈恩寺题名游赏赋咏杂纪"门注。

⑤色目:身份。

⑥衔:怀恨。

⑦诘责:斥责,谴责。

⑧怍(zuò)色:羞惭之色。

⑨永弃:永远弃置。指一直考不中。

⑩遣：遣斥，斥逐。

⑪忤（wǔ）：违逆，触犯。

⑫报：报复。

⑬浅丈夫：气量狭隘之人。

⑭朱泚（cǐ，742—784）：幽州昌平（今属北京）人。初为幽州卢龙节度使李怀仙部将，大历七年（772）自领节度使。亲往长安朝见，授检校司空、陇右节度使，封遂宁郡王。德宗即位，迁太尉。建中四年（783），泾原兵变中被拥立为帝，建国号秦，年号应天。次年兵败被杀。

【译文】

　　包谊，江东人，擅长文辞。初次进京应考，到京师的时候错过了时间，来不及赴试。同族人国子祭酒包佶怜悯他，让他住在自己家中。包谊经常游览佛寺，没多久，冒犯了中书舍人刘太真。刘太真看他的身份模样，知道他是进京应试的举子，于是让一个随从前去询问，包谊勃然大怒说："我是考进士的包谊，和你素不相识，哪里用得着你来过问？"刘太真非常怀恨，以至于专门到包佶那里打听包谊的情况。包佶听了包谊的所作所为，非常恼怒而且忌惮此事，于是斥责了包谊，让他搬到别的地方去住，包谊也没有什么羞愧之色。第二年刘太真主持贡举，想要让包谊一直考不中，于是在考试杂文的时候把他落下，想等到三场考完之后再公开斥逐他。不久自己后悔道："这个人既然触犯了我，我因此而报复他，世人肯定说我是个气量狭隘之人；只要能让他一直考不中就行了，何必偏在这时候把他落下呢！"于是准许包谊参加第三场的试策。刘太真将要放榜之前，按照惯例先把名单送到宰相府第呈阅。榜上有姓朱的考生及第，宰相因为朱泚不久前谋反大逆不道，不想让姓朱的人及第，就让刘太真赶快换人。刘太真仓卒惊愕之间急步告退，一时之间记不起别人，只记得包谊而已。等到放榜之后包谊前来谢恩，刘太真这才想起来这是自己憎恶的人，于是将事情明明白白地告诉他。这才知道进士得第与否非人力可以决定,不过是上天假借人力做成罢了。

　　郑侍郎薰主文①,误谓颜标乃鲁公之后②。时徐方未宁③,志在激劝忠烈④,即以标为状元。谢恩日,从容问及庙院⑤。标曰:"标寒进也⑥,未尝有庙院。"薰始大悟,塞默而已⑦。寻为无名子所嘲曰:"主司头脑太冬烘⑧,错认颜标作鲁公。"

【注释】

①郑侍郎薰:郑薰。文宗大和进士。宣宗大中八年(854)以礼部侍郎知贡举。参见卷三"慈恩寺题名游赏赋咏杂纪"门注。

②颜标(?—878):河南(今河南洛阳)人。宣宗大中八年(854)状元及第。历侍御史、池州刺史、饶州刺史等。王仙芝军攻饶州,率军抵抗,城陷殉国。鲁公:颜真卿。颜真卿封鲁郡公,世称"颜鲁公"。安史之乱中英勇抵抗,晚年奉命劝谕叛将李希烈,不屈被害。世所景仰。参见卷七"知己"门注。

③徐方未宁:徐州一带藩镇不宁。宣宗大中年间,徐州军将骄横凶悍,屡屡兵变,驱逐节度使。

④激劝:激发鼓励。

⑤庙院:指名门望族世有官祭的宗祠。

⑥寒进:指出身寒微而求取上进的人。

⑦塞默:犹沉默。

⑧冬烘:糊涂。

【译文】

　　礼部侍郎郑薰主持贡举,误以为颜标是颜真卿的后人。当时徐州一带藩镇不宁,郑薰意在激励忠烈,于是将颜标取为状元。新进士谢恩那天,郑薰闲谈之际问到颜标家的庙院。颜标说:"我出身寒门,并没有庙院。"郑薰这才知道自己误会了，只能沉默而已。不久被无名氏嘲讽道："主司头脑太冬烘，错认颜标作鲁公。"

忧中有喜

【题解】

　　唐代士人离乡应试往往经年累月，和家人不通消息，乃至于不知生死。本门记载的是卷二"置等第"门中的京兆府试官公乘亿考进士的坎坷故事。公乘亿为考进士离家多年，被误传已死，妻子来奔丧，两人路上相逢，因多年未见而不敢确信，询问之后才终于相认。其中形容夫妻二人相遇不敢相识之场面，公乘亿"睨之不已，妻亦如是"，文字虽短而栩栩如生，令人感慨。如公乘亿等离乡背井数十年考进士者甚多，但公乘亿终究还是考中了进士，取中他的主考官高湜力排众议，不听权贵嘱请，坚持录取公乘亿、许棠等贫寒才士。如果遇不到高湜这样的主考官，如公乘亿等人，也许真要"老死于文场"了。

　　公乘亿①，魏人也，以辞赋著名。咸通十三年②，垂三十举矣。尝大病，乡人误传已死，其妻自河北来迎丧③。会亿送客至坡下④，遇其妻。始，夫妻阔别积十余岁，亿时在马上见一妇人，粗缯跨驴⑤，依稀与妻类，因睨之不已⑥，妻亦如是。乃令人诘之，果亿也。亿与之相持而泣，路人皆异之。后旬日，登第矣。

【注释】

　　①公乘亿：魏州（今河北大名）人。懿宗咸通十二年（871）进士。参见卷二"置等第"门注。

②咸通十三年：872 年。按，公乘亿登第在咸通十二年（871）。

③迎丧：把客死外乡者的灵柩或尸骨迎归家乡。

④坡：或为长乐坡。当时送人多在此。白居易《长乐坡送人赋得愁字》诗："终日坡前恨离别，谩名长乐是长愁。"

⑤粗缞（cuī）：粗麻布制成的丧服。

⑥睨（nì）：看。

【译文】

公乘亿，是魏州人，以擅长辞赋著名。到咸通十三年，考进士将近三十次。公乘亿曾经生过大病，同乡人误传他已经死了，他的妻子从河北来长安扶柩归乡。恰逢公乘亿送人到坡下，遇到了他的妻子。一开始，因为夫妻已经阔别十多年，公乘亿当时在马上看到一个妇人，身穿丧服骑着驴子，依稀像他的妻子，于是看了又看，他的妻子也是这样不停看他。于是他的妻子让人去询问，果然就是公乘亿。公乘亿和妻子互相搀扶着哭泣，路人都感到很奇怪。后来过了十天左右，公乘亿考中了进士。

为乡人轻视而得者

【题解】

州县胥吏虽通文字，但不得入士流，素为唐人所轻，曾有禁令不许胥吏考进士。唐朝后期放松了对应举者的身份限制，低微者如工商子弟和州县胥吏等亦可应举。下"以贤妻激劝而得者"门中的湛贲和此门中记载的汪遵都是胥吏。湛贲因为身为胥吏被家人鄙薄，在妻子的激励下发奋读书，考中了进士。汪遵因为曾为胥吏而考进士，被原先的朋友许棠轻视侮辱，却比许棠更先及第。汪遵善绝句，《唐才子传》称赞他"拔身卑污，夺誉文苑"，"昔沟中之断，今席上之珍。丈夫自修，不当如是耶？"进士身份对人的巨大改变，不啻天渊。

　　许棠^①,宣州泾县人,早修举业。乡人汪遵者^②,幼为小吏,洎棠应二十余举,遵犹在胥徒^③;然善为绝句诗,而深自晦密^④。一旦辞役就贡,会棠送客至灞浐间,忽遇遵于途中,棠讯之曰:"汪都^⑤,都者,吏之呼也。何事至京?"遵对曰:"此来就贡^⑥。"棠怒曰:"小吏无礼!"而与棠同砚席,棠甚侮之。后遵成名五年,棠始及第。

【注释】

①许棠:宣州泾县(今属安徽)人。二十多年屡试不第,懿宗咸通十二年(871)始登进士第,时年已五十。参见卷四"气义"门注。

②汪遵:宣州泾县(今属安徽)人。懿宗咸通七年(866)登进士第。幼为县小吏,家贫苦读。善为歌诗,尤善以绝句咏史。著有《咏史诗》。

③胥(xū)徒:胥吏。胥,古代官府中的小吏。

④晦密:秘藏不露。

⑤都:吏的俗称。

⑥就贡:应举。

【译文】

　　许棠,是宣州泾县人,早年就开始修习科举考试的学业。同乡有个叫汪遵的人,小时候就做官府小吏,及至许棠参加了二十多次科举考试,汪遵还是胥吏;然而汪遵擅长写绝句,只是深藏不露。后来汪遵辞去吏役赴京应进士试,恰逢许棠送人到长安郊外灞浐之间,忽然在路上遇到了汪遵,许棠问他说:"汪都,都,是对小吏的称呼。何事到京城来啊?"汪遵回答说:"我来参加科举考试。"许棠恼怒地说:"小小胥吏何其无礼!"汪遵和许棠同在一起读书考试,许棠对他颇为侮慢。后来汪遵考中进士五年之后,许棠才进士及第。

以贤妻激劝而得者

【题解】

唐人极重进士，即使同是骨肉至亲，考中进士者为席上贵客，而非进士者则不配入席，连同妻子要一起忍受羞辱。彭伉、湛贲这对连襟的故事充分体现了这种社会风尚。同类型故事还有《玉泉子》中的赵悰。赵悰久考不中，岳父家很看不起他，在家庭聚会时，赵悰的妻子被众人用帷帐隔开，不与同席。刚好赵悰考中进士的榜文到来，岳父被上司叫去恭喜他的女婿赵悰进士及第，岳父大喜，"遽以榜奔归，呼曰：'赵郎已及第矣！'妻之族即撤去帷帐，相与同席，竟以簪服而庆遗焉"。世态如此，"贤妻激劝"者何止湛贲之妻，旧传杜羔妻所作《夫下第》诗："良人的的有奇才，何事年年被放回？如今妾面羞君面，君若来时近夜来。"与湛贲妻"窘辱如此，复何为容"其情类似。

　　彭伉、湛贲①，俱袁州宜春人，伉妻即湛姨也②。伉举进士擢第，湛犹为县吏。妻族为置贺宴，皆官人名士，伉居客之右③，一座尽倾。湛至，命饭于后阁④，湛无难色⑤。其妻忿然责之曰⑥："男子不能自励⑦，窘辱如此⑧，复何为容！"湛感其言，孜孜学业⑨，未数载，一举登第。伉常侮之，时伉方跨长耳纵游于郊郭⑩，忽有僮驰报湛郎及第，伉失声而坠。故袁人谑曰："湛郎及第，彭伉落驴。"

【注释】

①彭伉（kàng）：袁州宜春（今属江西）人。德宗贞元七年（791）登进士第。历石泉县令、岳州录事参军、大理寺评事等，曾受辟于浙西观察使幕府。《全唐诗》存诗三首。湛贲：袁州宜春（今属江

西)人。初为县吏,发愤苦读。德宗贞元十二年(796)登进士第。曾以江阴县主簿权知无锡县事,迁毗陵太守。工诗赋。《全唐诗》存诗三首。

②姨:姨妹。妻子的姐妹。

③居客之右:即居首席。古代以右为尊。

④饭:给人吃饭。

⑤难色:为难的表情。

⑥忿然:愤怒貌。

⑦自励:自我勉励上进。

⑧窘辱:窘迫侮辱。

⑨孜孜:勤勉。

⑩长耳:驴的别称。

【译文】

彭伉、湛贲,都是袁州宜春人,彭伉的妻子是湛贲妻子的姐妹。彭伉举进士及第,而湛贲还是县吏。彭伉妻子的家里为他置办贺喜的宴席,来的都是官员名士,彭伉高居首席,满座都为之倾倒赞叹。湛贲也来贺喜,却被安排在后面的小屋里吃饭,湛贲一点也没有难堪之色。湛贲的妻子气愤地责备他说:"男子汉大丈夫不能自己勉励上进,受到这样的羞辱,还有什么颜面!"湛贲被妻子的话激励,从此以后勤勉学习,没过几年就考中了进士。之前彭伉经常侮辱轻慢湛贲,当时彭伉正骑着驴在郊外纵情游览,忽然有僮仆飞驰来报说湛家郎君进士及第,彭伉不由失声掉下驴背。因此袁州当地人戏谑说:"湛郎及第,彭伉落驴。"

已落重收

【题解】

此门记录考进士落榜之后,因为机缘巧合而重新被录取的事例。其中会昌五年（845）陈商主考，多录取权贵子弟，物论以为请托，武宗命翰林学士白敏中覆试。顾非熊与权贵不睦，蹭蹬多年终于及第，作诗道："此名谁不得，人贺至公难。素业承家了，离筵去国欢。"（《成名后将归茅山酬群公见送》）顾非熊不乐仕进，但进士还是要考的，因为他父亲顾况是有名的进士诗人，这种"家业"必须传承。下"入道"门载其父子皆归隐茅山。其余已落重收者皆有人为之出力请托，无论有才无才，进士考试不由请托者鲜矣。

　　顾非熊①，况之子②，滑稽好辩③，陵轹气焰子弟④，为众所怒。非熊既为所排，在举场三十年，屈声聒人耳⑤。长庆中，陈商放榜⑥，上怪无非熊名，诏有司追榜放及第⑦。时天下寒进，皆知劝矣⑧。诗人刘得仁贺诗曰⑨："愚为童稚时，已解念君诗。及得高科晚，须逢圣主知。"

【注释】

①顾非熊：海盐（今属浙江）人。顾况之子。聪明颖悟，过目成诵，工诗善文。因凌侮豪门子弟，备受排挤，久试不第。会昌五年（845），武宗闻其诗名，追榜赐进士及第。曾入山南东道节度使幕府，宣宗大中间任盱眙尉，后弃官归隐。著有《顾非熊诗》。

②况：顾况。中唐诗人，性格傲岸，好嘲诮权贵，参见卷七"知己"门注。

③滑稽好辩：能言善辩。滑稽，指能言善辩，言辞流利。后指语言、动作等令人发笑。《史记·滑稽列传》："淳于髡者，齐之赘婿也。长不满七尺，滑稽多辩，数使诸侯，未尝屈辱。"

④陵轹（lì）：欺压。气焰：傲慢的样子或态度。此指傲视。子弟：指权贵子弟。

⑤屈声聒（guō）人耳：指负屈之声人所共知。聒，声音高响嘈杂。

⑥长庆中,陈商放榜:长庆年间,陈商主持贡举放榜。陈商,元和进
　　士,官至秘书监。参见卷三"慈恩寺题名游赏赋咏杂纪"门注。
　　按,陈商知贡举在会昌五年(845),非长庆中。

⑦追榜:追回榜单。按,会昌五年(845)陈商放榜,时论以为不公,
　　武宗命翰林学士白敏中覆试。

⑧知劝:受到鼓励。

⑨刘得仁:公主之子。志在进士而屡试不第。有诗名,与姚合、段成
　　式、雍陶、顾非熊等交游唱和。著有《刘得仁诗》。

【译文】

　　顾非熊,是顾况的儿子,能言善辩,凌压傲视权贵子弟,被众人所恼
怒。顾非熊既受到排挤,考了三十年进士都没能考中,负屈之声人所共
知。长庆年间,陈商主持贡举放榜,皇帝责怪榜单中没有顾非熊的名字,
下诏让有关部门追回榜单录取顾非熊及第。当时天下的寒门才俊,都受
到了鼓励。诗人刘得仁写诗祝贺顾非熊道:"愚为童稚时,已解念君诗。
及得高科晚,须逢圣主知。"

　　元和九年①,韦贯之榜②,殷尧藩杂文落矣③。杨汉公尚
书④,乃贯之前榜门生,盛言尧藩之屈,贯之为之重收。或
曰:李景让以太夫人有疾⑤,报堂请暂省侍⑥,路逢杨虞卿⑦,
恳称班图源之屈⑧,因而得之也。

【注释】

①元和九年:814年。

②韦贯之(760—821):本名纯,字贯之,避宪宗庙讳,以字行,谥
　　号文,京兆万年(今陕西西安)人。唐朝宰相。德宗建中四年
　　(783)登进士第。历校书郎、右补阙、礼部员外郎、中书舍人、礼

部侍郎等。宪宗元和八年（813）、九年（814）知贡举。九年末同
中书门下平章事，迁中书侍郎，后出为湖南观察使。穆宗即位，擢
为河南尹，征拜工部尚书，未行而卒。

③殷尧藩：嘉兴（今属浙江）人。宪宗元和九年（814）登进士第。
历协律郎、永乐令等，曾入湖南观察使李翱幕。工诗文，与沈亚
之、马戴、白居易、雍陶、许浑等唱和。著有《殷尧藩诗》。

④杨汉公：杨虞卿弟。宪宗元和八年（813）进士，曾官工部尚书。
与兄弟汝士、虞卿操纵举场选士，时号“党魁”。参见卷七“升沉
后进”门注。

⑤李景让（789？—860）：元和进士，官至太子少保。开成五年
（840）知贡举。参见卷三“慈恩寺题名游赏赋咏杂纪”门注。太
夫人：旧称官员之母。

⑥省侍：探望，侍奉。

⑦杨虞卿：元和进士，官至京兆尹，后贬虔州司户参军卒。参见卷四
“气义”门注。按，李景让知贡举时，杨虞卿已卒，不当有荐班图
源之事。

⑧班图源：事迹未详。

【译文】

元和九年韦贯之主持贡举放榜，殷尧藩考杂文落选。杨汉公尚书，
是韦贯之上一榜的门生，在韦贯之面前极力陈说殷尧藩受屈被落，韦贯
之于是重新录取了殷尧藩。有人说：李景让主持贡举的时候因为母亲生
病，报告上司请求暂时回家探望侍奉，在路上遇到杨虞卿，杨虞卿恳切陈
说班图源受屈被落，李景让于是录取了班图源。

贞元中，李缪公先榜落矣①。先是出试，杨员外於陵省
宿归第②，遇程于省司③，询之所试，程探靮中得赋稿示之④，
其破题曰：“德动天鉴，祥开日华。”於陵览之，谓程曰：“公

今年须作状元。"翌日杂文无名⑤，於陵深不平；乃于故策子末缮写⑥，而斥其名氏⑦，携之以诣主文⑧，从容绐之曰："侍郎今者所试赋，奈何用旧题？"主文辞以非也。於陵曰："不止题目，向有人赋次韵脚亦同。"主文大惊。於陵乃出程赋示之，主文叹赏不已。於陵曰："当今场中若有此赋，侍郎何以待之？"主文曰："无则已，有则非状元不可也。"於陵曰："苟如此，侍郎已遗贤矣。乃李程所作。"讴命取程所纳，面对不差一字⑨。主文因而致谢，於陵于是请擢为状元，前榜不复收矣，或曰出榜重收。

【注释】

①李缪公：李程，谥号缪。唐朝宰相。德宗贞元十二年（796）状元及第。参见卷五"切磋"门注。

②杨员外於陵省宿归第：员外郎杨於陵从省中值宿出来回家。於陵，杨於陵。官至户部尚书。贞元年间曾任膳部员外郎等。参见卷三"慈恩寺题名游赏赋咏杂纪"门注。省宿，在省中值宿。

③省司：中枢各省的有关官署。

④鞦（yào）：靴筒。

⑤杂文无名：指杂文考试落选。

⑥策子：册子。此指草稿。

⑦斥：废弃。此指涂抹姓名。

⑧主文：贞元十二年的主考官是吕渭。吕渭自贞元十一年（795）至十三年（797）三掌贡举。见前注。

⑨面对：当面核对。

【译文】

贞元年间，李程一开始的时候落榜了。之前李程考完出场的时候，员外郎杨於陵正从省中值宿出来回家,在省署里遇到李程,问他考得怎么样,李程从靴筒中拿出赋的草稿给他看,赋的破题写道:"德行感应上天的察鉴,祥瑞显耀太阳的光华。"杨於陵看了之后,对李程说:"您今年一定是状元。"次日杂文考试通过的名单却没有李程,杨於陵深感不平,于是在李程原来的草稿后面重新誊写了一遍,抹去了李程的名字,带着去见主考官,周旋闲谈之际试探他说:"侍郎这次所考的赋,为什么用旧题?"主考官否认说没有用旧题。杨於陵说:"不只是题目相同,之前有人写赋的时候连韵脚都相同。"主考官听了大为吃惊。杨於陵于是拿出李程的赋给他看,主考官看了之后赞赏不已。杨於陵说:"今年的考场中如果有这篇赋,侍郎会如何对待呢?"主考官说:"没有就罢了,如果有的话非取作状元不可。"杨於陵说:"如果是这样,侍郎已经遗落贤才了。此赋乃是李程所写。"主考官赶紧让人取来李程交纳的考卷,当面核对一字不差。主考官于是向杨於陵致谢,杨於陵就请求把李程拔擢为状元,先前所放之榜不再收回,也有人说所放之榜重新收回了。

放老

【题解】

　　进士考试之难,有"三十老明经,五十少进士"的说法。上"自放状头"门中的尹枢及第之时就已七十多岁。天复元年(901)这一榜中有五名平均年龄在六十岁以上的老人。虽然"五十少进士",但若论仕进,五、六十岁才开始等待铨选授官已太迟。皇帝为展示特恩,直接授予他们清资正职。这五人都以能诗闻名,其中曹松的《己亥岁二首》其一:"泽国江山入战图,生民何计乐樵苏。凭君莫话封侯事,一将功成万骨枯。"至今仍播于人口。

　　天复元年①,杜德祥榜②,放曹松、王希羽、刘象、柯崇、郑希颜等及第③。时上新平内难④，闻放新进士，喜甚。诏选中有孤平屈人⑤，宜令以名闻，特敕授官⑥。故德祥以松等塞诏⑦，各受正⑧。制略曰："念尔登科之际，当予反正之年⑨，宜降异恩，各膺宠命⑩。"松，舒州人也，学贾司仓为诗⑪，此外无他能；时号松启事为送羊脚状⑫。希羽，歙州人也，辞艺优博⑬。松、希羽甲子皆七十余。象，京兆人；崇、希颜，闽中人，皆以诗卷及第，亦皆年逾耳顺矣⑭。时谓"五老榜"。

【注释】

①天复元年：901年。

②杜德祥：字应之，京兆万年（今陕西西安）人。杜牧子。昭宗时历考功员外郎、集贤殿学士、工部郎中、知制诰等。天复元年（901）任礼部侍郎，知贡举。

③曹松：舒州（今安徽潜山）人。诗学贾岛。昭宗天复元年（901）登进士第。授秘书省正字。参见卷三"慈恩寺题名游赏赋咏杂纪"门注。王希羽：歙州（今安徽歙县）人。昭宗天复元年（901）登进士第。授秘书省正字。与诗人杜荀鹤友善。《全唐诗》存诗一首。刘象：京兆（今陕西西安）人。昭宗天复元年（901）登进士第。授太子校书。擅诗，《全唐诗》存诗五首。柯崇：闽（今福建）人。昭宗天复元年（901）登进士第。授太子校书。《全唐诗》存诗二首。郑希颜：闽（今福建）人。昭宗天复元年（901）登进士第。授太子校书。

④上新平内难：皇帝新近平定内乱。光化三年（900）末，宦官刘季述等幽禁昭宗，立太子为帝。天复元年（901）正月，崔胤等复立昭宗。

⑤孤平屈人：出身寒微而久考不中之人。孤平，出身寒微的士人。

⑥特敕：帝王的特别命令。唐代进士及第之后须等待铨选授官，或者

再考吏部科目选、制举等。不经此而直接授官,故为特敕。

⑦塞诏:回复诏命。

⑧受正:领受正职。按,曹松、王希羽授官秘书省正字,刘象、柯崇、郑希颜授官太子校书,皆为清资京官,文士起家的良选。

⑨反正:拨乱反正。指复位。

⑩膺:接受。宠命:加恩特赐的任命。

⑪贾司仓:贾岛(779—843),字阆仙,一作浪仙,范阳(今河北涿州)人。早年为僧,法名无本。后还俗应举,屡试不第。担任过长江主簿、普州司仓参军等小官,世称"贾长江"或者"贾司仓"。中唐著名诗人,与韩愈、孟郊、张籍、王建、姚合、无可等交游酬唱,以苦吟著名,诗风瘦硬,清冷幽寂,后人有"郊寒岛瘦"之称。代表作有《寻隐者不遇》《风蝉》等。著有《长江集》。

⑫送羊脚状:疑为唐代俗语,此语褒贬难解。

⑬辞艺优博:文辞才艺优良博洽。

⑭耳顺:听到什么都能领悟。代指六十岁。语出《论语·为政》:"六十而耳顺。"

【译文】

天复元年,杜德祥主持贡举放榜,录取了曹松、王希羽、刘象、柯崇、郑希颜等进士及第。当时皇帝新近平定内乱,听说录取了新进士,很高兴。下诏挑选其中出身寒微而久考不中之人,把他们的名字上奏给朝廷,特敕直接授予官职。于是杜德祥以曹松等人回复诏命,使他们各自领受正职。制书写道:"考虑到你们进士登科之时,正是我拨乱反正之年,应该降下特殊的恩典,让你们各自接受特赐的任命。"曹松,是舒州人,学习贾岛写诗,此外没有其他才能;当时人们称呼曹松写的启事是送羊脚状。王希羽,是歙州人,文辞才艺优良博洽。曹松、王希羽都已经七十多岁了。刘象,是京兆人;柯崇、郑希颜,是闽人,都以诗卷及第,也都年逾六十了。当时把这一榜叫作"五老榜"。

及第与长行、拜官相次

【题解】

　　长行指死亡,拜官指封官。及第与长行、拜官相次,指进士及第和死亡、拜官相继而至。进士及第是大喜,有喜上加喜,也有喜极而悲。此门记录进士及第与父兄升官相继而至,和及第之后不久即死的奇谈逸事。其中归黯在洞房花烛日状元及第,后被授官入仕,一个月后无疾而终,尤为奇异。归黯是卷三“慈恩寺题名游赏赋咏杂纪”门中所提及之归仁绍的侄子。归仁绍出身进士之家,曾祖、祖父制科出身,父亲是进士,归仁绍兄弟五人都是进士,其中他和归黯之父归仁泽并为状元,归黯和归仁绍的两个儿子归佾、归係,也都先后状元及第,一门皆进士,兄弟父子并状元,亦是罕事。

　　杨敬之拜国子司业^①,次子戴进士及第^②,长子三史登科^③,时号“杨三喜”。

【注释】

①杨敬之:字茂孝,虢州弘农(今河南灵宝)人。宪宗元和二年(807)登进士第。历右卫胄曹参军、吉州司户参军、户部郎中等。文宗大和末贬连州刺史。开成初,召为国子司业。开成末,代郑覃为国子祭酒,兼太常少卿,后转大理卿,检校工部尚书。有文名,为韩愈、刘禹锡、柳宗元、李德裕等推重,好奖掖士人,结好李贺、项斯等。《全唐诗》存诗二首。

②戴:杨戴,字赞业,虢州弘农(今河南灵宝)人。文宗开成二年(837)登进士第。历监察御史、楚州刺史、右司郎中、刑部侍郎。官至江西观察使。

③三史:唐朝科举考试名目之一。穆宗长庆二年(822)设置。

【译文】

杨敬之拜官国子司业的时候，正好次子杨戴进士及第，长子也由三史科及第，当时号称"杨三喜"。

崔昭矩①，大顺中裴公下状元及第②；翌日，兄昭纬登庸③。王倜④，丞相鲁公抟之子⑤，倜及第，翌日抟登庸。王倜过堂别见⑥。

【注释】

①崔昭矩：字表谋，清河东武城（今河北清河）人。昭宗大顺二年（891）状元及第。官至给事中。

②裴公：裴贽。唐朝宰相，昭宗时三知贡举。参见卷三"慈恩寺题名游赏赋咏杂纪"门注。

③昭纬：崔昭纬（？—895），字蕴曜，清河东武城（今河北清河）人。唐朝宰相。僖宗中和三年（883）状元及第。昭宗大顺二年（891）以户部侍郎同中书门下平章事。为人阴险，内结宦官，外通藩镇，累贬梧州司马，赐死。登庸：此指拜相。

④王倜：字垂光，雍州咸阳（今属陕西）人。昭宗乾宁元年（894）登进士第。历鄠县尉，直弘文馆。

⑤丞相鲁公抟：王抟（？—900），字昭逸，雍州咸阳（今属陕西）人。唐朝宰相。进士及第，累迁苏州刺史、户部侍郎。昭宗乾宁初进同中书门下平章事，迁门下侍郎、司空，封鲁国公。为政明达。被崔胤构陷，罢为工部侍郎，累贬崖州司户参军，赐死。

⑥过堂别见：指个别拜见宰相。

【译文】

崔昭矩，大顺年间在裴贽主持贡举的时候状元及第；次日，他的哥哥崔昭纬被任命为宰相。王倜，是宰相鲁国公王抟的儿子，王倜进士及第，次日王抟被任命为宰相。王倜在新科进士们过堂拜见宰相的时候单独拜见。

　　归黯亲迎拜席日^①，状元及第。榜下，版巡脱白^②。期月^③，无疾而卒。

【注释】

①归黯：苏州（今属江苏）人。昭宗景福元年（892）状元及第。亲迎：古代婚嫁之礼。结婚时新郎到女方家迎娶新娘。拜席：迎娶当日，男家设宴席招待双方亲友。

②榜下，版巡脱白：榜单下发后，即被任命为户部巡官。版巡，户部巡官。唐代户部别称版部。脱白，指脱去白衣，进入仕途。

③期月：一个月。

【译文】

　　归黯迎娶新娘拜席的那天，状元及第。榜单下发后，被任命为户部巡官。一个月后，无疾而终。

别头及第

【题解】

　　为防止主考官录取自己的亲属，也为杜绝物议，特置别头试，凡主考官亲故参加科考者，皆另置考官进行考试。此门介绍别头试的起源与别头试中及第的例子。别头试并非完全公平，柳宗元在《唐故秘书少监陈公行状》中说："初礼部试士，有与亲戚者，则附于考功，莫不阴授其旨意而为进退者。"会昌四年（844）王起第四次主持贡举，因为录取人中有五位权贵子弟，被人非议，武宗令人重试，黜落其中四人。武宗后来认为抑制子弟过甚并非好事，"不放子弟，即太过，无论子弟、寒门，但取实艺耳"(《旧唐书》本纪卷十八上《武宗纪》)。其实有实艺的寒门子弟根本不可能获得和权贵子弟同等的机会,如对权贵子弟不加抑制,那么科举被权贵请托所垄断的局面也就可想而知了。

别头及第①,始于上元二年钱令绪、郑人政、王恺、崔志恂等四人②,亦谓之承优及第③。

【注释】

①别头:别头试。主考官为避嫌而采取的回避制考试。凡是主考官亲故,由礼部另外的郎官或者吏部考功员外郎等主持考试,由礼部或吏部尚书覆核之后上奏。

②上元二年:675年。上元,唐高宗李治的年号(674—676)。钱令绪、郑人政、王恺、崔志恂:上元二年(675)知贡举的是考功员外郎骞味道,四人应为骞味道的亲故。其余事迹未详。

③承优:承蒙优渥。

【译文】

别头试进士及第,起始于上元二年钱令绪、郑人政、王恺、崔志恂等四人,别头及第也称为承优及第。

杨严等①。会昌四年王起奏五人②:杨知至③、刑部尚书汝士之子④。源重⑤、故相牛僧孺之甥⑥。郑朴、河东节度使崔元式女婿⑦。杨严、监察御史发之弟⑧。窦缄⑨,故相易直之子⑩。恩旨令送所试杂文付翰林重考覆⑪,续奉进止⑫:杨严一人,宜与及第;源重四人落下。时杨知至因以长句呈同年曰:"由来梁燕与冥鸿⑬,不合翩翩向碧空⑭。寒谷谩劳邹氏律⑮,长天独遇宋都风⑯。此时泣玉情虽异⑰,他日衔环事亦同⑱。三月春光正摇荡，无因得醉杏园中。"

【注释】

①杨严：会昌四年（844）登进士第。官至兵部侍郎判度支。参见卷三"慈恩寺题名游赏赋咏杂纪"门注。

②王起：唐朝使相，穆宗长庆元年（821）、长庆二年（822），武宗会昌三年（843）、四年（844），四知贡举。见前注。

③杨知至：杨汝士子。进士及第，官至户部侍郎。参见卷三"慈恩寺题名游赏赋咏杂纪"门注。

④汝士：杨汝士。历中书舍人，官至刑部尚书。参见卷三"慈恩寺题名游赏赋咏杂纪"门注。

⑤源重：牛僧孺的外甥。曾官奉天尉，举进士不第。

⑥牛僧孺：唐朝宰相。参见卷六"公荐"门注。

⑦崔元式：谥号庄，博陵安平（今属河北）人。唐朝宰相。进士及第。累官湖南观察使。武宗会昌中任河中、河东节度使。会昌末入为刑部尚书。宣宗时以刑部尚书判度支，拜门下侍郎、同中书门下平章事。卒赠司空。

⑧发：杨发，字至之，同州冯翊（今陕西大荔）人。文宗大和四年（830）登进士第，后又登书判拔萃科。历校书郎、监察御史、侍御史、礼部郎中、左司郎中、太常少卿等，出为苏州刺史、福建观察使、岭南东道节度使，坐罪贬婺州刺史，卒于任。工诗能文，《全唐诗》存诗十三首。

⑨窦缄：宰相窦易直的儿子。

⑩易直（？—833）：窦易直，字宗玄，谥恭惠，京兆（今陕西西安）人。明经及第。历校书郎、蓝田尉、吏部郎中、御史中丞、给事中，出为陕虢、宣歙、浙西观察使。穆宗时入为吏部侍郎，迁御史大夫。长庆四年（824）拜门下侍郎、同平章事，封晋阳郡公。文宗大和时

出为山南东道、凤翔陇右节度使。

⑪重考覆：复查核实。

⑫进止：进退，去留。

⑬冥鸿：高飞的鸿雁。比喻高才之士或有远大理想的人。

⑭翩翾（xuān）：轻飞貌。翾，轻飞。

⑮邹氏律：相传战国齐人邹衍精于音律，吹律能使地暖而禾黍滋生。《列子·汤问》："虽师旷之清角，邹衍之吹律，亡以加之。"张湛注："北方有地，美而寒，不生五谷。邹子吹律暖之，而禾黍滋也。"比喻带来生机之事物。此指初试被奏及第。

⑯宋都风：使鹢鸟退飞的宋都之风。《左传·僖公十六年》："六鹢退飞过宋都，风也。"杜预注："鹢，水鸟，高飞遇风而退，宋人以为灾。"后以宋都风比喻挫折失意。

⑰泣玉：楚人和氏得玉璞楚山中，两次献玉而受刑，抱玉而泣。典出《韩非子·和氏》。后常用来比喻因怀才不遇而悲泣。

⑱衔环：传说汉时杨宝曾救治遭鸱枭袭击的黄雀，后黄雀化为童子赠杨宝白环四枚。后以衔环比喻报恩。典出南朝吴均《续齐谐记》。

【译文】

杨严等人也曾应别头试。会昌四年王起主持贡举的时候上奏五人及第：杨知至、刑部尚书杨汝士的儿子。源重、前宰相牛僧孺的外甥。郑朴、河东节度使崔元式的女婿。杨严、监察御史杨发的弟弟。窦缄，前宰相窦易直的儿子。皇帝下旨命令把他们考试的杂文送交翰林院复查核实，之后奉去留之旨：只有杨严一人，应当予以进士及第；源重等四人都被黜落。当时杨知至因此写了一首七言诗呈送同年道："由来梁燕与冥鸿，不合翩翾向碧空。寒谷谩劳邹氏律，长天独遇宋都风。此时泣玉情虽异，他日衔环事亦同。三月春光正摇荡，无因得醉杏园中。"

及第后隐居

【题解】

此门记录进士及第之后没有做官而选择隐居的人。虽然有孝敬父母或者向往修仙等各种原因，但患于仕途崄恶、选择远居避世以保全性命与人格也是隐居的一大原因。安史之乱后唐朝动荡频起，加以藩镇、宦官等渐次为祸，科第中人放弃仕途隐居，亦不为奇。本书中提及者如李华、司空图等，本都是仕途中人，在亲历安史之乱或者黄巢起义等剧烈的社会动荡后，终以隐居来逃避政治危机，如此门中皇甫颖，以隐居避祸，所谓"垂堂之诫"也。

费冠卿①，元和二年及第，以禄不及亲②，永怀罔极之念③，遂隐于九华。长庆中，殿中侍御史李行修举冠卿孝节④，征拜右拾遗⑤，不起。制曰："前进士费冠卿，尝与计偕，以文中第，归不及于荣养⑥，恨每积于永怀，遂乃屏迹丘园⑦，绝踪仕进，守其至性，十有五年。峻节无双，清飙自远⑧。夫旌孝行⑨，举逸人，所以厚风俗而敦名教也。宜承高奖，以儆薄夫⑩。擢参近侍之荣，载伫移忠之效⑪，可右拾遗。"

【注释】

①费冠卿：字子军，池州青阳（今属安徽）人。宪宗元和二年（807）登进士第。母卒归葬，以不及养亲尽孝而隐居九华山。穆宗长庆元年（821），殿中侍御史李行修举其孝节，诏书征拜右拾遗，辞不就，卒。工诗，多写隐居情怀，与姚合、顾非熊等友善。《全唐诗》存诗十一首。

②禄不及亲：俸禄来不及奉养父母。据《唐诗纪事》："（冠卿）母卒，

既葬而归,叹曰:'干禄养亲耳。得禄而亲丧,何以禄为?'"

③罔(wǎng)极:无穷。多指父母的养育之恩。语出《诗经·小雅·蓼莪》:"父兮生我,母兮鞠我。拊我畜我,长我育我。顾我复我,出入腹我。欲报之德,昊天罔极。"

④李行修:宪宗元和四年(809)登进士第。历殿中侍御史、刑部员外郎、左司员外郎。宣宗时累迁至岭南节度使。孝节:孝行节操。

⑤征拜:征召授官。

⑥荣养:指赡养父母。

⑦屏迹丘园:隐居于乡村。屏迹,敛迹。丘园,乡村家园。

⑧清飙(biāo):清风。比喻道德名望。

⑨旌:表扬,表彰。

⑩儆(jǐng):告诫,警醒。薄夫:平庸凉薄的人。

⑪移忠:移孝为忠。指把孝顺父母的心转为效忠君主。语出《孝经·广扬名》:"君子之事亲孝,故忠可移于君。"

【译文】

费冠卿,元和二年进士及第,因为得到功名俸禄来不及奉养父母,长怀亲恩难报的遗憾,于是隐居在九华山。长庆年间,殿中侍御史李行修举荐费冠卿的孝行节操,朝廷征召授官右拾遗,费冠卿没有接受。朝廷的制书说:"前进士费冠卿,曾参加礼部考试,以文辞进士及第,归省而来不及赡养父母,遗憾长留心中,于是隐居乡村,断绝出仕之意,坚守至诚的品性,至今已经十五年了。高尚的节操举世无双,道德名望远远传扬。表彰孝行,举用逸民,是用来敦厚风俗和尊崇礼教的。费冠卿应当领受优等的奖掖,以告诫平庸凉薄之人。擢拔升入皇帝的亲近侍从,企盼移孝为忠的功效,可授予右拾遗之职。"

施肩吾①,元和十年及第②,以洪州之西山③,乃十二真君羽化之地④,灵迹具存⑤,慕其真风⑥,高蹈于此⑦。尝赋

《闲居遣兴》诗一百韵,大行于世⑧。

【注释】

①施肩吾:字希圣,号栖真子,睦州分水(今浙江桐庐)人。宪宗元
　和年间登进士第。隐居洪州西山。工诗,著有《西山集》。

②元和十年:815年。《唐语林》等载施肩吾登第之年在元和十五年
　(820)。

③洪州:唐武德五年(622)改豫章郡置,治今江西南昌。西山:又名
　散原山、南昌山。在今江西新建西。

④十二真君:西晋道士许逊曾在西山修道,其十二弟子称十二真君。
　羽化:原指昆虫由蛹变为成虫。道教借指得道成仙。

⑤灵迹:神灵的遗迹。

⑥真风:指道教修真之风。

⑦高蹈:远游。比喻隐居。

⑧大行:大为流行。

【译文】

施肩吾,元和十年进士及第,因为洪州的西山,是十二真君羽化登仙
的地方,神灵的遗迹都还存在,施肩吾仰慕他们的修真之风,在此隐居。
曾经作《闲居遣兴》诗一百韵,在世间广为流传。

　皇甫颖①,早以清操著称②,乾符中及第,时四郊多垒,
颖以垂堂之诫③,绝意禄位④,隐于鹿门别墅⑤,寻以疾终。

【注释】

①皇甫颖:乾符中登进士第,终身未仕。参见卷四"节操"门注。

②清操:清白高尚的节操。

③垂堂之诫:坐不垂堂的告诫。指不要靠近堂屋檐下以防止檐瓦坠

落。比喻躲避危险。司马相如《上书谏猎》："故鄙谚曰：'家累千
金，坐不垂堂。'"

④禄位：俸禄与官位。指官职。

⑤鹿门：鹿门山。在今湖北襄阳东南。

【译文】

皇甫颖，早年以清白高尚的节操而著称，乾符年间进士及第，当时国
家多难，皇甫颖因为坐不垂堂的警诫，断绝了当官的念头，在鹿门山别墅
隐居，不久病死。

入道

【题解】

此门记录官员或进士出家为道的事例。唐朝道教盛行，皇室贵族多
有入道者，也是功名中人全身避世的选择之一。尤其是唐末大动乱，"天
街踏尽公卿骨"，家族残破者不知几许。如此门中之蒋曙，尚书之子，宰
相之侄，本是高官世族，而黄巢事起，蒋曙全家死于战乱，蒋曙因此绝意
仕进，出家为道士。前"梦"门中之孙偓，官至宰相，曾就著名道士杜光
庭受箓，常有入道之情，性情恬淡，虽谪居亦处之坦然，不因贬逐而怀戚
生怨。朱温代唐，杀死宰相高官无数，孙偓竟免于祸。

戴叔伦①，贞元中罢容管都督②，上表请度为道士③。

萧俛自左仆射表请度为道士④。

【注释】

①戴叔伦（732—789）：字幼公，一作次公，润州金坛（今江苏常州
金坛区）人，郡望谯国（今安徽亳州）。少师萧颖士。代宗时曾入
刘晏盐铁转运使幕，历监察御史、湖南转运留后等。德宗时任东

阳令、抚州刺史、容管经略使等，颇有善政。中唐诗人，著有《戴
　　叔伦集》。

②贞元中罢容管都督：贞元年间卸任容管经略使。戴叔伦贞元四年
　　（788）授容州刺史、容管经略使、兼御史中丞。次年因病北返，卒
　　于道。容管都督，唐开元中升容州为都督府，为岭南五管之一，容
　　管经略使所驻。治容州（今广西容县）。

③度：使人出家。

④萧俛（miǎn，？—842）：字思谦，南兰陵（今江苏常州）人。唐朝
　　宰相。贞元七年（791）登进士第，后又登贤良方正科。历右拾
　　遗、右补阙、翰林学士、司封员外郎、驾部郎中、知制诰、御史中丞
　　等。穆宗即位，拜中书侍郎、同中书门下平章事，后罢为吏部尚书
　　等。敬宗时以太子少保分司东都。文宗时以尚书左仆射致仕。

【译文】

戴叔伦，贞元年间卸任容管经略使，向朝廷上表请求出家为道士。
萧俛在左仆射任上上表请求出家为道士。

　　蒋曙①，中和初自起居郎②，以弟兄因乱相离，遂屏迹丘
园。因应天令节表请入道③，从之。

　　顾况全家隐居茅山④，竟莫知所止。其子非熊及第归庆⑤，
既莫知况宁否，亦隐于旧山。或闻有所遇长生之秘术也。

【注释】

①蒋曙：字耀之，常州义兴（今江苏宜兴）人。懿宗咸通末登进士
　　第。历鄂岳团练判官、工部员外郎、起居郎等。黄巢事起，全家死
　　于战乱，因此绝意仕进，出家为道士。

②起居郎：官名。唐太宗贞观二年（628）始置，隶属门下省，与起居

舍人共掌起居注,记录皇帝言行以备修史。

③应天令节:承应上天之嘉辰。多指皇帝、太后之生日。

④顾况:中唐诗人,晚年归隐茅山。参见卷七"知己"门注。茅山:
　　古名句曲山,又名三茅山。在今江苏西南部,地跨句容、金坛等
　　地。相传西汉三茅君修道于此,因名茅山。

⑤非熊:顾非熊。见前注。归庆:归家觐省父母。

【译文】

　　蒋曙,中和初年的时候在起居郎任上,因兄弟们在战乱中离散,于是隐居于乡村。在帝后诞辰之节上表请求出家为道士,得到允许。

　　顾况全家隐居于茅山,后来没有人知道他们的去向。顾况的儿子顾非熊进士及第之后归家觐省,也不知道顾况平安与否,后来也归隐茅山。有人说他们遇到了可以长生的秘术。

　　论曰:士之谋身,得之者以才,失之者惟命,得失二揆①,弘道要枢②,可谓勤于修己者与! 苟昧于斯,系彼能否,临深履薄③,歧路纷如④,得之则恃己所长,失之则尤人不尽。干禄之子⑤,能不慎诸⑥! 乃知命也者,足以引之而排触望⑦,不足倚之而图富贵。倚之则事怠,怠则智性昏⑧;引之则感通⑨,通则尤怨弭⑩。故丘轲之言命,盖厄穷而已矣! 有若立身慎行,与圣哲同辙者⑪,则得丧语默⑫,复何蚩芥乎⑬! 复何穹隆乎⑭! 然士有死而不忘者,恩与知而已矣。包子之误放⑮,李翱之奏章,足以资笑谈,不足以彰事实。有功成身退,冥心希夷者⑯,吾不得而齿矣。

【注释】

　　①得失二揆(kuí):得到与失意各从这两方面去揣度。得失,得到与

失意。揆，度，揣测。

②弘道要枢：弘扬大道的关键。要枢，关键。

③临深履薄：面临深渊，脚踏薄冰。比喻戒慎恐惧。语出《诗经·小雅·小旻》：“战战兢兢，如临深渊，如履薄冰。”

④纷如：纷乱。

⑤干禄：求取功名利禄。干，求取。《论语·为政》：“子张学干禄。”

⑥诸：“之乎”的合音。

⑦引：承认。觖（jué）望：因不满意而怨恨。

⑧智性：理性。

⑨感通：以至诚通达而获得回应。

⑩尤怨：怨恨。弭（mǐ）：停止，消除。

⑪同辙：同道。

⑫得丧语默：进退得失，出仕隐居。语默，说话和沉默。引申为出仕和隐居。语出《周易·系辞上》：“君子之道，或出或处，或默或语。”

⑬蛋芥（chài jiè）：芥蒂。积在心中的细微不快。张衡《西京赋》：“睚眦蛋芥，尸僵路隅。”

⑭穷隆：高兴，得意。

⑮包子：指包谊。

⑯冥心：潜心苦思。希夷：指虚寂玄妙的境界。《老子》：“视之不见名曰夷，听之不闻名曰希。”

【译文】

论曰：士人谋身处世，因为自身的才能而得到功名利禄，失意则归之于命运如此，得到与失意各从这两方面去揣度，弘扬大道的关键，可谓是勤于修养自身了！如果不明白这个道理，而将自身的得失归因于他人能否提拔，如同面临深渊脚踏薄冰一样战战兢兢，前途纷乱不知正道，得以进身就自负才能出众，进身失败就不停怨恨别人。求取功名利禄的士人,对此能不谨慎吗! 于是知道所谓命运,足以承认它来排除因不满而产生的怨恨,不足以倚靠它来图谋富贵。倚靠命运则处事懈怠,处事懈怠就理性昏聩;承认命运则能以至诚之心而获得回应,获得回应就怨恨消除。因此孔子和孟子所说的命运,大概都是困厄穷迫而已! 如果能够安身立命行为谨慎,和圣人贤哲同道,那么进退得失,出仕隐居,又有什么好心怀芥蒂的呢! 又有什么好高兴得意的呢! 然而士人有到死都不能忘怀的,就是恩遇与知己。包谊因刘太真误放而中进士,李翱向鬼神陈奏而使女婿中进士,只供人们谈笑而已,不足以彰明事实。那些功成身退,潜心于虚寂玄妙境界的人,我不能与之并列了。

卷九

防慎不至

【题解】

此门记录的是因为处事不够谨慎周全而误失及第机会的事例。其中张岘表兄想通过中书舍人颜荛谋求县令之职，房珝通过位居高官的亲戚考进士，可见无论考进士还是求官，都须造请权要，预为请托，即卷一"述进士下篇"门谓之"关节"。卷八"听响卜"门中韦甄考进士，事先已知道必然取中，只是"未知名第高下"；此门房珝考进士不仅录取名单事先已定，名次高低也已定下，"先是名第定矣"。卷六"公荐"门中杜牧考进士时，名次也早已定下。唐朝进士的录取与否、名次高低，大半都如这般早在考试之前就已定好，因此房珝误失及第，就归结于他"防慎不至"以致"垂成而败"了。

张岘妻①，颜荛舍人犹女②。岘有樊表兄者，来自江之南③，告岘请叩荛求宰字④。岘许之，而荛久不应，樊谓诳己⑤，中心衔之颇切。一旦，谓岘曰："弟卷轴不鄙恶札⑥，可以佐弟。"岘欣然以十余轴授之，皆要切卷子⑦，延引逼试⑧，每轴头为札三两纸而授之，岘郁悒而已^⑨。

【注释】

①张岘：事迹未详。

②颜荛：昭宗光化三年（900）任中书舍人。参见卷三"散序"门注。

犹女：侄女。

③江：长江。

④请叩：叩请，诚恳地请求。宰字：县令。宰，掌治。字，治理。

⑤诳（kuáng）：欺骗。

⑥恶札：拙劣的书法或文笔。谦辞。

⑦要切：要紧。

⑧延引：拖延。

⑨郁悒（yì）：忧愁，苦闷。

【译文】

张岘的妻子，是中书舍人颜荛的侄女。张岘有一个姓樊的表兄，从江南来，请张岘为他恳求颜荛，为自己谋求一个县令的职位。张岘答应了他，而颜荛久久不回应，樊表兄以为张岘欺骗自己，心中十分怀恨。一天，他对张岘说："贤弟的卷轴如不嫌弃我的书法拙劣，我可以帮你誊写。"张岘高兴地交给了他十多个卷轴，都是要紧的卷子，樊表兄一直拖延到快要考试的时候，才在每个卷轴头上随便写了三两张纸交给张岘，张岘只能自己郁闷而已。

房玥^①，河南人^②，太尉之孙^③，咸通四年垂成而败^④。先是名第定矣，无何写录之际^⑤，仰泥落^⑥，击翻砚瓦^⑦，污试纸。玥以中表重地^⑧，只荐玥一人，主司不获已^⑨，须应之。玥既临曙，更请叩副试，主司不诺，遂罢。

【注释】

①房玥：事迹未详。

②河南：今河南洛阳。

③太尉：或为房琯。房琯，河南（今河南洛阳）人。唐朝宰相，卒赠太尉。然年代不合。

④咸通四年：863年。垂成：将近成功。

⑤写录：抄录。

⑥仰泥：犹仰尘。天棚，天花板。

⑦砚瓦：瓦砚。旧时常取古宫殿之瓦为砚，故名。后为砚的通称。

⑧中表重地：中表亲戚位居高官。重地，重要的地方。此指高官。

⑨不获已：不得已。

【译文】

房玥，是河南人，房太尉的孙子，咸通四年考进士的时候功败垂成。之前名次等第本已定下，不久考试中抄录试卷的时候，天棚上的灰泥落下，打翻了砚台，污染了试卷。房玥以为自己的亲戚位居高官，这次只推荐了自己一个人，主考官不得已，一定会答应他。当时临近天明，房玥请求主考官另给试卷重写，主考官没有答应，于是房玥那年没有考中。

李廷璧①，乾符中试夜，于铺内偶获袄子半臂一对②，廷璧起取衣之。同铺赏之曰③："此得非神授④！"逡巡有一人擒捉⑤，大呼云："捉得偷衣贼也！"

【注释】

①李廷璧：字冠祥，陇西成纪（今甘肃秦安）人。僖宗时进士。曾任舒州军倅。工诗，风格靡丽。《全唐诗》存诗一首。

②于铺内偶获袄子半臂一对：在考铺里偶然发现了一套半袖袄。铺，指考铺。考试时的席位。半臂，短袖上衣。对，套。

③赏：称赞。

④得非：莫非是。

⑤逡巡：一会儿，顷刻间。擒捉：捕捉，捉拿。

【译文】

李廷璧，在乾符年间考进士那天夜里，在考铺里偶然发现了一套半袖袄，李廷璧起身拿来自己穿上了。同一考席的考生称赞说："这真是上天给你的！"不久有一个人抓住了李廷璧，大喊道："抓到了偷衣服的贼！"

误掇恶名

【题解】

此门记录的是因与宦官或权贵有关联而蒙上恶名的事例。唐朝中晚期宦官专政，投靠宦官的人多被清流士人们所敌视，甚至只要和宦官有关系者皆被非议排挤，考进士者不中第，考中已为官者沉沦下列，"一生坎坷"。因与权贵联姻而考中进士者，也被人讽刺为近水楼台先得月，"信知青桂近嫦娥"。唐朝公卿大臣有在新科进士中挑选东床快婿的习俗，世以为美，而一旦先挑中为婿而后中进士，便免不了权贵请托之名。卷八"别头及第"中贵官之婿郑朴便因此被覆试黜落。

华京①，建州人也，极有赋名。向游大梁②，尝预公宴，因与监军使面熟③。及至京师，时已登科，与同年连镳而行④，逢其人于通衢⑤，马上相揖，因之谤议喧然⑥。后颇至沉弃⑦，终太学博士。

【注释】

①华京：《太平广记》《资治通鉴》等作"叶京"。字垂孙，建州建安

（今福建建瓯）人。懿宗咸通进士。官终太学博士。工辞赋。

②大梁：战国时魏国都城。今河南开封。

③监军使：使职名。唐玄宗开元二十年（732）诸道方镇置为监军使院长官，以宦官充任，职掌监视刑赏，奏察违谬，并掌握部分军队。各支郡镇兵，别有品秩较低宦官监临。安史之乱后，凡有兵马处皆置。

④连镳（biāo）：骑马同行。镳，马嚼子。

⑤通衢：大道。

⑥谤议：非议。

⑦沉弃：沉沦弃置。

【译文】

华京，是建州人，写赋很有名。华京以前漫游大梁，曾参加官府举办的宴会，因此与监军使面熟。监军使回到京师的时候，华京已经进士及第，和同年们一起骑马出行，在大街上遇到了监军使，两人在马上互相作揖，因之对华京的非议哗然四起。后来华京终身沉沦弃置，官终太学博士。

刘纂者①，高州刘舍人蜕之子也②，嗣为文亦不恶。乾宁中寒栖京师③，偶与一医工为邻④，纂待之甚至⑤，往往假贷于其人⑥，其人即上枢吴开府门徒⑦。嗣薛王为大京兆⑧，医工因为知柔诊脉，从容之际，言纂之穷且屈，知柔甚领览⑨。会试官以解送等第禀于知柔，知柔谓纂是开府门人来嘱⑩，斯必开府之意也，非解元不可。由是以纂居首送，纂亦不知其由。自是纂落数举，方悟。万计莫能雪之⑪。

【注释】

①刘纂:僖宗乾符四年(877)为京兆府等第,不中,直到昭宗乾宁四年(897)方进士及第。参见卷二"置等第"门注。

②高州:唐武德六年(623)置,治高凉县(今广东阳江西)。贞观二十三年(649),徙治良德县(今广东高州)。《太平广记》作"商州"。刘舍人蜕:刘蜕,桐庐(今属浙江)人。曾任中书舍人,终商州刺史。参见卷二"海述解送"门注。

③寒栖:贫居。

④医工:医师。

⑤至:亲。

⑥假贷:借贷。

⑦上枢吴开府门徒:枢要权贵吴开府家惯常使用的人。上枢,枢要。吴开府,或为吴承泌。僖宗、昭宗时宦官,历任学士使、宣徽北院使、枢密使等,加特进、左领军卫上将军等。开府,开府仪同三司的简称。唐散官名。门徒,指权贵家惯常使用之人。

⑧嗣薛王:此指李知柔,陇西成纪(今甘肃秦安)人。唐宗室,嗣薛王李宓之子。历任宗正卿、京兆尹、户部尚书判度支,充诸道盐铁转运等使,出拜清海军节度使,进检校太傅兼侍中,卒于镇。按,卷二"置等第"门载刘纂于僖宗乾符四年(877)为京兆府等第,李知柔为京兆尹在昭宗乾宁年间,时间相差二十年。疑误。

⑨领览:领会,明白。

⑩嘱:嘱托,请托。

⑪雪:洗刷,昭雪。

【译文】

　　刘纂,是商州刺史中书舍人刘蜕的儿子,继承父业作文章也相当不错。刘纂乾宁年间贫居京城,偶尔和一名医师比邻而居,刘纂对待那名医师非常亲近,经常向他借钱,那名医师是枢要权贵吴开府家惯常使用的人。当时嗣薛王李知柔担任京兆尹,那名医师趁着为李知柔诊脉,在周旋闲谈的时候,说到刘纂处境困厄而久考不中,李知柔很能领会他的意思。恰逢主持府试的考官因解送参加省试的举子等第名单而向李知柔禀告,李知柔以为刘纂是吴开府的门人来嘱咐请托的,这肯定是吴开府的意思,非定为解元不可。于是将刘纂列为第一名解送应试,刘纂也不知道其中的原由。此后刘纂考进士接连落第,这才明白原因。但是无论如何也无法洗刷这个坏名声。

　　裴筠婚萧楚公女①,言定未几②,便擢进士。罗隐以一绝刺之③,略曰:"细看月轮还有意,信知青桂近嫦娥④。"

【注释】

①裴筠:僖宗时进士。萧楚公:萧遘(gòu,?—887),字得圣,兰陵(今江苏常州)人。唐朝宰相。懿宗咸通五年(864)登进士第。历右拾遗、起居舍人、礼部员外郎、考功员外郎、知制诰、中书舍人、户部侍郎、翰林学士承旨等。僖宗中和元年(881)拜中书侍郎、同平章事,封楚国公。朱玫立襄王李煴,萧遘极力反对并拒绝草拟诏书,罢为太子太保。后被宰相孔纬劾曾受伪命,赐死。

②言定:指订婚。未几:没多久。

③罗隐:晚唐诗人,多讽世之作。参见卷二"置等第"门注。

④信知青桂近嫦娥:确知桂树靠近嫦娥。进士及第称折桂,此双关,讽刺裴筠因为娶妻得力而考中进士。

【译文】

　　裴筠娶楚国公萧遘的女儿为妻,订婚没多久,裴筠就考中了进士。罗隐写了一首绝句来讽刺,写道:"细看月轮还有意,信知青桂近嫦娥。"

　　杨篆员外①,乾符中佐永宁刘丞相淮南幕②,因游江失足坠水,待遣人归宅取衣,久之而不至。公闻之,命以衣授篆。少顷衣至,甚华靡③,问之,乃护戎所赐④。时中贵李全华监扬州⑤。公闻之无言。后除起居舍人,为同列谮⑥,改授驾部员外郎⑦,由是一生坎坷。

【注释】

①杨篆:虢州弘农(今河南灵宝)人。杨汉公子,进士及第。历监察御史、补阙、起居郎、驾部员外郎等。

②刘丞相:刘邺。唐朝宰相,僖宗时出任淮南节度使。参见卷三"慈恩寺题名游赏赋咏杂纪"门注。

③华靡:华丽奢侈。

④护戎:指监军使。

⑤李全华:宦官,曾监军扬州。

⑥同列:同事,同僚。谮(zèn):中伤。

⑦驾部员外郎:兵部驾部司次官。隋文帝开皇六年(586)始置。掌舆辇、传乘、邮驿、厩牧之政令。

【译文】

　　杨篆员外,乾符年间在永宁刘邺丞相的淮南节度使幕府中任职,因为游江的时候失足落水,派人回家取衣服来换,等了很久还不来。刘邺得知后,让人拿衣服给杨篆送去。不一会,衣服送到了,相当华丽奢侈,问了以后,得知是监军使送的。当时宦官李全华正监军扬州。刘邺听了以后沉默无言。后来杨篆被任命为起居舍人,被同僚中伤,改任驾部员外郎,从此一生坎坷。

好知己恶及第

【题解】

进士行卷请托,皆求知己,如有主考官甚或宰相为"知己",则考中几无悬念,其非议亦更嚣然。章碣的刺诗、崔敖的怒气,皆因于此。卷十五"旧话"门中将举人分三类:上等举人,应同人举;中等举人,应丞郎举;下等举人,应宰相举。被同人公众推举的举人最为人敬服,却不一定中第,被高官宰相推举的举人最容易及第,却常被人讥刺。如此门中的邵安石、郑隐等才华有限又籍籍无名,不被公众认可,全因主考官力成而进士及第,所谓"虽顺坂之势可惜,而揠苗之戒难忘。名既靡扬,得之不永"。崔元翰被宰相推举,由府元而状元,引得众口喧哗,因此俱称"好知己恶及第"。

邵安石①,连州人也。高湘侍郎南迁归阙②,途次连江③,安石以所业投献遇知,遂挈至辇下。湘主文,安石擢第,诗人章碣④,赋《东都望幸》诗刺之曰:"懒修珠翠上高台⑤,眉月连娟恨不开⑥。纵使东巡也无益,君王自领美人来。"

【注释】

①邵安石:连州(今属广东)人。乾符四年(877)进士。后仕梁为右谏议大夫。

②高湘侍郎南迁归阙:高湘侍郎贬谪南方后奉诏回京。高湘,字浚之。进士及第。历长安令、司封员外郎、吏部员外郎、中书舍人、右谏议大夫等。懿宗咸通十一年(870)坐与宰相刘瞻亲厚,贬高州司马。后召还为谏议大夫、太子右庶子、中书舍人。乾符三年(876)任礼部侍郎,知贡举。后出为江西观察使。以诗文知名。

③连江：连江县，唐属高州，在今广东茂名电白区。

④章碣（jié）：钱塘（今浙江杭州）人。或曰诗人章孝标之子。僖宗乾
　符进士。有诗名，善讽刺。与罗隐、方干等友善。著有《章碣诗》。

⑤修：装饰。

⑥连娟：眉弯而细。开：展眉。

【译文】

　　邵安石，是连州人。高湘侍郎贬谪南方后奉诏回京，途经连江，邵安
石将平时所作的文章投献给高湘，得到了赏识，于是高湘把邵安石带到
了京城。高湘主持贡举，邵安石进士及第，诗人章碣，写了一首《东都望
幸》诗讽刺说："懒修珠翠上高台，眉月连娟恨不开。纵使东巡也无益，
君王自领美人来。"

　　郑隐者①，其先闽人，徙居循阳②，因而耕焉。少为律
赋③，辞格固寻常④。咸通末，小魏公沆自阙下黜循州佐⑤，
于时循人稀可与言者；隐赍谒之，沆一见甚慰意⑥，自是日
与之游。隐年少懒于事⑦，因傲循官寮⑧，由是犯众怒，故责
其逋租⑨，系之非所。沆闻大怒，以钱代隐输官⑩，复延之上
席⑪。未几，沆以普恩还京⑫，命隐偕行。隐禀性趦趄⑬，沆
之门吏家仆靡不恶之⑭，往往呼为乞索儿⑮，沆待之如一。行
次江陵⑯，隐狎游多不馆宿，左右争告，沆召隐征辩⑰，隐以
实对，沆又资以财帛，左右尤不测也⑱。行至商颜⑲，诏沆知
贡举。时在京骨肉，闻沆携隐，皆以书止之；沆不能舍，遂令
就策试，然与诸亲约止于此耳。暨榜除之夕，沆巡廊自呼隐
者三四，矍然顿气而言曰⑳："郑隐，崔沆不与了却㉑，更有何
人肯与之！"一举及第。然隐远人，素无关外名㉒，足不迹先

达之门^㉓，既及第而益孤。上过关宴，策蹇出京，槃桓淮、浙间^㉔。中和末，郑续镇南海^㉕，辟为从事，诸同舍皆以无素知闻^㉖，隐自谓有科第，志无复答。既赴辟，同舍皆不睦，续不得已，致隐于外邑。居岁余，又不为宰君所礼^㉗。会续欲贡士，以幕内无名人，迎隐尸之^㉘。其宰君谓隐恨且久，仇之必矣^㉙，遂于饯送筵置鸩^㉚，隐大醉，吐血而卒。

【注释】

①郑隐：字伯超，闽（今福建）人。僖宗乾符二年（875）登进士第。

②循阳：循州一带。今属广东惠州。

③律赋：有一定格律的赋体。对对偶、音律、押韵有严格规定。唐朝科举考试的内容之一。

④辞格：文辞体格。

⑤小魏公沆：崔沆。唐朝宰相。懿宗咸通十三年（872）坐事贬循州司户。僖宗乾符初任礼部侍郎，知贡举。崔沆的父亲崔铉封魏国公，因称崔沆"小魏公"。参见卷三"慈恩寺题名游赏赋咏杂纪"门注。州佐：州郡佐官。

⑥慰意：合意。

⑦懒于事：指不通晓人情世故。

⑧傲：轻视，藐视。

⑨逋（bū）租：欠租。逋，拖欠。

⑩输：缴纳。

⑪延之上席：指尊为上客。

⑫普恩：普施的恩泽。指皇恩。

⑬趑趄（zī jū）：犹恣睢。狂妄，放肆。

⑭门吏：门下办事的人。

⑮乞索儿：犹乞食者，乞丐。

⑯江陵：郡府名。唐天宝（742—755）初改荆州置，治所在江陵县（今湖北荆州）。乾元元年（758）复为荆州。上元元年（760）升荆州为江陵府。

⑰征辩：澄清辩解。征，证明，验证。

⑱不测：不能预料。此指不理解。

⑲商颜：又作商原。在今陕西大荔北。

⑳顿气：谓积足气力。

㉑了却：解决。指取得科第，解决出身之事。

㉒关外：京城以外。唐代定都长安，称函谷关或潼关以西京畿附近为关内，以东为关外。

㉓迹：至，到达。

㉔槃桓（pán huán）：徘徊，滞留。槃，旋转，盘绕。

㉕郑续：僖宗乾符六年（879）至光启二年（886）中，为岭南东道节度使，镇守南海。参见卷四"节操"门注。

㉖同舍：指同僚。

㉗宰君：对县令的尊称。

㉘尸：担任。指充数。

㉙仇：报复。

㉚鸩（zhèn）：传说中的一种毒鸟。以羽浸酒，可毒杀人。此指毒酒。

【译文】

郑隐，他的祖先是闽地人，后来移居循州，就在当地务农为生。郑隐少年时写作律赋，文辞体格原本平常。咸通末年，小魏公崔沆从京城贬居循州司户，当时循州人很少有能和崔沆谈得来的；郑隐带着所作诗文去拜谒崔沆，崔沆一见之后觉得甚合己意，从此以后经常和郑隐交游。郑隐年轻气盛不通晓人情世故，因为藐视循州的地方官吏，犯了众怒，循州的官吏于是责令郑隐缴纳拖欠的租赋，把他关进监狱里。崔沆得知此事勃然大怒，用自己的钱替郑隐缴纳给官府，又把他尊为上客。没多久，崔沆因为皇恩赦免回京，让郑隐和他一起入京。郑隐生性狂妄放肆，崔沆的门吏家仆们没有不厌恶他的，常常管他叫乞丐，但是崔沆待他始终如一。途经江陵的时候，郑隐经常出去狎妓夜不归宿，仆从们争相报告给崔沆，崔沆把郑隐叫来让他自己澄清辩解，郑隐据实回答，崔沆又资助他钱物，仆从们更加感到不可理解。走到商颜的时候，朝廷下诏任命崔沆主持贡举。当时崔沆在京城的亲人，听说崔沆带着郑隐回京，都写信劝阻；崔沆难以舍弃郑隐，于是让他参加策试，然而和诸位亲友约定帮助郑隐到此为止。到了放榜前一天晚上，崔沆在廊下徘徊，自言自语呼叫郑隐的名字好几次，猛然使劲说道："郑隐，我崔沆不替你解决出身之事，还有谁肯帮你取得功名啊！"郑隐于是一举及第。然而郑隐是远方来京城的人，却一向没有京城外的名声，又从来不去拜访先辈达人，进士及第之后更加孤单。参加完关宴之后，郑隐骑驴出京，在淮河、浙江一带徘徊。中和末年，郑续镇守南海，辟召郑隐为幕僚，诸位同僚都和他素来没有交往，郑隐自以为有进士功名，不愿意酬答。应召到郑续幕下之后，郑隐和同僚们都合不来，郑续不得已，只能把郑隐安置在别的县里。过了一年多，郑隐又不被当地县令礼敬。恰逢郑续要向朝廷举荐人才，因为幕下没有知名之士，便把郑隐接回来充数。那个县令以为郑隐对自己怀恨已久，此去肯定会报复他，于是在饯行的筵席上下了毒酒，郑隐喝得大醉，吐血而死。

崔元翰^①，为杨崖州炎所知^②，欲奏补阙^③，恳曰："愿进士。"由此独步场中^④，然不晓呈试，先求题目为地^⑤。崔敖知之^⑥，旭日都堂始开^⑦，盛气白侍郎曰^⑧："《白云起封中赋》，敖请退^⑨。"主司于帘中卒愕换之^⑩，是岁二崔俱捷。

【注释】

①崔元翰（729—795）：名鹏，以字行，博陵安平（今属河北）人。德
　宗建中二年（781）状元及第，后又登博学宏词科、贤良方正能直
　言极谏科。历校书郎、太常博士、礼部员外郎、职方员外郎知制
　诰、比部郎中等。善古文，著有《崔元翰集》。

②杨崖州炎：杨炎（727—781），字公南，别号小杨山人，谥平厉，岐
　州雍（今陕西宝鸡凤翔区）人。唐朝宰相。代宗朝历官司勋员外
　郎、兵部郎中、礼部郎中知制诰、中书舍人、吏部侍郎。德宗即位，
　拜门下侍郎、同中书门下平章事。创立两税法，有政绩。为人睚
　眦必报，党附元载，诬杀刘晏，后被卢杞构陷，贬崖州司马，赐死。
　工诗文，善山水画。《全唐诗》存诗二首。

③奏补阙：上奏朝廷授官补阙。

④独步场中：在科场中遥遥领先。此指崔元翰以府元入试。

⑤为地：给（他）留有余地。

⑥崔敖：博陵安平（今属河北）人。德宗建中二年（781）登进士第。
　官太常博士。

⑦都堂始开：指刚开始考试。进士考试在礼部贡院，礼部属尚书省，
　因此也可以说是都省或都堂。

⑧盛气：怒气冲冲。

⑨退：退出考试。

⑩卒愕：仓促惊愕。

【译文】

　　崔元翰，受到杨炎的赏识，杨炎打算上奏朝廷授给他补阙之职，崔元
翰恳求他说："希望得中进士。"于是崔元翰以府元入试，然而他不懂得
呈试的规矩，事先要来了考试题目以留余地。崔敖知道了这件事，天亮
时分刚开始考试，就怒气冲冲地对礼部侍郎说："这次考的是《白云起封
中赋》，我请求退出考试。"主考官在考帘内仓促惊愕地更换了考试题目，

那一年崔元翰和崔敖都考中了进士。

好及第恶登科

【题解】

明经与进士是唐朝常科最主要的科目,唐前期明经还能与进士分庭抗礼,唐中期以后明经地位日益下降,明经出身者多担任中下级官员,很难进入、甚至于被排除在高官行列。仕途出路已然高下有别,社会地位也自然如此。虽然李观还认为"二事并良"(卷五"切磋"门),但他的同榜生、宰相李绛却劝人举进士,认为"明经碌碌,非子所宜"(《新唐书》卷一百八十二《李珏传》)。社会普遍重进士而轻经术,上"好知己恶及第"门中的崔元翰受知于宰相,本可直接获得清要之官,却"愿进士"。进士及第之后又以经术登科,在唐人看来是一大憾事,称为"锦袄子上着莎衣"。此门记载的许孟容和蔡京都是进士及第之后又以学究登科。作者在论赞中认为这两位是求道而非求名,说明作者也认为此名非佳,"好及第恶登科"也。

　　许孟容进士及第①,学究登科②,时号"锦袄子上着莎衣"③。蔡京与孟容同④。

【注释】

①许孟容(743—818):字公范,谥号宪,京兆长安(今陕西西安)人。代宗大历十一年(776)登进士第,又究《王氏易》登科。历秘书省校书郎、礼部员外郎、礼部郎中、给事中等,与权德舆交好。宪宗元和年间累迁至京兆尹,改兵部侍郎、知贡举,以乐善拔士著称。官至尚书左丞,拜东都留守。《全唐诗》存诗三首。

②学究:即"学究一经"科。明经类考试科目之一。

③锦袄子上着莎衣:锦绣袄子外穿着蓑衣。比喻学究科粗陋不称进士。莎衣,蓑衣。莎,通"蓑"。

④蔡京(? —863):郓州(今山东东平)人。早年为僧,性聪慧,文宗大和时为天平节度使令狐楚赏识,还俗读书。文宗开成元年(836)登进士第,后又登学究科。授巇县尉,迁监察御史。宣宗时贬澧州司马,后历抚、饶等州刺史。懿宗咸通时官至岭南西道节度使,为政苛惨,为军士所逐,贬死崖州。能诗。《全唐诗》存诗三首。

【译文】

许孟容进士及第后,又以学究一经登科,当时被人称为"锦绣袄子外穿着蓑衣"。蔡京和许孟容一样。

论曰:古人举事之所难者,大则赴汤火①,次则临深履薄;李少卿又曰"操空拳,冒白刃"②,闻者靡不胆寒发竖③,永为子孙之戒。噫,危矣!彼之得因我也,失亦因我也。殊不知三百年来,科第之设,草泽望之起家④,簪绂望之继世⑤。孤寒失之,其族馁矣⑥;世禄失之⑦,其族绝矣。愧彼为裘之义⑧,觇乎析薪之喻⑨,方之汤、火、深、薄、空拳、冒白刃,危在彼矣。是知瓜李之嫌⑩,薏苡之谤⑪,斯不可忘。若邵、郑二子,单进求名之志先其类⑫,虽顺坂之势可惜⑬,而揠苗之戒难忘⑭。名既靡扬,得之不求。崔公胁制⑮,仁者所不为也。许、蔡二公所取者,道也,非为名也。莎锦之譬,谑浪而已⑯。

【注释】

①赴汤火:赴汤蹈火。

②李少卿：李陵。西汉名将。参见卷六"公荐"门注。操空卷（quān），冒白刃：手持空弓，迎着利刃。卷，弩弓。冒，迎着，不顾。白刃，雪亮的利刃。语出司马迁《报任安书》："然陵一呼劳，军士无不起，躬自流涕，沫血饮泣，更张空卷，冒白刃，北向争死敌者。"

③胆寒发竖：胆战心惊，头发竖起。形容惊惧恐怖至极。

④起家：起之于家而担任官职。指由平民出身而晋升为官员。

⑤簪（fú）绂：此指达官显贵。继世：继承先世。

⑥馁（něi）：饥饿。

⑦世禄：世代的爵禄。此指世代贵族之家。

⑧为裘之义：应当继承家业的克绍箕裘之义。为裘，制作裘衣。比喻继承家业。语出《礼记·学记》："良冶之子必学为裘，良弓之子必学为箕。"

⑨觍（tiǎn）：惭愧，羞耻。析薪之喻：不能承受先人禄位的砍柴负薪之喻。析薪，砍柴。父亲砍柴而儿子背不起来。比喻不能承受先人禄位。语出《左传·昭公七年》："古人有言曰：'其父析薪，其子弗克负荷。'施将惧不能任其先人之禄。"

⑩瓜李之嫌：瓜田李下的嫌疑。在瓜田里弯腰穿鞋，在李树下抬手正冠，容易被怀疑偷盗瓜果。汉乐府《君子行》："君子防未然，不处嫌疑间。瓜田不纳履，李下不正冠。"

⑪薏苡（yì yǐ）之谤：把薏苡当成明珠的毁谤。东汉马援征交趾时带回一车薏苡，被人怀疑是明珠。典出《后汉书·马援传》。

⑫单进：孤身求进。

⑬顺坂（bǎn）之势：顺坡而下的时机。比喻因人挈带而中举的好机会。坂，山坡。可惜：值得珍惜。

⑭揠（yà）苗之戒：拔苗助长的警戒。揠，拔。古代一名宋国人嫌禾苗长得慢，用手拔高，结果苗却反而枯死了。比喻急于求成，结果不但无益，反而有害。典出《孟子·公孙丑上》。

⑮胁制：挟制。

⑯谑（xuè）浪：戏谑。

【译文】

论曰：古人列举艰难的事情，大的艰难例如赴汤蹈火，次一等的例如面临深渊，脚踏薄冰；又如司马迁形容李陵带兵打仗"手持空弓，迎着利刃"，听到的人都惊惧恐怖至极，永远立为子孙后代的警戒。噫，确实是危险啊！他们得到是因为自己，失去也是因为自己。却不知三百年来，国家设置科第，在野之士期望靠它进身仕途，显贵世家期望靠它继承先世。孤寒士人不能及第，家族就要陷于饥饿；世家子弟不能及第，家族就要衰落断绝。惭愧于应当继承家业的克绍箕裘之义，羞耻于不能承受先人禄位的砍柴负薪之喻，相比于赴汤、蹈火、临深、履薄、持空弓、迎利刃，危险正在前者。于是知道瓜田李下的嫌疑，把薏苡当成明珠的毁谤，这样的教训不可忘记。像邵安石、郑隐这两个人，孤身求进博取功名的意愿先于同辈，虽然因人挈带而中举的好机会值得珍惜，但是拔苗助长适得其反的警戒也不能忘记。他们的名声没有显扬，虽然及第但是难以求取荣耀。而像崔敖那样挟制主考官，仁义之人不会那样做。许孟容、蔡京二位想要求取的，是大道，而不是功名。锦绣袄子外穿着蓑衣的譬喻，不过是戏谑玩笑而已。

敕赐及第

【题解】

进士录取是选拔人才的大事，为示尊重与公平，皇帝有时会过问，但一般不直接参与，偶尔也有例外，如卷八"已落重收"门中皇帝诏有司放顾非熊及第。唐末国家动荡，朝廷纲纪废弛，皇帝直接干预进士录取，敕赐及第者不少，此门记录的是懿宗和僖宗两位皇帝恩赐进士及第的事例。获赐者多是权贵子弟，或者依附权贵，特别是宦官的士人，如秦韬玉等。其中有些已入仕途，甚至位列要职，但仍渴望一个进士身份，所谓"搢绅虽位极人臣，不由进士者，终不为美"（卷一"散序进士"门）。

　　韦保乂①，咸通中以兄在相位②，应举不得③，特敕赐及第，擢入内庭④。

【注释】

①韦保乂：京兆杜陵（今陕西西安）人。懿宗咸通十二年（871）赐进士及第。历尚书郎、知制诰，召充翰林学士，历礼、户、兵三侍郎，坐其兄韦保衡之罪贬为宾州司户。

②以兄在相位：因为兄长韦保衡做宰相。韦保衡，懿宗时宰相。

③应举不得：指避嫌不能应举。唐代后期当朝宰相的子弟须主动避试。

④擢入内庭：擢拔入内庭任职。内庭，宫禁以内。

【译文】

韦保乂，咸通年间因为兄长韦保衡做宰相，避嫌不能应举，皇帝特敕恩赐进士及第，擢拔入内庭任职。

　　永宁刘相邺①，字汉藩，咸通中自长春宫判官召入内庭②，特敕赐及第。中外贺缄极众③，唯郓州李尚书种一章最著④，乃福建韦尚书岫之辞也⑤。于时韦佐郓幕，略曰："用敕代榜⑥，由官入名⑦。仰温树之烟⑧，何人折桂？溯甘泉之水⑨，独我登龙。禁门而便是龙门⑩，圣主而永为座主。"又曰："三十浮名⑪，每年皆有；九重知己⑫，旷代所无⑬。"相国深所慊郁⑭，盖指斥太中的也⑮。

【注释】

①永宁刘相邺：刘邺，唐朝宰相。懿宗咸通初召为翰林学士，赐进士
　　及第。见前注。

②长春宫判官：长春宫使判官。长春宫，北周武帝始建，在今陕西大
　　荔。李世民曾镇守于此。后多以同州刺史兼任长春宫使。判官，
　　官名。唐代遍置于使府，是辅佐节度使、观察使、防御使等别敕差
　　使的重要官吏。州府诸曹参军亦称"判官"。

③贺缄：贺书，贺信。

④郓（yùn）州：唐武德四年（621）置，治所郓城（今山东东平）。天
　　平军节度使治所。李尚书种：李种，懿宗、僖宗时任天平军节度使。

⑤韦尚书岫（xiù）：韦岫，字伯起，京兆万年（今陕西西安）人。宰相
　　韦宙弟。官泗州刺史、福建观察使等。

⑥用敕代榜：用敕书代替榜文。

⑦由官入名：由官员列名进士。名，名场。

⑧温树：温室树。借指宫禁。汉长乐宫中有温室殿。典出《汉书·孔
　　光传》："沐日归休，兄弟妻子燕语，终不及朝省政事。或问光：'温
　　室省中树皆何木也？'光嘿不应，更答以它语，其不泄如是。"

⑨溯：逆水而上。甘泉：水名。借指宫禁。甘泉山有秦代甘泉宫，在
　　今陕西淳化。

⑩禁门：宫门。

⑪三十浮名：三十名进士。三十，每年进士之约数。唐文宗嫌进士
　　录取人数过多，曾敕令每年限放三十人及第。见《旧唐书·文宗
　　本纪》。浮名，功名。此指进士。

⑫九重知己：天子为知己。九重，天之极高处。借指帝王。

⑬旷代：旷世，绝代。

⑭慊（qiǎn）郁：不满。

⑮指斥：指陈。中的：切当。

【译文】

永宁刘邺宰相,字汉藩,咸通年间自长春宫判官召入内庭任职,皇帝特敕恩赐进士及第。朝廷内外贺信很多,其中郓州节度使李种的贺信最著名,此信出自福建观察使韦岫的手笔。当时韦岫在郓州做幕僚,写道:"用敕书代替榜文,由官员列名进士。仰望温室树上的烟霞,何人能够于此折桂?溯游甘泉宫中的水流,只有我能够登上龙门。宫门就是我进士及第的龙门,圣明天子永远是我的座主。"又写道:"三十名进士,每年都有;天子为知己,旷世所无。"刘邺宰相对此深为不满,因为指陈得太过切当。

杜昇父宣猷终宛陵①。昇有词藻②,广明岁,苏导给事刺剑州③,昇为军倅④;驾幸西蜀⑤,例得召见,特敕赐绯⑥,导入内。韦中令自翰长拜主文⑦,昇时已拜小谏⑧,抗表乞就试⑨,从之。登第数日,有敕复前官并服色⑩。议者荣之。

【注释】

①杜昇父宣猷终宛陵:杜昇的父亲杜宣猷官终宣歙观察使。杜昇,京兆万年(今陕西西安)人。僖宗广明二年(881)登进士第。官拾遗。宣猷,杜宣猷,京兆万年(今陕西西安)人。进士及第。历监察御史、祠部员外郎、金部郎中等。懿宗时任福建、宣歙观察使等。宛陵,县名。西汉置,隋大业初改为宣城县,故治即今安徽宣城。唐因之。宣歙观察使治所。

②词藻:华丽文词。此指文学才能。

③苏导给事刺剑州:给事中苏导出任剑州刺史。苏导,僖宗时任剑州刺史。给事,给事中的简称。刺,担任州刺史。剑州,唐先天二年(713)改始州置,治普安(今四川剑阁)。

④军倅（cuì）：副将。倅，州郡长官的副职。

⑤驾幸西蜀：指广明元年（880）末黄巢率军攻陷长安，僖宗出奔西蜀。

⑥赐绯：赐给绯色的官服。唐代五品以上服绯。不足五品而赐绯，以示荣宠。

⑦韦中令自翰长拜主文：中书令韦昭度自翰林学士被任命知贡举。韦中令，韦昭度。唐朝宰相，拜中书令。参见卷七"起自寒苦"门注。翰长，对翰林院中资深学士的敬称。

⑧小谏：唐代拾遗的别称。

⑨抗表：上表。

⑩复前官并服色：恢复前任官职和所赐服色。服色，衣服的样式、颜色。古代官员的服色依照品级高低区分。

【译文】

杜昇的父亲杜宣猷官终宣歙观察使。杜昇有文学才能，广明年间，给事中苏导出任剑州刺史，提拔杜昇担任副将；皇帝驾临西蜀的时候，杜昇按例得到召见，特敕赐给绯色的官服，使入内庭任职。中书令韦昭度自翰林学士被任命知贡举，杜昇当时已经被授为拾遗，上表请求参加进士考试，得到准许。杜昇进士及第后数日，皇帝敕令恢复他的前任官职和所赐服色。当时人们以此为荣。

　　秦韬玉①，出入大阉田令孜之门②。车驾幸蜀，韬玉已拜丞郎，判盐③；及小归公主文④，韬玉准敕放及第，仍编入其年榜中。韬玉置书谢新人⑤，呼同年，略曰："三条烛下⑥，虽阻文闱⑦；数仞墙边⑧，幸同恩地⑨。"

【注释】

①秦韬玉：字中明，一作仲明，京兆（今陕西西安）人，或云合阳（今

属陕西）人。出身寒微，出入宦官田令孜之门，为神策军判官，依附宦官的"芳林十哲"之一。随僖宗入蜀，中和二年（882）赐进士及第。官至工部侍郎、判度支。工诗，著有《投知小录》。

② 大阉（yān）：大宦官。田令孜（? —893）：本姓陈，字仲则，蜀郡（今四川）人。唐末权宦。懿宗时入内侍省。僖宗即位，擢为神策军中尉，渐掌大权，贪婪横暴。广明中携僖宗入蜀，封晋国公。光启初还京，授左右神策十军使。与河中节度使王重荣争盐利，兵败，挟持僖宗逃往凤翔。失势穷困，为天下所恶，逃奔成都。王建攻入成都，被杀。

③ 韬玉已拜丞郎，判醝（cuó）：秦韬玉已经授官尚书省丞、郎一类官职，充任盐铁转运使。醝，盐的别名。

④ 小归公：归仁绍。中和年间任礼部侍郎，知贡举。参见卷三"慈恩寺题名游赏赋咏杂纪"门注。

⑤ 谢：以言辞相问候。

⑥ 三条烛：唐代考进士，试日可延长至夜间，许烧烛三条。韦承贻《策试夜潜纪长句于都堂西南隅》诗："三条烛尽钟初动，九转丹成鼎未开。"

⑦ 文闱：指科场。

⑧ 数仞墙边：指夫子之门墙。代指主考官。语出《论语·子张》："（子贡曰）：'夫子之墙数仞，不得其门而入，不见宗庙之美、百官之富。'"

⑨ 恩地：对师门的敬称。

【译文】

秦韬玉，出入于大宦官田令孜的门下。皇帝驾临西蜀的时候，秦韬玉已经授官尚书省丞郎，充任盐铁转运使；到归仁绍主持贡举的时候，皇帝恩准特赐秦韬玉进士及第，并编入当年的进士榜中。秦韬玉写信向新进士们问候致意，称呼他们是同年，写道："三条烛下考试的时候，虽然我不能应试;恩师的门墙之旁,我侥幸和你们同一师门。"

　　王彦昌①,太原人,家世簪冕②,推于鼎甲③。广明岁,驾幸西蜀,恩赐及第,后为嗣薛王知柔判官④。昭宗幸石门⑤,时宰臣与学士不及随驾,知柔以京尹判醝⑥,权中书⑦,事属近辅⑧,表章继至⑨,切于批答⑩。知柔以彦昌名闻,遂命权知学士,居半载,出拜京尹,又左常侍、大理寺卿⑪,为本寺人吏所累,南迁⑫。

【注释】

①王彦昌:太原(今属山西)人。僖宗广明二年(881)赐进士及第。曾为嗣薛王李知柔判官。昭宗乾宁时充翰林学士,拜京兆尹。又为左散骑常侍、大理卿。

②簪冕:冠簪和礼帽。古代官员的佩饰。比喻达官显贵。

③鼎甲:指豪门大族。

④嗣薛王知柔:李知柔,唐宗室。见前注。

⑤昭宗幸石门:乾宁二年(895),凤翔节度使李茂贞勾结邠宁节度使王行瑜等攻打长安,昭宗逃奔石门。石门,镇名。在今陕西蓝田西南汤峪镇。

⑥京尹:京兆尹的简称。

⑦权中书:权且负责中书省事务。

⑧近辅:近臣。

⑨表章:古代大臣呈交君主的奏章。

⑩批答:批复。

⑪左常侍:官名。左散骑常侍的简称。三国魏文帝黄初(220—226)初年置散骑,合于中常侍,谓之散骑常侍。西晋沿置,为门

下重职,职掌侍从皇帝左右,谏诤得失,顾问应对。后渐为闲散之
职。唐太宗贞观十七年(643)复置为职事官,隶门下省。高宗显
庆二年(657)分置左右,以左散骑常侍二员隶门下省,右散骑常
侍二员隶中书省,常侍从规谏,备顾问应对。大理寺卿:官名。北
齐改廷尉为大理卿,为大理寺长官,位列九卿。隋唐沿置,掌邦国
折狱详刑之事。

⑫南迁:指被贬谪到南方。

【译文】

王彦昌,是太原人,家中世代为官,被视为豪门大族。广明年间,皇
帝驾临西蜀,王彦昌被恩赐进士及第,后来担任嗣薛王李知柔的判官。
昭宗巡幸石门,当时宰相重臣和翰林学士们来不及随驾前往,李知柔以
京兆尹充任盐铁转运使,权且负责中书省事务,中书省属于近臣枢要,各
处奏章接连而至,急于批复处理。李知柔将王彦昌的名字上报给朝廷,
皇帝于是命令王彦昌暂时充任翰林学士,过了半年,王彦昌被授为京兆
尹,又任左散骑常侍、大理寺卿,受大理寺官员牵连,被贬谪到南方。

表荐及第

【题解】

唐末藩镇与宦官势力极强,多有附其及第者,然而士论不佳也可想
而知。殷文圭靠朱温推荐而及第,及第之后为了自己的名声百般掩饰,
甚或说出"於菟猎食,非求尺璧之珍;鹓鹏避风,不望洪钟之乐"的狡辩
之辞,惹得朱温大怒。杨行密与朱温不和,殷文圭靠朱温及第又讽刺于
他,还侍奉他的对头杨氏父子,朱温仇视他,以他为例说"措大率皆负
心",或许有之。至于朱温在白马驿大肆屠戮公卿,则是有强烈的政治动
机,不能归结于殷文圭之背叛。

　　乾宁中，驾幸三峰①。殷文圭者②，携梁王表荐及第③，仍列于榜内。时杨令公_行密镇维扬④，奄有宣、浙。扬、汴榛梗久矣⑤。文圭家池州之青阳⑥，辞亲间道至行在，无何，随榜为吏部侍郎裴枢宣谕判官⑦，至大梁，以身事叩梁王⑧，王乃上表荐之。文圭复拟饰非⑨，遍投启事于公卿间，略曰："於菟猎食，非求尺璧之珍⑩；鹡鸰避风，不望洪钟之乐⑪。"既擢第，由宋、汴驰过⑫，俄为多言者所发⑬；梁王大怒，亟遣追捕，已不及矣。自是屡言措大率皆负心⑭，常以文圭为证，白马之诛⑮，靡不由此也。

【注释】

①驾幸三峰：皇帝驾临华州。乾宁三年（896），李茂贞进犯京师，昭宗出驻华州。参见卷三"慈恩寺题名游赏赋咏杂纪"门注。

②殷文圭：字表儒，小字桂郎，池州青阳（今属安徽）人。昭宗乾宁五年（898），朱温表荐登进士第。曾为裴枢汴州宣谕使判官，后事杨行密父子，为淮南节度掌书记、翰林学士，终左千牛卫将军。工诗善文，著有《登龙集》《冥搜集》等。

③梁王：梁太祖朱温，昭宗时封梁王。参见卷三"慈恩寺题名游赏赋咏杂纪"门注。表荐：上表推荐。

④杨令公：杨行密（852—905），原名行愍，字化源，庐州合肥（今属安徽）人。五代十国时期吴国政权的奠基人，史称"南吴太祖"。僖宗中和年间任庐州刺史，唐末军阀混战中占据江淮一带，天复二年（902）进封吴王。曾拜中书令，因称"杨令公"。其子杨溥称帝，追尊为武皇帝，庙号太祖。维扬：扬州的别称。

⑤扬、汴榛梗（zhēn gěng）久矣：扬州的杨行密与汴州的朱温不和已经很久了。榛梗，隔阂，嫌怨。杨行密据扬州，朱温据汴州，二

人对敌已久。殷文圭依仗朱温及第,后事杨行密父子。

⑥池州:唐武德四年(621)置,治秋浦县(今安徽池州贵池区)。青
　阳:县名。天宝元年(742)置,属池州,治今安徽青阳。

⑦裴枢(841—905):字纪圣,绛州闻喜(今属山西)人。唐朝宰相。
　咸通十二年(871)登进士第。历校书郎、蓝田尉、殿中侍御史、吏
　部员外郎、给事中、京兆尹等。乾宁年间从昭宗幸华州,为汴州宣
　谕使,和朱温交好,不久拜相。后得罪朱温,贬泷州司户参军,被
　杀害于白马驿。宣谕:宣谕使。奉使宣谕朝廷旨意。

⑧身事:指解决出身之事。

⑨饰非:遮掩过错。饰,掩饰,粉饰。

⑩於菟(wū tú)猎食,非求尺璧之珍:老虎只是猎食,并不是追求贤
　才。比喻朱温表荐自己就像老虎猎食而已,并非尊重贤才。於
　菟,虎的别称。古时楚人称虎为於菟。比喻朱温。尺璧,直径一
　尺的璧玉,言其珍贵。比喻贤才。

⑪鹓鶋(yuán jū)避风,不望洪钟之乐:鹓鶋只是避风,没想到会受
　到礼乐供奉。比喻自己遇到朱温只是像鹓鶋一样避灾而已,没想
　到对方会表荐自己。鹓鶋,一种海鸟。形似凤凰,畏惧大风。洪
　钟,大钟。春秋时鹓鶋因避海风而停在鲁国东门,臧文仲以为神
　异,使国人祭之。典出《国语·鲁语上》。后常用来形容因无知
　而礼敬。胡曾《咏史诗》:“因笑臧孙才智少,东门钟鼓祀鹓鶋。”

⑫由宋、汴驰过:从商丘、开封一带疾行而过。宋,周代诸侯国名。
　在今河南商丘一带。

⑬多言者:好事者。好讲闲话的人。

⑭措大:旧称贫寒的读书人。

⑮白马之诛:指白马驿之祸。唐末天祐二年(905),朱温将裴枢、陆
　扆等三十多名唐朝的宰相重臣杀害于滑州白马驿,投尸于黄河,
　不久唐朝灭亡。

【译文】

乾宁年间，皇帝驾临华州。有个叫殷文圭的，因为梁王朱温上表推荐而及第，并列入当年的进士榜中。当时杨行密镇守扬州，广据宣州、浙江一带大片土地。杨行密与朱温不和已经很久了。殷文圭家在池州青阳县，辞别亲人从小路来到皇帝的华州行在，没多久，被任命为吏部侍郎裴枢的汴州宣谕使判官，到了开封之后，殷文圭为解决出身之事恳求朱温，朱温于是上表推荐他进士及第。殷文圭又打算遮掩这件不光彩的事，于是在公卿大臣之间到处投递启事，写道："老虎只是猎食，并不是追求贤才；鹪鹩只是避风，没想到会受到礼乐供奉。"及第之后南归，殷文圭从商丘、开封一带疾行而过，很快被好事者揭发；朱温勃然大怒，急忙派人追捕，已经来不及了。朱温自此以后每每说到读书人都是忘恩负义之辈，常拿殷文圭作例证，后来在白马驿屠戮公卿，也都因此事而起。

何泽①，韶阳曲江人也。父鼎②，容管经略，有文称③。泽乾宁中随计至三峰行在，永乐崔公④，即泽之同年丈人也⑤；闻泽来举，乃以一绝振之曰⑥："四十九年前及第，同年唯有老夫存。今日殷勤访我子，稳将鬐鬣上龙门⑦。"时主文与夺未分⑧，又会相庭有所阻⑨，时崔相公胤恃权⑩，即永乐犹子也⑪。因之败于垂成，后漂泊关外。梁太祖受禅⑫，泽假广南幕职入贡⑬，敕赐及第⑭。

【注释】

①何泽：韶阳曲江（今广东韶关）人，一作广州（今属广东）人。后梁贞明二年（916）登进士第。仕后唐为洛阳令、仓部郎中、吏部郎中、史馆修撰等，以太仆少卿致仕。长于歌诗。

②鼎：何鼎，韶阳曲江（今广东韶关）人，一作广州（今属广东）人。

宣宗大中三年（849）登进士第。历著作郎、陇州司马,累授容管
经略使。

③文称:文名。

④永乐崔公:崔安潜。宣宗大中三年（849）登进士第。宰相崔慎由弟,
官至侍中、左仆射。参见卷三"慈恩寺题名游赏赋咏杂纪"门注。

⑤同年丈人:父亲的同年。丈人,对长辈的尊称。

⑥振:鼓励。

⑦鬐鬣（qí liè）:龙的脊鳍。借指龙。

⑧与夺:赐予和剥夺。指进士人选的取舍。

⑨相庭:宰相办公处。

⑩崔相公胤:崔胤（853—904）,字昌遐,一字垂休,清河东武城（今
河北清河）人。唐朝宰相。宰相崔慎由子。僖宗乾符二年（875）
登进士第。历御史中丞、考功员外郎、吏部郎中、给事中、中书舍
人、吏部侍郎等。险恶狡诈,勾结藩镇挟制朝廷,排斥异己,数次
拜相,总揽朝廷大权。后为朱温所杀。恃权:依仗权势横行。

⑪犹子:侄子。

⑫梁太祖受禅:天祐四年（907）唐哀帝被迫禅位给朱温。朱温灭
唐,建立后梁。

⑬广南幕职:清海军节度使的幕僚。广南,唐乾宁二年（895）改岭
南东道节度使为清海军节度使,治所在广州（今属广东）,辖今广
东和海南。

⑭敕赐及第:《资治通鉴》注引薛史:"何泽,广州人,梁贞明中清海
节度使刘陟荐其才,以进士擢第。"

【译文】

何泽,是韶阳曲江人。父亲何鼎,官至容管经略使,有文名。何泽在
乾宁年间到昭宗的华州行在参加进士考试,永乐崔公崔安潜,是何泽父
亲的同年;崔安潜听说何泽来考进士,写了一首绝句鼓励他道:"四十九

年前及第，同年唯有老夫存。今日殷勤访我子，稳将馨鬻上龙门。"当时主考官在进士人选的取舍上犹豫未定，又适逢宰相之间有所阻碍，当时宰相崔胤依仗权势横行，崔胤是崔安潜的侄子。于是何泽考进士功败垂成，后来漂泊在京城之外。梁太祖朱温建梁之后，何泽以清海军节度使幕僚的身份入京省试，因为节度使的表荐而敕赐进士及第。

恶得及第

【题解】

此门记录的是依附宦官而及第的事例。唐朝投靠宦官的人多被嫌恶，因此称为"恶得及第"。于兑、黄郁、李瑞等倚靠权宦田令孜进士及第，及田令孜事败，大都随之湮灭。依附宦官及第虽然被人不齿，但确是及第之捷径。裴思谦倚靠权宦仇士良，向主考官高锴索求状元，高锴起初严词拒绝，裴思谦想办法见到他，倚仇士良之势当面予以威压，高锴迫于无奈只能屈从。卷三"慈恩寺题名游赏赋咏杂纪"门中记载裴思谦状元及第之后盛游平康里，写诗得意道："银釭斜背解鸣珰，小语偷声贺玉郎。从此不知兰麝贵，夜来新惹桂枝香。"比起殷文圭靠朱温表荐及第，过后极力掩饰，裴思谦则所谓不以为耻，反以为荣。

于兑旧名韬玉①，长兴相国兄子②，贵主视之如己子③，莫不委之家政④，往往与于关节⑤，由是众议喧然。广明初，崔厚侍郎榜⑥，贵主力取鼎甲；榜除之夕，为设庭燎⑦，仍为宴具⑧，以候同年展敬⑨。选内人美少者十余辈⑩，执烛跨乘⑪，列于长兴西门。既而将入辨色⑫，有朱衣吏驰报曰："胡子郎君未及第。"胡子，兑小字⑬。诸炬应声掷之于地。巢寇难后，于川中及第⑭，依栖田令孜矣⑮。或曰兑及第非令孜力，后依其门耳。

【注释】

①于悦：原名韬玉，字拱臣，小字胡子，河南（今河南洛阳）人。僖宗广明二年（881）登进士第。

②长兴相国：宰相于琮。长兴，长安坊名。于琮所居。于琮（？—881），字礼用，河南（今河南洛阳）人。唐朝宰相。进士及第。尚宣宗女广德公主。历水部郎中、翰林学士、中书舍人、兵部侍郎判户部等。懿宗咸通八年（867）拜中书侍郎、同平章事。后出为山南东道节度使。黄巢攻陷长安，遇害。

③贵主：公主。

④家政：家中的事务。

⑤与于关节：参与请托。

⑥崔厚：字致之，博陵安平（今属河北）人。懿宗时历官金部、吏部、司勋员外郎。咸通十年（869），为司勋郎中。僖宗时自左司郎中，迁兵部郎中，历谏议大夫。广明初以礼部侍郎知贡举。官至太常卿。

⑦庭燎：古代庭中照明的火炬。

⑧宴具：宴席所用的器具、酒食。

⑨展敬：问候致敬。

⑩内人：贵族家的女伎。

⑪跨乘：骑马。

⑫辨色：初能辨物。指黎明时分。权德舆《奉和礼部尚书酬杨著作竹亭歌》："直为君恩催造膝，东方辨色谒承明。"

⑬小字：小名。

⑭于川中及第：在四川进士及第。唐僖宗广明元年（880），黄巢率军攻陷长安，僖宗出奔西蜀，中和五年（885）方还京师。期间数

　　年省试皆在成都。参见卷二"争解元"门注。

　　⑮依栖:依附。

【译文】

　　于梲原名于韬玉,是宰相于琮哥哥的儿子,于琮的妻子广德公主把他视作自己的儿子,家中的事务没有不委托他的,于梲常常参与请托之事,因此众人议论纷纷。广明初年,崔厚侍郎主持贡举放榜,公主为于梲竭力谋取前三名;放榜前一晚,公主在庭院中设置火炬照明,并置备宴席所用的器具、酒食,等待同年进士们来问候致敬。又挑选家中年轻貌美的女伎十余人,持烛跨马,在长兴坊西门列队等候。不久天色将明,一名身穿朱衣的官吏驰马来报告说:"胡子郎君没有及第。"胡子,是于梲的小名。诸人手中的火炬应声抛掷在地上。黄巢寇乱京师之难后,于梲在四川进士及第,依附于大宦官田令孜。也有人说于梲进士及第并不是倚仗田令孜,而是及第之后才依附在田令孜门下。

　　高锴侍郎第一榜①,裴思谦以仇中尉关节取状头②,锴庭遣之③,思谦回顾厉声曰:"明年打脊取状头④!"明年,锴戒门下不得受书题⑤,思谦自怀士良一缄入贡院;既而易以紫衣⑥,趋至阶下白锴曰:"军容有状⑦,荐裴思谦秀才。"锴不得已,遂接之。书中与思谦求巍峨⑧,锴曰:"状元已有人,此外可副军容意旨⑨。"思谦曰:"卑吏面奉军容处分⑩,裴秀才非状元,请侍郎不放。"锴俯首良久曰⑪:"然则略要见裴学士⑫。"思谦曰:"卑吏便是。"思谦词貌堂堂⑬,锴见之改容,不得已,遂礼之矣。

【注释】

　　①高锴:元和九年(814)登进士第,后又登博学宏词科。历吏部员

外郎、司勋郎中、谏议大夫、中书舍人、礼部侍郎、吏部侍郎等,出为鄂岳观察使,卒。曾于文宗开成元年(836)至三年(838)连知贡举,以抑豪华、擢孤进称。

②裴思谦:文宗开成三年(838)倚仗宦官仇士良之势状元及第。参见卷三"慈恩寺题名游赏赋咏杂纪"门注。仇中尉:即左神策军中尉仇士良(781—843),字匡美,循州兴宁(今属广东)人。唐朝宦官。宪宗时为内给事,出监平卢、凤翔等军,数任内外五坊等使。文宗时擢为左神策军中尉,因文宗与宰相李训等谋诛宦官,胁持文宗,杀李训、舒元舆、王涯等大批公卿,史称"甘露之变"。凶暴贪酷,操纵朝政,废杀太子,拥立武宗,晋封楚国公。卒后削爵籍没。中尉,左神策军护军中尉。官名。唐德宗贞元十二年(796)置,以宦官为之,禁军最高统兵官之一,权倾天下,皇帝废立,多出其可否。

③庭谴:当庭谴责。

④打脊:鞭笞脊背。古代肉刑的一种。借为骂人语。

⑤书题:书信。此指请托的书信。

⑥易以紫衣:换上紫衣。紫衣为公服,未及第的士人不得服。裴思谦借以掩饰身份。

⑦军容:指观军容宣慰处置使。唐肃宗乾元元年(758)郭子仪、李光弼等九节度之师围讨安庆绪,不置统帅,而授宦官鱼朝恩此号,监督诸军,犹监军使。其后又有左右神策军观军容使,统领禁军,皆由宦官充任。此指仇士良。

⑧巍峨:高大。比喻高第,此指状元。

⑨副:符合,满足。意旨:意愿,意图。多指尊者的意向。

⑩卑吏:犹卑职。旧时下级官吏面对上级官长时的自谦之称。

⑪俯首:低头。

⑫略:简略。

⑬词貌堂堂：措词和神态坦荡大方。

【译文】

高锴侍郎第一次主持贡举放榜，裴思谦凭借左神策军中尉仇士良的请托来谋取状元，高锴当庭谴责了他，裴思谦回头厉声说道："明年还要来取状元！"第二年，高锴告诫门下属员不得接受请托的书信，而裴思谦自己带着仇士良的书信进入贡院；接着换上紫色公服，快步走到台阶下对高锴说："观军容使有书信，推荐裴思谦秀才。"高锴不得已，只好接过书信。信中为裴思谦求状元，高锴说："状元已经有人了，除此以外都可以满足观军容使的意愿。"裴思谦说："卑职当面受观军容使吩咐，裴秀才如果不取为状元，就请侍郎不要录取。"高锴低头沉默了很久说："虽然如此，也要简单见见裴学士。"裴思谦说："卑职就是。"裴思谦的措词和神态坦荡大方，高锴见了之后改变神色，不得已，只能对他以礼相待。

　　黄郁①，三衢人②，早游田令孜门，擢进士第，历正郎、金紫③。李瑞④，曲江人，亦受知于令孜，擢进士第，又为令孜宾佐，俱为孔鲁公所嫌⑤。文德中⑥，与郁俱陷刑网⑦。

【注释】

①黄郁：衢州（今属浙江）人。僖宗广明二年（881）登进士第。

②三衢：衢州的别名，以州有三衢山得名。

③正郎：唐朝尚书省诸司郎中的别称。金紫：金鱼袋及紫衣。唐代三品以上官员服紫，佩金鱼袋。官品不够而皇帝推恩特赐，称赐金紫。

④李瑞：曲江（今广东韶关）人。僖宗广明二年（881）登进士第。

⑤孔鲁公：孔纬。唐朝宰相。参见卷一"广文"门注。嫌：厌恶。

⑥文德：唐僖宗李儇的年号（888）。

⑦刑网：比喻刑法。

【译文】

　　黄郁,是衢州人,早年奔走于田令孜门下,登进士第,担任尚书省郎中、赐金紫。李瑞,是曲江人,也受到田令孜的赏识,登进士第,又担任田令孜的幕宾僚佐,二人都被鲁国公孔纬所厌恶。文德年间,李瑞和黄郁都受到刑法制裁。

芳林十哲 今记得者八人

【题解】

　　芳林是唐代长安城北面的偏东门,自芳林门可入宦官的办事机构内侍省,唐人又好以十哲为名,因此统称那些结交宦官以取得前程的士人为"芳林十哲"。芳林十哲中不乏才士,尤其是秦韬玉,擅长诗文而因出身寒微久举不第,最终投靠宦官取得前程。其名句除本门所引之外,还有著名的《贫女》诗:"蓬门未识绮罗香,拟托良媒益自伤。谁爱风流高格调,共怜时世俭梳妆。敢将十指夸织巧,不把双眉斗画长。苦恨年年压金线,为他人作嫁衣裳。"寄寓寒士出身贫贱、怀才不遇的感恨。作者认为芳林十哲虽然因贪图名利而投靠宦官,为儒林所不齿,但确有才能,也是宦官把持朝政下寒门士人的无奈之举,并非大奸大恶之辈。

　　沈云翔①,亚之弟也②。

　　林缮改名绚③,闽人。光化中守太常博士。

　　郑玘　刘业　唐珣　吴商叟④已上四人,未知其详。

【注释】

①沈云翔:吴兴(今浙江湖州)人。沈亚之弟。懿宗咸通间,与郑玘等交通中贵,时号"芳林十哲"。据《旧唐书·僖宗本纪》,沈云翔曾降黄巢,任翰林学士。

②亚之：沈亚之（？—约832），字下贤，吴兴（今浙江湖州）人。宪
　　宗元和十年（815）登进士第，后又登贤良方正能直言极谏科。历
　　栎阳尉、福建都团练副使、沧德宣慰使判官等。因沧德宣慰使柏
　　耆擅杀叛将李同捷，坐贬南康尉，量移郢州司户参军，卒。以传奇
　　小说著名，亦擅诗，为杜牧、李商隐推重。著有《沈亚之集》。
③林缵：改名林绚，闽（今福建）人。光化中官太常博士。
④郑玘（qǐ）："芳林十哲"之一。《岭表录异》存其诗一首。刘业、唐
　　珣、吴商叟：皆列名"芳林十哲"。

【译文】

沈云翔，是沈亚之的弟弟。

林缵改名林绚，福建人。光化中官太常博士。

郑玘　刘业　唐珣　吴商叟以上四人，不知道他们的事迹。

　　秦韬玉，京兆人，父为左军军将①。韬玉有词藻，亦工
长短歌②，有《贵公子行》曰："阶前莎毯绿不卷③，银龟喷香
挽不断④。乱花织锦柳捻线，妆点池台画屏展。主人功业传
国初，六亲联络驰朝车⑤。斗鸡走狗家世事⑥，抱来皆佩黄
金鱼⑦。却笑书生把书卷，学得颜回忍饥面⑧。"然慕柏耆为
人⑨，至于躁进⑩，驾幸西蜀，为田令孜擢用；未期岁⑪，官至
丞郎，判盐铁，特赐及第。

【注释】

①左军：左神策军。
②长短歌：乐府歌行。乐府歌行根据音节长短分长歌和短歌。
③莎毯：比喻莎草软厚如毯。莎，莎草。
④银龟：银质龟形香炉。

⑤联络:互相衔接。朝车:古代君臣行朝夕礼及宴饮时出入用车。

⑥斗鸡走狗:泛指纨绔子弟游手好闲的消遣。

⑦黄金鱼:金质的鱼符。唐代亲王及三品以上官员佩带。

⑧颜回(前521—前490):字子渊,鲁国(今山东曲阜)人。孔子的得意门生。虚心好学,安贫乐道,以德行著称。早卒。后世尊为"复圣"。

⑨柏耆(?—829):魏州大名(今属河北)人。唐朝名将、平原郡王柏良器之子。素负志略,学纵横家流。自请招抚叛将王承宗,由处士擢拜左拾遗。迁起居舍人,转兵部郎中、谏议大夫。收复叛将李同捷占据的沧、德二州,斩同捷以献。诸将争功,劾其擅杀大将,贬官长流,旋赐死。

⑩躁进:急于进取。

⑪期岁:一年。

【译文】

秦韬玉,是京兆人,父亲是左神策军军官。秦韬玉有文学才能,也擅长写乐府歌行,有《贵公子行》写道:"阶前莎毯绿不卷,银龟喷香挽不断。乱花织锦柳捻线,妆点池台画屏展。主人功业传国初,六亲联络驰朝车。斗鸡走狗家世事,抱来皆佩黄金鱼。却笑书生把书卷,学得颜回忍饥面。"然而秦韬玉仰慕柏耆的为人处世,以至急于进取,皇帝驾临西蜀的时候,被田令孜拔擢;不到一年,官至工部侍郎,充任盐铁转运使,并特敕恩赐进士及第。

　　郭薰者①,不知何许人,与丞相于都尉向为砚席之交②。及琮居重地③,复绾财赋④,薰不能避讥嫌⑤,而乐为半夜客⑥。咸通十三年⑦,赵骘主文⑧,断意为薰致高等⑨,骘甚挠阻⑩,而拒之无名。会列圣忌辰⑪,宰执以下于慈恩寺行香⑫,忽有彩帖子千余,各方寸许⑬,随风散漫,有若蜂蝶,其上题曰:"新及第进士郭薰。"公卿览之,相顾軃然。因之主司得以黜去。

【注释】

①郭薰:"芳林十哲"之一。

②丞相于都尉:宰相于琮。见前注。都尉,驸马都尉。官名。汉武帝时始置,皇帝出行时掌副车。魏、晋以后为加官,尚公主者常加驸马都尉。砚席之交:指有同窗之谊。

③居重地:指担任宰相。

④绾(wǎn)财赋:掌管财货赋税。绾,控制,掌管。财赋,财货赋税。

⑤讥嫌:非议嫌疑。

⑥半夜客:夜晚来访的客人。指攀附逢迎的人。语出《后汉书·彭宠传》:"王莽为宰衡时,甄丰旦夕入谋议,时人语曰:'夜半客,甄长伯。'"

⑦咸通十三年:872年。

⑧赵骘(zhì,?—866):京兆奉天(今陕西乾县)人。进士及第。咸通初,以兵部员外郎知制诰,转郎中,拜中书舍人。咸通七年(866)知贡举。拜礼部侍郎、御史中丞,累迁华州刺史、潼关防御、镇国军等使。按,咸通十三年知贡举者应为中书舍人崔殿梦。

⑨断意:决意,打定主意。

⑩挠阻:阻挠。

⑪列圣:指历代帝王。忌辰:忌日。

⑫宰执:宰相。行香:古代礼拜神佛的一种仪式,手持香炉绕行道场或街市。唐朝逢国忌日皆行香。《旧唐书·职官志》:"凡国忌日,两京大寺各二,以散斋僧尼。文武五品已上,清官七品已上皆集,行香而退。"

⑬方：指大小。

【译文】

有个叫郭薰的人，不知道他的来历，和宰相于琮以前有同窗之谊。后来于琮担任宰相，又掌管天下财赋，郭薰不能自己避开非议嫌疑，反而喜欢攀附逢迎。咸通十三年，赵骘主持贡举，于琮打定主意替郭薰谋求以高等及第，赵骘很想阻挠，但却找不到合适的理由来拒绝。恰逢先帝忌日，宰相以下的官员都到慈恩寺行香礼拜，忽然间有彩色帖子千余张，每张大约一寸见方，随风飘洒，仿佛蜂蝶飞舞，上面题写道："新及第进士郭薰。"诸位公卿大臣看了，相视而笑。主考官因此找到理由将郭薰除名。

咸通中自云翔辈凡十人，今所记者有八，皆交通中贵①，号"芳林十哲"。芳林②，门名，由此入内故也。然皆有文字③，盖《礼》所谓"君子达其大者远者，小人知其近者小者"④。得之与失，乃不能纠别淑慝⑤，有之矣。语其蛇豕之心者⑥，岂其然乎！

【注释】

①交通：勾结。

②芳林：门名。是唐代长安城北面的偏东门，禁苑南墙三门中最靠东的门，东临西内苑。自芳林门可入宦官的办事机构内侍省。

③文字：此指文章、文才。

④盖《礼》所谓"君子达其大者远者，小人知其近者小者"：大概是《礼》中所说"君子考虑的是重大深远的事，小人则只注意眼前的小事"。按，此引语出自《左传·襄公三十一年》，原文作："吾闻君子务知大者、远者，小人务知小者、近者。"

⑤纠别：区别。淑慝（tè）：犹善恶。淑，善。慝，邪恶。

⑥蛇豕(shǐ)：长蛇封豕。比喻贪残害人者。豕，猪。语出《左传·定公四年》："吴为封豕、长蛇，以荐食上国，虐始于楚。"

【译文】

咸通年间沈云翔之辈共有十人，如今记得的有八人，都勾结权宦，号称"芳林十哲"。这是因为芳林，本是宫门的名称，由此门可以进入内廷的缘故。然而这十个人都有文才，这大概就是《礼》中所说"君子考虑的是重大深远的事，小人则只注意眼前的小事"。得失之间，他们竟然不能区别善恶，这确有其事。然而要说他们有长蛇封豕那样的贪残害人之心，难道真是这样吗！

四凶 今所记者三

【题解】

凶，恶也。此门记录了几则陵轹同道，蔑视权贵，最终沉沦狼藉或不得善终的例子。唐朝进士的社会地位很高，常向州县长官或公卿大臣索求礼遇或财物，是为惯例，富有才学者更加恃才傲物，本书中此类人甚多，比如"望御史今年为仆索一妇，明年为留心一官"的王泠然（卷二"恚恨"门）、"观君似欲以富贵骄仆，乃不知仆欲以贫贱骄君"的任华（卷十一"怨怒"门）等。"四凶"中的陈磻叟和刘子振就是此类恃才傲物之人。此等人常常遭逢坎坷。作者认为才学固然重要，若没有相应的见识，不仅不能立身扬名，连全身保命也难。

陈磻叟者①，父名岵②，富有辞学③，尤溺于内典④。长庆中⑤，尝注《维摩经》进上⑥，有中旨令与好官⑦。执政谓岵因内道场僧进经，颇抑挫之⑧，止授少列而已⑨。磻叟形质短小⑩，长喙疏齿⑪，尤富文学，自负王佐之才，大言骋辩⑫，虽接对相公^⑬，旁若无人；复自料非名教之器^⑭，弱冠度为道士^⑮，隶名于昊天观^⑯。咸通中降圣之辰^⑰，二教论义^⑱，而黄衣屡奔^⑲，上小不怿^⑳，宣下令后辈新入内道场，有能折冲浮图者^㉑，许以自荐。磻叟摄衣奉诏^㉒，时释门为主论^㉓，自误引《涅槃经疏》^㉔。磻叟应声叱之曰："皇帝山呼大庆^㉕，阿师口称献寿^㉖，而经引《涅槃》，犯大不敬^㉗！"初，其僧谓磻叟不通佛书，既而错愕，殆至颠坠^㉘。自是连挫数辈^㉙，圣颜大悦，左右呼"万岁"。其日，帘前赐紫衣一袭。磻叟由是恣其轻侮，高流宿德多患之^㉚，潜闻上听云^㉛："磻叟衣冠子弟^㉜，不愿在冠帔^㉝，颇思理一邑以自效耳^㉞。"于是中旨授至德县令^㉟。

【注释】

①陈磻（pán）叟：初为昊天观道士，囚论道胜过僧人，特旨授至德令。恃才傲物，弃官诣阙上封事，得罪宰相路岩，除名流放。后量移邓州司马。僖宗时为山南东道节度使刘巨容佐吏，因无礼而激怒巨容，被杀。

②岵（hù）：陈岵，字孝山。进士及第，后又登达于吏治可使从政科。历台州刺史、右拾遗、膳部郎中、右司郎中、处州刺史等。敬宗宝历时，进所注《维摩经》，以太常少卿，除濠州刺史，又改少府监。

③辞学：文章学识。

④溺：沉湎。内典：佛经。佛教徒称佛教经典为内典，儒家经典为外学。

⑤长庆中：据《唐会要》以及《旧唐书》《新唐书》，陈岵献经在敬宗宝历年间，非穆宗长庆中。

⑥《维摩经》：即《维摩诘所说经》，又称《维摩诘经》。佛教大乘经典，后秦鸠摩罗什译。通过毗耶离城居士维摩诘与文殊师利等论佛法，阐扬大乘佛教的思想。

⑦中旨：唐宋以后不经中书、门下而由内廷直接发出的敕谕。

⑧抑挫：抑制折挫。

⑨少列：指九寺三监的少卿、少监等副长官。按，据《旧唐书》，陈岵以少列献经，得濠州刺史。

⑩形质：外表。

⑪喙（huì）：原指鸟兽的嘴。借指人嘴。

⑫大言骋辩：言辞夸大纵横辩论。

⑬接对：接待应对。

⑭名教之器：犹名教中人。指能遵从礼教的人。

⑮弱冠：二十岁。古代男子二十岁行冠礼，表示已经成人，但身体还未强壮，故称"弱冠"。语出《礼记·曲礼上》："二十曰弱冠。"

⑯昊（hào）天观：道观。在唐长安城保宁坊。原为唐高宗李治为晋王时的住宅，高宗显庆元年（656），为太宗荐福而立为观。在今陕西西安。

⑰降圣之辰：指皇帝的诞辰。

⑱二教：指佛教和道教。论义：论说义理。唐朝常在皇帝生辰之时，于内道场举办三教辩论。

⑲黄衣：道士所穿的黄色衣服。代指道士。韩愈《华山女》诗："黄衣道士亦讲说，座下寥落如明星。"奔：败逃。比喻败阵。

⑳怿（yì）：欢喜，高兴。

㉑折冲：原指打退敌人攻城的战车。引申为克敌制胜。冲，古代战车名。用以攻城。浮图：梵语音译，对佛或佛教徒的称呼。亦作"浮屠"。

㉒摄衣：整饬衣装。

㉓释门：佛门。此指僧人。主论：主持辩论。

㉔《涅槃（pán）经疏》：《涅槃经》是佛教经典的重要部类之一，有大乘与小乘之分。流传最广的是北凉玄始年间由中天竺译经师

昙无谶（chèn）所译大乘《涅槃经》。为《涅槃经》所作的疏称为
《涅槃经疏》。涅槃，梵语音译。意译为灭、灭度、寂灭、圆寂等。
指灭绝一切烦恼，熄灭生死轮回，达到正觉的境界。后用来尊称
出家人去世。

㉕山呼大庆：祝皇帝圣寿万岁的大庆典。山呼，据《汉书·武帝本
纪》，汉武帝登嵩山，随从官员听到山中有呼万岁之声，以为祥瑞。
称为山呼，又称"嵩呼"。后成为臣子对皇帝的祝颂仪式，叩头高
呼万岁。

㉖阿师：称僧人。献寿：献礼祝寿。

㉗大不敬：旧指对皇帝不尊敬的罪行。涅槃有死亡意，在皇帝生日
时提到涅槃，犯大不敬。

㉘颠坠：跌落。

㉙挫：挫败，击败。

㉚高流：指才识出众之人。宿德：指德高望重之人。

㉛潜闻上听：暗中让皇帝听到。

㉜衣冠子弟：出身官宦之家的子弟。衣冠，衣服和帽子。代指官员
士绅。

㉝冠帔（pèi）：道冠和道袍，泛指道士的服装。借指道士。

㉞自效：指为国效命。

㉟至德县：唐至德二载（757）置，治今安徽东至。

【译文】

陈磻叟，父亲叫陈岵，博学多识，尤其沉湎于佛经。长庆年间，陈岵
曾注解《维摩经》进献给皇帝，皇帝下诏命令授予他好的官职。而执政
大臣以为陈岵通过内道场的僧人进献佛经，因此颇加抑制，只授官少列
而已。陈磻叟身形矮小，嘴长而牙齿稀疏，尤其富有文学才能，自以为有
辅佐帝王的才能，言辞夸大纵横辩论，即使是应对宰相，也侃侃而谈旁若
无人；又自认不是能遵从礼教的人，二十岁左右就出家做了道士，隶属于

昊天观。咸通年间在庆祝皇帝诞辰的时候，佛教和道教论说义理，而道士们屡屡败阵，皇帝有些不高兴，宣诏让新进入内道场的后辈道士，如有能辩论胜过僧人的，准许自荐。陈磻叟整饬衣装前来应诏，当时僧人正主持辩论，自己失误引用了《涅槃经疏》。陈磻叟听到后应声斥责道："今日是祝皇帝圣寿万岁的大庆典，大师嘴上说献礼祝寿，却引用《涅槃经》，犯了大不敬之罪！"起先，那个僧人以为陈磻叟不懂佛经，被指出后仓促惊愕，差点从讲坛上跌落。陈磻叟此后又接连在论辩中挫败好几个僧人，皇帝非常高兴，左右侍臣高呼"万岁"。那天，皇帝在帘前赏赐陈磻叟紫衣一套。陈磻叟自此以后肆意轻蔑侮辱他人，有识之士和德高望重的人都很讨厌他，暗中让皇帝听到议论说："陈磻叟是官宦人家的子弟，不愿意做道士，很想治理一个县来为国效命。"于是皇帝下诏任命陈磻叟做至德县令。

磻叟莅事未终考秩①，抛官诣阙上封事②，通义刘公引为羽翼③，非时召对数刻④，磻叟所陈，凡数十节⑤，备究时病⑥。复曰："臣请破边瑊家⑦，可以赡军一二年⑧。"上问："边瑊何人？"对曰："宰相路岩亲吏⑨。"既而大为岩恚怒，翌日，敕以磻叟诬罔上听⑩，讦斥大臣⑪，除名为民⑫，流爱州⑬。磻叟虽至颠蹶⑭，辄不敢以其道自屈⑮。素有重坠之疾⑯，历聘藩后⑰，率以肩舆造墀庑⑱，所至无不仰止⑲。及岩贬，磻叟得量移为邓州司马。时属广明庚子之后⑳，刘巨容起徐将㉑，得襄阳，不能磻叟㉒，待以巡属一州佐耳㉓。磻叟沿汉南下㉔，中途与巨容幕吏书云："已出无礼之乡，渐及逍遥之境。"巨容得之大怒，遣步健十余辈㉕，移牒潭、鄂㉖，追捕磻叟。时天下丧乱㉗，无人为堤防㉘；既而为卒伍所陵㉙，全家溯汉,至贾玺后㉚,门三十余口,无噍类矣㉛。

【注释】

① 莅事:任职,处理公务。考秩:考定禄秩或品秩。唐代官员按期考核政绩,以考绩决定黜陟赏罚,考满上第者增秩增俸。亦代指官员的一届任期。

② 封事:密封的奏章。古代大臣上书奏事,用皂囊封缄,防止泄漏,故称。杜甫《春宿左省》诗:"明朝有封事,数问夜如何?"

③ 通义刘公:通义刘瞻相公。通义,通义坊。刘公,刘瞻(?—874),字几之,桂阳(今广东连州)人,祖籍彭城(今江苏徐州)。唐朝宰相。宣宗大中进士,后又登博学宏词科。累拜中书舍人,出为河东节度使。懿宗咸通十年(869)以中书侍郎同平章事。同昌公主卒,懿宗怒杀医官二十余人,瞻力谏,贬驩州司户。僖宗立,召还为相,未几卒。羽翼:比喻辅佐的人。

④ 非时召对数刻:不时召见他咨询,每次时间长达数刻之久。非时,不时,时常。召对,君主召见臣下令其回答有关政事、经义等方面的问题。刻,计时单位。古代用漏壶记时,一昼夜分一百刻,或九十六刻。一刻约等于十五分钟。

⑤ 节:事项。

⑥ 时病:当时的弊病。

⑦ 破:此指抄没。边瑊(jiān):一作边咸。宰相路岩的亲信吏员。路岩被赐死后,亦伏诛。

⑧ 赡:供给。

⑨ 路岩(827—874):字鲁瞻,魏州冠氏(今山东冠县)人。唐朝宰相。宣宗大中进士。历屯田员外郎、翰林学士等。懿宗咸通三年(862)以兵部侍郎同中书门下平章事。居位八年,累进左仆射。委用亲吏,大收贿赂。后与宰相韦保衡争权,出为剑南西川节度

使。坐罪流儋州,赐死。

⑩诬罔:欺骗。

⑪讦(jié)斥:攻讦指责。讦,揭发、攻击他人的隐私、过错或短处。

⑫除名:指除去官籍。

⑬爱州:唐武德五年(622)置,治所九真(今越南清化)。

⑭颠踬:困顿挫折。

⑮以其道自屈:指改变自己的为人处世之道。

⑯重坠:指疝气病。

⑰历聘藩后:游历天下藩镇以求聘用。历聘,游历天下以求聘用。
　　李白《赠崔郎中宗之》诗:"仲尼七十说,历聘莫见收。"藩后,藩
　　王。此指藩镇。

⑱墀(chí)庑:台阶廊庑。墀,台阶。代指府中。

⑲仰止:比喻景仰爱慕。语出《诗经·小雅·车舝(xiá)》:"高山仰
　　止,景行行止。"

⑳广明庚子:唐僖宗广明元年(880),岁次庚子,黄巢率军攻陷长
　　安。参见卷二"争解元"门注。

㉑刘巨容起徐将:刘巨容起家于徐州军将。刘巨容(826—889),字
　　德量,彭城(今江苏徐州)人。初任徐州武宁军将校,历明州刺
　　史、楚州团练使等。乾符中迁山南东道节度使,抵抗黄巢、护送僖
　　宗有功,拜左金吾卫大将军、中书令。后为权宦田令孜所害。

㉒能:友好,和睦。

㉓巡属:指统属的地方。

㉔汉:水名。汉水,又称汉江,源出陕西西南部宁强北之嶓冢(bō
　　zhǒng)山,流经陕西、湖北,在武汉入长江。

㉕步健:步卒。

㉖移牒:以正式公文通知平行机关。潭、鄂:潭州、鄂州。潭州,州
　　名。唐武德四年(621)置,治长沙县(今湖南长沙)。鄂州,州

名。唐武德四年（621）置,治江夏（今湖北武汉武昌）。

㉗丧乱:动乱。

㉘堤防:此指防备、保护。

㉙卒伍:士卒。

㉚贾堑(qiàn):古镇名。在今湖北钟祥南一百二十里汉江边。

㉛噍(jiào)类:本指能吃东西的动物。特指活人。噍,吃。

【译文】

陈磻叟任职还不到任期结束,就弃官到京城上奏章,通义刘瞻相公将他引为同伴,皇帝不时召见陈磻叟咨询,每次时间长达数刻之久,陈磻叟所陈奏的事情,共有数十项之多,详尽探究当时的各种弊病。陈磻叟又说:“臣请求抄没边珹的家产,可以供给军队一两年。”皇帝问:“边珹是什么人?”陈磻叟回答说:“是宰相路岩的亲信吏员。”路岩得知后大为愤怒,第二天,敕旨说陈磻叟欺骗君上,攻讦大臣,因此除去官籍贬为平民,流放爱州。陈磻叟虽然遭受了困顿挫折,却并不改变自己的为人处世之道。陈磻叟素来有疝气病,游历天下藩镇以求聘用,都是乘着肩舆到藩镇的府中,所到之处无不受人景仰。等到路岩被贬谪,陈磻叟得以量移为邓州司马。当时正是广明庚子年黄巢作乱之后,刘巨容起家于徐州军将,得以镇守襄阳,他和陈磻叟不能和睦相处,只把他当作属地的一名州郡佐官对待。陈磻叟沿着汉水南下离开,途中写了一封信给刘巨容的幕僚说:“已经离开了这个没有礼仪的地方,就要到逍遥自在的地方去。”刘巨容得知后勃然大怒,派遣十多个步卒,发送公文到潭州、鄂州,追捕陈磻叟。当时天下动乱,无人可以保护陈磻叟;不久,陈磻叟被士卒欺凌,全家逆汉水被押送回去,到贾堑镇之后,全家三十余口,无一存活。

刘子振①,蒲人也,颇富学业②,而不知大体③;尤好陵轹同道,诋评公卿④。不耻干索州县⑤,稍不如意,立致寒暑⑥;以至就试明庭⑦,稠人广众⑧,罕有与之谈者。居守刘公主文岁⑨,患举子纳卷繁多⑩,榜云"纳卷不得过三轴"。子振纳四十轴,因之大掇凶誉⑪。子振非不自知,盖不能抑压耳。乾符中官为博士,三年⑫,释奠礼毕⑬,令学官讲书⑭,宰臣已下,皆与听焉。时子振讲《礼记》⑮,陆鸾讲《周易》⑯。

【注释】

①刘子振:蒲州(今山西永济)人。僖宗乾符年间,官太常博士。

②学业:学问。

③不知大体:缺少见识,不懂道理。大体,指重要的道理。

④诋讦(jié):诋毁攻击。

⑤干索州县:向州县索取钱物。干索,求取,索取。

⑥立致寒暑:立刻翻脸。寒暑,比喻翻脸。

⑦明庭:圣明的朝廷。

⑧稠人广众:指人数众多。

⑨居守刘公:东都留守刘允章。刘允章,字蕴中,洺(míng)州广平(今河北永年)人。进士及第。累迁翰林学士承旨、礼部侍郎。咸通九年(868)知贡举。出为鄂岳观察使,后迁东都留守。以《直谏书》闻名。黄巢攻洛阳,在东都率百官迎降,坐罪贬官而死。

⑩纳卷:又称"纳省卷"。唐代进士考试之前,应试举子将自己的诗文编成一集,呈送给礼部主考官,供录取时参考。

⑪掇:招致。凶誉:恶名。

⑫三年:乾符三年,876年。

⑬释奠礼:即在国子监设置酒食以奠祭先师的典礼。

⑭讲书:讲解经典。

⑮《礼记》:亦称《小戴礼记》。儒家经典之一,与《仪礼》《周礼》合称"三礼"。凡四十九篇,是一部先秦至秦汉时期的礼学文献选

编。最初为西汉时期的戴圣所编。东汉郑玄为《礼记》作注，唐孔颖达等又据此作《礼记正义》，成为"三礼"之首。

⑯陆扆：字离祥，咸通中进士及第。著有《陆扆文》。

【译文】

刘子振，是蒲州人，很有学问，但却不识大体；尤其喜欢欺凌同辈，诋毁攻击公卿大臣。刘子振不以向州县索取钱物为耻，稍微不如意，立刻翻脸；以至于到朝廷参加考试，在大庭广众之中，极少有人和他交谈。东都留守刘允章主持贡举那年，厌烦举子们呈送的省卷太多，出告示说"纳省卷不得超过三卷"。而刘子振呈送了四十卷，因此招致了很坏的名声。刘子振并非不知道自己的毛病，只是不能抑制而已。乾符年间刘子振担任国子监的博士，乾符三年，国子监奠祭先师的典礼完毕之后，命令学官讲解经典，宰相以下的官员，都参加听讲。当时刘子振讲《礼记》，陆扆讲《周易》。

李沼者①，封川相犹子也②，其妻乃董常侍禹之女也③。大顺中，邠州节度使尚父王行瑜外族董氏④，以舅事于禹⑤，沼乐游行瑜之门，行瑜呼沼"李郎"。会与计偕，仆马生生之具⑥，皆行瑜所致，沼负是大恣。未几，按甲来觐⑦，讽天子诛大臣⑧，搢绅间重足一迹⑨。沼出入行瑜之门，颇有得色。及行瑜败，诏捕沼，沼亡命秦陇⑩。

【注释】

①李沼：宰相李宗闵之侄。

②封川相：宰相李宗闵。参见卷二"争解元"门注。

③董常侍禹：董禹。历任左补阙、左谏议大夫、散骑常侍等。

④邠州节度使尚父王行瑜外族董氏：邠州节度使尚父王行瑜有姓

董的外家亲戚。尚父,可尊敬的父辈。原为周太师吕望的尊号。后世用为尊礼大臣的称号。王行瑜(？—895),邠州(今陕西彬县)人。早年跟随邠宁节度使朱玫镇压黄巢起义。朱玫拥立襄王李煴为帝,瑜以部下倒戈杀朱玫,授邠宁节度使。凶暴跋扈,联合凤翔尹李茂贞等发兵攻取兴元,乘胜逼京师,逼死宰相杜让能,授检校中书令兼侍中。又要求担任尚书令,遭到宰相韦昭度的反对,赐号"尚父"。后联合李茂贞及韩建攻破长安,诛杀宰相韦昭度、李磎,并阴谋废黜唐昭宗,遭河东节度使李克用讨伐,兵败,为部下所杀。外族,母亲或妻子的同族。

⑤以舅事于禹:把董禹当作舅父侍奉。

⑥生生:生活。

⑦按甲来觐:率军来觐见皇帝。甲,甲士。此指昭宗乾宁二年(895),王行瑜联合李茂贞和韩建,率军入长安。《旧唐书·昭宗本纪》:"李茂贞、王行瑜、韩建等各率精甲数千人入觐,京师大恐,人皆亡窜,吏不能止。"

⑧讽天子诛大臣:劝说天子诛杀大臣。讽,劝。王行瑜等进入长安后,杀死宰相韦昭度、李磎。

⑨重足一迹:犹重足而立。双脚并拢站立,不敢迈步。形容非常恐惧。

⑩秦陇:秦岭和陇山的并称。指今陕西、甘肃之地。

【译文】

李沼,是宰相李宗闵的侄子,他的妻子是散骑常侍董禹的女儿。大顺年间,邠州节度使尚父王行瑜因有姓董的外家亲戚,于是把董禹当作舅父侍奉,李沼乐于奔走在王行瑜门下,王行瑜称呼李沼为"李郎"。正逢李沼入京应试,仆从马匹等生活用具,都是王行瑜替他置办的,李沼仗着王行瑜的关系大为放肆。不久,王行瑜率军来觐见皇帝,劝说天子诛杀大臣,缙绅士大夫都战战兢兢非常恐惧。李沼来往于王行瑜门下,很有得意的神色。到王行瑜兵败身死之后,朝廷下诏收捕李沼,李沼逃亡到秦岭、陇山一带。

论曰：才者，璞也①；识者，工也②。良璞授于贱工③，器之陋也；伟才任于鄙识④，行之缺也。由是立身扬名，进德修业⑤，苟昧乎识，未有一其行藏者也⑥。矧乃时之不来⑦，命或多蹇⑧，善恶蔽于反己⑨，得失幸于尤人，岂不骤达终危，虽荣实辱！非夫克明躁静之本⑩，洞究存亡之域，临财无苟得，临难无苟免⑪，而能索身于坦夷者⑫，未之有也。杨子云曰⑬："治亦风也⑭。"美才高识⑮，其唯君子欤！

【注释】

①璞：未雕琢过的玉石。

②工：工匠。

③贱工：指技艺低劣的工匠。

④鄙识：鄙陋的见识。此指见识鄙陋的人。

⑤进德修业：增进品德，发展事业。《周易·乾卦·文言》："君子进德修业。"

⑥行藏：指出处或行止。

⑦矧（shěn）：况且，而况。时：时运。

⑧蹇：艰难。

⑨反己：反过头来要求自己。

⑩躁静：躁动与宁静。引申为进取和无为。

⑪临财无苟得，临难无苟免：谓面对钱财不随便获取，面对危难不随便逃避。语出《礼记·曲礼上》："临财毋苟得，临难毋苟免。"

⑫索身：置身。坦夷：平坦。

⑬杨子云：扬雄。汉代大学者、文学家。参见卷四"师友"门注。

⑭治亦凤也：在天下太平的时候也能像鸾凤一样。治，安定。语出
　　扬雄《扬子法言·问明》，原文作："或问君子，在治，曰：'若凤。'
　　在乱，曰：'若凤。'或人不谕，曰：'未之思矣。'曰：'治则见，乱则
　　隐。鸿飞冥冥，弋人何篡焉。'"
⑮美才高识：才学杰出而又见识高超。

【译文】

　　论曰：才学，如同璞玉；见识，如同工匠。上好的璞玉交给一个技艺
低劣的工匠，所雕琢的玉器必然粗陋；卓越的才能被见识鄙陋的人使用，
行为必定有所缺失。因此立身处世，显扬名声，增进品德，发展事业，如
果见识愚昧的话，他的出处行止就不能始终如一。更何况时运不济，命
运多艰，善恶因为不能反过头来要求自己而混淆，得失寄希望于责求他
人，岂不是骤然发达而最终危亡，看起来荣耀其实却是耻辱！如果不能
明了进取和无为的根本，洞察生存和灭亡的境域，面对钱财不随便获取，
面对危难不随便逃避，却还能置身于平坦安全之境的人，还从来没有过。
扬雄说："在天下太平的时候也能像鸾凤一样。"才学杰出而又见识高超，
大概就是君子吧！

卷十

载应不捷声价益振

【题解】

载应指考上进士之后再次应举制科或吏部科目选。制举或吏部科目选是进士及第后迅速升迁的重要跳板，卷三"今年及第明年登科"门中记录的是进士及第之后又考中制举或吏部科目选的士人。本门相反，是进士及第之后再考制举或吏部科目选失败，但名声却因此更大的士人。其中刘蕡因为极言宦官之祸，被贬为柳州司户参军而卒，当时登科者无不抱愧，"蕡逐我留，吾颜其厚邪！"（《新唐书·刘蕡传》）时人皆抱不平，"上帝深宫闭九阍，巫咸不下问衔冤"（李商隐《哭刘蕡》）。王定保评价他"虽抱屈于一时，竟垂誉于千载"，确是事实。刘蕡被黜数年后，宦官便发动了甘露之变，大肆屠戮朝臣，唐文宗郁郁而终。唐宋以后仁人志士常将刘蕡作为嫉恶如仇、仗义执言的表率，如陆游《读刘蕡策》："志士仁人气薄云，唐家惟有一刘蕡。"戴复古《寄后村刘潜夫》其二："刘蕡一策传千古，何假君王赐出身。"毛泽东《七绝·刘蕡》："千载长天起大云，中唐俊伟有刘蕡。"历千余年而被推重如此，可见刘蕡"声价"之振。

太和二年①,裴休等二十三人登制科②。时刘蕡对策万余字③,深究治乱之本,又多引《春秋》大义,虽公孙弘、董仲舒不能肩也④。自休已下,靡不敛衽⑤。然亦指斥贵幸⑥,不顾忌讳,有司知而不取。时登科人李郃诣阙进疏⑦,请以己之所得,易蕡之所失,疏奏留中⑧。蕡期月之间,屈声播于天下。

【注释】

①太和二年:828年。

②裴休(791—864):字公美,孟州济源(今属河南)人。唐朝宰相。穆宗长庆中登进士第,又登贤良方正能直言极谏科第一。历监察御史、右补阙、中书舍人等。出为江西、宣歙观察使等。宣宗大中中以礼部侍郎知贡举,改户、兵二部侍郎,领盐铁使,主持改革漕运及茶税等,颇有政绩。大中六年(852)以礼部尚书同中书门下平章事。后罢为宣武军节度使,历昭义、河东、凤翔、荆南四镇节度使。卒赠太尉。能文善书,精于佛典。

③刘蕡(fén):字去华,幽州昌平(今属北京)人。敬宗宝历二年(826)进士。文宗大和二年(828)策试贤良方正能直言极谏科,极言宦官专横之祸,考官不敢取。令狐楚、牛僧孺皆表蕡幕府,师礼礼之。被宦官诬以罪,贬柳州司户参军,卒。博学善属文,尤精《左氏春秋》。著有《刘蕡策》。

④虽公孙弘、董仲舒不能肩也:即使是公孙弘、董仲舒也不能与之比肩。公孙弘,汉武帝丞相。汉武帝亲擢其策对为第一。参见卷一"试杂文"门注。董仲舒,西汉哲学家、今文经学家。汉武帝时举贤良对策。参见卷一"试杂文"门注。肩,比肩,相提并论。

⑤敛衽(rèn):整理衣襟,表示恭敬。

⑥贵幸:地位显贵,又得君王宠幸的人。此指宦官。

⑦李郃（hé）：字子玄，一作中玄，延唐（今湖南宁远）人。文宗大和元年（827）进士，后又登贤良方正能直言极谏科，除河南府参军。同科进士刘蕡因直言时弊而遭黜落，上疏请以己官让之，不果。后官贺州刺史。著有《骰子选格》。进疏：犹上疏。向皇帝进呈奏疏。

⑧留中：指把大臣的奏章留在宫禁中，不交议也不批答。

【译文】

太和二年，裴休等二十三人制科登第。当时刘蕡的对策有一万多字，深刻探究国家治乱的根本，又多次引用《春秋》中的大义，即使是公孙弘、董仲舒也不能与之比肩。自裴休以下的登科之人，无不敬佩。然而刘蕡也在对策中指责宦官，无所顾忌，主考官虽然赏识刘蕡但不敢录取他。当时登科的李郃向朝廷上疏，请求把自己得到的官职，让给被黜落而失去官职的刘蕡，奏章呈上之后被留置宫中不做批复。刘蕡在一个月之内，受屈落第的名声传遍天下。

　　乾符中，蒋凝应宏辞①，为赋止及四韵，遂曳白而去②。试官不之信，逼请所试，凝以实告。既而比之诸公，凝有得色，试官叹息久之。顷刻之间，播于人口。或称之曰："白头花钿满面③，不若徐妃半妆④。"

【注释】

①蒋凝：懿宗咸通中登进士第。擅词赋。参见卷五"以其人不称才试而后惊"门注。宏辞：指博学宏词科。

②曳白：考试时交白卷。典出《旧唐书·苗晋卿传》："玄宗大集登科人，御花萼楼亲试，登第者十无一二；而奭手持试纸，竟日不下一字，时谓之曳白。"

③白（jiù）头：头顶凹陷如杵臼。形容相貌极丑。刘向《列女传·辩
　通》："锺离春者，齐无盐邑之女，宣王之正后也。其为人极丑无
　双，白头，深目。"花钿（tián）：用金翠珠宝制成的花形首饰，装饰
　于面部或发上。

④徐妃半妆：南朝梁元帝的妃子徐昭佩，因梁元帝是独眼，所以化妆
　只化半面。典出《南史·元帝徐妃传》。唐律赋有八韵，蒋凝只
　写了四韵，故称"半妆"。

【译文】

　　乾符年间，蒋凝考博学宏词科，写赋只写了四韵，就留下空白的卷子
离去。主考官不相信他考完了，追问余下的内容，蒋凝告诉他已经写完
了。之后把蒋凝写的赋和其他考生的赋相比较，蒋凝颇有得意的神色，
主考官叹息了很久。很快，蒋凝所写的赋就传遍了天下。有人说："丑陋
的人即使满脸都贴了花钿，也不如徐妃只化半面妆。"

　　贞元中，乐天应宏辞①，试《汉高祖斩白蛇赋》②，考落。
盖赋有"知我者谓我斩白帝，不知我者谓我斩白蛇"也。然
登科之人，赋并无闻，白公之赋，传于天下也。

【注释】

①乐天应宏辞：白居易考博学宏词科。乐天，指白居易。白居易字
　乐天，中唐著名诗人。参见卷二"争解元"门注。按，白居易进士
　及第后，避家讳不应博学宏词科，以书判拔萃登科。

②汉高祖斩白蛇：汉高祖刘邦曾夜遇白蛇，乘醉斩之，后老妪云蛇是
　白帝子所化，为赤帝子斩之。典出《史记·高祖本纪》。汉高祖，
　刘邦，汉朝开国皇帝。谥号高皇帝，庙号太祖。参见卷六"公荐"
　门注。

【译文】

贞元年间,白居易应博学宏词科,考试《汉高祖斩白蛇赋》,考试落第。大概因为赋中写有"知我者谓我斩白帝,不知我者谓我斩白蛇"的缘故。然而考中的人,他们所写的赋都寂寂无闻,而白居易写的赋,却流传天下。

论曰:无义而生,不若有义而死;邪曲而得^①,不若正直而失。虽抱屈于一时^②,竟垂誉于千载者,贲得之矣。比夫天地无全功,圣人无全能者^③,白得之矣。麟肝凤髓^④,不登于俎者^⑤,其唯蒋君乎!

【注释】

①邪曲:不正。

②抱屈:受到委屈。

③天地无全功,圣人无全能:天地没有完备的功效,圣人没有完备的能力。语出《列子·天瑞》。

④麟肝凤髓:麒麟的肝和凤凰的髓。比喻极为珍罕的食物。

⑤登:进献。俎(zǔ):切肉用的砧板。

【译文】

论曰:如果没有道义而活,不如怀有道义而死;因为不正直而得到,不如保持正直而失去。虽然一时受到委屈,最终却流芳千古,刘贲是这样的人。比拟天地没有完备的功效,圣人没有完备的能力,白居易是这样的人。麒麟肝和凤凰髓这样的珍奇、却不能放在俎案上进献,这说的大概是蒋凝吧!

海叙不遇

【题解】

　　海叙，犹卷二之"海述"，漫说，漫谈之意。此门记录了几十位怀才不遇、坎坷不得志的士人，或终身不第，或沉沦下僚，或负才横死，或遗憾而终，他们的文章、辞采、性情、遭遇，都有可观可感之处。如诗人卢汪屡试不第，写《酒胡子》诗，把主考官比喻成像不倒翁一样被人操纵的酒胡子，取士全随权贵请托，既辨别不了文章好坏，也不能主持是非公道，"有眼不曾分麴蘖，有口不能明是非"。刘得仁，本是公主之子，兄弟们都因为显贵的出身而做到高官，而刘得仁独苦为文，"五言清莹，独步文场"（晁公武《郡斋读书志》），举进士二三十年而无所成，众人谓他含冤而死，作诗相吊："忍苦为诗身到此，冰魂雪魄已难招。直教桂子落坟上，生得一枝冤始销。"卢汪和刘得仁都是世族贵胄，尚有如此遭遇，其余才士不遇者可以想见。作者采撷他们的诗文，称美他们的才华，记录他们的遭遇，并寄予了深刻的同情，"工拙由人，得丧者命；非贤之咎，伊时之病"。

　　宋济老于辞场①，举止可笑，尝试赋误落官韵②，抚膺曰："宋五坦率矣③！"由此大著④。后礼部上甲乙名，明皇先问曰⑤："宋五坦率否？"或曰："有客讥宋济曰：'白袍何纷纷⑥？'答曰：'为朱袍紫袍纷纷耳⑦！'"

【注释】

　　①宋济：德宗时人，始与符载、杨衡等隐居青城山，屡试不第，布衣以终。《全唐诗》存诗一首。老于辞场：困于科场，久试不中。辞场，文坛，科场。

　　②误落官韵：指用韵误出官韵以外。唐代的官韵是《切韵》，诗赋押

韵以《切韵》为准。

③宋五：宋济行五，因以自称。坦率：此指粗心。

④大著：大为著名。

⑤明皇：即唐玄宗李隆基（685—762），谥号明，故亦称"唐明皇"。唐朝第六任皇帝，712—756年在位。睿宗第三子，多才多艺，善骑射，通音律，工诗能文。因诛韦后有功，立为太子，不久受禅为帝。在位前期励精图治，任用姚崇、宋璟、张九龄等为宰相，革除弊政，富国强兵，史称"开元之治"；后期沉湎声色，任用李林甫、杨国忠等奸臣为宰相，朝政腐败，引发安史之乱，避难奔蜀。肃宗即位以后被尊为太上皇，抑郁而卒。按，宋济非玄宗时人，此或为德宗。

⑥白袍何纷纷：为何赶考的举人这么纷纷扰扰？白袍，未及第士人穿白衣。代指赶考的举人。

⑦朱袍紫袍：唐五品以上官员服绯，三品以上官员服紫，因以朱袍紫袍代指高官。

【译文】

宋济久困科场，行为举止颇为可笑，曾经在考试辞赋的时候用韵误出官韵以外，拍着胸膛说："宋五我太粗心了！"宋济因为这件事名声大噪。后来礼部呈上进士名单的时候，唐明皇先问道："宋五又粗心了吗？"有人说："有人讥讽宋济说：'为何赶考的举人这么纷纷扰扰？'宋济回答说：'为了高官显爵而纷纷扰扰！'"

张倬者①，柬之孙也②。尝举进士落第，捧《登科记》顶戴之③，曰："此即《千佛名经》也④。"

【注释】

①张倬（zhuō）：宰相张柬之孙。张倬称《登科记》为《千佛名经》事，出《封氏闻见记》，原文作"张绰，汉阳王柬之曾孙"。

②柬之:张柬之(625—706),字孟将,谥文贞,襄阳(今属湖北)人。
唐朝宰相。进士及第,又登制科。历监察御史、凤阁舍人、荆州大
都督府长史等。武周长安中,累官秋官侍郎,拜同凤阁鸾台平章
事。后以诛二张、拥中宗即位功,拜天官尚书、凤阁鸾台三品,封
汉阳郡王。晚年退守襄州刺史,为武三思所排,流放泷州,卒。博
涉经史,工诗。著有《张柬之集》。

③《登科记》:科举时代及第士人的名录。参见卷一"述进士上篇"
门注。顶戴:双手捧物举过头顶。表示礼敬。

④《千佛名经》:本为佛经名。后借指登科榜。以成佛比喻登科。

【译文】

张倬,是张柬之的孙子。曾经考进士落第,捧着《登科记》举过头顶
礼敬,说:"这就是《千佛名经》啊。"

平曾谒华州李相固言不遇①,因吟一绝而去,曰:"老夫
三日门前立,珠箔银屏昼不开②。诗卷却抛书袋里,譬如闲
看华山来。"

【注释】

①平曾:穆宗时曾以府元荐举,与贾岛等人以"挠扰贡院"之罪被
逐出,号为"举场十恶"。为人恃才傲物。参见卷二"府元落"门
注。华州李相:即李固言,唐朝宰相,文宗大和末任华州刺史。参
见卷二"等第末为状元"门注。

②珠箔(bó)银屏:珠缀的帘子,银制的屏风。形容陈设华美。箔,
帘子。

【译文】

平曾拜谒华州刺史李固言相公而没有遇到,于是吟了一首绝句离
去,诗写道:"老夫三日门前立,珠箔银屏昼不开。诗卷却抛书袋里,譬如

闲看华山来。"

刘鲁风①，江西投谒所知②，颇为典谒所沮③，因赋一绝曰："万卷书生刘鲁风，烟波千里谒文翁④。无钱乞与韩知客⑤，名纸毛生不为通⑥。"

【注释】

①刘鲁风：武宗时至九江投谒江州刺史张又新，为其门客。

②江西投谒所知：到江西投递名帖拜见相知的人。此指张又新。张又新在武宗会昌年间为江州刺史。参见卷二"争解元"门注。

③典谒：掌管宾客请见事务的小官。沮：阻止。

④文翁：庐江舒（今安徽庐江）人。好学通经，汉景帝时为蜀郡守，设立学校，普及教育，教化大行，改变了蜀地僻陋的风俗，蜀人为立祠堂，岁祀不绝。后常用来美称重视文教的地方长官。此指江州刺史张又新。

⑤乞与：给予。知客：专管接待宾客的人。即典谒。

⑥名纸毛生：名帖受磨起毛，以致字迹漫灭。形容长时间求谒而不得见。典出《后汉书·祢衡传》，祢衡至颍川，久而无人可谒，以至于名帖上的字都磨灭不清。通：通传。

【译文】

刘鲁风，到江西投递名帖拜见相知的人，却被接待宾客的小吏横加阻挠，于是写了一首绝句道："万卷书生刘鲁风，烟波千里谒文翁。无钱乞与韩知客，名纸毛生不为通。"

罗隐①，光化中犹佐两浙幕②。同院沈嵩③，得新榜封示隐④，隐批一绝于纸尾曰⑤："黄土原边狡兔肥，矢如流电马如飞⑥。灞陵老将无功业⑦,犹忆当时夜猎归。"

【注释】

①罗隐:晚唐诗人,累举进士不第,往依镇海节度使钱镠。参见卷二"置等第"门注。

②佐两浙幕:在两浙一带钱镠帐下做幕僚。光启三年(887)钱镠表奏罗隐为钱塘令,迁著作郎,辟掌书记,天祐三年(906)充节度判官。两浙,浙江西道和浙江东道的合称。泛指今浙江全省和江苏南部地区。唐末钱镠据有两浙一带。《新五代史·吴越世家》:"钱氏兼有两浙几百年。"

③同院:指同一使院的幕府同僚。沈嵩:又作沈崧,闽县(今福建福州)人。乾宁二年(895)进士。归省过临安,钱镠辟为掌书记。后为钱镠子钱元瓘(guàn)丞相。与罗隐相善。著有《钱金集》等。

④新榜:指新进士榜单。封示:没有拆封就给别人看。

⑤批:批写。

⑥矢:箭。流电:闪电。

⑦灞陵老将无功业:老将李广苦战无功。李广,西汉名将,一生与匈奴七十余战,匈奴畏服,而时乖命蹇,始终未能封侯。此以李广未能封侯比喻自己屡试不第。灞陵老将,李广。《史记·李将军列传》:"(李广)尝夜从一骑出,从人田间饮。还至霸陵亭,霸陵尉醉,呵止广。广骑曰:'故李将军。'尉曰:'今将军尚不得夜行,何乃故也!'"

【译文】

罗隐,光化年间仍在两浙一带钱镠帐下做幕僚。同僚沈嵩,得到新进士榜单后没有拆封就给了罗隐,罗隐在纸的末端批写了一首绝句道:"黄土原边狡兔肥,矢如流电马如飞。灞陵老将无功业,犹忆当时夜猎归。"

庄布谒皮日休不遇①,因以长书疏之②,大行于世。

【注释】

①庄布:吴县(今江苏苏州)人。访皮日休不遇,写长信责备他的过失,流传甚广。皮日休:字逸少,后改袭美,因曾隐居鹿门山,自号鹿门子,又号间气布衣、醉吟先生等。襄阳(今属湖北)人。晚唐诗人。懿宗咸通八年(867)登进士第。为苏州刺史崔璞从事,与陆龟蒙交游唱和,并称"皮陆"。历著作佐郎、太常博士、毗陵副使等。黄巢称帝时任为翰林学士。黄巢兵败,被杀。或云为黄巢所杀,或云流落江南。早期诗文多抨击时弊,同情民众疾苦,《正乐府》十首继承白居易《新乐府》的传统,尤为著名。著有《皮子文薮》等。

②疏:分条列明。

【译文】

庄布拜谒皮日休没有遇到,于是写了一封长信分条陈述他的过失,在当时广为流传。

温宪①,先辈庭筠之子②,光启中及第③,寻为山南从事④。辞人李巨川草荐表⑤,盛述宪先人之屈。略曰:"蛾眉先妒⑥,明妃为去国之人⑦;猿臂自伤⑧,李广乃不侯之将⑨。"

【注释】

①温宪:太原(今属山西)人。温庭筠子。因其父文多刺时,有司抑之,故屡试不第。昭宗龙纪元年(889)方登进士第。为山南西道节度使杨守亮从事,后至郎中。工诗,"咸通十哲"之一。

②庭筠:温庭筠。晚唐著名诗人。才思敏捷,恃才傲物,为权贵所

恶。参见卷二"等第罢举"门注。

③光启中及第:光启年间(885—888)进士及第。按,温宪及第在龙纪元年(889),非光启中。

④寻为山南从事:不久后担任山南西道节度使的幕僚。山南,山南西道节度使,治梁州(后升兴元府,今陕西汉中)。参见卷一"会昌五年举格节文"门注。按,温宪及第前已为山南从事。

⑤辞人李巨川草荐表:擅长诗文的李巨川起草推荐温宪的奏表。辞人,指擅长诗文的人。李巨川(?—901),字下己,姑臧(今甘肃武威)人。乾符进士。擅长文翰,书奏名播天下。先后为河中节度使王重荣、山南西道节度使杨守亮掌书记。后从华州节度使韩建。天复初,朱温攻华州,李巨川入朱温军中纳降,因常为韩建出谋划策,被杀。荐表,推荐人做官的奏表。

⑥蛾眉:美人细长而弯曲的眉毛。代指美人。

⑦明妃:指王昭君。王嫱,字昭君,晋时避司马昭讳,称王明君、明妃,南郡秭归(今属湖北)人。汉元帝宫人,竟宁元年(前33),被赐婚匈奴首领呼韩邪单于。《西京杂记》等言王昭君因不肯贿赂画师,久不得见御,被赐婚后,元帝召见其人,方悔之。

⑧猿臂:臂长如猿,灵活善射。《史记·李将军列传》:"广为人长,猿臂,其善射亦天性也。"

⑨李广乃不侯之将:指李广始终未能封侯。

【译文】

温宪,是前辈温庭筠的儿子,光启年间进士及第,不久后担任山南西道节度使的幕僚。擅长诗文的李巨川起草推荐温宪的奏表,详细述说了温宪之父温庭筠的怀才不遇。写道:"美人遭人嫉妒,王昭君因此成为去国离乡之人;善射的名将自我伤感,李广终究未能封侯。"

卢汪门族①,甲于天下,因官,家于荆南之塔桥,举进士二十余上不第，满朝称屈。尝赋一绝，颇为前达所推，曰："惆怅兴亡系绮罗②，世人犹自选青娥③。越王解破夫差国④，一个西施已太多⑤。"晚年失意，因赋《酒胡子》长歌一篇，甚著，叙曰⑥："二三子逆旅相遇⑦，贳酒于旁舍⑧，且无丝竹⑨，以用娱宾友，兰陵掾淮南生探囊中得酒胡子⑩，置于座上，拱而立，令曰：'巡觞之胡人⑪，心俯仰旋转⑫，所向者举杯⑬。'胡貌类人，亦有意趣，然而倾侧不定，缓急由人，不在酒也⑭。作《酒胡歌》以诮之⑮。"曰："同心相遇思同欢，擎出酒胡当玉盘⑯。盘中虺虺不自定⑰，四座亲宾注意看。可亦不在心，否亦不在面，徇俗随人自圆转⑱。酒胡五藏属他人，十分亦是无情劝⑲。尔不耕，亦不饥；尔不蚕⑳，亦有衣。有眼不曾分齟齪，有口不能明是非㉑。鼻何尖？眼何碧㉒？仪形本非天地力㉓。雕镂匠意若多端㉔，翠帽朱衫巧装饰。长安斗酒十千酤㉕，刘伶平生为酒徒㉖。刘伶虚向酒中死㉗，不得酒池中拍浮㉘。酒胡一滴不入肠，空令酒胡名酒胡。"

【注释】

①卢汪：或作卢注。家于荆南（今湖北荆州）。屡试不第。门族：门第。

②惆怅：伤感，愁闷。绮罗：华贵的丝织品。借指美女。

③青娥：指美女。

④越王：指越王句践（？—前465），春秋末越国国君，前497—前465年在位。曾为吴王夫差所败，入吴为质。后任用文种、范蠡等贤臣，卧薪尝胆，共谋强国，立志复仇。最后转弱为强，兴兵灭吴国，又大会诸侯于徐州，成为春秋后期的霸主。夫差（？—前473）：春秋末吴国国君，前495—前473年在位。曾大败越王句

践,未听伍子胥建议乘胜灭越。又攻打齐国,与晋国争霸。连年
征战,国力空虚,卒被越国灭亡,自杀。

⑤西施:或称先施,别名夷光,亦称西子。春秋末年越国苎萝(今浙
江诸暨)人。以貌美著称。越国战败后,被范蠡献于吴王夫差,
以乱其国。传说越灭吴之后,和范蠡同隐五湖。见《吴越春秋》
等。此诗《全唐诗》题作《西施》。

⑥叙:序言。

⑦二三子:诸位。

⑧贳(shì):买。

⑨丝竹:琴瑟等弦乐器和箫笛等管乐器。泛指音乐。

⑩兰陵掾:兰陵掾吏。兰陵,今江苏常州。酒胡子:古代酒席上佐酒
助兴的玩具。刻木为胡人之形,置之盘中,由主人旋转,左右欹侧
如舞,久之乃倒,视其所指向者饮酒。又称劝酒胡、酒家胡。

⑪巡觞(shāng):犹巡酒。宴饮时依次斟酒。觞,古代酒器。胡人:
古代对北方边族及西域各民族的称呼。

⑫俯仰:低头和仰头。

⑬所向者举杯:他倒向谁谁就举杯饮酒。此以酒胡子比喻主考官,
主考官倒向谁谁就考中。举杯,饮酒。比喻考中者举杯相庆。

⑭"然而倾侧不定"几句:然而酒胡子摇摆不定,快慢全由主人决定,
不由酒胡子自己。比喻主考官取士没有自己的原则,全由权贵决定。

⑮诮(qiào):嘲讽。

⑯擎(qíng)出酒胡当玉盘:举出酒胡子放在玉盘之上。比喻选拔
主考官居于清要之位。擎,举。当,在。

⑰鞥靰(niè wù):动摇不定貌。

⑱"可亦不在心"几句:酒胡子点头不出自内心,摇头也不流露表情,
顺随时俗人情旋转自如。比喻主考官圆滑世故,随权贵请托而决
定举子考中与否。徇俗随人,顺随时俗人情。

⑲酒胡五藏属他人,十分亦是无情劝:酒胡子的五脏六腑都是别人所造,即使满杯劝酒,也不是出自自己的意愿。比喻主考官受人操纵,即使录取人考中进士,也并非出自怜才之心。五藏,也称五脏,心、肝、脾、肺、肾五个脏器的合称。十分,满杯。白居易《雪夜喜李郎中见访兼酬所赠》诗:"十分满盏黄金液,一尺中庭白玉尘。"无情,佛教用语。指植物等没有情识之物,和人、动物等有情众生相对。酒胡子是人造,属无情之物。

⑳蚕:养蚕。

㉑有眼不曾分黼黻(fǔ fú),有口不能明是非:酒胡子有眼睛却分不清花纹美丑,有嘴却不能辨明是非。比喻主考官辨别不了文章好坏,也不能主持是非公道。黼黻,礼服上的华美花纹。比喻文章辞藻。

㉒碧:碧蓝。胡人多碧眼。

㉓仪形:仪容形体。

㉔雕镌(juān):雕刻。匠意:匠人的构思设计。

㉕酤(gū):买酒。

㉖刘伶:字伯伦,沛国(今江苏沛县)人。魏晋名士,"竹林七贤"之一。曾在建威将军王戎幕府下任参军。纵酒放诞,寡言少交,好老庄,倡无为,消极避世,得以善终。著有《酒德颂》等。

㉗虚:空。酒中死:《晋书·刘伶传》:"(刘伶)常乘鹿车,携一壶酒,使人荷锸而随之,谓曰:'死便埋我。'"

㉘拍浮:浮游,漂浮。

【译文】

卢汪的家族门第,天下位居首位,因为做官的原因,在荆南方镇的塔桥安家,卢汪考进士考了二十多次都没考中,满朝上下都认为他受到了枉曲。卢汪曾经写过一首绝句,颇为前辈达人推崇,写道:"惆怅兴亡系绮罗,世人犹自选青娥。越王解破夫差国,一个西施已太多。"卢汪晚年的时候不得志,于是写了一首题名《酒胡子》的长篇歌诗,非常著名,诗前的序文中说："有二三人在旅店中相遇,在邻舍买了酒,也没有音乐以娱乐宾客朋友,担任兰陵掾吏的淮南生从囊中取出一个酒胡子,放在座盘上,向诸人拱手而立,立下酒令说:'这个巡酒的胡人,随心俯仰旋转,他倒向谁谁就举杯饮酒。'这个酒胡子模样像人,也有意趣,然而酒胡子摇摆不定,快慢全由主人决定,不由酒胡子自己。于是写《酒胡歌》以讽刺他。"诗写道:"同心相遇思同欢,擎出酒胡当玉盘。盘中虺虺不自定,四座亲宾注意看。可亦不在心,否亦不在面,徇俗随人自圆转。酒胡五藏属他人,十分亦是无情劝。尔不耕,亦不饥;尔不蚕,亦有衣。有眼不曾分龋龈,有口不能明是非。鼻何尖?眼何碧?仪形本非天地力。雕镌匠意若多端,翠帽朱衫巧装饰。长安斗酒十千酤,刘伶平生为酒徒。刘伶虚向酒中死,不得酒池中拍浮。酒胡一滴不入肠,空令酒胡名酒胡。"

罗隐,梁开平中累征夕郎不起[1],罗衮以小天倅大秋姚公使两浙[2],衮以诗赠隐曰:"平日时风好涕流,《谗书》虽盛一名休[3]。寰区叹屈瞻天问[4],夷貊闻诗过海求[5]。向夕便思青琐拜[6],近年寻伴赤松游[7]。何当世祖从人望?早以公台命卓侯[8]。"隐答曰:"昆仑水色九般流,饮即神仙憩即休[9]。敢恨守株曾失意,始知缘木更难求[10]。鸰原漫欲均余力,鹤发那堪问旧游[11]!遥望北辰当上国,羡君归棹五诸侯[12]。"

【注释】

① 开平:后梁太祖朱温的年号(907—911)。夕郎:亦称"夕拜"。唐代给事中的别称。参见卷三"散序"门注。

② 罗衮以小天倅(cuì)大秋姚公使两浙:罗衮以吏部郎官辅佐刑部尚书姚洎出使两浙。罗衮,字子制,临邛(今四川邛崃)人。昭宗大顺中登进士第,后任左拾遗、起居郎等。入梁,任礼部主客员外

郎等。工诗善文,与黄滔、罗隐等友善。著有《罗衮集》。小天,
唐代吏部郎官的别称。倅,辅佐。大秋,唐代刑部尚书的别称。
姚公,姚洎。后梁宰相。唐末曾任拾遗、翰林学士、中书舍人、户
部侍郎等,与韩偓为友。入梁,任兵部侍郎,充卤簿使。以兵部尚
书知贡举,改御史大夫,封吴兴郡侯。末帝乾化三年(913),拜中
书侍郎、同中书门下平章事。按,朱温建梁后,封钱镠为吴越王,
开平二年(908)遣使册封。据钱俨《吴越备史》:"六月壬寅,王
发明州,敕遣刑部尚书姚洎、礼部员外郎罗衮授王吴越王册礼。"

③《谗书》:罗隐所著讽刺小品集。一名休:指始终没考上进士。

④寰(huán)区:天下。

⑤夷貊(mò):古代对东方和北方民族的称呼。泛指异族。

⑥向夕便思青琐拜:汉代黄门侍郎每日傍晚时,对着青琐门参拜,后
　以"夕拜"称给事中。此指罗隐开平二年(908)被梁太祖朱温授
　给事中。

⑦赤松:赤松子。传说中神农时雨师,见《列仙传》等。《史记·留
　侯世家》载张良欲从赤松子游。诗文中常用为退隐之典。

⑧何当世祖从人望? 早以公台命卓侯:什么时候世祖能遵从众人的
　属望,早点拜卓茂为三公呢? 指皇帝早晚会拜罗隐做高官。何
　当,什么时候。世祖,汉世祖,即光武帝刘秀。刘秀(前5—57),
　字文叔,谥号光武,庙号世祖,南阳蔡阳(今湖北枣阳)人。东汉
　开国皇帝,杰出的政治家、军事家。新莽末年起兵,先后平灭关
　东、陇右、西蜀等地的割据政权,统一天下,定都洛阳。25—57年
　在位。在位期间,发扬教化,鼓励生产,精简官吏,史称"光武中
　兴"。此比喻朱温。人望,众人所属望。公台,古代以三台星象
　征三公,因借指三公之位或泛指高官。卓侯,指褒德侯卓茂。卓
　茂(? —28),字子康,南阳宛(今河南南阳宛城区)人。西汉末
　任密县令,通儒术,性仁爱,有德政。光武帝即位,拜为太傅,封褒

德侯。见《后汉书·卓茂传》。此比喻罗隐。

⑨昆仑水色九般流,饮即神仙憩即休:昆仑之水屈曲而流,饮之可以成仙,小憩可以休息。昆仑,山名。西起帕米尔高原,绵延于新疆、西藏之间,向东延入青海境内。传说中西王母所居,上有瑶池、阆风、县圃等仙境。又有白水,饮之可以不死。九般,九盘。极言河水之弯曲。般,旋转,回旋。

⑩敢恨守株曾失意,始知缘木更难求:岂敢憾恨屡试不第,才知道是徒劳无功。守株,守株待兔。宋人因为有兔触树根而死,于是等候在树根边,希望再得兔。典出《韩非子·五蠹》。常用来形容不知变通。此指数次参加科考。失意,指落第。缘木,缘木求鱼。爬到树上去找鱼。典出《孟子·梁惠王上》。常用来比喻方法不对,徒劳无功。温庭筠《病中书怀呈友人》诗:"定为鱼缘木,曾因兔守株。"

⑪鸰原谩欲均余力,鹤发那堪问旧游:同宗兄弟空欲出力,而我已年老不堪再问。鸰原,鹡鸰原。比喻兄弟友爱。典出《诗经·小雅·常棣》:"脊令在原,兄弟急难。"参见卷三"慈恩寺题名游赏赋咏杂纪"门注。此诗《全唐诗》题作《答宗人衮》。罗隐和罗衮同宗,因以兄弟为比。鹤发,白发。形容老迈。此回答不能奉诏的原因。

⑫遥望北辰当上国,羡君归棹(zhào)五诸侯:遥望上国朝廷,羡慕你回朝重为天子近臣。北辰,北极星。比喻朝廷。归棹,回去的船。指罗衮来吴越出使完毕之后回朝。五诸侯,古星名。象征天子近侍之臣。《晋书·天文志上》:"五诸侯五星,在东井北……一曰帝师,二曰帝友,三曰三公,四曰博士,五曰太史。"此比喻罗衮。

【译文】

罗隐,梁开平年间屡次被征召为给事中而不奉诏,罗衮以吏部员外郎辅佐刑部尚书姚洎出使两浙,写诗赠罗隐道:"平日时风好涕流,《谏书》虽盛一名休。寰区叹屈瞻天问,夷貊闻诗过海求。向夕便思青琐拜,近年寻伴赤松游。何当世祖从人望?早以公台命卓侯。"罗隐答诗道:"昆仑水色九般流,饮即神仙憩即休。敢恨守株曾失意,始知缘木更难求。鸰原谩欲均余力,鹤发那堪问旧游!遥望北辰当上国,羡君归棹五诸侯。"

　　孙定①,字志元,涪州大戎之族子②,长于储③。定数举矣,而储方欲就贡。或访于定④,定谑曰:"十三郎仪表堂堂⑤,好个军将,何须以科第为资!"储颇衔之。后储贵达⑥,未尝言定之长。晚年丧志⑦,放意杯酒⑧。景福二年⑨,下第游京,西出开远门⑩,醉中走笔寄储诗曰:"行行血泪洒尘襟⑪,事逐东流渭水深。愁跨蹇驴风尚紧,静投孤店日初沉。一枝犹挂东堂梦⑫,千里空驰北巷心。明日悲歌又前去,满城烟树噪春禽⑬。"定诗歌千余首,多委于兵火⑭,竟无成而卒⑮。

【注释】

①孙定:字志元。终身不第。能诗,《全唐诗》存诗一首。

②涪(fú)州:唐武德元年(618)置涪州,治所在涪陵县(今重庆涪陵)。大戎:唐代兵部尚书的别称。

③储:孙储,字文府,武邑(今属河北)人。僖宗时任工部郎中、湖州刺史、左散骑常侍。昭宗时任天雄节度使,以兵部尚书兼京兆尹。

④访:询问,咨询。

⑤十三郎:孙储的排行。仪表堂堂:形容人相貌端正,气宇不凡。

⑥贵达:富贵显达。

⑦丧志:指失意,不得志。

⑧放意杯酒:指放纵饮酒。

⑨景福二年：893年。

⑩开远门：即安远门。唐长安城西墙最北的一座城门。

⑪血泪：带血的眼泪。极言惨痛。尘襟：被尘土所污之襟。

⑫一枝犹挂东堂梦：仍然梦想进士及第。一枝，比喻及第。用郤诜
　　"桂林之一枝"典。东堂梦，亦比喻及第。晋武帝时郤诜于东堂
　　对策得第。

⑬噪：鸟乱叫。

⑭委于兵火：指毁于兵火。委，交付。

⑮无成而卒：指布衣终身。

【译文】

　　孙定，字志元，是涪州兵部尚书孙储的族子，但是比孙储年长。孙定
考进士已经考了好几次，而孙储正准备应试。有一次孙储来咨询孙定，
孙定开玩笑说："十三郎仪表出众，正是一个大好的军将人才，何必要一
个进士出身呢！"孙储大为怀恨。后来孙储富贵显达，从来没替孙定说
过一句好话。孙定晚年不得志，放纵饮酒。景福二年，孙定再次落第后
漫游京师，向西出了开远门，醉中提笔写了一首诗寄给孙储道："行行血
泪洒尘襟，事逐东流渭水深。愁跨蹇驴风尚紧，静投孤店日初沉。一枝
犹挂东堂梦，千里空驰北巷心。明日悲歌又前去，满城烟树噪春禽。"孙
定写了一千多首诗歌，大多毁于兵火，最后以布衣终身。

　　欧阳澥者①，四门之孙也②，薄有辞赋③，出入场中仅二
十年④。善和韦中令在阁下⑤，澥即行卷及门，凡十余载，
未尝一面，而澥庆吊不亏⑥。韦公虽不言，而心念其人。中
和初，公随驾至西川命相⑦，时澥寓居汉南，公访知行止⑧，
以私书令襄帅刘巨容俾澥计偕⑨。巨容得书大喜，待以厚
礼⑩，首荐之外，资以千余缗，复大宴于府幕。既而撰日遵

路⑪，无何，一夕心痛而卒。巨容因籍澥答书⑫，既呈于公，公览之怃然⑬，因曰："十年不见，灼然不错⑭！"

【注释】

①欧阳澥（xiè，？—881）：泉州晋江（今福建泉州）。欧阳詹之孙。考进士二十年不第。僖宗中和初，韦昭度知贡举，怜之，令山南东道节度使刘巨容解送应试。择日成行，暴卒。

②四门：欧阳詹，官终国子监四门助教，故称。参见卷一"广文"门注。

③薄有：略有。

④出入场中：指出入科场，考进士。仅：将近。

⑤善和韦中令在阁下：善和韦中令昭度担任中书舍人的时候。善和，善和坊，唐长安坊名。韦中令，韦昭度。唐朝宰相，拜中书令，故称。参见卷七"起自寒苦"门注。阁下，指在官署之中。此指在中书省任中书舍人。

⑥庆吊：庆贺与吊慰。亏：缺。

⑦公随驾至西川命相：韦昭度随皇帝到成都，被任命为宰相。黄巢陷长安，韦昭度随僖宗奔蜀，广明二年（881）知礼部贡举，不久拜吏部尚书同平章事。参见卷九"敕赐及第"门注。西川，指成都。剑南西川节度使治所。命相，拜相，被任命为宰相。

⑧行止：行踪，住址。

⑨刘巨容：时任山南东道节度使。参见卷九"四凶"门注。俾澥计偕：指解送欧阳澥应试。

⑩待以厚礼：指厚加礼遇。

⑪撰（xuǎn）日：择日。撰，通"选"。

⑫籍：收取。

⑬怃（wǔ）然：怅然失意貌。

⑭灼然：鲜明突出貌。

【译文】

欧阳澥,是国子监四门助教欧阳詹的孙子,略有文才,考进士考了将近二十年。善和韦昭度中令担任中书舍人的时候,欧阳澥就上门行卷,一共十多年,韦昭度从来没见过他一面,但是欧阳澥庆贺与吊慰的礼节从来没有缺少过。韦昭度虽然不说,然而心里记住了他。中和初年,韦昭度随皇帝到成都,被任命为宰相,当时欧阳澥寄居在汉南,韦昭度访查到他的下落,写了一封私信让山南东道节度使刘巨容解送他应试。刘巨容收到信之后很高兴,对待欧阳澥厚加礼遇,除了以解元荐送赴试以外,还资助了他一千多贯钱,又在幕府中大摆宴席。随后欧阳澥择日出发,没多久,一夜突发心痛病而死。刘巨容于是收取了他的答谢书,呈送给韦昭度,韦昭度看过之后怅然叹息,说:"十年不见,非常不错啊!"

刘得仁①,贵主之子。自开成至大中三朝,昆弟皆历贵仕②,而得仁苦于诗,出入举场三十年,竟无所成。尝自述曰:"外家虽是帝③,当路且无亲④。"既终,诗人争为诗以吊之,唯供奉僧栖白擅名⑤。诗曰:"忍苦为诗身到此,冰魂雪魄已难招⑥。直教桂子落坟上⑦,生得一枝冤始销。"

【注释】

①刘得仁:公主之子。志在进士而屡试不第。工诗。参见卷八"已落重收"门注。

②昆弟:兄弟。

③外家:外祖家。

④当路:身居要津。指掌权者。孟浩然《留别王维》诗:"当路谁相假,知音世所稀。"

⑤供奉僧:指内道场僧人。栖白:江南僧人。宣宗大中间居长安荐

福寺，为内供奉，赐紫。能诗，和姚合、贾岛、李频、齐己等交游。
尚苦吟，工近体诗。著有《栖白集》。擅名：有名声。

⑥冰魂雪魄：比喻精神高洁。招：招魂。

⑦直教：直到。

【译文】

刘得仁，是公主的儿子。自开成至大中历经三朝，兄弟们都历任显贵的官职，而刘得仁苦心于诗文，前后考了三十年，终究没能考中进士。曾经说自己道："外家虽是帝，当路且无亲。"亡故之后，诗人们竞相写诗来悼念他，唯有供奉僧栖白的诗有名。诗写道："忍苦为诗身到此，冰魂雪魄已难招。直教桂子落坟上，生得一枝冤始销。"

李洞①，唐诸王孙也，尝游两川②，慕贾阆仙为诗③，铸铜像其仪④，事之如神。洞为《终南山诗二十韵》⑤，句有："残阳高照蜀，败叶远浮泾⑥。"复曰："劚竹烟岚冻，偷湫雨雹腥⑦。远平丹凤阙⑧，冷射五侯厅⑨。"大约全篇得唱⑩。又《赠司空侍郎》云⑪："马饥餐落叶，鹤病晒残阳。"又曰⑫："卷箔清溪月，敲松紫阁书⑬。"又《送僧》云⑭："越讲迎骑象，蕃斋忏射雕⑮。"复《赠高仆射》曰⑯："征南破虏汉功臣⑰，提剑归来万里身。闲倚陵云金柱看，形容消瘦老于真⑱。"复曰⑲："药杵声中捣残梦，茶铛影里煮孤灯⑳。"复《送人归日本》云㉑："岛屿分诸国，星河共一天。"时人但诮其僻涩㉒，而不能贵其奇峭㉓，唯吴子华深知之㉔。子华才力浩大㉕，八面受敌㉖，以八韵著称，游刃颇攻骚雅㉗，尝以百篇示洞，洞曰："大兄所示百篇中㉘，有一联绝唱，《西昌新亭》曰：'暖漾鱼遗子㉙，晴游鹿引麛㉚。'"子华不怨所鄙，而喜所许。洞，三榜裴公第二榜^㉛，策夜，帘献曰："公道此时如不得，昭陵恸哭一生休^㉜。"寻卒蜀中。裴公无子，人谓屈洞之致也。

【注释】

①李洞：字才江，京兆（今陕西西安）人。唐宗室。僖宗、昭宗时屡试不第，失意游蜀而卒。喜苦吟，诗学贾岛。著有《李洞诗》。

②两川：剑南东川和剑南西川的合称。泛指四川。

③贾阆仙：贾岛，字阆仙。参见卷八"放老"门注。

④铸铜像其仪：用铜铸成贾岛的像。仪，仪表。

⑤《终南山诗二十韵》：《全唐诗》题作《终南山二十韵》。

⑥泾（jīng）：泾水，渭河的支流，在陕西中部。

⑦劚（zhǔ）竹烟岚冻，偷湫（qiū）雨雹腥：砍下竹子，山中云气冰凝如冻；取来潭水，犹带雨雹的腥气。劚，砍。烟岚，山中蒸腾的云气。偷，取。湫，水潭。湫，底本作"秋"，据他本改。

⑧丹凤阙：指帝阙，皇宫。汉建章宫有双凤阙。

⑨五侯：西汉成帝封其舅父王商等五人为侯；东汉大将军梁冀擅权，其族五人封侯；汉桓帝借助宦官铲除梁冀，封五名宦官为侯。世皆称"五侯"。后泛指王侯权贵。

⑩得唱：可以吟诵。

⑪《赠司空侍郎》：《全唐诗》题作《郑补阙山居》。

⑫又曰：又有诗写。此诗《全唐诗》题作《送从叔书记山阴隐居》。

⑬卷箔清溪月，敲松紫阁书：卷起的帘子上映照着清溪的明月，风吹动松树像是在敲打隐士的书籍。卷箔，指卷起的帘子。紫阁，指仙人或隐士所居。

⑭《送僧》：《全唐诗》题作《维摩畅林居》。

⑮越讲迎骑象，蕃斋忏射雕：高僧在南方越地讲法，越人迎接他来骑象，在域外番邦讲法，番人开始斋戒，忏悔自己曾经射雕。越，南

方越地。蕃，通"番"，泛指域外民族。

⑯《赠高仆射》：《全唐诗》题作《上灵州令狐相公》，一作《赠高仆射
自安西赴阙》。

⑰虏：古代对北方外族的贬称。

⑱闲倚陵云金柱看，形容消瘦老于真：闲来倚靠着凌烟阁的金柱看
自己的画像，如今自己形貌消瘦憔悴，比画像已经老多了。陵云，
即凌云阁。凌烟阁的别称。陵，通"凌"。凌烟阁是唐太宗为表
彰功臣所建，内悬挂二十四名功臣的画像。形容，形体容貌。真，
指画像，写真。

⑲复曰：又有诗写道。此诗《全唐诗》题作《赠曹郎中崇贤所居》。

⑳茶铛（chēng）：煎茶器，似锅，三足，有一横柄。

㉑《送人归日本》：《全唐诗》题作《送云卿上人游安南》。

㉒僻涩：生僻险涩。

㉓奇峭：奇崛不同流俗。

㉔吴子华：吴融，字子华。工诗善文，以文思敏捷和提携后进誉于当
时文坛。参见卷三"散序"门注。

㉕浩大：博大。

㉖八面受敌：此指功力深厚，能应付各种文体。

㉗游刃颇攻骚雅：余力也足以攻研诗歌。游刃，游刃有余。比喻余
力。骚雅，指《离骚》和《大雅》《小雅》。泛指诗歌。《离骚》，战
国楚屈原著，倾诉了作者为坚持自己的人格和理想而遭受的种种
磨难，抒发了顽强斗争、九死不悔的浪漫主义精神，是中国文学史
上最伟大的作品之一。《大雅》《小雅》，《诗经》组成部分之一，多
反映政治生活和社会矛盾。

㉘大兄：犹兄台。对朋友的敬称。

㉙遗子：产子。

㉚麑（mí）：小鹿。

㉛三榜裴公第二榜：三次主持贡举的裴赞相公第二次主持考试。三榜裴公，即裴赞。唐朝宰相。昭宗大顺元年（890）、二年（891）、乾宁五年（898）三知贡举，故称"三榜裴公"。参见卷三"慈恩寺题名游赏赋咏杂纪"门注。

㉜昭陵：唐太宗李世民的陵墓。位于今陕西礼泉东北的九嵕（zōng）山主峰内。恸（tòng）哭：放声痛哭。

【译文】

李洞，是唐宗室子弟，曾经漫游四川，仰慕贾岛的诗，用铜铸成贾岛的像，像敬神一样尊奉。李洞写《终南山诗二十韵》，有句子如："残阳高照蜀，败叶远浮泾。"又有："劚竹烟岚冻，偷揪雨電腥。远平丹凤阙，冷射五侯厅。"大约全篇都可以吟诵。又有《赠司空侍郎》诗写道："马饥餐落叶，鹤病晒残阳。"又有诗写道："卷箔清溪月，敲松紫阁书。"又有《送僧》诗写道："越讲迎骑象，蕃斋忏射雕。"又有《赠高仆射》诗写道："征南破虏汉功臣，提剑归来万里身。闲倚陵云金柱看，形容消瘦老于真。"又有诗写道："药杵声中捣残梦，茶铛影里煮孤灯。"又有《送人归日本》诗写道："岛屿分诸国，星河共一天。"当时的人只是讥诮李洞的诗生僻险涩，而不能看重他的奇崛不同流俗，只有吴融能够深深赏识他的诗才。吴融才华博大，功力深厚，能够兼善各种文体，虽然以律赋著称，但余力也足以攻研诗歌，曾经拿自己写的一百篇诗歌给李洞看，李洞说："兄台给我看的一百篇诗歌中，有一联写得堪称绝唱，是《西昌新亭》诗里写的：'暖漾鱼遗子，晴游鹿引麛。'"吴融不怨恨李洞轻视他的绝大部分诗作，而因为他赞许了自己的一联诗而感到高兴。李洞，后来参加了三次主持贡举的裴赞相公第二次主持的考试，试策那天夜里，在考帘前献诗道："公道此时如不得，昭陵恸哭一生休。"依旧落第，不久死在蜀中。裴赞没有儿子，有人说是因为没有录取李洞的缘故。

赵牧①，不知何许人。大中、咸通中，学李长吉为短歌^②,可谓蹙金结绣^③,而无痕迹^④。《对酒》诗曰:"云翁耕扶桑,种黍养日乌^⑤。手挼六十甲子^⑥,循环落落如弄珠。长绳系日未是愚^⑦,有翁临镜捋白须^⑧。饥魂吊骨吟古书^⑨,冯唐八十无高车^⑩。人生如云在须臾,何乃自苦七尺躯!裂衣换酒且为娱,劝君日饮一瓢,夜饮一壶!杞天崩,雷腾腾,纣非舜是何足凭^⑪!桐君桂父岂欺我,醉里骑龙多上升^⑫。菖蒲花开鱼尾定,金丹始可延君命^⑬。"其余尤工轻巧,辞多不载^⑭。

【注释】

①赵牧:宣宗大中至懿宗咸通间,屡试不第。有俊才,诗学李贺。

②李长吉:李贺,字长吉。中唐著名诗人。长于乐府诗,诗风新奇诡丽,独树一帜,称"李长吉体"。参见卷五"以其人不称才试而后惊"门注。短歌:泛指乐府歌行。乐府歌行根据音节长短分长歌和短歌。

③蹙(cù)金结绣:指用金线刺绣而皱缩其纹的丝织品,紧密匀贴而华美。形容文章精美,结构严密。

④痕迹:指斧凿痕迹。

⑤云翁耕扶桑,种黍养日乌:云中翁在日出之处耕作,种出黄米喂养日中的三足乌。此想象语。云翁,云中翁。扶桑,传说日出之处有神木名扶桑。后指日出处。黍,黄米。日乌,传说日中有三足乌。

⑥挼(ruó):揉搓。甲子:指六十岁。

⑦长绳系日:用长绳拖住太阳。晋傅玄《九曲歌》:"岁莫景迈群光绝,安得长绳系白日!"

⑧捋(lǚ):用手指顺着梳理。

⑨饥魂吊骨:饥饿衰弱的魂魄和躯体互相凭吊。形容穷饿憔悴,肌体枯槁。

⑩冯唐八十无高车:冯唐八十岁了还没被重用。冯唐,扶风安陵

（今陕西咸阳东北）人。汉文帝时曾任中郎署长，以直言敢谏，迁车骑都尉，景帝时任楚相。武帝时，举为贤良，时已九十余岁，不能为官。见《史记·冯唐列传》。高车，高官显贵所乘坐的车子。

⑪"杞天崩"几句：天崩地裂，雷声轰隆，商纣和虞舜孰是孰非，何足以凭？杞天，杞人之天。古代杞国有个人，担心天塌地陷，愁得寝食不安。典出《列子·天瑞》。纣，商纣王，商朝末代君主。子姓，名受。史称其穷兵黩武，暴虐无道，为周武王讨伐，身死国灭。舜，虞舜，上古贤君。参见卷六"公荐"门注。

⑫桐君桂父岂欺我，醉里骑龙多上升：桐君和桂父服食以求长生，难道是欺骗我的吗？我在醉中，就像陵阳子明骑龙飞升一样飘然成仙。桐君，传说为黄帝时医师。又云古仙人。晋王嘉《拾遗记·魏》："昔仙人桐君采石，入穴数里，得丹石鸡，春碎为药，服之者令人有声气，后天而死。"桂父，古代传说中的仙人，常服食桂、葵，以龟脑和之。典出汉刘向《列仙传》。皎然《赋颜氏古今一事得晋仙传送颜逸》诗："却忆桐君老，俱还桂父年。"骑龙多上升，古时陵阳子明钓鱼而得白龙，后得服食之法，乘龙而去，止陵阳山上，百余年，山去地千余丈。典出汉刘向《列仙传》。

⑬菖蒲花开鱼尾定，金丹始可延君命：等到沧海变为桑田，菖蒲花开，鱼尾静止，你们的金丹才可炼成，用来延长你们的寿命。此言桐君桂父等服食以求长生，不如作者醉中成仙。菖蒲，多年生草本植物名。此指九节菖蒲，传说吃了可以长生。典出晋葛洪《神仙传》。鱼尾定，指沧海化为桑田，鱼不能游，尾皆定。金丹，中国古代炼丹术名词。把丹砂、硫黄等炼制成丹，相传服之可以成仙。

⑭不载：没有记载。指没有流传下来。

【译文】

赵牧，不知是哪里人。大中、咸通年间，学习李贺写作乐府歌行，写的可说是精美严密，而没有斧凿痕迹。《对酒》诗写道："云翁耕扶桑，种黍养日乌。手接六十甲子,循环落落如弄珠。长绳系日未是愚,有翁临镜拊白须。饥魂吊骨吟古书,冯唐八十无高车。人生如云在须臾,何乃自苦七尺躯! 裂衣换酒且为娱,劝君日饮一瓢,夜饮一壶! 杞天崩,雷腾腾,纣非舜是何足凭! 桐君桂父岂欺我,醉里骑龙多上升。菖蒲花开鱼尾定,金丹始可延君命。"其余的诗歌写得更轻妙工巧,只是大都没有流传下来。

　　崔橹,慕杜紫微为诗①,而橹才情丽而近荡②,有《无机集》三百篇,尤能咏物。《梅花》诗曰③:"强半瘦因前夜雪,数枝愁向晚来天④。"复曰:"初开已入雕梁画,未落先愁玉笛吹⑤。"《山寺》诗曰:"云生柱础降龙地,露洗林峦放鹤天⑥。"如此数篇,可谓丽矣。若《莲花》诗曰⑦:"无人解把无尘袖,盛取残香尽日怜⑧。"此颇形迹⑨。复能为应用四六之文⑩,辞亦深侔章句⑪。

【注释】

①崔橹:一作崔鲁,荆南(今湖北荆州)人。进士及第。仕至棣州司马。诗学杜牧,才情清丽。著有《无机集》。杜紫微:杜牧。晚唐著名诗人。仕至中书舍人。中书舍人别称紫微舍人,故称"杜紫微"。参见卷三"慈恩寺题名游赏赋咏杂纪"门注。

②丽而近荡:清丽而近于放荡。

③《梅花》:《全唐诗》题作《岸梅》。

④强半瘦因前夜雪,数枝愁向晚来天:梅花消瘦如此,大半因为前夜下了一场雪,如今只剩下数枝残花,在薄暮中忧愁开放。强半,大半。

⑤先愁玉笛吹:怕被玉笛吹落。笛曲有《梅花落》,故云。

⑥云生柱础降龙地,露洗林峦放鹤天:降龙之地,柱础生出云气;鹤

飞之天,露水洗净山林。柱础,承柱的础石。唐人多称山石为云根,故曰云生柱础。降龙,形容力量强大,能降伏一切恶难烦恼。常用于形容修道者法力高深。林峦,树林与峰峦。泛指山林。放鹤,放飞仙鹤。东晋高僧支道林曾养鹤,后放飞。典出《世说新语·言语》。降龙、放鹤,唐人常用来形容僧人。许浑《舟次武陵寄天竺僧无昼》诗:"树栖新放鹤,潭隐旧降龙。"

⑦《莲花》:《全唐诗》题作《残莲花》。

⑧怜:爱惜。

⑨形迹:指有诗情放荡的痕迹。

⑩应用四六之文:指用于公文或酬应的四六文。四六文是骈文的一种,因以四字句、六字句两两对偶,故名。始于六朝,盛行于唐宋。

⑪章句:指诗词文章。白居易《山中独吟》诗:"人各有一癖,我癖在章句。"

【译文】

崔橹,仰慕杜牧而作诗,他的才情清丽而近于放荡,著有《无机集》三百篇,尤其擅长咏物诗。《梅花》诗写道:"强半瘦因前夜雪,数枝愁向晚来天。"又写道:"初开已入雕梁画,未落先愁玉笛吹。"《山寺》诗写道:"云生柱础降龙地,露洗林峦放鹤天。"这样几篇诗歌,可以称得上清丽了。又如《莲花》诗所写:"无人解把无尘袖,盛取残香尽日怜。"则颇有诗情放荡的神气。崔橹也能写公文或酬应所用的四六文,文辞也和诗歌的水平相当。

　　刘光远①,不知何许人,慕李长吉为长短歌,尤能埋没意绪②,竟不知其所终。

【注释】

①刘光远:晚唐诗人,诗学李贺。

②埋没意绪:指掩盖斧凿痕迹。意绪,思路。

【译文】

刘光远,不知是哪里人,仰慕效仿李贺写作乐府歌行,尤其擅长掩盖斧凿雕琢的痕迹,最后不知下落如何。

姚岩杰①,梁国公元崇之裔孙②。童卝聪悟绝伦③,弱冠博通坟典④;慕班固、司马迁为文⑤,时称大儒。尝以诗酒放游江左⑥,尤肆陵忽前达⑦,旁若无人。乾符中,颜标典鄱阳⑧,鞠场宇初构⑨,岩杰纪其事,文成,粲然千余言⑩;标欲刊去一两字⑪,岩杰大怒。既而标以睚眦,已勒石⑫,遂命覆碑于地,以车牛拽之磨去。岩杰以一篇纪之曰:"为报颜公识我麼⑬,我心唯只与天和。眼前俗物关情少⑭,醉后青山入意多⑮。田子莫嫌弹铗恨,甯生休唱饭牛歌⑯。圣朝若为苍生计,也合公车到薜萝⑰!"卢子发牧歙州⑱,岩杰在婺源⑲,先以著述寄肇⑳。肇知其人性使酒㉑,以手书褒美㉒,赠之以束帛㉓,辞以兵火之后㉔,郡中凋弊㉕,无以迎逢大贤㉖。岩杰复以长笺激之㉗,始以文友相遇,千载一时㉘。肇不得已,辍所乘马,迎至郡斋㉙,馆谷如公卿礼㉚。既而日肆傲睨㉛,轻视子发。子发尝以篇咏诧于岩杰曰㉜:"明月照巴山㉝。"岩杰笑曰:"明月照天下,奈何独照巴山耶!"子发惭不得意。无何,会于江亭,时蒯希逸在席㉞,子发改令曰㉟:"目前取一联,象令主㊱。"曰:"远望渔舟,不阔尺八㊲。"岩杰遽饮酒一器㊳,凭栏呕哕㊴;须臾,即席还肇令曰㊵:"凭栏一吐,已觉空喉㊶。"有集二十卷,目曰《象溪子》。中和末㊷,豫章大乱㊸,

岩杰苦河鱼之疾^㊹，寓于逆旅^㊺，竟不知其所终。

【注释】

①姚岩杰：陕州硖石（今河南三门峡陕州区）人。少聪悟，通经典，性倨傲。曾为歙州刺史卢肇、饶州刺史颜标门客。后逢乱，不知所踪。工诗善文，著有《象溪子》。

②梁国公元崇：即姚崇（651—721），本名元崇，字元之，因与叛臣同名，故以字行，后又避唐玄宗开元年号，改名崇，谥文贞。陕州硖石（今河南三门峡陕州区）人。唐朝宰相。高宗时举下笔成章科，授濮州司仓参军。武周时历夏官员外郎、郎中、侍郎，进同凤阁鸾台平章事，迁凤阁侍郎，出为灵武道大总管。睿宗、玄宗时复拜相，封梁国公。宏才远略，治国有方，为著名贤相，和宋璟并称"姚宋"。工诗善文，著有《姚崇集》。裔孙：远代子孙。

③童卝（guàn）：童年。卝，束发成两角，儿童发式。

④坟典：三坟五典。泛指古代典籍。

⑤班固、司马迁：两汉著名史学家、文学家，并称"班马"。班固著《汉书》，司马迁著《史记》。参见卷五"切磋"门注。

⑥放游：漫游。江左：即江东。古人以东为左。

⑦陵忽：欺凌轻慢。

⑧颜标：宣宗大中八年（854）状元，官至饶州刺史。参见卷八"误放"门注。鄱阳：鄱阳郡，即饶州。唐天宝元年（742）改饶州为鄱阳郡，治所在鄱阳（今江西鄱阳）。

⑨鞠场宇初构：蹴鞠场的屋宇刚建好。鞠场，古代蹴鞠场地。为平坦大广场，三面矮墙，一面为楼台亭阁等，作看台。宇，屋檐，泛指房屋。构，建造。

⑩粲然：鲜明貌。

⑪刊：删改。

⑫勒石：指刻石。

⑬麽：微小。

⑭俗物：世俗庸人。此指颜标。关情：关心，注意。

⑮入意：中意，满意。

⑯田子莫嫌弹铗（jiá）恨，甯生休唱饭牛歌：孟尝君不要嫌恶冯谖（xuān）弹铗唱歌表示憾恨，甯戚也不要再对齐桓公唱饭牛歌以求重用了。此以孟尝君、齐桓公比喻颜标，以冯谖、甯戚比喻自己。田子，田文。战国时齐国贵族，封于薛，又称薛公，号孟尝君。好客养士，食客数千人，为“战国四公子”之一，曾任齐相、魏相。孟尝君有个食客叫冯谖，因为不受礼遇而弹剑唱歌，孟尝君满足了他的要求，冯谖知恩图报，后来多次为孟尝君出谋划策。典出《战国策·齐策》。铗，剑。甯生，甯戚。春秋时卫国人，出身贫寒，为人赶牛车，敲着牛角唱了一首《饭牛歌》，引起了齐桓公注意，受到重用。屈原《离骚》：“甯戚之讴歌兮，齐桓闻以该辅。”

⑰圣朝若为苍生计，也合公车到薛（bì）萝：朝廷要为天下苍生着想，也该派公车来征辟隐居的高人志士了。计，谋划。公车，指朝廷派来征召的官车。薛萝，薛荔和女萝。皆野生植物，借指隐士或高人的住所。此作者自喻。

⑱卢子发牧歙（shè）州：卢肇担任歙州刺史。卢子发，卢肇，字子发。武宗会昌三年（843）状元，曾官歙州刺史。参见卷二“恚恨”门注。歙州，州名。唐武德四年（621）置，治所歙县（今属安徽）。

⑲婺（wù）源：唐开元二十八年（740）分休宁西南界置婺源县，属歙州。

⑳著述：撰写的文章或书籍。

㉑使酒：因酒使性，借酒放纵。

㉒手书：亲笔书信。褒美：嘉奖赞美。

㉓束帛：捆成一束的布帛，古时作为馈赠的礼物。

㉔兵火：战乱。

㉕凋弊：衰败困苦。

㉖迎逢：迎接。

㉗激：刺激，鼓动。

㉘千载一时：千年才有一次好时机，形容机会十分难得。

㉙郡斋：郡守起居之处。指刺史府。

㉚馆谷：泛指食宿款待。

㉛日肆傲睨：越来越傲慢。傲睨，傲慢轻视。睨，斜视。

㉜篇咏：诗歌，诗篇。

㉝巴山：大巴山。在今陕西南郑南。

㉞蒯希逸：武宗会昌三年（843）和卢肇同榜登进士第。参见卷三
　　"慈恩寺题名游赏赋咏杂纪"门注。

㉟令：酒令。

㊱目前取一联，象令主：以眼前的事物作一联为酒令，大家都要效法
　　我。象，效法。令主，出酒令之人，指自己。

㊲远望渔舟，不阔尺八：望向远处的渔舟，还没有一尺八宽。尺八又
　　为乐器名。此即取眼前之事物而说。

㊳器：酒器。

㊴呕哕（yuě）：呕吐。哕，呕吐。

㊵还：此指接酒令。

㊶凭栏一吐，已觉空喉：靠着栏杆吐了一顿，感觉到喉咙已经空了。
　　空喉，谐音"箜篌"，箜篌也是乐器。此亦取眼前之事物而说，而
　　合于酒令。

㊷中和：唐僖宗的年号（881—885）。

㊸豫章：郡名。西汉置，治所南昌（今属江西）。

㊹河鱼之疾：比喻因水湿而得病。指腹泻。又指风湿病。语出《左
　　传·宣公十二年》："河鱼腹疾奈何？"

㊺逆旅：客舍，旅店。

【译文】

姚岩杰，是梁国公姚崇的远代子孙。姚岩杰自幼聪颖过人，二十岁的时候就博览群书；仰慕班固、司马迁而做文章，被当时人称为大儒。姚岩杰曾经吟诗饮酒漫游江东，尤其肆意欺凌轻慢前辈贤达，旁若无人。乾符年间，颜标担任饶州刺史，蹴鞠场的屋宇刚建好，由姚岩杰写文记载此事，文章写完，洋洋洒洒一千多字；颜标想要删去一两个字，姚岩杰勃然大怒。不久，颜标因为小事对姚岩杰怀恨在心，这时文章已经刻成碑文，于是颜标命令把石碑拖倒在地，用牛车拉着将碑文磨掉。姚岩杰写了一首诗记录此事："为报颜公识我么，我心唯只与天和。眼前俗物关情少，醉后青山入意多。田子莫嫌弹铗恨，宁生休唱饭牛歌。圣朝若为苍生计，也合公车到薛萝！"卢肇担任歙州刺史，姚岩杰在歙州婺源，先把自己的诗文著述寄给了卢肇。卢肇知道姚岩杰生性喜欢借酒使性，于是写了一封亲笔书信夸奖赞美，赠送了布帛礼物，以战乱之后，歙州民生困苦，无法迎接姚岩杰这样的大贤之人为理由，婉拒他到歙州来。姚岩杰又写了一封长信来刺激卢肇，开头说文章之友彼此赏识，实属千载难逢。卢肇不得已，用自己所乘的马，把姚岩杰迎接到刺史府，用对待公卿的礼节款待他。姚岩杰没多久就越来越傲慢放肆，轻视卢肇。卢肇曾拿着自己的诗篇对姚岩杰夸耀，诗里写："明月照巴山。"姚岩杰笑道："明月照天下，怎么会独照巴山！"卢肇难堪而不快。不久，众人在江亭聚会，当时蒯希逸也在座，卢肇更改酒令说："以眼前的事物作一联为酒令，大家都要效法我行令。"说酒令道："远望渔舟，不阔尺八。"姚岩杰就喝了一大壶酒，靠着栏杆呕吐；没多久，回到席上接卢肇的酒令道："凭栏一吐，已觉空喉。"姚岩杰有诗文集二十卷，名叫《象溪子》。中和末年，豫章大乱，姚岩杰因患腹泻，寄居在旅店之中，最后不知下落。

周贺①，少从浮图②，法名清塞，遇姚合而反初③。诗格清雅④，与贾长江、无可上人齐名⑤。岛《哭柏岩禅师》诗籍甚⑥，及贺赋一篇⑦，与岛不相上下。岛曰："苔覆石床新⑧，师曾占几春。写留行道影，焚却坐禅身⑨。塔院关松雪⑩，房廊露隙尘。自嫌双泪下，不是解空人⑪。"贺曰："林径西风急，松枝讲法余。冻须亡夜剃，遗偈病时书⑫。地燥焚身后，堂空著影初⑬。此时频下泪，曾省到吾庐。"

【注释】

①周贺：字南卿，东洛（今河南洛阳）人。早年为僧，法名清塞。后四处游历，有诗名。元和末在长安遇贾岛，大和末往拜杭州刺史姚合，受其鼓励还俗，曾投谒江州刺史张又新等，但终无所遇，隐居庐山而终。工诗，与贾岛、无可等齐名。著有《周贺诗》。

②少从浮图：指少年时出家。

③姚合（约775—约846）：谥号懿，陕州硖石（今河南三门峡陕州区）人。名相姚崇的曾侄孙。宪宗元和十一年（816）登进士第。由武功主簿，历监察御史、户部员外郎等，出为金、杭二州刺史，又任谏议大夫、给事中、陕虢观察使等，官至秘书少监。世称"姚武功"或"姚少监"。天性旷达，爱酒工诗，诗风率真而幽寂，与贾岛合称"姚贾"。代表作有《武功县中作三十首》等。著有《姚少监诗集》，编唐诗选本《极玄集》。反初：还俗。

④诗格：诗歌风格。

⑤贾长江：贾岛，曾任长江主簿，故称。无可：俗姓贾，范阳（今河北涿州）人，贾岛从弟。中唐诗僧，工五言，诗风清越，与姚合、张籍、马戴等交游酬唱。著有《无可集》。上人：对僧人的尊称。

⑥柏岩（755—816）：俗姓谢，法名怀恽，号柏岩，谥大宣教禅师。泉州（今属福建）人。中唐著名禅僧。宪宗时居章敬寺讲法。禅

师：对禅宗高僧的尊称。

⑦贺赋一篇：周贺写了一首诗。此诗《全唐诗》题作《哭闲霄上人》。

⑧苔覆石床新：青苔新近覆盖了石床。人已不在石床上起居修道，故而新生青苔。石床，石制的坐卧器具。

⑨写留行道影，焚却坐禅身：画下修行时的影像，烧掉圆寂后的身躯。写，写真，画像。行道，修道。影，像。焚却，指僧人圆寂后火葬。坐禅，佛教语。指静坐息虑，凝心参究。

⑩塔院：建有佛塔的院子。

⑪解空：指能解悟万法皆空。

⑫遗偈（jì）：指临终偈语。

⑬堂空著影初：禅师已经不在，影堂挂上了禅师的画像。寺庙供奉佛祖、尊师画像的地方叫影堂。王建《题柏岩禅师影堂》诗："山中砖塔闭，松下影堂新。恨不生前识，今朝礼画身。"

【译文】

　　周贺，少年时出家，法名清塞，遇到姚合之后还俗。周贺的诗歌风格清正幽雅，和贾岛、无可齐名。贾岛的《哭柏岩禅师》诗名气很大，后来周贺也写了一首，和贾岛的诗不相上下。贾岛的诗写道："苔覆石床新，师曾占几春。写留行道影，焚却坐禅身。塔院关松雪，房廊露隙尘。自嫌双泪下，不是解空人。"周贺的诗写道："林径西风急，松枝讲法余。冻须亡夜剃，遗偈病时书。地燥焚身后，堂空著影初。此时频下泪，曾省到吾庐。"

　　缪岛云①，少从浮图，才力浩大，有李杜之风②。其诗尤重奇险③，至如："四五片霞生绝壁，两三行雁过疏松。"复曰："抛芥子降颠狒狒④，折杨枝洒醉猩猩⑤。"《庐山瀑布》曰："白鸟远行树⑥，玉虹孤饮潭⑦。"皆复出前辈⑧。开成中常游豫章⑨。武宗朝准敕反初,名甚喧然。

【注释】

①缪岛云:早年为僧,武宗时还俗。能诗,尚奇险,有时名。

②李杜:李白和杜甫。唐代最伟大的两位诗人,中唐以后多以"李杜"并尊。韩愈《调张籍》诗:"李杜文章在,光焰万丈长。"参见卷四"师友"、卷七"知己"门注。

③奇险:奇崛险特。

④芥子:佛教用语。用芥菜子比喻极微小。

⑤杨枝:杨柳枝。

⑥白鸟远行树:比喻瀑布溅起的水花像白鸟远远飞离树木。

⑦玉虹孤饮潭:比喻瀑布像白虹独自在潭边饮水。古人迷信,以为虹是有生命的怪物,会下地吸水。

⑧夐(xiòng):远,辽阔。此指超出。

⑨开成:唐文宗的年号(836—840)。

【译文】

缪岛云,少年时出家,才华博大,有李白、杜甫的遗风。他的诗歌尤其重视奇崛险特,比如:"四五片霞生绝壁,两三行雁过疏松。"又如:"抛芥子降颠狒狒,折杨枝洒醉猩猩。"《庐山瀑布》诗写:"白鸟远行树,玉虹孤饮潭。"都超出前辈。开成年间缪岛云常在江西南昌一带漫游。武宗时缪岛云据敕旨还俗,当时名声很显赫。

胡玢①,不知何许人,尝隐庐山,苦心于五七言②。《桑落洲》一篇曰③:"莫问桑田事,但看桑落洲。数家新住处,昔日大江流。古岸崩欲尽,平沙长未休。想应百年后,人世更悠悠。"又《月》诗云:"轮中别有物,后改云:桂根宁有土。光外更无空。"玢与李骘旧交④；骘廉问江西⑤，弓旌不至⑥。

【注释】

①胡玢（bīn）：一作胡汾。唐末隐居庐山，苦心于诗歌，与贯休、曹松
　　等交游唱和。《全唐诗》存诗三首。

②五七言：五言诗和七言诗。泛指诗歌。

③《桑落洲》：《全唐诗》题作《庐山桑落洲》。桑落洲，在今江西九
　　江市东北长江中。传说古时候江水泛滥，流一桑树至此，故名。

④李骘（zhì）：文宗时入仕，懿宗咸通九年（868），为江西观察使。
　　参见卷二"争解元"门注。

⑤廉问：察访，查问，此指担任观察使。

⑥弓旌不至：没有征聘入幕。弓旌，弓和旌。古代征聘之礼，用弓招
　　士，用旌招大夫。引申为征聘。语出《左传·昭公二十年》："昔
　　我先君之田也，旃以招大夫，弓以招士，皮冠以招虞人。"

【译文】

　　胡玢，不知道是哪里人，曾经在庐山隐居，苦心写作诗歌。有《桑
落洲》一诗写道："莫问桑田事，但看桑落洲。数家新住处，昔日大江流。
古岸崩欲尽，平沙长未休。想应百年后，人世更悠悠。"又有《月》诗写
道："轮中别有物，后改成：桂根宁有土。光外更无空。"胡玢和李骘是老朋
友；李骘担任江西观察使，没有征聘胡玢。

　　段维①，或云忠烈之后②，年及强仕③，殊不知书④；一旦
自悟其非，闻中条山书生渊数⑤，因往请益。众以年长犹未
发蒙⑥，不与授经。或曰：以律诗百余篇，俾其讽诵⑦。翌
日，维悉能强记⑧，诸生异之。复授八韵一轴，维诵之如初，
因授之《孝经》⑨。自是未半载，维博览经籍，下笔成文，于

是请下山求书粮⑩。至蒲、陕间⑪，遇一前资郡牧即世⑫，请维志其墓⑬。维立成数百言，有燕许风骨⑭，厚获濡润⑮。而乃性嗜煎饼，尝为文会⑯，每个煎饼才熟，而维一韵赋成⑰。咸通、乾符中，声名籍甚，竟无所成而卒。

【注释】

①段维：或云名将段秀实之后。四十方学，博闻强记，下笔成文，终身未第而卒。

②忠烈：即段秀实（719—783），字成公，谥忠烈，陇州汧阳县（今陕西千阳）人。唐朝中期名将。以军功累迁四镇、北庭行军及泾原郑颍节度使，总揽西北军政，封张掖郡王。后得罪宰相杨炎，改授司农卿。建中四年（783），泾原兵变，朱泚欲称帝，不屈，以朝笏击之，遇害。赠太尉。

③强仕：代指四十岁。语出《礼记·曲礼上》："四十曰强，而仕。"

④不知书：指不读书，不识字。

⑤渊薮（sǒu）：比喻人或事物聚集的地方。渊，深水，鱼所聚之处。薮，水边的草地，兽所聚之处。

⑥发蒙：启发蒙昧。指开始识字读书。

⑦讽诵：熟读背诵。讽，背书。

⑧强记：此指以高强的记忆力记住。

⑨《孝经》：儒家经典著作之一，阐述孝道和孝治思想。传为曾子的弟子所著。唐玄宗李隆基注，宋代邢昺疏。

⑩书粮：指求学应举的费用。

⑪蒲、陕间：蒲州、陕州一带。蒲州，唐武德元年（618）置，治桑泉县（今山西临猗西南）。武德三年（620）移治河东县（今山西永济）。陕州，唐武德元年（618）改弘农郡立陕州，治陕县（今河南三门峡西）。泛指今山西南部、河南北部。

⑫前资郡牧:前任刺史。前资,古代称已去职的官员。

⑬志其墓:写墓志铭。

⑭燕许:唐玄宗名臣燕国公张说和许国公苏颋擅长文辞,朝廷重要文诰多由他们撰写,二人尤其擅长写碑文、墓志,风格典雅庄正,并称"燕许大手笔"。参见卷六"公荐"门注。风骨:此指文章风格。

⑮濡润:润笔。指稿费。

⑯文会:文士切磋诗文的聚会。

⑰一韵:诗赋一般两句为一韵。

【译文】

段维,有人说是段秀实的后代,快到四十岁的时候,还不怎么识字;有一天自己觉悟到了错误,听说中条山中有很多读书人,于是前往请教。众人认为他年龄这么大了还没开始识字读书,不给他讲授经书。有人说:可以给他一百多首律诗,让他自己熟读背诵。第二天,段维把这些诗都背了下来,众人大为惊讶。又给了他一卷律赋,段维依旧能背下来,于是众人传授了他《孝经》。自此以后不到半年,段维博览经书典籍,下笔成文,于是请求下山寻找求学应举的费用。段维到了蒲州、陕州一带,遇到一名前任刺史去世,死者的亲朋请段维写墓志铭。段维提笔就写了数百字,有张说、苏颋的文章风格,获得了丰厚的稿酬。段维嗜好吃煎饼,曾经参加文会,每当一个煎饼才熟,段维就写好了两句赋。咸通、乾符年间,段维名气很大,但最终也未能及第就去世了。

剧燕①,蒲坂人也,工为雅正诗。王重荣镇河中②,燕投赠王曰:"只向国门安四海,不离乡井拜三公③。"重荣甚礼重。为人多纵,陵轹诸从事,竟为正平之祸④。

【注释】

①剧燕:蒲坂(今山西永济)人。唐末曾为河中节度使王重荣幕僚,

颇受礼遇,性格放纵,欺凌同僚,卒遭杀身之祸。工诗,风格雅正,
"咸通十哲"之一。

②王重荣(? —887):河中(今山西永济)人。唐末军阀。僖宗时
因镇压黄巢有功,升任河中节度使,封琅邪郡王,累加检校太傅。
光启元年(885),因宦官田令孜欲夺盐池之利,联合李克用攻入
长安,迫使僖宗出逃凤翔。邠宁节度使朱玫拥立襄王李煴,王重
荣与李克用等又诛杀李煴,拥戴唐僖宗复位。王重荣性情暴虐,
多杀戮,后为部将所杀。

③只向国门安四海,不离乡井拜三公:只向着朝廷安定天下,不离开
家乡而拜三公。乡井,家乡。古代井田制,八家共一井。王重荣
卫护唐王朝有功,故曰"安四海";以河中人任河中节度使,故曰
"不离乡井";拜检校太傅,故曰"拜三公"。

④正平:指祢衡(173—198),字正平,平原般(今山东临邑北)人。东
汉末年名士,和孔融交好。为人桀骜不驯,恃才傲物,先后得罪曹
操、刘表,归江夏太守黄祖,又羞辱黄祖,被杀害。曾作《鹦鹉赋》。

【译文】

剧燕,是蒲坂人,擅长写风格雅正的诗歌。王重荣担任河中节度使,
剧燕以诗投赠王重荣道:"只向国门安四海,不离乡井拜三公。"王重荣
对他非常礼敬。剧燕行事放纵,欺凌其他同僚,最后遭到了像祢衡那样
的杀身之祸。

李涛①,长沙人也,篇咏甚著,如:"水声长在耳,山色不
离门。"又:"扫地树留影,拂床琴有声。"又:"落日长安道,
秋槐满地花。"皆鲙炙人口②。温飞卿任太学博士③,主秋
试④,涛与卫丹、张郃等诗赋⑤,皆榜于都堂。

【注释】

①李涛：长沙（今属湖南）人。唐末诗人，有诗名。曾参加温庭筠主持的秋试。

②脍炙人口：比喻美好的诗文为人所称赞。脍，同"脍"。

③温飞卿任太学博士：温庭筠担任太学博士。按，温庭筠咸通七年（866）担任国子监助教，主持秋试。

④秋试：州府解试。解试在秋季举行，故称。

⑤卫丹、张郃：皆唐末士人，以诗赋知名。

【译文】

李涛，是长沙人，诗歌很有名，比如："水声长在耳，山色不离门。"又如："扫地树留影，拂床琴有声。"又如："落日长安道，秋槐满地花。"都脍炙人口。温庭筠担任太学博士，主持秋试，李涛和卫丹、张郃等人的诗赋，都张贴在大堂上。

任涛①，豫章筠州人也，诗名早著，有"露团沙鹤起，人卧钓船流"，他皆仿此。数举败于垂成。李常侍骘廉察江西②，特与放乡里之役③，盲俗互有论列④。骘判曰："江西境内，凡为诗得及涛者，即与放色役⑤，不止一任涛耳。"

【注释】

①任涛：豫章筠州（今江西高安）人。有诗名。屡试不第。"咸通十哲"之一。

②李常侍骘：即李骘。见前注。李骘以检校左散骑常侍出任江西观察使，故称。

③特：底本作"时"，据他本改。

④盲俗：无知俗人。论列：议论比较。

⑤色役:唐代徭役之一。由官府佥派人户担当各级官吏和官衙的使
　用仆役,可改纳实物或货币代役。色,名目。

【译文】

　　任涛,是豫章筠州人,很早就有诗名,有"露团沙鹤起,人卧钓船流"
这样的诗句,其他诗句都和此类似。任涛数次考进士都功败垂成。李骘
担任江西观察使,特意免除了任涛在乡里的杂役,世俗之人纷纷讨论比
较。李骘对此下判决道:"江西境内,凡是作诗能达到任涛的水平的,都
为他们免除色役,不止一个任涛而已。"

　　罗虬辞藻富赡①,与宗人隐、邺齐名②。咸通、乾符中,
时号"三罗"。广明庚子乱后③,去从鄜州李孝恭④。籍中
有红儿者⑤,善肉声⑥,常为贰车属意⑦。会贰车聘邻道⑧,虬
请红儿歌而赠之缯彩⑨。孝恭以副车所贮⑩,不令受所贶⑪。
虬怒,拂衣而起,诘旦,手刃绝句百篇⑫,号《比红诗》⑬,大
行于时。

【注释】

①罗虬:台州(今浙江临海)人。累举进士不第,投靠宦官,为"芳
　林十哲"之一。僖宗广明后,入鄜州刺史李孝恭幕。善诗,与宗
　人罗隐、罗邺合称"三罗"。作《比红儿》诗一百篇,风传一时。
　富赡:丰富充足。
②隐、邺:罗隐、罗邺。晚唐江东诗人,参见卷二"置等第""争解元"
　门注。
③广明庚子乱后:黄巢之乱后。参见卷二"争解元"门注。
④鄜(fū)州:唐武德元年(618)以上郡改置,治洛交县(今陕西富
　县)。李孝恭(?—895):原名拓跋思恭,唐末党项族首领,因平

定黄巢有功任夏绥节度使、延州节度使，赐姓李，封夏国公。

⑤籍：乐户的名籍。古代官妓属乐部，后泛指乐户或官妓。

⑥肉声：没有乐器伴奏的清唱。

⑦贰车：原指副车，比喻副职。此指节度副使。属意：注意。此指爱慕。

⑧聘：访问，出使。邻道：相邻的藩镇。

⑨缯（zēng）彩：彩色缯帛。

⑩贮：通"伫"，等待。

⑪贶（kuàng）：赠。

⑫手刃：手写。刃，制作。

⑬《比红诗》：《全唐诗》题作《比红儿诗》。

【译文】

罗虬富有诗才，和宗人罗隐、罗邺齐名。咸通、乾符年间，当时号称"三罗"。广明元年黄巢之乱后，罗虬到鄜州李孝恭处做幕僚。有个叫红儿的官妓，擅长清唱，被节度副使看中。适逢节度副使出使相邻的藩镇，罗虬请红儿唱歌并送她彩色缯帛。李孝恭认为红儿是节度副使看中的人，不让她接受罗虬的礼物。罗虬大怒，拂袖而去，到天亮的时候，亲手写了一百篇绝句，号称《比红诗》，在当时广为流传。

　　周缄者①，湖南人也②，咸通初以辞赋擅名。缄尝为《角觝赋》，略曰："前冲后敌，无非有力之人；左攫右拿③，尽是用拳之手。"或云缄善角觝。

【注释】

①周缄：唐末湖南人，以辞赋知名。

②湖南：唐方镇名。治潭州（今湖南长沙）。参见卷一"会昌五年举格节文"门注。

③攫（jué）：抓取。

【译文】

周缄，是湖南人，咸通初年以辞赋闻名。周缄曾写过《角骶赋》，写道："前冲后挡，无不是有力量的人；左抓右拿，全都是用拳的高手。"有人说周缄擅长角骶。

　　周繇①，池州青阳人也。兄繇②，以诗篇中第。繇工八韵，有飞卿之风③。

【注释】

①周繇：池州青阳（今属安徽）人。"咸通十哲"之一周繇之弟。应进士试不第。工辞赋，有温庭筠之风。参见卷二"置等第"门。

②繇：周繇，字允元，池州青阳（今属安徽）人。懿宗咸通十三年（872）登进士第。历校书郎、福昌尉、建德县令等。苦心诗歌，号"诗禅"，"咸通十哲"之一。著有《周繇集》。

③飞卿：温庭筠。

【译文】

周繇，是池州青阳人。哥哥周繇，以诗歌而考中进士。周繇工辞赋，有温庭筠之风。

　　何涓①，湘南人也②，业辞。尝为《潇湘赋》③，天下传写。少游国学，同时潘纬者④，以《古镜》诗著名，或曰："潘纬十年吟古镜，何涓一夜赋潇湘。"

【注释】

①何涓：湘南人，或云襄阳（今属湖北）人。工辞赋，以《潇湘赋》知名。

②湘南：泛指湖南南部。

③潇湘:湘江与潇水的并称。代指今湖南地区。

④潘纬:湘南人。懿宗咸通中登进士第。能诗,以《古镜》诗知名。

【译文】

何涓,是湘南人,擅长辞赋。曾写《潇湘赋》,流传天下。何涓年轻的时候在国子监读书,有个同学叫潘纬,以《古镜》诗闻名,有人说:"潘纬十年吟古镜,何涓一夜赋潇湘。"

章碣①,不知何许人,或曰孝标之子②。咸通末,以篇什著名③。乾符中,高侍郎湘自长沙携邵安石至京及第④,碣赋《东都望幸》以刺之。诗在"好知己恶及第"门。复为《焚书坑》诗曰⑤:"竹帛烟销帝业虚⑥,昔年曾是祖龙居⑦。坑灰未冷关东乱⑧,刘项从来不读书⑨。"

【注释】

①章碣(jié):僖宗乾符进士。有诗名,善讽刺。参见卷九"好知己恶及第"门注。

②孝标:章孝标,睦州桐庐(今属浙江)人,家于钱塘(今浙江杭州)。宪宗元和十四年(819)登进士第。曾任秘书省正字、山南东道节度使从事等。工诗,和白居易、元稹、李绅等交游唱和。著有《章孝标诗》。

③篇什:《诗经》中的《雅》《颂》以十篇为一什,故以"篇什"代指诗篇、诗歌。

④高侍郎湘自长沙携邵安石至京及第:高湘侍郎从长沙带邵安石入京,知贡举时使邵安石进士及第。高侍郎湘,即高湘。高湘曾贬高州司马,后召还,途中遇邵安石投赠,携之入京。乾符四年(877)高湘任礼部侍郎,知贡举,录取邵安石及第。事见卷九"好

知己恶及第"门。

⑤焚书：秦始皇为统一思想，禁止人们评论朝廷法令，将除了医药、卜筮等外的书籍一律烧毁。见《史记·秦始皇本纪》。

⑥竹帛：竹简和白绢。代指书籍。纸张发明以前，人们在竹帛上书写文字。帝业：帝王的事业。

⑦祖龙：指秦始皇。

⑧关东：指函谷关以东。

⑨刘项：刘邦和项羽。

【译文】

章碣，不知道是哪里人，有人说是章孝标的儿子。咸通末年，章碣以诗歌著名。乾符年间，高湘侍郎从长沙带邵安石入京，知贡举时使邵安石进士及第，章碣写了《东都望幸》诗来讽刺。诗见前文"好知己恶及第"门。又写《焚书坑》诗道："竹帛烟销帝业虚，昔年曾是祖龙居。坑灰未冷关东乱，刘项从来不读书。"

　　来鹄①，豫章人也，师韩、柳为文②。大中末、咸通中，声价益籍甚。广明庚子之乱，鹄避地游荆襄③，南返，中和，客死于维扬。

【注释】

①来鹄：豫章（今江西南昌）人。咸通年间举进士不第。逢黄巢起兵，避地荆襄，东归，客死扬州。著有《来公集》。

②韩、柳：韩愈、柳宗元。韩愈，中唐著名诗人、文学家、思想家。参见卷四"师友"门注。柳宗元（773—819），字子厚，河东（今山西永济）人，世称"柳河东"。德宗贞元九年（793）登进士第，后又登博学宏词科。授集贤殿书院正字，调蓝田尉，擢任监察御史里行。其间参加王叔文集团的政治革新运动，失败后被贬为永州

司马，十年后改官柳州刺史，卒于任，又称"柳柳州"。中唐著名诗人、文学家、思想家，与韩愈共同倡导古文运动，并称"韩柳"，强调文以明道，诗文皆有很高成就。代表作有《至小丘西小石潭记》《江雪》《渔翁》等。著有《柳河东集》。

③荆襄：荆州、襄阳一带。

【译文】

来鹄，是豫章人，学习韩愈、柳宗元写文章。大中末至咸通年间，名望很高。广明庚子年黄巢作乱，来鹄因避乱而漫游荆州、襄阳一带，后来南归，中和年间，客死扬州。

闵廷言①，豫章人也，文格高绝。咸通中，初与来鹄齐名。王棨尝谓同志曰②："闵生之文，酷似西汉。"有《渔腹志》一篇，棨尤所推伏③。

【注释】

①闵廷言：洪州豫章（今江西南昌）人。善古文。懿宗咸通间，与来鹄齐名。参见卷五"切磋"门注。

②王棨（qǐ）：字辅之，福州福唐（今福建福清）人。懿宗咸通三年（862）登进士第，后又登博学宏词科。曾为江西观察使李骘的团练判官，以平判入等，授大理司直，除太常博士，迁水部郎中。僖宗广明初，往依淮南节度使高骈，历任知丹阳监事、右司马、盐铁出使巡官等。长于词赋。著有《麟角集》。

③推伏：赞许佩服。

【译文】

闵廷言，是豫章人，文章格调高妙超绝。咸通年间，起先闵廷言和来鹄齐名。王棨曾对同道中人说："闵生的文章，酷似西汉的风格。"闵廷言著有《渔腹志》一文，王棨尤为赞许佩服。

　　张乔①,池州九华人也,诗句清雅,复无与伦。咸通末,京兆府解,李建州时为京兆参军主试②,同时有许棠与乔③,及喻坦之、剧燕、任涛、吴罕、张蠙、周繇、郑谷、李栖远、温宪、李昌符④,谓之"十哲"⑤。其年府试《月中桂》诗,乔擅场,诗曰:"与月长洪蒙⑥,扶疏万古同⑦。根非生下土,叶不坠秋风⑧。每以圆时足,还随缺处空。影高群木外,香满一轮中。未种青霄日,应虚白兔宫⑨。何当因羽化,细得问神功。"其年频以许棠在场席多年⑩,以为首荐。乔与喻坦之复受许下薛能尚书深知⑪,因以诗唁二子曰⑫:"何事尽参差⑬,惜哉吾子诗。日令销此道,天亦负明时。有路当重振,无门即不知。何曾见尧日,相与啜浇漓⑭。"

【注释】

①张乔:字伯迁,池州(今属安徽)人。大顺元年(890)登进士第。唐末隐居九华山。工诗,"咸通十哲"之一。著有《张乔诗集》。

②李建州:李频。宣宗大中进士,官终建州刺史,故称。参见卷四"师友"门注。

③许棠:宣州泾县(今属安徽)人。懿宗咸通十二年(871)登进士第。参见卷四"气义"门注。

④喻坦之:睦州(今浙江建德)人。累举进士不第。懿宗咸通十一年(870),与张乔、许棠等试京兆府,落选。遂归旧山,落寞以终。有诗名,"咸通十哲"之一,与薛能、李频等交游。著有《喻坦之集》。剧燕:蒲坂(今山西永济)人。"咸通十哲"之一,以诗名。为河中节度使王重荣幕僚。见前注。任涛:豫章筠州(今江西高安)人。"咸通十哲"之一,以诗名。受江西观察使李鹭赏识。见前注。吴罕:晚唐诗人。"咸通十哲"之一。张蠙:清河(今属河

北)人。昭宗乾宁二年(895)登进士第。后入蜀从王建。有诗名,"咸通十哲"之一。参见卷七"好放孤寒"门注。周繇:池州青阳(今属安徽)人。懿宗咸通十三年(872)登进士第。苦心诗歌,"咸通十哲"之一。见前注。郑谷:字守愚,袁州宜春(今属江西)人。光启三年(887)登进士第。历鄂县尉、京兆参军、右拾遗、右补阙等,官至都官郎中。世称"郑都官"。与薛能、李频、诗僧齐己等唱和,又与张乔、许棠、周繇等交游,为"咸通十哲"之一。工诗,以《鹧鸪》诗得名,人称"郑鹧鸪"。著有《云台编》《宜阳集》等。李栖远:晚唐诗人。"咸通十哲"之一。温宪:太原(今属山西)人。昭宗龙纪元年(889)登进士第。"咸通十哲"之一。见前注。李昌符:字岩梦,陇西成纪(今甘肃秦安)人。懿宗咸通四年(863)登进士第。官膳部郎中。与郑谷、李洞等友善。工诗,为"咸通十哲"之一。其《婢仆诗》五十首,盛传一时。著有《李昌符诗集》。

⑤十哲:即"咸通十哲"。实为十二人,是对当时一群互有交游、有才而命途坎坷的诗人的总称。《唐才子传》言其为东南才子,考诸籍贯,非是。

⑥洪蒙:指辽阔、混沌的宇宙。

⑦扶疏:形容枝叶茂盛,高低疏密有致。

⑧根非生下土,叶不坠秋风:月中桂树的根不生长在下界土壤中,叶子也不会在秋风中凋落。下土,大地。

⑨未种青霄日,应虚白兔宫:桂树没有种在青天太阳之旁,而居于月宫之中。虚,住所,处所。白兔宫,月宫。传说月中有白兔。李白《把酒问月》诗:"白兔捣药秋复春,嫦娥孤栖与谁邻。"

⑩场席:即场屋,考场。

⑪许下薛能尚书:薛能,武宗会昌进士,曾官工部尚书,出为许州忠武军节度使。许州旧称许下,故称"许下薛能尚书"。参见卷三

"慈恩寺题名游赏赋咏杂纪"门。

⑫以诗唁（yàn）：以诗安慰。此诗《全唐诗》题作《寄唁张乔喻坦之》。

⑬参差：差池，失误。此指不公道。

⑭何曾见尧日，相与啜（chuò）浇漓：什么时候才能见到唐尧那样的圣明公平，现在只能一起因世风浮薄而啜泣。何曾，何当，何时。尧日，明主。比喻圣明公正。《史记·五帝本纪》："帝尧者，放勋。其仁如天，其知如神。就之如日，望之如云。"啜，啜泣。浇漓，世风浮薄。

【译文】

张乔，是池州九华人，诗句清新雅正，无与伦比。咸通末年，京兆府解试，建州刺史李频当时以京兆府参军主持考试，同时应试的有许棠和张乔，以及喻坦之、剧燕、任涛、吴罕、张蠙、周繇、郑谷、李栖远、温宪、李昌符，号称"十哲"。那年的府试考《月中桂》诗，张乔压倒全场，诗写道："与月长洪蒙，扶疏万古同。根非生下土，叶不坠秋风。每以圆时足，还随缺处空。影高群木外，香满一轮中。未种青霄日，应虚白兔宫。何当因羽化，细得问神功。"那年李频因为许棠考了很多年都没中，将他提拔为京兆府解元。张乔和喻坦之也深受薛能尚书的赏识，薛能于是写诗安慰二人道："何事尽参差，惜哉吾子诗。日令销此道，天亦负明时。有路当重振，无门即不知。何曾见尧日，相与啜浇漓。"

谢廷浩①，闽人也。大顺中，颇以辞赋著名，与徐夤不相上下②，时号"锦绣堆"③。

【注释】

①谢廷浩：闽（今福建）人。唐末辞赋家，与徐夤齐名。

②徐夤（yín）：字昭梦，莆田（今属福建）人。昭宗乾宁元年（894）登进士第，授秘书省正字。曾以赋谒朱温，大受赏识。后归闽，王

审知辟为掌书记。后唐庄宗即位，因其曾讥刺庄宗之父李克用，命王审知杀之，遂归隐。工诗善赋。著有《探龙集》《钓矶集》等。

③锦绣堆：指赋文辞藻华丽。《西京杂记》：“相如曰：‘合綦组以成文，列锦绣而为质，一经一纬，一宫一商，此赋之迹也。’”

【译文】

谢廷浩，是闽地人。大顺年间，谢廷浩以辞赋而享有盛名，和徐夤不相上下，当时被称作“锦绣堆”。

李巨川①，字下己，姑臧人也，士族之鼎甲，工为燕许体文②。广明庚子乱后，失身于人③，佐兴元杨守亮幕④；守亮，大阉复恭养子⑤。守亮败，为华帅韩建所擒⑥。建重其才，奏令掌书奏凡十余年⑦，名振海内。乾宁中，驾幸三峰⑧，巨川自使下侍御史⑨，拜工部郎中⑩，稍迁考功郎中、谏议大夫⑪。时建奏勒诸王，放散殿后、都⑫，雪岐下宋文通⑬，皆巨川之谋也。上返正⑭，转假礼部尚书⑮，充华州节度判官。上至华清宫⑯，遣使赐建御容一轴⑰，时巨川草谢表以示吴子华⑱，其中有：“彤云似盖以长随⑲，紫气临关而不度⑳。”子华吟味不已，因草篇与巨川对垒㉑。略曰：“雾开万里，克谐披睹之心㉒；掌拔一峰，兼助捧持之力㉓。”天祐初㉔，大驾幸岐㉕，梁太祖自东平拥师迎驾至三峰，单骑出降㉖。既而素忌巨川多谋㉗，遣人害之。

【注释】

①李巨川：字下己，姑臧（今甘肃武威）人。乾符进士。以文翰闻名。先后为河中节度使王重荣、山南西道节度使杨守亮、华州节

度使韩建掌书记。后为朱温所杀。见前注。

②燕许体文：张说、苏颋风格的文章。燕国公张说和许国公苏颋擅长文辞，朝廷重要文诰多由他们撰写，并称"燕许大手笔"。

③失身：此指失节。杨守亮本为农民起义领袖王仙芝的部下，后为宦官养子。李巨川跟随杨守亮，被目为失节。

④兴元：兴元府。唐武德元年（618）改汉川郡为梁州，治所南郑县（今陕西汉中）。德宗兴元元年（784）升为兴元府，为山南西道节度使治所。杨守亮（？—894）：本姓訾（zī），名亮，曹州（今山东曹县）人。初从王仙芝起义，后投降宦官杨复光，成其养子，改名杨守亮。以参与平叛拜山南西道节度使，后因容匿杨复光之弟杨复恭，为李茂贞等所破，被杀。

⑤复恭：杨复恭（？—894），字子恪，本姓林氏，闽（今福建）人。唐末宦官。枢密使杨玄翼养子，天下兵马都监杨复光堂兄。因镇压庞勋起义有功升为宣徽使，擢枢密使。代田令孜为左神策军中尉，平定朱玫之乱，拥立昭宗，专掌禁兵，操纵朝政。后被昭宗解除兵权，投奔兴平杨守亮，为韩建所杀。按，杨守亮为杨复光养子，其弟杨守信为杨复恭养子。

⑥华帅韩建：华州节度使韩建。韩建（854—912），字佐时，许州长社（今河南长葛）人。晚唐军阀、五代后梁宰相。起家军校，镇压黄巢起义有功，拜华州刺史，又升为镇国军节度使，割据统治华州十余年。乾宁三年（896）至五年（898），挟持唐昭宗于华州。天复元年（901）投降朱温，朱温代唐后拜为宰相，后为部将所杀。

⑦奏令：奏请。节度使的僚属由节度使辟举，上报朝廷批准。

⑧驾幸三峰：皇帝驾临华州。乾宁三年（896），李茂贞进犯京师，昭宗出驻华州。参见卷三"慈恩寺题名游赏赋咏杂纪"门注。

⑨使下侍御史：节度使幕下侍御史。唐代节度使幕僚通常带中央台省或御史台的官衔。侍御史是李巨川身为幕僚所带的宪官称号，

非实际在御史台任职。

⑩工部郎中:工部所属头司工部司长官。唐高祖武德三年(620)改原起部郎而置。掌城池土木工程建筑之政令。五代沿置。后为工部属司郎中的泛称。

⑪考功郎中:官名。三国魏曾置尚书考功郎,掌尚书考功曹,以考课官吏。其资历浅者为郎中,深者可转侍郎,皆称郎。北齐时为尚书省吏部属下考功曹长官。唐高祖武德三年(620)置为尚书省吏部考功司长官,掌京官考课事务。

⑫勒诸王,放散殿后、都:约束诸王,解散殿后军及三都卫兵。乾宁四年(897),韩建要挟昭宗下诏解散诸王所领军士,勒令诸王回归十六宅,又解散殿后军及三都卫兵,削除昭宗亲军,后又矫诏杀害十一王。放散,解散。

⑬雪岐下宋文通:洗雪凤翔节度使李茂贞。此指为李茂贞调停。岐下,岐山之下。此指凤翔。宋文通,即李茂贞(856—924),原名宋文通,字正臣,深州博野(今河北蠡县)人。唐末至五代时期军阀。以军功起家,光启二年(886),护送唐僖宗有功,拜武定节度使,赐名李茂贞。光启三年(887),奉命追击李昌符,升为凤翔、陇右节度使。昭宗时势力强大,多次击败朝廷,逼杀宰相杜让能、李磎、韦昭度,逼昭宗出奔华州,又纵兵劫掠长安,因韩建调停,未获罪,又封岐王。朱温代唐后,沿用唐朝年号。后唐建立后,称臣,改封秦王。

⑭返正:指昭宗回到长安。昭宗出奔华州,乾宁五年(898)始还京师。

⑮假:假借。此指代理,临时授任。

⑯华清宫:唐宫殿名。唐贞观十八年(644)建,初名汤泉宫,后改温泉宫。天宝六载(747)扩建,改名华清宫。在今陕西西安临潼区东南骊山北麓。

⑰御容:皇帝的画像。

⑱吴子华：吴融。昭宗时翰林承旨，工诗善文，文思敏捷。参见卷三"散序"门注。

⑲彤云：红云。盖：华盖。帝王车驾的伞形顶盖。

⑳紫气：紫色的霞气，古人以为祥瑞。传说老子西过函谷关，关令尹喜登楼，见有紫气东来。见《史记·老子韩非列传》司马贞索隐引刘向《列仙传》。

㉑对垒：指两军相持。此指以文争胜。

㉒雾开万里，克谐披睹之心：万里之内云雾散开，终于能够满足瞻仰圣容之心。克谐，能够成功。谐，顺利，成功。披睹，瞻看。此以云开雾散得见太阳比喻能够见到皇帝的圣容。旧以日喻帝王。

㉓掌拔一峰，兼助捧持之力：华山一峰如擎仙掌，帮助捧持太阳。掌拔一峰，华山有仙掌峰。徐夤《送卢拾遗归华山》诗："千载茯苓携鹤劚，一峰仙掌与僧分。"韩建是华州节度使，故以仙掌峰为言。捧持，恭敬地托着。旧以捧日比喻臣下辅佐君主。李峤《奉和骊山高顶寓目应制》诗："忠臣还捧日，圣后欲扪天。"

㉔天祐：唐昭宗李晔（yè）的年号（904—907）。按，韩建投降朱温在天复元年（901），非天祐初。

㉕大驾幸岐：皇帝驾临凤翔。天复元年（901），朱温领兵讨伐韩全诲，韩全诲胁迫唐昭宗出奔凤翔。

㉖梁太祖自东平拥师迎驾至三峰，单骑出降：朱温从东平率军救驾至华州，李巨川孤身请降。东平，今山东东平。光化三年（900）末，宦官刘季述等幽禁昭宗，立太子为帝，宰相崔胤求救于朱温，朱温派人讨剿，因功晋封为东平王。单骑，一人一马。指孤身。天复元年（901）昭宗被劫持至凤翔，朱温以勤王为名率军向西推进，派人先入华州，威胁韩建，韩建派节度副使李巨川请降。

㉗素忌巨川多谋：一直忌惮李巨川多谋划。《资治通鉴》："建单骑迎谒，全忠责之，对曰：'建目不知书，凡表章书檄，皆李巨川所为。'

全忠以巨川常为建画策,斩之军门。"

【译文】

李巨川,字下己,是姑臧人,出身于豪门大族,擅长写张说、苏颋风格的文章。广明庚子年黄巢作乱之后,没能保持操守,在山南西道节度使杨守亮幕中任职;杨守亮,是权宦杨复恭的养子。杨守亮败亡,李巨川被华州节度使韩建擒获。韩建看重李巨川的才能,奏请朝廷让李巨川在他幕下掌管书奏十多年,名声传扬天下。乾宁年间,昭宗驾临华州,李巨川自使下侍御史,拜工部郎中,又迁至考功郎中、谏议大夫。当时韩建奏请约束诸王,解散殿后军及三都卫兵,为凤翔节度使李茂贞调停,都出自李巨川的谋划。昭宗回到长安之后,李巨川转任代理礼部尚书,充任华州节度使判官。昭宗到华清宫,派使者赐给韩建一幅皇帝的画像,当时李巨川替韩建起草谢表并给吴融看,其中写道:"彤云仿佛华盖长随身畔,紫气降临至关而不度过。"吴融吟诵回咮不已,于是也写了一篇和李巨川争胜。写道:"万里之内云雾散开,终于能够满足瞻仰圣容之心;华山一峰如擘仙掌,帮助捧持太阳。"天祐初,皇帝驾临凤翔,朱温从东平率军救驾至华州,李巨川孤身请降。不久朱温因为平素忌惮李巨川多谋划,派人将他杀害。

陈象①,袁州新喻人也,少为县吏,一旦愤激为文,有西汉风骨,著《贯子》十篇。南平王锺传镇豫章②,以羔雁聘之③,累迁行军司马、御史大夫④。传薨⑤,象复佐其子文政⑥。为淮师攻陷⑦,象被擒送维扬,戮之⑧。象颇师黄老⑨,讫至于此,莫知所自也。

【注释】

①陈象(?—906):袁州新喻(今江西新余)人。昭宗时,镇南节度

　　使锺传辟为从事,累迁行军司马、御史大夫。锺传卒后,复佐其
　　子锺匡时。后淮南节度使杨渥派兵攻破洪州,被杀。工文,著有
　　《贯子》。

②锺传:唐末军阀。割据江西近三十年,任镇南节度使,封南平郡
　　王。参见卷二"争解元"门注。

③以羔雁聘之:指征辟入幕。羔雁,羊羔和大雁。古代用为卿、大夫
　　的贽礼。

④累迁:多次升迁官职。行军司马:官名。西魏、北周时有军事行动
　　时临时设置。唐、五代时置为节度使主要幕僚,掌本镇军符号令、
　　军籍、兵械、粮廪、赐予等事务,权任甚重。御史大夫:官名。秦
　　始皇始置,位仅次于左、右丞相,辅佐丞相处理全国政务。西汉沿
　　置,以监察、执法为主要职掌,为全国最高监察、执法长官。隋唐
　　五代为御史台长官,专掌监察弹劾百官。中唐至五代,多为外官
　　所带宪衔。

⑤薨(hōng):古代称诸侯或有爵位的大官死去。

⑥文政:文治之政。和武政相对。《后汉书·南匈奴列传》:"帝方厌
　　兵,闲修文政,未之许也。"

⑦淮师:指淮南节度使的军队。

⑧戮(lù):杀。

⑨黄老:黄帝和老子的合称。此指黄老之学。黄老之学流行于战国
　　中期到秦汉之际,以道家思想为主,兼容并包,融合阴阳、儒家、法
　　家、墨家等各家学派的观点,主张休养生息,无为而治。

【译文】

　　陈象,是袁州新喻人,年轻的时候做过县吏,后来发愤作文,所写文
章有西汉的风格,著有《贯子》十篇。南平王锺传镇守豫章,征辟陈象入
幕,逐渐升迁至行军司马、御史大夫。锺传死后,陈象辅佐锺传的儿子治
理文政。豫章被淮南节度使的军队攻陷后,陈象被擒获押送扬州,被杀。

陈象素来师法黄老之道,最终落得如此下场,不知道是什么原因。

汤筼①,润州丹阳人也,工为应用,数举败于垂成。李巢在湖南②,郑绩镇广南③,俱以书奏受惠。晚佐江西锺传,书檄阗委④,未尝有倦色。传女适江夏杜洪之子⑤,时及昏暝⑥,有人走乞障车文⑦,筼命小吏四人,各执纸笔,倚马待制⑧,既而四本俱成。天祐中,逃难至临川⑨,忧恚而卒⑩。

【注释】

①汤筼(yún):润州丹阳(今属江苏)人。屡试不第,僖宗时为湖南观察使李巢、岭南节度使郑绩从事,皆掌书奏。昭宗时为江西观察使锺传从事。工文,尤长书奏应用之文。天祐中,逃难至临川,以忧卒。

②李巢(?—880):僖宗乾符、广明年间,为湖南观察使。为黄巢起义军所杀。

③郑绩:僖宗乾符六年(879)至光启二年(886)中,为岭南东道节度使。参见卷四"节操"门注。广南:岭南。

④书檄:书简与檄文。泛指文书。阗(tián)委:谓物或人大量集中。

⑤江夏:唐属鄂州,为鄂岳节度使治所。在今湖北武汉武昌区。杜洪(?—905):字欣野,江夏(今湖北武汉武昌区)人。唐末军阀,割据鄂岳,拜武昌军节度使。投靠朱温,后为淮南节度使杨行密所灭。

⑥昏暝:傍晚。

⑦障车文:唐代应用文体之一。为障车之礼而作,多祝颂之语。障车,唐人婚嫁,候新妇至,众人拥门塞巷,使车不得通过,索要酒食钱物,称为障车。障,阻挡。

572 唐摭言

⑧倚马：靠在马旁。东晋袁宏为桓温写露布文，倚马一挥而就。典出刘义庆《世说新语·文学》。后用来形容才思敏捷。

⑨临川：郡名。三国吴置，治所临汝（今江西临川西）。唐武德五年（622）废郡，立抚州。天宝元年（742）复为临川郡，乾元元年（758）废郡为州。

⑩忧恚（huì）：忧愁愤恨。

【译文】

汤篑，是润州丹阳人，擅长写应用文，屡次考进士都功败垂成。李巢任湖南观察使，郑续任岭南东道节度使，汤篑都为他们代写过书启奏表。汤篑晚年的时候入江西观察使钟传幕下，纵使文书堆积，处理起来也从来没有疲倦之色。钟传的女儿嫁给武昌军节度使杜洪的儿子，当时天色已晚，有人跑来求障车文，汤篑叫了四名小吏，各拿纸笔，口授文章一挥而就，很快就写了四本。天祐年间，汤篑逃难到临川，忧愁愤恨而死。

　　陈岳①，吉州庐陵人也，少以辞赋贡于春官氏②，凡十上，竟抱至冤③。晚年从豫章钟传，复为同舍所谮；退居南郭④，以坟典自娱。因之博览群籍，尝著书商较前史得失⑤，尤长于班史之业⑥。评三传是非⑦，著《春秋折衷论》三十卷；约大唐实录⑧，撰《圣纪》一百二十卷⑨；以所为述作，号《陈子正言》十五卷；其辞赋、歌诗，别有编帙⑩。光化中，执政议以蒲帛征⑪；传闻之，复辟为从事。后以谗黜，寻遘病而卒⑫。

【注释】

①陈岳（约833—约905）：吉州庐陵（今江西吉安）人。年少有文才，屡试不第，曾受吉州刺史卢肇赏识，晚年任江西观察使钟传的判官，因谗引退。博学多识，尤长史学，著有《春秋折衷论》《圣

纪》《陈子正言》等。

②以辞赋贡于春官氏：指以文才被解送礼部应试。

③抱至冤：怀抱极大的冤屈。指落第。

④南郭：南面的外城。

⑤商较：研究比较。

⑥班史之业：指《汉书》。《汉书》为班固所作，故称。

⑦三传：即"春秋三传"。孔子作《春秋》，左氏、公羊、穀梁三家为之作传，为《春秋左传》《春秋公羊传》《春秋穀梁传》。

⑧约：省减。此指精简。

⑨《圣纪》：又名《唐统纪》。编年体史书。宋代存一百卷，记述唐高祖武德初（618）至穆宗长庆四年（824）间二百零七年史事。

⑩编帙（zhì）：书籍卷册。帙，书的卷册。

⑪蒲帛：蒲车与束帛。古代作为征召贤者之礼。蒲，蒲草，以蒲草包裹车轮，以示敬贤之意。

⑫遘（gòu）病：得病。遘，遇。

【译文】

陈岳，是吉州庐陵人，年轻的时候以文才被解送礼部应试，考了十次，都抱屈落第。陈岳晚年的时候入江西观察使钟传幕下，又被同僚中伤；退居豫章外城之南，以研读古代典籍自娱。陈岳因此博览群书，曾著书研究比较前代史籍的得失，尤其精于《汉书》之学。陈岳评述"春秋三传"的正确与失误，著《春秋折衷论》三十卷；精简大唐实录，撰写《圣纪》一百二十卷；编纂平时的著述，名曰《陈子正言》十五卷；所作辞赋、歌诗，另编成集。光化年间，执政大臣商议征辟陈岳入朝为官；钟传听说后，又将陈岳辟为幕僚。后来陈岳因遭谗毁被黜退，不久得病而死。

李凝古①，给事中损之子②，冲幼聪敏绝伦③，工为燕许体文。中和中，从彭门时溥④，溥令制露布⑤，进黄巢首级⑥。

凝古辞学精敏，义理该通，凡数千言，冠绝一时，天下仰风⑦。无何，溥奏诸将各领一麾⑧，凝古获濡润而不之谢，溥因兹减薄。

【注释】

①李凝古：聪敏有文才，曾为武宁军节度使支详幕僚，支详被衙将时溥所逐，又为时溥判官。时溥因食中毒，疑其为支详报仇所为，杀之。

②给事中：官名。秦始置。西汉因之，为加官。加此号得给事官禁中，常侍皇帝左右，备顾问应对，上朝谒见，分平尚书奏事，负责实际政务，为中朝要职。魏、晋或为加官，或为正官，隶散骑省。隋炀帝大业三年（607）于门下省置给事郎，唐高祖武德三年（620）改名给事中，为门下省重职，分判本省日常事务，具体负责审议封驳诏敕章奏，有异议可直接批改驳还诏敕。百司章奏，得驳正其违失，事权甚重。损：李损。李凝古父。中和中为右散骑常侍，被时溥诬告与李凝古同谋，欲杀之，宰相萧遘救之乃免，放归田里。

③冲幼：年幼。冲，幼小。

④彭门：今江苏徐州的别称。即彭城。唐属徐州，为武宁军、感化军节度使治所。时溥（？—893）：彭城（今江苏徐州）人。唐末军阀。初为徐州衙将，驱逐节度使支详，朝廷授为感化军节度使。中和四年（884），得黄巢首级，以功授检校太尉、中书令，封钜鹿郡王。一度割据徐州，后被朱温打败，自焚而亡。

⑤露布：军中不封口的文书，多指征讨的檄文或捷报。

⑥黄巢（820—884）：曹州冤句（今山东曹县）人。唐末农民起义领袖。出身盐商家庭，善骑射，有文才。考进士落第。乾符二年（875），响应王仙芝起义。王仙芝战死后，成为起义军领袖。北攻中原，南渡长江，入福建，占广州。广明元年（880），攻陷洛阳，突破潼关，进入长安，即位于含元殿，建国号"大齐"，年号"金

统"。不久被唐军包围，中和三年（883）退出长安，屡被围剿，兵力疲敝。中和四年（884），退至泰山狼虎谷，为部将林言所杀，或曰自杀。

⑦仰风：仰慕君子之德。语出《论语·颜渊》："君子之德风，小人之德草，草上之风必偃。"引申为仰慕敬佩。张籍《和裴司空即事通简旧僚》诗："肃肃上台坐，四方皆仰风。"

⑧各领一麾（huī）：指各领一州。麾，古代指挥军队的旗子。古代常以出任外州刺史为一麾。高适《东平旅游奉赠薛太守二十四韵》诗："一麾俄出守，千里再分忧。"

【译文】

李凝古，是给事中李损的儿子，小时候就聪明敏悟无与伦比，擅长写张说、苏颋风格的文章。中和年间，李凝古任感化军节度使时溥的幕僚，时溥让他撰写告捷文书，向朝廷进献黄巢的首级。李凝古学识精深，文才敏捷，义理广博通达，文章写了数千字，冠绝一时，天下人无不仰慕敬佩。不久，时溥奏请朝廷让手下将领各领一州，李凝古获得了丰厚的稿酬而不向时溥致谢，时溥于是对他礼遇减薄。

韦庄奏请追赠不及第人近代者

【题解】

词人才子，时有遗贤。唐昭宗光化三年（900），时任左补阙的韦庄奏请朝廷，追赠近代有才而不及第的士人进士及第，并赐官补阙、拾遗。所追赠者的姓名人数，各书所言不一。此门和上门类似，著录诗人不遇者，只是这些多是有名诗人，如李贺、皇甫松、李群玉、陆龟蒙、贾岛等。追赠进士出身，目的是"俾使已升冤人，皆沾圣泽；后来学者，更厉文风"。其中罗隐尚在世，"亦乞特赐科名，录升三级，便以特敕显示优恩"。这已经类似宋朝"特奏名"制度，只是时已唐末，安抚笼络落第举子已无法再缓和社会矛盾。

　　孟郊①，字东野，工古风，诗名播天下②，与李观、韩退之为友③。贞元十二年及第④，佐徐州张建封幕⑤，卒使下廷评⑥，韩文公作《东野志》⑦，谥曰贞曜先生⑧。贾岛诗曰⑨："身殁声名在，多应万古传。寡妻无子息⑩，破宅带林泉。冢近登山道⑪，诗随过海船。故人相吊处，斜日下寒天。"庄云不及第⑫，误也。

【注释】

①孟郊：字东野，私谥贞曜先生。德宗贞元十二年（796）登进士第。潦倒不得志。宪宗元和九年（814），因山南西道节度使郑馀庆奏，迁为兴元军参谋，试大理评事，赴任时暴死途中。工五古，与韩愈、李观、李翱等交好。参见卷四"师友"门注。

②播：传布，传扬。

③李观、韩退之：李观、韩愈。皆德宗贞元八年（792）进士。参见卷一"广文"、卷四"师友"门注。

④贞元十二年：796年。

⑤张建封：德宗贞元四年（788）拜徐泗濠节度使，镇守徐州十余年，韩愈、于良史等曾佐其幕。参见卷六"公荐"门注。按，张建封卒于贞元十六年（800），孟郊在宪宗元和九年（814）赴山南西道节度使郑馀庆幕时去世，非入张建封幕。

⑥卒使下廷评：卒于节度使参谋试大理评事任上。廷评，唐代大理评事的俗称。孟郊被聘为郑馀庆的参谋，所带朝官是试大理评事，故曰。

⑦韩文公：韩愈。《东野志》：韩集题作《贞曜先生墓志铭》。

⑧谥:此指私谥。

⑨贾岛诗曰:贾岛以诗悼念。贾岛,中唐著名诗人,和孟郊有"郊寒
　　岛瘦"之称。参见卷八"放老"门注。此诗贾集题作《哭孟郊》。

⑩子息:子女。

⑪冢:坟墓。

⑫庄:韦庄(约836—910),字端己,谥文靖,京兆杜陵(今陕西西
　　安)人。富有才学,早年不得志,游历各地。昭宗乾宁元年(894)
　　登进士第。任校书郎,除左补阙。后入蜀,从王建为掌书记。唐
　　末劝王建称帝,官至吏部侍郎同平章事。工诗词,为晚唐五代重
　　要词人与诗人,与温庭筠齐名,并称"温韦"。长诗《秦妇吟》流
　　传很广,被称为"《秦妇吟》秀才"。著有《浣花集》。

【译文】

　　孟郊,字东野,工古体诗,诗名传扬天下,和李观、韩愈是朋友。孟郊
在贞元十二年进士及第,入徐州节度使张建封幕下,卒于节度使参谋试
大理评事任上,韩愈写《东野志》,私谥孟郊为贞曜先生。贾岛以诗悼念
道:"身殁声名在,多应万古传。寡妻无子息,破宅带林泉。冢近登山道,
诗随过海船。故人相吊处,斜日下寒天。"韦生说孟郊不及第,是错误的。

　　李贺①,字长吉,唐诸王孙也②,父瑨肃③,边上从事④。
贺年七岁⑤,以长短之制⑥,名动京华。时韩文公与皇甫湜
览贺所业⑦,奇之,而未知其人。因相谓曰:"若是古人,吾
曹不知者⑧;若是今人,岂有不知之理!"会有以瑨肃行止言
者,二公因连骑造门⑨,请见其子。既而总角荷衣而出⑩,二
公不之信,因面试一篇,承命欣然⑪,操觚染翰⑫,旁若无人。
仍目曰《高轩过》⑬,曰:"华裾织翠青如葱⑭,金环压辔摇冬
珑⑮,马蹄隐耳声隆隆。入门下马气如虹,云是东京才子⑯,

文章巨公^⑰。二十八宿罗心胸^⑱，殿前作赋声摩空^⑲。笔补造化天无功，元精炯炯贯当中。庞眉书客感秋蓬，谁知死草生华风^⑳。我今垂翅负冥鸿，他日不羞蛇与龙^㉑。"二公大惊，以所乘马命连镳而还所居，亲为束发^㉒。年未弱冠，丁内艰^㉓，他日举进士，或谤贺不避家讳^㉔，文公特著《辨讳》一篇^㉕，不幸未登壮室而卒^㉖。

【注释】

①李贺（790—816）：字长吉。唐宗室之后。父名晋肃，毁谤者称其举进士犯父讳，使不得应试。韩愈为作《讳辩》。后任奉礼郎，以病辞官，早卒。中唐著名诗人。长于乐府诗，称"李长吉体"。参见卷五"以其人不称才试而后惊"门注。

②唐诸王孙：唐朝宗室子弟。李贺是唐高祖李渊的叔父郑王李亮的后裔。

③瑨（jìn）肃：李瑨肃。李贺之父。杜甫《公安送李二十九弟晋肃入蜀余下沔鄂》诗与韩愈《讳辩》等作"晋肃"。曾入蜀为幕僚，后任陕县县令。

④边上：边境，边疆。

⑤贺年七岁：李贺年方七岁。按，《高轩过》非李贺七岁可作，钱仲联等学者考之甚详。

⑥长短之制：指乐府歌行。

⑦韩文公：韩愈。皇甫湜：师从韩愈。参见卷五"切磋"门注。

⑧吾曹：犹我辈，我们。

⑨连骑：此指并行。

⑩荷衣：穿衣。荷，负。

⑪承命：奉命。

⑫操觚（gū）染翰：手持木简用毛笔书写。指写作诗文。染翰，取笔蘸墨。

⑬仍：乃，于是。高轩：高车。贵显者所乘。借指贵显者。

⑭华裾（jū）：华丽的衣服。裾，衣服的前后襟。

⑮金环压辔（pèi）：以金环装饰的辔头。辔，驾驭牲口的笼头和缰绳。冬珑：象声词。辔头摇晃之声。

⑯东京才子：即洛阳才子。西汉贾谊是洛阳人，年少有俊才，故称。后泛称才华出众的文士。东京，汉称洛阳为东京。

⑰文章巨公：文章大家。

⑱二十八宿：我国古代天文学家把天空中可见的星分成二十八组，叫作二十八宿。此指精神、才能。

⑲声摩空：名声迫近高天。形容声价之高。

⑳庞眉书客感秋蓬，谁知死草生华风：我自伤命运已如秋蓬，谁料到将死之草被和风吹而复生。庞眉书客，李贺自称。庞眉，眉毛黑白杂色。或意广眉，李商隐为李贺作传，言其"通眉"。华风，犹光风。天日清明时的和风。

㉑我今垂翅负冥鸿，他日不羞蛇与龙：我如今如同垂翅之鸟附在高飞的鸿雁之上，有朝一日自能变化飞腾，一举成龙。比喻如今虽然失意，但能攀附韩愈和皇甫湜这样的高材巨匠，自有成名之日。李集作"我今垂翅附冥鸿，他日不羞蛇作龙"。

㉒束发：将头发束起来，表示成童。

㉓丁内艰：指母亲去世。丁艰，犹丁忧，指遭逢父母的丧事。服母丧曰"丁内艰"。

㉔谤贺不避家讳：中伤李贺不避家讳。古人行事须避父祖的名讳，李贺父名"晋肃"，"晋"与"进"同音，避讳则不得考进士。

㉕《辨讳》：韩集作《讳辩》。

㉖壮室：三十岁。男子三十称壮年，又值当娶妻室之岁，故称"壮

室"。语出《礼记·曲礼上》:"三十曰壮,有室。"

【译文】

李贺,字长吉,是唐朝宗室子弟,他的父亲李瑨肃,曾在边塞做幕僚。李贺年方七岁,以乐府歌行,名动京师。当时韩愈和皇甫湜看了李贺平时所作的诗歌,大为惊奇,却不知道他是什么人。两人于是互相说:"如果是古人,我们不知道也就罢了;如果是当今的人,我们岂能不去认识!"适逢有人将李瑨肃的住处告诉了他们,二人于是一起登门拜访李瑨肃,请求认识他的儿子。不一会李贺梳着总角,穿着衣服出来,韩愈和皇甫湜不相信,要求李贺当场写一首诗,李贺欣然奉命,写作诗文,旁若无人。于是命名为《高轩过》,写道:"华裾织翠青如葱,金环压辔摇冬珑,马蹄隐耳声隆隆。入门下马气如虹,云是东京才子,文章巨公。二十八宿罗心胸,殿前作赋声摩空。笔补造化天无功,元精炯炯贯当中。庞眉书客感秋蓬,谁知死草生华风。我今垂翅负冥鸿,他日不羞蛇与龙。"韩愈和皇甫湜大为惊叹,用自己所乘的马让李贺跟他们一起回去,亲自为他束发。李贺不到二十岁的时候,母亲去世,后来考进士,有人中伤他不避家讳,韩愈特地为此事写了一篇《辨讳》,不幸李贺不到三十岁就去世了。

皇甫松①,著《醉乡日月》三卷②,自叙之矣③。或曰,松,丞相奇章公表甥④,然公不荐。因襄阳大水⑤,遂为《大水变》⑥,极言诽谤⑦。有"夜入真珠室⑧,朝游玳瑁宫"之句⑨。公有爱姬名真珠⑩。

【注释】

① 皇甫松:字子奇,自称檀栾子,睦州新安(今浙江淳安)人,皇甫湜之子。累举进士不第,布衣终身。工诗词,著有《醉乡日月》《大隐赋》等。

②《醉乡日月》：皇甫松著。录当时酒令及酒事风俗等。今存辑本。

③自叙：自己作序。

④丞相奇章公：宰相牛僧孺。参见卷六"公荐"门注。

⑤襄阳大水：襄阳水灾。据《新唐书·牛僧孺传》，会昌元年（841），牛僧孺任山南东道节度使，镇守襄阳，"汉水溢，坏城郭，坐不谨防，下迁太子少保"。

⑥变：变文。唐代兴起的一种说唱文学，韵散结合通俗易懂，内容原为佛经故事，后来范围扩大，包括历史传说、传奇故事等。

⑦极言：谓夸大其辞。

⑧真珠：即珍珠。

⑨玳瑁（dài mào）：海龟名。其壳亦称玳瑁，是珍贵的装饰品。

⑩爱姬：爱妾。

【译文】

皇甫松，著有《醉乡日月》三卷，自己为书作序。有人说，皇甫松是宰相牛僧孺的表甥，然而牛僧孺没有举荐他。于是皇甫松借襄阳水灾之事，写了一篇《大水变》，极力诽谤牛僧孺。其中有"夜入真珠室，朝游玳瑁宫"的句子。牛僧孺有爱妾名叫真珠。

李群玉①，不知何许人，诗篇妍丽②，才力遒健③。咸通中，丞相修行杨公为奥主④，进诗三百篇⑤，授麟台雠校⑥。

【注释】

①李群玉（约808—862）：字文山，澧州（今湖南澧县）人。擅诗，受知于湖南观察使裴休。后因献诗，授弘文馆校书郎。与杜牧、姚合、方干、李频、段成式等交往酬唱。著有《李群玉集》。

②妍丽：华美清丽。

③遒（qiú）健：刚劲有力。

④修行杨公：修行坊杨收相公。修行，唐长安坊名，位于朱雀门街东
　　第四街。杨公，杨收。唐朝宰相。参见卷七"起自寒苦"门注。
　　奥主：靠山。
⑤进诗三百篇：向皇帝进献诗歌三百首。《唐文拾遗》有唐懿宗《李
　　群玉进诗赐物敕》。
⑥麟台雠（chóu）校：秘书省校书郎。麟台，唐代秘书省的别称。雠
　　校，校对文字。此指校书郎。按，李群玉实授弘文馆校书郎。

【译文】

　　李群玉，不知道是哪里人，诗歌华美清丽，才力雄健刚劲。咸通年
间，以宰相修行坊杨收相公为靠山，向皇帝进献诗歌三百首，授弘文馆校
书郎。

　　陆龟蒙①，字鲁望，三吴人也②。幼而聪悟，文学之外，
尤善谈笑，常体江、谢赋事③，名振江左。居于姑苏④，藏书
万余卷。诗篇清丽，与皮日休为唱和之友⑤，有集十卷，号曰
《松陵集》⑥。中和初，遘疾而终⑦。颜荛给事为文志其墓⑧，
吴子华奠文千余言⑨，略曰："大风吹海，海波沦涟⑩，涵为
子文，无隅无边⑪。长松倚雪，枯枝半折，挺为子文，直上巅
绝⑫。风下霜晴⑬，寒钟自声⑭，发为子文，铿锵杳清⑮。武陵
深閟⑯，川长昼白，间为子文，渺茫岑寂。豕突鲸狂⑰，其来
莫当⑱；云沉鸟没，其去倏忽⑲。腻若凝脂，软于无骨⑳。霏
漠漠，潺涓涓，春融冶，秋鲜妍㉑。触即碎，潭下月；拭不灭，
玉上烟㉒。"

【注释】

①陆龟蒙：字鲁望，自号江湖散人、天随子、甫里先生等，吴郡（今江

苏苏州)人。举进士不第。懿宗咸通时曾谒苏州刺史崔璞,与幕僚皮日休相识唱和,编唱和诗为《松陵唱和集》。后往从湖州、苏州刺史张抟。晚年卧病隐居松江,自编其诗文为《笠泽丛书》。工诗,与皮日休齐名,时称"皮陆"。

②三吴:地名。历代所指不一,唐代指吴兴、吴郡、丹阳三郡。

③常体江、谢赋事:常效法江淹和谢朓作诗文。体,效法。江,江淹(444—505),字文通,南朝梁济阳考城(今河南民权)人。少孤贫好学。刘宋时起家南徐州从事。入齐,累迁宣城太守、秘书监。入梁,封醴陵侯,累官金紫光禄大夫。早年不得志,以文章著名,晚年官运亨通,才思衰退,故有"江郎才尽"之称。作诗善拟古,又长于抒情小赋,传世名篇如《恨赋》《别赋》。著有《江文通集》。谢,谢朓(464—499),字玄晖,南朝齐陈郡阳夏(今河南太康)人。起家豫章王太尉参军。后由中书郎出为宣城太守,官至尚书吏部郎。卷入谋反,被诬,下狱死。工诗,为南齐成就最高的诗人,和同族前辈诗人谢灵运齐名,世称"大谢""小谢",又称"谢宣城"。以描写山水景物见长,诗风自然清丽,为李白等推崇。著有《谢宣城集》。赋事,陈事。此指写诗文。赋,陈述。

④姑苏:今江苏苏州的别称。以姑苏山而得名。

⑤皮日休:晚唐诗人。为苏州刺史崔璞从事时,与陆龟蒙交游唱和,并称"皮陆"。见本卷前注。

⑥《松陵集》:即《松陵唱和集》。

⑦遘(gòu)疾:得病。

⑧颜荛(yáo):官给事中。能诗善文,与陆龟蒙交好。参见卷三"散序"门注。

⑨吴子华:吴融。奠文:祭奠时诵读的哀悼文词。

⑩沦涟(lián):谓水波起伏。

⑪隅(yú):边。

⑫巅绝：绝顶，巅峰。巅，山顶。

⑬霜晴：霜后晴天。

⑭自声：自己发声。

⑮铿锵（kēng qiāng）：形容声音清脆响亮，节奏分明。杳清：悠远清新。

⑯武陵：山名。位于今江西余干东北。深阒（qù）：幽深寂静。阒，寂静。

⑰豕突鲸狂：野猪奔突，鲸鱼掣海。比喻诗文的气势。鲸，底本作"禽"，据他本改。

⑱当：抵御。

⑲倏忽：很快，忽然。

⑳腻若凝脂，软于无骨：像凝冻的油脂一般滑腻，比没有骨头还要柔软。比喻诗文肌理严密，没有斧凿之痕。

㉑"霏漠漠"几句：如同云气迷蒙，水波舒缓，如春天和煦明媚，如秋日光彩艳丽。形容诗文的气韵情致。霏，弥漫的云气。漠漠，迷蒙貌。澹，水波纤缓摇动。涓涓，细水缓流貌。融冶，和煦明媚。鲜妍，光彩艳丽。

㉒"触即碎"几句：一触即碎，如同潭中月；拂拭不消，如同玉生烟。形容诗文精美，值得反复吟咏玩味。

【译文】

陆龟蒙，字鲁望，是三吴人。他年幼的时候就很聪明颖悟，除了擅长文学，还很擅长谈笑，常效法江淹和谢朓作诗文，名扬江东。陆龟蒙住在苏州，家里藏书一万多卷。他的诗歌风格清丽，和皮日休是互相唱和的诗友，二人的唱和编成诗集十卷，名叫《松陵集》。中和初年，陆龟蒙得病去世。给事中颜荛为他写墓志铭，吴融为他写了一千多字的奠文，写道："大风吹动海水，海波摇动起伏，涵容并包而成君文，无边无际。高松披覆白雪，枯枝中间而折，挺拔峻利而成君文，直指巅峰。风吹霜后晴天，寒钟自然鸣响，自然而发而成君文，铿锵悠远。武陵幽深寂静，长川白昼悠悠,安静空阔而成君文,渺茫清冷。诗文气势如同野猪奔突,鲸鱼掣海,乍然而来无可阻挡;又如同白云消散飞鸟掠过,忽然而去不可追踪。诗文肌理严密如同凝脂,没有斧凿之痕更甚无骨。气韵如同云气迷蒙,水波舒缓,情致如春天一般和煦明媚,如秋日一般光彩艳丽。一触即碎,如同潭中月;拂拭不消,如同玉生烟。"

赵光远①,丞相隐弟子②,幼而聪悟。咸通、乾符中,以为气焰温、李③,因之恃才,不拘小节,常将领子弟④,恣游狭斜⑤,著《北里志》⑥,颇述其事。

【注释】

①赵光远:京兆奉天(今陕西乾县)人。宰相赵隐侄。幼聪悟,善诗。举进士,终生不第。恃才自负,骄侈放荡,常游于歌楼倡馆,其诗多述游狎邪事,轻巧华艳。《全唐诗》存诗三首。

②隐:赵隐,字大隐,京兆奉天(今陕西乾县)人。唐朝宰相。宣宗大中三年(849)登进士第。历任刺史、尚书郎、给事中、河南尹、兵部侍郎领盐铁转运使等,懿宗咸通末以本官同平章事,加中书侍郎兼礼部尚书,封天水伯。僖宗时累官吏部尚书,拜尚书左仆射。

③气焰:此指傲视。温、李:温庭筠和李商隐。二人皆以文辞华丽著称,并称"温李"。参见卷二"等第罢举"、卷四"师友"门注。

④将领:带领。

⑤狭斜:小街曲巷。多指妓院。

⑥《北里志》:唐末笔记小说集。记录晚唐时长安城北平康里的歌伎生活,多反映当时狎妓的社会风气。按,《北里志》为唐末孙棨编撰,非赵光远。

【译文】

赵光远,是宰相赵隐弟弟的儿子,自幼聪明颖悟。咸通、乾符年间,以为自己的诗才能傲视温庭筠和李商隐,于是恃才傲物,不拘小节,常常带领权贵子弟,纵情游荡歌楼倡馆,撰写《北里志》,详细记载了这些事。

　　李甘①,字酥鼎,长庆四年及第,《登科记》已注矣②。庄云不及第,误矣。

　　温庭皓③,庭筠之弟,辞藻亚于兄,不第而卒。

　　刘得仁④　陆逵⑤　傅锡⑥　平曾⑦　贾岛　刘稚珪⑧　顾邵孙吴人⑨。　沈佩吴人⑩。

【注释】

①李甘:字酥鼎。穆宗长庆四年(824)登进士第,后又登贤良方正能直言极谏科。文宗大和中累官侍御史。后贬封州司马,卒于任。

②注:记名于名册。

③温庭皓(? —869):太原祁(今山西祁县)人。温庭筠弟。有诗才。宣宗大中时,为山南东道节度使徐商从事,与段成式、韦蟾等唱和,成《汉上题襟诗集》。懿宗咸通中,为徐州节度使崔彦曾团练巡官,庞勋反,不肯为作表,次年被害。《全唐诗》存诗四首。

④刘得仁:公主之子。志在进士而屡试不第。见前注。

⑤陆逵:事迹未详。

⑥傅锡:事迹未详。

⑦平曾:以"挠扰贡院"之罪被逐出举场,往游剑南西川节度使李固言幕。参见卷二"府元落"门、卷十"海叙不遇"门注。

⑧刘稚珪:事迹未详。

⑨顾邵孙:事迹未详。

⑩沈佩:事迹未详。

【译文】

李甘，字酥鼎，长庆四年进士及第，《登科记》已经记名。韦庄说李甘不及第，是错误的。

温庭皓，是温庭筠的弟弟，才华不及温庭筠，没有考中进士就去世了。

刘得仁　陆逵　傅锡　平曾　贾岛　刘稚珪　顾邵孙吴地人　沈佩吴地人。

顾蒙①，宛陵人，博览经史，慕燕许刀尺②，亦一时之杰；余力深究内典，繇是屡为浮图碑③，仿欧阳率更笔法④，酷似前人。庚子乱后，萍梗江浙间⑤。无何，有美姬为润帅周宝奄有⑥；蒙不能他去，而受其豢养⑦，由此名价减薄。甲辰淮浙荒乱⑧，避地至广州，人不能知，困于旅食⑨，以至书《千字文》授于聋俗⑩，以换斗筲之资⑪。未几，遘疾而终。蒙颇穷《易象》⑫，著《大顺图》三卷。

【注释】

①顾蒙：宣州宛陵（今安徽宣城）人。博通经史和佛道典籍，工书善文。书学欧阳询，文师张说、苏颋。僖宗广明后漂泊江浙，又至广州，贫病而终。著有《大顺图》。

②刀尺：剪刀和尺。比喻法式规矩。此指文章的风格体式。

③浮图：佛塔。

④欧阳率更：即欧阳询（557—641），字信本，潭州临湘（今湖南长沙）人。由隋入唐，授侍中，累迁银青光禄大夫、给事中、太子率更令、弘文馆学士，封渤海县男。世称"欧阳率更"。主持编撰《艺文类聚》，为唐代著名类书。精通书法，与虞世南、褚遂良、薛稷并称唐初四大书法家，其书法称"欧体"。能诗善文。《全唐

诗》存诗二首。

⑤萍梗：浮萍断梗。比喻行踪如浮萍断梗，漂泊不定。

⑥润帅周宝：润州刺史周宝。周宝（814—887），平州卢龙（今属河
　　北）人。晚唐军阀。以荫为千牛备身，武宗会昌中隶右神策军，
　　擢金吾将军。僖宗乾符末任润州刺史、镇海军节度兼南面招讨
　　使。后因部下叛乱逃奔常州，为钱镠所杀。

⑦豢（huàn）养：供养。

⑧甲辰淮浙荒乱：甲辰年间淮河、浙江一带饥荒灾乱。唐僖宗中和
　　四年（884），岁次甲辰，江南大旱，饥荒至人相食。参见卷二"争
　　解元"门注。

⑨旅食：寄食他乡作客。

⑩《千字文》：书名。南朝梁周兴嗣撰。取王羲之遗书不同的字一
　　千个，编为四言韵语，以便背诵，是旧时儿童启蒙必读之书。聋
　　俗：指庸俗而不辨美恶者。

⑪斗筲（shāo）：容量小的盛器。借指少量粮食。斗，量器，容十升。
　　筲，竹器，容一斗二升，或云一斗。

⑫《易象》：《周易》的《象传》上、下篇。

【译文】

顾蒙，是宛陵人，博览经史典籍，仰慕学习张说、苏颋文章的风格体
式，也称得上是一代才人；以余力深入研究佛经，因此屡屡为寺庙佛塔撰
写碑文，模仿欧阳询的书法，而能酷似。广明庚子年黄巢作乱之后，顾蒙
漂泊江浙一带。不久，顾蒙有个漂亮的姬妾被润州刺史周宝占有；顾蒙
不能离开去往别的地方，于是被周宝收留供养，从此名声大减。甲辰年
间淮河、浙江一带饥荒灾乱，顾蒙到广州避难，当地人不知道他，顾蒙困
居他乡，以至于写《千字文》给庸俗无知之人，以换取少量钱粮。没多
久，顾蒙得病而死。顾蒙精研《易象》，著有《大顺图》三卷。

　　罗邺①，余杭人也，家富于财。父则②，为盐铁小吏，有子二人，俱以文学干进③，邺尤长七言诗。时宗人隐亦以律韵著称④，然隐才雄而粗疏，邺才清而绵致⑤。咸通中，崔安潜侍郎廉问江西⑥，志在弓旌，竟为幕吏所沮⑦。既而俯就督邮⑧，因兹举事阑珊⑨，无成而卒。

【注释】

①罗邺：余杭（今浙江杭州余杭区）人。出身于豪富盐铁小吏之家，屡举进士不中，郁郁而终。工诗，尤长七律，与宗人罗隐、罗虬合称"三罗"。参见卷二"争解元"门注。

②则：罗则，罗邺父，为盐铁小吏。

③干进：谋求仕进。

④隐：罗隐。律韵：律诗。

⑤绵致：绵密细致。

⑥崔安潜侍郎廉问江西：崔安潜侍郎担任江西观察使。崔安潜，曾任户部侍郎，咸通十三年（872）至乾符二年（875）为江西观察使。参见卷二"争解元"门注。

⑦沮：阻止，阻挠。

⑧俯就：将就。

⑨阑珊：窘困，艰难。

【译文】

　　罗邺，是余杭人，家中富有财产。罗邺的父亲罗则，担任管理盐铁事务的小官，有两个儿子，都以文学而求取仕进，而罗邺尤其擅长七言诗。当时同族中人罗隐也以律诗著称，然而罗隐才力雄健而粗疏，罗邺才力清丽而绵密细致。咸通年间，崔安潜侍郎担任江西观察使，想要征聘罗邺，最终为幕僚所阻挠。不久罗邺屈就担任了州府佐吏，因此考进士更加艰难，最终也没能考上进士就死了。

　　方干①，桐庐人也，幼有清才②，为徐凝所器③，诲之格律④。干或有句云："把得新诗草里论。"反语云"村里老"⑤，谑凝而已。王大夫名与定保家讳下一字同。廉问浙东⑥，干造之，连跪三拜，因号"方三拜"。王公将荐之于朝，请吴子华为表草⑦。无何，公遭疾而卒，事不谐矣。

【注释】

①方干：祖籍睦州清溪（今浙江淳安），居于睦州桐庐（今属浙江）。屡举进士不第。曾学诗于徐凝。参见卷四"诗友"门注。

②清才：卓越的才能。

③徐凝：中晚唐诗人。布衣终身。参见卷二"争解元"门注。

④诲：教导。格律：诗歌关于字数、句数、对偶、平仄、押韵等方面的格式和规则。

⑤反语云"村里老"："草里论"反切为"村里老"。参见卷四"诗友"门注。

⑥王大夫：或为御史大夫王龟。王龟（？—874），字大年，太原（今属山西）人，家于扬州（今属江苏）。王起子。历右补阙、宣歙观察副使、祠部郎中、史馆修撰、兵部郎中知制诰、太常少卿等，出为同州刺史。咸通末转御史大夫、越州刺史、浙东观察使，卒于任。博学多闻，以诗酒琴书自适，与姚合、赵嘏等友善。

⑦吴子华：吴融。表草：表文的草稿。

【译文】

　　方干，是桐庐人，年幼的时候就有卓越的才能，被徐凝器重，教他以格律写诗。方干曾有诗句云："把得新诗草里论。""草里论"反切为"村里老"，戏谑徐凝而已。御史大夫王公名字和我的家讳有一字相同。担任浙东观察使，方干去拜访他，接连跪拜三次，因此被人称作"方三拜"。王公打算把方干举荐给朝廷，请吴融代为起草奏表。不久，王公得病去世，此事未能办成。

前件人俱无显遇①，皆有奇才，丽句清辞②，遍在时人之口；衔冤抱恨③，竟为冥路之尘④。但恐愤气未销，上冲穹昊⑤，伏乞宣赐中书门下⑥，追赠进士及第，各赠补阙、拾遗。见存明代⑦，唯罗隐一人，亦乞特赐科名，录升三级⑧，便以特敕显示优恩⑨。俾使已升冤人⑩，皆沾圣泽；后来学者，更厉文风⑪。

【注释】

①前件人：指以上所述之人。显遇：显赫的际遇。指考上进士。按，本段录自韦庄奏表，《全唐文》题作《乞追赐李贺皇甫松等进士及第奏》。

②丽句清辞：妍丽清新的辞句。

③衔冤抱恨：心怀冤屈和怨恨。

④冥路：阴间。指死亡。

⑤穹昊：犹穹苍，苍天。

⑥中书门下：政事堂。原指中书省和门下省，是发布审查皇帝诏书、中央政令的最高机构。唐玄宗开元年间张说奏改宰相办公之地政事堂为中书门下。

⑦见存：现存。明代：政治清明的时代。指当代。

⑧录：次第。此指官阶。

⑨优恩：厚恩。

⑩已升：指已死。

⑪厉：奋发，振起。

【译文】

以上所述之人都没能考上进士，但都有卓越的才能，他们妍丽清新的辞句，在民众中广为流传；而他们心怀冤屈和怨恨，没能及第而抱憾身死。只怕他们的怨恨之气未能消散，上冲苍天，敬请天子宣赐政事堂，追赠这些人进士及第，并各赐官补阙、拾遗。当代还在世的，只有罗隐一人，也敬请特赐他进士及第，官阶擢升三级，以特旨恩赐显示天子的厚恩。使已去世的受屈之人，都沾濡天子的恩泽；后来的学者文士，更能振起发奋之心。

论曰：工拙由人①，得丧者命；非贤之咎，伊时之病。善不为名，而名随之；名不为禄，而禄从之②。苟异于是不汩③，而小人之儒也尤人，君子之儒也反己④。《诗》曰："风雨如晦，鸡鸣不已⑤。"

【注释】

①工拙：指诗文的好坏优劣。

②"善不为名"几句：行善不求名声，而名声自然而来；有名不求禄位，而禄位也随之而来。语出《列子·说符》："行善不以为名，而名从之；名不与利期，而利归之。"

③汩（gǔ）：治理，疏通。

④小人之儒也尤人，君子之儒也反己：小人之儒就怨天尤人，君子之儒则反求诸己。《论语·雍也》："汝为君子儒，毋为小人儒！"

⑤风雨如晦，鸡鸣不已：风雨交加天色晦暗，鸡鸣声声不停。语出《诗经·郑风·风雨》。旧时认为这首诗是比喻君子虽居乱世，

而不改其节度。

【译文】

论曰：诗文的好坏优劣在于自己，而能否以此显达则只能听从天命；这不是贤者的过失，而是时代的弊病。行善不求名声，而名声自然而来；有名不求禄位，而禄位也随之而来。如果背离了这个道理，而又不去治理疏导，那么小人之儒就怨天尤人，君子之儒则反求诸己。《诗经》中说："风雨如晦，鸡鸣不已。"

卷十一

反初及第

【题解】

　　僧人还俗之后考进士者，不止此门中的刘轲，还有著名诗人贾岛、卷九"好及第恶登科"门中的蔡京、卷十"海叙不遇"门中的周贺、缪岛云，以及下门"反初不第"中的张策等。这些还俗之僧人都有共同的特点，一是能诗文，二是受名士知遇，如贾岛受知于韩愈，蔡京受知于令狐楚，周贺受知于姚合，缪岛云由朝廷下诏还俗等。能诗文和有人知遇都是考进士必需。刘轲嗜学，内外典无所不通，虽曾为僧道，但倾慕孟子而改名"轲"，文名甚著，被誉为韩愈之流，受知于马植、白居易等，频频为其延誉扬名，使其进士及第。

　　刘轲①，慕孟轲为文②，故以名焉。少为僧，止于豫章高安县南果园③；复求黄老之术④，隐于庐山；既而进士登第。文章与韩、柳齐名⑤。

【注释】

　　①刘轲：字希仁，祖籍彭城（今江苏徐州），移居沛（今江苏沛县），又

移韶州（今广东韶关）。早年为僧，法名溢纳。宪宗元和初隐居庐山。元和十三年（818）登进士第。官史馆修撰、侍御史等。历磁、洺等州刺史，仕终侍郎。博学工诗文，长于史才，与马植、白居易等友善。著有《三传指要》《汉书右史》《牛羊日历》等。《全唐诗》存诗一首。

②孟轲：孟子。继孔子之后儒家最重要的代表人物之一。主张性善论，后世尊为"亚圣"。参见卷二"为等第后久方及第"门注。

③豫章：豫章郡，汉高帝六年（前201）分九江郡置，治所在今江西南昌。唐改为洪州。高安县：唐武德五年（622）改建成县置，治今江西高安。唐属洪州。

④黄老之术：即黄老之学。

⑤韩、柳：韩愈、柳宗元。皆是中唐著名诗人、文学家、思想家，倡导古文运动，并称"韩柳"。参见卷十"海叙不遇"门注。

【译文】

刘轲，仰慕孟轲而作文，因此以轲为名。刘轲年轻时曾出家为僧，居住在洪州高安县南果园；后又学习黄老之术，在庐山隐居；后来进士及第。文章和韩愈、柳宗元齐名。

反初不第

【题解】

此门和上门相反，记录僧人还俗后没中进士的事例。唐朝进士中第的概率极低，僧人还俗考进士本就容易被人非议，考中更难。贾岛、缪岛云等虽有才名，终不中第。刘轲、蔡京为僧时名声不显，又有得力援引，因此得中科第。此门中之张策，本是官宦子弟，年少出家，享有高名，称为"大德"，忽然还俗科举，便遭到主考官赵崇的鄙斥，"张策衣冠子弟，无故出家，不能参禅访道，抗迹尘外，乃于御帘前进诗，希望恩泽。如此行止,岂掩人口？某十度知举,十度斥之"(《北梦琐言》卷三)。赵崇之死,史载柳璨构陷,不言张策。

　　张策①,同文子也②,自小从学浮图,法号藏机,粲名内道场③,为大德④。广明庚子之乱,赵少师崇主文⑤,策谓时事更变,求就贡籍⑥,崇庭谴之;策不得已,复举博学宏辞,崇职受天官⑦,复黜之,仍显扬其过。策后为梁太祖从事⑧。天祐中,在翰林,太祖颇倚之,为谋府⑨。策极力媒孽⑩,崇竟罹冤酷⑪。

【注释】

①张策(？—912):字少逸,河西敦煌(今属甘肃)人。后梁宰相。少出家为僧,后还俗。历广文博士、秘书郎、国子博士、膳部员外郎等。先后为邠州王行瑜、华州韩建从事。受朱温赏识,天祐初,拜职方郎中,入为翰林学士,迁中书舍人。入梁,拜相,仕至中书侍郎,以刑部尚书致仕。能诗文,著有《典议》。

②同文:当为"张同"。懿宗咸通中,官户部员外郎。僖宗时自商州刺史征为谏议大夫,官至容管经略使。按,据史传,张策为张同子。

③粲名:享有美名。粲,美。

④大德:尊称高僧。

⑤赵少师崇:赵崇,昭宗龙纪元年(889),以礼部侍郎知贡举。进太子少师。后为朱温所害。参见卷六"公荐"门注。

⑥就贡籍:指参加进士考试。贡籍,贡士名册。

⑦天官:吏部长官的别称。

⑧梁太祖:朱温。后梁开国皇帝,907—912年在位。参见卷三"慈恩寺题名游赏赋咏杂纪"门注。

⑨谋府：指谋虑所从出之处。

⑩媒孽：原指酒母。比喻借端诬罔构陷，酿成其罪。

⑪冤酷：无罪而加刑戮。

【译文】

张策，是张同的儿子，自幼出家为僧修行，法号藏机，在内道场声望很高，被称为大德高僧。广明庚子年黄巢作乱，太子少师赵崇主持科举，张策认为时事已经改变，请求参加进士考试，赵崇当众斥责了他；张策不得已，又去考博学宏词科，赵崇任职吏部，又黜落了他，且宣扬他的过失。张策后来成为朱温的幕僚。天祐年间，张策任翰林学士，受到朱温的倚重，成为朱温的重要谋士。张策极力构陷赵崇，赵崇最后无辜被害。

无官受黜

【题解】

此门记录的是三位著名诗人孟浩然、贾岛、温庭筠因得罪执政者而被贬谪之事，流传甚广，其中有部分史实，伹大部分属小说家言。孟浩然乏人援引，贾岛、温庭筠忤逆权贵，三人都只担任过小官。其中温庭筠因科场作弊而被贬斥出京，担任随县县尉，中书舍人裴坦起草制书时拿捏不好写升迁还是贬黜，老吏教他："入策进士，与望州长、马一齐资。"只要通过了最重要的杂文考试，就算最终策试被黜落，也算是拥有了和望州的长史、司马一样的资历，担任偏僻小县的县尉算是贬黜。

襄阳诗人孟浩然①，开元中颇为王右丞所知②。句有"微云淡河汉③，疏雨滴梧桐"者，右丞吟咏之，常击节不已④。维待诏金銮殿⑤，一旦，召之商较风雅⑥，忽遇上幸维所⑦，浩然错愕伏床下，维不敢隐，因之奏闻。上欣然曰：

"朕素闻其人。"因得诏见。上曰:"卿将得诗来耶⑧?"浩然奏曰:"臣偶不赍所业⑨。"上即命吟。浩然奉诏,拜舞念诗曰⑩:"北阙休上书,南山归卧庐⑪。不才明主弃,多病故人疏。"上闻之怃然曰:"朕未曾弃人,自是卿不求进,奈何反有此作!"因命放归南山。终身不仕。

【注释】

①孟浩然(689—740):襄州襄阳(今属湖北)人,故世称"孟襄阳"。早年隐居于襄阳岘山。玄宗开元十六年(728)赴长安应进士举,不第。漫游吴越,归家,隐居于鹿门山。名相张九龄被李林甫排挤,贬为荆州长史,将之辟为从事,不久罢去,隐居而终。盛唐著名山水田园诗人,与王维齐名,并称"王孟"。善写自然,苦心造意而能俗中见雅,平中见奇,代表作如《春晓》《宿建德江》《过故人庄》《与诸子登岘山》等,余味无穷,恬静质朴而富有情趣,在当时即有很高声望,为后辈诗人李白、杜甫等所敬仰。著有《孟浩然集》。按,孟浩然于长安见唐玄宗事,非实,历代学者考之甚详。

②王右丞:即王维(约701—761),字摩诘,祖籍太原祁县(今属山西),移居蒲州(今山西永济)。精通文学、音乐、绘画。玄宗开元九年(721)登进士第。授太乐丞,坐事贬济州司仓参军。张九龄为相,擢为右拾遗。张九龄贬荆州后,黯然思退,离京远赴塞外,入河西节度副使崔希逸幕,为监察御史兼节度判官。数年后回京,营蓝田辋川别业。历任左补阙、库部郎中、吏部郎中、给事中等。天宝十五载(756)安史之乱中,长安陷落,被迫出任伪职。肃宗至德初,官军收复两京,论罪,因曾赋《凝碧池》诗表明对唐王朝的忠心,又有弟缙请削己官为兄赎罪,减罪,降为太子中允。后迁中书舍人,改给事中,官至尚书右丞而卒。故世称"王右

丞"。盛唐著名诗人。早期诗作如《九月九日忆山东兄弟》《杂诗》能以素朴之语传达深厚情感。中年的边塞诗如《使至塞上》等气象恢宏，工整而瑰奇，富有盛唐气韵。因半官半隐，多创作山水田园诗，如《山居秋暝》《终南山》等，诗风俊爽清丽，又深受佛教思想影响，诗境超凡脱俗，五绝组诗《辋川集》二十首尤为著名。在当时即享有重名，诗作如《送元二使安西》等往往入乐，传唱人口。著有《王右丞集》。

③河汉：银河。

④击节：打拍子。形容十分赞赏。

⑤待诏金銮殿：在金銮殿等待皇帝召见。待诏，唐玄宗时，文词经学及各种艺能之士供职于翰林院，以待诏命。金銮殿，唐代官殿，在大明宫，与翰林院相邻，皇帝召见翰林学士常在金銮殿。李白《赠从弟南平太守之遥》二首之一："承恩初入银台门，著书独在金銮殿。"按，孟浩然在长安时，王维并未任官。

⑥商较：此指品评。风雅：《诗经》中的《国风》和《大雅》《小雅》。泛指诗歌。

⑦上：此指唐玄宗。参见卷十"海叟不遇"门注。

⑧将：携带。

⑨偶：恰巧。赍（jī）：携带。

⑩拜舞念诗：跪拜之后吟诗。拜舞，跪拜与舞蹈。古代朝拜的礼节。此诗孟集题作《岁晚归南山》。

⑪南山：此指孟浩然故乡襄阳岘山之南。

【译文】

襄阳诗人孟浩然，开元年间深受王维的赏识。孟浩然有"微云淡河汉，疏雨滴梧桐"的诗句，王维吟咏回味，赞赏不已。王维在金銮殿等待皇帝召见，一天，请孟浩然来品评诗歌，忽遇玄宗皇帝驾临王维值班的地方，孟浩然仓促惊愕之中躲到了床底下，王维不敢隐瞒，向玄宗奏明此事。玄宗高兴地说:"朕一向听说此人之名。"孟浩然于是得到了玄宗的诏令出来觐见。玄宗说:"卿家带诗来了吗?"孟浩然回答说:"臣恰巧未带平日所作之诗。"玄宗于是命他吟诗一首。孟浩然奉命,跪拜之后吟诗道:"北阙休上书,南山归卧庐。不才明主弃,多病故人疏。"玄宗听了以后怅然不乐道:"朕不曾抛弃人,原是卿家不求仕进,怎么反倒有这样的诗句!"于是下令放孟浩然归隐家乡南山。孟浩然于是终身未能做官。

贾岛①,字阆仙。元和中,元、白尚轻浅②,岛独变格入僻,以矫浮艳;虽行坐寝食,吟味不辍。尝跨驴张盖③,横截天衢④。时秋风正厉⑤,黄叶可扫,岛忽吟曰:"落叶满长安⑥。"志重其冲口直致,求之一联⑦,杳不可得⑧,不知身之所从也,因之唐突大京兆刘栖楚⑨,被系一夕而释之。又尝遇武宗皇帝于定水精舍⑩,岛尤肆侮,上讶之。他日有中旨令与一官谪去,乃授长江县尉⑪,稍迁普州司仓而卒⑫。

【注释】

①贾岛:字阆仙。早年为僧,后还俗应举,屡试不第。因触怒权贵而被以"挠扰贡院"之罪逐出,号为"举场十恶"。担任过长江主簿、普州司仓参军等小官。中唐著名诗人,以苦吟著名。参见卷八"放老"门注。

②元、白:元稹和白居易。两人是好友,诗风和文学主张相近,皆倡导新乐府运动,主张"文章合为时而著,歌诗合为事而作",并称"元白"。参见卷二"争解元"、卷三"慈恩寺题名游赏赋咏杂纪"门注。

③张盖:张开伞盖。

④横截:横穿。天衢:指京城的大路。

⑤厉：猛烈。

⑥落叶满长安：贾集题作《忆江上吴处士》，全句作："秋风生渭水，落叶满长安。"

⑦一联：两句为一联。

⑧杳：渺茫。

⑨刘栖楚（775—827）：字善保。初为州吏，附李逢吉，由邓州司仓参军擢右拾遗。历任起居郎、谏议大夫、刑部侍郎等，迁京兆尹。严刑峻法，不避权贵。性傲激，为宰相韦处厚所恶，出为桂管观察使。著有《刘栖楚集》。按，刘栖楚和贾岛是朋友，贾岛所冲撞之京兆尹，疑非刘栖楚。

⑩武宗皇帝：唐武宗李瀍，后改为李炎。按，贾岛忤帝被贬事诸书所记不一，或言武宗、宣宗、文宗者，考贾岛生平，赴任长江主簿在文宗开成二年（837）。精舍：僧道居住或说法布道的处所。

⑪长江县尉：长江县的县尉。长江县，西魏恭帝时改巴兴县置，为怀化郡治，治所在今四川大英县东北，唐属遂州。按，贾岛授长江主簿，非县尉。

⑫普州：唐武德二年（619）析资州地置普州，治安岳（今四川安岳）。天宝元年（742），改为安岳郡。乾元元年（758），复称普州。司仓：司仓参军的简称。州郡属官，唐高祖武德间改司仓书佐置，主管租调、仓库、市肆等。

【译文】

　　贾岛，字阆仙。元和年间，元稹和白居易崇尚轻易浅显的诗风，而贾岛独辟蹊径改变风格入于幽僻，以矫正轻浮靡丽的诗风；不管行走坐卧还是睡觉吃饭，都在不停吟咏玩味。贾岛曾经骑着驴子打着伞，横穿京城的大路。当时秋风正烈，满地黄叶堆积可扫，贾岛忽然吟出一句："落叶满长安。"他很看重这脱口而出的妙句，想要吟出另外一句补足一联，却怎么也想不出，苦苦思索之际不知道自己骑驴到了什么地方，因此冲撞了京兆尹刘栖楚，被关押了一晚才释放。贾岛又曾在定水精舍遇到武宗皇帝，不知道他是皇帝，格外对他放肆轻慢，武宗惊讶不已。不久，武宗下诏命令授予贾岛一个官职，把他贬谪出京，于是贾岛被授为长江县尉，后来逐渐升迁至普州司仓参军，在任上去世。

　　开成中①，温庭筠才名籍甚②；然罕拘细行③，以文为货④，识者鄙之。无何，执政间复有恶奏庭筠搅扰场屋⑤，黜随州县尉⑥。时中书舍人裴坦当制⑦，忸怩含毫久之⑧。时有老吏在侧，因讯之升黜，对曰："舍人合为责辞⑨。何者？入策进士⑩，与望州长、马一齐资⑪。"坦释然，故有泽畔、长沙之比⑫。庭筠之任，文士诗人争为辞送，唯纪唐夫得其尤⑬。诗曰⑭："何事明时泣玉频，长安不见杏园春。凤皇诏下虽沾命⑮，鹦鹉才高却累身⑯！且饮绿醑销积恨⑰，莫辞黄绶拂行尘⑱。方城若比长沙远⑲，犹隔千山与万津。"

【注释】

①开成中：文宗开成年间。按，温庭筠因科举作弊被贬在宣宗大中年间。

②才名籍甚：才华出众名声非常高。

③罕拘细行：不注意小节。指行为不检点。

④以文为货：把诗文作为货物出售。此指温庭筠替人科场作弊。

⑤恶奏庭筠搅扰场屋：上奏指斥温庭筠搅乱科场。按，宣宗大中九年（855），温庭筠替京兆尹柳憙之子柳翰作赋，参加博学宏词科考试，被人举发。又曾在主考官让他单独在帘前考试的情况下暗中帮八人作弊。

⑥随州县尉：随州随县县尉。随县在今湖北随州。

⑦裴坦：唐朝宰相。文宗大和进士，宣宗大中间累官中书舍人。参见卷四"与恩地旧交"门注。当制：轮到写制书。

⑧忸怩（niǔ ní）：踌躇，犹豫。含毫：含笔于口中。比喻沉吟构思。

⑨责辞：责贬之辞。

⑩入策进士：指放入策试的进士。

⑪与望州长、马一齐资：和望州的长史、司马算同等资历。唐朝按照政治功能、经济功能、军事紧要程度以及户籍数量等将天下州郡分为辅州、雄州、望州、紧州、上州、中州、下州。不同等级的州郡，官员官阶也不同。望州的长史、司马皆为从五品官。随州县尉只是九品官。按老吏的说法，温庭筠曾入策试，授官随县县尉算贬谪。

⑫泽畔、长沙之比：将温庭筠比作被贬谪的屈原和贾谊。屈原被贬后行吟泽畔，贾谊被谪为长沙王太傅。见《史记·屈原贾生列传》。此制《全唐文》题作《贬温庭筠敕》，云："放骚人于湘浦，移贾谊于长沙，尚有前席之期，未爽抽毫之思。"

⑬纪唐夫：宣宗时曾举进士，有诗名。

⑭诗曰：此诗《全唐诗》题作《送温庭筠尉方城》。

⑮凤皇诏：即凤凰诏。指诏书。中书省别称凤凰池，诏书由中书省拟定，故称凤凰诏。沾命：受命。

⑯鹦鹉才高却累身：鹦鹉因有美才而连累自身被囚禁。也指像祢衡一样富有才华而因此罹祸。祢衡曾作《鹦鹉赋》，寄寓身不由己的悲苦。参见卷十"海叙不遇"门注。累身，带累自身。

⑰绿醽（líng）：酒名。泛指美酒。

⑱黄绶：古代低级官员系官印用黄色丝带。唐人常用黄绶指县尉，多有才高位卑之意。苏颋《蜀城哭台州乐安少府》："白头还作尉，黄绶固非才。"

⑲方城：县名。北魏置，治今河南方城。唐属唐州。按，温庭筠贬方

城尉在懿宗咸通年间。

【译文】

开成年间，温庭筠因才华出众而名声很高；然而他行为不检点，把诗文作为货物出售，替人作弊，因此有识之士都鄙视他。没多久，执政大臣中有人上奏指斥温庭筠搅乱科场，因此朝廷将他贬黜为随州随县县尉。当时轮到中书舍人裴坦起草制书，裴坦犹豫不决沉思良久而不能下笔。当时有一名老官吏在旁边，裴坦于是询问他应该写升迁还是贬黜，老官吏回答说："舍人应该按照贬黜来写，写责授之辞。为什么呢？凡是放入策试的进士，和望州的长史、司马算同等资历。"裴坦消除了疑虑，因此在制书中将温庭筠比作被贬谪的屈原和贾谊。温庭筠离京赴任的时候，文士诗人们争相写诗送行，其中纪唐夫写得最好。诗写道："何事明时泣玉频，长安不见杏园春。凤皇诏下虽沾命，鹦鹉才高却累身！且饮绿醽销积恨，莫辞黄绶拂行尘。方城若比长沙远，犹隔千山与万津。"

荐举不捷

【题解】

此门记录张祜和王璘被地方荐举，却因中书舍人元稹、宰相路岩的干扰而未成功。元稹以诗才闻名，他和张祜的诗歌理念不同，便以诗歌是"雕虫小巧"之名加以排挤，说他有玷风教，《唐才子传》评价他："稹谓祜雕虫琐琐，而稹所为，有不若是耶？忌贤嫉能，迎户而噬，略己而过人者，穿窬之行也。"路岩为人险恶，卷九"四凶"门中陈璠叟得罪了他，便被除名为民，远远流放，王璘恃才傲物，"意在沽激"，下场自然也同此，被放逐而归，布衣终身。

张祜①，元和、长庆中，深为令狐文公所知②。公镇天平日③，自草荐表，令以新旧格诗三百篇随表进献。辞略曰：

"凡制五言,苞含六义④,近多放诞⑤,靡有宗师。前件人久在江湖⑥,早工篇什,研机甚苦⑦,搜象颇深⑧,辈流所推⑨,风格罕及。云云⑩。谨令录新旧格诗三百首,自光顺门进献⑪,望请宣付中书门下。"祜至京师,方属元江夏偃仰内庭⑫,上因召问祜之辞藻上下,积对曰:"张祜雕虫小巧⑬,壮夫耻而不为者⑭,或奖激之⑮,恐变陛下风教。"上颔之⑯,由是寂寞而归⑰。祜以诗自悼,略曰:"贺知章口徒劳说,孟浩然身更不疑⑱。"

【注释】

①张祜:中唐诗人。终身未仕。诗风自然纯熟,委婉多致。参见卷二"争解元"门注。

②令狐文公:即令狐楚,谥号文,故称令狐文公。唐朝宰相,长于诗赋。参见卷二"争解元"门注。

③镇天平:担任天平军节度使。天平,唐方镇名,治郓州(今山东东平)。参见卷一"会昌五年举格节文"门注。令狐楚镇天平在文宗大和三年(829)至六年(832)间。按,傅璇琮等学者考令狐楚推荐张祜非在任天平军节度使期间,而在宪宗元和十五年(820)任宣歙观察使时。

④苞含:包含。苞,通"包"。六义:指《诗经》中的风、雅、颂、赋、比、兴。

⑤放诞:放纵。

⑥江湖:隐士所居之处。

⑦研机:穷究精微之理。

⑧搜象:寻求意象。

⑨辈流:同辈。

⑩云云：如此如此。省略语。

⑪光顺门：宫门名。唐长安大明宫紫宸殿西门。

⑫属元江夏偃仰内庭：适逢元稹任职内庭。元江夏，指元稹。元稹官终武昌军节度使，镇江夏，故称。元稹长庆元年（821）自祠部郎中知制诰，擢中书舍人、翰林学士。参见卷三"慈恩寺题名游赏赋咏杂纪"门注。偃仰，俯仰，周旋。

⑬雕虫小巧：犹雕虫小技。

⑭壮夫耻而不为：大丈夫以此为耻而不屑为之。语出扬雄《法言·吾子》："或问：'吾子少而好赋？'曰：'然！童子雕虫篆刻。'俄而曰：'壮夫不为也。'"

⑮奖激：嘉奖激励。

⑯颔（hàn）：点头。

⑰寂寞：孤单冷清。此指失意。

⑱贺知章口徒劳说，孟浩然身更不疑：承蒙有贺知章这样的耆宿来举荐我，但我注定是孟浩然那样的布衣终身之人。贺知章，玄宗时官至秘书监，著名诗人，为人旷达，曾揄扬李白。此指令狐楚。参见卷七"知己"门注。孟浩然，张祜自喻。此诗张集题作《寓怀寄苏州刘郎中》）。

【译文】

张祜，元和、长庆年间，深受令狐文公赏识。令狐文公担任天平军节度使的时候，亲自起草举荐张祜的奏表，让张祜将三百首新旧体诗歌随着奏表进献皇帝。奏表中说："凡是创作五言诗歌，都须包含《诗经》六义，而近来人们写诗大多放纵浮夸，没有堪称宗师的人。上述所言的张祜多年隐居民间，早年就工于诗歌，苦心穷究精微之理，深入搜求诗歌意象，被同辈中人所推崇，诗歌风格很少有人能比得上。云云。今谨命其誊录新旧体诗歌三百首，从光顺门进献，恳请陛下宣旨付与政事堂商议办理。"张祜到京城的时候，正逢元稹任职内庭，皇帝于是召见元稹询问张祜的诗歌水平如何,元稹答道:"张祜作诗都是雕虫小技罢了,大丈夫以此为耻而不屑为之,如果给予嘉奖激励,恐怕会伤害陛下的风俗教化。"皇帝点头同意他的意见,于是张祜无所收获失意而归。张祜写诗自悼,诗中写道:"贺知章口徒劳说,孟浩然身更不疑。"

　　长沙日试万言王璘①,辞学富赡,非积学所致②。崔詹事廉问③,特表荐之于朝。先是试之于使院④,璘请书吏十人⑤,皆给笔砚,璘缤绤扪腹⑥,往来口授,十吏笔不停缀⑦。首题《黄河赋》三千字,数刻而成⑧;复为《鸟散余花落》诗二十首,援毫而就。时忽风雨暴至,数幅为回飙所卷,泥滓沾渍,不胜舒卷⑨。璘曰:"勿取,但将纸来!"复纵笔一挥,斯须复十余篇矣。时未亭午⑩,已构七千余言。詹事传语试官曰:"万言不在试限,请屈来饮酒。"《黄河赋》复有僻字百余,请璘对众朗宣,旁若无人。至京师,时路庶人方当钧轴⑪,遣一介召之。璘意在沽激⑫,曰:"请俟见帝。"岩闻之大怒,亟命奏废万言科。璘杖策而归⑬,放旷于杯酒间,虽屠沽无间然矣。

【注释】

①日试万言:唐代科举考试科目之一。王璘:长沙(今属湖南)人。词学富赡,工诗善赋。湖南观察使表荐其入京,应日试万言科。得罪宰相路岩,遂归,放浪杯酒间。曾与李群玉联句。

②积学:犹博学。

③崔詹事:崔黯,字直卿,贝州安平(今河北安平)人。唐大和二年(828)登进士第,开成初为监察御史,擢员外郎,会昌中为谏议大夫。咸

通年间任湖南观察使。

④使院：节度使等或节度留后视事之所。

⑤书吏：承办文书的吏员。

⑥缜绤（zhěn chī）：单穿着葛衣。缜，麻缕。穿着单衣。绤，细葛布做的衣服。扪（mén）腹：抚摸腹部。形容怡然自得的样子。徐九皋《独啸亭》诗："每当风日佳，散步自扪腹。"扪，摸。

⑦停缀：停止。祢衡《鹦鹉赋》："衡因为赋，笔不停缀，文不加点。"

⑧数刻：指时间短。一刻约等于十五分钟。

⑨不胜舒卷：指展不开。

⑩亭午：正午。

⑪路庶人：即路岩，晚唐宰相。委用亲吏，大收贿赂，坐罪长流赐死。参见卷九"四凶"门注。钧轴：指宰相。钧以制陶，轴以转车，比喻秉持要政。韩愈《酒中留上襄阳李相公》诗："知公不久归钧轴，应许闲官寄病身。"

⑫沽激：指矫情求誉。

⑬杖策：挂杖。常形容归隐。李白《赠从弟冽》诗："无由谒明主，杖策还蓬藜。"

【译文】

长沙应试日试万言科的王璘，富有文才，不是博学能够达到的。崔詹事担任湖南观察使，特地将他举荐给朝廷。之前在使院考试，王璘请求派书吏十人，都给纸墨笔砚，王璘单穿着葛衣，摸着肚子，在其间往来口授，十名书吏不停书写。一开始的考题是《黄河赋》三千字，数刻之间就写好了；又考《鸟散余花落》诗二十首，提笔一挥而就。当时风雨忽然而至，几张写好的卷子被旋风卷落，沾染泥水，无法展开。王璘说："别捡那些，只管拿纸来！"又提笔一挥，不一会就又写了十几篇。时间还不到正午，已经写了七千多字。崔詹事传话给试官说："不用再考到万言了，请把王璘请来饮酒。"《黄河赋》又有一百多个生僻字，崔詹事请王璘当众高声宣读,王璘于是当众宣读旁若无人。王璘到了京师,当时路岩正当宰相,派人召见他。王璘想要矫情求誉,说:"请等我见了皇帝之后。"路岩得知后勃然大怒,急忙让人上奏废除了日试万言科。王璘拄杖而归,放达于杯酒之间,虽然是宰牲卖酒一类的人也相处无分别。

已得复失

【题解】

此门记录的是已经考中却被黜落的例子。其中杨知至等四人覆试落第事,与卷八"别头及第"门重复。卷八"已落重收"门中,会昌五年(845)陈商放榜,时论以为不公,武宗命翰林学士白敏中覆试,顾非熊等是覆试重收之人,张渎等是覆试黜落之人。状元覆试被驳落者,本书还有卷七"起自寒苦"门中的郑朗。郑朗是高官子弟,虽覆试被落,最后仍官至宰相。张渎出身寒门,虽然后来重新考中进士,也只做到广文博士这样的冷官,最后隐居而终。

　　杨知至[①],会昌五年王仆射重奏五人[②]:源重、杨知至、杨严、郑朴、窦缄[③],奉敕特放杨严[④],其余四人皆落。知至感恩自吊诗曰:"由来梁燕与冥鸿,不合翩翾向碧空。寒谷谩随邹氏律,长天独遇宋都风。当时泣玉情虽异,他日衔环事亦同。二月春光花潋滟,无因得醉杏园中。"

【注释】

①杨知至:刑部尚书杨汝士子。进士及第,官至户部侍郎。参见卷三"慈恩寺题名游赏赋咏杂纪"门注。按,杨知至等四人覆试落第事,与卷八"别头及第"门重复,唯较简略。

②会昌五年：845年。按，应为会昌四年（844）。王仆射：王起，唐朝使相，穆宗长庆元年（821）、长庆二年（822），武宗会昌三年（843）、四年（844），四知贡举。参见卷三"慈恩寺题名游赏赋咏杂纪"门注。重奏：指另奏别头试五人及第。

③源重：宰相牛僧孺的外甥。参见卷八"别头及第"门注。杨严：监察御史杨发的弟弟。会昌四年（844）登进士第。官至兵部侍郎判度支。参见卷三"慈恩寺题名游赏赋咏杂纪"门注。郑朴：河东节度使崔元式的女婿。窦缄：宰相窦易直的儿子。

④奉敕：指覆核之后奉旨。

【译文】

　　杨知至，会昌五年仆射王起另奏别头试五人及第：源重、杨知至、杨严、郑朴、窦缄，覆核之后奉旨特放杨严进士及第，其余四人都被黜落。杨知至写诗感恩座主，又伤悼自身，诗写道："由来梁燕与冥鸿，不合翩翻向碧空。寒谷谩随邹氏律，长天独遇宋都风。当时泣玉情虽异，他日衔环事亦同。二月春光花澹荡，无因得醉杏园中。"

　　张渍①，会昌五年陈商下状元及第②，翰林覆落渍等八人③，赵渭南贻渍诗曰④："莫向春风诉酒杯⑤，谪仙真个是仙才⑥。犹堪与世为祥瑞，曾到蓬山顶上来⑦。"

【注释】

①张渍：字润卿，南阳（今属河南）人。武宗会昌五年（845），曾以状元及第，旋复考落。宣宗大中间登进士第，官广文博士。懿宗咸通前后，隐居茅山学道，世称"华阳山人""华阳道士"。又寓吴中，与皮日休、陆龟蒙等人交游唱和。工诗，多抒旅思羁愁。《全唐诗》存诗十六首。

②陈商：会昌五年（845）知贡举，官至秘书监。参见卷三"慈恩寺

　　题名游赏赋咏杂纪"门注。

③翰林覆落：翰林学士覆试黜落。按，会昌五年（845）陈商放榜，时
　　论以为不公，武宗命翰林学士白敏中覆试。

④赵渭南：赵嘏。会昌进士，官终渭南尉，故称。参见卷三"慈恩寺
　　题名游赏赋咏杂纪"门注。

⑤诉酒：谓辞酒不饮。

⑥谪仙：谪居世间的仙人。常用以称誉才学优异的人。

⑦曾到蓬山顶上来：曾到蓬莱山顶。比喻得中状元。

【译文】

　　张渍，会昌五年陈商录取为状元及第，翰林学士覆试黜落了张渍等
八人，赵嘏送张渍诗写道："莫向春风诉酒杯，谪仙真个是仙才。犹堪与
世为祥瑞，曾到蓬山顶上来。"

以德报怨

【题解】

　　因为科举考试的重要性，科场中仇怨丛生。卷一"进士归礼部"门
中主考官李昂当众羞辱考生李权，李权便搜求他的诗句来做文字狱；卷
二"忿恨"门中李回主持解试时不送魏謩，魏謩做宰相后罗织陷罪李回；
卷八"误放"门中刘太真因为包谊对自己无礼而怀恨在心，主持科举时
"志在致其永弃"。本卷"反初不第"门中赵崇主考黜落张策，张策得势
后"极力媒孽，崇竟罹冤酷"，等等。此门所记者相反。裴垍考博学宏词
科被崔枢黜落，做宰相后不计前嫌擢拔崔枢；裴贽曾被贾泳轻慢，做主考
时最终还是录取了他。以德报怨，科场尤难。

　　裴垍举宏辞①，崔枢考之落第②。及垍为宰相，擢枢为
礼部③，笑谓枢曰："聊以报德也④。"

【注释】

①裴垍（jì,?—811）：字弘中，绛州闻喜（今属山西）人。唐朝宰相。登进士第，又登贤良方正能直言极谏科。宪宗元和初，历迁翰林学士、中书舍人。元和三年（808）拜中书侍郎、同中书门下平章事。治国有方，肃清吏治，知人善任，号为良相。后以疾罢为兵部尚书，卒。

②崔枢：清河东武城（今河北清河）人。登进士第。德宗贞元末为中书舍人。宪宗元和五年（810）迁礼部侍郎，知贡举，历刑、吏二部侍郎，官至秘书监。《全唐诗》存诗二首。

③礼部：此指礼部侍郎。

④报德：回报您当年让我落第的恩德。戏谑语。

【译文】

裴垍应考博学宏词科，崔枢主持考试使他落第。后来裴垍做了宰相，擢拔崔枢为礼部侍郎，笑着对崔枢说："聊以回报您当年让我落第的恩德。"

　　贾泳父翛有义声①，泳落拓不拘细碎②，常佐武臣倅晋州③。昭宗幸蜀④，三榜裴公⑤，时为前主客员外⑥，客游至郡⑦，泳接之傲睨⑧。公尝簪笏造泳⑨，泳戎装一揖曰⑩："主公尚书邀放鹞子⑪，勿怪如此！"悾偬而退⑫，赟颇衔之。后公三主文柄，泳两举为公所黜。既而谓门人曰："贾泳潦倒可哀，吾当报之以德。"遂放及第。

【注释】

①贾泳：昭宗乾宁五年（898）登进士第。翛（xiāo）：贾翛，贾泳父。事迹未详。

②不拘细碎：不拘细行，不拘小节。

③倅（cuì）：指充任州郡长官的副职官员。晋州：唐武德元年（618）以平阳郡改置，治临汾（今属山西）。

④昭宗幸蜀：应为僖宗。广明元年（880）末黄巢率军攻陷长安，僖宗出奔西蜀，中和五年（885）方还京师。

⑤三榜裴公：即裴贽。唐朝宰相。昭宗大顺元年（890）、二年（891）、乾宁五年（898）三知贡举，故称“三榜裴公”。参见卷三“慈恩寺题名游赏赋咏杂纪”门注。

⑥主客员外：官名。主客员外郎的简称。隋文帝开皇六年（586）置，为礼部主客司之副长官，佐长官侍郎掌司事。

⑦客游：游历外地。

⑧傲睨：傲慢斜视，态度轻忽。

⑨簪笏：冠簪和朝笏。此指朝服。

⑩戎装：军装。

⑪主公：对上峰军将的尊称。尚书：军将所带朝官衔。放鹞子：放鹞鹰打猎。唐代的娱乐活动。鹞，鹞鹰。

⑫倥偬（kǒng zǒng）：急迫，匆忙。

【译文】

贾泳的父亲贾翛有德义的名声，贾泳生性放任不拘小节，曾经辅佐武将在晋州任副职。僖宗驾临蜀地，后来三次主持贡举的裴贽，当时以前任主客员外郎的身份，到晋州游历，贾泳接待他的时候态度傲慢轻忽。裴贽曾穿着朝服去造访贾泳，贾泳穿着军装作了一揖说：“主公邀请我去放鹞子，请别怪我如此装束！”说完匆匆忙忙就走了，裴贽内心十分怀恨。后来裴贽三次主持科举考试，贾泳考了两次都被裴贽黜落。后来裴贽对属下门人们说：“贾泳穷愁潦倒真是可怜，我应该以德报怨。”于是第三次主考的时候录取贾泳进士及第。

恶分疏

【题解】

　　分疏者,辩白也。恶分疏,辩白之糟糕者也。此门记录的都是替自己辩白而越辩越糟的事例。其中两例皆是行卷时犯了别人家讳。唐人极重家讳,说话行事皆须避父祖的名讳。本书作者王定保写《唐摭言》就屡屡避家讳。李贺的父亲叫李晋肃,因"晋"与"进"同音,李贺考进士时就被人中伤不避家讳,韩愈还特地为此事写了一篇《讳辩》(卷十"韦庄奏请追赠不及第人近代者"门)。尹璞怀恨罗邺,便故意犯其家讳(卷二"争解元"门)。行卷犯人家讳不啻辱骂,为此而辩白,如吴融所说:"此书应更患也。"至于许昼当众脱衣自辩,倒还只是举止粗疏而已。

　　宋人许昼①,闽人黄滔②,滔尝宰滑州卫南③,与昼声迹不疏④。光化三年⑤,二人俱近事⑥,滔谤昼尝笞背矣⑦。昼性卞急⑧,时内翰吴融侍郎⑨,西铨独孤损侍郎⑩,皆昼知己。一旦,昼造二君子自辨,因袒而视之⑪,二公皆掩袂而入。昼、滔其年俱落。

【注释】

　　①宋:周代诸侯国名。在今河南商丘一带。许昼:睢阳(今河南商丘)人。昭宗天复四年(904)登进士第。性躁急,因得罪朱温,逃亡不知所终。参见卷三"慈恩寺题名游赏赋咏杂纪"门注。

　　②闽:今福建。黄滔:曾任卫南(今河南滑县)县令。

　　③滑州:唐武德元年(618)置,治白马县(今河南滑县)。卫南:县名,唐属滑州。今河南滑县。

　　④声迹不疏:指交往密切。声迹,音讯行踪。

⑤光化三年：900年。

⑥近事：在京师谋求仕进。

⑦笞：古代的一种刑罚。用荆条或竹板抽打背部或臀部。

⑧卞急：急躁。

⑨内翰：翰林。吴融：曾任户部侍郎、翰林承旨，故称。参见卷三"散序"门注。

⑩西铨：兵部西铨，掌八九品武官铨选。独孤损（？—905）：字又损，洛阳（今属河南）人。唐朝宰相。昭宗天复三年（903），拜兵部侍郎、同中书门下平章事。天祐二年（905）和陆扆、裴枢、崔远等被朱温杀害于白马驿。

⑪袒（tǎn）：脱去上衣。

【译文】

宋人许昼，闽人黄遘，黄遘曾在滑州卫南县做县令，和许昼交往密切。光化三年，两人都在京师谋求仕进，黄遘诽谤说许昼曾经被施过笞背之刑。许昼性情急躁，当时翰林学士吴融侍郎，兵部西铨独孤损侍郎，都和许昼相知。有一天，许昼拜访二位君子为自己辩白，于是脱去上衣让他们看，吴融和独孤损都用衣袖遮面躲进房里。许昼、黄遘当年都落选了。

　　光化中，苏拯与乡人陈涤同处①。拯与考功苏郎中璞初叙宗党②，璞故奉常涤之子也③。拯既执贽④，寻以启事温卷⑤，因请陈涤缄封，涤遂误书己名，璞得之大怒。拯闻之，苍黄复致书谢过⑥。吴子华闻之曰⑱："此书应更懵也⑦。"

【注释】

①苏拯：诗学孟郊，著有《苏拯集》。陈涤：事迹未详。

②考功苏郎中璞：考功郎中苏璞。苏璞，京兆武功（今属陕西）人。官考功郎中。

③奉常：太常卿。涤：苏涤，字玄献，京兆武功（今属陕西）人。文宗时自祠部员外郎充史馆修撰，预修《穆宗实录》。历考功郎中等。武宗时为李德裕所排挤，自给事中出为睦、舒、连州刺史。宣宗时入为翰林学士、兵部侍郎等，历荆南节度使、太常卿，官至兵部尚书。

④执贽（zhì）：拿着礼物拜谒。此指行卷。

⑤温卷：行卷之后再次投卷，以求回应或加深印象。

⑥苍黄：匆促慌张。

⑦吴子华：吴融。

⑧懽：同"患"，祸害，灾难。

【译文】

光化年间，苏拯和同乡陈涤住在一处。苏拯和考功郎中苏璞刚认为同族，苏璞是已故太常卿苏涤的儿子。苏拯行过卷后，不久又写书函来温卷，请陈涤为之封口，陈涤误写了自己的名字，苏璞收到后勃然大怒。苏拯得知后，匆忙又写了一封信致歉。吴融听闻此事后说："这封信就更加惹祸了。"

文德中，刘子长出镇浙西①，行次江西，时陆威侍郎犹为郎吏②，亦寓于此。进士褚载缄二轴投谒③，误以子长之卷面赟于威。威览之，连有数字犯威家讳，威因拱而矍然④。载错愕白以大误，寻以长笺致谢⑤，略曰："曹兴之图画虽精，终惭误笔⑥；殷浩之兢持太过，翻达空函⑦。"

【注释】

①刘子长：刘崇龟（？—895），字子长，河南（今河南洛阳）人。懿宗咸通六年（865）登进士第。僖宗时累迁兵部郎中，拜给事中。昭宗时迁户部侍郎，后出为清海军节度使。

②陆威：僖宗时官兵部侍郎。

③褚载：字厚之。昭宗乾宁五年（898）登进士第。能诗，著有《褚载诗》。

④拱：两手抱拳上举，以示敬惧。矍然：惊惧，惊视貌。

⑤致谢：致歉。

⑥曹兴之图画虽精，终惭误笔：曹不兴虽然能点墨成蝇画艺精湛，终究因笔误而惭愧。曹兴，即曹不兴，三国吴乌程（今浙江湖州）人。著名画家，善画龙虎及人物。传说曾为孙权画屏风，误落墨点，于是绘成蝇状，孙权疑为真蝇，举手拍打。

⑦殷浩之兢持太过，翻达空函：殷浩给桓温回信太过小心，最后反而寄了一封空信。殷浩（303—356），字渊源，东晋陈郡长平（今河南西华）人。善于清谈，早有才名。会稽王司马昱执政，拜为建武将军、扬州刺史，永和八年（352）奉命北伐，兵败而归，坐罪废为庶人。殷浩少与桓温齐名，废弃时，桓温欲任之尚书令，寄信询问，殷浩欣然承应，惧回信有错，反复查看，竟忘记把信放进信封里，导致桓温与之绝交。兢持，此指拘谨，谨慎。

【译文】

　　文德年间，刘子长出任浙西观察使，途经江西，当时陆威侍郎还是郎官，也寓居此处。考进士的褚载准备了两个行卷的卷轴来投谒二人，误把投给刘子长的卷轴当面呈给了陆威。陆威阅读文卷，接连有几个字触犯了陆威的家讳，陆威于是两手抱拳上举，面色惊惧。褚载仓卒惊愕地说自己大大失误，随即又写了长信致歉，写道："曹不兴虽然能点墨成蝇画艺精湛，终究因笔误而惭愧；殷浩给桓温回信太过小心，最后反而寄了一封空信。"

怨怒 戆直附

【题解】

　　唐代科举中行卷和请托之风盛行，士人无论贤愚，几乎无不上启陈诗，投献请谒，孜孜以求知己，求汲引。除了科举考试，仕途求升迁也免不了请托干谒。此门记载了数名仕途坎坷之人怨恨别人不提拔自己，或感叹别人对自己不能以礼相待。或者写诗寄情，或者写信纾愤，多有牢骚不平之气，甚或直率无礼之言，尤其是任华四书。任华自称戆（zhuàng）直。戆直是迂愚刚直之意。任华性情耿介，在书中数落公卿，自负极甚。此门中诗文作者多为科举中人，辞采甚佳，足值寓目，可领略当时文学之士的风采，亦可以窥见当时士人的仕宦情形和以言干进的社会风气。

　　李义山师令狐文公①。大中中，赵公在内廷②，重阳日义山谒，不见，因以一篇纪于屏风而去。诗曰③："曾共山公把酒卮④，霜天白菊正离披⑤。十年泉下无消息⑥，九日樽前有所思⑦。莫学汉臣栽苜蓿，还同楚客咏江蓠⑧。郎君渐贵施行马，东阁无因更重窥⑨。"

【注释】

　　①李义山：李商隐，字义山。晚唐著名诗人，与杜牧合称"小李杜"。少时入令狐楚幕中，从之学文，深受器重。参见卷四"师友"门注。令狐文公：令狐楚。

　　②赵公在内廷：令狐绹任职内廷。赵公，令狐绹。令狐楚之子，唐朝宰相，封赵国公。宣宗大中中，充翰林学士，拜中书舍人，以兵部侍郎同中书门下平章事。参见卷四"师友"门注。

③诗曰：李集题作《九日》。

④曾共山公把酒卮（zhī）：曾和山公一起饮酒。山公，山简（253—312），字季伦，河内怀县（今河南武陟）人。山涛子。镇守襄阳时常率士民出游同乐，饮酒辄醉。酒卮，盛酒器。此以山公比令狐楚，指在令狐楚幕中事。

⑤白菊：令狐楚爱白菊，故言。离披：草木茂盛貌。

⑥泉下：黄泉之下。此指令狐楚亡故已经十年。

⑦九日：九月九日重阳节。

⑧莫学汉臣栽苜蓿，还同楚客咏江蓠（lí）：不像您的父亲一样能够栽培门客，却摒斥我而不肯提拔，让我如同楚国的屈原一样哀叹被弃逐，空自吟咏江蓠。栽苜蓿，《汉书》载汉武帝得大宛马，因其嗜苜蓿，故使人采归栽种。苜蓿本是异域之物，被汉臣采来种于汉宫之中。此句谓令狐绹未能继承父志善待自己，反而因为异己之故而排摈不用。楚客，指屈原，也双关李商隐自己曾为"令狐楚之门客"。江蓠，香草名。蘼芜的别称。屈原《离骚》："览椒兰其若兹兮，又况揭车与江离。"

⑨郎君渐贵施行马，东阁无因更重窥：郎君如今逐渐官高位重，门前摆着阻拦人马通行的木架，用来延宾的东阁再难进入了。此感慨故人不被援引之意。郎君，李商隐是令狐楚门客，故称其子为郎君。行马，路障名。拦阻人马通行的木架。东阁，东向的小门。西汉公孙弘开东阁以延请贤人。后用以指宰相招贤的地方。

【译文】

李商隐师从令狐楚。大中年间，赵国公令狐绹任职内廷，重阳节那天李商隐去拜谒他，没有见到，于是在屏风上写了一首诗而去。诗写道："曾共山公把酒卮，霜天白菊正离披。十年泉下无消息，九日樽前有所思。莫学汉臣栽苜蓿，还同楚客咏江蓠。郎君渐贵施行马，东阁无因更重窥。"

　　张曙、崔昭纬①,中和初西川同举②,相与诣日者问命③。时曙自恃才名籍然,人皆呼为"将来状元",崔亦分居其下④。无何,日者殊不顾曙,目崔曰:"将来万全高第⑤。"曙有愠色⑥。日者曰:"郎君亦及第,然须待崔家郎君拜相,当于此时过堂⑦。"既而曙果以惨恤不终场⑧,昭纬其年首冠。曙以篇什刺之曰⑨:"千里江山陪骥尾⑩,五更风水失龙鳞。昨夜浣花溪上雨,绿杨芳草属何人?"崔甚不平。会夜饮,崔以巨觥饮张⑪,张推辞再三,崔曰:"但吃,却待我作宰相与你取状头。"张拂衣而去,因之大不叶⑫。后七年,崔自内廷大拜,张后于三榜裴公下及第⑬,果于崔公下过堂。

【注释】

①张曙:南阳(今属河南)人。兵部尚书张祎从子。工诗词,善文章,早有时名,恃才自负。昭宗大顺二年(891)登进士第,曾任拾遗,官至右补阙。与崔涂、杜荀鹤等交往唱酬。崔昭纬:唐朝宰相。僖宗中和三年(883)状元及第。昭宗大顺二年(891)以户部侍郎同中书门下平章事。参见卷八"及第与长行拜官相次"门注。

②中和初西川同举:中和初同在成都考进士。中和元年(881)至五年(885),唐僖宗避难成都,期间数年省试在成都举行。参见卷二"争解元"门注。

③日者:古时以占候卜筮为业的人。

④分:料想。

⑤万全:绝对。

⑥愠(yùn)色:怒色。愠,怨怒。

⑦过堂:新进士拜见宰相。参见卷三"过堂"门注。

⑧惨恤:居丧。

⑨以篇什刺之：以诗歌讥讽。此诗《全唐诗》题作《下第戏状元崔
　　昭纬》。

⑩陪骥尾：附着在千里马的马尾之上。比喻依附他人而成名。语出
　　《史记·伯夷列传》："颜渊虽笃学，附骥尾而行益显。"多用作谦
　　辞，指追随他人。

⑪巨觥（gōng）：大酒杯。

⑫不叶：不和。叶，同"协"，和洽，相合。

⑬三榜裴公：裴贽。

【译文】

　　张曙、崔昭纬，中和初同在成都考进士，曾一起去找占卜的人算命。当时张曙自负才名很高，人们都称呼他"将来状元"，崔昭纬也自料居于其下。不久，占卜的人毫不顾及张曙，而看着崔昭纬说："您将来一定能得中高第。"张曙面露怒容。占卜的人对他说："郎君也能够进士及第，然而须等崔家郎君当了宰相之后，您当在此时过堂参拜。"后来张曙果然因为居丧而没能考完试，崔昭纬当年状元及第。张曙写诗讥讽崔昭纬道："千里江山陪骥尾，五更风水失龙鳞。昨夜浣花溪上雨，绿杨芳草属何人？"崔昭纬很不满。适逢众人夜间聚饮，崔昭纬用大酒杯向张曙劝酒，张曙几次推辞，崔昭纬说："你只要喝了，等我做宰相的时候取你当状元。"张曙拂袖而去，两人关系因之很不好。过了七年，崔昭纬自内廷拜相，张曙之后在裴贽主持贡举的时候进士及第，果然在崔昭纬门下过堂。

　　崔珏佐大魏公幕①，与副车袁充常侍不叶②，公俱荐之于朝。崔拜芸阁雠校③，纵舟江浒④。会有客以丝桐诣公⑤，公善之⑥，而欲振其名，命以乘马迎珏，共赏绝艺。珏应召而至，公从容为客请一篇，珏方怀怫郁⑦，因此发泄所蓄。诗曰："七条弦上五音寒⑧，此艺知音自古难。唯有河南房次

律⑨，始终怜得董庭兰⑩。"公大惭恚⑪。

【注释】

①崔珏（jué）：字梦之，郡望清河东武城（今河北清河），家于荆州（今属湖北）。宣宗大中进士。曾为崔铉幕僚，被荐入朝，授秘书省校书郎。曾为淇县令，官至侍御史。工诗，与李商隐为友，诗风绮丽。曾作《哭李商隐》悼之："虚负凌云万丈才，一生襟抱未曾开。"以《和友人鸳鸯之什》诗著称，时号崔鸳鸯。著有《崔珏诗》。大魏公：即崔铉。唐朝宰相。曾任淮南、荆南节度使，封魏国公。崔铉子崔沆亦拜相，称"小魏公"。参见卷二"海述解送"门注。

②袁充：曾入崔铉幕，官至散骑常侍。

③芸阁雠校：秘书省校书郎。芸阁，秘书省的别称。古以芸香辟蠹鱼，故藏书处常称芸阁。

④江浒：江边。此指曲江。

⑤丝桐：指琴。古代制琴多用桐木，以丝为弦。

⑥善：欣赏，赞许。

⑦怫（fú）郁：忧愤，愤郁。

⑧七条弦：指七弦古琴。五音：我国古代五声音阶中的五个音级，即宫、商、角、徵、羽。

⑨房次律：房琯，字次律，河南（今河南洛阳）人。唐朝宰相，和当时诸多诗人、名士交往颇深。参见卷七"知己"门注。

⑩董庭兰：陇西（今属甘肃）人。排行一，因称"董大"。唐朝著名琴师，以琴艺为房琯赏识。诗人李颀、高适等皆与交游赠诗，如李颀《听董大弹胡笳兼寄语弄房给事》、高适《别董大》等。肃宗时房琯为相，董恃其势贪赃纳贿，琯因之被劾罢相。崔珏以房琯、董庭兰为比，意在讥讽，故而崔铉"惭恚"。

⑪惭恚（huì）：难堪而愤怒。

【译文】

崔珏担任魏国公崔铉的幕僚，和节度副使袁充关系不好，崔铉把两个人都举荐给了朝廷。崔珏授官秘书省校书郎，经常乘舟纵游江边。适逢有人以弹琴拜谒崔铉，崔铉很欣赏他，想要替他扬名，于是命人以所乘之马迎接崔珏，一起欣赏绝佳的琴艺。崔珏应召唤而来，崔铉在闲谈之际为客人向崔珏求一首诗，崔珏正心怀愤郁，于是借写诗发泄蓄积的不满。诗写道："七条弦上五音寒，此艺知音自古难。唯有河南房次律，始终怜得董庭兰。"崔铉十分难堪而愤怒。

张楚《与达奚侍郎书》①："公横海殊量②，干霄伟材③，郁为能贤④，特负公望⑤。雄笔丽藻⑥，独步当时，峻节清心，高迈流俗。其为御史也，则察视臧否⑦，纠遏奸邪⑧；其任郎官也，则弥纶旧章⑨，发挥清议⑩；其拜舍人也，则专掌纶綍⑪，翱翔掖垣⑫；其迁侍郎也，则综核才名⑬，规模礼物⑭。良由心照明镜，手握纯钩⑮，龙门少登⑯，鹏翼孤运⑰。犹且谦能下士⑱，贵不易交⑲。顷辱音书⑳，恍若会面㉑，眷顾之重，宿昔不渝㉒。执玩徘徊㉓，缄藏反覆㉔，《伐木》之诗重作㉕，'采葵'之咏再兴㉖，何慰如之！幸甚，幸甚！仆诚鄙陋，素乏异能，直守愚忠，每存然诺㉗。背憎噂沓㉘，少小不为；蘧蒢戚施㉙，平生所耻。故得从游君子，厕迹周行㉚，欢会之间，常多企慕㉛。聊因翰墨㉜，辄写刍荛㉝。

【注释】

①张楚：开元七年（719）登文词雅丽科。任长安尉，转起居舍人，迁礼部员外郎，后历任外职。达奚侍郎：达奚珣（690—757），字子

美，洛阳（今属河南）人。进士及第，又登制科。累迁中书舍人，拜礼、吏二部侍郎。出为滑州刺史，迁荆州长史。安史之乱时为河南尹，协助封常清抵御叛军，兵败被俘。安禄山自称大燕皇帝，强任丞相。两京收复后，以从伪国罪被杀。

②横海殊量：宏伟的器量。横海，横行海上。殊量，非凡的器量。

③干霄伟材：出众的大才。干霄，高入云霄。

④郁：积聚。

⑤负：享有。

⑥雄笔丽藻：形容诗文笔力雄健，词藻华丽。

⑦察视：考察。

⑧纠遏：纠正遏制。

⑨弥纶：综括，贯通。

⑩发挥：发扬，阐发。清议：公正的议论。

⑪纶綍（fú）：皇帝的诏令。语出《礼记·缁衣》："王言如丝，其出如纶；王言如纶，其出如綍。"

⑫翱翔：遨游，徜徉。此指周旋。掖垣：唐代称门下、中书两省。因分别在禁中左右掖，故称。

⑬综核才名：综合考核人事的名称和才能是否符合。

⑭规模：规划，筹划。礼物：典礼文物。《尚书·周书·微子之命》："统承先王，修其礼物，作宾于王家。"

⑮手握纯钩：比喻身负奇才。纯钩，即纯钩。宝剑名。相传为春秋时铸剑师欧冶子为越王允常所铸。

⑯龙门少登：指很年轻就进士及第。

⑰鹏翼孤运：大鹏展翅独自高飞。《庄子·逍遥游》："化而为鸟，其名为鹏。鹏之背，不知其几千里也；怒而飞，其翼若垂天之云。是鸟也，海运则将徙于南冥。"

⑱谦能下士：谦逊而能够礼贤下士。

⑲贵不易交：显贵而不抛弃贫贱时的朋友。《后汉书·宋弘传》："谚言贵易交，富易妻。"

⑳辱音书：承蒙寄信。音书，书信。

㉑恍若：好像，仿佛。

㉒宿昔不渝：经久不变。宿昔，向来，经久。渝，改变。

㉓执玩徘徊：手持书信徘徊玩味。玩，玩味，反复体会。

㉔缄藏反覆：反复开封看信又封藏起来。指不时取信出来看，形容珍重。缄藏，封存。

㉕《伐木》：指《诗经·小雅·伐木》。其中有："伐木丁丁，鸟鸣嘤嘤。出自幽谷，迁于乔木。嘤其鸣矣，求其友声。相彼鸟矣，犹求友声。"以飞鸟出谷鸣叫求友，比喻地位高了之后不忘旧人。

㉖采葵：汉代古诗云："采葵莫伤根，伤根葵不生。结交莫羞贫，羞贫友不成。"后因以"采葵"比喻不以贫贱之交为耻。

㉗然诺：允诺。

㉘背憎噂㳫（zǔn tà）：当面投合而背地里憎恨。噂㳫，聚会迎合。亦作"噂沓"。噂，聚会。㳫，投合。《诗经·小雅·十月之交》："噂沓背憎，职竞由人。"

㉙蘧蒢（qú chú）戚施：原指不能下俯或上仰的疾病。比喻丑陋之人。蘧蒢，亦作"籧篨"。《淮南子·修务训》高诱注："蘧蒢，偃也；戚施，偻也。皆丑貌。"此指谄佞狡诈。《魏书·阳固传》："蘧蒢戚施，邪媚是钦。"

㉚厕迹周行：置身贤人之列。厕迹，插足，置身。周行，原指大路。借指朝官、贤人。

㉛企慕：仰慕。

㉜翰墨：笔墨。借指文章。此指书信。

㉝写：倾吐。刍荛（chú ráo）：割草打柴的人。泛指地位卑下之人。此指浅陋的想法。刍，割草。荛，打柴。《诗经·大雅·板》："先

民有言，询于刍荛。”

【译文】

张楚的《与达奚侍郎书》写道："您有宏伟的器量，出众的大才，积聚而为贤能之士，特别享有公众的声望。您雄健的笔力和华丽的词藻，在当代独一无二，高尚的节操和纯正的心地，超越群伦。您任御史的时候，能考察好坏，纠正遏制奸诈邪恶；您任郎官的时候，能综括贯通旧有的典章制度，发扬公正的议论；您授官舍人的时候，专门掌管皇帝的诏令，从容周旋于禁掖之中；您迁官侍郎的时候，综合考核人事的名称和才能是否符合，筹谋规划国家的典礼和文物。这都由于您内心光明如镜，身负纯钩宝剑般的奇才，少年之时就登上龙门进士及第，如同大鹏展翅独自高飞。且您谦逊而能够礼贤下士，显贵而不抛弃贫贱时的朋友。不久前承蒙寄信，仿佛见面一般，您对我的关爱照顾之深，经久不变。我手持书信徘徊玩味，反复展开观看又收藏起来，《伐木》求友的诗篇重新再作，'采葵'重交的歌咏再度兴起，这是何等的欣慰！幸甚，幸甚！我本来浅薄低微，素来缺乏杰出的才能，只是一直坚守刚直忠诚，长存守诺之心。当面投合而背地里憎恨这种事，我从小便不屑为之；谄佞狡诈的丑陋之人，我终生以之为耻。因此得以和您这样的君子交往，置身贤人之列，欢乐的聚会之时，常怀仰慕之心。聊且借回信的机会，倾吐我浅陋的想法。

"公往在临淄①，请仆为曹掾②，喜奉颜色③，得接徽猷④，美景良辰，必然邀赏，斗酒脔肉⑤，何曾暂忘！分若芝兰⑥，坚逾胶漆⑦。时范、穆二子⑧，俱在属城⑨，仆滥同人，见称四友。尝因醉后，遂论晚慕官资⑩，众识许公荣阳⑪，勃然不顾，公诚相期于下郡⑫，咸及为荣，志气之间，悬殊久矣。今范郎中永逝，穆司直寻殂⑬，唯仆尚存，得观荣贵。此畴昔之情一也。寻应制举，同赴洛阳，是时春寒，正值雨雪，俱乘款段⑭,莫不艰辛;朝则齐镳⑮,夜还连榻⑯,行迈靡靡,中心摇摇⑰。及次新乡,同为口号⑱。公先曰:'太行松雪⑲,映出青天。'仆答曰:'淇水烟波⑳,半含春色。'向将百对,尽在一时,发则须酬,迟便有罚,并无所屈,斯可为欢。此畴昔之情二也㉑。

【注释】

①临淄:春秋、战国时齐国都城。唐属青州,在今山东淄博。

②曹掾:分曹治事的属吏。

③奉颜色:奉望容貌。侍奉尊长之敬称。颜色,面容,脸色。

④徽猷(yóu):美善之道。徽,美好。猷,道。

⑤脔(luán)肉:犹言一块肉。谓其量少。

⑥分若芝兰:如同芝兰一般投契。分,契。芝兰,芝草和兰草,皆香草名。比喻君子的友情如芝草和兰草一样投合美好。《周易·系辞上》:"同心之言,其臭如兰。"

⑦胶漆:胶和漆。皆黏性之物。比喻情意投合,亲密无间。

⑧范、穆二子:即下文范郎中、穆司直。未详何人。

⑨属城:指下属的地方官员。

⑩官资:官吏的资历职位。

⑪许:期望。

⑫相期:相约。下郡:下州。

⑬司直:官名。大理司直,大理寺属官。殂(cú):死亡。

⑭款段:小马或驽马。陈凝《马》诗:"虽知殊款段,莫敢比骅骝。"

⑮齐镳(biāo):并驾。镳,马嚼子。

⑯连榻:连床,并榻。形容关系密切。榻,供坐卧的矮床。张籍《祭退之》诗:"出则连辔驰,寝则对榻床。"

⑰行迈靡靡,中心摇摇:远行步履迟缓艰难,心神不定忧愁恍惚。语出《诗经·王风·黍离》。

⑱口号:口占。表示不起草稿,随口吟成的诗句。

⑲太行:山名。在今河南、山西、河北三省交界处,从东北向西南延伸。

⑳淇水:古黄河支流。今河南淇河。

㉑畴昔:往日,从前。

【译文】

"您以前在临淄做官,请我当属吏,我很高兴来侍奉您,得以接近美善之道,每逢良辰美景,您必然邀我一同观赏,席上的一斗酒、一块肉,我何曾有一刻忘记!我们如同芝兰一般投契,交情牢固胜过胶漆。当时范、穆二君,都是下属的地方官员,我滥竽充数位居同列,人们将我们称为四友。我们曾因喝醉了酒,一起讨论晚年向往的官位,当时大家都期望您能显达,而您勃然变色,并不理会这些,您真心希望和大家相约于下州官员这样的官位,一起显达,志向气度和我们比起来,相差很大已经很久了。如今范郎中与世长辞,穆司直也随即去世,只有我还活在世间,得以见到您的荣华显贵。这是我们往昔的情谊之一。不久我们一起应制举,同赴洛阳考试,当时正是春寒天气,适逢雨雪连绵,我们都骑着驽马,路途非常艰辛;白天并驾而行,夜晚连床而眠,远行步履迟缓艰难,心神不定忧愁恍惚。到了新乡的时候,一起口占属对。您先说:'太行松雪,映出青天。'我答道:'淇水烟波,半含春色。'将近一百对,都在一时之间作成,只要有人出对就必须酬答,答迟了便有惩罚,谁也不能使对方屈服,这真是快乐之事。这是我们往昔的情谊之二。

"初到都下,同止客坊①,早已酸寒②,复加屯踬③。属公家竖逃逸④,窃藏无遗⑤;赖仆侨装未空⑥,同爨斯在⑦。殆过时月⑧,以尽有无⑨。巷虽如穷⑩,坐客常满⑪;还复嘲谑,颇展欢娱。公咏仆以衣袖障尘⑫,仆咏公以浆粥和酒⑬;复有憨妪,提携破筐,频来扫除,共为笑弄。此畴昔之情三也。公授郑县⑭,归迎板舆⑮,仆已罢官,时为贫士。于焉赊酒⑯,犹出荒郊,候得轩车⑰,便成野酌。留连数日,款曲襟怀⑱,旋怆分离,远行追送。他乡旅寓,掺袂凄然⑲,虽限山川,常怀梦想。此畴昔之情四也。

【注释】

①客坊:客店。

②酸寒:犹寒酸。

③屯踬(zhūn zhì):困顿失意。屯,艰难,困顿。踬,事情不顺利,处于困境。

④家竖:家中僮仆。

⑤窃藏:盗窃。

⑥侨装:行装,行囊。

⑦㸑(cuàn):烧火做饭。斯在:在这里。

⑧时月:时日。

⑨有无:所有。

⑩巷虽如穷:虽然住在偏僻简陋的穷巷。

⑪坐客:宾客。

⑫障:遮挡。

⑬浆粥:粥水。

⑭郑县:唐属华州,治今陕西华县。

⑮归迎板舆:回乡迎养父母。板舆,古代一种用人抬的代步工具,多为老人乘坐。后多用于在任官吏迎养父母之词。

⑯于焉:于是。赊(shì)酒:赊酒。赊,赊欠。

⑰轩车:古代士大夫所乘有帷幕的马车。后亦泛指车。

⑱款曲：详细倾诉。

⑲掺袂（chān mèi）：执袖不使人离去。掺，牵挽。袂，衣袖。

【译文】

"刚来到京城，一起住在客店，我们早就已经寒酸落魄，又更加困顿失意。遭遇您的僮仆逃跑，将您盗窃一空；幸亏我的行囊还没空空如也，于是我们一起吃住。大概过了一些时日，所有钱财都已用尽。虽然住在偏僻简陋的穷巷，而座位中宾客常满；我们还互相戏谑，开怀娱乐十分畅快。您写诗嘲笑我用衣袖挡尘土，我写诗嘲笑您用粥水来调酒；又有憨痴的老妇人，提着破筐，常常来这里打扫，我们也一起嘲弄。这是我们往昔的情谊之三。您授官郑县，回乡迎养父母，我已经罢官，当时只是贫士。于是赊酒送别，来到城外荒郊，等候您的车子到来，便成了野外的小酌。留连数日，倾诉胸怀，随即凄怆分别，追送您远行而去。我们客居他乡，执袖分别相顾凄凉，别后虽然山川阻隔，却时常在梦中相见。这是我们往昔的情谊之四。

"公在畿甸①，仆尉长安，多陪府庭，是称联吏②。数游魏十四华馆③，频诣武七芳筵④。婉娈心期⑤，绸缪宴语⑥，应接无暇，取与非他⑦。车公若无，悒然不乐⑧；黄生未见，鄙吝偏形⑨。此畴昔之情五也。公迁侍御，仆忝起居，执法记言⑩，连行供奉⑪，举目相见，为欢益深。焕烂玉除之前⑫，馥郁香炉之下⑬，仰戴空极⑭，尽睹朝仪⑮，若在钧天⑯，如临玄圃⑰。此畴昔之情六也。

【注释】

①畿甸：指京城地区。

②联吏：犹同僚。

③魏十四:未详其人。

④武七:未详其人。

⑤婉娈(luán):深挚。心期:两心深交,相互期许。

⑥绸缪(móu):情意深厚。宴语:闲谈。

⑦取与非他:拿取和给予都不通过别人。形容关系亲密,旁人无从侧足。取与,犹取予。拿取和给予。

⑧车公若无,悒(yì)然不乐:车胤不在,就感到闷闷不乐。车公,车胤。东晋大臣。幼好学,家境贫寒,捕捉萤火虫来照明读书,有"囊萤"之称。官至吏部尚书。美风姿,敏捷多智,善于赏会,聚会之时若他不在,众人皆云:"无车公不乐。"见《晋书·车胤传》。悒然,郁闷貌。

⑨黄生未见,鄙吝偏形:数月没有见到黄宪,就感到自己又变得浅薄庸俗了。黄生,黄宪,字叔度,汝南慎阳(今河南正阳)人。东汉名士。出身贫贱而以学问品行见重于时,被誉为颜渊再生。刘义庆《世说新语·德行》载周乘云:"吾时月不见黄叔度,则鄙吝之心已复生矣。"鄙吝,浅薄庸俗的贪婪之心。偏形,遍体。偏,通"遍"。

⑩记言:起居舍人与起居郎共掌起居注,记录皇帝言行以备修史。

⑪连行:同行。

⑫焕烂:光耀灿烂。玉除:对皇宫内台阶的美称。除,台阶。

⑬馥(fù)郁:香气浓厚。

⑭仰戴:敬仰感戴。空极:此指天子。

⑮朝仪:朝廷的礼仪。

⑯钧天:天的中央。古代神话传说中天帝住的地方。

⑰玄圃:传说中仙人居住的地方,在昆仑山顶。

【译文】

"您在京城任职,我任长安县尉,时常在府衙陪同共事,得以称为同僚。屡次游赏魏十四的华丽庭馆,频频造访武七的精美筵席。期许之心深切真挚,闲谈之语情意深厚,彼此应酬没有闲暇,拿取和给予都不通过别人。好比聚会时若车胤不在,就感到闷闷不乐;数月没有见到黄宪,就感到自己又变得浅薄庸俗了。这是我们往昔的情谊之五。您升任侍御史,我忝列起居舍人,您执法我记言,联袂同行侍奉天子,抬起眼睛就看到彼此,喜悦更深。在光辉灿烂的玉阶之前,芬芳馥郁的香炉之下,我们敬仰感戴天子,尽情观看朝廷的礼仪,仿佛身在天帝居处,如同身临玄圃仙境。这是我们往昔的情谊之六。

　　"仆转郎署①,先在祠曹②,公自台端③,俯临礼部,昔称同舍,今则同厅④,退朝每得陪行,就食寻常接坐。攀由鸿鹄,倚是蒹葭⑤,咫尺余光⑥,环回末职⑦,官连两载,事等一家。此畴昔之情七也。复考进士文策,同就侍郎厅房,信宿重闱⑧,差池接席,掎摭之务⑨,仰止弥高⑩。于时贤郎幼年辞翰⑪,公以本司恐谤,不议祁奚⑫。仆闻善必惊,是敬王粲⑬,骤请座主⑭,超升甲科⑮。今果飞腾⑯,已迁京县⑰。虽云报国,亦忝知人。此畴昔之情八也。

【注释】

①郎署:郎官办公的衙门。代指郎官。

②祠曹:礼部祠部司。

③台端:唐代侍御史的别称。

④厅:官厅。官署中听事之处。

⑤攀由鸿鹄(hú),倚是蒹葭(jiān jiā):您像展翅高飞的鸿鹄任由我攀附,我像低微的芦荻倚着高贵的玉树。鸿鹄,天鹅。蒹葭,荻草、芦苇一类水草。比喻卑微鄙陋。古代常以蒹葭倚玉树比喻高攀贤者。刘义庆《世说新语·容止》:"魏明帝使后弟毛曾与夏侯玄

共坐,时人谓'蒹葭倚玉树'。"

⑥咫(zhǐ)尺:比喻相距很近。咫,周制八寸。余光:多余的光。后用为美称他人给予的恩惠福泽。典出《史记·甘茂列传》:"臣闻贫人女与富人女会绩,贫人女曰:'我无以买烛,而子之烛光幸有余,子可分我余光,无损子明而得一斯便焉。'"

⑦末职:低级官吏。亦用为属员或部下对长官的自称谦辞。

⑧信宿:连住两夜。

⑨掎摭(jǐ zhí):批评。

⑩仰止弥高:越仰望越显得高远。语出《论语·子罕》:"仰之弥高,钻之弥坚。"

⑪贤郎:犹令郎。对别人儿子的美称。辞翰:指文章。

⑫议:讨论,商量。祁奚:春秋时晋国大夫。年老辞职时推荐了自己的仇敌和儿子继任,被誉为"内举不避亲,外举不避仇"。典出《左传·襄公三年》。

⑬王粲(177—217):字仲宣,山阳高平(今山东邹城)人。东汉末名士。少年时以才华出众被蔡邕器重。后归曹操,辟为丞相掾,赐爵关内侯,官至侍中。诗文皆有很高地位,为"建安七子"之一。代表作有《七哀诗》《登楼赋》等。著有《王粲集》。

⑭骤:屡次。座主:此指主考官。

⑮超升:越等升级。

⑯飞腾:飞黄腾达。

⑰京县:京城所辖之县。唐代三都之县为京县,有长安、万年、河南、洛阳、太原、晋阳。

【译文】

"我转任尚书省郎官,先在礼部祠部司,您自侍御史,莅临礼部任职,昔日我们可称同僚,现在则同一官署,退朝时每每能陪您同行,就餐时也经常坐在一起。您像展翅高飞的鸿鹄任由我攀附,我像低微的芦荻倚着高贵的玉树,您的恩泽近在咫尺,环绕回护着我,任官连续两载,办事等同一家。这是我们往昔的情谊之七。又和您一起审核进士考试的杂文试策,一同到礼部侍郎的厅房,在宫阙之下连住两夜,和您意外地坐席相接,您对文章好坏的批评,令我十分景仰。当时令郎年纪轻轻就以文章来考进士,您因为自己任职礼部,恐怕有诽谤非议,不考虑效仿祁奚内举不避亲而录取他。我听闻有贤能就欣喜惊叹,素来敬佩像王粲这样的青年才俊,于是屡次请求主考官,使令郎越等考中高第。如今令郎果然飞黄腾达,已经升迁至京县任职。虽然说是为国选材,也可以说我有识人之明。这是我们往昔的情谊之八。

　　"凡人有一于此,犹有可论,况仆周旋若斯,足成深契。所以具申前好①,用呈寸心;非欲称扬,故为繁冗②。今公全德之际③,愿交者多,昔公未达之前,欲相知者少。于多甚易,在少诚难。则公居甚易之时,下走处诚难之日④,本以义分相许⑤,明非势利相趋。早为相国所知,累迁官守⑥。其在铨管也⑦,用仆为京兆掾。其在台衡也,用仆为尚书郎。只字片言,曾蒙激赏;连谗被谤,备与辨明;察于危难之情,知在明教之地。后缘疏惰⑧,自取播迁⑨;顾三省而多惭⑩,甘一黜而何赎⑪!历司马、长史,再佐任治中⑫。万里山川,七周星岁⑬,从闽适越,染瘴缠痾⑭。比先支离⑮,更加枯槁⑯,尽作班鬓⑰,难为壮心。常情尚有咨嗟,故旧能无叹息!非辞坎壈⑱,但愧揶揄⑲。遍观昔人沉沦,多因推荐;其有超然,却贵自达,十不二三。以管仲之贤,须逢鲍叔⑳;以陈平之智,须遇无知㉑;以诸葛之才,见称徐庶㉒;以祢衡之俊,见藉孔融㉓:如此之流,不可称数㉔。其于樗散㉕,必待吹嘘。

如公顾眄生光㉖,剪拂增价㉗,岂忘朽株之事,而轻连茹之辞乎㉘!即有言而莫从,未有不言而自致。世称王阳在位,贡禹弹冠㉙,彼亦何哉?非敢望也!复恐傍人疏间㉚,贝锦成章㉛。仆既无负于他人,人岂有嫌于仆?愚之窃料㉜,当谓不然,彼欲加诸㉝,复难重尔。尝试大抵如之,或在苍黄,或于疑似㉞,都由听授不至分明,便起猜嫌,俄成衅隙㉟。廉、蔺独能生觉㊱,萧、朱杳不深知㊲。备出时谈,可为殷鉴㊳。

【注释】

①前好:以前的友好关系。

②繁冗:繁杂纷多。

③全德:道德完备无瑕缺。

④下走:供奔走役使的人。自称的谦辞。

⑤义分:合乎道义的情分。

⑥官守:官位职守。

⑦铨管:掌管选拔人才的职位。

⑧疏惰:疏懒怠惰。

⑨播迁:流离。

⑩三省(xǐng):多次省察自己。语出《论语·学而》:"曾子曰:'吾日三省吾身:为人谋而不忠乎?与朋友交而不信乎?传不习乎?'"

⑪赎:用行动抵销、弥补罪过。

⑫佐任:任为佐官。治中:官名。州郡佐官。唐高宗改治中为司马。

⑬周星:周年。《淮南子·时则训》:"是月也,日穷于次,月穷于纪,星周于天,岁将更始。"

⑭疴(kē):病。

⑮比先:从前,过去。支离:瘦弱,衰弱。

⑯枯槁（gǎo）：形容憔悴。

⑰班鬓：鬓角花白。班，通"斑"，花白。

⑱坎壈（lǎn）：困顿，不得志。

⑲揶揄（yé yú）：嘲弄。

⑳以管仲之贤，须逢鲍叔：以管仲的贤能，还须遇到鲍叔牙的推荐。管仲，名夷吾，字仲。得到鲍叔牙推荐，担任齐国国相，辅佐齐桓公成为春秋五霸之首。参见卷六"公荐"门注。鲍叔，鲍叔牙。春秋时齐国大夫。是管仲的至交好友，推荐管仲担任齐国国相，以知人和笃于友谊称誉于世。

㉑以陈平之智，须遇无知：以陈平的智谋，也须经过魏无知的引荐。陈平（？—前178），西汉开国功臣。早年经魏无知推荐，面见刘邦，受到信用。以六出奇计辅佐刘邦取得皇位，平定天下。又与太尉周勃平定诸吕之乱，迎立汉文帝，为丞相。无知，魏无知，信陵君魏无忌之孙。因引荐陈平被封为高良侯。

㉒以诸葛之才，见称徐庶：以诸葛亮的才能，被徐庶称誉而受刘备重视。诸葛亮（181—234），字孔明，号卧龙，谥忠武，琅邪阳都（今山东沂南）人。三国时蜀汉丞相，杰出的政治家、军事家。早年隐居隆中，自比于管仲、乐毅。刘备三顾茅庐，请他出谋献策，遂提出联孙抗曹、三分天下、重兴汉室的建议。协助刘备取得赤壁之战的胜利，并占领荆州、益州，建立蜀汉政权。刘备称帝后，任丞相。又辅佐刘禅。励精图治，勤勉谨慎，赏罚严明，以足智多谋著称。曾先后五次出兵攻魏，积劳成疾，病逝于五丈原军中。著有《出师表》等。徐庶，字元直。原为刘备帐下谋士，后归曹操，官至右中郎将、御史中丞。曾向刘备推荐诸葛亮，遂有刘备三顾茅庐请诸葛亮出山。

㉓以祢衡之俊，见藉孔融：以祢衡的俊才，借助孔融的推荐而扬名。祢衡，东汉末年名士。和孔融交好，被推荐给曹操。因性格傲岸

被黄祖杀害。参见卷十"祢衡不遇"门注。孔融（153—208），字
文举，鲁国鲁县（今山东曲阜）人。孔子二十世孙。东汉末年名
士。汉献帝时因得罪董卓，由虎贲中郎将左迁议郎，后为北海相。
投奔曹操，迁官少府，因语多讽刺，得罪曹操，被杀。博学多识，恃
才傲物。文辞有名于世，为"建安七子"之一。著有《孔北海集》。

㉔称数：犹计算。

㉕樗（chū）散：樗木材劣，多被闲置。比喻不为世用，投闲置散。或
自谦才能低下。

㉖顾眄（miǎn）：回头看。比喻被赏识看重。

㉗剪拂：修整擦拭。比喻推崇，赞誉。

㉘连茹之辞：指提拔荐引的话。连茹，像茅根一样接连不断。比喻
擢用一人而连带起用其他人。茹，牵引貌。语出《周易·泰》：
"拔茅茹，以其汇。"

㉙王阳在位，贡禹弹冠：王吉做了官，贡禹就弹除冠尘以示庆幸，准
备做官。西汉王吉与贡禹是好友，世称"王阳在位，贡公弹冠"，
指朋友在仕途上互相引荐，共同进退。典出《汉书·王吉传》。
王吉字子阳，故称王阳。

㉚疏间：疏远离间。

㉛贝锦成章：罗织成罪。贝锦，织成贝形花纹的锦缎。比喻诬陷他
人的谗言。《诗经·小雅·巷伯》："萋兮斐兮，成是贝锦。"章，花
纹。比喻罪名。

㉜愚：谦辞，用于自称。

㉝加诸：诬谤，乱说。

㉞疑似：似是而非。苏轼《上神宗皇帝书》："夫人言虽未必皆然，而
疑似则有以致谤。"

㉟釁（xìn）隙：仇隙。釁，嫌隙。

㊱廉、蔺：战国时赵国的廉颇和蔺相如的并称。两人皆为赵国功臣。

蔺相如拜相,位居廉颇之上,廉颇不服,欲辱之。蔺相如以国事为重,不与计较。廉颇觉悟,负荆请罪,两人遂成刎颈之交。见《史记·廉颇蔺相如列传》。

㊲ 萧、朱:萧育和朱博。西汉时人,两人本来是好友,后有嫌隙,终成仇人。《汉书·萧望之传》:"育与博后有隙,不能终,故世以交为难。"

㊳ 殷鉴:殷人的鉴戒。泛指可以作为后人鉴戒的往事。《诗经·大雅·荡》:"殷鉴不远,在夏后之世。"

【译文】

"大凡人只要有以上其中之一,就有可称之处,何况我和您交往多年,早已有深厚的情谊。所以详述之前的交情,以表达我内心的感触;并不是为了称扬自己,而故意写得这么繁杂纷多。如今您道德完备身居显位,愿意和您交往的人多,昔日您没有显达之前,想要和您交往的人少。有很多人愿意交往的时候,交往就容易,没什么人愿意交往的时候,交往实在困难。现在您处在交往容易的时候,而我处在交往实在困难的时候,我们原本以合乎道义的情分互相期许,实在不是因为权势和利益而趋就攀附。我早年就为相国所赏识,屡次升迁官职。相国居于掌管选拔人才的职位时,任用我为京兆尹掾属。相国居于宰辅大臣,任用我为尚书郎。我的些许文字言语,曾蒙您极力赞赏;我接连遭到谗毁诽谤,您详尽地为我辨明;我在危难之际的情形您能够明察,我有补于修明教化的地方您能够赏识。后来因为我的疏懒怠惰,导致自己颠沛流离;内心屡屡反省而颇多惭愧,甘愿受黜却怎么能弥补过错!我历任司马、长史,再次出任司马。我奔波于万里山川,至今已经整整七年,从闽地到越地,身染瘴疠疾病缠身。从前我就衰弱,现在更加憔悴,头发已经全部斑白,难以再有雄心壮志。常人尚有嗟叹同情之心,故交旧友难道能不为我叹息!这并非是想要逃避坎坷,只是羞耻于他人的嘲弄。遍观前人中曾经沉沦不显的,大多借助推荐而显达;也有超脱世俗,推却贵人扶持而能自致显达的,不超过十分之二三。以管仲的贤能,还须遇到鲍叔牙的推荐;

以陈平的智谋，也须经过魏无知的引荐；以诸葛亮的才能，被徐庶称誉而受刘备重视；以祢衡的俊才，借助孔融的推荐而扬名：像这样的人，多到无法计数。至于我这样的低劣之材，必须有人引荐称扬不可。如果能得到您的看重而生出光彩，受到您的赞誉而声价大增，我又岂敢忘却自己本为无用朽木，而轻视您的提拔荐引之言！或许有说了而不听从，没有不说就能自己得到的。世人都说王阳做了官，贡禹就弹除冠尘准备出仕，他们是什么样的人？不是我敢想望的！又恐怕旁人疏远离间，罗织成罪来诬陷。我既然没有做过对不起别人的事，别人怎么会跟我有嫌隙呢？我心里料想，大概不是这样的，进谗之人要诬谤别人，想要辩白是很难的。试作观察大抵都是这样，有的在匆促慌张之间被人离间，有的因为似是而非而遭致毁谤，都因为听的人和说的人不够清晰明了，于是起了猜忌，继而成为仇隙。廉颇和蔺相如独能够觉悟，萧育和朱博则远不能算了解。世人的言论里这样的事例很多，可以引以为鉴。

"且今之从政，必也择人，若非文儒，只应吏道①。仆于藻翰留意②，则下笔成章；仆于干蛊专精③，则操刀必割④。历官一十五任，入事三十余年。夫琢玉为器者，尚掩微瑕；偻木为轮者⑤，犹藏小节。仆纵有短，身还有长。至如高班要津⑥，听望已久⑦，小郡偏州，常才为之。嗟乎！不与其间，益用惆怅。要欲知其某郡太守，以示子孙，未知生涯几何，竟当遂否？天不可问，人欲奚为⑧？然则同时郎官及余亲故，自仆贬黜之后，亡者三十余人，皆负声华，岂无知己，不与年寿，相次殁于泉扃⑨。有若范宣城等⑩，就中深密⑪，最与追从，亦思题篇，匪朝即夕⑫，索然皆尽⑬，非恸而谁⑭！不奈吾侪多从鬼录⑮，独求荣进⑯，实愧无厌，向前借誉⑰，于公是谬。

【注释】

①吏道：官吏处理政务之道。此指精于吏道。

②藻翰：华丽的文辞。指文章。

③干蛊：办事才能。语出《周易·蛊》："干父之蛊,有子。"白居易《唐扬州仓曹参军王府君墓志铭》："行己以清廉闻,莅事以干蛊闻。"

④操刀必割：比喻行事果断。《汉书·贾谊传》："黄帝曰:'日中必熭,操刀必割。'"

⑤僝（zhuàn）：具备,齐集。

⑥高班要津：高官要职。高班,高位,显爵。

⑦听望：想望。此谓不存想望。

⑧奚为：犹何为,有什么用。表反问。

⑨泉扃（jiōng）：墓门。指地下、阴间。扃,门。

⑩范宣城：未详其人。或即前之范郎中。

⑪深密：指关系深厚密切。

⑫匪朝即夕：非晨即夕。极言时间之短。

⑬索然：形容离散。

⑭非恸（tòng）而谁：不为他们悲恸还为谁呢。语出《论语·先进》："非夫人之为恸而谁为?"

⑮吾侪（chái）：我辈,我们。鬼录：死者的名籍。

⑯荣进：荣升高位。

⑰借誉：借重他人或其他事物以博取声誉。

【译文】

"如今从政,如果选择合适之人的话,若不是文儒出身,也应精于吏道。我对于文章之事素来留心,下笔成章;对于办事之道专一求精,行事果断。我历经一十五任官职,入官从事已经三十多年。雕琢璞玉成为玉器,尚且要遮掩玉上微小的瑕疵;备下木料制作车轮,还要隐藏木材上细小的结节。我纵然有不足之处,但也还有长处。至于高官要职,不存想望已经很久；狭小偏僻的州郡，普通才能的人即可任事。嗟乎！不能参与其间，更加因此伤感愁闷。想要做某郡太守，以传示子孙，却不知道寿命还有多久，最后能否达成心愿？天意高不可问，人的意愿又有什么用？和我同时担任郎官的以及其他亲朋故友，自从我贬黜之后，去世的已经三十多人了，他们都有名声，也不是没有赏识他们的人，然而上天不给他们寿命，相继亡故于地下。如范宣城等，是我的密友，交往最多，也想为他们题写诗文，短短数年之内，亡故殆尽，不为他们悲恸还为谁呢！怎奈我辈中人多已列入死者名录，只有我干求仕进，实在羞愧于自己贪得无厌，又借前辈为自己扬誉，对您来说可谓荒谬。

　　"自顷探释氏苦空之说^①，览庄生齐物之言^②，宠辱何殊，喜愠无别。希求速进者，未必以前有；永甘弃废者，未必以后无。倚伏难知^③，吉凶何定！朝荣暮落^④，始富终贫。范卷簧而后荣，邓赐钱而饿死^⑤；当黥而贵，折臂犹亨^⑥。翻覆何定！□□波澜，飘飘风雨，任运推转^⑦，何必越性干祈^⑧？但以邺城最当官路^⑨，使命来往^⑩，宾客纵横^⑪，马少憩鞍，人当倒屣^⑫；俸禄供币，盖不足云，筋力渐衰^⑬，故难堪也^⑭。傥少乖阻^⑮，即起憾辞^⑯，诚兼济之义存^⑰，若屡空而理在^⑱；加以物务牵率^⑲，形役徒劳^⑳。幸有田园在于河内^㉑，控带泉石^㉒，交映林亭^㉓，密尔太行^㉔，尤丰药物。素书数千卷^㉕，足览古今；子侄五六人，薄闲诗赋^㉖。兼令佐酒^㉗，何处生愁？更引围棋^㉘，别成招隐^㉙。风来北牖，月出东岑^㉚，往往观鱼^㉛，时时梦蝶^㉜。唯开一径，懒问四邻^㉝。潘岳于是闲栖^㉞，梁竦由其罢叹^㉟。行将谢病^㊱，自此归耕。倘不遂微诚，明神是殛^㊲！远陈本末之事，庶体行藏之心^㊳。秋中渐凉，惟纳休谥^㊴！出处方异,会合无期,愿以加餐^㊵,匪唯长忆。不具。张楚白。"

【注释】

①自顷探释氏苦空之说:自从近来探求佛教苦空的学说。顷,近来。释氏,佛姓释迦的略称。亦指佛或佛教。苦空,佛教语。谓人世间一切皆苦,凡事俱空。

②庄生:庄子。战国时哲学家、文学家,道家思想的代表人物之一。参见卷四"师友"门注。齐物:庄子著有《齐物论》,主张万物平等,一切人与物都具有独特的意义和价值。

③倚伏:依存隐伏。指祸福互相依存,互相影响。语出《老子》:"祸兮,福之所倚;福兮,祸之所伏。"

④朝荣暮落:早上开花,晚上就凋谢。比喻生命短暂,富贵无常。

⑤范卷箦(zé)而后荣,邓赐钱而饿死:范雎被卷在席子里放进厕所,后来却荣华富贵;邓通被皇帝赐与大量钱财,最后却贫饿而死。范,范雎,战国时著名政治家、纵横家。原本是魏国中大夫须贾的门客,被指通齐卖魏,遭魏相魏齐鞭笞,假死,被卷在席子里置于厕中。后改名去秦国,向秦昭王上书自荐,拜为相国,封应侯。见《史记·范雎蔡泽列传》。箦,粗篾席。邓,邓通,汉文帝宠臣。汉文帝赐以铜山,许自铸钱,家资大富。汉景帝尽没其财,后贫饿而死。见《史记·佞幸列传》。

⑥当黥(qíng)而贵,折臂犹亨:英布受过黥刑而能富贵,羊祜摔断手臂犹能显达。当,判罪。汉初名将英布早年受过黥刑,称为黥布,先从项羽,后从刘邦,封为淮南王,与韩信、彭越并称汉初三大名将。见《史记·黥布列传》。西晋名臣羊祜曾从马上摔下来折断手臂,后官至征南大将军、开府仪同三司。见《晋书·羊祜传》。

⑦运:命运。

⑧越性：违背自己的本性。越，背离，违背。干祈：干求请托。祈，请。

⑨邺（yè）城：三国时曹操为魏王，定都于此。在今河北临漳西南邺镇。官路：官府修建的大道。

⑩使命：使者，使臣。

⑪纵横：杂错众多。

⑫倒屣（xǐ）：急于迎接客人，穿反了鞋子。东汉蔡邕听说王粲来访，急忙出迎，把鞋子都穿倒了。见《三国志·魏书·王粲传》。屣，鞋子。

⑬筋力：体力，精力。

⑭难堪：难以忍受。

⑮乖阻：违背。

⑯憾辞：憾恨不满的言辞。

⑰兼济：谓使天下人皆受益。语出《孟子·尽心上》："穷则独善其身，达则兼善天下。"

⑱屡空：经常贫困。语出《论语·先进》："回也其庶乎，屡空。"

⑲物务牵率：事务牵扯纠缠。物务，事务。牵率，牵扯纠缠。

⑳形役：被形骸所拘束、役使。犹言被功名利禄所牵制、支配。陶潜《归去来辞》："既自以心为形役，奚惆怅而独悲？"

㉑河内：河内郡。唐天宝元年（742）改怀州为河内郡，治河内（今沁阳）。乾元元年（758）改怀州。

㉒控带：萦带，环绕。泉石：泛指山水。

㉓交映：互相映照、映衬。

㉔密尔：靠近，接近。尔，通"迩"，近。

㉕素书：道书。或泛指书籍。

㉖薄闲：略通。

㉗佐酒：陪同饮宴。

㉘围棋：一种棋艺。相传为尧所发明。

㉙招隐：原指征召隐居者出仕。此指归隐。

㉚岑（cén）：小而高的山。

㉛观鱼：观看鱼在水中嬉游。语出《庄子·秋水》："庄子与惠子游于濠梁之上。庄子曰：'儵鱼出游从容，是鱼之乐也。'"

㉜梦蝶：梦到自己变成蝴蝶。语出《庄子·齐物论》："昔者庄周梦为胡蝶，栩栩然胡蝶也，自喻适志与！不知周也。俄然觉，则蘧蘧然周也。不知周之梦为胡蝶与，胡蝶之梦为周与？"

㉝问：问候。引申为交往。

㉞潘岳（247—300）：字安仁，荥阳中牟（今属河南）人。西晋文学家。夙慧，有"奇童"之誉。晋武帝时举秀才为郎。后历任河阳令、怀县令、著作郎、给事黄门侍郎等。谄事权臣贾谧，为"二十四友"之首，终为赵王司马伦所杀。善诗赋，辞藻绝丽，与陆机齐名。以悼念亡妻的《悼亡诗》最为著名。其《闲居赋》表达了对官场的厌倦和隐逸情怀。著有《潘黄门集》。闲栖：闲居。

㉟梁竦（sǒng，约23—83）：字叔敬，安定乌氏（今宁夏固原）人。好学，通《周易》。才高不得志，读书著述以自娱，著有《七序》。曾因兄弟犯法，被流放到九真郡，到湘江一带，叹屈原、伍子胥以无罪身死，作《悼骚赋》，系石沉之。

㊱谢病：托病谢绝会客或自请辞职。

㊲明神：神灵。古谓日、月、山川之神。殛（jí）：惩罚。

㊳行藏：此指出仕与隐退。

㊴纳：享受。谧：安宁，寂静。

㊵加餐：慰劝之辞。谓多进饮食，保重身体。

【译文】

"自从近来探求佛教苦空的学说，浏览庄子万物平等的言论，明白荣宠与耻辱没什么不同，高兴和愤怒也没有差别。希望求得迅速进身的人，未必以前就有；永远甘心弃置废退的人，未必以后没有。祸福互相依存难以预料，是吉是凶哪有什么一定！早上开花而晚上凋谢，一开始富贵而最终贫困。范雎被卷在席子里放进厕所，后来却荣华富贵，邓通被皇帝赐与大量钱财，最后却贫饿而死；英布受过黥刑而能富贵，羊祜摔断手臂犹能显达。世事变化无常哪有什么定论！波澜起伏，风雨飘摇，任由命运推着转动，何必违背自己的本性去干求请托？只是邺城正对着官道，使臣往来穿梭，宾客纷纭众多，马很少有解鞍休息的时候，我也经常要匆忙迎接远客；用自己的俸禄馈赠来往宾客，这种事情不值得提，但是我的精力渐渐衰弱，实在难以再胜任这样繁杂的职务。如果对来客稍有违背，就会招致憾恨不满的言辞，地方官确实应该有兼济天下的道义，如果因此而贫穷正因道理如此；加之事务纠缠，被功名利禄所牵制而空自劳苦。幸而有田园在河内，环山绕水，林亭映照，又靠近太行山，药材尤其丰富。书籍数千卷，足以浏览古今；子侄五六人，略通诗赋文章。又令他们陪同饮酒，何处还能生愁？更以围棋助兴，别成归隐的乐趣。清风来自北窗，明月出于东山，常常去水边观鱼嬉游，时时梦到自己变成蝴蝶。园中只开一条小径，懒得和邻居交往。潘岳在此可以闲居，梁竦在此也停止叹息。即将以病隐退山林，从此归乡耕种为生。如果不能达成这微小的心愿，将受到神灵的惩罚！我向您陈述了事情的本末，希望您能体察我出仕与隐退的想法。秋意已深天气渐凉，希望您享受安宁静谧！您和我出仕与隐退的道路已经不同，恐怕相会无期，愿您多进饮食保重身体，不只是时常想念。不再详述。张楚敬上。"

任华懛直①，《上严大夫笺》②："逸人姓任名华③，是曾作芸省校书郎者④，辄敢长揖⑤，俾三尺之童⑥，奉笺于御史大夫严公麾下⑦：仆隐居岩壑，积有岁年，销宦情于浮云⑧，掷世事于流水。今者辍鱼钓⑨，诣旌麾⑩，非求荣，非求利，非求名，非求媚，是将观公俯仰，窥公浅深。何也？公若带骄贵之色,移夙昔之眷⑪,自谓威足陵物⑫,不能礼接于人⑬,则公之浅深,于是见矣。公若务于招延⑭,不隔卑贱,念半面之曩日⑮,回青眼于片时⑯,则公之厚德,未易量也。惟执事少留意焉!且君子成人之美⑰,仆忝士君子之末⑱,岂敢不成公之美事乎?是将投公药石之言⑲,疗公膏肓之疾⑳,未知雅意欲闻之乎㉑?必欲闻之,则当先之以卑辞㉒,中之以喜色,则膏肓之疾,不劳扁鹊而自愈矣㉓。公其善听之!

【注释】

①任华:乐安(今山东博兴)人。玄宗时历任秘书省校书郎、监察御史。后曾佐桂州刺史幕。性耿介狷直,傲岸不羁,仕途不得意,常自称野人、逸人。慕李白为诗,曾访之于长安,未遇,作《杂言寄李白》诗。与杜甫、高适交游,赋《寄杜拾遗》。《全唐诗》存诗三首。

②严大夫:即御史大夫严武。严武(726—765),字季鹰,华州华阴(今属陕西)人。严挺之子,以门荫入仕。安史之乱中随玄宗入蜀,擢谏议大夫,后为给事中。肃宗时授京兆少尹,兼御史中丞。后迁剑南东川、西川节度使、成都尹。代宗时召入,任京兆尹兼御史大夫,封郑国公,再镇蜀,卒于任。善诗,笔力雄健,与杜甫、岑参等友善,镇蜀时,辟杜甫为节度参谋、检校工部员外郎。《全唐诗》存诗六首。

③逸人:犹逸民。隐逸之人。

④芸省:犹芸阁,秘书省的别称。

⑤长揖:古代拱手高举继而落下的一种敬礼。

⑥三尺之童:三尺高的小孩子。泛指小童。

⑦麾下:旗下。对将帅的敬称。

⑧宦情:做官的志趣、意愿。

⑨辍鱼钓：停下钓鱼。指暂停隐居。鱼钓，钓鱼。

⑩旌麾：帅旗。指节度使幕下。

⑪夙（sù）昔：从前。

⑫陵物：藐视他人，看不起人。

⑬礼接：礼遇，以礼接待。

⑭招延：招请，延请。

⑮半面：比喻瞥见一面。指交往不深。曩（nǎng）日：往日，以前。

⑯回青眼：黑色的眼珠在眼眶中间。和"白眼"相对，青眼看人表示对人的喜爱或看重。魏晋名士阮籍善作青白眼，对俗人白眼，对看重的人青眼。见《晋书•阮籍传》。

⑰君子成人之美：君子成就别人的好事。语出《论语•颜渊》："君子成人之美，不成人之恶，小人反是。"

⑱士君子：指有学问而品德高尚的人。

⑲药石：治病的药物和砭石。比喻规劝别人改过向善的话。

⑳膏肓（huāng）之疾：比喻难以救治的病。膏肓，古代医学以心尖脂肪为膏，心脏与膈膜之间为肓。旧说以为是药效无法达到的地方。

㉑雅意：敬辞，称对方的意见。

㉒卑辞：谦恭之辞。

㉓扁鹊：上古名医。后泛称良医。春秋战国时名医扁鹊，原名秦越人，渤海郡鄚（今河北任丘）人，或曰卢国（今山东济南长清区）人，又称卢医。医道精湛，名闻天下。

【译文】

任华迂愚刚直，在《上严大夫笺》中写道："隐逸之人姓任名华，曾经做过秘书省校书郎，今冒昧打扰，让一个小童，向御史大夫严公麾下奉上书信：我隐居山野，已经有不少年头，做官的意愿都消散于浮云之中，纷纭世事早已抛掷入流水。现在我暂停隐居，造访您的幕下，不为求荣耀，不为求利禄，不为求名声，也不是为了讨好谄媚，而是想观察您的周旋应对，窥测您的度量深浅。为什么这么说呢？如果您带着骄矜自负的神色，改变从前对我的眷顾，自以为威势足以藐视他人，不能以礼接待，那么您的度量深浅，从中就能看到了。如果您致力于延请人才，不因别人地位低下而生隔阂，顾念昔日的一面之交，抽出片刻时间来看重我，那么您的大德，就不容易度量了。希望您对此稍加留意！况且君子成人之美，我忝列士君子的末尾，怎敢不成就您的好事呢？因此我将向您进献规劝之言，治疗您的难救之病，不知道您是否愿意听闻？如果您想要听的话，那么首先要言辞谦卑，然后表现欢喜之色，那么难救之病，就不劳烦扁鹊来治疗而能自动痊愈了。希望您能慎重地听这些话！

　　"何者？当今天下，有讥谏之士①，咸皆不减于先侍郎矣②。然失在于倨，阙在于怒③，且《易》曰：'谦谦君子，卑以自牧④。'《论语》曰：'君子之道，忠恕而已矣⑤。'公之顷者，似不务此道，非恐乖于君子，亦应招怒于时人。祸患之机，怨仇之府，岂在利剑相击，拔戟相撞⑥？其亦在于辞色相干⑦，拜揖失节⑧。则潘安仁以孙秀获罪⑨，嵇叔夜为锺会所图⑩，古来此类，盖非一也。公所明知之，又安可不以为深诫乎？必能遇士则诚于倨⑪，抚下则弘以恕⑫，是可以长守富贵，而无忧危，公成人之美在此而已矣。念之哉⑬！任华一野客耳⑭，用华言亦唯命，不用华言亦唯命，明日当拂衣而去矣，不知其他。"

【注释】

①讥谏：劝谏。讥，规劝。

②先侍郎：严武之父严挺之，曾任刑部侍郎。性刚直，常上疏进谏。

③阙:过错,错误。

④谦谦君子,卑以自牧:君子谦而又谦,以谦卑来约束自己。牧,司,
　管理。语出《周易·谦·象传》:"'谦谦君子',卑以自牧也。"

⑤君子之道,忠恕而已矣:君子的主张,只是忠、恕罢了。语出《论
　语·里仁》:"夫子之道,忠恕而已矣。"

⑥戟(jǐ):古代一种合戈、矛为一体的长柄兵器。

⑦干:冒犯,冲犯。

⑧失节:违背礼节。

⑨潘安仁以孙秀获罪:潘岳因孙秀而获罪被杀。潘安仁,潘岳,字安
　仁。西晋文学家。孙秀曾为其小吏,因不喜其为人,屡屡打骂,后
　孙秀受赵王伦重用,诬杀其三族。见前注。

⑩嵇叔夜为锺会所害:嵇康被锺会谋划杀害。嵇叔夜,嵇康(223—
　262),字叔夜,三国魏谯郡铚(今安徽宿州西南)人。本姓奚,因
　铚有嵇山,改姓嵇。魏晋名士,杰出的文学家、音乐家。曾任中散
　大夫,世称"嵇中散"。博学多闻,通晓音律,崇尚老庄,声言"非
　汤武而薄周孔",主张"越名教而任自然"。与阮籍等交游,为"竹
　林七贤"之一。豪迈刚烈,嫉恶如仇,拒绝山涛推荐做官,友人吕
　安被诬,为之辩解,遭锺会构陷,被司马昭杀害。代表作有《与山
　巨源绝交书》《兄秀才公穆入军赠诗》等。著有《嵇康集》。锺会
　(225—264),字士季,颍川长社(今河南长葛)人。少年成名,博
　学多闻,弱冠入仕,历任司隶校尉等要职,主持伐蜀,位列三公,深
　受司马氏器重。和邓艾灭亡蜀汉,后据蜀而反,死于乱军。《世说
　新语》载其曾拜访嵇康,不受礼遇,因此忌恨。图,设法对付。

⑪遇士:对待士人。

⑫抚下:安抚下属。弘以恕:以恕道宽宏。弘,宽容。

⑬念:思考,考虑。

⑭野客:山野之人。

【译文】

"为什么这么说呢？当今天下，有敢于劝谏的人，都不下于令尊先侍郎。然而他们的过失在于倨傲，错误在于易怒，况且《周易》中说：'君子谦而又谦，以谦卑来约束自己。'《论语》中说：'君子的主张，只是忠、恕罢了。'您先前所为，似乎并不致力于此道，恐怕非但背离了君子之道，也会招致时俗之人的怨怒。祸害忧患的关键，怨怒仇恨的所在，难道只在拔剑互相攻击，拔戟互相冲撞吗？也在言辞神色有所冒犯，拜礼作揖违背礼节。潘岳因孙秀而获罪被杀，嵇康被钟会谋划杀害，自古以来这样的事情，并不罕见。这些您都明白知道，又怎么能不以为深刻的教训呢？如果您对待士人能以倨傲为诫，安抚下属能以恕道宽宏，这样就可以长久保持富贵而不会遭到忧患危难，您的成人之美就在于此了。请您考虑我这些话！我任华只是一个山野之人，采纳我的意见在于您，不采纳我的意见也在于您，明天我就将拂衣而去再度归隐了，不再谈其他。"

任华《与庾中丞书》^①："中丞阁下：公久在西掖^②，声华满路，昨迁拜中宪^③，台阁生风^④，甚善，甚善！华窃有所怪，请试言之。何者？华自去冬拜谒，偏承眷顾，幸辱以文章见许，以补衮相期，众君子闻之当信矣。华请陪李太仆诣阙庭^⑤，公乃谓太仆曰：'任子文辞，可为卓绝，负冤已久^⑥，何不奏与太仆丞^⑦？'华也不才，皆非所望。然公之相待，何前紧而后慢若是耶^⑧？岂华才减于前日，而公之恩遇薄于兹辰？退思伏念^⑨，良增叹惋耳！况华尝以三数赋笔奉呈于公^⑩，展手札云：'足下文格，由来高妙，今所寄者，尤更新奇。公言之次^⑪，敢忘推荐。'朝廷方以振举遗滞为务^⑫，在中丞今日，得非公言之次乎？当公言之次，曾不闻以片言见

及。公其意者,岂欲弃前日之信乎? 华本野人,尝思渔钓,
寻常杖策,归乎旧山,非有机心,致斯扣击^⑬。但以今之后
进,咸属望于公^⑭,公其留意焉! 不然,后进何望矣! 任华顿
首。"

【注释】

①庚中丞:即庚准(732—782),常州(今属江苏)人。以门荫入仕,
　依附宰相王缙,超迁为职方郎中知制诰、中书舍人。寡于文才,改
　御史中丞,迁尚书左丞,出为汝州刺史。杨炎任其为荆南节度使,
　陷害名臣刘晏。官至尚书左丞。

②西掖:中书省的别称。

③迁拜:升任。中宪:御史中丞的别称。

④台阁生风:使台阁风气端肃。语出《晋书·傅玄传》:"每有奏劾,
　或值日暮,捧白简,整簪带,竦踊不寐,坐而待旦。于是贵游慑伏,
　台阁生风。"

⑤李太仆:未详其人。太仆,官名。西周已置,秦、汉列位九卿,掌皇
　帝专用车马。唐朝为太仆寺卿,掌车舆马政。阙庭:朝廷。

⑥负冤:此指沉沦不得任用。

⑦太仆丞:官名。太仆寺卿属官,掌管本寺日常事务。

⑧紧:亲密,重视。

⑨退思伏念:退而自省。

⑩三数:指若干。赋笔:指诗赋文章。

⑪公言之次:公开谈论的时候。

⑫遗滞:指沉沦弃置的人才。

⑬扣击:指叩问,询问。

⑭属望:期望,期待。

【译文】

任华在《与庾中丞书》中写道："中丞阁下：您久在中书省，名满天下，不久前升任御史中丞，使台阁风气端肃，很好，很好！我私下有所疑虑，冒昧向您陈述。我所疑虑的是什么呢？自从去年冬天我去拜谒您之后，特别承蒙您的关爱眷顾，文章有幸得到您的赞许，您期许我能得到补阙之职，众君子听到后也以为确实如此。我请陪李太仆去朝廷，您对李太仆说：'任子的文辞，可以称得上卓绝，他沉沦不得任用已经很久了，何不奏请朝廷授予他太仆丞呢？'我没有什么才能，补阙、太仆丞等都不是我敢想望的。然而您对待我，为何之前重视而后来急慢如此呢？难道我的才华不如之前，因而您的恩惠礼遇不如当时了吗？我退而自省，实在是感叹惋惜！况且我曾将数篇诗赋文章呈献给您，您在回信中说：'你的文章格调，一向高超绝妙，如今寄来的这几篇，尤其新颖奇特。我在公开谈论的时候，岂敢忘记推荐。'朝廷如今正以提拔举用沉沦弃置的人才为当务之急，对您现在而言，岂不正是公开谈论的时候吗？在您公开谈论的时候，竟没有片言只语提及于我。您的意思，难道是要背弃之前的诺言吗？我本是山野之人，常思隐居，总想挂杖，归隐旧山，并非有什么机巧诡诈的心思，来叩问责难。只是对于如今的后辈来说，他们都寄希望于您，希望您留意于此！不然，后辈们还有什么指望呢！任华顿首。"

华《与京尹杜中丞书》^①："中丞阁下：仆常以为受人恩不易。何以言之？昔辟阳侯欲与朱建相知^②，建不与相见。无何，建母丧，家贫，假贷服具^③，而辟阳侯乃奉百金往税焉^④。及辟阳侯遭谗而竟获免者，建之力也。其后淮南王以诸吕之故诛辟阳侯^⑤，而建以曾往来，亦受其祸。是知相知之道，乃是祸福存亡之门，固不易耳。仆一到京辇^⑥，尝以孤介自处^⑦，终不能结金、张之援^⑧，过卫、霍之庐^⑨；苟或见招，辄以辞避⑩。所以然者,以朱建自试耳⑪。一昨不意执事猥以文章见知⑫,特于名公大臣,曲垂翦拂⑬,由是以公为知己矣。亦尝造诣门馆,公相待甚厚,谈笑怡如。仆由是益知公懿德宏远⑭,必能永保贞吉⑮,而与人有终始之分。不然,何乃前日辄不自料而有祈丐于公哉⑯?若道不合,虽以王侯之贵,亲御车相迎,或以千金为寿⑰,仆终不顾;况肯策款段崎岖⑱,傍人门庭⑲,开强言乎⑳?矧仆所求不多,公乃曰:'亦不易致,即当分减㉑。'然必若易致,则已自致矣,安能烦于公?且凡有济物之心㉒,必能辍于己㉓,方可以成济物之道。公乃曰分减,岂辍己之义哉?况自蒙见许,已经旬日,客舍倾听,寂寥无声,公岂事繁遗忘耶?当不至遗忘。以为闲事耶?今明公位高望重,又居四方之地㉔,若轻于信而薄于义,则四方无所取。唯公留意耳! 任华顿首。"

【注释】

①杜中丞:杜济,字应物,谥号简,京兆杜陵(今陕西西安)人。屡辟使府,曾为严武行军司马、杜鸿渐副元帅判官。迁东川节度使兼御史中丞,历京兆尹,出为杭州刺史。

②辟阳侯:即审食其(?—前177),沛丰邑(今江苏丰县)人,汉高祖刘邦的同乡。为吕后所亲信,封为辟阳侯,为左丞相。得罪汉惠帝,下吏欲诛,朱建救之乃免。吕后死后,诸吕被杀,淮南王刘长趁机杀之。朱建(?—前177):曾为淮南王英布相,极力反对英布造反,被汉高祖赐号平原君。能言善辩,刚正不阿,行不苟合。辟阳侯审食其与之结交,屡为审食其出谋划策,后受其牵连而自杀。

③假贷：借贷。服具：指办丧事需要的服饰、供具等。

④税：丧事所需的衣被之具。

⑤淮南王：此指刘长（前198—前174）。汉高祖刘邦少子，封淮南王。骄纵跋扈，以审食其不救其母而椎杀之。后以谋反论死，废王号，谪徙蜀郡，途中不食而死，谥号厉王。诸吕：指吕后的亲信吕产、吕禄等。

⑥京辇：京城。

⑦孤介：正直不同流俗。

⑧金、张：汉朝金日磾（mì dī）、张安世二人的并称。两家七世荣显。后用为高官显宦的代称。左思《咏史诗八首》其二："金张藉旧业，七叶珥汉貂。"

⑨卫、霍：汉武帝时名将卫青和霍去病的并称。俱为外戚，以功业烜赫。泛指显赫的门第。庐：房舍。

⑩辞避：托辞退避。

⑪自试：此指自我警醒。

⑫一昨：前些日子。

⑬曲垂：敬词。犹言俯赐，俯降。翦拂：即剪拂。推崇，赞誉。

⑭懿（yì）德：美德。懿，美好。

⑮贞吉：纯正美好。

⑯祈丐：请求。

⑰为寿：祝颂之辞。向尊长敬酒或馈赠财物，以祈祝健康长寿。

⑱策：鞭打。指骑马。款段：马行动迟缓，此指驽马。崎岖：跋涉。

⑲傍：依附，依靠。

⑳强言：犹强谏。

㉑分减：从中拿出一部分来。指减少。

㉒济物：救济他人。

㉓辍：舍弃。

㉔四方之地：指四方来往之地。

【译文】

任华在《与京尹杜中丞书》中写道："中丞阁下：我常以为受别人的恩惠很不容易。为什么这么说呢？古时候辟阳侯审食其想和朱建交朋友，朱建不肯和他相见。不久，朱建的母亲去世，因为家境贫寒，朱建向别人借贷办丧事需要的服饰、供具等，而审食其赠送了百金作为置办衣被的奠仪。后来审食其遭到谗毁而最终免于灾祸，全仗朱建之力。后来淮南王以诸吕为借口杀了审食其，朱建因为和审食其有交往，也遭祸而身死。由此可知结交之道，是祸福存亡的关键，实在是很不容易的。我一到京城，常以不同流俗而立身处世，始终不肯结交金、张这样的高官显宦来得到援引，也从未到卫、霍这样显赫的府邸中拜访；如果被邀请，就托辞退避。我之所以这么做，就是以朱建来自我警醒。没想到前些日子您对我的文章谬加赞许，特地在名公大臣之前，俯赐赞誉，于是我将您视为知己。也曾造访您的府上，您对我非常礼遇，谈笑融洽。我于是更加知道您的美德宏大深远，必定能永远保持纯正美好，而能和人有始终如一的情分。如果不是这样的话，我怎么会在日前不自量力而有求于您呢？如果道义不合，即使以王侯之尊贵，亲自驾车来迎接，或是以千金相赠，我也不屑一顾；何况愿意骑着驽马跋涉而来，依附在别人的门下，而极力诤谏呢？况且我所求的也不多，您却说：'这也不容易得到，要减少一点。'然而如果是容易得到的，那么我早已得到了，又何必劳烦您呢？而且大凡有救济他人之心，必定能够舍己为人，才能够成就济人之道。您却说要我减少所求，这岂是舍己为人的道理？何况自从蒙您答应之后，已经过了十多天，我每日在客舍等候回音，却毫无消息，难道您因为事务繁忙而忘记了吗？应该不至于忘记。或者您以为这是无关紧要的事情而不放在心上？如今您地位显赫而名望很高，又居于四方来往之地，如果看轻诚信而漠视道义，那么四方之人就以为您没什么好取法的。希望您留意于此！任华顿首。"

华《告辞京尹贾大夫书》①："大夫阁下：昔侯嬴邀信陵君车骑过屠门②，而信陵为之执绥③，此岂辱公子耶？乃所以成公子名耳④！王生命廷尉结袜⑤，廷尉俯偻从命无难色⑥，此岂辱廷尉乎？亦以成廷尉之名耳！仆所邀明公枉车过陋巷者⑦，岂徒欲成君子之名而已哉？窃见天下有识之士，品藻当世人物，或以君子之才望，美则美也，犹有所阙焉；其所阙者，在于恃才傲物耳。仆感君国士之遇，故以国士报君；其所以报者，欲洗君恃才傲物之过，而补君之阙。宜其允迪忠告⑧，惠然来思⑨。而乃踌躇数日不我顾⑩，意者，耻从卖醪博徒者游乎⑪？观君似欲以富贵骄仆，乃不知仆欲以贫贱骄君⑫，君何见之晚耶⑬！抑又闻昔有躄者⑭，耻为平原君家美人所笑⑮，乃诣平原君，请笑者头，平原君虽许之，终所不忍⑯。居无何，宾客别去过半，君怪之，有一客对曰：'以君不杀笑躄者，谓君为爱色而贱士。'平原君大惊悔过，即日斩美人头，造躄者门谢焉。宾客由是复来。今君犹惜马蹄不顾我，况有请美人头者，岂复得哉！仆亦恐君之门客于是乎解体⑰，仆即解体者也，请从此辞。任华顿首。"

【注释】

②贾大夫：即贾至，代宗大历中任京兆尹兼御史大夫。参见卷七"知己"门注。

②侯嬴邀信陵君车骑过屠门：侯嬴请求信陵君的车骑过访屠者朱亥之门。侯嬴（？—前257），战国魏人。为大梁夷门监者，负名声，信陵君慕名往拜，亲自执辔，迎为上客。后推荐朱亥，帮助信陵君窃符夺权，却秦救赵。信陵君（？—前243），名魏无忌，战国时魏

安釐王弟，"战国四公子"之一。礼贤下士，门客众多。窃符救赵之后留在赵国，后回魏国，联合五匡军队合攻秦国，威震天下。晚年因魏王猜忌，放纵酒色而死。屠门，指朱亥家。朱亥为大梁屠者。事见《史记·魏公子列传》。

③执绥（suí）：谓持绳索登车。绥，执以登车的绳索。

④成公子名：成就公子的名声。《史记·魏公子列传》："然嬴欲就公子之名，故久立公子车骑市中。"

⑤王生命廷尉结袜：王生让廷尉张释之为他系袜带。西汉处士王生，曾在朝廷中让廷尉张释之为他结袜，张释之跪而结之。别人问他为何当廷侮辱廷尉，王生回答说为了使张释之有屈身侍奉长者的好名声。见《史记·张释之冯唐列传》。廷尉，官名。战国秦始置，秦、西汉沿置。列位九卿，为中央最高司法审判机构长官。负责修订法律，汇总全国断狱数，主管诏狱。后改称大理卿。结袜，系袜带。

⑥俯偻（lǚ）：低头曲背。

⑦枉车：犹屈驾。敬称对方来访自己。

⑧允迪：认真履践或遵循。迪，遵循。

⑨惠然来思：和顺愿来。语出《诗经·邶风·终风》："终风且霾，惠然肯来。"

⑩踌躇（chóu chú）：犹豫不决。

⑪卖醪（láo）博徒：卖酒之人和赌徒。醪，酒。信陵君居赵国时，赵国有处士毛公藏于博徒，薛公藏于卖浆家，皆是隐于贱业的贤人豪士，信陵君乐与之交游。

⑫以贫贱骄君：指以贫贱而蔑视权贵。语出《史记·魏世家》："富贵者骄人乎？且贫贱者骄人乎？"

⑬何见之晚：认识问题怎么这么迟钝。讥笑人见识不足。《史记·李斯传》："此必然之效也。君何见之晚？"

⑭躄（bì）者：跛脚的人。躄，跛脚。

⑮平原君（？—前251）：名赵胜，战国时赵惠文王弟，"战国四公子"之一。好结交，善养宾客。秦军围攻邯郸，散家财以募兵抗秦，又求救于楚、魏，最后保存了赵国。事见《史记·平原君虞卿列传》。

⑯不忍：舍不得。

⑰解体：比喻解散或人心离散。

【译文】

任华在《告辞京尹贾大夫书》中写道："大夫阁下：古时候侯嬴请求信陵君的车骑过访屠者朱亥之门，而信陵君亲自为他持绳索登车，这难道是侮辱信陵君吗？是为了成就信陵君的名声啊！王生让廷尉张释之为他系袜带，张释之俯身为他系袜带而面无难色，这难道是侮辱张释之吗？也是为了成就张释之的名声啊！我之所以请求您屈驾来拜访寒舍，难道只是想要成就您的名声吗？我私下见到天下的有识之士，品评当代的人物，有人认为您的才具名望，好固然好，然而还有不足之处；您的不足之处，在于恃才傲物。我感激您以国士来对待我，故而以国士来报答您；我所用来报答您的，是想纠正您恃才傲物的过错，而弥补您的不足。您应当认真听从我的忠告，怀着和顺之心来过访我。而您踌躇多日不来看我，您的意思，是耻于和酒贩赌徒一类的卑贱之人交往吗？我看您似乎想要凭借富贵来轻慢我，却不知道我想以贫贱而傲视您，您为何见识如此迟钝！我又听说古时候有一个跛脚的人，耻于被平原君家的美人所嘲笑，于是拜访平原君，请求得到嘲笑他的美人的头，平原君虽然答应了，然而终究舍不得杀美人。过了不久，平原君门下的宾客散去了一多半，平原君大为奇怪，有一个门客对他说：'因为您不杀嘲笑跛脚人的美人，众人认为您喜爱美色而轻贱士人。'平原君大吃一惊懊悔自己的过错，当天就砍了美人的头，亲自到跛脚人家道歉。他散去的宾客因此重又回来。如今您尚且爱惜马蹄而不来看我，何况那些请求砍美人头的人,又怎么能得到呢!我担心您的门客也会因此而人心离散,我就是离散者之一,请求从此告辞。任华顿首。"

崔国辅《上何都督履光书》^①:"崔国辅谨上书于都督何公节下^②:昨有自府庭而退者^③,云君公垂责^④,以为怠于奉上之礼,死罪,死罪!窃闻礼不妄说人,为近佞媚也;不好狎,自全仁义也^⑤。故教训正俗,非礼不备;君臣上下,非礼勿定;宦学事师,非礼勿亲^⑥。所以君子恭敬、撙节、退让以明礼,修身、践言、合道以成礼^⑦。今人无礼,多涉于佞媚,不全于仁义,故以难进而易退、孜孜善行者为失礼^⑧。悲夫!古之有礼者贵,今之有礼者贱。虽然,君子终不弃礼为苟容^⑨。《诗》云:'风雨如晦,鸡鸣不已^⑩。'言善人不拘俗也^⑪。国辅常见君公有谋赞之能^⑫,明恤之量^⑬,敢以大雅之道而事君公^⑭,殊不知君公以凡徒见待^⑮。君公闻叔向乎^⑯?闻张良乎^⑰?夫叔向者不能言^⑱,退然不胜衣^⑲,为晋国之望^⑳;张良妇人也^㉑,而懦夫下辈^㉒,宜君公不礼。萧、曹为刀笔吏,碌碌无奇节^㉓;百里奚在虞而虞亡^㉔,在秦而秦霸^㉕;屈原之忠贞逐于楚,张仪之利口鞭于梁^㉖。皆士之屯蒙^㉗,莫能自异。仆今日复何言哉!"

【注释】

①崔国辅:吴郡(今江苏苏州)人,一说山阴(今浙江绍兴)人。开元十四年(726)登进士第。历山阴尉、许昌令、集贤院直学士、礼部员外郎等。天宝中因受王铦案牵连,贬竟陵司马。与陆鸿渐等交游。擅长乐府歌诗,清新委婉。著有《崔国辅集》。何都督履

光：何履光，玄宗时曾任都督，领兵伐云南，后任岭南节度使。都督，
地方军政长官。三国魏文帝时置，唐开元以后渐为节度使代替。

②节下：即麾下。

③府庭：衙门，公堂。

④君公：对将领、节度使等的敬称。垂责：上对下、尊对卑的责问。

⑤"礼不妄说人"几句：依礼而不随便讨好人，否则近于谄媚；不和
人亲昵失敬，以保全仁义。说，同"悦"，讨好。佞媚，谄媚。狎
（xiá），亲昵失敬。语出《礼记·曲礼上》："礼，不妄说人，不辞费。
礼，不逾节，不侵侮，不好狎。"

⑥"故教训正俗"几句：故而教训人民端正风俗，没有礼就不能完
满；君臣上下，没有礼名分就不能确定；外出从师学习，没有礼师
生之间就不能亲密。宦学，游学。语出《礼记·曲礼上》："教训
正俗，非礼不备；分争辨讼，非礼不决；君臣、上下、父子、兄弟，非
礼不定；宦学事师，非礼不亲。"

⑦君子恭敬、撙（zǔn）节、退让以明礼，修身、践言、合道以成礼：君
子态度恭敬，凡事有节制，对人谦让，以此来体现礼，加强自身修
养，说到做到，合乎道义，以此来成就礼。撙节，抑制，节制。语
出《礼记·曲礼上》："修身，践言，谓之善行。行修，言道，礼之质
也。……是以君子恭敬、撙节、退让以明礼。"

⑧难进而易退：难前进而易退出。语出《礼记·儒行》："其难进而
易退也，粥粥若无能也。"

⑨苟容：苟且容身。

⑩风雨如晦，鸡鸣不已：风雨交加天色晦暗，鸡鸣声声不停。出《诗
经·郑风·风雨》。旧时认为这首诗是比喻君子虽居乱世，而不
改其节度。此处为崔国辅形容自己不随波逐流而改变节操。

⑪善人不拘俗：善人不被时俗拘束改变。

⑫谋赞：谋划辅佐。

⑬明恤:宽容体恤。

⑭大雅:高尚纯正。

⑮凡徒:庸凡之人。

⑯叔向:春秋时晋国大夫羊舌肸(xī),字叔向,著名政治家,与郑国的子产、齐国的晏婴齐名。按,此应为赵文子。下言叔向"不能言,退然不胜衣",《礼记·檀弓下》载赵文子与叔向观乎九原,"文子其中退然如不胜衣,其言呐呐然如不出其口"。赵文子,即"赵氏孤儿"赵武,晋国六卿之一赵氏的宗主,任晋国正卿,执掌国政,为人温和忠信,选贤任能,保持晋国稳定强盛,享有重望。

⑰张良:西汉开国功臣,汉初三杰之一。参见卷一"散序进士"门注。

⑱不能言:指口齿迟钝好像说不出话。

⑲退然不胜衣:身体柔弱仿佛连衣服都承受不了。退然,柔弱貌。胜,承受。

⑳望:有威望的人。

㉑张良妇人也:张良貌若妇人。《史记·留侯世家》载张良貌如妇人好女。

㉒懦夫下辈:软弱卑微之人。此指张良看起来柔懦谦卑。即《礼记·儒行》所言"粥粥若无能也"。懦夫下辈,底本作"懦次之华",据《全唐文》改。

㉓萧、曹为刀笔吏,碌碌无奇节:萧何与曹参做吏掾时,平庸而没有超群的作为。语出《汉书·萧何曹参传》:"萧何、曹参皆起秦刀笔吏,当时录录未有奇节。"萧、曹,汉高祖功臣萧何与曹参的合称。二人皆为汉高祖刘邦的同乡,吏员出身。萧何为汉初三杰之一,辅佐刘邦稳固后方,草创各项制度,担任相国,抚定天下,为汉朝的建立和稳定立下了极大功劳,位居功臣第一。曹参继萧何为相,沿袭萧何的制度,使汉朝稳定发展。刀笔吏,掌案牍的书吏。古代在竹简上用笔记事,用刀削误,故称书吏为"刀笔

吏"。碌碌，平庸。

㉔百里奚：春秋时虞国人。曾为虞国大夫，晋灭虞后被晋俘虏，为媵臣陪嫁至秦，逃至楚，为楚人所获。秦穆公闻其贤，以五张羊皮赎之，并授以大夫之职，后辅佐秦穆公创立霸业。事见《史记》等。虞：周代诸侯国名。在今山西平陆东北。

㉕秦：周代诸侯国名。秦襄公始立国，春秋秦穆公时强盛，秦孝公迁都咸阳，任用商鞅变法，富国强兵，为战国七雄之首。

㉖屈原之忠贞逐于楚，张仪之利口鞭于梁：屈原虽然忠贞而被楚国放逐，张仪虽然善辩而在梁国被鞭笞。屈原，战国时楚国诗人、政治家，被上官大夫等人谗害，遭到疏远。顷襄王即位后，再度受谗，被放逐于沅湘一带。参见卷五"切磋"门注。张仪，战国时著名纵横家，任秦相，以连横游说各国亲秦。参见卷一"散序进士"门注。利口，能言善辩。梁，周代诸侯国名。魏惠王迁都大梁（今河南开封），故称梁。按，据《史记·张仪列传》，张仪初游诸侯，陪楚相饮酒，楚相丢失了璧玉，众人以为张仪所盗，鞭笞之。故应鞭于楚而非鞭于梁。

㉗屯蒙：《周易》中屯卦、蒙卦的并称。象征艰难困窘。常用来比喻塞滞、困顿。

【译文】

崔国辅在《上何都督履光书》中写道："崔国辅谨上书于都督何公麾下：昨日有人从公堂回来，说您责备我，因为我懈怠于侍奉上司的礼节，我诚然死罪，死罪！然而我听说依礼而不随便讨好人，否则近于谄媚；不和人亲昵失敬，以保全仁义。故而教训人民端正风俗，没有礼就不能完满；君臣上下，没有礼名分就不能确定；外出从师学习，没有礼师生之间就不能亲密。所以君子态度恭敬，凡事有节制，对人谦让，以此来体现礼，加强自身修养，说到做到，合乎道义，以此来成就礼。如今之人不讲礼仪，大多入于谄媚，不能保全仁义，故而以难前进而易退出、勤勉谨慎修善行的人为失礼。悲哀呀！古时有礼的人就高贵,如今有礼的人却低贱。虽然如此,君子终究不能抛弃礼而苟且容身于世。《诗经》中说:'风雨如晦,鸡鸣不已。'是说善人不被时俗拘束改变。我常见您有谋划国事辅佐天子的能力,宽容体恤的器量,因此敢以高尚纯正之道来侍奉您,实在没有料到您将我当成庸凡之人来对待。您听说过叔向吗？听说过张良吗？叔向口齿迟钝好像说不出话,身体柔弱仿佛连衣服都承受不住,然而却是晋国中威望所在;张良貌若妇人,功勋卓著而看起来柔懦谦卑,像这样的人您确实应该不加礼敬吧。萧何与曹参做吏掾时,平庸而没有超群的作为;百里奚在虞国而虞国灭亡,在秦国而秦国称霸;屈原虽然忠贞而被楚国放逐,张仪虽然善辩而在梁国被鞭笞。士人皆有这样的艰难困顿之时,没有谁不同。我现在还有什么可说的呢！"

　　朱湾《别湖州崔使君书》①:"湾闻蓬莱之山②,藏杳冥之中③,行可到;贵人之门,无媒而通,不可到。骊龙之珠,潜于潢潦之中④,或可识;贵人之颜,无因而前,不可识。某自假道路⑤,问津主人⑥,一身孤云⑦,两度圆月⑧,凡载诣执事⑨,三趋戟门⑩。门人谓某曰:'子私来耶？公来耶？'若言公,小子实非公;若言私,公庭无私,不得入。以兹交战彷徨于今⑪,信知庭之与堂,不啻千里。况寄食漂母⑫,夜眠渔舟,门如龙而难登⑬,食如玉而难得⑭。得如玉之粟,登如龙之门,如龙之门转深,如玉之粟转贵。实无机心,翻成机事⑮,汉阴丈人闻之⑯,岂不大笑？属溪上风便,囊中金贫,望甘棠而叹⑰,自引分而退⑱。"

【注释】

① 朱湾：号沧洲子。早年曾游湖州等地。代宗大历中为李勉永平军从事，曾假摄池州刺史，后归隐江南。能诗，尤工于咏物。著有《朱湾诗集》。湖州崔使君：或为湖州刺史崔论。湖州，州名，治乌程县（今浙江湖州）。

② 蓬莱之山：神话传说中仙人居住的神山，在东海之中。

③ 杳冥：遥远渺茫的地方。

④ 潢滉（wǎng huàng）：水深而宽广的样子。

⑤ 假道路：借道，取道。

⑥ 问津：打听渡口。引申为探问。主人：地方官。即崔使君。

⑦ 一身孤云：身如孤云茕茕孑立。孤云，比喻贫寒或客居的人。陶渊明《咏贫士七首》其一："万族各有托，孤云独无依。"

⑧ 两度圆月：月圆两次。指时日已过两月。

⑨ 载诣：再度造访。

⑩ 戟门：于门前立戟，泛指显贵之家。

⑪ 交战：指心中矛盾犹豫。李白《赠王汉阳》诗："白云归去来，何事坐交战。"彷徨：徘徊，犹豫。

⑫ 寄食：倚赖他人生活。漂母：漂洗衣物的老妇。韩信贫寒时，曾受一漂母接济饭食，后以千金为报。见《史记·淮阴侯列传》。

⑬ 门如龙：指门如龙门。

⑭ 食如玉：食如珠玉。形容昂贵。

⑮ 翻成：反而成为。机事：机巧之事。

⑯ 汉阴丈人：汉阴老人。汉阴，汉水南侧。江河南面称阴，北面称阳。《庄子·天地》载子贡过汉阴，见一老丈抱着装满水的陶罐浇地，问他为何不用桔槔以省力，老丈怒而笑道："吾闻之吾师，有机械者必有机事，有机事者必有机心。"

⑰ 甘棠：周初召伯治理陕州，有德行，曾居甘棠树下理政，民人敬之

而颂《甘棠》之诗。常用以美称地方官。

⑱引分：循分引咎。

【译文】

朱湾在《别湖州崔使君书》中写道："我听说蓬莱之山，即使隐藏在遥远渺茫的地方，坐船也可以抵达；而贵人的家门，没有介绍人通传，就无法抵达。骊龙的宝珠，虽然藏在深渊水下，或许还能够见识；而贵人的面容，没有人引见，就不能见识。自从我取道湖州，来探问拜访您，身如孤云茕茕孑立，时日已过两月，几次请求见您，数度来到您的门前。守门之人问我：'你来是为了私事？还是为了公事？'如果说是公事，那我确实并非因公事而来；如果说是私事，公府之中没有私事，更不得进入。因此我犹豫徘徊直到今日，确实明白了庭院和厅堂之间，相隔何止千里。何况我倚赖好心人生活，晚上睡在渔舟之上，您的府门像龙门一样难以攀登，饭食如珠玉一样难以获得。获得昂贵的饭食，登上难攀的龙门，而龙门更加高深，饭食更加昂贵。本来没有机巧之心，反而成为机巧之事，汉阴老人如果听说此事，岂不要大声嘲笑？正逢溪上清风便利，我的囊中也没什么钱了，望着您的府门而叹息，自当循分引咎而退。"

论曰：夫子口无择言，身无择行①。言之逊，人不以为谄；言之危②，人不以为讦③。盖言与行契，行由言立。故生人以来，未有如丘之圣者④！儒有用言干进，几乎⑤！若乃交道匪终，得言纪之者，时则有其人矣。

【注释】

①口无择言，身无择行：出口没有不合法度的言论，行动没有不合法度的举止。语出《孝经·卿大夫》。择，通"殬（dù）"，败坏，不合法度。

②危：正直。

③讦（jié）：揭发、攻击他人过错或短处。

④丘：指孔丘。

⑤几：通"岂"。

【译文】

论曰：孔子没有不合法度的言论，没有不合法度的举止。他说话谦逊，人们不认为他谄媚别人；他说话正直，人们不认为他攻击别人。这是因为孔子的言语和行为相契合，行为由言语树立。因此自从天下有人以来，还没有出现过像孔子这样的圣人！儒者有用言辞干求进身的，岂有此理！至于交友之道不能有始有终，因此用言辞记录下来，则不时有这样的人。

卷十二

自负

【题解】

此门记录的是自负其才而敢于进取，在言辞和行为上傲视俗流、当仁不让的士人轶事。其中有杜甫著名的"甫昔少年日，早充观国宾。读书破万卷，下笔如有神。赋料扬雄敌，诗将子建亲。李邕求识面，王翰愿卜邻。自谓颇挺生，立登要路津。致君尧舜上，再使风化淳"，可谓自负之表率。除杜甫之外，自负才华者也颇多，如杜荀鹤"天下只知有杜荀鹤，阿没处知有张五十郎！"元结"若今歌颂圣德，刻诸金石，非老于文学，其谁宜为？"亦有自负才能而钻营仕途者，如崔湜自负家世门第，"丈夫当先据要路以制人，岂能默默受制于人！"袁参自负奇才伟节，向宰相兜售其能，"然亦能有以参之五利而许君乎？"作者在论赞中认为言行合道者，尚可自负，言行不合道者，如袁参之类，"儒行缺矣"。

杜甫《莫相疑行》[1]："男儿生无所成头皓白[2]，牙齿欲落真可惜。忆献三赋蓬莱宫[3]，自怪一日声辉赫[4]。集贤学士如堵墙[5]，观我落笔中书堂[6]。往时文彩动人主[7]，今日饥寒趋路旁。晚将末节契年少⑧,当面输心背面笑⑨。寄谢悠悠世上儿⑩:莫争好恶莫相疑!"

【注释】

①杜甫:唐代大诗人,被誉为"诗圣"。参见卷四"师友"门注。莫相疑:莫猜疑之意。

②生无所成:生在世上无所成就。皓白:雪白。

③献三赋:杜甫天宝十载(751)向朝廷进献《三大礼赋》,命待制集贤院。蓬莱宫:即唐长安大明宫。因宫后有蓬莱池,故称蓬莱宫。

④辉赫:犹显赫,煊赫。

⑤集贤学士:玄宗开元十三年(725)改丽正殿修书院为集贤殿书院,以他官充学士、直学士。如堵墙:比喻围观者众多,排列如墙。

⑥中书堂:中书省的政事堂。宰相办公处。杜甫献《三大礼赋》,玄宗奇之,使待制集贤院,命宰相试文章。

⑦文彩:犹文采。人主:即帝王。

⑧晚将末节契年少:杜集作"晚将末契托年少"。晚年时把交谊托给年轻人。末契,指长者对晚辈的交谊。陆机《叹逝赋》:"托末契于后生。"

⑨输心:表示真心。输,表达,吐露。

⑩寄谢:传告,告知。悠悠:此指众多。儿:人。

【译文】

杜甫的《莫相疑行》诗写道:"男儿生无所成头皓白,牙齿欲落真可惜。忆献三赋蓬莱宫,自怪一日声辉赫。集贤学士如堵墙,观我落笔中书堂。往时文彩动人主,今日饥寒趋路旁。晚将末节契年少,当面输心背面笑。寄谢悠悠世上儿:莫争好恶莫相疑!"

甫《献韦左丞》①:"纨裤不饿死②,儒冠多误身③。丈人试静听，贱子请具陈④：甫昔少年日，早充观国宾⑤。读书破万卷⑥，下笔如有神。赋料扬雄敌，诗将子建亲⑦。李邕求识面⑧，王翰愿卜邻⑨。自谓颇挺生⑩，立登要路津⑪。致君尧舜上，再使风化淳⑫。此意竟萧索⑬，行歌非隐沦⑭。骑驴三十年⑮，旅食京华春⑯。朝叩富儿门，暮随肥马尘。残杯与冷炙⑰，到处潜悲辛⑱。主上顷见征⑲，欻然欲求伸⑳。青冥却垂翅，蹭蹬无纵鳞㉑。甚愧丈人厚，甚知丈人真。每于百僚上㉒，猥诵佳句新。窃效贡公喜㉓，难甘原宪贫㉔。焉能心怏怏㉕，只是走踆踆㉖。今欲东入洛㉗，即将西去秦㉘。尚怜终南山㉙，回望清渭滨。常拟报一饭㉚，况怀辞大臣。白鸥波浩荡㉛，万里谁能驯㉜。"

【注释】

①韦左丞：韦济（688—754），郑州阳武（今河南原阳）人，郡望京兆杜陵（今陕西西安）。宰相韦嗣立子。玄宗殿试安民策，策第一，擢畿县醴泉令。历库部员外郎、恒州刺史等，擢京兆少尹，迁户部侍郎，任河南尹，转尚书左丞，官终冯翊太守。以辞翰知名，与杜甫、王维、高适等交往。左丞，官名。尚书左丞之省称。东汉始置，为尚书台佐贰官。魏、晋、南朝为尚书省佐官，位次尚书，与右丞共掌尚书都省庶务。唐代通判都省事，监督稽核吏、户、礼三部十二司。此诗杜集题作《奉赠韦左丞丈二十二韵》，考为天宝七载（748）所作。天宝六载（747）玄宗诏天下通一艺者到长安应试，杜甫也参加了考试，权相李林甫以"野无遗贤"为借口，使参考士子全部落选。

②纨裤：同"纨绔"，细绢做的裤子。泛指富家子弟。

③儒冠：儒生戴的帽子。借指儒生。误身：耽误进身。指不能获得

施展才学的机会。

④贱子：谦称自己。

⑤观国宾：观看王都的气象，成为君王的宾客。语出《周易·观》："观国之光，利用宾于王。"此指入京考进士。杜甫在开元二十三年（735）以乡贡参加进士考试，时二十四岁。

⑥破万卷：形容书读得多。破，犹韦编三绝之意，熟读书卷则易磨破。

⑦赋料扬雄敌，诗将子建亲：作赋能与扬雄匹敌，作诗与曹植相近。料，估计，差不多。扬雄，字子云。两汉之交大学者、文学家，以辞赋著名。参见卷四"师友"门注。敌，相当，匹敌。子建，曹植（192—232），字子建，沛国谯县（今安徽亳州）人。曹操子。机敏干练，富有文才，然而性格不羁，恣情任性，未能被曹操立嗣。魏文帝及魏明帝在位时，郁郁不得志。晚年被封为陈王，谥号思，世称"陈思王"。工诗善赋，才华极高，是建安至魏初最有成就的诗人，和其父曹操、其兄曹丕并称"三曹"。代表作有《白马篇》《名都篇》《洛神赋》等。著有《曹子建集》。亲，近。

⑧李邕：玄宗时著名文学家、书法家，曾任北海太守。杜甫在洛阳时，李邕奇其才，曾主动去结识他。参见卷四"气义"门注。

⑨王翰：字子羽，并州晋阳（今山西太原）人。睿宗景云元年（710）登进士第。复中直言极谏科，调昌乐县尉。后又中超拔群类科。为名相张说看重，召为秘书省正字，擢通事舍人，转驾部员外郎。张说罢相后，贬仙州别驾，卒于道州司马。性格豪放，喜纵酒。能文善诗，善写边塞生活，尤以《凉州词》二首为著名。《全唐诗》存诗一卷。卜邻：选择邻居。

⑩挺生：出众。

⑪要路津：重要的道路和渡口。比喻显要的职位。《古诗十九首》其四："何不策高足，先据要路津。"

⑫致君尧舜上，再使风化淳：如能得到重用，将辅佐皇帝超过尧舜，

使社会风俗再恢复到上古那样的淳朴敦厚。尧舜，唐尧虞舜。皆上古贤君。参见卷六"公荐"门注。

⑬此意竟萧索：心意终究寥落无成。指贡举不第。萧索，衰败。

⑭行歌：一边走路一边唱歌。隐沦：指隐者。

⑮三十年：杜集考为十三年。自开元二十三年（735）杜甫参加进士考试，到天宝六载（747）应试被黜，整十三年。

⑯旅食：客居，寄食他乡作客。

⑰残杯：喝剩的酒。冷炙：剩余的饭菜。

⑱潜：心头怀藏。悲辛：悲伤辛酸。

⑲主上顷见征：不久前被皇帝征召。此指天宝六载（747）玄宗下诏求贤。

⑳欻（xū）然：忽然。欲求伸：希望表现自己的才能。

㉑青冥却垂翅，蹭蹬（dèng）无纵鳞：想要翱翔青天却垂翅不得飞，遭遇挫折困顿不得意，不能如鱼自由游纵。蹭蹬，遭遇挫折，困顿不得意。纵鳞，指自由纵游之鱼。比喻仕途得意。此指被李林甫所阻，不能进身。

㉒百僚：百官。

㉓贡公：贡禹。西汉王吉与贡禹是好友，王吉做官，贡禹就高兴得弹冠相庆，准备出仕，世称"王阳在位，贡公弹冠"。参见卷十一"怨怒"门注。杜甫希望韦济能提携自己，故曰。

㉔原宪贫：指文士的清贫。原宪，孔子弟子，家境贫寒而志节高尚。《庄子·让王》："宪闻之，无财谓之贫，学道而不能行谓之病。今宪，贫也，非病也。"

㉕怏怏（yàng）：不高兴，不满意。

㉖踆踆（qūn）：行走貌。

㉗东入洛：离开长安东去洛阳。

㉘去秦：离开长安。

㉙怜：爱。终南山：又名南山。在长安东南，即今陕西秦岭山脉。

㉚报一饭：回报一饭之恩。春秋时灵辄饥饿，困于翳桑，晋国正卿赵
　盾与其餐饭，并以箪食与肉遗其母。后灵辄为晋灵公甲士，奉命
　伏杀赵盾，却倒戈护卫，以报其恩。事见《左传·宣公二年》。

㉛白鸥：海鸟名。杜甫自比。浩荡：浩荡的烟波。

㉜驯：驯服，约束。

【译文】

杜甫的《献韦左丞》诗写道："纨裤不饿死，儒冠多误身。丈人试静听，贱子请具陈：甫昔少年日，早充观国宾。读书破万卷，下笔如有神。赋料扬雄敌，诗将子建亲。李邕求识面，王翰愿卜邻。自谓颇挺生，立登要路津。致君尧舜上，再使风化淳。此意竟萧索，行歌非隐沦。骑驴三十年，旅食京华春。朝叩富儿门，暮随肥马尘。残杯与冷炙，到处潜悲辛。主上顷见征，欻然欲求伸。青冥却垂翅，蹭蹬无纵鳞。甚愧丈人厚，甚知丈人真。每于百僚上，猥诵佳句新。窃效贡公喜，难甘原宪贫。焉能心怏怏，只是走踆踆。今欲东入洛，即将西去秦。尚怜终南山，回望清渭滨。常拟报一饭，况怀辞大臣。白鸥波浩荡，万里谁能驯。"

　　崔仁师之孙崔湜①，并涤及从兄莅②，并有文翰③，列居清要。每私宴之际，自比王谢之家④，谓人曰："吾之门人及出身历官，未尝不为第一⑤。丈夫当先据要路以制人，岂能默默受制于人！"故进取不已，而不以令终⑥。

【注释】

①崔仁师（592—652）：定州安喜（今河北定州）人。唐朝宰相。长
　于史才，秉性宽仁。太宗贞观时任给事中、民部侍郎，因不奏闻兵
　卒逃亡除官为民。后起用为中书舍人、检校刑部侍郎，迁中书侍

郎。未及时处理他人上诉,流连州。高宗即位,授简州刺史,卒。

崔湜:崔仁师孙。唐朝宰相。因参与太平公主谋乱,被赐死。参见卷一"两监"门注。

②涤:崔涤(?—726),字澄清。崔仁师孙。以门荫入仕,和玄宗关系友好,授秘书监,累迁金紫光禄大夫,封安喜县子。莅:崔莅,中宗朝官左台侍御史,睿宗时为吏部员外郎。

③文翰:文章。

④王谢:六朝望族琅琊王氏和陈郡谢氏的并称。代指豪门望族。

⑤第一:唐太宗令高士廉等修《氏族志》,初以博陵崔幹为第一等。崔湜出身博陵崔氏,故自称第一。

⑥令终:善终。

【译文】

崔仁师的孙子崔湜,和弟弟崔涤以及从兄崔莅,都擅长文章,担任清要的官职。每次家中饮宴之时,崔湜都自比东晋时的王家和谢家这样的豪门望族,对人说:"我们这一家人的门第和出身任官,没有不是第一的。大丈夫应该抢先占据显要的职位以控制别人,岂能默默无闻受制于人!"崔湜故而在仕途上积极进取,最后不得善终。

开元中,薛据自恃才名①,于吏部参选,请受万年录事②。流外官共见宰执诉云③:"赤录事是某等清要官④,今被进士欲夺,则某等色人无措手足矣⑤!"遂罢。

【注释】

①薛据:河中宝鼎(今山西万荣)人。玄宗开元十九年(731)登进士第,后又登风雅古调科。曾任大理司直、祠部员外郎等,终水部郎中。能诗,曾与杜甫、高适、岑参、储光羲等同登长安慈恩寺塔,赋诗唱和。《全唐诗》存诗十二首。

②万年录事：万年县录事参军。万年县在今陕西西安，是唐朝京县之一，为京兆府治，地位绝高。京县录事为从九品下，其他县录事不列品。

③流外官：唐时九品以下官员的通称，都是胥吏杂色者。流外本身也有品级，经考铨后，可递升入流，成为低级的流内官。其京师官署吏员多以流外官充任。

④赤：赤县，即京县，京城所辖之县。

⑤某等色人：即我辈，我们这类人。无措手足：不知如何是好。措，措置，安排。

【译文】

开元年间，薛据倚仗自己的才学名声，在吏部参加铨选，请求选为万年县录事参军。流外官们一起去拜见宰相申诉说："赤县录事参军是我们流外官的清要官职，如今要被进士夺去，那我们这类人就不知如何是好了！"此事于是作罢。

郑起居仁表诗曰①："文章世上争开路，阀阅山东拄破天②。"

【注释】

①郑起居仁表：郑仁表，字休范，荥阳（今属河南）人。懿宗咸通九年（868）登进士第。累辟使府，入为起居郎。与宰相刘邺有隙，贬死岭外。工文，有俊才，以门第文章自负。《全唐诗》存诗三首。

②阀阅山东拄破天：指门第属山东第一。阀阅，指豪门世家。山东，指崤山以东。拄，撑。

【译文】

起居郎郑仁表写诗说："文章世上争开路，阀阅山东拄破天。"

张曙拾遗与杜荀鹤同年①。尝醉中谑荀鹤曰："杜十五公大荣②！"荀鹤曰："何荣？"曙曰："与张五十郎同年③，争不荣？"荀鹤应声答曰："是公荣，小子争得荣？"曙笑曰："何也？"荀鹤曰："天下只知有杜荀鹤，阿没处知有张五十郎④！"

【注释】

①张曙：昭宗大顺二年（891）登进士第，曾任拾遗，官至右补阙。参见卷十一"怨怒"门注。杜荀鹤（846—904）：字彦之，号九华山人，池州石埭（今安徽石台）人。昭宗大顺二年（891）登进士第。宣州节度使田頵辟为从事。天祐初，朱温奏为翰林学士、主客员外郎。工诗，诗重白描，反映民生疾苦。著有《唐风集》。

②杜十五公：杜荀鹤排行十五，故称。

③张五十郎：张曙排行五十，自称。

④阿没处：何处。

【译文】

张曙拾遗和杜荀鹤是同年进士。张曙曾经醉后和杜荀鹤开玩笑说："杜十五公真是大大荣耀啊！"杜荀鹤问："有什么荣耀？"张曙说："你和我同年考中进士，难道不荣耀吗？"杜荀鹤应声答道："这是你的荣耀，我有什么可荣耀的？"张曙笑着问："为什么这么说？"杜荀鹤说："天下只知道有杜荀鹤，哪里知道有你呢！"

卢延让业癖涩诗①，吴翰林呈以赋卷擢第②，然八面受敌，深知延让之能。延让始投贽③，卷中有《说诗》一篇④，断句云："因知文赋易，为下者之乎⑤。"子华笑曰："上门恶骂来！"

【注释】

①卢延让:晚唐苦吟诗人。曾受吴融知遇提携,昭宗光化三年(900)登进士第。后入蜀,官至刑部侍郎。参见卷三"散序"门注。癖涩:生僻险涩。

②吴翰林:吴融,字子华。昭宗时累官户部侍郎、翰林承旨,工诗善文,乐于提携后进。参见卷三"散序"门注。吴融知遇提携卢延让事见卷六"公荐"门。

③投贽(zhì):进呈诗文求见。

④《说诗》:《全唐诗》题作《苦吟》。

⑤因知文赋易,为下者之乎:此两句《全唐诗》作:"不同文赋易,为著者之乎。"大意是说写诗不像写文赋容易,只要会写"之乎者也"就行了。

【译文】

卢延让工于写生僻险涩的诗歌,吴融翰林虽然以擅长写赋考中进士,然而功力深厚,能够兼善各种文体,他很欣赏卢延让的才能。卢延让起初向吴融进呈诗文,卷中有《说诗》一首,其中有一句写道:"因知文赋易,为下者之乎。"吴融笑着说:"上门骂人来了!"

薛保逊好行巨编①,自号"金刚杵"②。太和中,贡士不下千余人,公卿之门,卷轴填委③,率为阍媪脂烛之费④,因之平易者曰⑤:"若薛保逊卷,即所得倍于常也。"

【注释】

①薛保逊:宝鼎(今山西万荣)人。举进士,曾官给事中。因操行轻薄贬澧州司马。巨编:此指行卷的卷轴巨大。

②金刚杵:佛教法器。又名降魔杵。中间为把手,两端有刃。

③填委:大量堆积。

④阍媪（hūn ǎo）：守门人的妻子。脂烛：古人用麻蒸灌以油脂,燃之
　照明,是为脂烛。
⑤平易者：调节物价者。此指交易货品的商贩。

【译文】

薛保逊喜欢用很大的卷轴来行卷,自号"金刚杵"。太和年间,应试
的举子有一千多人,公卿大臣的宅第,行卷的卷轴大量堆积,大都被守门
人的妻子用来换取脂烛,因此商贩们说："若用薛保逊的卷轴来换东西,
比平常卷轴能多换一倍。"

　　刘允章侍郎主文年①,榜南院曰②："进士纳卷,不得过三
轴。"刘子振闻之③,故纳四十轴。

【注释】

①刘允章：累迁翰林学士承旨、礼部侍郎。咸通九年（868）知贡举。
　参见卷九"四凶"门注。
②南院：礼部南院。唐朝贡举、放榜以及贴各种告示皆在此。
③刘子振：僖宗乾符年间,官太常博士。其纳卷过常事参见卷九
　"四凶"门。

【译文】

刘允章侍郎主持贡举那年,在礼部南院贴榜文道："应进士试者交纳
省卷,不得超过三卷。"刘子振听说后,故意交纳了四十卷。

　　元次山《中兴颂序》云①："天宝十四年②,安禄山陷洛
阳③。明年,犯长安,天子幸蜀④,太子即位于灵武⑤。明年,
皇帝移军凤翔⑥,其年复两京,上皇还京师⑦。夫立圣德大业
者,必有歌颂。若今歌颂圣德,刻诸金石⑧,非老于文学⑨,

其谁宜为？"

【注释】

①元次山：元结（719—772），字次山，自称元子，又号猗玕（yī yú）子、浪士、漫叟、聱叟、漫郎。其先居太原（今属山西），后迁居鲁山（今属河南）。少从学于宗兄元德秀。天宝十三载（754）登进士第，又登制科。历右金吾兵曹参军、山南东道节度参谋、水部员外郎、道州刺史、容管经略使等，卓有政声。诗文兼擅，是中唐古文运动和新乐府运动的先导者。性耿介，忧道悯世，诗文反对华靡，提倡质朴简古。所作《舂陵行》《贼退示官吏》等，曾受杜甫推崇。著有《元次山文集》，又编沈千运、王季友等七人诗为《箧中集》。《中兴颂》：《全唐文》题作《大唐中兴颂》。

②天宝十四年：755年。

③安禄山（703—757）：本姓康，名轧荦山，出身西域胡人，为幽州节度张守珪义子，骁勇善战，以军功迁平卢军兵马使、营州都督。受唐玄宗宠信，兼任平卢、范阳、河东三镇节度使，封东平郡王。天宝十四载（755），以诛杀宰相杨国忠为名，发动安史之乱。当年攻陷洛阳，建立燕国，年号圣武。次年陷长安。晚年疾病，暴虐无道，被其子安庆绪杀害。

④天子幸蜀：天子巡幸西蜀。指唐玄宗逃往西蜀避难。

⑤太子即位于灵武：皇太子在灵武即位为皇帝。灵武，唐郡名，治回乐县（今宁夏吴忠）。天宝十五载（756），安禄山攻破潼关，玄宗奔蜀，太子李亨在灵武郡城南楼即位，改元至德，是为唐肃宗。

⑥皇帝：此指唐肃宗。

⑦上皇：指唐玄宗。

⑧刻诸金石：刻在金石之上。按，元结的《大唐中兴颂》由颜真卿书写，刻在湖南祁阳浯溪崖壁。

⑨老于文学：擅长文学之人。此指自己。老，老练，经验丰富。

【译文】

元结在《中兴颂序》中说："天宝十四年，安禄山攻陷洛阳。第二年，进犯长安，天子巡幸西蜀，皇太子在灵武即位为皇帝。第二年，皇帝移师凤翔，当年收复长安和洛阳，太上皇回到京师。古来建立圣德成就功业的人，必然要有歌颂之辞。若今日撰文歌颂圣德，刻在金石之上，如果不是擅长文学之人，还有谁适合担此重任？"

卢肇初举①，先达或问所来，肇曰："某袁民也②。"或曰："袁州出举人耶？"肇曰："袁州出举人，亦由沅江出龟甲③，九肋者盖稀矣④。"

【注释】

①卢肇：字子发，袁州宜春（今属江西）人。武宗会昌三年（843）状元。参见卷二"恚恨"门注。

②袁民：袁州人。

③由：通"犹"，犹如，好像。沅江：河名。发源于贵州，经湖南流入洞庭湖。

④九肋：指背甲的纹路呈多根肋条分布状。为龟甲之奇异者。后因以"沅江九肋"比喻稀少难得的人才。王禹偁《和仲咸诗六首》其二："且欣丹穴一毛在，莫道沅江九肋稀。"

【译文】

卢肇刚考进士的时候，有前辈问他家乡何处，卢肇说："我是袁州人。"有人问："袁州也出举人吗？"卢肇说："袁州出举人，就像沅江出龟甲，而九肋龟甲比较罕见而已。"

　　王适侍御①，元和初，举贤良方正直言极谏科②，太直见黜。故韩文公志适墓云③："上初即位，以四科募天下士④，君笑曰：'此非吾时耶？'即提所作书，缘路歌吟，趋直言试⑤。既至，对语惊人，不中第，益久困矣。"

【注释】

①王适：好读书，负奇节，受知于左金吾卫大将军李惟简，奏为其卫胄曹参军，充引驾仗判官。李惟简出任凤翔陇右节度使，随之入幕，改试大理评事，摄监察御史、观察判官。后隐居阌乡南山。

②贤良方正直言极谏科：唐制科名目之一。

③韩文公：韩愈，中唐著名诗人、文学家、思想家。参见卷四"师友"门注。此文韩集题作《试大理评事王君墓志铭》。

④四科：宪宗元和二年（807）制举四科：贤良方正能直言极谏科、博通坟典达于教化科、军谋宏达材任将帅科、达于吏治可使从政科。或曰德行、经学、法令、才略。汉代取士的四条规则。参见卷六"公荐"门注。

⑤直言试：即贤良方正能直言极谏科。

【译文】

　　王适侍御，在元和初年，应贤良方正直言极谏科考试，因为对策太过刚直而被黜落。故而韩愈在为他写的墓志铭中道："天子刚即位，以四科招募天下士人，王君笑着说：'这岂非正是我大有作为之时吗？'于是携带所著文章，沿路吟咏，去参加贤良方正直言极谏科考试。到京师考试的时候，出语震惊众人，于是落第，沉沦困穷很久。"

　　薛能尚书《题集后》曰①："诗源何代失澄清②？处处狂波污后生③。常感道孤吟有泪，却缘风坏语无情④。难甘恶少欺韩信⑤,枉被诸侯杀祢衡⑥。纵有缑山也无益,四方联络尽蛙声⑦。"

【注释】

①薛能:晚唐诗人。曾任工部尚书。自负诗才,目无时人。著有《薛许昌集》。参见卷三"慈恩寺题名游赏赋咏杂纪"门注。《题集后》:《全唐诗》题作《题后集》。

②诗源:指关于诗歌的理论、主张。

③狂波:比喻猛烈的世俗潮流。

④风坏:风俗败坏。

⑤韩信(? —前196):淮阴(今江苏淮安淮阴区)人。西汉开国功臣,著名军事家,汉初三杰之一。贫寒时,曾受屠中少年侮辱,令出袴下。秦末大乱之际先投项羽,不受重用,转投刘邦,被萧何举为大将,扫灭诸侯,围歼项羽,威震天下。封为楚王,被人诬告,贬为淮阴侯。后被吕后与萧何合谋诱杀。见《史记·淮阴侯列传》。

⑥诸侯:此指江夏太守黄祖。祢衡:东汉末年名士。因性格傲岸被黄祖杀害。参见卷十"海叙不遇"门注。

⑦纵有缑(gōu)山也无益,四方联络尽蛙声:纵使有缑山上王子乔那样的凤鸣之声也没用,四方到处都是蛙声一片。此将自己的诗歌比作凤鸣,将余人比作蛙声。缑山,即缑氏山。传说周代王子乔曾于此成仙。《列仙传》载王子乔喜好吹笙,如同凤凰鸣叫。联络,互相衔接。

【译文】

薛能尚书在《题集后》诗中写道:"诗源何代失澄清?处处狂波污后生。常感道孤吟有泪,却缘风坏语无情。难甘恶少欺韩信,枉被诸侯杀祢衡。纵有缑山也无益,四方联络尽蛙声。"

　　王贞白《寄郑谷郎中》曰[①]:"五百首新诗,缄封寄与谁[②]? 只凭夫子鉴,不要俗人知。火鼠重烧布[③],冰蚕乍吐丝[④]。直须天上手,裁作领巾披[⑤]。"

【注释】

①王贞白:昭宗乾宁二年(895)登进士第。曾任校书郎,后避乱退居,有诗名。参见卷七"好放孤寒"门注。《寄郑谷郎中》:《全唐诗》题作《寄郑谷》。郑谷,官至都官郎中。工诗,为"咸通十哲"之一。参见卷十"海叙不遇"门注。

②与谁:底本作"去时",据他本改。

③火鼠:古代传说中的异鼠。在炎洲,其毛可织火浣布。见东方朔《海内十洲记》。

④冰蚕:古代传说中的异蚕。在员峤山,吐丝织为文锦,入水不濡,入火不燎。见王嘉《拾遗记》。

⑤领巾:披或系在脖子上的织品。

【译文】

　　王贞白在《寄郑谷郎中》诗中写道:"五百首新诗,缄封寄与谁? 只凭夫子鉴,不要俗人知。火鼠重烧布,冰蚕乍吐丝。直须天上手,裁作领巾披。"

　　袁参《上中书姚令公元崇书》[①]:"曹州布衣袁参顿首谨上梁公阁下[②]:参将自托于君,长为君用,君欲之乎? 参之托君,何以利君也? 若使君常怀相印[③],不失通侯[④],寿客满堂[⑤],黄金横带[⑥];则参请以车轨所至[⑦],马首所及,而掩君之短,称君之长,使天下之人,不能议君矣[⑧]。若使君当不测之时,遘不测之祸,身从吏讯[⑨],妻子满狱,则参请以翳翳之身^⑩，眇眇之命^⑪，伏死一剑^⑫，以白君冤^⑬，使酷杀之刑^⑭，不能陷君矣。若使君因缘谤书^⑮，不得见察，卒至免逐^⑯，为天下笑，则参以一寸之节^⑰，三寸之舌，抗义犯颜^⑱，解于阙庭^⑲，使逐臣之名^⑳，不能污君矣。君有盛忿之隙^㉑，睚眦之怨，朝廷之士，议欲侵君^㉒；则参请以直辞先挫其口，不尔，则更以眦血次污其衣^㉓，见陵之羞^㉔，不能丑君矣^㉕。若使君事至不可知^㉖，千秋万岁后^㉗，而君门阖卒有饥寒之虞^㉘，则参请解参之裘，推参之哺^㉙，勉勉不怠^㉚，终身奉之，使子孙之忧，不能累君矣。此五者，参之所以利君而自托也。君其可乎？

【注释】

①袁参：曹州（今山东曹县）人，开元时布衣。中书姚令公元崇：即姚崇，本名元崇，避唐玄宗开元年号，改名崇。唐朝著名贤相，封梁国公，迁中书令，故称中书姚令公。参见卷十"海叙不遇"门注。

②曹州：州名。唐武德年间以济阴郡改置，治济阴县（今山东曹县）。布衣：平民。梁公：指姚崇。姚崇封梁国公。

③若使：假使，如果。常怀相印：长久佩带宰相的官印。指长为宰相。

④通侯：秦汉时代侯爵的最高一等，原名彻侯，避汉武帝刘彻讳改称通侯，又称列侯。泛指诸侯。姚崇封梁国公，故曰。

⑤寿客：称寿祝颂之宾客。泛指宾客。

⑥黄金横带：指以黄金装饰衣带。或指腰佩金鱼袋。唐代高官束金带，佩金鱼袋。比喻身居高位。

⑦车轨：行车的轨迹。

⑧议：此指非议。

⑨吏讯：指司法官吏审讯议处官员的罪状。

⑩翳翳（yì）：晦暗不明。此指卑微。

⑪眇眇（miǎo）：藐小。

⑫伏死一剑：伏剑而死。指甘愿舍弃生命。

⑬白：表明。

⑭酷杀：残酷杀害。

⑮因缘谤书：指受到毁谤。因缘，因为。谤书，毁谤攻讦的书信。

⑯免逐：免官放逐。

⑰一寸之节：指内心的气节。一寸，方寸。指内心。

⑱抗义：持论正直。犯颜：冒犯君主或尊长的威严。

⑲阙庭：朝廷。

⑳逐臣：被贬谪放逐的臣子。

㉑盛忿：盛怒。忿，愤怒，怨恨。

㉒侵：侵凌，侵轧。

㉓眦血：眼眶瞪裂而出的血。犹血泪。

㉔见陵：被欺侮侵凌。陵，欺凌。

㉕丑：侮辱，玷污。

㉖不可知：无法预测。

㉗千秋万岁：婉言死亡。

㉘门阑：门框或门栏。借指家门，门庭。虞：忧虑，忧患。

㉙哺（bǔ）：口里含着的食物。此泛指食物。

㉚勉勉：力行不倦貌。

【译文】

袁参在《上中书姚令公元崇书》中写道："曹州平民袁参顿首谨上梁公阁下：我将把自己托付给您，长久地被您任用，不知您是否愿意？我把自己托付给您，对您有什么好处呢？假使您长为宰相，不失去列侯的爵位，宾客满堂，身居高位；那我请求在您行车所到之地，骑马所及之处，遮掩您的短处，称扬您的长处，使天下之人，不能非议您。假使您身处不测之时,遭逢无法预料的祸患,被司法官吏审讯议罪,妻子和儿女关进监狱,那我请求以卑微之身,藐小之命,伏剑而死,以此来表明您的冤屈,使残酷杀害的刑罚,不能加害您。假使您受到毁谤,不能被朝廷明察,最终被免官放逐,被天下人讥笑,那我请求以内心的气节,善言的口才,冒犯尊上威严而仗义执言,在朝廷为您辩解除冤,使被贬谪放逐的名声,不能玷污您。假使您盛怒之下和人有嫌隙,或有微小的怨恨,朝廷中的官员,议论想要侵轧您,那我请求以正直的言词先挫败他们的口舌诋毁,如果还不行,我将接着以慷慨陈词的血泪污染他们的衣服,使被侵凌的羞辱,不能玷污您。假使您的前程已无法预测,与世长辞,而您的家族最终有饥寒交迫的忧患,那我请求脱下自己的衣裳,推让自己的食物,身体力行而不懈怠,终身供奉您的家人,使子孙的忧患,不能拖累您。这五件事,就是我能有利于您而将自己托付给您的原因。您能认可吗?

　　"夫人不易知,知人不易。参于君非有食客之旧,门生之恩,今便欲自托于君,长为君用。得无不知参意而疑参妄乎[①]?然妄心实亦有之,何也?参行年已半春秋[②],客复数载,黄金尽,乌裘弊[③],唇腐齿落[④],不得成名,而亲之在堂,终莫有慰,日暮途远[⑤],不知所为。然独念非君无足依者,故今敢以五利求市于君[⑥],冀君一顾见诚,使得慰亲恐惧。参闻言为必听者出,义为知己者行,丈夫雄心,能无感激?况今以亲亲之故[⑦],而祈德于君[⑧]。使君欢然卒不见拒,尔后即参尚何面目遂得默然而已哉!本向时之言,终不负德,夫幽则有鬼,天则有神,鬼神之间,参所必有,如使参敢负于君者,则鬼神之灵共诛之!敬以自监,惟君之惠信也[⑨]。且君以伟才,四入为相,艰难情伪[⑩],君尽知之。至于进人亦多矣⑪,然亦能有以参之五利而许君乎？参必愚侪鲰生⑫,而自守取咎尔⑬,则君之相士,何其备耶！至愚殆欲窥君之鉴矣⑭。顿首,顿首。

【注释】

①得无:莫非。妄:虚妄不实。

②行年:年龄。半春秋:指半生。

③黄金尽,乌裘弊:钱财已经花完,黑貂裘也穿破了。用苏秦的典故,出《战国策·秦策一》:"(苏秦)说秦王书十上,而说不行。黑貂之裘弊,黄金百斤尽。"

④唇腐齿落:比喻读书讽诵极为勤苦。《汉书·东方朔传》:"今子大夫修先王之术,慕圣人之义,讽诵《诗》《书》百家之言,不可胜数,著于竹帛,唇腐齿落,服膺而不释,好学乐道之效,明白甚矣。"

⑤日暮途远:天快黑了而路途仍然遥远。比喻力竭计穷,无可如何。

⑥市:买卖。此指求取任用。

⑦亲亲:敬爱奉养双亲。

⑧祈德:祈求恩德。

⑨惠信:敬称他人的信任。

⑩艰难情伪:世事的险阻艰难和民情的真伪。语出《左传·僖公二十八年》:"险阻艰难,备尝之矣;民之情伪,尽知之矣。"

⑪进人:推荐人才。

⑫愚侪:愚蠢之辈。鲰(zōu)生:浅薄愚陋的人。文士自谦之词。

⑬取咎:招致罪责。

⑭至愚:极为愚蠢之人。自谦之词。

【译文】

"人不容易被人了解,了解别人也不容易。我对于您并没有作为门下食客的旧交,也没有门生的恩义,现在想把自己托付给您,长久地被您任用，您莫非因为不了解我的心意而怀疑我虚妄不实？然而虚妄之心确实也有，为什么呢？我已经虚度半生，又客居京城数年，钱财已经花完，黑貂裘也穿破了，唇腐齿落，一事无成，而双亲在堂，始终未能得到安慰，如今我力竭计穷，不知道该如何作为。然而我认为除了您以外没有人足以依靠，故而现在敢以五件有利于您的事来求您任用，希望您一见之下能知道我的诚意，使我能够稍微慰藉双亲的惊恐担忧。我听说言语为能够听取的人而说，节义为能够知遇自己的人而行，大丈夫的雄心壮志，岂能不为知己而感激发奋？况且如今我因为奉养双亲的缘故，向您祈求恩德。如果您乐于接纳我而不拒绝，那我以后有何面目能默然无所贡献呢！我要依照之前所说，始终不辜负您的恩德，幽冥之间有鬼怪，苍天之上有神灵，鬼神之间，我必然有所鉴照，如果我胆敢辜负您，那么鬼神之灵一起来诛灭我！如今我恭敬地自己盟誓，希望您能信任我。您以俊伟的才能，四次担任宰相，世事的险阻艰难和民情的真伪，您都知道。至于您所推荐的人才也很多，然而也有能像我一样以五件有利于您的事来许诺您的吗？如果我是愚蠢浅陋之人，因为自守本分招致罪责，而您鉴识人才的能力，又是何其完备！我这愚蠢之人想要窥探您的鉴识之能。顿首，顿首。

　　"参今亦不敢盛称誉[①]，上给于君，然窃自言之，正参亦非天下庸人也。今君若见相以义，则参之本图；若见相以才，则惟君所识。今幸君之力能必致参，顾此时坐而相弃[②]，语曰：'厚利可爱，盛时难再，失利后时，终必有悔！'君独不闻剟人之泣乎？昔剟人为商而卖冰于市[③]，客有苦热者将买之，剟人自以得时[④]，欲邀客以数倍之利[⑤]；客于是怒而去，俄而其冰亦散。故剟人进且不得冰，二者俱亡，自泣而去。今君坐青云之中[⑥]，平衡天下[⑦]，天下之士，皆欲附矣。此亦君卖冰之秋^⑧,而士买冰之际。有利则合,岂宜失时! 苟使君强自迟回至冰散^⑨,则君尚欲开口,其事焉得哉! 愿少图之,无为蒯人之事也。参顿首。"

【注释】

①称誉:此指自夸。

②顾:反而。

③蒯:古地名。春秋周畿内地,在今河南洛阳西南。

④得时:走运,得到时机。

⑤邀:谋求。

⑥坐青云之中:指位居高位。

⑦平衡天下:权衡选拔天下人才。

⑧秋:指某个时期。

⑨强:硬要。迟回:犹豫不定。

【译文】

"我现在也不敢对您太过称誉自己,上欺于您,然而私下表白,正因为我也并非是天地间一个平庸之人。现在您若以道义鉴识我,那是我的本意;若以才能鉴识我,那惟您所识是从。如今有幸凭您的能力一定能将我招致门下,如果反于此时弃而不用,俗话说:'丰厚的利益令人喜爱,良好的时机不会再来,失去利益而错过时机,最后必然悔恨!'您难道没有听说过蒯人哭泣的故事吗? 古时候有个蒯人经商,在街市上卖冰,有客人苦于天气太热想要买冰,蒯人自以为得到了好时机,想要从客人身上谋求数倍的利润;客人于是生气离去,不久冰也融化了。因此蒯人既没卖到钱也没保住冰,二者都失去了,蒯人只能自己哭泣着离去。今日您位居高位,权衡选拔天下人才,天下的士人,都想依附于您。这也正是您卖冰的时期,而士人买冰的时候。如果有利可图则应当彼此相合,岂可坐失良机! 如果您硬要犹豫到冰融化的时候,那时候您再想要开口,此事还怎么能够成功！希望您对此稍加留意，不要做剿人之事。袁参顿首。"

轻佻戏谑嘲咏附

【题解】

此门记录的是行为轻佻不庄重，或者喜欢戏谑讽刺的士人。高逢休瞧不起羊昭业等人，认为他们不配修国史；郑光业兄弟嘲谑同人投献的诗文，罗隐嘲笑裴廷翰的诗文不佳，行卷如同"唯妆半面""或献空笼"；贾岛在考场中称呼其他人为"原夫之辈"；薛昭纬玩文字游戏，戏称同僚为"小人行缀"。这些爱好嘲谑的人都是才士，并非奸恶之辈，但作者认为："轻薄之徒，终丧厥德。"以上所列之人大多仕途坎坷，如郑光业虽做到宰相，最后却死于非命。

顾云①，大顺中制同羊昭业等十人修史②。云在江淮，遇高逢休谏议③。时刘子长仆射④，清名雅誉⑤，充塞搢绅；其弟崇望⑥，复在中书。云以逢休与子长旧交，将造门，希致先容⑦，逢休许之久矣。云临岐请书⑧，逢休授之一函，甚草创⑨，云微有惑，因潜启阅之，凡一幅并不言云，但曰："羊昭业等拟将一尺三寸汗脚⑩，踏他烧残龙尾道⑪。懿宗皇帝虽薄德⑫，不任被前人罗织⑬。执大政者亦大悠悠⑭。"云吁叹而已⑮。

【注释】

①顾云：字垂象，一字士龙，池州秋浦（今安徽池州）人。懿宗咸通十五年（874）登进士第。以试秘书省校书郎为高骈淮南节度从

事，骈死，退居湖州霅川著书。昭宗大顺中，入朝为太常博士，与羊昭业、卢知猷、陆希声等分修宣、懿、僖三朝实录。书成，加虞部员外郎。与杜荀鹤等友善。工诗善文，著有《顾云赋》《顾氏编遗》《凤策联华》《昭亭杂笔》等。

②羊昭业：字振文，吴（今江苏苏州）人。懿宗咸通九年（868）登进士第。昭宗大顺中，与顾云、陆希声、司空图、钱珝等十人分修宣、懿、僖三朝实录。能诗，与皮日休、陆龟蒙等唱和。著有《羊昭业集》。

③高逢休：昭宗时任谏议大夫。

④刘子长：刘崇龟，字子长。昭宗时迁户部侍郎，后出为清海军节度使。参见卷十一"恶分疏"门注。

⑤清名雅誉：清高美好的声望。

⑥崇望：刘崇望（838—899），字希徒，河南（今河南洛阳）人。唐朝宰相。咸通十五年（874）登进士第。曾佐转运、盐铁、节度幕府、南曹事务，清平干练有实务之才。僖宗时说服王重荣有功，任翰林学士。昭宗时拜相，以杨守信乱中抚平京师，进尚书左仆射。后任太常卿，得罪贬为昭州司马。官终兵部尚书。著有《中和制集》。

⑦先容：指事先为人介绍推荐。

⑧临岐：面临歧路。此分别。

⑨草创：起草。此指草草写就。

⑩一尺三寸汗脚：一尺三寸的汗脚。极言其粗陋龌龊。

⑪踏他烧残龙尾道：代指在朝居官。龙尾道，唐代含元殿前的甬道。自上望下，宛如龙尾下垂，故名。白居易《早祭风伯因怀李十一舍人》："步登龙尾道，却望终南青。"黄巢入京，曾焚烧宫殿，故曰烧残龙尾道。

⑫懿宗：唐懿宗李漼（833—873），唐宣宗长子，被宦官王宗实等拥立为帝，年号咸通。在位期间游宴无度，骄奢淫逸，崇信佛教，布施钱财无数，昏庸乱政，民不聊生。薄德：德行浅薄。

⑬前人：前已述及之人。罗织：虚构罪名，加以诬陷。

⑭大悠悠：太荒谬。大，太。悠悠，荒谬。

⑮吁叹：叹息。

【译文】

顾云，大顺年间有诏书任命他和羊昭业等十人修撰史书。顾云在江淮之间，遇到谏议大夫高逢休。当时刘子长仆射，声望清高美好，誉满士大夫之间；他的弟弟刘崇望，也执政中书省。顾云因为高逢休和刘子长是老朋友，准备登门拜访刘子长，希望高逢休能为他事先引荐，高逢休答应他已经很久了。顾云和高逢休分别的时候，请求高逢休写信引荐，高逢休交给他一封信，写得颇为草率，顾云有些疑惑，于是私下拆信阅读，整封信完全没有提到顾云，只是说："羊昭业等人正以一尺三寸的汗脚，在朝居官。懿宗皇帝虽然德行浅薄，却也不堪被这些人虚构罪名加以诬陷。执政大臣也太荒谬了。"顾云看了只能叹息而已。

李白《戏赠杜甫》曰①："长乐坡前逢杜甫，头戴笠子日卓午②。借问形容何瘦生？只为从来学诗苦。"

【注释】

①李白：唐代最伟大的诗人之一，被誉为"诗仙"。天宝三载（744）在洛阳结识杜甫，建立了亲密的友谊。参见卷七"知己"门注。

杜甫：唐代最伟大的诗人之一，被誉为"诗圣"，和李白并称"李杜"。参见卷四"师友"门注。

②卓午：正午。

【译文】

李白在《戏赠杜甫》诗中写道："长乐坡前逢杜甫，头戴笠子日卓午。借问形容何瘦生？只为从来学诗苦。"

郑光业中表间有同入试者①，于时举子率皆以白纸糊案子面②，昌图潜纪之曰："新糊案子，其白如银，入试出试，千春万春。"光业弟兄共有一巨皮箱，凡同人投献，辞有可嗤者，即投其中，号曰"苦海"。昆季或从容用咨谐戏③，即命二仆舁"苦海"于前④，人阅一编，靡不极欢而罢。光业常言及第之岁，策试夜，有一同人突入试铺⑤，为吴语谓光业曰："必先必先，可以相容否？"光业为辍半铺之地⑥。其人复曰："必先必先，谘仗取一杓水⑦。"光业为取。其人再曰："便干托煎一碗茶⑧，得否？"光业欣然与之烹煎。居二日，光业状元及第，其人首贡一启，颇叙一宵之素。略曰："既取水，更煎茶。当时之不识贵人，凡夫肉眼；今日之俄为后进，穷相骨头⑨。"

【注释】

①郑光业：名昌图，字光业。唐朝宰相。懿宗咸通十三年（872）状元及第。性倜傥不群。参见卷三"慈恩寺题名游赏赋咏杂纪"门注。中表：指与祖父、父亲的姐妹的子女的亲戚关系，或与祖母、母亲的兄弟姐妹的子女的亲戚关系。

②案子：桌案。

③昆季：兄弟。长为昆，幼为季。咨：此。

④舁（yú）：抬。

⑤试铺：科举考试中考生每人所居的铺席。

⑥辍：让出。

⑦谘仗：劳驾之意。杓（sháo）：泛指有柄的可以舀取东西的器具。

⑧干托：请托。麻烦、劳驾之意。

⑨穷相骨头：骨相贫穷之人。自嘲语。

【译文】

　　郑光业有个中表兄弟和他一起应进士试,当时的举子大多以白纸糊桌案面,郑光业私下里记载此事说:"新糊案子,其白如银,入试出试,千春万春。"郑光业兄弟共用一只大皮箱,凡是同人投献的诗文,辞句有可嗤笑的,都投入箱中,把箱子称为"苦海"。兄弟俩闲暇之时用此来取乐,命令两个仆人把"苦海"抬到面前,各取一卷阅读,每次都笑够了才罢休。郑光业常说他进士及第那年,策试那天夜里,有一个考生忽然来到他的试铺里,用吴地方言对他说:"必先必先,可以容我同铺吗?"郑光业给他让出半张铺位。那人又说:"必先必先,劳驾取一勺水。"郑光业给他取了一勺水。那人又说:"劳驾帮我煎一碗茶,行不行?"郑光业欣然为他煎茶。过了两天,郑光业状元及第,那个人第一个送呈贺信,大大叙述了那一夜的交情。写道:"已为我取水,又为我煎茶。当时不认识您是贵人,真是肉眼凡胎;今日这么快就成了您的后辈,确是骨相贫穷。"

　　罗隐《谢裴廷翰诗卷》云①:"泽国佳人②,唯妆半面③;营丘辨士,或献空笼④。"

【注释】

①罗隐:晚唐诗人,多讽世之作。参见卷二"置等第"门注。裴廷翰:杜牧外甥,曾为杜牧编纂文集。

②泽国:水乡。

③妆半面:南朝梁元帝的妃子徐昭佩,因梁元帝是独眼,所以化妆只化半面。典出《南史·元帝徐妃传》。

④营丘辨士,或献空笼:齐国辨士,提着空笼来献。战国时齐国有辨士淳于髡,奉齐王命献鹄鸟于楚王,途中放走了鸟,提着空鸟笼去见楚王,以诚实守信为辞,不但没被惩罚,反而得到楚王赏赐。事见《史记·滑稽列传》。营丘,古邑名。在今山东淄博临淄区西

北,以营丘山而得名。后改名临淄,为齐国国都。

【译文】

罗隐在《谢裴廷翰诗卷》写道:"水乡佳人,只化半面之妆;齐国辨士,提着空笼来献。"

　　贾岛不善程试^①,每自叠一幅,巡铺告人曰^②:"原夫之辈^③,乞一联! 乞一联!"

【注释】

①贾岛:中唐著名诗人,早年为僧,后还俗应举,屡试不第。参见卷八"放老"门注。程试:科举考试中按规定的程式写作的诗赋。

②告:请求。

③原夫之辈:泛指会做程试文章的读书人。原夫是律赋中常见语助词,善作此类语句之人称为原夫之辈。有轻蔑意。萧立之《送黄仲与之崆峒任》:"羞交人指原夫辈,早慕史称儒者功。"

【译文】

贾岛不擅长写科举诗赋,经常自己叠一幅纸,沿着试铺挨个向人请求道:"会写程试文章的兄台,请给一联! 请给一联!"

　　薛保逊^①,大中朝尤肆轻佻,因之侵侮诸叔,故自起居舍人贬洗马而卒^②。其子昭纬^③,颇有父风,尝任祠部员外^④。时李系任小仪^⑤,王荛任小宾^⑥,正旦立仗班退^⑦,昭纬朗吟曰:"左金乌而右玉兔^⑧,天子旌旗。"荛遽请下句^⑨,昭纬应声答曰:"上李系而下王荛,小人行缀^⑩。"闻者靡不哄哂^⑪。天复中,自台丞累贬澄州司马^⑫,中书舍人颜荛当制^⑬,略曰:"陵轹诸父^⑭,代嗣其凶^⑮。"

【注释】

① 薛保逊：见前注。

② 洗马：官名。汉沿秦置，为东宫官属，掌宾赞受事，太子出行则为前导。唐代为太子左春坊司经局长官，掌经籍，出入侍从。

③ 昭纬：薛昭纬，曾任祠部员外郎，昭宗时任中书舍人，御史中丞等。曾以礼部侍郎知贡举，时称得人。参见卷三"慈恩寺题名游赏赋咏杂纪"门注。昭纬才思敏捷，文章秀丽，然为人恃才傲物，《旧唐书·薛昭纬传》言其为宰相崔胤所恶，贬溪州刺史卒。《唐摭言》此条言累贬澄州司马，或溪州刺史之后再贬。

④ 祠部员外：即祠部员外郎。礼部祠部司的次官，隋文帝开皇六年（586）始置，辅佐祠部郎中掌祠祀、享祭、天文、漏刻、国忌、庙讳、卜祝、医药及僧尼簿籍之政。

⑤ 李系：曾任礼部郎官。小仪：唐代礼部郎官的别称。

⑥ 王荛：太原（今属山西）人，家于扬州（今属江苏）。王起孙，王龟子。苦学善属文，屡辟使府，历蓝田尉、左拾遗、右补阙、侍御史等。从僖宗幸山南，拜右司员外郎。小宾：鸿胪寺少卿的别称。

⑦ 正旦：元旦。立仗：仪仗。

⑧ 金乌：传说太阳中有三足乌，因用为太阳的代称。此指日旗。玉兔：传说月中有白兔，因用为月亮的代称。此指月旗。

⑨ 请：请教，请问。

⑩ 行缀：行列。

⑪ 哂（shěn）：讥笑。

⑫ 台丞：御史中丞的简称。澄州：州名。唐贞观八年（634）以南方州改名，治上林县（今属广西）。

⑬ 颜荛：昭宗时任中书舍人。参见卷三"散序"门注。

⑭ 诸父：叔伯辈的通称。

⑮ 代嗣其凶：继承了其父的凶恶。代嗣：继承。

【译文】

薛保逊,在宣宗大中朝尤为放肆轻佻,因为侵凌欺侮同族叔父,故而由起居舍人贬为洗马而死。他的儿子薛昭纬,很有其父的行事风格,曾经担任祠部员外郎。当时李系担任礼部郎官,王荛担任鸿胪寺少卿,元旦众官列班参加仪仗后退朝,薛昭纬高声吟诵道:"左边日旗而右边月旗,天子旌旗招展。"王荛就请问他下句是什么,薛昭纬应声答道:"上站李系而下立王荛,尽是小人行列。"听到的人无不讥笑。天复年间,薛昭纬自御史中丞屡贬为澄州司马,正轮到中书舍人颜荛起草制书,写道:"欺凌诸位叔伯,继承其父之凶。"

咸通末,执政病举人仆马太盛,奏请进士举人许乘驴。郑光业材质瑰伟①,或嘲之曰:"今年敕下尽骑驴,短鞦长鞭满九衢②。清瘦儿郎犹自可,就中愁杀郑昌图③。"

【注释】

①材质瑰伟:指身材魁梧雄壮。

②鞦(qiū):套车时拴在驾辕牲口股后尾间的皮带。

③愁杀:指使人极为忧愁。

【译文】

咸通末年,执政官员不满应试举人们的仆从车马太多,上奏朝廷请求让考进士的举人们骑驴。郑光业身材魁梧雄壮,有人嘲笑他说:"今年敕下尽骑驴,短鞦长鞭满九衢。清瘦儿郎犹自可,就中愁杀郑昌图。"

论曰:《语》云①:"当仁不让于师②。"颜氏子亦曰③:"舜何?人也。予何?人也④。"苟得其道,自方于舜,不为之太过;苟失其道,五尺童子,能不鄙其妄欤!参以五利受售⑤,

不系能否,儒行缺矣。轻薄之徒,终丧厥德。旅獒之戒^⑥,人子其惟慎诸^⑦!

【注释】

①《语》:《论语》。

②当仁不让于师:遇到行仁的事不向老师谦让。语出《论语·卫灵公》。

③颜氏子:指颜回,字子渊。孔子的得意门生。虚心好学,安贫乐道,以德行著称。参见卷九"芳林十哲"门注。

④"舜何"几句:舜是什么?是人。我是什么?也是人。语出《孟子·滕文公上》:"颜渊曰:'舜何?人也。予何?人也。有为者亦若是。'"

⑤参:袁参。受售:出售,兜售。

⑥旅獒之戒:指不可玩物丧志的教训。西旅国向周武王献獒犬,召公劝周武王不要接受,以免玩物丧志。见《尚书·周书·旅獒》。旅獒,古代西戎国出产的大犬。

⑦人子:为人子者。

【译文】

论曰:《论语》中说:"遇到行仁的事不向老师谦让。"颜回也说:"舜是什么?是人。我是什么?也是人。"如果能行舜之道,那么自比于舜,不算太过分;如果违背舜之道,那么就连五尺高的孩童,能不鄙夷他的虚妄吗!袁参以所谓的五种利益向姚崇兜售,而不考虑自己是否有才能,缺乏儒者的德行。而那些言行轻薄的人,最终丧失他们的德行。不可玩物丧志的教训,为人子者一定要慎重啊!

设奇沽誉

【题解】

标新立异以求名誉,唐人常为。郑愚著锦,王璘衣缬,只是衣着炫人而已。卷十一"荐举不捷"门中王璘"意在沽激",轻慢宰相,遭其贬斥,这是设奇过甚而沽誉失败。卷三"慈恩寺题名游赏赋咏杂纪"门中新进士们正设法筹办樱桃宴,刘覃暗地命人用重金预先购买数十石樱桃,独自操办樱桃宴,大会公卿,这是设奇及时而沽誉成功。温定屡试不第,"尤愤时之浮薄,设奇以侮之",于是男扮女装参加曲江大会,戏弄新科进士,引人发噱。此等故事他书亦多,如《独异志》中记载陈子昂居京师而不为人知,便当众以百万高价买下胡琴,并设宴款待众人,捧琴曰:"蜀人陈子昂,有文百轴,驰走京毂,碌碌尘土,不为人所知。此乐,贱工之役,岂愚留心哉!"于是将琴摔碎,以文章遍赠来客,一天之内就名动京师。

咸通中,郑愚自礼部侍郎镇南海①。时崔魏公在荆南②,愚著锦袄子半臂③,袖卷谒之,公大奇之。会夜饮,更衣,宾从间窃谓公曰:"此应是有惭不称耳!"既而复易之红锦,尤加焕丽④,众莫测矣。

【注释】

① 郑愚:懿宗时以礼部侍郎知贡举,出为岭南东道节度使,镇守南海(今广东广州)。参见卷四"节操"门注。

② 崔魏公:崔铉。唐朝宰相,封魏国公,懿宗咸通年间徙为荆南节度使。参见卷二"海述解送"门注。

③ 著:穿着。

④ 焕丽:华丽。

【译文】

咸通年间，郑愚自礼部侍郎出镇南海。当时魏国公崔铉任荆南节度使，郑愚穿着锦绣半袖袄，带着文卷来拜谒他，崔铉大为惊奇。适逢夜间宴饮，郑愚起身更换衣服，宾客随从中有人私下对崔铉说："他应该是惭愧衣着不相称吧！"不久郑愚换了一件红色锦衣出来，更加华丽，众人都预料不到。

王璘举日试万言科①，崔詹事观察湖南，因遗之夹缬数匹②。璘翌日以中单襜褕衣之以诣③，崔公接之大惊矣。

【注释】

①王璘：词学富赡，工诗善赋。湖南观察使崔詹事表荐入京，应日试万言科。得罪宰相路岩，遂不成而归。参见卷十一"荐举不捷"门注。

②遗（wèi）：赠送。夹缬（xié）：一种古代印花染色的方法。用两块木板雕刻同样花纹，将绢布对折夹入二板中，然后在雕空处染色，成为对称的染色花纹。染成的织物叫夹缬。

③中单：里衣。襜褕（chān yú）：直襟的单衣。衣：指做成衣服穿。

【译文】

王璘应日试万言科考试，崔詹事担任湖南观察使，于是送了他数匹夹缬。王璘第二天穿着用夹缬做的里衣和单衣来拜见崔詹事，崔詹事见到之后大为吃惊。

酒失

【题解】

酒失即醉酒过失。此门记录的是士人酒后言行失当得罪别人，后来赔罪之事。作者言："沉酗之失，圣人所戒。"虽然李白赋诗豪曰"一醉累月轻王侯"，但酒后失态得罪人实是难以弥补的重大过失，李白、杜甫亦难免。杜甫醉后误呼严武父名，《新唐书·杜甫传》载："（严）武亦暴猛，外若不为忤，中衔之。一日欲杀甫及梓州刺史章彝，集吏于门。武将出，冠钩于帘三，左右白其母，奔救得止，独杀彝。"再观史苌《上李中丞书》，其战栗惧惕几至于死，"乞哀残喘"，则酒失实足以丧命。即不丧命，如韩愈的孙子韩衮状元及第，却因嗜酒无德而屡屡得罪于人，最终泯然无迹，亦足可戒。

　　崔橹酒后失忤虔州陆郎中肱①，以诗谢之曰②："醉时颠蹶醒时羞③，麴蘖催人不自由④。叵耐一双穷相眼，不堪花卉在前头⑤。"

【注释】

①崔橹酒后失忤虔州陆郎中肱：崔橹曾喝醉了酒得罪虔州刺史陆肱郎中。崔橹，进士及第。仕至棣州司马。诗学杜牧。参见卷十"海叙不遇"门注。虔州，州名，武德五年（622），改南康郡为虔州，治赣县（今江西赣州）。陆郎中肱，吴兴（今浙江湖州）人。宣宗大中九年（855）登进士第。曾任湖州、虔州刺史。任虔州刺史时辟许棠等为从事。能诗，工赋，以《春赋》得名，与李频、郑谷、许棠等友善。《全唐诗》存诗一首。

②以诗谢之曰：以诗道歉。此诗《全唐诗》题作《有酒失于虔州陆郎中肱以诗谢之》。

③颠蹶：犹颠狂。

④麴蘖（qū niè）：酒曲。代指酒。

⑤叵（pǒ）耐一双穷相眼，不堪花卉在前头：可恨生就一双贫贱寒酸的眼睛，看不得富贵繁华之场景。此以穷酸无聊不登大雅之堂为

辞,为自己酒后失德婉言道歉。叵耐,不可耐。可恶、可恨之意。
穷相,贫贱寒酸。

【译文】

崔橹曾喝醉了酒得罪虔州刺史陆肱郎中,以诗道歉道:"醉时颠蹶醒
时羞,鞠蘖催人不自由。叵耐一双穷相眼,不堪花卉在前头。"

宋人卫元规①,酒后忤宋州丁仆射②,谢书略曰:"自兹
囚酒星于天狱,焚醉日于秦坑③。"人多记之。

【注释】

①卫元规:事迹未详。

②宋州:州名。唐武德四年(621),改梁郡为宋州,治宋城县(今河
南商丘)。天宝初,改为睢阳郡。乾元初,复为宋州。丁仆射:未
详其人。

③自兹囚酒星于天狱,焚醉日于秦坑:从此以后把酒星囚禁在天狱,
把醉日在秦坑中焚烧。指永远不再喝酒。酒星,古星名。也称酒
旗星。李白《月下独酌四首》其二:"天若不爱酒,酒星不在天。"
天狱,天上的监狱。醉日,喝醉的时日。张耒《乐平刘复初隐居
四咏》其三:"忤客有谁焚醉日,学仙何处饮流霞。"秦坑,指秦始
皇焚书之坑。

【译文】

宋人卫元规,曾喝醉了酒触犯宋州丁仆射,在致歉信中写道:"从此
以后把酒星囚禁在天狱,把醉日在秦坑中焚烧。"时人多记诵此文。

杜工部在蜀①,醉后登严武之床②,厉声问武曰:"公是
严挺之子否③?"武色变。甫复曰:"仆乃杜审言儿④。"于是

少解^⑤。

【注释】

①杜工部：即杜甫。严武为剑南西川节度使时，荐之为节度参谋、检
　校工部员外郎。世称"杜工部"。参见卷四"师友"门注。

②严武：严挺之子，肃宗、代宗时两度镇蜀。参见卷十一"怨怒"门注。

③严挺之（673—742）：名浚，字挺之，以字行，华州华阴（今属陕
　西）人。举进士，又登制科。姚崇执政，引为右拾遗。历考功员
　外郎、给事中，曾任登、濮、汴三州刺史。擢为刑部侍郎，改太府
　卿。与张九龄善，用为尚书左丞。晚年被李林甫排挤，郁郁而终。

④杜审言：杜甫的祖父。工诗善文，为"文章四友"之一。参见卷六
　"公荐"门注。按，此言杜甫乃杜审言儿，误。

⑤解：缓解。

【译文】

　　杜甫在蜀地，曾经醉后登上严武的床榻，厉声问严武道："你是严挺
之的儿子吗？"严武神色大变。杜甫又说："我是杜审言的儿子。"于是严
武的神色稍稍缓和。

　　韩衮^①，咸通七年赵骘下状元及第^②，性好嗜酒。谢恩
之际，赵公与之首宴^③，公屡赏欧阳琳文学^④，衮睨之曰："明
公何劳再三称一复姓汉^⑤！"公愕然，为之彻席^⑥，自是从
容不过三爵^⑦。及杏园开宴，时河中蒋相以故相守兵部尚
书^⑧，其年子泳及第^⑨，相国欣然来突^⑩，众皆荣之。衮厉声
曰："贤郎在座，两头著子女^⑪，相公来此得否？"相公错愕而
去。及泳归，公庭责之曰^⑫："席内有颠酒同年^⑬，不报我，岂
人子耶！"自是同年莫敢与之欢醉矣。

【注释】

①韩袞:一作韩绲(gǔn),字献之,河阳(今河南孟州)人。韩愈之孙。懿宗咸通七年(866)状元及第。生性狂放,嗜酒无德。

②咸通七年:866年。赵骘(zhì):咸通七年(866)知贡举。参见卷九"芳林十哲"门注。

③首宴:首座。

④欧阳琳:字瑞卿,闽县(今福建福州)人。咸通七年(866)登进士第,又登博学宏词科。累迁侍御史。

⑤复姓汉:指欧阳琳。复姓,不止一个字的姓。欧阳琳复姓欧阳。

⑥彻席:撤席。

⑦爵:古代酒器。泛指酒杯。

⑧河中蒋相:蒋伸(799—881),常州义兴(今江苏宜兴)人。唐朝宰相。宣宗时进士。曾任翰林学士承旨、户部侍郎、兵部侍郎。大中十三年(859)拜相。懿宗即位后,曾任刑部尚书、河中节度使等。故称河中蒋相。

⑨泳:蒋泳,蒋伸之子。懿宗咸通七年(866)登进士第。参见卷三"慈恩寺题名游赏赋咏杂纪"门注。

⑩来突:突然而来。

⑪两头著子女:指酒席两头坐着陪酒的歌伎。子女,陪酒的歌伎。

⑫庭责:指父亲的教训、责备。

⑬颠酒:指发酒疯。

【译文】

　　韩袞,咸通七年赵骘主持贡举时状元及第,生性嗜好饮酒。新科进士谢恩开宴的时候,赵骘让他坐在首席,赵骘屡次称赏欧阳琳的文章才学,韩袞不满地看着他说:"您何必再三称赞那个复姓的家伙呢!"赵骘惊愕不已,撤下了宴席,从此以后周旋之际饮酒不超过三杯。到了杏园宴的时候,当时河中蒋相公以前任宰相的身份任兵部尚书,那年他的儿子蒋泳进士及第,蒋相公高兴地来赴宴,众人都以此为荣。而韩衮厉声道:"令郎在此,两头还坐着陪酒的歌伎,相公来这里合适吗?"蒋相公仓卒惊愕离席而去。等蒋泳回到家,蒋相公责备他说:"席上有发酒疯的同年,你事先不报告我,岂是为人子的道理!"自此以后同年进士们没人敢和韩衮尽情饮酒了。

　　史苌《上李中丞书①》:"祸之将至,鬼神夺魄。岂有委身府幕②,尘忝下寮③,而抵犯威重④,前后非一!中丞审苌,岂非知礼之人?岂非感恩之人?自拜揖马尘⑤,十有三载,杯酒歌咏,久蒙提携,未省竟有差失⑥。中丞因赐赏鉴,辟书府⑦,及陪接万里⑧,星霜二年⑨,正当策名之时⑩,岂愿固有干触⑪?此盖命之牵陷⑫,一至于此,实非常情之所料也。岂非十二年间,东驰西走,肝胆涂地⑬,竟无所成!鬓发班白⑭,幸逢推荐,恩命垂至⑮,自贻颠危⑯,昏昏薄言⑰,罔知攸处⑱,岂非命矣!岂非命矣!且初坐之时,每举一盏酒,未尝不三思其过,似觉体中有酒⑲,亦哀请矜量⑳。既对众宾,复不敢苦诉。俄而迷乱乍合㉑,若怪魅以凭心神㉒,事且不知,死亦宁悟?哀哉微命,有此舛剥㉓!中丞纵宽以万死,苌亦无所施其面目㉔。不即引决者㉕,伏念累世单绪㉖,一身早孤,中年未婚,晚乏儿息㉗,封树何日㉘?先灵靡安㉙!痛此缠迫㉚,乞哀残喘!今髡剪首发㉛,自为毁责㉜,期在粉骨㉝,永知此过。中丞旋斾之日㉞,愿随一卒,步走后尘,洗节布诚㉟,以期他效。伏愿少垂旧惠,恋恋故人㊱,无任忧悸感切之至㊲!谨投书阁下,荒辞无叙㊳,万不申一㊴。仍凭押衙口哀谢㊵,不宣。苌再拜。"

【注释】

①史苌（cháng）：事迹未详。李中丞：未详其人。

②委身：寄身。府幕：犹幕府。府署的幕僚。

③尘忝（tiǎn）：谦辞。犹言忝列。下寮：下属。

④抵犯：触犯。威重：威严。

⑤拜揖马尘：向奔马扬起的尘土打躬作揖。指投靠。

⑥未省：未曾，未知。差失：差错，失误。

⑦书府：收藏文书图籍的府库。指幕府。

⑧陪接：陪奉追随。

⑨星霜：星晨霜露。谓艰难辛苦。

⑩策名：指考进士。

⑪干触：触犯。

⑫牵陷：牵累陷害。

⑬肝胆涂地：比喻竭力尽忠，不惜牺牲生命。

⑭班白：斑白。

⑮垂至：将至。

⑯自贻：自己招来。颠危：艰危困厄。

⑰昏昏：神志昏沉。

⑱罔知攸处：不知所处。罔，不。

⑲体中有酒：指醉酒，病酒。

⑳矜量：怜悯商酌。

㉑迷乱乍合：指忽然神志迷乱。

㉒怪魅：鬼怪魑魅。凭：占据。

㉓舛（chuǎn）剥：困厄。舛，错。剥，伤害。

㉔无所施其面目：指十分羞愧，无地自容。

㉕引决：自杀。

㉖累世单绪：数代只有一子承继宗绪。数代单传之意。

㉗儿息：子嗣。

㉘封树：堆土为坟冢，植树为标识。古代士以上的葬礼。此指安葬先人。

㉙先灵：祖先的神灵。

㉚缠迫：缠绕逼迫。

㉛髡（kūn）：古代剃去男子头发的一种刑罚。

㉜毁责：毁形自责，表示悔过。

㉝粉骨：粉身碎骨。

㉞旋旆（pèi）：回师。

㉟洗节：洗心革面。

㊱恋恋：顾念。

㊲忧悸：忧惧而心惊胆战。

㊳荒辞无叙：昏聩荒唐之辞没有什么次序条理。

㊴万不申一：指不能申述万分之一。

㊵押衙：官名。唐、五代方镇使府置，掌管节度使衙内之事，管领仪仗、侍卫。哀谢：哀告致歉。

【译文】

史苀在《上李中丞书》中写道："大祸将至的时候，鬼神就夺去人的魂魄。世间哪有寄身幕府，忝列下属，而胆敢冒犯主帅的威严，前后如非一人呢！您一向了解我，我难道不是知书达理之人？难道不是感恩图报之人？自从投在您的门下，已经十三年了，饮酒吟诗，长久蒙受您的提携，未曾有什么差错失误之处。您因此而赏识我，征辟我在您幕下，后来我陪奉追随您于万里之外，历尽两年艰辛，现在正是考进士的时候，怎么会故意触犯您？这大概是命运的牵累陷害，使我竟到如此地步，实在不是常情所能预料。岂不是十二年间，为您东奔西走，竭力尽忠，而最终一无所成！我如今鬈发斑白，幸而得到您的推荐，恩命将至，而我却自招困厄，神志昏沉出语浅薄，不知身之所处，岂非是命运如此！岂非是命运如此！那天我刚入坐的时候，每次举起一杯酒，不是没有反复思量过喝醉的过失，觉得似乎已经醉酒，也曾哀请怜悯。然而对着众多宾客，又不敢过于苦求。不久就忽然神志迷乱，好像鬼怪魑魅占据了心神，醉到人事不知，哪里知道自己犯下了死罪？可悲啊我这卑微之命，竟然遭遇这样的困厄！您纵然能宽恕我的万死之罪，我也已经无地自容。我之所以没有立即自杀，只是考虑到我家数代单传，我又早早成了孤儿，人到中年还没结婚，晚年没有子嗣，安葬先人要等到何日？祖先的在天之灵难以安息！痛感于此事缠绕逼迫，乞求您让我苟延残喘！如今我剃去头发，毁形自责以示悔过，以期粉身碎骨，永远记得今日的过失。您回师的时候，我甘愿追随您当一个走卒，鞍前马后奔走尘土之中，洗心革面推诚布忠，期望他日对您有所报效。希望您稍稍垂降旧日的恩惠，顾念故人，不胜忧惧感切之至！恭谨向您投献书信，昏聩荒唐之辞没有什么次序条理，不能申述万分之一。我仍在押衙门口哀请致歉，不再一一细述。史芚再拜。”

　　元相公在浙东时①，宾府有薛书记②，饮酒醉后，因争令掷注子③，击伤相公犹子，遂出幕。醒来乃作《十离诗》上献府主：

【注释】

①元相公在浙东时：宰相元稹任浙东观察使时。元稹，唐朝宰相，中唐著名诗人。曾任浙东观察使。参见卷三“慈恩寺题名游赏赋咏杂纪”门注。

②宾府：幕府。薛书记：或谓蜀中女诗人薛涛。薛涛以诗闻名。剑南西川节度使韦皋曾拟奏请朝廷授以秘书省校书郎之衔，时人称其为“女校书”。参见卷三“慈恩寺题名游赏赋咏杂纪”门注。《鉴诫录》载薛涛曾触怒韦皋，故作《十离诗》以献。此所记元稹与薛涛事，多为小说家言。

③争令：争酒令。注子：一种长颈的酒壶。

【译文】

宰相元稹任浙东观察使时，幕府中有薛书记，饮酒喝醉之后，因为争酒令抛掷酒壶，打伤了元稹的侄子，于是离开幕府。酒醒之后写了《十离诗》呈献给府主元稹：

驯扰朱门四五年①，毛香足净主人怜。无端咬著亲情客，不得红丝毯上眠。犬离主。

越管宣毫始称情②，红笺纸上撒花琼③。都缘用久锋头尽④，不得羲之手里擎⑤。笔离手。

云耳红毛浅碧蹄，追风曾到日东西。为惊玉貌郎君坠，不得华轩更一嘶⑥。马离厩。

【注释】

①驯扰：驯服柔顺。

②越管：越竹所制的毛笔杆。宣毫：宣城所产的毛笔。

③花琼：美称文字。

④锋头：指毛笔的笔尖。

⑤羲之：王羲之（321—379，一作303—361），字逸少，琅琊临沂（今属山东）人。东晋名臣王导的侄子。起家秘书郎，官至右军将军、会稽内史，世称"王右军"。善书法，工文学，以《兰亭集序》为代表，后世称为"书圣"。擎：持。

⑥为惊玉貌郎君坠，不得华轩更一嘶：因为使少年郎君失惊坠马，再也不能在华美的车子前迎风长嘶。华轩，华美的车子。轩，车。杜甫《骢马行》诗："朝来少试华轩下，未觉千金满高价。"

【译文】

　　驯扰朱门四五年，毛香足净主人怜。无端咬著亲情客，不得红丝毯上眠。犬离主。

　　越管宣毫始称情，红笺纸上撒花琼。都缘用久锋头尽，不得羲之手里擎。笔离手。

　　云耳红毛浅碧蹄，追风曾到日东西。为惊玉貌郎君坠，不得华轩更一嘶。马离厩。

　　陇西独自一孤身，飞去飞来上锦裀①。都缘出语无方便②，不得笼中更唤人。鹦鹉离笼。

　　出入朱门未忍抛，主人常爱语咬咬③。衔泥秽污珊瑚簟④，不得梁间更垒巢。燕离巢。

　　皎洁圆明内外通，清光似照水精宫。都缘一点瑕相秽，不得终宵在掌中。珠离掌。

【注释】

①陇西独自一孤身，飞去飞来上锦裀（yīn）：鹦鹉孤身从陇西而来，在锦绣褥垫之上飞来飞去。陇西，泛指甘肃一带。陇西盛产鹦鹉，白居易《鹦鹉》诗："陇西鹦鹉到江东，养得经年觜渐红。"陇，即陇山，在今陕西、甘肃之间。裀，通"茵"，褥垫。

②方便：适宜。

③咬咬（jiāo）：鸟鸣声。汉乐府《长歌行》："黄鸟飞相追，咬咬弄音声。"

④珊瑚簟（diàn）：以珊瑚装饰的簟席。

【译文】

　　陇西独自一孤身，飞去飞来上锦裀。都缘出语无方便，不得笼中更唤人。鹦鹉离笼。

　出入朱门未忍抛,主人常爱语咬咬。衔泥秽污珊瑚簟,不得梁间更垒巢。燕离巢。

　皎洁圆明内外通,清光似照水精宫。都缘一点瑕相秽,不得终宵在掌中。珠离掌。

　戏跃莲池四五秋,常摇朱尾弄轮钩①。无端摆断芙蓉朵,不得清波更一游。鱼离池。

　爪利如锋眼似铃,平原捉兔称高情。无端窜向青云外,不得君王手上擎。鹰离主。

【注释】

①轮钩:钓竿上装有小轮以收卷钓丝的钓具。

【译文】

　戏跃莲池四五秋,常摇朱尾弄轮钩。无端摆断芙蓉朵,不得清波更一游。鱼离池。

　爪利如锋眼似铃,平原捉兔称高情。无端窜向青云外,不得君王手上擎。鹰离主。

　翁郁新栽四五行①,常将贞节负秋霜。为缘春笋钻墙破,不得垂阴覆玉堂。竹离亭。

　铸泻黄金镜始开,初生三五月徘徊②。为遭无限尘蒙蔽,不得华堂上玉台③。镜离台。

【注释】

①翁(wěng)郁:形容草木茂盛。

②三五月：指农历十五夜的月亮。比喻镜圆如月。

③玉台：指玉镜台。

【译文】

蓊郁新栽四五行，常将贞节负秋霜。为缘春笋钻墙破，不得垂阴覆玉堂。竹离亭。

铸泻黄金镜始开，初生三五月徘徊。为遭无限尘蒙蔽，不得华堂上玉台。镜离台。

马上同携今日杯，湖边还折去年梅。年年只是人空老，处处何曾花不开。歌咏每添诗酒兴，醉酣还命管弦来。樽前百事皆依旧，点检唯无薛秀才①。元公诗②。

【注释】

①薛秀才：白居易的朋友薛景文。

②元公诗：实为元稹好友白居易之诗，白集题作《与诸客携酒寻去年梅花有感》。

【译文】

马上同携今日杯，湖边还折去年梅。年年只是人空老，处处何曾花不开。歌咏每添诗酒兴，醉酣还命管弦来。樽前百事皆依旧，点检唯无薛秀才。元稹相公诗。

论曰：萧琛以桃杖虎靴①，邢绍以绛绵纠发②，所务先设奇以动众，后务能以制人，振天下之大名，为一时之口实者也③。郑公之服锦，王公之衣缬④，得无意于彼乎？苟名实相远⑤，则服之不衷，身之灾也⑥。知沉酗之失⑦，圣人所戒，虽王佐之才，得以赎过⑧，其如名教何！

【注释】

①萧琛以桃杖虎靴：萧琛拄着桃枝杖，穿着虎皮靴来拜见王俭。萧琛（478—529），字彦瑜，谥平子，南兰陵（今江苏常州）人。初仕南齐，起家太学博士，聪颖负才气，曾穿着虎皮靴，拄着桃枝杖，拜谒权臣王俭，大受赏识。累迁尚书左丞。梁武帝即位，历任宣城太守、卫尉卿、太子中庶子、散骑常侍等，任江夏、南郡、东阳、吴兴四郡太守。有政绩。官至侍中、金紫光禄大夫。性旷达，工诗书，好饮酒，通音律。著有《汉书文府》《齐梁拾遗》等。

②邢绍以绛绵纠发：桓道恭腰系绛绵绳以举发桓玄的过失。邢绍，或为邢邵，字子才，北朝文学家，雅有才思，聪明强记。累迁太常卿、中书监，摄国子祭酒，授特进。为文坛领袖。然不闻有绛绵纠发事。南朝宋刘义庆《世说新语·规箴》载桓玄好猎，常因行阵不整而捆绑下属，桓道恭于是把绛绵绳系在腰间，说万一犯错被捆绑，避免被麻绳所刺。桓玄因之收敛。纠发，举发。

③口实：话柄，人们谈话的内容。

④郑公之服锦，王公之衣缬（xié）：郑愚穿着锦衣，王璠穿着夹缬。见前"设奇沽誉"门。

⑤名实相远：名不副实。

⑥服之不衷，身之灾也：穿着与身份不相称的衣服，就会遭到灾祸。衷，合度。语出《左传·僖公二十四年》："服之不衷，身之灾也。"

⑦沉酗（xù）：酗酒，撒酒疯。

⑧赎过：补偿过失。

【译文】

论曰：萧琛拄着桃枝杖，穿着虎皮靴来拜见王俭，桓道恭腰系绛绵绳以举发桓玄的过失，他们所致力谋求的，是先标新立异以打动众人，然后致力于用能力来压制别人，以在天下显扬大名，成为一时之间人们谈资。郑愚穿着锦衣，王璠穿着夹缬，莫非意图和他们一样吗？如果名不副实，那么穿着与身份不相称的衣服,就会遭到灾祸。可知酗酒的过失,为圣人所告诫,即使有辅佐帝王的才能,能够弥补过错,可礼教又怎么能容忍这种行为呢?

卷十三

敏捷

【题解】

　　王定保撰写《唐摭言》的一个重要目的是"旌表赡敏"，因此不能无"敏捷"一门。敏捷不由博学，多源天赋，唐人重文学，因此常看重敏捷。杜甫赞李白"敏捷诗千首"（《不见》）。卷二"争解元"门中高郢应府试，援笔而成，当年便以府元选送。卷五"以其人不称才试而后惊"门中皆是以文才敏捷惊人之士。此门记录的亦是文思敏捷之才子奇人，其中著名者如李白醉后奉诏作《宫词》，温庭筠八叉手而成一篇，裴廷裕号为"下水船"等。

　　王勮[①]，绛州人[②]，开耀中[③]，任中书舍人。先是，五王同日出阁受册[④]，有司忘载册文，百寮在列，方知阙礼。勮召小吏五人，各执笔，口授分写，一时俱毕。

【注释】

①王勮（jù，? —697）：绛州龙门（今山西河津）人。王勃之兄。弱　冠进士及第，累除太子典膳丞。武则天时擢为凤阁舍人，寻加弘

文馆学士，兼知天官侍郎。后受刘思礼谋反案牵连，被杀。

②绛州：州名，隋开皇中置，治正平县（今山西新绛）。

③开耀：唐高宗李治的年号（681—682）。按，王勮担任凤阁舍人在武则天时，五王出阁受册在武则天天授元年（690）。

④五王：唐睿宗的五个儿子寿春王李成器、衡阳王李成义等五王。出阁：指皇子出宫到藩邸。受册：接受册命。

【译文】

王勮，是绛州人，开耀年间，担任中书舍人。之前，五王在同一天出宫到藩邸，接受册命，主管部门忘记携带册文，等到百官就位，才发现礼仪有缺漏。王勮召来五名书吏，让他们各自执笔，他口述五人分写，一时之间都写成了。

开元中，李翰林应诏草《白莲花开序》及《宫词》十首①。时方大醉，中贵人以冷水沃之稍醒②，白于御前索笔一挥，文不加点③。

【注释】

①李翰林：指李白。李白曾为翰林供奉，世称"李翰林"。参见卷七"知己"门注。按，李白为翰林供奉在天宝年间，非开元。《白莲花开序》：已佚。据范传正《唐左拾遗翰林学士李公新墓碑并序》："（玄宗）泛白莲池，公不在宴。皇欢既洽，召公作序。时公已被酒于翰苑中，仍命高将军扶以登舟。"《宫词》：李集题作《宫中行乐词》，今存八首。

②沃：浇。

③文不加点：写文章不用涂改。形容下笔成章，文思敏捷。

【译文】

开元年间，翰林供奉李白奉皇帝的命令写《白莲花开序》以及《宫词》十首。当时李白饮酒大醉，宦官用冷水浇面才渐渐醒来，之后李白在皇帝面前索取纸笔一挥而就，毫无修改。

温庭筠烛下未尝起草①，但笼袖凭几②，每赋一韵，一吟而已，故场中号为"温八吟"③。

【注释】

①烛下：代指考场。烛，指考场中灯烛。

②笼袖：两手相对伸入袖中。

③场：考场，举场。温八吟：唐代进士考试的律赋一般为八韵，温庭筠笼袖一吟即赋一韵，故称"温八吟"，又称"温八叉"，即八次叉手构思即成一篇之意。

【译文】

温庭筠在考场中从不起草稿，只是双手笼入袖中靠着几案，每写一韵，吟思一次而已，因此考场之中称他为"温八吟"。

段维晚富辞藻①，敏赡第一②。常私试八韵，好吃煎饼，凡一个煎饼成，一韵粲然。

【注释】

①段维：四十方学，博闻强记，下笔成文。段维才思敏捷事，见卷十"海叙不遇"门。

②敏赡：才情敏捷丰富。

【译文】

段维后来富于辞藻，才情敏捷丰富堪称第一。曾经在文会私试上写八韵律赋，他嗜好吃煎饼，每当一个煎饼做成，他就写好了一韵赋。

　　昭宗天复元年正旦①，东内反正②。既御楼，内翰维吴子华先至③，上命于前跪草十余诏，简备精当，曾不顷刻④。上大加赏激⑤。

【注释】

①天复元年：901年。

②东内：大明宫。因在太极宫之东，习称"东内"。反正：复位。光化三年（900）末，宦官刘季述等幽禁昭宗，立太子为帝，天复元年（901）正月，崔胤等复立昭宗。

③吴子华：吴融，昭宗时任翰林承旨。参见卷三"散序"门注。

④曾不顷刻：竟不需要片刻。极言时间之短。

⑤赏激：赏识激励。

【译文】

　　昭宗在天复元年元旦，于大明宫复位。昭宗登上城楼的时候，翰林学士中只有吴融先到，昭宗命他跪坐于前草拟十余道诏书，写得通达完备精确恰当，片刻之间就已写好。昭宗大加赏识激励。

　　短李镇扬州①，请章孝标赋《春雪》诗②，命札于台盘上③。孝标唯然④，索笔一挥云："六出花飞处处飘⑤，黏窗拂砌上寒条⑥。朱门到晚难盈尺，尽是三军喜气消⑦。"

【注释】

①短李：李绅。唐朝宰相。为人短小精悍，时号"短李"。武宗会昌年间任淮南节度使，镇守扬州。中唐著名诗人，和白居易、元稹等倡导新乐府运动。参见卷八"通榜"门注。

②章孝标：中唐诗人。曾任秘书省正字、山南东道节度使从事等。

工诗,和白居易、元稹、李绅等交游唱和。参见卷十"海叙不遇"
门注。《春雪》:《全唐诗》题作《淮南李相公绅席上赋春雪》。

③台盘:桌面。

④唯然:恭敬应答貌。

⑤六出花飞:雪花。雪花六角,因称"六出"。

⑥砌:台阶。寒条:寒枝。冬日的树枝。

⑦喜气:祥瑞之气。

【译文】

李绅镇守扬州,请章孝标写《春雪》诗,让他题写在桌面上。章孝标
恭敬地答应,索取纸笔一挥而就,写道:"六出花飞处处飘,黏窗拂砌上寒
条。朱门到晚难盈尺,尽是三军喜气消。"

白中令镇荆南①,杜蕴常侍廉问长沙②,时从事卢发致
聘焉③。发酒酣傲睨,公少不怿,因改著词令曰④:"十姓胡
中第六胡⑤,也曾金阙掌洪炉⑥。少年从事夸门地⑦,莫向
樽前喜气粗⑧。"卢答曰:"十姓胡中第六胡,文章官职胜崔
卢⑨。暂来关外分忧寄⑩,不称宾筵语气粗。"公极欢而罢。

【注释】

①白中令:白敏中。唐朝宰相。懿宗时加中书令,故称"白中令"。
　　宣宗大中十一年(857)至十三年(859)任荆南节度使。参见卷
　　八"友放"门注。

②杜蕴:宣宗大中年间,任散骑常侍、潭州刺史、湖南观察使。长沙:
　　郡名。唐天宝、至德时改潭州为长沙郡,治长沙县(今湖南长沙),
　　为湖南观察使治所。

③卢发:事迹未详。致聘:致聘问之礼。指出使。

④词令：应对的言词。此指酒令。

⑤十姓胡：唐代西突厥分十部落，称"十姓胡"。泛指藩姓。

⑥金阙：指天子所居的宫阙。洪炉：比喻国家枢要。白敏中说自己虽是藩姓，却曾在朝廷执掌国政。

⑦少年从事：指卢发。门地：犹门第。

⑧喜气：此指面色，神气。粗：鲁莽。

⑨崔卢：士族大姓崔氏、卢氏，自魏晋至唐代以来世居高显。卢发自夸门第高贵，得罪白敏中，故而借诗补过，称白敏中虽属藩姓，文章和官职却都胜过崔家和卢家。

⑩分忧寄：分担天子忧国忧民的托付。

【译文】

中书令白敏中镇守荆南，散骑常侍杜蕴担任湖南观察使，当时杜蕴派遣幕僚卢发出使荆南。卢发喝醉了酒之后态度傲慢轻忽，白敏中有些不高兴，于是改酒令说："十姓胡中第六胡，也曾金阙掌洪炉。少年从事夸门地，莫向樽前喜气粗。"卢发答酒令道："十姓胡中第六胡，文章官职胜崔卢。暂来关外分忧寄，不称宾筵语气粗。"白敏中非常高兴，尽情欢饮而罢。

张祜客淮南①，幕中赴宴，时杜紫微为支使②，南座有属意之处③，索骰子赌酒④，牧微吟曰⑤："骰子逡巡裹手拈⑥，无因得见玉纤纤⑦。"祜应声曰："但知报道金钗落，仿佛还应露指尖⑧。"

【注释】

①张祜：晚唐诗人，终身未仕，诗歌为杜牧等推重。参见卷二"争解元"门注。

②杜紫微:杜牧。晚唐著名诗人。仕至中书舍人。唐玄宗开元元年
　（713）改中书舍人为紫微舍人,故称。参见卷三"慈恩寺题名游
　赏赋咏杂纪"门注。支使:唐代节度使、观察使等的属官。职掌
　略同掌书记。

③属意之处:指看中的歌伎。

④骰(tóu)子:游戏或赌博用的骨制器具。常为方块形,每面刻有
　点数,从一到六。

⑤微吟:小声吟咏。

⑥逡(qūn)巡:从容。裹手拈:握在手中。

⑦玉纤纤:形容纤细如玉的手指。歌伎把骰子握在手中,故而不得
　见其手指。

⑧但知报道金钗落,仿佛还应露指尖:只要说她金钗落了,她就应该
　露出指尖了。意谓假意告诉歌伎金钗掉落,使她抬手整理发髻,
　便可见其手指。报道,告知。

【译文】

　　张祜客居淮南,去淮南节度使幕府中赴宴,当时杜牧担任节度支使,
南面席上有一名他看中的歌伎,正用骰子赌酒,杜牧小声吟咏道:"骰子
逡巡裹手拈,无因得见玉纤纤。"张祜应声接道:"但知报道金钗落,仿佛
还应露指尖。"

　　柳棠谒梓州杨尚书汝士①,因赴社宴②。杨公逼棠巨
鱼③,棠坚不饮。杨公口占一篇曰:"文章谩道能吞凤④,杯
盏何曾解吃鱼⑤? 今日梓州陪社宴,定应遭者老尚书⑥。"棠
应声曰:"未向燕台逢厚礼⑦,幸陪社会接余欢⑧。一鱼吃了
终无愧,鲲化为鹏也不难⑨。"

【注释】

①柳棠：梓州（今四川三台）人。文宗开成二年（837）登进士第。才思敏捷，善诗，性狂纵。曾以诗触怒东川节度使杨汝士，杨怒以书责其座主高锴。不任忧惧，遂往剑州，后参越巂军事而卒。《全唐诗》存诗二首。梓州：州名。乾元元年（758）改梓潼郡为梓州，治昌城县（今四川三台），为剑南东川节度使治所。杨尚书：杨汝士，开成元年（836）至四年（839）以检校礼部尚书充剑南东川节度使，镇守梓州。官至刑部尚书。参见卷三"慈恩寺题名游赏赋咏杂纪"门注。

②社宴：古时社日举行的宴会。

③巨鱼：鱼形大酒杯。

④吞凤：传说汉扬雄著《太玄经》，梦吐凤凰集于经上。事见《西京杂记》。又，《晋书·罗含传》载东晋罗含梦吞一文鸟，自此才思大进。后因以"吞凤"称美文章高妙。

⑤吃鱼：此指饮鱼形杯。

⑥遭者：犹遭着，遭遇。

⑦未向燕台逢厚礼：指未能被征聘入幕府。燕台，即黄金台。战国时燕昭王筑黄金台，以招纳天下贤士。故址在今河北易县东南。后用作君主或长官礼贤之典。此比喻幕府。

⑧社会：社日举行的酬神庆祝活动。

⑨鲲化为鹏：即庄子鲲鹏之喻。《庄子·逍遥游》："北冥有鱼，其名为鲲。鲲之大，不知其几千里也。化而为鸟，其名为鹏。"

【译文】

柳棠拜谒梓州杨汝士尚书，于是一起赴社日宴会。杨汝士逼柳棠喝鱼形的一大杯酒，柳棠坚持不肯喝。杨汝士随口吟了一首诗道："文章谩道能吞凤，杯盏何曾解吃鱼？今日梓州陪社宴，定应遭者老尚书。"柳棠应声答道："未向燕台逢厚礼，幸陪社会接余欢。一鱼吃了终无愧，鲲化为鹏也不难。"

柳公权①，武宗朝在内庭，上尝怒一宫嫔久之②，既而复召，谓公权曰："朕怪此人，然若得学士一篇，当释然矣。"目御前有蜀笺数十幅③，因命授之。公权略不伫思而成一绝曰④："不忿前时忤主恩⑤，已甘寂寞守长门⑥。今朝却得君王顾，重入椒房拭泪痕⑦。"上大悦，赐锦彩二十匹⑧，令宫人拜谢之。

【注释】

①柳公权（778—865）：字诚悬，京兆华原（今陕西铜川耀州区）人。唐朝著名书法家，和颜真卿并称"颜柳"，代表作有《玄秘塔碑》等。宪宗元和三年（808）登进士第，又登博学宏词科，释褐秘书省校书郎。累迁至右补阙、翰林学士、中书舍人。官至国子祭酒、工部尚书，封河东郡公。博贯经术，通音律，工诗文，《全唐诗》存诗五首。

②宫嫔（pín）：宫中妃嫔。

③蜀笺：唐代蜀地所制精致华美的纸。

④伫思：凝思，思索。

⑤不忿：不料。

⑥长门：汉宫名。汉武帝时，陈皇后失宠所居。后比喻失宠后妃居住的地方。

⑦椒房：汉未央宫有椒房殿，以椒和泥涂壁，使温暖、芳香，并象征多子。泛指后妃的居室。

⑧锦彩：指华美的丝织品。

【译文】

柳公权，武宗时在内庭任职，武宗皇帝曾经恼怒一名宫嫔很久，后来又召见她，武宗皇帝对柳公权说："我责怪此人，然而如果能得到你一首诗，我就心平气和了。"见面前有蜀笺数十张，于是命人拿给柳公权。柳公权不假思索就写了一首绝句道："不忿前时伜主恩，已甘寂寞守长门。今朝却得君王顾，重入椒房拭泪痕。"皇帝非常高兴，赐给他锦彩二十匹，又命令那名宫嫔上前拜谢他。

山北沈侍郎主文年①，特召温飞卿于帘前试之②，为飞卿爱救人故也③。适属翌日飞卿不乐，其日晚请开门先出，仍献启千余字。或曰："潜救八人矣。"

【注释】

①山北沈侍郎：昭义节度使沈询侍郎。山北，昭义节度的别称。沈侍郎，沈询，字诚之，吴县（今江苏苏州）人。沈传师子。宣宗时曾任中书舍人、翰林学士、礼部侍郎、浙东观察使等。宣宗大中九年（855）知贡举。懿宗咸通中任昭义节度使，部将作乱，遇害。

②温飞卿：温庭筠，字飞卿。晚唐著名诗人。宣宗大中年间因科举作弊被贬。其事参见卷十一"无官受黜"门。

③救人：此指考试帮人作弊。

【译文】

昭义节度使沈询侍郎主持贡举那年，特地让温庭筠在考帘前单独考试，因为他喜欢帮人作弊的缘故。适逢第二天温庭筠身体不适，当晚请求开贡院门先行退出考场，仍献上书启千余字。有人说："他已经暗中帮八个人考试了。"

　　裴虔余①，咸通末佐北门李公淮南幕②。尝游江，舟子刺船③，误为竹篙溅水，湿近座之衣，公为之色变。虔余遽请彩笺，纪一绝曰："满额鹅黄金缕衣④，翠翘浮动玉钗垂⑤。从教水溅罗衣湿⑥，知道巫山行雨归⑦。"公览之极欢，命讴者传之矣⑧。

【注释】

①裴虔余：宣宗大中间，为浙江西道都团练判官，转山南东道节度推官。懿宗咸通末，佐李蔚淮南幕。入朝历户部员外郎、兵部郎中。僖宗乾符初授太常少卿，出为华州刺史，广明初徙宣歙观察使。《全唐诗》存诗二首。

②北门李公：北都留守李蔚相公。北门，北都留守的别称。李蔚（？—879），字茂休，陇西姑臧（今甘肃武威）人。唐朝宰相。文宗开成五年（840）登进士第。宣宗大中年间任考功郎中，知制诰。懿宗时以中书舍人权知礼部贡举，拜礼部侍郎，转尚书右丞。历京兆尹、太常卿。出为宣武、淮南两镇节度使。僖宗乾符二年（875）以吏部尚书迁中书侍郎、同中书门下平章事，后罢为东都留守，卒于北都留守、河东节度使任上。

③舟子：船夫。刺船：撑船。

④满额鹅黄：古代妇女常于额上施黄色涂饰。鹅黄，浅黄色。金缕衣：以金丝编织的衣服。

⑤翠翘：古代妇女头饰。形似翠鸟尾部长羽，故名。浮动：摇动。

⑥从：任凭。

⑦巫山行雨归：从巫山行雨归来。楚怀王游高唐，梦见巫山神女，神女自称："妾在巫山之阳，高丘之阻，旦为朝云，暮为行雨，朝朝暮暮，阳台之下。"见宋玉《高唐赋》。后常用为男女欢会之典。

⑧讴（ōu）者：歌伎。讴，歌。

【译文】

裴虔余，咸通末年在北都留守李蔚相公的淮南节度使幕府中任职。裴虔余曾经和李蔚一起泛舟江中游览，船夫撑船的时候，竹篙不小心溅起了水，打湿了旁边歌伎的衣服，李蔚神色大变。裴虔余就索取彩笺，写了一首绝句道："满额鹅黄金缕衣，翠翘浮动玉钗垂。从教水溅罗衣湿，知道巫山行雨归。"李蔚看后非常高兴，命歌伎传唱这首诗。

韦蟾左丞①，至长乐驿亭，见李汤给事题名②，索笔纪之曰："渭水秦山豁眼明，希仁何事寡诗情？只应学得虞姬婿，书字才能记姓名。"

【注释】

①韦蟾：僖宗时任尚书左丞。工诗，与李商隐、罗隐等交往唱和。按，此节韦蟾题诗戏谑李汤之事与卷三"慈恩寺题名游赏赋咏杂纪"门重复，唯文字有差。可参见。

②李汤：宰相李宗闵之侄，官给事中。参见卷三"慈恩寺题名游赏赋咏杂纪"门注。

【译文】

尚书左丞韦蟾，有次到长乐驿亭，见到给事中李汤的题名，索取笔墨题诗纪事道："渭水秦山豁眼明，希仁何事寡诗情？只应学得虞姬婿，书字才能记姓名。"

郑仁表起居①，经过沧浪峡②，憩于长亭③，邮吏坚进一板④，仁表走笔曰⑤："分陕东西路正长⑥，行人名利火燃汤⑦。路傍著个沧浪峡，真是将闲搅撩忙⑧。"

【注释】

①郑仁表：懿宗进士，累辟使府，入为起居郎。参见卷十二"自负"门注。

②沧浪峡：在今湖北丹江口市西北。沧浪是古水名，指汉水或汉水别流夏水。《孟子·离娄上》："沧浪之水清兮，可以濯我缨；沧浪之水浊兮，可以濯我足。"后常用以指代隐逸。

③长亭：古时每十里所设供行人休憩的驿站。

④邮吏：古代邮传驿站的小官。板：即诗板。专门用来题诗的木板。

⑤仁表走笔曰：此诗《全唐诗》题作《题沧浪峡榜》。

⑥分陕：任地方官。西周初周公旦、召公奭分陕而治，周公治陕以东，召公治陕以西。后用以指出任地方官。刘沧《旅馆书怀》诗："客计倦行分陕路，家贫休种汶阳田。"

⑦火燃汤：以火烧热水。比喻名利之心灼热沸腾。汤，热水。

⑧将闲搅撩忙：以隐逸之闲心来撩拨世人的忙于名利之心。搅撩，撩拨。

【译文】

起居郎郑仁表，经过沧浪峡的时候，在驿站休息，驿站官吏呈送一块诗板硬要请他题诗，郑仁表提笔写道："分陕东西路正长，行人名利火燃汤。路傍著个沧浪峡，真是将闲搅撩忙。"

裴廷裕①，乾宁中在内庭，文书敏捷，号为"下水船"②。梁太祖受禅③，姚洎为学士④，尝从容，上问及廷裕行止，洎对曰："顷岁左迁，今闻旅寄衡水⑤。"上曰："颇知其人构思甚捷。"对曰："向在翰林，号为'下水船'。"太祖应声谓洎曰："卿便是'上水船'也。"洎微笑，深有惭色。议者以洎为"急滩头上水船"也⑥。

【注释】

①裴廷裕：僖宗进士。昭宗乾宁（894—898）中为翰林学士，迁左散骑常侍，后贬湖南卒。以文思敏捷著称。参见卷三"慈恩寺题名游赏赋咏杂纪"门注。

②下水船：比喻文思敏捷如顺流下驶的船。

③梁太祖受禅：指朱温灭唐建梁。

④姚洎：后梁宰相。唐末昭宗时曾任翰林学士。按，姚洎入梁，任兵部侍郎、御史大夫、中书侍郎等，未载其任梁翰林学士。

⑤旅寄：寄居他乡。衡水：县名。唐属冀州。故治在今河北衡水西。

⑥急滩头上水船：在急水滩头逆流向上行驶的船。比喻文思蹇涩迟钝。

【译文】

裴廷裕，乾宁年间在内庭任职，文章书翰才思敏捷，号称"下水船"。梁太祖朱温建梁之后，姚洎任翰林学士，曾和梁太祖闲谈，梁太祖问到裴廷裕的行踪，姚洎回答说："前些年被贬谪，现在听说寄居在衡水。"梁太祖说："我经常听说这个人构思文章非常敏捷。"姚洎回答说："他以前在翰林院，号称'下水船'。"梁太祖应声对姚洎说："那你就是'上水船'了。"姚洎微笑，深有惭愧之色。当时人们称姚洎是"急滩头上水船"。

矛楯

【题解】

矛楯指以文词互相辩难。此门所记的是才思敏捷的士人对别人的嘲诮加以反击，或者对别人的自大之词加以巧妙地规箴，颇有诙谐之趣。作者论赞中说："构思明速，禀生知乎，用不以道，利口而已。矛楯相攻，其揆一也。"作者认为敏捷如不用在正道上，就只不过是巧嘴利舌而已，以文词互相辩难攻击，也容易引起是非，埋下祸患，如上门之柳棠就因巧嘴利舌得罪了杨汝士，后者写信给柳棠的座主高锴："柳棠者，凶悖嚚竖，识者恶之。狡过仲容,才非犬子。且膺门之贵,岂宜有此生乎!"(《云溪友议》卷中)柳棠畏惧而逃,最后以小官而卒。

令狐赵公镇维扬^①,处士张祜尝与狎宴^②。公因视祜改令曰:"上水船,风又急,帆下人,须好立^③。"祜应声答曰:"上水船,船底破,好看客,莫倚柂^④。"

【注释】

①令狐赵公:令狐绹,封赵国公,懿宗咸通三年(862)至十年(869)任淮南节度使,镇守扬州。参见卷四"师友"门注。

②处士张祜:张祜终身未仕,故称处士。参见卷二"争解元"门注。狎(xiá)宴:指不拘礼节的私宴。

③"上水船"几句:上水船难行,风又吹得急,站在帆下的人,应当好好站稳。令狐绹以"上水船"嘲讽张祜文思迟钝,接不上酒令。

④"上水船"几句:上水船难行,船底又被打破,喜欢做看客的人,别再倚着船舵看别人热闹了。张祜以船快沉了还要倚着船舵看别人热闹为比喻,反过来嘲讽令狐绹自顾不暇还笑话别人。此皆为戏谑语。柂(duò),船舵。

【译文】

赵国公令狐绹镇守扬州,处士张祜曾和他一起不拘礼节地饮宴。令狐绹于是看着张祜更改酒令道:"上水船难行,风又吹得急,站在帆下的人,应当好好站稳。"张祜应声答道:"上水船难行,船底又被打破,喜欢做看客的人,别再倚着船舵看别人热闹了。"

沈亚之尝客游^①,为小辈所试曰:"某改令,书俗语各两句^②:伐木丁丁,鸟鸣嘤嘤。东行西行,遇饭遇羹^③。"亚之答曰："如切如磋，如琢如磨。欺客打妇，不当喽啰④。"

【注释】

①沈亚之：宪宗进士。才高命蹇，终郢州司户参军。以传奇小说著名，擅诗，为杜牧、李商隐推重。参见卷九"芳林十哲"门注。

②书俗语：指经书中语和俗语。

③"伐木丁丁"几句："伐木丁丁，鸟鸣嘤嘤"是经书语，出自《诗经·小雅·伐木》："伐木丁丁，鸟鸣嘤嘤。出自幽谷，迁于乔木。嘤其鸣矣，求其友声。相彼鸟矣，犹求友声。"比喻结交求友。"东行西行，遇饭遇羹"是俗语，指东奔西走，到处蹭吃蹭喝。此四句讽刺沈亚之以结交求友为名，寄食于人。

④"如切如磋"几句："如切如磋，如琢如磨"出自《诗经·卫风·淇奥》："有匪君子，如切如磋，如琢如磨。"形容君子的学问品德像打磨象牙玉器一样精益求精。"欺客打妇，不当喽啰"是俗语，指只会欺负客人，打骂妇女，不算好汉。不当，不算，不是。喽啰（lóu luō），伶俐能干，有本领。此四句是沈亚之讽刺对方不好好修养品德，只会恃强凌弱攻击别人。

【译文】

沈亚之曾经客居在外，被年轻后辈在酒席上试探攻击，说："我请求改酒令，说经书中语和俗语各两句：伐木丁丁，鸟鸣嘤嘤。东行西行，遇饭遇羹。"沈亚之答酒令道："如切如磋，如琢如磨。欺客打妇，不当喽啰。"

元和中，长安有沙门①，不记名氏。善病人文章②，尤能捉语意相合处③。张水部颇恚之④，冥搜愈切⑤，因得句曰："长因送人处，忆得别家时⑥。"径往夸扬⑦，乃曰："此应不合前辈意也⑧！"僧微笑曰："此有人道了也。"籍曰："向有何人？"

僧乃吟曰:"见他桃李树,思忆后园春⑨。"籍因抚掌大笑。

【注释】

①沙门:梵语的音译。指佛门、出家人。

②病:挑毛病。

③捉语意相合处:指捕捉诗文中语意和别人暗合之处。

④张水部:张籍,中唐著名诗人,曾任水部员外郎,故称。参见卷三"散序"门注。

⑤冥搜:尽力搜集,冥思苦想。

⑥长因送人处,忆得别家时:常在送人的地方,回忆起离别家乡的时候。此诗张集题作《蓟北旅思》。

⑦夸扬:夸耀张扬。

⑧前辈:指前辈诗人。

⑨见他桃李树,思忆后园春:见到此地的桃树和李树,思念起故乡后园的春天。此两句为当时俗传诗,长沙窑瓷器题诗有:"岁岁长为客,年年不在家。见他桃李树,思忆后园花。"皆是睹他乡而思故乡,和张籍的"长因送人处,忆得别家时"有相合之处。故而僧人用以调侃。参见陈尚君《八十年来的唐诗辑佚及其文学史意义》。

【译文】

元和年间,长安有名僧人,不记得他的姓名。擅长给别人的文章挑毛病,尤其能捕捉诗文中语意和别人暗合之处。水部员外郎张籍对此很恼怒,极力冥思苦想,于是想出一句诗:"长因送人处,忆得别家时。"径直去找僧人夸耀张扬,说:"这句诗应该没有和哪个前辈诗人相合吧!"僧人微笑着说:"这句诗的意思已经有人写过了。"张籍说:"以前有谁写过?"僧人于是吟道:"见他桃李树,思忆后园春。"张籍于是拍手哈哈大笑。

张处士《忆柘枝》诗曰①:"鸳鸯钿带抛何处②,孔雀罗衫属阿谁③?"白乐天呼为"问头"④。祜矛楯之曰⑤:"鄙薄'问头'之诮⑥,所不敢逃;然明公亦有'目连变'⑦,《长恨辞》云⑧:'上穷碧落下黄泉,两处茫茫都不见⑨。'此岂不是目连访母耶?"

【注释】

①张处士:张祜。《忆柘枝》:《全唐诗》题作《感王将军柘枝妓殁》。

②鸳鸯钿带:绣有鸳鸯花纹并用金、银、贝壳等镶嵌装饰的衣带。

③阿谁:何人。

④白乐天:白居易,字乐天。中唐著名诗人。参见卷二"争解元"门注。问头:犹试题。

⑤矛楯(dùn):犹矛盾。此指辩难反诘。楯,同"盾"。

⑥鄙薄:浅陋微薄。自谦之词。

⑦目连变:指目连救母的变文。目连,摩诃目犍连的简称。释迦牟尼十大弟子之一。传说他神通广大,为救母亲脱离饿鬼道,以神通之力亲往寻访拯救。目连救母的故事在唐代民间广为流传。

⑧《长恨辞》:即白居易的名篇《长恨歌》。以唐玄宗与杨贵妃的爱情悲剧为主题的长篇叙事诗。

⑨上穷碧落下黄泉,两处茫茫都不见:指寻遍天上和地府,两处都渺茫而不见踪影。碧落,天空。黄泉,地府。迷信者称人死后居住的地方。

【译文】

处士张祜的《忆柘枝》诗写:"鸳鸯钿带抛何处,孔雀罗衫属阿谁?"白居易称这是"问头"。张祜反诘说:"您讥诮我的诗是'问头',我不敢否认;然而您也有'目连变',《长恨歌》里写:'上穷碧落下黄泉,两处茫茫都不见。'这岂不是目连上天入地在寻访母亲吗?"

章孝标及第后①,寄淮南李相曰或云寄白乐天②:"及第全胜十改官③,金汤镀了出长安。马头渐入扬州郭,为报时人洗眼看④。"绅亟以一绝箴之曰⑤:"假金方用真金镀,若是真金不镀金。十载长安得一第,何须空腹用高心⑥!"

【注释】

①章孝标:宪宗元和十四年(819)登进士第。参见卷十"海叙不遇"门注。

②淮南李相:指李绅。李绅官至宰相,武宗会昌年间任淮南节度使,镇守扬州。见前注。按,章孝标及第时,李绅任山南西道节度使判官。此诗《全唐诗》题作《及第后寄广陵故人》。

③十改官:十次升迁官职。改官,旧时官员晋升调任的一种制度。刘攽《送杨康公知安丰县》诗:"擢第胜人十改官,作官不辞万家邑。"

④洗眼:犹拭目。谓仔细看。

⑤绅亟以一绝箴之曰:李绅急忙写了一首绝句规谏道。此诗《全唐诗》题作《答章孝标》。

⑥十载长安得一第,何须空腹用高心:十年奔走长安方考中进士,腹内尚且空空何必心高气傲。

【译文】

章孝标进士及第后,寄诗给李绅也有说是寄给白居易的:"及第全胜十改官,金汤镀了出长安。马头渐入扬州郭,为报时人洗眼看。"李绅急忙写了一首绝句规谏道:"假金方用真金镀,若是真金不镀金。十载长安得一第,何须空腹用高心!"

方干姿态山野①,且更兔缺②,然性好陵侮人。有龙丘李主簿者③，不知何许人，偶于知闻处见干，而与之传杯酌④。龙丘目有瞖⑤，改令以讥之曰："干改令，诸人象令主：'措大吃酒点盐⑥，军将吃酒点酱，只见门外著篱⑦，未见眼中安障⑧！'"龙丘答曰："措大吃酒点盐，下人吃酒点鲊⑨，干嗜鲊。只见半臂著襴⑩，未见口唇开袴⑪！"一座大笑。

【注释】

①方干：屡举进士不第。曾学诗于徐凝。参见卷四"诗友"门注。
　姿态：容貌神态。

②兔缺：即兔唇。上唇纵裂。

③龙丘：县名。唐属衢州，在今浙江龙游。李主簿：未详其人。主簿，官名。汉朝中央及州郡官府均置，典领文书簿籍，经办事务。至魏晋时渐为将帅重臣的主要僚属，参与机要，总领府事。隋、唐、五代部分中央及地方机关皆置。多掌监印，检核文书簿籍，勾稽缺乏。

④传杯酌：宴饮中传递酒杯劝酒。泛称一起饮酒。杯酌，酒杯。

⑤龙丘：代指李主簿。瞖（yì）：眼角膜上所生障碍视线的白斑。

⑥点：蘸。

⑦著篱：安篱笆。

⑧障：遮蔽物。眼中有瞖视物不清，故曰障。

⑨鲊（zhǎ）：用腌、糟等方法加工的鱼类食品。亦泛指腌制食品。

⑩襴（lán）：横襴。

⑪开袴：即开胯，袍衫下摆开叉的叫缺胯衫，庶人穿着。兔唇开豁，因以开胯为比喻。

【译文】

方干的容貌神态粗野，而且有兔唇，然而生性喜欢欺压侮辱别人。

龙丘县有名李主簿,不知道是哪里人,偶尔在朋友那里见到方干,和他一起饮酒。李主簿眼睛上生有白斑,方干更改酒令讥笑他道:"我请求更改酒令,大家都要效法我行令:'穷书生吃酒蘸盐,领兵的吃酒蘸酱,只见过门外安篱笆,没见过眼睛里装壁障!'"李主簿应答道:"穷书生吃酒蘸盐,下等人吃酒蘸鲊,方干嗜好吃鲊。只见过半臂上加襕,没见过嘴唇上开袴!"满座人听了哄堂大笑。

惜名

【题解】

此门记录的是士人过于看重自己的名声,想方设法避免他人超过自己的轶事。其中李程之事尤为生动。李程怕别人的同名文章超过自己,专门派人取来抄本,"启缄尚有忧色",及见不如自己,遂大喜。卷八"已落重收"门载李程以《日有五色赋》一举成名,状元及第,卷五"切磋"门中李程因一小吏指出他的错误而拜其为"一字师",作者赞美之为"缪公以小吏一言,北面而师之者,可谓旷古一人而已!"即使李程已为宰相之尊,能拜小吏为"一字师",却也免不了担心别人的文章超过自己的成名作。按作者论赞中的说法,"惜名掩善,仁者所忌,尧、舜其犹病诸!"

李建州①,尝游明州慈溪县西湖题诗②。后黎卿为明州牧③,李时为都官员外④,托与打诗板,附行纲军将入京⑤。

【注释】

①李建州:李频。宣宗大中进士,官终建州刺史,故称。参见卷四"师友"门注。

②明州:州名。唐开元二十六年(738)析越州地置明州,治鄮县(今浙江宁波鄞州区)。慈溪县:唐属明州。治所在今浙江宁波。西

湖：即今浙江宁波鄞州区东南东钱湖。

③黎卿：事迹未详。

④都官员外：即都官员外郎。刑部都官司次官。隋文帝开皇六年
　（586）始置，佐都官郎中掌官私奴婢名籍配役及有关事务。

⑤行纲军将：押送官府物资的军吏。

【译文】

建州刺史李频，曾经在游览明州慈溪县西湖的时候题诗。后来黎卿担任明州刺史，李频当时任都官员外郎，托黎卿将其他题诗诗板敲去，由押送官府物资的军吏捎带入京城。

蜀路有飞泉亭，亭中诗板百余，然非作者所为。后薛能佐李福于蜀①，道过此，题云②："贾挂曾空去③，题诗岂易哉！"悉打去诸板，唯留李端《巫山高》一篇而已④。

【注释】

①薛能：晚唐诗人。官至工部尚书，许州忠武军节度使。懿宗咸通
　年间曾为剑南西川节度副使摄嘉州刺史。自负诗才，目无时人。
　参见卷三"慈恩寺题名游赏赋咏杂纪"门注。李福：字能之，陇西
　成纪（今甘肃秦安）人。宰相李石弟。文宗大和七年（833）登进
　士第。由监察御史，累迁尚书郎，历商、郑、汝、颍等州刺史。宣宗
　大中时任义成军、剑南西川节度使等。僖宗乾符初任山南东道节
　度使，抵抗王仙芝有功，迁检校司空、同中书门下平章事，官至太
　子太傅。

②题云：此诗《全唐诗》题作《通仙洞》。

③贾挂曾空去：贾岛从此而过都没有题诗。贾挂，贾岛，中唐著名诗
　人，曾任长江（今四川大英）主簿、普州（今四川安岳）司仓参军，
　路过蜀中。参见卷八"放老"门注。

④李端：字正己，赵州（今河北赵县）人。代宗大历五年（770）登进士第，授秘书省校书郎。以病辞官，居终南山草堂寺。德宗建中年间出为杭州司马。中唐著名诗人，为"大历十才子"之一。才思敏捷，诗风俊逸，著有《李端诗集》。

【译文】

蜀中道上有飞泉亭，亭中有一百多块诗板，但都不是作者自己制作的。后来薛能在剑南西川节度使李福手下任佐官，途径此处，题诗道："贾掾曾空去，题诗岂易哉！"将诗板全部敲去，只留下李端的《巫山高》一首。

韩文公作《李元宾墓铭》曰①："文高乎当世，行出乎古人。"或谓文公以观文止高乎当世，盖谓己高乎古人也。

【注释】

①韩文公：韩愈。中唐著名诗人、文学家、思想家。参见卷四"师友"门注。李元宾：李观。韩愈同榜进士。参见卷一"广文"门注。

【译文】

韩愈写《李元宾墓铭》道："文章才学高于当代，行为举止出于古人。"有人说韩愈认为李观的文章只是高于当代而已，大概认为自己的文章才是高于古人。

李缪公①，贞元中试《日有五色赋》及第②，最中的者赋头八字曰③："德动天鉴，祥开日华④。"后出镇大梁⑤，闻浩虚舟应宏辞复试此题⑥，颇虑浩赋逾己，专驰一介取本。既至，启缄尚有忧色，及睹浩破题云："丽日焜煌，中含瑞光⑦。"程喜曰："李程在里⑧。"

【注释】

①李缪公：李程，谥号缪。唐朝宰相。德宗贞元十二年（796）状元及第。参见卷五"切磋"门注。其以《日有五色赋》及第事见卷八"已落重收"门。

②《日有五色赋》：也作《日五色赋》。

③中的：切当。

④德动天鉴，祥开日华：德行影响上天的察鉴，祥瑞显耀太阳的光华。

⑤出镇大梁：指出任宣武军节度使。李程在文宗大和七年（833）至九年（835）任宣武军节度使，镇守大梁（今河南开封）。

⑥浩虚舟：穆宗长庆二年（822）登进士第。后又登博学宏词科。《全唐诗》存诗一首。

⑦丽日焜（kūn）煌，中含瑞光：明亮的太阳辉煌灿烂，其中蕴含着祥瑞之光。丽日，明亮的太阳。焜煌，辉煌。

⑧在里：指名声犹在。意思是浩虚舟之赋不及自己。

【译文】

李程，贞元年间考试《日有五色赋》进士及第，其中写得最切当的是开头八个字："德动天鉴，祥开日华。"后来李程出任宣武军节度使，听说浩虚舟应试博学宏词科又考了这个题目，很担心浩虚舟的赋超过自己，专门派人去京城取来浩虚舟所试赋的抄本。使者取回后，李程开启缄封的时候还有忧虑之色，等到看了浩虚舟的破题写道："丽日焜煌，中含瑞光。"李程高兴地说："李程名声犹在。"

　　裴令公居守东洛①，夜宴半酣，公索联句②，元、白有得色③。时公为破题，次至杨侍郎，汝士④，或曰非也。曰："昔日兰亭无艳质⑤，此时金谷有高人⑥。"白知不能加，遽裂之曰："笙歌鼎沸⑦，勿作此冷淡生活⑧！"元顾曰："白乐天所谓能全其名者也。”

【注释】

①裴令公：裴度，唐朝著名宰相。官至中书令，晚年留守东都，筑绿
野堂以自适，与白居易、刘禹锡等唱酬。参见卷三"慈恩寺题名
游赏赋咏杂纪"门注。居守：留守。

②联句：古代作诗的一种方式。由两人以上共同创作，每人各作一
句或数句，相联成篇。多用于宴饮之时朋友间酬应游戏。

③元、白：元稹和白居易。两人是好友，诗风和文学主张相近，皆倡
导新乐府运动，主张"文章合为时而著，歌诗合为事而作"，并称
"元白"。参见卷二"争解元"、卷三"慈恩寺题名游赏赋咏杂纪"
门注。按，裴度在文宗大和八年（834）任东都留守，元稹大和五
年（831）已去世，不当有裴度与元稹在洛阳联句事。

④汝士：杨汝士，历工部侍郎、户部侍郎、兵部侍郎、剑南东川节度使
等，官至刑部尚书。参见卷三"慈恩寺题名游赏赋咏杂纪"门注。

⑤艳质：指美女。

⑥金谷：指西晋石崇所筑的金谷园，以繁华奢丽著称。在今河南洛
阳东北。石崇常与当时的文人学士在此聚会。

⑦鼎沸：形容喧闹。

⑧生活：活计，事情。

【译文】

中书令裴度留守东都洛阳，有一次夜间饮宴到半醉的时候，裴度提
出联句作诗，元稹和白居易听了有得意的神色。当时裴度先作了两句诗
破题，接着轮到杨侍郎，杨汝士，也有人说不是他。联句道："昔日兰亭无艳
质，此时金谷有高人。"白居易知道自己不能超过杨侍郎，就扯开话题说：
"正是笙歌热闹的时候，大家别做这种没意思的事情了！"元稹看着他说：
"白乐天就是所谓的能保全自己名声的人。"

　　湖南日试万言王璘^①，与李群玉校书相遇于岳麓寺^②。群玉揖之曰："公何许人？"璘曰："日试万言王璘。"群玉待之甚浅^③，曰："请与公联句，可乎？"璘曰："唯子之命。"群玉因破题而授之，不记其词。璘览之，略不伫思而继之曰："芍药花开菩萨面^④，棕榈叶散野叉头^⑤。"群玉知之，讯之他事矣。

【注释】

①王璘：词学富赡，工诗善赋。湖南观察使表荐入京，应日试万言科。得罪宰相路岩，不成而归。参见卷十一"荐举不捷"门注。

②李群玉：擅诗，受知于湖南观察使裴休。后因献诗，授弘文馆校书郎。参见卷十"韦庄奏请追赠不及第人近代者"门注。岳麓寺：寺名。又名麓山寺。晋代修建。在湖南长沙市郊岳麓山上。

③浅：轻慢。

④菩萨：梵语音译，菩提萨埵的简称。意译为"觉悟众生"，为大乘佛教之神。

⑤野叉：梵语音译，亦作"夜叉""药叉"。佛经中多指恶鬼。

【译文】

湖南应日试万言科考试的王璘，曾和李群玉校书在岳麓寺相遇。李群玉向王璘作揖问道："您是何人？"王璘说："我是应日试万言科的王璘。"李群玉对待他很轻慢，说："我想和您联句作诗，行吗？"王璘说："听您的安排。"李群玉于是作了破题的诗句给王璘，不记得他的诗句。王璘看过之后，不假思索就续道："芍药花开菩萨面，棕榈叶散野叉头。"李群玉知道自己比不过他，就转而问他其他事了。

　　论曰：构思明速^①，禀生知乎^②，用不以道，利口而已^③。

矛楯相攻,其揆一也④。惜名掩善⑤,仁者所忌,尧、舜其犹病诸⑥!

【注释】

①明速:敏捷迅速。

②生知:天性才能。

③利口:巧嘴利舌。语出《论语·阳货》:"恶利口之覆邦家者。"

④其揆(kuí)一也:准则道理相同。揆,尺度,标准。语出《孟子·离娄下》:"先圣后圣,其揆一也。"

⑤惜名掩善:爱惜自己的名声而掩盖别人的长处。掩,遮蔽,掩盖。

⑥尧、舜其犹病诸:尧、舜大概还做不到呢。语出《论语·雍也》:"何事于仁,必也圣乎! 尧、舜其犹病诸!"

【译文】

论曰:构思敏捷迅速,是上天赋予的才能,如果使用它不以正道,就只不过是巧嘴利舌而已。以文词互相辩难攻击,道理是一样的。爱惜自己的名声而掩盖别人的长处,是仁德之人也要忌讳的事,尧、舜大概还做不到呢!

无名子谤议

【题解】

唐朝无论是礼部进士考试还是吏部铨选考试,因为录取比例很低而导致竞争极为激烈,不少人因对考试结果不满而对主考官或相关人员横加非议,指责主司暗弱无能或者收受贿赂,徇私枉法,欺君盗名,更有甚者罗织文字之罪,陷主司于百口莫辩,如卷一"进士归礼部"门中的主考官李昂,以及此门中崔澹、赵骘等,莫不陷于文字。至于考中者也多被非议,或称其由请托,如此门中"五个登科各有因";或谤其纳财贿,如卷十四"主司失意"门中考生薛扶，"人传是蕃夷外亲，岭南巨富，发身财略，委质科名"。甚或质疑其杀人害命，例如卷二"争解元"门中纥干峻被人传说谋害同考生。因为造谤横生，卷一"述进士下篇"对此有专词："匿名造谤谓之'无名子'。"此门记录了数条无名子谤议，从中可见当时世风。

　　贞元中①，刘忠州任大夫②，科选多滥进③，有无名子自云山东野客，移书于刘④："吏部足下⑤：公总角之年，奇童入仕⑥，有方朔之专对⑦，无枚皋之敏才⑧，佳句推长，竿妙入神⑨，善谑称名字不正⑩。过此以往，非仆所闻。徒以命偶良时，身居显职，方云好经术，重文章，卖此虚名，负其美称。今年圣上虚天官之署，委平衡之权，所期公有独见之明，清平为首；岂意公有专恣之幸，高下在心。且数年以来，皆无大集⑪，一昨所试，四方毕臻。公但以搜索为功，纠讦为务⑫，或有小过，必陷深文⑬，既毁其发肤⑭，又贬其官叙⑮，使孝子亏全归之望⑯，良臣绝没齿之怨⑰。岂以省闼从容之司⑱，甚于府县暴虐之政？所立严法，树威胁人，云奉德音⑲，罔畏上下⑳！使圣主失含弘之道㉑，损宽仁之德，岂忠臣之节耶？主上居高拱穆清之中㉒，足下每以烦碎之事，奏请无度，尘黩颇多㉓。呈三接以示人㉔，期一言以悟主㉕。朝臣气慑㉖，选士胆惊。内以承宠承荣，外以作威作福，岂良臣之体耶？

【注释】

①贞元：唐德宗的年号（785—805）。按，刘晏在德宗建中元年（780）已被杨炎构陷赐死。此应为代宗大历年间。

②刘忠州：刘晏，唐朝宰相。晚年贬忠州刺史，故称。自幼聪颖过人，七岁举神童，玄宗天宝中累官侍御史。肃宗时迁户部侍郎，充度支铸钱盐铁等使。代宗广德初拜相。长期领诸道度支盐铁转运租庸等职，为国理财二十余年，持节清廉。参见卷七"知己"门注。大夫：刘晏于代宗时曾任户部侍郎，兼御史大夫、京兆尹。

③科选：此指吏部铨选。滥进：指提拔任用不当。

④移书：致书，写信。

⑤吏部：刘晏于代宗时两次担任吏部尚书，大历八年（773）知三铨选事。

⑥奇童入仕：以神童入仕。开元十三年（725），唐玄宗李隆基在泰山封禅，刘晏年方八岁，到玄宗驻处献颂文，玄宗命宰相张说加以考试，张说称其为国之祥瑞，玄宗即封刘晏为秘书省正字，号神童，名震一时。

⑦方朔：东方朔，西汉文学家。汉武帝时，为太中大夫。性诙谐，滑稽多智，善辞赋。参见卷一"散序进士"门注。专对：单独应对天子。

⑧枚皋：字少孺，淮阴（今江苏淮安淮阴区）人。西汉辞赋家枚乘之子。仕汉武帝为郎，以文思敏捷著称。

⑨竿妙入神：长竿之技高超精妙。郑处诲《明皇杂录》载刘晏曾陪唐玄宗在勤政楼观赏乐舞和百伎，咏王大娘戴竿，诗云："楼前百戏竞争新，唯有长竿妙入神。谁谓绮罗翻有力，犹自嫌轻更著人。"

⑩善谑称名字不正：善于戏谑说文字不正。据《明皇杂录》，刘晏以神童为太子正字，玄宗问他："卿为正字，正得几字？"刘晏回答说："天下字皆正，唯'朋'字未正得。"

⑪大集：指集中铨选。

⑫纠讦（jié）：揭发暴露。

⑬深文：引用法律严苛。

⑭发肤：身体发肤。泛指身体。语出《孝经·开宗明义》："身体发

肤,受之父母,不敢毁伤,孝之始也。"

⑮官叙:官吏的等级次第。

⑯全归:谓保身而得善名以终。语出《礼记·祭义》:"父母全而生之,子全而归之,可谓孝矣。不亏其体,不辱其身,可谓全矣。"

⑰没齿之怨:此指终身无怨言。《论语·宪问》:"夺伯氏骈邑三百,饭疏食,没齿无怨言。"

⑱省闼(tà):又称禁闼。古代中央政府诸省设于禁中,后因作为中央政府的代称。从容:宽缓,宽容。

⑲德音:指帝王的诏书。犹言恩诏。

⑳罔畏上下:犹罔上畏下,欺瞒君上威吓下属。畏,吓唬。

㉑含弘:包容弘大,宽厚大度。

㉒高拱穆清:高天之中。高拱,高。穆清,指天。

㉓尘黩(dú):玷污,烦渎。

㉔三接:指一天之内被多次接见。用作被君主恩宠优奖之典。语出《周易·晋》:"康侯用锡马蕃庶,昼日三接。"

㉕一言以悟主:一次进言就获得皇帝的重用。西汉时车千秋向汉武帝进言,为戾太子辩冤。武帝省悟,立拜车千秋为大鸿胪,寻迁丞相,封富民侯。后用作朝臣以进言立获重用之典。见《汉书·车千秋传》。

㉖气慑:胆怯,畏惧。

【译文】

贞元年间,刘晏任御史大夫,吏部铨选大多提拔任用不当,有无名氏自称山东野客,写信给刘晏:"吏部尚书阁下:您还是孩童的时候,以神童入仕,有东方朔单独应对天子的荣耀,没有枚皋那样敏捷的才华,显现长处的佳句,有'长竿妙入神',又善于戏谑说文字不正。除此之外,我就再没听说过您有什么文章才学。您只不过是因为命好遇到了良机,身居高官显职,才自称喜好经术,重视文章,以此卖弄虚名,享有盛誉。今年

圣上特意空出吏部尚书之职,委任给您选拔人才的大权,期望您有独到
的明见,以清廉公正为首要之务;岂料您仗着圣上的宠幸专横放肆,升降
官员随心所欲。数年以来,朝廷都没有集中铨选,因此前些日子考试选
拔,天下官员全都聚集而来。您却只以搜寻探求官员们的过失为功劳,
以揭发暴露官员们的阴私为急务,有的官员小有过失,您必定使他们陷
入严苛的法律之中,不但毁损他们的身体,又贬谪他们的官品等级,使孝
子丧失保身善终的期望,使良臣不能终身无怨言。难道朝廷省司的宽缓
政令,比地方府县的刑政还要暴虐吗?您所立的严刑峻法,树立威权以
胁迫他人,说是奉天子恩诏选拔官员,却欺瞒君上威吓下属!使圣明天
子有失包容弘大之道,损伤宽厚仁慈之德,这岂是忠臣的节操?天子居
于高天之中,您却经常用繁冗琐碎之事,不加节制地奏请,对天子多有冒
昧打扰。以天子多次接见来向人炫耀,期望一次进言就获得重用。朝廷
大臣胆怯畏惧,待选之士胆战心惊。您在朝廷之内承受荣宠,在朝廷之
外作威作福,这岂是良臣的体统?

　　"且两京常调①,五千余人,书判之流②,亦有硕学之辈,
莫不风趋洛邑③,雾委咸京④。其常衮之徒⑤,令天下受屈。
且衮以小道矫俗⑥,以大言夸时,宏辞曾不登科,平判又不
入等⑦,徒以窃居翰苑,谬践掖垣⑧,虽十年掌于王言⑨,岂一
句在于人口!以散铺不对为古⑩,以率意不经为奇⑪;作者
见之痛心,后来闻之抚掌。奈何轻蔽天下之才,以自称为已
高,以少取为公道!故郤至自伐称兵,处父尚云终丧其族⑫。
以兹偏见,求典礼闱⑬,深骇物情⑭,实乖时望。故《诗》曰:
'济济多士,文王以宁⑮。'夫圣人用心,异代同体⑯,衮云亲
奉密旨,令少取入等,岂圣人容众之意耶?为近臣而厚诬⑰,
干处士之横议⑱,甚不可也!况杜亚薄知经籍⑲,素懵文

辞^⑳；李翰虽以辞藻擢第^㉑，不以书判擅名。不慎举人，自贻伊咎^㉒。又常衮谓所亲曰：'昨者考判，以经语对经，以史对史，皆未点对^㉓，考为下等。'先翰有常无名判云^㉔：'卫侯之政由甯氏，鲁侯之令出季孙^㉕。'又常无欲云^㉖：'在凌室而须开，阙夷盘而不可^㉗。'岂以经对史耶？又严迪云^㉘：'下樊姬之车，曳郑崇之履^㉙。'岂以史对经耶？数十年之间，布众多之口，纵世人可罔，而先贤安可诬也！

【注释】

①常调：按常规迁选官吏。此指待选的官吏。

②书判：指书法和文理。此指从事文书工作的低级官员。

③风趋洛邑：纷纷趋赴洛阳。风趋，纷纷趋赴。洛邑，东都洛阳。

④雾委咸京：聚集长安。雾委，聚集。咸京，原指秦朝都城咸阳。后人常用以借指长安。

⑤常衮（729—783）：京兆（今陕西西安）人。唐朝宰相。玄宗天宝十四载（755）状元及第，授太子正字。代宗时历右补阙、翰林学士、考功郎中知制诰、中书舍人等。大历九年（774）迁礼部侍郎，十年（775）至十二年（777）三掌贡举。大历十二年（777）拜相。德宗即位，贬潮州刺史，起为福建观察使，卒于任。性孤执，轻重任情，排斥非文辞登科第者。工诗文，尤长于制诰，与杨炎齐名，并称"常杨"。著有《常衮集》。

⑥小道：指不合礼乐政教的小技能。矫俗：标新立异，违背世俗。

⑦平判：唐代吏部铨选科目有平判入等。平判成绩佳者称为入等，可升迁官职。

⑧谬践：妄入，妄自行走。践，履，行走。掖垣（yuán）：中书省、门下省的通称。

⑨虽十年掌于王言：虽然掌管制诰十余年。王言，指制诰之职。常衮在代宗广德元年（763）入翰林院，大历九年（774）迁礼部侍郎，知制诰十一年。

⑩散铺：指散叙铺陈，不拘韵律。不对：不对仗。

⑪率意不经：直率随意不合常法。

⑫郤至自伐称兵，处父尚云终丧其族：郤至炫耀自己的军功，单襄公曾说他最终将破家灭族。郤至，晋国大夫，曾在鄢陵之战打败楚军，向周王献捷之时，和单襄公交谈，多次炫耀自己的功劳。单襄公对人说，郤至恐怕离灭亡不远了，因为他想要通过自夸自炫来掩盖别人，这样会招致众人的怨恨，生出祸端。后来郤至果然因为遭人忌恨而被灭族。事见《左传·成公十六年》。自伐，自夸。处父，或即阳处父，晋国大夫。此应为单襄公。

⑬礼闱：唐代以后指礼部，或礼部所举行的科举考试。常衮大历九年（774）迁礼部侍郎，十年（775）至十二年（777）三掌贡举。

⑭物情：人心、民情。

⑮济济多士，文王以宁：贤士能臣济济一堂，国家得以安定，文王得以安宁。语出《诗经·大雅·文王》。

⑯体：体制。

⑰厚诬：严重歪曲。

⑱干：招致。横议：恣意议论。

⑲杜亚（724—798）：字次公，谥号肃，京兆杜陵（今陕西西安）人。善言事，肃宗擢为校书郎。辟杜鸿渐幕府，入朝，历吏部郎中、给事中、刑部侍郎等，出为淮南节度使、东都留守，以病废。薄知：略知。

⑳懵（měng）：无知。

㉑李翰：赵州赞皇（今属河北）人。进士及第，以文辞知名。安史之乱中，张巡死守睢阳，诋毁者非议其事，李翰向朝廷上书，明言其功，为世所称。入朝为侍御史，累迁翰林学士。著有《李翰集》。

㉒自贻伊咎：自己招来罪过。

㉓点对：对应，对照。

㉔先翰：先辈。常无名：玄宗先天元年（712）状元及第，又登制科。常衮的叔父，仕至礼部员外郎。

㉕卫侯之政由甯氏，鲁侯之令出季孙：卫国的国政由甯氏主持，鲁国的政令出于季孙氏。春秋时卫献公被逐出国，为求复位，许诺权臣甯喜，复位之后由甯喜主持国政。事见《左传·襄公二十六年》："子鲜不获命于敬姒，以公命与甯喜言曰：'苟反，政由甯氏，祭则寡人。'"春秋时鲁国贵族季孙氏凌驾于公室之上，掌握鲁国实权。《论语·季氏》："孔子曰：'禄之去公室五世矣，政逮于大夫四世矣。'"此以经书中语对经书中语。

㉖常无欲：常衮的伯父，进士及第，又拔萃入高等。天宝朝官殿中侍御史内供奉。

㉗在凌室而须开，阙夷盘而不可：必须开窖取冰来冷冻遗体，不能缺少冰尸用的夷盘。常无欲《对不供夷盘判》："若春羔已献，在凌室而须开；夏虫正疑，阙夷盘而不可。"凌室，藏冰的屋子。凌，冰。《礼记·月令》："天子乃献羔，开冰，先荐寝庙。"夷盘，盛冰的大盘。仲春以后天暖遭丧，盛冰置于床下以寒尸。《礼记·丧大记》："大夫设夷盘造冰焉。"此亦以经书中语对经书中语。按，常衮要求书判须经史相对，否则就考居下等。常无名和常无欲是常衮的叔伯，此文作者以他们的书判皆非以经书中语对史书中语来反驳常衮。

㉘严迪：玄宗开元十四年（726）状元及第，后又登书判拔萃科。

㉙下樊姬之车，曳郑崇之履：被樊姬推荐任职，像郑崇屡屡进谏。樊姬，春秋时楚庄王的妃子。曾谏止楚庄王狩猎，又激楚相虞丘子，使进贤相孙叔敖，楚庄王赖以称霸。见汉刘向《列女传》。郑崇，字子游，高密（今属山东）人。汉哀帝时任尚书仆射，经常进谏，汉

哀帝说:"我识郑尚书履声。"后被人构陷,下狱死。见《汉书·郑崇传》。"下樊姬之车,曳郑崇之履"不是以史书中语对经书中语。

【译文】

"况且东西两京按常规迁选的官吏,有五千多人,即使案牍文吏之中,也有博学之士,大家无不趋赴洛阳,聚集长安。然而常衮之辈,令天下待选官吏含冤受屈。常衮以不合政教的小道标新立异,以狂妄不实的大话夸耀于时,考博学宏词科竟不及第,平判又没能入等,徒然窃居翰林学士之职,妄自出入省闼宫禁之中,虽然掌管制诰十余年,但何曾有一句流传于人们口中!写文以散叙铺陈不讲对仗为古朴,以直率随意不合常法为新奇;写文章的人看了痛心,后人得知后都要拍手大笑。怎么能轻率掩盖天下的人才,以自吹自擂为高超,以减少录取为公道!故而郄至炫耀自己的军功,单襄公曾说他最终将破家灭族。以常衮这样的偏见,去让他主管礼部,深深惊骇人心民情,实在违背公众的愿望。因此《诗经》中说:'济济多士,文王以宁。'圣人的用心,虽然时代不同而体制相同,常衮说他亲自领受了天子的秘密谕旨,让他减少考试入等的人数,这岂是圣明天子宽怀容人的本意?身为天子近臣而严重歪曲天子的旨意,招致在野之士的议论非难,太不应该了!况且杜亚只是略通经典,对于文学素来无知;李翰虽然因文学而进士及第,然而从来不以书判闻名。不慎重推举人才,只会自己招来罪过。常衮又对亲近之人说:'之前考核书判,考试之人以经书中语对经书中语,以史书中语对史书中语,经史之语没有对照,因此考核为下等。'先辈中有常无名的判词写道:'卫国的国政由甯氏主持,鲁国的政令出于季孙氏。'又有常无欲写道:'必须开窖取冰来冷冻遗体,不能缺少冰尸用的夷盘。'这岂是以经书中语对史书中语?又有严迪写道:'被樊姬推荐任职,像郑崇屡屡进谏。'这岂是以史书中语对经书中语?数十年之间,这些句子众口相传,纵然世人可以蒙蔽,而先贤又怎么可以诬罔!

　　"今信四竖子①，取彼五幽人②。且吉中孚判以'大明御宇'为头③，以'敢告车轩'为尾，初类是颂④，翻乃成箴⑤。其问又'金盘'对于'玉府'，非惟问头不识，抑亦义理全乖。据此口嘲⑥，堪入觇缕⑦。张载华以'江皋'对'瀍洛'⑧，朱邵南以'养老'对'乞言'⑨。理目未通，对仍未识，并考入等，可哀也哉！王申则童子何知⑩？裴通则因人见录⑪。苟容私谒⑫，岂谓公平？夫有西施之容⑬，方可论于美丑；无太阿之利⑭，安可议其断割？使五千之人，嚣然腾口⑮；四海之内，孰肯甘心！

【注释】

①四竖子：即刘晏、常衮、杜亚、李翰四名主持铨选的官员。竖子，小子。骂人愚蠢无能。

②五幽人：即吉中孚、张载华、朱邵南、王申、裴通五名铨选入等的官员。幽人，此指昏昧之人。

③吉中孚：楚州（今江苏淮安）人。初为道士，代宗大历年间征拜校书郎，登书判拔萃科。德宗时历司封郎中知制诰、谏议大夫、翰林学士、户部侍郎等，官至中书舍人。工诗，有诗名，为"大历十才子"之一。著有《吉中孚诗》。大明御宇：日月照临天下。比喻天子统摄万方。大明，泛指日月。比喻君主。

④颂：文体的一种。以颂扬为目的的诗文。

⑤箴：文体的一种。以告诫规劝为主的韵文。

⑥口嘲：众口讥嘲。

⑦觇（luó）缕：犹蓝缕。书判成绩差者称蓝缕。杜佑《通典》："佳者登于科第，谓之入等，其甚拙者，谓之蓝缕，各有升降。"

⑧张载华：或为高宗朝宰相张文瓘的四世孙，魏州昌乐（今河南南

乐）人。登书判拔萃科，官至御史中丞。江皋：江岸。瀍（chán）
洛：瀍水和洛水的并称。流经洛阳，常代指洛阳。

⑨朱邵南：曾登书判拔萃科，余事未详。养老：礼名。养老人之贤
者，按时供给酒食，并加以礼敬。乞言：向老人之贤者求教，择善
而从。《礼记·文王世子》："凡祭与养老乞言、合语之礼，皆小乐
正诏之于东序。"

⑩王申：曾登书判拔萃科，余事未详。童子何知：小孩子懂什么。语
出《左传·成公十六年》："国之存亡，天也，童子何知焉！"

⑪裴通：或为礼部尚书裴士淹之子。字文玄，一作又玄，河东闻喜
（今属山西）人。历任户部员外郎、金部郎中、少府监、汝州刺史
等，文宗时自国子祭酒改太子詹事。著有《易书》。

⑫私谒：因私事而干谒请托。

⑬西施：春秋末年越国著名美女。传说越国战败后，被范蠡献于吴
王夫差，以乱其国。参见卷十"海叙不遇"门注。

⑭太阿：宝剑名。相传为春秋时铸剑师欧冶子、干将所铸。

⑮嚣然腾口：指众口嚣嚣舆论哗然。

【译文】

"如今听凭四个无能之辈，录取了五个昏昧之人。况且吉中孚的判
词以'大明御宇'为开头，以'敢告车轩'为结尾，开头的时候写得像颂，
结尾却写成了箴。他的对问又用'金盘'和'玉府'对仗，不但不懂问
头，而且义理全都错误。以这样被众口讥嘲的判词，应当被归入成绩低
劣一类。张载华用'江皋'和'瀍洛'对仗，朱邵南用'养老'和'乞言'
对仗。道理全都不通，对仗也都不懂，这些人都考试入等，真是悲哀呀！
王申一个小孩子懂得什么？裴通以依靠他人而被录取。如果容忍私人
的干谒请托，又怎么称得上公平？有西施的容貌，才能谈论美丑；没有太
阿宝剑的锋利，怎可讨论切割？使五千名待选官员，众口嚣嚣舆论哗然；
四海之内，谁肯甘心接受这个结果！

　　"况宏辞大国光华，吏曹物色，公明立标榜①，令尽赴上都东京者②，弃而不收。常衮大辱于国，岂以往来败绩，自丧秣陵之师，今日复仇，欲雪会稽之耻③？虽擢须贾之发，衮不足以赎罪④；负廉颇之荆，公不足以谢过⑤。况所置科目，标在格文，尽无宏辞，固违明敕⑥。欺天必有大咎⑦，陵人必有不祥。足下以此持衡⑧，实负明公⑨；以此求相，实负苍生！况公为主司，自合参议，信衮等升降由己，取舍在心，使士子含冤不得申，结舌不得语⑩。罔上若是⑪，欺下如斯。岂以天德盖高⑫，帝阍难叫⑬，亦由宰臣守道，任公等弄权⑭！呜呼！使朱云在朝⑮，汲黯当位⑯，则败不旋踵，安能保家？宰辅侍郎，非公等所望也！无名子长揖，诗曰：三铨选客不须嗔⑰，五个登科各有因。无识伯和怜吉獠⑱，弄权虞候为王申⑲。载华甲第归丞相⑳，裴子门徒入舍人㉑。莫怪邵南书判好，他家自有景监亲㉒。"

【注释】

①标榜：张贴告示。亦指告示。

②上都：指京城长安。

③"岂以往来败绩"几句：难道因为从前考博学宏词科失败，自己损兵折将，因此今日想要复仇，以洗雪自己落第的耻辱吗？往来，从前。败绩，失败。指常衮曾考博学宏词科落第。秣陵之师，从西晋王濬率船队攻取东吴，到隋兵攻与陈朝，都秣陵者屡屡丧师亡国。秣陵即今江苏南京，秦改金陵为秣陵。会稽之耻，越王句践曾为吴王夫差所败，困于会稽，被迫称臣求和。后卧薪尝胆以复仇。见《史记·越王句践世家》。

④虽擢须贾之发，衮不足以赎罪：即使常衮像须贾一样拔了头发来数说罪过，也赎不清所犯之罪。擢，拔。须贾，战国时魏国中大夫，曾指斥范雎通齐卖魏，使范雎遭魏齐鞭笞殆死，范雎改名去秦国，深受器重，拜为相国。后魏王遣须贾来秦议和，再见范雎，须贾顿首自言死罪，曰："擢贾之发以续贾之罪，尚未足。"见《史记·范雎蔡泽列传》。

⑤负廉颇之荆，公不足以谢过：而您像廉颇一样负荆请罪，也不足以弥补过错。廉颇，战国末期赵国名将，因蔺相如位居己上，不服，欲辱之。蔺相如以国事为重，不与计较。廉颇觉悟，负荆请罪，两人遂成刎颈之交。见《史记·廉颇蔺相如列传》。

⑥明敕：明白的敕令。

⑦欺天：指欺瞒朝廷、君主。

⑧持衡：以秤称物。比喻公允地评量人才。

⑨明公：至明至公。此指皇帝。

⑩结舌：形容不敢说话或想说而说不出话。

⑪罔上：欺骗君上。

⑫天德：天子的恩惠。代指天子。

⑬帝阍（hūn）：天帝的官门。比喻宫阙、朝廷。

⑭弄权：玩弄权术，作威作福。

⑮朱云：字游，平陵（今陕西咸阳）人。年四十而学，授博士，迁杜陵令、槐里令。以直臣闻名于世，多次上疏弹劾大臣。汉成帝时，弹劾丞相张禹尸位素餐，成帝怒，命斩之，不肯下，攀殿槛力争，以致槛折，得左将军辛庆忌力救而免死。成帝留其槛，以旌直臣。后常以"朱云折槛"称颂大臣直言敢谏。见《汉书·朱云传》。

⑯汲黯：字长孺，濮阳（今属河南）人。汉武帝时为东海太守，有政绩，召为主爵都尉。为人任气节，好直谏廷诤，朝廷上下无不敬畏。多次责备张汤奸诈巧佞，舞文弄法而无事生非，后张汤自杀

身死。见《史记·汲郑列传》。

⑰三铨选客：指在三铨待选的官吏。三铨，尚书铨、中铨、东铨合称"三铨"。尚书掌尚书铨，负责六品与七品官员铨选。两个侍郎分掌中铨、东铨，负责八品与九品官员铨选。参见卷一"述进士下篇"门注。嗔：怒，生气。

⑱无识伯和怜吉獠：无知的元伯和喜欢吉中孚。伯和，元伯和（？—777），凤翔岐山（今属陕西）人。元载子。代宗大历中，官至秘书丞。倚仗其父权势收受贿赂，奢侈无度。后贬扬州兵曹参军，坐父罪赐死。吉獠，指吉中孚。獠，骂人语。

⑲弄权虞候为王申：滥用职权的虞候为王申开路。虞候，官名。唐代东宫置左、右虞候，位列诸率，掌斥候伺非。方镇、诸州皆置，为衙前之职。此弄权虞候不详何人。

⑳载华甲第归丞相：指张载华是宰相之后，或得当时宰相之力，因此得以考中高等。

㉑裴子门徒入舍人：指裴通是中书舍人的门徒，因此得以考中。常衮以中书舍人迁礼部侍郎。

㉒莫怪邵南书判好，他家自有景监亲：不要奇怪为什么朱邵南能书判拔萃登科，他有宦官作为靠山。景监，战国时秦孝公的宠臣宦官，曾向秦孝公引荐商鞅。

【译文】

"况且博学宏词科乃是国家荣耀所系，在官员中物色人选，公然明白地宣布告示，令待选之人都赶赴长安和洛阳参加考试，结果却全都舍弃而不予收录。常衮大大侮辱朝廷制度，难道因为他从前考博学宏词科失败，自己损兵折将，因此今日想要复仇，以洗雪自己落第的耻辱吗？即使常衮像须贾一样拔了头发来数说罪过，也赎不清所犯之罪；而您像廉颇一样负荆请罪，也不足以弥补过错。况且朝廷所设置的考试科目，都标明在举格的公文之上，如今全不取博学宏词科，根本就违背了朝廷明白的敕令。欺瞒朝廷必有大罪,凌压众人必有不祥。您以这样的举措来评量人才,实在辜负圣明天子;以这样的举措来求取宰相之位,实在辜负天下苍生!况且您身为主管铨选之人,自当参与商议,而您却听凭常衮等人升降官员全由自己,录取舍弃随心所欲,使参选士子含冤抱屈而无处申诉,闭口结舌而不能言语。欺骗君上竟然如此,欺凌士子竟然如此。岂只因为天子高远难及,难以向朝廷呼叫诉冤,也因为宰相大臣保守己道略不顾及,任由您等滥用职权!呜呼!假若让朱云这样的直言敢谏之人在朝,汲黯这样的犯颜廷诤之人执政,那您和常衮这些人顷刻之间就会败亡,还怎么能保得住家小?宰相侍郎这样的官职,不是您等所能期望的!无名子聊一长揖,写诗道:三铨选客不须嗔,五个登科各有因。无识伯和怜吉獠,弄权虞候为王申。载华甲第归丞相,裴子门徒入舍人。莫怪邵南书判好,他家自有景监亲。"

　　颜标①,咸通中郑薰下状元及第②。先是徐寇作乱③,薰志在激劝勋烈,谓标鲁公之后④,故擢之巍峨⑤。既而问及庙院,标曰:"寒素,京国无庙院。"薰始大悟,塞默久之⑥。时有无名子嘲曰:"主司头脑太冬烘⑦,错认颜标作鲁公。"

【注释】

①颜标:宣宗大中八年(854)状元及第。此条颜标被主考官郑薰误认为是颜真卿之后而取中状元之事,与卷八"误放"门重复。唯文字有差。

②咸通:应为"大中"。郑薰:宣宗大中八年(854)以礼部侍郎知贡举。参见卷三"慈恩寺题名游赏赋咏杂纪"门注。

③徐寇作乱:指徐州军将屡屡作乱。

④鲁公:颜真卿。颜真卿封鲁郡公,世称"颜鲁公"。安史之乱中英

勇抵抗，晚年奉命劝谕叛将李希烈，不屈被害。世所景仰。参见
卷七"知己"门注。

⑤擢之巍峨：指擢拔为状元。

⑥塞默：沉默，不作声。

⑦冬烘：糊涂。

【译文】

颜标，咸通年间郑薰主持贡举的时候状元及第。之前徐州军将屡屡
作乱，郑薰意在激励忠烈，以为颜标是颜真卿的后人，于是将他擢拔为状
元。不久谢恩的时候郑薰问到颜标家的庙院，颜标说："我出身寒门，在
京城并没有庙院。"郑薰这才知道自己误会了，沉默良久。当时有无名氏
嘲讽道："主司头脑太冬烘，错认颜标作鲁公。"

崔澹试《以至仁伐至不仁赋》①，时黄巢方炽②，因为无
名子嘲曰："主司何事厌我皇，解把黄巢比武王③？"

赵骘试《被衮以象天赋》④，更放韩衮为状元⑤。或为
中贵语之曰："侍郎既试《王者被衮以象天赋》，更放韩衮状
元，得无意乎？"骘由是求出华州。

【注释】

①崔澹：宣宗进士，官终吏部侍郎。僖宗乾符五年（878）以中书舍
人知礼部贡举。参见卷八"梦"门注。以至仁伐至不仁：凭借极
端的仁来讨伐极端的不仁。试题出《孟子·尽心下》："仁人无敌
于天下，以至仁伐至不仁，而何其血之流杵也？"

②黄巢方炽：黄巢兵势正盛。黄巢，唐末农民起义领袖。参见卷十
"海叙不遇"门注。

③主司何事厌我皇，解把黄巢比武王：主考官为什么憎恶当今皇帝，

会把他比作商纣王,而把黄巢比作讨伐商纣王的周武王呢？解,
能够,会。武王,周武王。名姬发,周文王子,讨伐商纣王,建立周
朝。当时正值黄巢起兵伐唐,主考官出试题"以至仁伐至不仁",
因此被人诽谤说把皇帝比作商纣,把黄巢比作周武王。

④赵骘(zhì)：进士及第,累迁华州刺史、镇国军等使。懿宗咸通七
年（866）以中书舍人知礼部贡举,迁礼部侍郎。参见卷九"芳林
十哲"门注。被衮以象天：祭祀那天,天子穿上衮服以效法上天。
试题出《礼记·郊特牲》："祭之日,王被衮以象天。"

⑤韩衮：韩愈之孙。懿宗咸通七年（866）状元及第。参见卷十二
"酒失"门注。

【译文】

崔澹主持贡举的时候考试《以至仁伐至不仁赋》,当时黄巢兵势正
盛,因而被无名氏嘲讽道："主司何事厌我皇,解把黄巢比武王？"

赵骘主持贡举的时候考试《被衮以象天赋》,又录取韩衮为状元。
有人对宦官说此事道："赵侍郎既考试《王者被衮以象天赋》,又取韩衮
为状元,莫非是有意的吗？"赵骘于是请求外放华州任职。

　　刘允章试《天下为家赋》①,为拾遗杜裔休驳奏②,允章
辞穷,乃谓与裔休对。时允章出江夏③,裔休寻亦改官。

　　光启中,蒋嶓以丹砂授善和韦中令④。张鹄⑤,吴人,有文
而不贫。或刺之曰："张鹄只消千驮绢⑥,蒋嶓唯用一丸丹。"

【注释】

①刘允章：进士及第。咸通九年（868）以礼部侍郎知贡举。出为鄂
岳观察使。参见卷九"四凶"门注。天下为家：天下是君王一家
的天下。或谓君王以天下为家。试题出《礼记·礼运》："今大道

既隐,天下为家。"

②杜裔休:字徽之,京兆万年(今陕西西安)人。懿宗年间历拾遗、起居郎、翰林学士、司勋员外郎知制诰。后自给事中贬端州司马。驳奏:上奏驳斥。

③出江夏:指出为鄂岳观察使。江夏唐属鄂州,为鄂岳节度使治所,在今湖北武汉武昌区。

④蒋蟠:事迹未详。丹砂:即朱砂。矿物名。古代炼丹所用。也指丹砂炼成的丹药。善和韦中令:韦昭度。唐朝宰相,拜中书令,居住在长安善和坊,故称。参见卷七"起自寒苦"门注。

⑤张鹄:事迹未详。

⑥驮:量词。

【译文】

刘允章主持贡举的时候考试《天下为家赋》,被拾遗杜裔休上奏驳斥,刘允章理屈词穷,于是请求和杜裔休对质。当时刘允章出为鄂岳观察使,杜裔休不久也改任他官。

光启年间,蒋蟠以丹药进献善和韦昭度中令。张鹄,是吴地人,有文才而且富有。有人讽刺说:"张鹄只消千驮绢,蒋蟠唯用一丸丹。"

论曰:飞书毁谤①,自古有之。言之公,足以改过;不公,足以推命②。睚眦仇之,无益于己。夫子之谓桓魋,孟子之称臧仓③,其是之谓与!

【注释】

①飞书:匿名信。

②推命:推算命运。

③夫子之谓桓魋(tuí),孟子之称臧仓:孔子说桓魋不足为惧,孟子称臧仓不值得介意。桓魋,春秋时期宋国司马,怕宋景公重用孔

子,趁孔子经过宋国的时候,想要伺机谋害。孔子说:"天生德于予,桓魋其如予何?"见《史记·孔子世家》。臧仓,战国末年鲁平公的宠臣,在鲁平公面前毁谤孟子,阻挠二人见面。孟子说:"吾之不遇鲁侯天也,臧氏之子焉能使予不遇哉?"见《孟子·梁惠王下》。

【译文】

论曰:用匿名信来毁谤别人,自古以来就有这样的事。如果所说的内容公道,那就足以使被谤的人改过;如果所说的内容不公道,也可以借此推算命运。因为细微之事而仇恨对方,对自己并无益处。孔子说桓魋不足为惧,孟子称臧仓不值得介意,就是这个道理啊!

卷十四

主司称意

【题解】

　　唐代进士地位尊崇，因此主考官多为重要且知名的官员，除了通常的礼部侍郎之外，朝廷常以中书舍人等官员权知贡举，放榜之后便正拜礼部侍郎，或者由礼部侍郎升任他官。此门记录的就是主考官主持完科举考试之后得到升迁的例子。唐朝中后期之后，进士成为选拔培养高级官员的人才储备库，宰相多由进士出身，因此知贡举者的地位也随之不断提高，不少知贡举的官员做到宰相，甚至刚刚主持完贡举就拜相。《唐摭言》中所提及之宰相，如杜黄裳、陆贽、高郢、权德舆、崔群、李逢吉、李程、裴坦、郑从谠、萧仿、李蔚、裴赞等，都曾知贡举。

　　天宝十二载①，礼部侍郎阳浚四榜②，共放一百五十人，后除左丞。

　　至德二年③，驾临岐山④，右补阙兼礼部员外薛邕下二十一人⑤。后至大历二年⑥，拜礼部侍郎，联翩四榜⑦，共放八十人。

　　贞元二年⑧,礼部侍郎鲍防⑨,帖经后改京兆尹、刑部侍郎⑩。

【注释】

①天宝十二载:753年。

②阳浚:玄宗开元中进士及第,任校书郎。天宝中任中书舍人,天宝十二载(753)拜礼部侍郎,自天宝十二载(753)至天宝十五载(756)四知贡举。参见卷七"知己"门注。

③至德二年:757年。

④驾临岐山:皇帝驾临岐山。岐山,代指凤翔。至德二载(757),肃宗在凤翔,当年十月由凤翔还京。

⑤礼部员外:礼部员外郎。官名。隋高祖开皇六年(586)始置,为尚书省礼部头司礼部司次官。唐因之,佐礼部郎中掌司事。掌礼乐、学校、仪式、制度、衣冠、符印、册命、祥瑞及丧葬赙赠等事务。薛邕:字公和,号冲昧,河中宝鼎(今山西万荣)人。开元四年(716)登进士第。累迁左拾遗。肃宗至德二载(757)以右补阙、检校礼部员外郎于凤翔府知贡举。代宗大历二年(767)任礼部侍郎,自大历二年(767)至大历五年(770)四知贡举。迁吏部侍郎,历宣歙观察使。德宗建中初授尚书左丞,因贪赃贬连山县尉卒。

⑥大历二年:767年。

⑦联翩:接连。

⑧贞元二年:786年。

⑨鲍防(723—790):字子慎,襄州襄阳(今属湖北)人,郡望洛阳(今属河南)。玄宗天宝十二载(753)登进士第,授太子正字。代宗广德初为浙东节度使薛兼训从事,与严维等人联唱,结集为《大历年浙东联唱集》。大历中任河东节度使,历京畿、福建、江

西观察使。德宗建中四年（783）拜礼部侍郎，兴元元年（784）至贞元二年（786）三知贡举，封东海郡公。历京兆尹，以工部尚书致仕。工诗，著有《杂感诗》等。

⑩刑部侍郎：官名。隋文帝初始置，为尚书省都官曹所辖刑部曹长官，后为刑部副长官，协助尚书同掌部务。唐中叶后，多以外官带尚书，本部事务实由侍郎主之。掌律令、刑法、徒隶、勾覆及关禁之政令。

【译文】

自天宝十二载起，礼部侍郎阳浚连续四次主持贡举，一共录取一百五十人，后来官任尚书左丞。

至德二载，皇帝驾临岐山，右补阙兼礼部员外郎薛邕录取了二十一人。后来到大历二年，薛邕官拜礼部侍郎，连续四次主持贡举，一共录取八十人。

贞元二年，礼部侍郎鲍防主持贡举，考完帖经之后改官京兆尹、刑部侍郎。

元和十一年①，中书舍人权知贡举李逢吉下及第三十三人②，试策后拜相，令礼部尚书王播署榜③，其日午后放榜。

元和十五年闰正月十五日④，太常少卿知贡举李建下二十九人⑤，至二月二十九日，拜礼部侍郎。

【注释】

①元和十一年：816年。

②李逢吉：德宗进士，宪宗元和十一年（816）以中书舍人权知贡举，寻拜相。其生平事迹及知贡举事参见卷三"慈恩寺题名游赏赋咏杂纪"门及卷七"好放孤寒"门。

③礼部尚书：官名。北魏始置，为礼部之长官。隋属尚书省，为中央
　行政机构六部之一礼部的最高行政长官，掌礼仪、祭祀、宴享及学
　校之政令，总判部属各司事。唐中叶以后，诸部尚书多为外官兼
　官，本部事务由侍郎主之。王播：德宗进士，穆宗时拜相。参见卷
　七"起自寒苦"门注。署榜：开列姓名，张榜示人。
④元和十五年：820年。
⑤太常少卿：官名。北魏始置，为太常次官。隋、唐、五代沿置，协助
　太常卿管理礼乐宗庙祭祀事务，分领诸署。李建（764—821）：字
　杓直，荆州石首（今属湖北）人。德宗贞元年间进士及第。历校
　书郎、左拾遗、翰林学士、京兆尹等。元和十五年（820）以太常少
　卿知贡举，拜礼部侍郎。官终刑部侍郎。

【译文】

　　元和十一年，中书舍人权知贡举李逢吉录取了三十三人及第，试策
之后李逢吉拜为宰相，朝廷命令礼部尚书王播代为列名张榜，当天午后
放榜。

　　元和十五年闰正月十五日，太常少卿权知贡举李建录取了二十九
人，到二月二十九日，官拜礼部侍郎。

　　天祐元年①，杨涉行在陕州放榜②，后大拜。
　　二年③，张文蔚东洛放榜④，后大拜。

【注释】

①天祐元年：904年。
②杨涉：唐昭宗时为吏部侍郎，封弘农县伯。天祐二年（905）拜相。
　入梁，仍为宰相。参见卷四"节操"门注。行在陕州放榜：在陕州
　行在放榜。天祐元年（904），昭宗被朱温胁迫从长安迁往洛阳，
　途中停驻在陕州，当年科考在陕州举行。

③二年：即天祐二年，905年。

④张文蔚（？—908）：字右华，瀛洲河间（今属河北）人。唐末后梁宰相。僖宗乾符年间进士及第。历监察御史、起居舍人、司勋郎中知制诰、中书舍人、翰林学士承旨等，天祐初以礼部侍郎知贡举，寻拜相。入梁，仍为宰相。

【译文】

天祐元年，杨涉在陕州行在放榜，后来拜为宰相。

天祐二年，张文蔚在东都洛阳放榜，后来拜为宰相。

主司失意

【题解】

因为进士在政治中的重要地位，进士考试请托横行，士子争名，谤议丛生，选士尤难，主考官因为录取不公或者不合当权者心意而被排斥或贬谪的例子不少。此门中萧仿因为录取人中有故旧，放榜之后被人揭发，因此被贬为蕲州刺史。萧仿在写给朝廷的奏表和给友人的书信中痛陈自己被贬是因为拒绝请托，"不听嘱论，坚收沉滞。请托既绝，求瑕者多"，"某坚守不听，唯运独见。见在子弟无三举，门生旧知才数人，推公擢引"。进士考场既成为各方势力的角力场，主考官很难坚守本心，如卷九"恶得及第"门中的主考官高锴，本以抑豪华、擢孤进著称，而裴思谦仗宦官之力向他索求状元，高锴百般拒绝最后被迫屈从。萧仿不听嘱论，与时格格不入，难免"失意"。

大历十四年改元建中①，礼部侍郎令狐峘下二十二人及第②。时执政间有怒荐托不得③，势拟倾覆④。峘惶恐甚，因进其私书。上谓峘无良⑤，放榜日窜逐⑥，并不得与生徒相面⑦。后十年，门人田敦为衢州刺史⑧，峘量移本州别驾⑨，敦始陈谢恩之礼。

【注释】

①大历十四年：779年。改元：帝王即位时或在位期间改变年号。

②令狐峘（huán，？—805）：京兆华原（今陕西铜川耀州区）人。玄宗天宝十五载（756）登进士第。博学有辩才，代宗广德时任右拾遗兼史馆修撰，累迁中书舍人。大历十四年（779）拜礼部侍郎，德宗建中元年（780）知贡举，二月贬衡州别驾，后移衡州刺史，贞元初召为右庶子兼史馆修撰，与人忿争，贬吉州别驾，改吉州刺史，以不礼上官再贬衢州别驾。顺宗即位，征为秘书少监，卒。《全唐诗》存其诗二首。

③执政间有怒荐托不得：执政大臣有人因为推荐请托不成功而恼怒。执政，指当时宰相杨炎。按，据《旧唐书·令狐峘传》，宰相杨炎想要推荐以前府主杜鸿渐之子杜封，令狐峘请杨炎书字以为凭据，随即将杨炎的请托之书上奏德宗，德宗召杨炎对问，杨炎具言其事，德宗怒令狐峘奸诈，欲决杖流之，杨炎为其求情，遂贬衡州别驾。

④倾覆：倾轧陷害。

⑤无良：奸诈不善。

⑥窜逐：放逐，贬逐。

⑦生徒：新科进士称主考官为座主，自称门生，故称生徒。

⑧门人：此指门生。田敦：吴兴（今浙江湖州）人。德宗建中元年（780）登进士第。贞元中任衢州刺史、常州刺史、谏议大夫、兵部郎中等。衢州：底本作"明州"，误。

⑨量移：贬谪官员酌情调迁近处安置。按，令狐峘为吉州刺史再贬衢州别驾，应非量移。别驾：官名。汉朝州部佐吏。因从刺史行部，别乘传车，故谓之别驾。位居州吏之右。隋、唐为府州上佐之

一，迭与长史互改名称，亦或并置，并无实际职任，多用以安置贬谪官员。

【译文】

大历十四年宣布次年改元建中，礼部侍郎令狐峘录取了二十二人及第。当时执政大臣有人因为推荐请托不成功而恼怒，想要陷害令狐峘。令狐峘非常惶恐，于是把这人私下里写的请托书信进呈给皇帝。皇帝认为令狐峘的行为奸诈不善，在放榜那天将他贬逐出京，并且不允许和门生进士们见面。十年后，令狐峘当时的门生田敦任衢州刺史，令狐峘酌情移置本州别驾，田敦这才能行谢恩之礼。

长庆元年二月十七日①，侍郎钱徽下三十三人②。三月二十三日重试③，落第十人，徽贬江州刺史④。

会昌六年⑤，陈商主文⑥，以延英对见⑦，辞不称旨，改授王起⑧。

【注释】

①长庆元年：821年。

②钱徽（755—829）：字蔚章，谥号贞，吴兴（今浙江湖州）人。钱起子。德宗贞元初登进士第，又登贤良方正能直言极谏科。宪宗时历左补阙、翰林学士承旨、中书舍人、虢州刺史等。穆宗长庆元年（821）以礼部侍郎知贡举，被劾取士不公，贬江州刺史，迁湖州、华州刺史。文宗大和中以吏部尚书致仕。工诗，与白居易、刘禹锡、韩愈等交往唱和。

③重试：重新考试。当时朝廷敕令中书舍人王起、主客郎中知制诰白居易为主考官重试。

④江州：州名。乾元元年（758）改浔阳郡为江州，治浔阳（今江西

九江)。

⑤会昌六年:846年。按,因陈商不称旨而改由王起主考,事在会昌
　三年(843)。参见卷三"慈恩寺题名游赏赋咏杂纪"门注。

⑥陈商:字述圣,官至秘书监。会昌三年(843)以谏议大夫权知贡
　举罢,会昌五年(845)以礼部侍郎知贡举。参见卷三"慈恩寺题
　名游赏赋咏杂纪"门注。

⑦对见:受皇帝召见。因见时有所奏对,故称。

⑧王起:唐朝使相,穆宗长庆元年(821)、长庆二年(822),武宗会
　昌三年(843)、会昌四年(844),四知贡举。参见卷三"慈恩寺题
　名游赏赋咏杂纪"门注。

【译文】

长庆元年二月十七日,礼部侍郎钱徽录取了三十三人。三月二十三
日重试,有十人落第,钱徽贬官江州刺史。

会昌六年,陈商主持贡举,因为在延英殿召见时,奏对不合上意,于
是改任王起主持贡举。

　　咸通四年①,萧仿杂文榜中数人有故②,放榜后发觉,责
受蕲州刺史③。主司其年二月十三日得罪,贬蕲州刺史。五年五
月,量移虢略④。中书舍人知制诰宇文瓒制敕⑤:"朕体至公以
御极⑥,推至理以临人⑦,举必任才,黜皆由过,二者之命,吾
何敢私?中散大夫、守左散骑常侍、权知礼部贡举、上柱国、
赐紫金鱼袋萧仿⑧,早以艺文⑨,荐升华显⑩,清贞不磷⑪,介
洁无徒⑫,居多正直之容,动有休嘉之称⑬。近者擢司贡籍,
期尽精研⑭;既紊官常⑮,颇兴物论⑯。经询大义,去留或致
其纷拿⑰;榜挂先场,进退备闻其差互⑱。且昧泉鱼之察⑲,
徒怀冰蘖之忧⑳。岂可尚列貂蝉㉑,复延骑省㉒!俾分郡牧,

用示朝章㉓。勿谓非恩，深宜自励！可守蕲州刺史，散官勋赐如故㉔。仍驰驿赴任㉕！"

【注释】

①咸通四年：863年。

②萧仿（约796—875）：字思道，祖籍南兰陵（今江苏常州）。唐朝宰相。文宗大和元年（827）登进士第。宣宗大中时，累官谏议大夫、给事中，出镇岭南。懿宗咸通四年（863），以左散骑常侍知礼部贡举，因科场事贬蕲州刺史。后迁义成军节度使，有治绩，加刑部尚书，历兵、吏二部尚书，咸通十四年（873）拜相，封兰陵郡开国侯，以太子太傅致仕。《全唐诗》存诗二首。杂文榜：杂文考试后出榜，张贴杂文通过者的名单。

③蕲州：唐武德四年（621）改蕲春郡为蕲州，治蕲春县（今属湖北）。

④虢略：古地名，在今河南嵩县西北。《后汉书·郡国志》"弘农郡"条"陆浑西有虢略地"。唐虢州治弘农县（今河南灵宝），疑以"虢略"代指虢州。按，萧仿量移虢州刺史之事不见正史记载，此处存疑。

⑤知制诰：职官名。掌管起草诰命。唐代以中书舍人或他官知制诰，掌外制；以翰林学士知制诰，掌内制。宇文瓒：懿宗时官中书舍人。制敕：拟诏。

⑥御极：即位。此指治理国家。

⑦临人：治理百姓。此指管理百官。

⑧中散大夫、守左散骑常侍、权知礼部贡举、上柱国、赐紫金鱼袋萧仿：此分别为萧仿的散官、职事官、差遣、勋官和赏赐。中散大夫，官名。西汉平帝置，掌顾问应对，无常事。魏、晋以后为安置闲散官员之职，唐朝置为正五品上阶文散官。守左散骑常侍，左散骑常侍是萧仿的职事官，为正三品，散官品阶低而职事官高，故曰

守。权知礼部贡举,此为萧仿的差遣。上柱国,官名。战国楚制,位极尊,仅次于令尹,掌军政,主征战。唐高祖武德七年(624)置为十二转勋官,为勋爵中的最高级。赐紫金鱼袋,赐穿紫色袍服、佩金鱼袋。唐代三品以上官员服紫,佩金鱼袋。官品不够而皇帝推恩特赐,称赐紫金鱼袋。萧仿散官为正五品,故曰赐紫金鱼袋。

⑨艺文:文学艺能。

⑩荐:又,接连。华显:显贵的职位。

⑪清贞不磷:清白坚贞屡经考验。不磷,极坚之物,磨也磨不薄。比喻不受环境影响,经得起考验。语出《论语·阳货》:"坚乎磨而不磷。"

⑫介洁无徒:耿介高洁没有朋党。

⑬休嘉:美好嘉祥。

⑭精研:仔细研究,精心选拔。

⑮官常:官员的职责。

⑯物论:犹物议。众人的议论,舆论。

⑰经询大义,去留或致其纷拿:帖经考试经书大义,对考生的取舍有些混乱错杂。纷拿,混乱错杂。

⑱榜挂先场,进退备闻其差互:张挂杂文考试通过的名单,其中取舍的差错更是人尽皆知。榜挂先场,指杂文考试后出榜。进退,犹去留、取舍。差互,差错。

⑲泉鱼:犹渊鱼,渊中之鱼。比喻隐秘之事。此指主考官和考生的私人关系。

⑳冰檗(bò):冰寒檗苦。指处境清苦如饮冰食檗。比喻寒苦而有操守。檗,黄檗,味极苦。苏颂《又和蔡子直》诗:"风霜两鬓白,冰檗一心丹。"

㉑貂蝉:貂尾和附蝉,古代为侍中、常侍等贵近之臣的冠饰。泛指亲近显贵的大臣。

㉒骑省：官署名。唐以左散骑常侍二员隶门下省，右散骑常侍二员隶中书省，故称两省为骑省。

㉓朝章：朝廷的典章。

㉔散官：官名。指有官名而无固定职事之官，与职事官相对而言。隋朝定散官之制，居曹有职务者为执事官，无职务者为散官。唐朝又分文散官、武散官。文散官自开府仪同三司至将仕郎凡二十九阶，武散官自骠骑大将军至陪戎副尉凡四十五阶。凡九品以上职事，皆带散位。勋赐：勋官和赏赐。勋官，官号。始见于南北朝，本是赏赐给立功将士的荣誉称号，其后渐及文职朝官。唐高祖武德七年（624）定为从上柱国到武骑尉十二等。赏赐，皇帝推恩特赐，如赐紫金鱼袋等。

㉕驰驿：驾乘驿马。

【译文】

咸通四年，萧仿杂文考试后出的榜单中有几个人和他有旧交，放榜之后被人揭发，萧仿因此被贬为蕲州刺史。主考官当年二月十三日获罪，贬为蕲州刺史。五年五月，量移虢州刺史。中书舍人知制诰宇文瓒拟诏写道："朕根据至为公正的原则来治理国家，按照最正确的道理来管理百官，举拔必定依据才能，黜退全都因为过失，举拔和黜退的命令，我怎么敢有私心？中散大夫、守左散骑常侍、权知礼部贡举、上柱国、赐紫金鱼袋萧仿，早年以文学艺能，接连升迁至显贵的职位，清白坚贞屡经考验，耿介高洁没有朋党，平时有正直的仪容，行为有美好的声誉。近来提拔萧仿主持贡举，期望能为朝廷精心选拔人才；然而他却有失官员的职责，引起议论纷纭。帖经考试经书大义，对考生的取舍有些混乱错杂；张挂杂文考试通过的名单，其中取舍的差错更是人尽皆知。况且他对隐秘私交暧昧不察，空自怀有志节操守的忧虑。怎可仍位列天子近侍，再居于两省之中！今使其出守州郡长官，以昭示朝廷的典章制度。不要以为这不是恩典，应当深刻自我劝勉！可使担任蕲州刺史，散官、勋官和赏赐同先前一样。仍驾乘驿马即刻赴任!"

　　萧仿《蕲州刺史谢上兼知贡举败阙表》^①:"臣某言:臣谬掌贡闱^②,果兹败失^③,上负圣奖^④,下乖人情。实省己以竞惭^⑤,每自咎而惶灼^⑥。犹赖陛下猥矜拙直^⑦,特贷刑书^⑧,不夺金章^⑨,仍付符竹^⑩。荷恩宥而感恋^⑪,奉严谴以奔驰^⑫,不驻羸骖^⑬,继持舟棹^⑭。臣二月十三日当日于宣政门外谢讫^⑮,便辞进发,今月一日到任上讫。臣诚惶诚惧^⑯,顿首顿首。

【注释】

①《蕲州刺史谢上兼知贡举败阙表》:此为萧仿到任之后向皇帝谢恩蕲州刺史之职,兼为主持贡举有过失而谢罪的表章。败阙,犹过失。

②贡闱:指贡举。

③果兹:果然。败失:过错,过失。

④圣奖:指皇帝的称许、赏识。

⑤竞惭:深感惭愧。

⑥惶灼:惶恐焦灼。

⑦矜:怜悯。

⑧贷:宽恕,饶恕。刑书:刑法的条文。指刑罚。

⑨金章:官印。此指官爵。

⑩符竹:授予郡守的信物。代指郡守。《汉书·文帝纪》:"九月,初与郡守为铜虎符、竹使符。"

⑪恩宥(yòu):恩恕宽宥。感恋:感激眷恋。

⑫奔驰:指奔走赴任。

⑬羸骖(cān):瘦弱的马。

⑭棹(zhào):船桨。

⑮宣政门：宫门名。唐长安大明宫宣政殿前的门。

⑯诚惶诚惧：犹诚惶诚恐。古代大臣向皇帝上奏章时的套语，表示
　小心谨慎，惶恐不安。韩愈《潮州刺史谢上表》："臣某诚惶诚恐，
　顿首顿首。"

【译文】

萧仿在《蕲州刺史谢上兼知贡举败阙表》中写道："臣某言：臣错误
地执掌贡举，果然导致过错，上有负于圣主赏识，下又违背人情事理。确
实反省自己而深感惭愧，每每引咎自责而惶恐焦灼。幸而陛下怜悯我的
笨拙迂直，特地宽恕刑罚，没有剥夺臣的官爵，仍然授予刺史之职。臣承
蒙陛下的恩恕宽宥而感激眷恋，接受严厉的谴责而奔走赴任，马不停蹄，
继而改乘舟船。臣在二月十三日当天于宣政门外谢恩之后，立即辞京上
路，于本月初一到任。臣诚惶诚惧，顿首顿首。

"臣性禀朴愚①，材昧机变②，皆为叨据③，果窃显荣。一
心唯知效忠，万虑未尝念失④。是以顷升谏列⑤，已因论事去
官⑥；后忝琐闱⑦，亦缘举职统斾⑧。身流岭外⑨，望绝中朝⑩，
甘于此生，不到上国。伏遇陛下临御大宝⑪，恭行孝思⑫，询
以旧臣，遍沾厚渥。臣远从海峤⑬，首还阙廷，才拜丹墀，俄
捧紫诏⑭，任抡材于九品⑮，位超冠于六曹⑯。家与国而同
归，官与职而俱盛。常思惕厉⑰，粗免悔尤⑱。

【注释】

①性禀：犹禀性，天性。

②机变：随机应变。

③叨据：谓占据不应有的职位。多用作自谦之词。

④念失：指患得患失。

⑤顷：往昔。谏列：谏官之列。萧仿在宣宗时曾任谏议大夫。

⑥去官：免官。

⑦琐闱：指宫廷。此指任职禁中。萧仿在宣宗时曾任给事中。

⑧缘举职统旆（pèi）：因为尽职而被外放为节度使。举职，尽职。统旆，统军。此指担任节度使。萧仿在宣宗时多次直言劾奏，外放岭南节度使。

⑨岭外：即岭南。

⑩中朝：朝廷。

⑪临御大宝：即位登基。大宝，帝位。

⑫孝思：孝亲之思。

⑬海峤：海边多山之地。指岭南。

⑭才拜丹墀（chí），俄捧紫诏：刚在朝廷参拜，就领受天子的诏书委以重任。丹墀，宫殿前的红色台阶及台阶上的空地。常代指朝廷。紫诏，皇帝的诏书。皇帝封诏玺用紫泥，故曰紫诏。

⑮抡材：选拔人才。九品：魏晋将官员分为九等。泛指官员的等级次第。

⑯六曹：即吏、户、礼、兵、刑、工六部曹属。

⑰惕厉：警惕，戒惧。《周易・乾》："君子终日乾乾，夕惕若厉。"

⑱粗：略微。悔尤：悔恨和过失。语出《论语・为政》："言寡尤，行寡悔，禄在其中矣。"

【译文】

"臣的天性朴拙愚直，没有随机应变之才，所历官职都才不胜任，侥幸窃得显贵荣耀。臣一心只知效忠君上，万种思虑从未患得患失。因此往昔升任谏官之列，就已因为议论政事而被免官；后来任职禁中，又因为尽职直言而被外放为节度使。臣被放逐岭南，断绝了返回朝廷的希望，甘愿此生，不能再到京城。幸逢陛下即位登基，恭敬奉行孝亲之思，询查先朝旧臣，得以尽受厚恩。臣从偏远山海之地，首先返回朝廷，刚在朝廷参拜，就领受天子的诏书委以重任，担任铨选官员论定等第之责，职位超过六部曹属。回家乡的同时回归朝廷，官位和职任一样显达。臣时时思虑警惕戒惧，稍能免除悔恨和过失。

　　"已尘铨衡，复忝贡务①。昨虽有过，今合具陈。臣伏以朝廷所大者，莫过文柄；士林所重者②，无先辞科③。推公过即怨讟并生④，行应奉即语言皆息⑤。为日虽久，近岁转难。如臣孤微⑥，岂合操割⑦！徒以副陛下振用⑧，明时至公，是以不听嘱论⑨，坚收沉滞⑩。请托既绝，求瑕者多。臣昨选择，实不屈人，杂文之中，偶失详究。扇众口以腾毁⑪，致朝典以指名。缄深恳而未得敷陈⑫，奉诏命而须乘邮传⑬。罢远藩赴阙⑭，还乡国而只及一年⑮；自近侍谪官⑯，历江山而又三千里。泣别骨肉，愁涉险艰。今则已达孤城，唯勤郡政，缉绥郭邑⑰，训整里闾⑱。必使狱绝冤人，巷无横事⑲，峻法钤辖于狡吏⑳，宽弘抚育于疲农。粗立微劳，用赎前过。

【注释】

①已尘铨衡，复忝贡务：已经有辱铨选官员之职，又忝为主持贡举事务。尘，尘黩，玷污。贡务，指贡举事务。萧仿于懿宗咸通二年（861）以左散骑常侍知吏部铨选，次年又知礼部贡举。

②士林：泛指士大夫。

③辞科：文辞之科。指进士。

④怨讟（dú）：怨恨诽谤。讟，诽谤。

⑤语言：此指非议。

⑥孤微:卑微低贱的人。

⑦操劅(tuán):处理裁决。劅,裁决,治理。

⑧振用:犹举用。

⑨嘱论:请托。

⑩沉滞:指有才华而久被压抑之人。

⑪腾毁:传播毁谤。

⑫敷陈:详尽陈述。

⑬邮传:驿传。指驿站车马。

⑭罢远藩赴阙:指从岭南节度使任上回朝。远藩,远方的藩镇。

⑮乡国:故乡,故国。

⑯近侍:指左散骑常侍。

⑰缉绥:治理安抚。缉,治理,安定。绥,安抚。郭邑:城邑。

⑱训整:训教整饬。

⑲横事:意外的事故或灾祸。

⑳钤(qián)辖:节制管辖。

【译文】

"已经有辱铨选官员之职,又忝为主持贡举事务。此前虽有过错,今日理应详细陈述。臣以为朝廷所尊崇的,莫过于考选文士的权柄;士大夫所重视的,莫过于进士考试。推行公道太过就会怨恨诽谤丛生,有请托就奉行则非议全息。这种情况虽然已经存在很久,但是近年来却更为艰难。像臣这样的卑微低劣之人,又怎么能够处理裁决这样的事情!臣只为了不辜负陛下的举用,在清明之世以至公取士,于是不听请托,坚持选取有才华而久被压抑之人。请托既然被杜绝,那么对臣吹毛求疵的人自然增多。臣之前取士,的确没有使人受屈枉落,只是在杂文考试之时,偶尔有失详尽查考。有人煽动众人传播毁谤,引用朝廷典章来指斥罪名。臣怀藏深切恳挚之心而不能详尽陈述,奉朝廷诏命而必须即刻上路赴任。臣从岭南节度使任上还朝,回到故国只有一年;自散骑常侍任上贬谪出京,历经路途三千多里。哭泣告别骨肉亲人,怀抱忧愁跋涉艰险。现在已经到达远方孤城,唯有勤于郡中事务,治理安抚城邑,训教整饬乡里。必定要使监狱之中没有含冤之人,里巷之中没有意外灾祸,以严刑峻法辖制狡猾的官吏,以宽宏之政抚育疲弊的乡农。稍稍建立些微功劳,用来赎救之前的过失。

　　"伏乞陛下特开睿鉴,俯察愚衷。臣前后黜责①,多因于奉公,秉持直诚,常逢于党与②。分使如此,时亦自嗟。写肝胆而上告明君③,希衰残而得还帝里④。岂望复升荣级⑤,更被宠光,愿受代于蕲春⑥,遂闲散于辇下。臣官为牧守,不同镇藩,谢上之后,他表无因。达天听而知在何时⑦,备繁辞而并陈今日。驰魂执笔⑧,流血拜章⑨。形神虽处于退陬⑩,梦寐尚驰于班列⑪。臣无任感恩,惶恐涕泣,望阙屏营之至⑫!谨差军事押衙某奉表陈谢以闻⑬。"

【注释】

①黜责:贬斥,责罚。

②党与:指结党营私之人。

③写肝胆:倾诉忠诚的心意。写,抒发,倾吐。肝胆,比喻诚恳、真挚的心意。

④帝里:帝都,京城。

⑤荣级:荣显的官爵。

⑥受代:指官吏任满后由新官代替。蕲春:郡名。唐武德四年(621)改蕲春郡为蕲州,治所蕲春(今属湖北)。

⑦天听:天子的听闻。

⑧驰魂:心魂摇荡不安。

⑨流血：犹言泣血。极言痛苦。

⑩遐陬（zōu）：远方僻隅。陬，谓边远偏僻之地。

⑪梦寐：睡梦，梦中。班列：朝班的行列。

⑫屏（bīng）营：惶恐。

⑬军事押衙：唐代方镇使府的武职僚佐。

【译文】

　　"恳求陛下以睿识圣裁，鉴察愚臣的心意。臣前后多次被贬斥责罚，大都因为尊奉公道不肯徇私，秉持正直忠诚之心，却常常遇到结党营私之人。命运使人如此，臣也只能时时嗟叹。倾诉忠诚之心上告明君，希望衰残之身还能回到京城。臣岂敢期望还能重升荣显的官爵，再度蒙受圣主的恩宠光耀，只是希望能够有人接任蕲州刺史之职，可以让臣回到京中闲散而终。臣官居刺史，和出守藩镇不同，进呈谢表之后，其他表章无由再呈。臣的心意上达天听不知在什么时候，只能写下繁冗之辞在今日一起详陈。执笔之时心魂摇荡，心中泣血而拜上表章。臣虽然身处远方僻隅，但魂梦仍然奔走于朝班之列。臣不胜感恩，惶恐涕泣，望帝阙而惶恐之至！谨派遣军事押衙某人奉表陈述谢恩以上闻。"

　　仿《与浙东郑裔绰大夫雪门生薛扶状》①："某昨者出官之由②，伏计尽得于邸吏③，久不奉荣问④，惶惧实深！某自守孤直⑤，蒙大夫眷奖最深⑥，辄欲披陈其事⑦，略言首尾⑧，冀当克副虚襟⑨，鉴雪幽抱⑩。

【注释】

　　①《与浙东郑裔绰大夫雪门生薛扶状》：这是萧仿写给浙东观察使郑裔绰，以洗雪门生薛扶冤屈的信。郑裔绰，郑州荥泽（今河南郑州）人。郑覃子。以门荫入仕，累迁谏议大夫。宣宗朝为给事

中,以直言忤旨,贬商州刺史。懿宗咸通三年(862)由秘书监迁
浙东观察使,终太子少保。薛扶,懿宗咸通四年(863)登进士第。

②出官:指由京官调任地方官。

③邸吏:古代地方驻京办事机构的官吏。

④荣问:荣获问事或问候。对他人询问的敬称。高适《酬秘书弟兼
寄幕下诸公》诗:"前席屡荣问,长城兼在躬。"

⑤孤直:孤介耿直。

⑥眷奖:眷顾赏识。

⑦披陈:表白,陈述。

⑧首尾:事情的始末。

⑨虚襟:虚怀,虚心。

⑩幽抱:幽独的情怀。

【译文】

萧仿在《与浙东郑裔绰大夫雪门生薛扶状》中写道:"我之前被外放
为地方官的缘由,料想您从邸吏处已经详细得知,这么久不曾蒙您询问,
实在让我深感惶恐! 我自守孤介耿直,蒙您眷顾赏识最深,于是想要向
您表白陈述此事,大略告诉您此事的来龙去脉,希望能符合您虚怀求士
的本心,使您能够鉴察明白我的苦衷。

"伏以近年贡务,皆自阁下权知①,某叨历清崇②,不掌
纶诰③。去冬遽因铨衡④,叨主文柄,珥貂载笔⑤,忝幸实多。
遂将匪石之心⑥,冀伸藻镜之用⑦,壅遏末俗⑧,荡涤讹风⑨,
刈楚于庭⑩,得人之举。而腾口易唱⑪,长舌莫钳⑫,吹毛岂
惜其一言⑬,指颊何啻于十手⑭! 既速官谤⑮,皆由拙直。窃
以常年主司,亲属尽得就试,某敕下后⑯,榜示南院,外内亲
族⑰,具有约勒⑱,并请不下文书⑲,敛怨之语⑳,日已盈庭㉑。

复礼部旧吏云,常年例得明经一人,某面责其事,即严厘革^㉒。然皆阴蓄狡恨,求肆蠹言^㉓,致杂文之差互,悉群吏之构成^㉔。失于考议^㉕,敢不引过?又常年榜帖,并他人主张,凡是旧知,先当垂翅^㉖。灵蛇在握^㉗,弃而不收;璞鼠韬怀^㉘,疑而或取。致使主司胁制于一时,遗恨遂流于他日。今春此辈亦有数人,皆朝夕相门^㉙,月旦自任^㉚,共相觭角^㉛,直索文书。某坚守不听,唯运独见。见在子弟无三举^㉜,门生旧知才数人,推公擢引,且既在门馆日夕^㉝,即与子弟不生,为轻小之徒望风传说^㉞,曰笔削重事^㉟,闱门得专^㊱。某但不欺知白之诚^㊲,岂畏如簧之巧^㊳!

【注释】

①阁下:此指中书舍人。唐中期以后常以中书舍人代掌贡举。权知:代掌,权且掌管。萧仿以左散骑常侍知礼部贡举,非职掌纶诰之中书舍人,故下曰:"叨历清崇,不掌纶诰。"

②清崇:指清贵显要的官职。

③纶诰:皇帝的诏书诰令。

④铨衡:指主管选拔官吏的职位。亦指主管选拔官吏的部门之长。

⑤珥貂:在冠旁插上貂鼠尾作装饰。汉代侍中、中常侍于冠上插貂尾为饰。后借指显贵的近臣。载笔:携带文具以记录王事。

⑥匪石之心:心志不像石头那样可以转动。形容心志坚定不移。匪,同"非"。语出《诗经·邶风·柏舟》:"我心匪石,不可转也。"

⑦藻镜:犹藻鉴。评量和鉴定人才。

⑧壅(yōng)遏:阻塞,遏制。末俗:庸俗世态。

⑨荡涤:清洗,洗除。讹风:不正之风。

⑩刈(yì)楚于庭:在庭中杂乱的柴草中割取其中高大突出的。比喻

为朝廷选拔优异的人才。楚，翘楚，原指高出杂树丛的荆树，比喻杰出的人材。语出《诗经·周南·汉广》："翘翘错薪，言刈其楚。"

⑪腾口：张口放言。常指众口嚣嚣，传播毁谤。白居易《代书诗一百韵寄微之》诗："腾口因成痏，吹毛遂得疵。"唱：高呼，呼应。

⑫长舌：比喻搬弄是非。语出《诗经·大雅·瞻卬》："妇有长舌，维厉之阶。"钳：钳制，使闭口。

⑬吹毛：吹毛求疵。

⑭指颊：指着脸颊斥责。比喻指责。十手：比喻众人。人如有不善，众人则争相指责。语出《礼记·大学》："十目所视，十手所指，其严乎！"

⑮速：招致。官谤：因居官不称职而受到责难和非议。

⑯敕下：指任命主持贡举的敕令下达。

⑰外内亲族：指中表亲属。泛指各种亲属。

⑱约勒：犹约束。

⑲文书：此指请托的书信。

⑳敛怨：积怨。

㉑盈庭：充满厅堂。

㉒厘革：改正。

㉓蠹（dù）言：谗害的言辞。

㉔构成：构陷，造成。

㉕考议：核查选择。

㉖先当垂翅：先行黜落，不予考取。

㉗灵蛇在握：灵蛇珠握在手中。比喻身负美好的文才。灵蛇，指灵蛇珠。传说隋侯救蛇，后来蛇以明珠报恩。后用以比喻美好的文才或文章。见晋干宝《搜神记》。

㉘璞（pú）鼠韬怀：怀藏干鼠以为璞玉。比喻低劣之才自以为高。璞鼠，以干鼠为璞玉。《后汉书·应劭传》："昔郑人以干鼠为璞，

鬻之于周。"韬,掩藏。

㉙相门:宰相之门。

㉚月旦:指月旦评。汉代许劭喜欢品评人物,每月更换品评的人物,
称为"月旦评"。见《后汉书·许劭传》。后泛指品评人物。

㉛犄(jī)角:倚靠,支援。

㉜见在:现在。

㉝日夕:日夜。

㉞轻小:轻薄。望风传说:指没有根据地传说。

㉟笔削:删改修订。《史记·孔子世家》载孔子作《春秋》:"至于为
《春秋》,笔则笔,削则削,子夏之徒不能赞一辞。"后常用为修史
之典。

㊱闺门:内室的门。泛指家门。

㊲知白:知晓光明正道。《老子》:"知其白,守其黑,为天下式。"

㊳如簧之巧:巧舌如簧。出《诗经·小雅·巧言》:"巧言如簧,颜之
厚矣。"

【译文】

"近年来的贡举事务,都由中书舍人代为掌管,我虽然叨光历任清
要之职,却不曾掌管诏书诰令。去年冬天我因为曾负责铨选官员,而忝
任主持礼部贡举,身为天子近臣而记录王事,受之有愧的幸遇实在太多。
于是我秉承坚定不移的心志,期望能用此评量和鉴定人才,遏制庸俗世
态,清除不正之风,为朝廷选拔优异之材,举荐人才尽皆得当。然而谗毁
之言容易流传,搬弄是非难以钳制,众人怎会吝惜对我的吹毛求疵,横加
指责之人又怎么能数得清!因居官失职而招致非议,全都由于我处事愚
直。我私下见到往年主持贡举之人,他们的亲属都能参加考试,而我在
任命主持贡举的敕令下达之后,在礼部南院贴榜告示,所有中表亲属,都
加以约束,并让他们不得写信请托,积怨的言辞,逐日充满厅堂。又有礼
部的老吏说,按照惯例可以推举明经一名,我当面斥责了这种事,对这种

常例严加整改。然而这些吏员都暗藏狡猾狠毒之心，肆意谗害，致使杂文考试的榜单中出现失误，全都由这群吏员构陷造成。我也有失于核查选择，又怎敢不承认过失？又往年放榜的惯例，和别人的主张，都认为只要是主考官的故交旧知，都应当先行黜落。身负美好的文才，却舍弃而不予录取；低劣之才自以为高，虽有怀疑而可能录取。以至于主考官一时之间受到胁制，在他日抱憾终身。今年春天科考之时也有一些这样的人，都日夜奔走于宰相之门，以品评人物为己任，互相倚靠呼应，径直索要请托书信。我坚守原则不受请托，只坚持自己的见解。我现在身边的子弟没有考过三次科举的，门生旧友不过数人而已，都是依据公道而擢拔任用，他们既然日夜在我门下，就和子弟差不多一样，于是被轻薄之人捕风捉影附会传说，说修史这样的重要事务，竟由门人得以专擅。我只求不负知晓光明正道的真诚之心，怎么会畏惧这些人的巧舌如簧诽谤造谣！

“顷年赴广州日①，外生薛廷望荐一李仲将外生薛扶秀才②，云负文业③，穷寄岭峤④。到镇日，相见之后，果有辞藻；久与宴处⑤，端厚日新⑥。成名后，人传是蕃夷外亲⑦，岭南巨富，发身财赂⑧，委质科名⑨。扶即薛谓近从兄弟⑩，班行内外⑪，亲族绝多。岭表之时，寒苦可悯，曾与月给⑫，虚说蕃商⑬。据此谤言，岂粗相近？况孔振是宣父胄绪⑭，韩绾即文公令孙⑮。苏蘔故奉常之后⑯，雁序双高⑰，而风埃久处⑱；柳告是柳州之子⑲，凤毛殊有⑳，而名字陆沉㉑。其余四面搜罗，皆有久居艺行之士，繁于简牍，不敢具载。

【注释】

①赴广州：指出任岭南节度使。

②外生：外甥。薛廷望：字遂之，河中宝鼎（今山西万荣）人。宣宗

时除美原尉，直弘文馆，预修《续会要》。历任司勋、主客员外郎，左司郎中。懿宗咸通中官至虢州刺史。李仲将：事迹未详。薛扶：懿宗咸通四年（863）登进士第。

③文业：文章。

④岭峤：五岭的别称。指岭南。

⑤宴处：闲居。

⑥端厚：端庄温厚。日新：指日有进益。

⑦蕃夷：古代对外族或异国人的统称。外亲：指女性一方的亲属。

⑧财赂：钱财货物。

⑨委质：置身。

⑩近从兄弟：血缘比较近的堂兄弟。

⑪班行：犹班列，朝班的行列。

⑫月给：月俸。

⑬虚说：妄说，无稽之谈。

⑭孔振：曲阜（今属山东）人。孔子后裔。懿宗咸通四年（863）状元及第。历兖州观察判官、监察御史、左补阙、水部员外郎等。宣父：对孔子的尊称。唐贞观十一年（737）诏尊孔子为宣父。胄（zhòu）绪：后代。

⑮韩绾（wǎn）：河阳（今河南孟州）人。韩愈之孙。懿宗咸通四年（863）登进士第。文公：韩愈。中唐著名诗人、文学家、思想家。参见卷四"师友"门注。令孙：称人孙之敬词。

⑯苏蔼：事迹未详。奉常：苏奉常。苏姓太常卿。未详其人。或为卷十一"恶分疏"门所言之故奉常苏涤。

⑰雁序：雁行有次序。比喻兄弟。

⑱风埃久处：久处风尘之中。指不得志。

⑲柳告：字用益，河东（今山西永济）人。懿宗咸通四年（863）登进士第。柳宗元子。官仓部员外郎。柳州：柳宗元，中唐著名诗人、

文学家、思想家，官至柳州刺史，世称"柳柳州"。参见卷十"海
叙不遇"门注。

⑳凤毛：称誉别人的子孙文采俊秀，能继承父辈的风范。典出刘义
庆《世说新语·容止》："王敬伦风姿似父，作侍中，加授桓公公服，
从大门入，桓公望之，曰：'大奴固自有凤毛。'"殊：甚，很。

㉑陆沉：比喻贤者之名隐而不显。

【译文】

"昔年我出任岭南节度使奔赴广州的时候，外甥薛廷望推荐了李仲将的外甥薛扶秀才，说他有文章才能，因穷困而寄居岭南。我到任广州，见过薛扶之后，发现他果然有文学才华；和他闲处时间长了，觉得他端庄温厚日有进益。薛扶考中进士之后，被人传说是番邦之人的亲戚，且是岭南的豪富，以钱财起家扬名，最终置身科甲。薛扶就是薛廷望的近堂兄弟，在朝廷内外，亲戚族人非常多。薛扶在岭南的时候，贫寒困苦令人怜悯，我曾给他月俸，蕃商云云纯属无稽之谈。根据这样的毁谤之言，哪有一点与事实相近之处？况且孔振是孔圣人的后代，韩绾是韩文公的孙子。苏鹪是苏奉常的后人，兄弟俩都有很高的才学，却久处风尘而不得志；柳告是柳柳州的儿子，颇有其父之才，而姓名埋没不为人知。其余录取之人也都是我四处搜罗而来，都是久居文艺之道的才士，怕写在信中过于繁琐，不敢一一俱列。

"某裁断自己，实无愧怀。敦朝廷厚风，去士林时态，此志惶挠①，岂惮悔尤！今则公忠道消，奸邪计胜，众情犹有惋叹②，深分却无悯嗟③。何直道而遽不相容，岂正德而亦同浮议④！久猜疑闷，莫喻尊崇⑤，幸无大故之嫌⑥，勿信小人之论。粗陈本末，希存旧知⑦。临纸写诚，含毫增叹！特垂鉴宥⑧，无轻弃遗，幸甚！"

【注释】

①惶挠：惧怕不能坚持。

②惋叹：感叹，叹息。

③深分：深厚的契分。指至交。悯嗟：忧虑，叹息。

④正德：纯正的道德。浮议：没有根据的街谈巷议。

⑤尊崇：对对方的敬称。

⑥大故：严重的罪过。

⑦存：存顾，关怀。

⑧鉴宥（yòu）：鉴察宽宥。

【译文】

"我裁决判断自己，内心实在没有可惭愧之处。推崇朝廷的敦厚之风，消除士大夫间的低俗习气，我的这一志愿只怕不能坚持，怎会忌惮悔恨与过失！如今公直忠诚的大道消减，奸诈邪恶的计谋盛行，常人对我的遭遇尚有惋惜慨叹之情，而至交却没有怜悯嗟叹之心。为何坚守直道而竟然不被容纳，难道道德纯正之人也会听信没有根据的街谈巷议！长久的猜疑让我疑惑郁闷，不知道尊意到底如何，希望您不要猜疑我犯了什么严重的罪过，不要听信小人的议论。我将事情的始末向您粗略陈述，希望您能存顾旧友。对着信纸抒写真诚，含笔沉吟而悲叹不已！望您垂赐鉴察宽宥，不要轻易将我遗弃，幸甚！"

乾宁二年①，崔凝榜放②，贬合州刺史③。先是李浣附于中贵④，既愤退黜，百计摧之。上亦深器浣文学，因之蕴怒，密旨令内人于门搜索怀挟⑤，至于巾屦⑥，靡有不至。

【注释】

①乾宁二年：895年。

②崔凝：懿宗进士。昭宗乾宁二年（895）以刑部尚书权知礼部贡

举，物议录取不当，贬合州刺史。其生平事迹及知贡举事见卷七"好放孤寒"门。

③合州：州名。唐武德元年（618）置，治石镜县（今重庆合川区）。

④李浣（yǎn，？—895）：字东济，江都（今江苏扬州）人。昭宗时宰相李磎子。博学多才，以文章名世。其应举时之行卷《明易先生书》《答明易先生书》，风行一时。昭宗乾宁二年（895），父子同为军阀王行瑜杀害。昭雪后，赠礼部员外郎。

⑤怀挟：指科举考试中的挟带行为或挟带的文字等。

⑥巾屦（jù）：头巾和鞋子。

【译文】

乾宁二年，崔凝主持贡举放榜后，贬为合州刺史。之前李浣依附宦官，因为被黜落而愤怒怀恨，千方百计想要对付崔凝。皇帝也很器重李浣的文章才学，因此对崔凝甚为恼怒，秘密命令宦官到考场门口搜索应试举人有无挟带，甚至连头巾和鞋子也要搜，无所不至。

卷十五

杂记

【题解】

　　此门汇集各种科举相关之事杂录而成。其中颇有当时的科考细节和名人轶事。比如考进士以及放榜的具体场所、时间等,且有士子们的诗文加以生动记录,如韦承贻诗:"褒衣博带满尘埃,独上都堂纳试回。蓬巷几时闻吉语,棘篱何日免重来? 三条烛尽钟初动,九转丸成鼎未开。残月渐低人扰扰,不知谁是谪仙才。"可谓模肖栩栩。此外还有不少可备观览之处,如进士考试的诗赋题目、皇帝和官员的关系、翰林学士供职日常、门生和座主的关系、唐末军阀起家等。亦有相士占卜、才子佳人等传奇故事。

　　高祖武德四年四月十一日①,敕诸州学士及白丁有明经及秀才、俊士,明于理体,为乡曲所称者②,委本县考试,州长重覆,取上等人③,每年十月随物入贡。至五年十月,诸州共贡明经一百四十三人,秀才六人,俊士三十九人,进士三十人。十一月引见④,敕付尚书省考试。十二月吏部奏付考功员外郎申世宁考试⑤，秀才一人，俊士十四人，所试并通，敕放选⑥，与理人官⑦。其下第人各赐绢五匹，充归粮⑧，各勤修业。自是考功之试，永为常式。至开元二十四年⑨，以员外郎李昂与举子矛楯失体⑩，因以礼部侍郎专知。

【注释】

①高祖：唐高祖李渊（566—635），字叔德，庙号高祖。唐朝开国皇帝，618—626年在位。关陇贵族出身，隋炀帝时任太原留守。隋末动乱中起兵晋阳，618年建立唐朝，年号武德。在位期间扫平各地军阀，统一全国，改革币制，发展经济，完善科举制度。玄武门之变后传位于李世民，退称太上皇。武德四年：621年。按，此门所记之事多见卷一"统序科第"和"进士归礼部"门。

②乡曲：乡里。

③上等：入等，合格。

④引见：指入朝引见给天子。

⑤申世宁：唐初曾任考功员外郎。

⑥放选：放入铨选。

⑦理人官：指治理百姓的州县之官。理人，治理百姓。

⑧归粮：指回乡的钱粮费用。

⑨开元二十四年：736年。

⑩李昂：开元二十四年（736）任考功员外郎，知贡举，为举人所讼。参见卷一"进士归礼部"门注。矛楯：指以文词互相诘难攻击。

【译文】

高祖武德四年四月十一日，皇帝敕令诸州学生以及平民中修习明经、秀才、俊士学业，明白政治法度，为乡里所称颂的，委托本县考试，州郡长官复察核实，取其中合格之人，每年十月随上贡之物一起入京。到武德五年十月，诸州一共进贡明经一百四十三人，秀才六人，俊士三十九人，进士三十人。十一月所贡士人被引见给皇帝，敕令交给尚书省进行考试。十二月吏部奏请委派考功员外郎中世宁主持考试，其中秀才一人，俊士十四人，所考内容全都精通，敕令放入铨选，授予治理百姓的州县之官。其余落第之人各赐绢五匹，充作回乡的费用，各自勤于修习学业。从此考功员外郎主持贡举考试，成为固定的制度。到玄宗开元二十四年，因为考功员外郎李昂和应试举子互相攻击有失体统，于是改由礼部侍郎专门主持贡举。

　　贞观初[①]，放榜日，上私幸端门，见进士于榜下缀行而出，喜谓侍臣曰："天下英雄入吾彀中矣！"

　　进士榜头[②]，竖黏黄纸四张，以毡笔淡墨袞转书曰"礼部贡院"四字[③]。或曰：文皇顷以飞帛书之[④]。或象阴注阳受之状[⑤]。

【注释】

①贞观：唐太宗李世民的年号（627—649）。按，此门唐太宗"天下英雄入吾彀中矣"事见卷一"述进士上篇"门。

②榜头：榜单的开头。

③毡笔：羊毫笔。袞转：连转相接。

④文皇：唐太宗李世民。李世民谥号文皇帝。参见卷一"述进士上篇"门注。飞帛：也作"飞白"。一种特殊的书法，传说是东汉蔡邕所作，笔画中露出一丝丝的白地，像枯笔所写，气势飞动。

⑤阴注阳受：一种迷信说法，认为阳间之事由阴间注定。参见卷八"阴注阳受"门。

【译文】

　　贞观初,进士考试放榜那天,太宗皇帝私下驾临端门,看见新科进士从榜下鱼贯而出,高兴地对陪同的大臣说:"天下英雄都被我笼络了!"

　　进士榜单的开头,竖着粘贴四张黄纸,用羊毫笔蘸淡墨,以连转相接的笔法题写"礼部贡院"四字。有人说:太宗文皇帝以前用飞白书题写。也有人说这是象征阴注阳受的情状。

　　进士旧例于都省考试,南院放榜,南院乃礼部主事受领文书于此,凡板样及诸色条流①,多于此列之。张榜墙乃南院东墙也。别筑起一堵,高丈余,外有壖垣②。未辨色,即自北院将榜③,就南院张挂之。元和六年④,为监生郭东里决破棘篱⑤,篱在垣墙之下,南院正门外亦有之。坼裂文榜⑥,因之后来多以虚榜自省门而出,正榜张亦稍晚。

【注释】

　　①板样:也叫板榜。挂在贡院门口,上面写明贡举的各种规定和检查项目。诸色条流:各种条例。

　　②壖(ruán)垣:矮墙。

　　③北院:此指北面的尚书省礼部,和负责贡举的礼部南院相对。

　　④元和六年:811年。

　　⑤郭东里:事迹未详。决破:毁坏。棘篱:用荆棘做成的篱笆。

　　⑥坼(chè)裂:撕裂。

【译文】

　　进士按旧例在尚书都省考试,在礼部南院放榜,南院是礼部主事受领文书的地方,凡是板榜的原文状样和各种条例,大都张贴在这里。张榜的墙是南院东墙。另筑一堵墙,高一丈多,外砌一道矮墙。天还没亮的时候,就从北面的尚书省礼部取来榜单,在南院东墙上张挂。元和六年,监生郭东里毁坏了棘篱,棘篱在矮墙之下,南院正门外也有。撕裂榜单,于是后来从省门拿出来的大都是虚榜,正榜张贴也稍晚一点。

开成二年①,高侍郎锴主文②,恩赐诗题曰《霓裳羽衣曲》③。三年,复前诗题为赋题,《太学石经》诗并辞④,入贡院日面赐。

大中中,都尉郑尚书放榜⑤,上以红笺笔札一名纸云"乡贡进士李御名"⑥,以赐颢⑦。

【注释】

①开成二年:837年。

②高侍郎锴:高锴,元和进士,文宗开成元年(836)至三年(838)连知贡举,以抑豪华、擢孤进称。参见卷九"恶得及第"门注。

③《霓裳羽衣曲》:唐代官廷乐舞套曲。传为唐开元中西凉节度使杨敬述所献,初名《婆罗门曲》,后经玄宗润色并填词,改用此名。

④《太学石经》:即《开成石经》。文宗时依国子监祭酒郑覃等人所奏,将《周易》《尚书》《诗经》《周礼》《仪礼》《礼记》《左传》《公羊传》《穀梁传》《论语》《孝经》《尔雅》等十二部经书刻在石上,立于国子监,作为经书的标准。

⑤都尉郑尚书:郑颢,武宗时状元,宣宗时尚万寿公主,拜驸马都尉,终检校礼部尚书、河南尹。故称都尉郑尚书。大中十年(856)、十三年(859)两知贡举。参见卷三"慈恩寺题名游赏赋咏杂纪"门注。

⑥上:唐宣宗。笔札:书写。

⑦颢:即郑颢。颢,底本作"镐",据本书卷三、卷八,《旧唐书》《新唐

书》等改。

【译文】

开成二年，高锴侍郎主持贡举，文宗皇帝恩赐考试诗题为《霓裳羽衣曲》。开成三年，又以前诗题《霓裳羽衣曲》为赋题，诗题是《太学石经》诗并辞，在主考官进入贡院之日面赐考题。

大中年间，郑颢都尉主持贡举放榜，宣宗皇帝用红色笺纸书写一张名帖道"乡贡进士李皇帝的名字"，赐给郑颢。

《文贞公神道碑》①，太宗之文。时徵将薨，太宗尝梦见，及觉，左右奏徵卒。故曰："俄于仿佛，忽睹形仪②。"复曰："高宗昔日得贤相于梦中③，朕今此宵失良臣于觉后。"

【注释】

①文贞公：魏徵（580—643），字玄成，谥文贞，下曲阳（今河北晋州）人。唐初杰出的政治家、史学家，名臣宰相。先辅佐太子李建成，太宗即位，授谏议大夫，迁秘书监，任侍中等，以直言进谏闻名，参与修撰《群书治要》及《隋书》《梁书》《陈书》等。累授左光禄大夫、太子太师，封郑国公，名列"凌烟阁二十四功臣"。著有《魏徵集》，言论多见《贞观政要》。神道碑：墓道前用以记载死者生平事迹的石碑，亦指碑文。

②形仪：仪容。

③高宗昔日得贤相于梦中：以前商高宗在梦中得到一位贤相。高宗，殷商君主，名武丁，庙号高宗，商王盘庚之侄。约公元前1250—前1192年在位，任用傅说等贤臣辅政，国家大治。传说武丁曾做梦见一贤臣，醒后访之，于胥徒中得傅说，以之为相。

【译文】

《文贞公神道碑》，是太宗皇帝撰写的文章。魏徵即将去世的时候，太宗皇帝曾梦见他，等到醒来的时候，身旁服侍的人奏报说魏徵去世。太宗皇帝于是写道："不久前在恍惚之间，忽然看到你的样子。"又写道："以前商高宗在梦中得到一位贤相，朕今夜却在醒来后失去一名良臣。"

　　高祖呼裴寂为"裴三"①，明皇呼宋济作"宋五"②，德宗呼陆贽为"陆九"③。

　　高祖呼萧瑀为"萧郎"④，宣宗呼郑颢为"郑郎"⑤。

　　裴晋公下世⑥，文宗赐御制一篇⑦，置于灵座之上⑧。

【注释】

①裴寂（570—632）：字玄真，蒲州桑泉（今山西临猗）人。隋末任晋阳宫副监，辅佐李渊起兵。唐朝建立后，封魏国公，迁左仆射，主持修撰《武德律》，迁司空，极受唐高祖宠信。贞观时获罪，流放静州，讨平山羌叛乱有功，征召回朝而卒。裴寂行三，唐高祖称呼他"裴三"，为亲近之意。

②明皇：唐玄宗李隆基。宋济：德宗时人，屡试不第，布衣以终。明皇呼宋济"宋五"事见卷十"海叙不遇"门。按，明皇应为德宗。

③德宗：唐德宗李适（742—805）。779—805年在位。即位初期厉行节俭，打击宦官，后因削藩不当引发四镇之乱和泾原兵变，转而对藩镇多事姑息，又委任亲信宦官为禁军统帅，导致藩镇和宦官势力日渐增强。性格猜忌，任用奸臣卢杞、裴延龄等，大肆聚敛，排斥忠良，导致民怨沸腾，政局动荡。陆贽：唐朝宰相。工诗文，泾原兵变中扈从德宗奔奉天，深受重用。后因直言进谏被贬。参见卷四"师友"门注。

④萧瑀（574—647）：字时文，谥贞褊，祖籍南兰陵（今江苏常州），南朝后梁明帝萧岿子。唐初宰相。博学善属文，仕隋为河池郡

守,入唐,封宋国公,官至尚书左仆射。性格刚正,然不能容物,唐
太宗曾作诗赐之:"疾风知劲草,板荡识诚臣。"

⑤宣宗:唐宣宗李忱(810—859)。唐宪宗子,穆宗弟,敬宗、文宗、
武宗叔。846—859年在位,年号大中。被宦官拥立,为人精明强干,
在位期间整顿吏治,结束党争,限制宦官,勤俭治国,收复安史之乱
后被吐蕃占领的河西失地,使国家相对安定,史称"大中之治"。

⑥裴晋公:裴度。唐朝著名宰相。参见卷三"慈恩寺题名游赏赋咏
杂纪"门注。下世:去世。

⑦文宗:唐文宗李昂(809—840)。唐穆宗子,敬宗弟。826—840
年在位。被宦官拥立,博通群书,喜好文艺,儒雅恭俭,勤于政事,
在位期间试图消灭宦官势力,发动甘露之变,事败后被宦官控制,
抑郁而亡。

⑧灵座:指新丧既葬,供神主的几筵。

【译文】

唐高祖称呼裴寂为"裴三",唐明皇称呼宋济为"宋五",唐德宗称呼
陆贽为"陆九"。

唐高祖称呼萧瑀为"萧郎",唐宣宗称呼郑颢为"郑郎"。

晋国公裴度去世,文宗皇帝赐御制文章一篇,放置在裴度的灵座
之上。

　　白乐天去世①,大中皇帝以诗吊之曰②:"缀玉联珠六十
年③,谁教冥路作诗仙。浮云不系名居易,造化无为字乐天。
童子解吟《长恨曲》④,胡儿能唱《琵琶篇》⑤。文章已满行
人耳,一度思卿一怆然。"

【注释】

①白乐天:白居易,字乐天,晚号香山居士。中唐著名诗人。参见卷

二"争解元"门注。

②大中皇帝:即唐宣宗。宣宗年号大中,故称。

③缀玉联珠:比喻撰写美好的诗文。

④《长恨曲》:即白居易的名篇《长恨歌》。

⑤《琵琶篇》:即白居易的名篇《琵琶行》。和《长恨歌》齐名的长篇叙事诗,以对琵琶女高超技艺和不幸身世的描述,抒发了诗人自己无辜被贬,"同是天涯沦落人"的悲伤感慨。

【译文】

白居易去世,唐宣宗写诗悼念道:"缀玉联珠六十年,谁教冥路作诗仙。浮云不系名居易,造化无为字乐天。童子解吟《长恨曲》,胡儿能唱《琵琶篇》。文章已满行人耳,一度思卿一怆然。"

元和十三年①,进士陈标献诸先辈诗曰②:"春官南院院墙东,地色初分月色红。文字一千重马拥,喜欢三十二人同③。眼前鱼变辞凡水④,心逐莺飞出瑞风。莫怪云泥从此别,总曾惆怅去年中⑤。"

【注释】

①元和十三年:818年。

②陈标:穆宗长庆二年(822)登进士第。官终侍御史。《全唐诗》存诗十二首。此诗《全唐诗》题作《赠元和十三年登第进士》。描写礼部南院放榜时的情景。

③文字一千重马拥,喜欢三十二人同:千名举子乘马赴京应试,只有三十二人进士及第,欢喜相同。文字,文章。此指考进士的举子。一千重马,形容马多。三十二人,当年及第之人数。

④鱼变:指鱼跃龙门。

⑤莫怪云泥从此别,总曾惆怅去年中:不要怨恨和及第者从此判若
　云泥,他们也曾在去年因落第而惆怅。此为陈标自我安慰之语。

【译文】

　　元和十三年,考进士的陈标献诗给诸位考中进士的先辈:"春官南院
院墙东,地色初分月色红。文字一千重马拥,喜欢三十二人同。眼前鱼
变辞凡水,心逐莺飞出瑞风。莫怪云泥从此别,总曾惆怅去年中。"

　　令狐赵公①,大中初在内庭,恩泽无二。尝便殿召对②,
夜艾方罢,宣赐金莲花送归院。院使已下③,谓是驾来,皆鞠
躬阶下。俄传吟曰:"学士归院!"莫不惊异。金莲花,烛柄
耳,唯至尊方有之④。

【注释】

①令狐赵公:令狐绹。唐朝宰相,封赵国公。宣宗大中初充翰林学
　士,拜中书舍人,大中四年(850)以兵部侍郎同中书门下平章事。
　参见卷四"师友"门注。

②便殿:别殿。常为皇帝宴息之处。

③院使:由宦官充任的翰林学士院使。

④至尊:皇帝的代称。

【译文】

　　赵国公令狐绹,大中初年在内庭任职,恩宠独一无二。宣宗皇帝曾
经在别殿召见令狐绹议事,直到夜深才结束,特赐用金莲花灯烛送他回
翰林院。翰林院自院使以下的官员,以为是皇帝驾到,都在台阶下弯腰
行礼。不久只听传呼声道:"学士归院!"众人无不惊异。金莲花,是烛
柄,只有皇帝才能使用。

　　韦澳、孙宏[①]，大中时同在翰林。盛暑，上在太液池中宣二学士[②]。既赴召，中贵人颇以绤绤为讶[③]。初殊未悟，及就坐，但觉寒气逼人，熟视，有龙皮在侧[④]。寻宣赐银饼馅，食之甚美，既而醉以醇酎[⑤]。二公因兹苦河鱼者数夕。上窃知，笑曰："卿不禁事，朕日进十数，未尝有损。"银饼馅，皆乳酪膏腴所制也[⑥]。

【注释】

①韦澳：宣宗大中时充翰林学士，拜中书舍人等，为京兆尹，晚年以秘书监分司东都。参见卷二"废等第"门注。孙宏：事迹未详。

②太液池：即蓬莱池，在唐长安大明宫的北部。

③绤绤（chī xì）：葛布的统称。葛之细者曰绤，粗者曰绤。此指葛布夏服。

④龙皮：传说夏日浸水则寒气生的一种宝物。见唐康骈《剧谈录》。

⑤醇酎（zhòu）：味厚的美酒。酎，反复多次酿成的醇酒。

⑥膏腴：多脂肪的肥美之物。

【译文】

　　韦澳、孙宏，大中年间同在翰林院任职。时逢盛暑，宣宗皇帝在太液池中宣召二位学士晋见。二人应召而来，宦官看到他们穿着葛布夏服神色非常惊讶。二人一开始还不明白为什么，到坐下之后，只觉寒气逼人，注目细看，见旁边放置着生着寒气的龙皮。不久宣宗皇帝赏赐给他们银饼馅，吃起来味道甘美，然后又饮美酒而醉。事后二人因此身患腹泻数天。宣宗皇帝私下知道后，笑着说："卿等消受不了这样的美食，朕每天吃十几个，从未有事。"银饼馅，都是用乳酪一类多脂肥美之物制作而成的。

　　王源中[①]，文宗时为翰林承旨学士[②]。暇日，与诸昆季蹴鞠于太平里第③,球子击起,误中源中之额,薄有所损。俄有急召,比至,上讶之,源中具以上闻。上曰:"卿大雍睦④!"遂赐酒两盘,每盘贮十金碗,每碗容一升许,宣令并碗赐之。源中饮之无余,略无醉态。

【注释】

①王源中(? —838):字正蒙,琅琊临沂(今属山东)人。宪宗元和二年(807)状元及第。历左补阙、户部郎中、中书舍人、户部侍郎、翰林学士承旨、礼部尚书等,出任山南西道、天平节度使。

②翰林承旨学士:官名。即翰林学士承旨。唐玄宗始置翰林学士院,专掌内命,设翰林学士。肃宗至德(756—758)以后,从中择年深德重者一人承旨,独承密命。宪宗正式置翰林学士承旨,为学士院之长,职权尤重,多至宰相。

③蹴鞠(cù jū):踢球。

④雍睦:和睦。

【译文】

王源中,文宗皇帝时担任翰林承旨学士。闲暇之日,和众兄弟在太平里的府第中踢球,球被击起,误打中了王源中的额头,王源中稍微受了损伤。不一会儿皇帝紧急召见王源中,等到宫中,皇帝看到王源中额上破损之处感到惊讶,王源中将事情一一告诉了皇帝。皇帝说:"卿家中真是和睦啊!"于是赏赐给王源中两盘酒,每盘中放十只金碗,每碗盛酒一升多,下令连碗一起赏赐给王源中。王源中将两盘酒全部喝光,毫无醉态。

白乐天以正卿致仕①,时裴晋公保厘②,夜宴诸致仕官,乐天独有诗曰③:"九烛台前十二姝④,主人留醉任欢娱。飘飘舞袖双飞蝶,宛转歌喉一索珠⑤。坐久欲醒还酩酊⑥,夜深临散更踟蹰⑦。南山宾客东山姝⑧,此会人间曾有无?"

【注释】

①致仕:辞官退休。按,白居易在武宗会昌二年(842)以刑部尚书
致仕。

②保厘:安定治理。此指留守东都洛阳。语出《尚书·毕命》:"以
成周之众,命毕公保厘东郊。"裴度在文宗大和八年(834)任东
都留守,开成四年(839)去世。按,白居易致仕之年,裴度已经去
世,不应有夜宴之事,此应为文宗大和八年(834)白居易分司东
都时事。

③乐天独有诗曰:此诗白集题作《夜宴醉后留献裴侍中》。

④九烛台:九枝灯。谓一干九枝的烛灯。亦泛指一干多枝的灯。豪
门所用。姝(shū):指歌舞侑酒的家妓。

⑤一索珠:比喻歌声宛转,犹如成串之珠。

⑥酩酊(mǐng dǐng):形容大醉。

⑦踟蹰(chí chú):徘徊。

⑧南山宾客:泛指隐居之人。此比喻自己。东山姝:谢安的家妓。
东晋名相谢安早年曾在浙江上虞的东山隐居,常携妓出游。此比
喻裴度。

【译文】

白居易以正卿之位辞官退休,当时晋国公裴度留守东都,夜间宴请
诸位退休官员,白居易独写诗道:"九烛台前十二姝,主人留醉任欢娱。
飘飘舞袖双飞蝶,宛转歌喉一索珠。坐久欲醒还酩酊,夜深临散更踟蹰。
南山宾客东山姝,此会人间曾有无?"

长庆初,赵相宗儒为太常卿①,赞郊庙之礼②。罢相三
十余年③,年七十六,众论其精健。有常侍李益笑曰④:"仆

为东府试官所送进士也⑤。"

【注释】

①赵相宗儒：赵宗儒（746—832），字秉文，谥号昭，邓州穰（今河南邓州）人。唐朝宰相。代宗大历乍间登进士第。德宗时征为右拾遗，充翰林学士，历考功郎中、给事中。贞元十二年（796）拜相，十四年（798）罢为太子右庶子。后历太常卿及吏部尚书等，文宗大和中以司空致仕。《全唐诗》存诗二首。

②赞：主持礼仪。郊庙之礼：古代天子祭天地与祖先的礼仪。

③罢相三十余年：罢免宰相之职已经三十多年。按，赵宗儒自德宗贞元十四年（798）罢相，至穆宗长庆元年（821）担任太常卿，凡二十余年。

④李益（748—约827）：字君虞，陇西姑臧（今甘肃武威）人。代宗大历四年（769）登进士第，后又登书判拔萃科。历郑县尉、侍御史等，先后五次从军，担任边塞军府幕职。约于宪宗元和初入朝任都官郎中、中书舍人、河南少尹、秘书少监、集贤殿学士等，官至散骑常侍。文宗大和初以礼部尚书致仕。李益是中唐著名诗人，与李贺齐名。以边塞诗最负盛名，代表作如《塞下曲》《夜上受降城闻笛》等，在当时流传很广。著有《李益集》。

⑤东府：东都洛阳。

【译文】

长庆初年，宰相赵宗儒时任太常卿，主持郊庙之礼。当时赵宗儒罢相已经三十余年，年龄已经七十六岁，众人都讨论佩服他的身体精干强健。当时散骑常侍李益笑着说："他是我在洛阳担任主考官时所选送的进士。"

开成中，户部杨侍郎汝士检校尚书镇东川①。白乐天即尚书妹婿,时乐天以太子少傅分洛②,戏代内子贺兄嫂曰③:"刘纲与妇共升仙④,弄玉随夫亦上天⑤。何似沙哥沙哥,汝士小字。领崔嫂,碧油幢引向东川。"又曰:"金花银碗饶兄用⑥,罨画罗裙尽嫂裁⑦。觅得黔娄为妹婿⑧,可能空寄蜀茶来⑨?"

【注释】

①杨侍郎汝士:杨汝士,宪宗进士,官至刑部尚书。文宗开成元年(836)任兵部侍郎,以检校礼部尚书充剑南东川节度使。参见卷三"慈恩寺题名游赏赋咏杂纪"门注。

②太子少傅:官名。与太子太傅并称太子二傅。西汉协助太子太傅监护、辅翼、教导太子,与太子太傅同领东宫官属。历代沿置。分洛:即分司在洛。唐代中央官员在洛阳任职者,称为分司在洛或分司东都。按,文宗大和九年(835)白居易以太子少傅分司东都。

③内子:对他人称自己的妻子。按,以下二绝白集题作《杨六尚书新授东川节度使代妻戏贺兄嫂二绝》。

④刘纲:字伯鸾,三国时吴下邳(今江苏睢宁)人。传说他能檄召鬼神,与妻樊云翘常常斗法,后同仙去。见唐杜光庭《墉城集仙录》及《太平广记》引《女仙传》等。

⑤弄玉:相传为春秋秦穆公女,嫁善吹箫之萧史,日就萧史学箫作凤鸣,穆公为作凤台以居之。后夫妻乘凤飞天仙去。见汉刘向《列仙传》等。

⑥饶:任凭,尽管。

⑦罨(yǎn)画:彩画。

⑧黔娄:人名。春秋时隐士,以安贫守贱著称。后作为贫士的代称。此白居易自喻。

⑨可能：岂能。空：仅，只。

【译文】

开成年间，户部杨侍郎汝士以检校礼部尚书出任剑南东川节度使。白居易是杨汝士的妹夫，当时以太子少傅分司东都，开玩笑以他妻子的口吻写诗祝贺兄嫂道："刘纲与妇共升仙，弄玉随夫亦上天。何似沙哥沙哥，杨汝士的小名。领崔嫂，碧油幢引向东川。"又有一首："金花银碗饶兄用，卷画罗裙尽嫂裁。觅得黔娄为妹婿，可能空寄蜀茶来？"

　　李石相公镇荆①，崔魏公在宾席②。未几，公擢拜翰林，明年登相位。时石犹在镇③，故贺书曰："宾筵初起④，曾陪樽俎之欢⑤；将幕未移⑥，已在陶钧之下⑦。"此李骘之词也⑧，时为节度巡官⑨。

【注释】

①李石：字中玉，陇西（今属甘肃）人。唐朝宗室、宰相。宪宗元和十三年（818）登进士第，入李听幕，历郑滑行军司马、工部郎中、刑部郎中、给事中、京兆尹、户部侍郎判度支等。大和九年（835）甘露之变后拜相，极力稳定政局，对抗宦官，挽救百官，被宦官忌恨，于上朝途中遇刺，遂以使相出镇荆南、河东，晚年留守东都。荆：指荆南。

②崔魏公：崔铉，唐朝宰相，封魏国公。开成五年（840）充翰林学士，武宗会昌三年（843）五月拜相。参见卷二"海述解送"门注。

③时石犹在镇：当时李石仍在荆南节度使任上。按，李石于文宗开成三年（838）出任荆南节度使，会昌三年（843）十月移任河东节度使，崔铉在其年五月拜相，当拜相时，李石仍在荆南。

④宾筵：指幕宾席位。

⑤樽俎（zǔ）：古代盛酒食的器具。借指宴席。

⑥将幕未移：指还在原来的节度使任上。

⑦陶钧：比喻宰相治理国家。

⑧李骘：曾为荆南节度使李石巡官，官至江西观察使。参见卷二"争解元"门注。

⑨巡官：官名。唐朝节度使、观察史、团练使等的属官，位居判官、推官之次。

【译文】

李石相公镇守荆南，当时魏国公崔铉是他的幕宾。没多久，崔铉被提拔为翰林学士，第二年升任宰相。当时李石仍在荆南节度使任上，于是在贺表中写道："当年幕府初开之时，您曾作为幕宾一起饮宴欢娱；如今我还在原来的节度使任上，已在宰相您的治理之下。"这是李骘所写，当时李骘担任李石的节度巡官。

　　薛能尚书镇彭门①，时溥、刘巨容、周岌俱在麾下②。未数岁，溥镇徐，巨容镇襄，岌镇许，俱假端揆③。故能诗曰④："旧将已为三仆射⑤，病身犹是六尚书⑥。"

【注释】

①薛能：晚唐诗人。曾为徐州感化军节度使、工部尚书、许州忠武军节度使。参见卷三"慈恩寺题名游赏赋咏杂纪"门。彭门：即徐州，为武宁军、感化军节度使治所。

②时溥：唐末军阀。初为徐州衙将，僖宗中和初为感化军节度使，镇守徐州。以得黄巢首级，授检校太尉、中书令，封钜鹿郡王，位列使相。参见卷十"海叙不遇"门注。刘巨容：初任徐州武宁军将校，僖宗乾符中迁山南东道节度使，镇守襄州。抵抗黄巢、护送僖宗有功，拜左金吾卫大将军、中书令，位列使相。参见卷九"四

凶"门注。周岌（jí，? —884）：曾为薛能忠武军牙将，僖宗广明初
逐薛能，取而代之，为忠武军节度使，镇守许州。中和四年（884）
鹿晏弘攻陷许州，被杀。

③假端揆（kuí）：借居宰相之位。指带有宰相官衔，中晚唐节度使常
带使相之衔。端揆，宰相。宰相居百官之首，总揽国政，故称。

④故能诗曰：此诗《全唐诗》题作《闲题》。

⑤仆射：唐代左、右仆射为宰相之职。此代指宰相。

⑥六尚书：六部尚书之一。

【译文】

　　薛能尚书镇守徐州，当时时溥、刘巨容、周岌都在他的麾下。没几
年，时溥镇守徐州，刘巨容镇守襄州，周岌镇守许州，都带有宰相官衔。
故而薛能在诗中写道："旧将已为三仆射，病身犹是六尚书。"

　　崔安潜镇西川①，李铤为小将②。广明初，驾幸西蜀，铤
乃蜀帅带平章事③，安潜乃具寮耳④。曾趋走⑤，人皆美之。

【注释】

①崔安潜：僖宗乾符年间曾任剑南西川节度使，置西川黄头军。参
见卷三"慈恩寺题名游赏赋咏杂纪"门注。

②李铤（chán）：底本作"李铤"，据两《唐书》与《资治通鉴》改。李
铤为僖宗时保銮都将，曾率领西川黄头军袭击黄巢，后加同平章
事，为使相。

③平章事：职官名。唐宋以同平章事为宰相之职。节度使带平章事
即为使相。

④具寮：指一般官员。

⑤趋走：谓奔走服役。

【译文】

崔安潜镇守西川，李铤是他属下一名小军官。广明初年，皇帝避乱驾临西蜀的时候，李铤是西川节度使带平章事之衔，而崔安潜只是一般官员。李铤曾为崔安潜奔走服役，当时人们都称赞这件事。

庾承宣主文①，后六七年方衣金紫②。时门生李石③，先于内庭恩赐矣④。承宣拜命之初，石以所服紫袍金鱼拜献座主。

【注释】

①庾承宣（？—835）：德宗贞元八年（792）登进士第，后又登博学宏词科。宪宗元和十三年（818）、十四年（819），权知礼部贡举。后历吏部侍郎、京兆尹兼御史大夫、尚书左丞、兖海节度使、太常卿摄太尉等，卒于天平军节度使任上。

②衣金紫：指服紫，佩金鱼袋。

③李石：唐朝宗室、宰相。宪宗元和十三年（818）登进士第，为庾承宣门生。见前注。

④恩赐：指皇帝推恩特赐服紫，佩金鱼袋。

【译文】

庾承宣主持贡举，后来过了六七年才服紫佩金鱼袋。当时他的门生李石，已经先在内廷被皇帝推恩特赐金紫了。庾承宣刚接受任命，李石就准备了他服用的紫袍和金鱼袋进献给座主。

令狐赵公在相位①，马举为泽潞小将②，因奏事到宅。会公有一门僧善气色③，偶窥之，谓公曰："适有一军将参见相公，是何人？"公以举名语之。僧曰："窃视此人，他日当与相公为方面交代④。"公曰："此边方小将⑤,纵有军功,不过塞垣一镇⑥,奈何以老夫交代?"僧曰："相公第更召与语⑦,贫道为细看⑧。"公然之。既去,僧曰："今日看更亲切⑨,并恐是扬、汴。"公于是稍接之矣⑩。咸通元年⑪,公镇维扬,举破庞勋有功⑫。先是,上面许："成功,与卿扬州。"既而难于爽信⑬,即除举淮南行军司马。公闻之,即处分所司⑭,排比迎新使⑮。群下皆曰："此一行军耳!"公乃以其事白之,果如所卜。

【注释】

① 令狐赵公:令狐绹,封赵国公,宣宗大中四年(850)至十三年(859)担任宰相,懿宗咸通三年(862)至十年(869)任淮南节度使,镇守扬州。参见卷四"师友"门注。

② 马举:懿宗时自神策大将军授秦州经略招讨使。咸通十年(869),为扬州都督府司马,充淮南行营招讨使,镇压徐州庞勋起事。不久击败庞勋,以功检校司空,任淮南节度使。泽潞:唐方镇名。至德元载(756)置,治潞州(今山西长治)。参见卷一"会昌五年举格节文"门注。

③ 门僧:指为大户人家做礼忏,平时有往来的僧人。

④ 方面:指一个地方的军政要职或长官。如节度使等封疆大吏。交代:指官员移交公务。

⑤ 边方:边地。

⑥ 塞垣:指北方边境地带。

⑦ 第:姑且。

⑧ 贫道:古时僧道等出家人的谦称,后来专用于道士。

⑨ 亲切:真切,准确。

⑩接:交往。

⑪咸通元年:860年。按,令狐绹任淮南节度使在咸通三年(862)
　　至十年(869),马举击败庞勋在咸通十年(869),非元年。

⑫庞勋(? —869):唐末桂林戍卒起义军领袖。懿宗咸通九年
　　(868),戍守桂林的徐泗军因久戍不归,遂起义,推举粮料判官庞
　　勋为首领,自行北归。庞勋自称武宁军节度使,攻占宿州、徐州、
　　濠州等地,后战败溺水而死。

⑬爽信:失信。

⑭处分:吩咐。

⑮排比:准备,安排。

【译文】

　　赵国公令狐绹担任宰相的时候,马举是泽潞方镇的一名小军官,因为有事陈奏而到令狐绹府中。适逢令狐绹门下有一名僧人擅长看相,偶然看见了马举,问令狐绹道:"刚刚有一名军将参见相公,请问是什么人?"令狐绹告诉他此人名叫马举。僧人说:"我暗中相看此人,将来应当是相公做节度使时移交公务的后任。"令狐绹说:"此人是边地小将,纵然有军功,也不过能领有边境地方一个军镇而已,怎么会跟我有前后任交接?"僧人说:"相公姑且再召他谈话,我再仔细看看。"令狐绹答应了。于是再次召见马举,马举离去之后,僧人说:"今天看得更加真切,而且恐怕你们将于扬州或汴州交接。"令狐绹于是和马举稍稍交往。咸通元年,令狐绹镇守扬州,马举击败庞勋有功。之前,皇帝当面许诺马举:"若是讨贼成功,就给你扬州。"后来马举击败庞勋,皇帝难以对马举失信,于是授予他淮南行军司马之职。令狐绹听说后,当即吩咐属下官吏,准备迎接新任节度使。下属们都说:"这不过是一个行军司马而已!"令狐绹就把之前僧人看相的事告诉了他们,后来马举果然像预卜的那样当上了淮南节度使。

光化二年^①，赵光逢放柳璨及第^②。光逢后三年不迁，时璨自内庭大拜，光逢始以左丞征入。未几，璨坐罪诛死，光逢膺大用，居重地十余岁，七表乞骸^③，守司空致仕^④。居二年，复征拜上相。

【注释】

①光化二年：899年。

②赵光逢（？—927）：字延吉，京兆奉天（今陕西乾县）人。懿宗朝宰相赵隐子。僖宗乾符五年（878）登进士第，累擢礼部郎中。昭宗时历中书舍人、户部侍郎、翰林学士承旨、御史中丞、礼部侍郎等。以世乱，称疾居洛阳。昭宗被朱温胁迫迁洛，起为吏部侍郎，改尚书左丞、太常卿。唐亡，仕梁为中书侍郎同平章事。后唐天成二年（927），迁太保致仕，封齐国公。以文学知名，能诗。《全唐诗》存诗八首。柳璨：唐朝宰相。光化二年（899）登进士第，得昭宗赏识重用，天复四年（904）超迁拜相。后投靠朱温，策划白马驿之祸，最终为朱温所杀。参见卷三"慈恩寺题名游赏赋咏杂纪"门注。

③乞骸：乞骸骨。旧称大臣因年老请求辞职，言使骸骨得以归葬故乡。

④司空：官名。西周为三公之一。东汉光武帝建武二十七年（51）改大司空为司空，与太尉、司徒并为三公，分掌宰相职能，本职掌水土工程。历代沿置，名列三公之末，多为大臣加官，无实际职掌。

【译文】

光化二年，赵光逢录取柳璨进士及第。赵光逢之后三年没有升迁，当时柳璨自翰林学士拜为宰相，赵光逢才以尚书左丞被征召入朝。没多久，柳璨因罪被杀，赵光逢受到重用，担任高官十多年，曾经七次上书请求辞职，后在司空一职退休。过了两年，又被征召拜为宰相。

　　韦承贻①,咸通中,策试夜潜纪长句于都堂西南隅曰②:"褒衣博带满尘埃③,独上都堂纳试回④。蓬巷几时闻吉语⑤,棘篱何日免重来⑥?三条烛尽钟初动,九转丸成鼎未开⑦。残月渐低人扰扰,不知谁是谪仙才⑧。""白莲千朵照廊明⑨,一片升平雅颂声。才唱第三条烛尽,南宫风景画难成⑩。"光化初,几为圬墁者有所废⑪,杨洞见而勉之⑫,遂留之如故。

【注释】

①韦承贻:字贻之,京兆万年(今陕西西安)人。懿宗咸通八年(867)登进士第,曾任主客、户部员外郎。

②都堂:此指礼部贡院。此诗《全唐诗》题作《策试夜潜纪长句于都堂西南隅》。

③褒衣博带:宽大的衣服和衣带。为古代儒生的服装。

④纳试:缴纳试卷。

⑤蓬巷:形容所居之处穷僻简陋。吉语:指进士及第的好消息。

⑥棘篱:用荆棘围成的篱笆。礼部贡院外有棘篱,因代指贡院。

⑦三条烛尽钟初动,九转丸成鼎未开:夜色已尽晨钟初响,卷子已交成绩未知。唐代科考时间可延长至夜,许烧烛三条,到黎明时分烛尽钟响,则考试已经结束。九转丸,古代炼丹须多次提炼,以九转丹丸为贵。比喻考进士。鼎未开,比喻结果未知。

⑧谪仙才:谪居世间的仙人。常用以称誉才学优异的人。此指考中进士者。

⑨白莲千朵:比喻灯火。按,此诗又作薛能诗,题作《省试夜》。

⑩南宫:礼部的别称。

⑪圬墁(wū màn):粉刷墙壁。

⑫杨洞:事迹未详。勉:通"免",不可,不要。

【译文】

韦承贻，咸通年间，在策试那天夜里偷偷在礼部贡院的西南角落里写七言诗道："褒衣博带满尘埃，独上都堂纳试回。蓬巷几时闻吉语，棘篱何日免重来？三条烛尽钟初动，九转丸成鼎未开。残月渐低人扰扰，不知谁是谪仙才。""白莲千朵照廊明，一片升平雅颂声。才唱第三条烛尽，南宫风景画难成。"光化初年，此诗差点被粉刷墙壁的人毁掉，杨洞见了之后让他们不要粉刷，于是才保留如故。

赵渭南嘏尝有诗曰^①："早晚粗酬身事了，水边归去一闲人^②。"果渭南一尉耳^③。嘏尝家于浙西^④，有美姬，嘏甚溺惑^⑤。洎计偕，以其母所阻，遂不携去。会中元为鹤林之游^⑥，浙帅不知名姓。窥之^⑦，遂为其人奄有^⑧。明年嘏及第，因以一绝箴之曰^⑨："寂寞堂前日又曛^⑩，阳台去作不归云^⑪。当时闻说沙吒利^⑫，今日青娥属使君。"浙帅不自安，遣一介归之于嘏。嘏时方出关^⑬，途次横水驿^⑭，见兜舁人马甚盛^⑮，偶讯其左右，对曰："浙西尚书差送新及第赵先辈娘子入京^⑯。"姬在舁中亦认嘏，嘏下马揭帘视之，姬抱嘏恸哭而卒。遂葬于横水之阳^⑰。

【注释】

①赵渭南嘏（gǔ）：赵嘏，武宗会昌四年（844）登进士第，宣宗大中年间任渭南尉。参见卷三"慈恩寺题名游赏赋咏杂纪"门注。按，此诗《全唐诗》题作《寄归》。

②早晚粗酬身事了，水边归去一闲人：等何时考上进士解决出身之事，然后就到水边归隐做个闲人。酬，实行，实现。身事，此指出身之事，即科第。因诗中说考上进士即归隐水边，赵嘏又官终渭

南尉,故常被称为诗谶。

③渭南:县名。唐属京兆府,故治在今陕西渭南。

④浙西:即浙江西道,唐方镇名。乾元元年(758)置。参见卷一
　　"会昌五年举格节文"门注。

⑤溺惑:沉迷。古代称爱好美色为溺惑。

⑥中元:即农历七月十五日中元节。旧时道观于此日作斋醮,僧寺
　　作盂兰盆会,祭祀亡灵,又称"盂兰盆节"。鹤林:寺名。旧名竹
　　林寺。创建于东晋。在今江苏镇江黄鹤山麓。

⑦浙帅:浙西节度使。或曰卢简辞、元稹等,皆为小说家言。

⑧奄有:占有。

⑨箴:箴戒,箴砭。按,此诗《全唐诗》题作《座上献元相公》。

⑩曛(xūn):黄昏。

⑪阳台去作不归云:比喻佳人一去不复返。楚怀王游高唐,梦见巫
　　山神女,神女自称:"妾在巫山之阳,高丘之阻,旦为朝云,暮为行
　　雨,朝朝暮暮,阳台之下。"见宋玉《高唐赋》。

⑫沙吒利:据许尧佐《柳氏传》,唐代蕃将沙吒利强占韩翃的美姬柳
　　氏,后人因以"沙吒利"代指劫夺别人妻室的权贵。吒,也写作
　　"咤""叱"。

⑬关:潼关。

⑭横水:在今河南洛阳孟津区。

⑮兜舁(yú):泛指轿、车、肩舆。

⑯浙西尚书:节度使常带尚书衔,故称。

⑰阳:山南水北曰阳。

【译文】

　　赵嘏曾经有诗写道:"早晚粗酬身事了,水边归去一闲人。"后来果
然官终渭南县尉。赵嘏曾经在浙西安家,有一名美姬,赵嘏非常喜爱她。
待到赵嘏上京赴考的时候,因为母亲阻止,于是没有把爱姬一起带去。

适逢中元节的时候爱姬去游览鹤林寺,被浙西节度使不知他的姓名。看见
靓靓,于是就被那个人霸占了。第二年赵嘏进士及第,于是写了一首诗
来箴砭道:"寂寞堂前日又曛,阳台去作不归云。当时闻说沙吒利,今日
青娥属使君。"浙西节度使听闻之后心内不安,于是派遣一名使者将爱姬
送还给赵嘏。赵嘏当时刚出潼关,途经横水驿,见到一家车轿人马很多,
偶然问他们的仆从这是什么人,仆从回答说:"浙西节度使差我们护送新
及第进士赵先辈的娘子入京。"爱姬在车轿中也认出了赵嘏,赵嘏下马
掀开帘子察看,爱姬抱着赵嘏痛哭而亡。赵嘏于是把她埋葬在了横水的
北岸。

条流进士

【题解】

条流即条例,是关于进士考试的一些条例细则。此门记载的是咸通
年间,皇帝因为考进士的举人们车舆服饰僭越失度,于是下令举人不许
骑马,于是出现满街举子骑驴而行的场景。此节敕令举人不许骑马与嘲
郑昌图事,与卷十二"轻佻"门重复。可参看。

咸通中,上以进士车服僭差[1],不许乘马。时场中不减
千人,虽势可热手[2],亦皆跨长耳。或嘲之曰:"今年敕下尽
骑驴,短辔长鞦满九衢。清瘦儿郎犹自可,就中愁杀郑昌
图[3]。"相国魁梧甚,故有此句。

【注释】

①僭(jiàn)差:僭越失度。
②势可热手:比喻地位尊贵,权势盛大。

③郑昌图:唐朝宰相。懿宗咸通十三年（872）状元及第。性倜傥不
　群。参见卷三"慈恩寺题名游赏赋咏杂纪"门注。

【译文】

　　咸通年间，皇帝因为考进士的举人们车舆服饰僭越失度，于是下令
不许举人骑马。当时到考场应试的举人不下千余名，即使是地位尊贵炙
手可热之人，也都骑驴。有人嘲笑道："今年敕下尽骑驴，短辔长鞦满九
衢。清瘦儿郎犹自可，就中愁杀郑昌图。"郑昌图相国的身材非常魁梧，故而
有这样的话。

闽中进士

【题解】

　　唐代前期科举中第者多为北方人，南方人较少，且集中在苏州、常
州、润州等经济发达的地区，其他地区很少，甚至于长年空白。如卷二
"海述解送"门中记载"荆南解，比号'天荒'"，荆州自德宗贞元年间有
人中进士以来，到宣宗大中年间再中进士，时隔五十多年，号称"破天
荒"。唐朝后期南方进士增多，除了苏州、常州、润州等发达地区外，福
建、江西等地区的进士开始增加。此门专门记录福建出身的进士。唐朝
前期闽中进士可考者，只有包括本门薛令之在内的三人，德宗贞元后开
始增多，如本门中欧阳詹就是贞元八年（792）韩愈的同榜进士，欧阳詹
之后到唐末，闽中进士多达五、六十人。韩愈在《欧阳生哀辞》中写："闽
越之人举进士，繇詹始也。""繇詹始"不确，但闽中进士确实在贞元以
后开始激增。南方进士的增多反映了南方经济与文化的日益发展，为后
来五代十国南方政权的发达打下了基础。卷七"好放孤寒"门中的福建
士人黄滔，辅佐福建的王审知政权，礼遇名士入闽避乱，发展地方文化教
育，为闽中的发展和人才储备做出了很大贡献。

　　薛令之①,闽中长溪人②,神龙二年及第③,累迁左庶子④。时开元东宫官僚清淡⑤,令之以诗自悼,复纪于公署曰⑥:"朝旭上团团⑦,照见先生盘。盘中何所有?苜蓿长阑干⑧。饭涩匙难绾,羹稀箸易宽⑨。何以谋朝夕⑩?何由保岁寒⑪?"上因幸东宫览之,索笔判之曰:"啄木觜距长⑫,凤凰羽毛短。若嫌松桂寒,任逐桑榆暖⑬。"令之因此谢病东归。诏以长溪岁赋资之⑭,令之计月而受,余无所取。

【注释】

①薛令之:字珍君,福州长溪(今福建霞浦)人。中宗神龙二年(706)登进士第。玄宗开元时累迁左补阙,兼东宫侍读。因积岁不迁,遂谢病还乡。肃宗即位,以旧恩召之,已卒。

②长溪:县名。唐属泉州,治今福建霞浦。

③神龙二年:706年。

④左庶子:官名。秦汉置有太子庶子。西晋始分左、右,定为太子东宫官属。掌侍从赞相,驳正启奏,为太子的亲近侍从官。隋、唐置太子左、右庶子,分主太子门下坊(左春坊)、典书坊(右春坊),历朝因之。

⑤东宫:古代太子所居的宫殿。亦借指太子。清淡:指官署清寒冷淡。

⑥公署:官署。此诗《全唐诗》题作《自悼》。

⑦朝旭:朝阳。团团:形容圆。

⑧苜蓿:一种牧草植物。亦可供食用。阑干:纵横散乱的样子。

⑨饭涩匙难绾(wǎn),羹稀箸易宽:饭食干涩用勺子难舀,菜羹稀疏用筷子易漏。形容饮食粗率。匙,勺子。箸,筷子。宽,解开,脱卸。

⑩朝夕:此指生计。

⑪岁寒:比喻坚贞的节操。

⑫啄木：即啄木鸟。觜（zuǐ）距：鸟的嘴和爪。此诗《全唐诗》题作《续薛令之题壁》。

⑬若嫌松桂寒，任逐桑榆暖：指若是嫌弃官冷俸薄，就任你回乡归隐。松桂，比喻太子官署。桑榆，比喻隐居田园。

⑭岁赋：每年的赋税。

【译文】

薛令之，是福建长溪人，神龙二年进士及第，累迁太子左庶子。当时开元年间东宫官署清寒冷淡，薛令之写诗自我感伤，又题写在官署壁上："朝旭上团团，照见先生盘。盘中何所有？苜蓿长阑干。饭涩匙难绾，羹稀箸易宽。何以谋朝夕？何由保岁寒？"玄宗皇帝因为驾临东宫而看到了这首诗，于是提笔判决道："啄木觜距长，凤皇羽毛短。若嫌松桂寒，任逐桑榆暖。"薛令之于是称病辞官还乡。皇帝下诏用长溪县每年的赋税来供养他，薛令之按每月生活所需而领受，其余一无所取。

欧阳詹卒①，韩文公为《哀辞》②，序云："德宗初即位，宰相常衮为福建观察使③，治其地。衮以文辞进。乡县小民有能读书作文辞者，亲与之为主客之礼，观游宴飨④，必召与之。时未几，皆化翕然⑤。于时詹独秀出⑥，衮加敬爱，诸生皆推服。闽越之人举进士⑦，繇詹始也。"詹死于国子四门助教⑧，陇西李翱为传⑨，韩愈作《哀辞》。

【注释】

①欧阳詹：泉州晋江（今福建泉州）人。德宗贞元八年（792）与韩愈同榜登进士第，官终国子监四门助教。参见卷一"广文"门注。

②韩文公：韩愈，中唐著名诗人、文学家、思想家。参见卷四"师友"门注。《哀辞》：此文韩集题作《欧阳生哀辞（并序）》。哀辞，哀

悼、纪念死者的文章。

③常衮：唐朝宰相。官终福建观察使，工诗文，特重文辞。参见卷十三"无名子谤议"门注。

④宴飨（xiǎng）：以酒食款待宾客。

⑤翕（xī）然：安宁、和顺的样子。

⑥秀出：俊秀杰出。

⑦闽越：指福建北部和浙江南部一带。

⑧四门助教：学官名。北齐始置，协助四门博士教授四门学生。隋、唐沿置。

⑨李翱：师从韩愈，中唐著名古文家。参见卷二"置等第"门注。

【译文】

欧阳詹去世，韩愈为他写《哀辞》，序文中写道："德宗皇帝即位之初，宰相常衮担任福建观察使，治理福建地区。常衮以文学辞藻而进身。乡中县里的平民百姓有能读书写文章的，常衮亲自以宾主之礼来接待他们，无论观赏游览还是宴饮飨客，必定召他们一起参加。没多久，当地就教化大行。当时欧阳詹最为俊秀杰出，常衮对他尤其尊敬喜爱，其他学生也都对他推崇佩服。闽越之人开始考进士，自欧阳詹开始。"欧阳詹卒于国子监四门助教任上，陇西李翱为他作传，韩愈为他作《哀辞》。

贤仆夫

【题解】

此门记录的是对进士们忠心耿耿的仆人们。和一般的愚忠不同，这些仆人们大多是敬爱主人的才华，不但愿意辛苦劳作，甚至还能反过来资助主人考进士，从一侧面可以反映出唐朝人对进士的崇尚。其中萧颖士之仆尤为奇异。萧颖士恃才傲物，性格严苛，即使朋友也难以相处，而他的仆人却因为爱惜他的才华而甘愿忍受酷刑，这既非天性惯受奴役，也非对主人及第有所期待,而纯是怜才而已。怜才通常是士大夫惺惺相惜之举,一奴仆而怜才至此,世所罕见。

　　萧颖士性异常严酷^①,有一仆事之十余载,颖士每以棰楚百余^②,不堪其苦。人或激之择木^③。其仆曰:"我非不能他从,迟留者,乃爱其才耳!"

【注释】

①萧颖士:中唐名士,著名文学家,古文运动先驱。开元二十三年(735)进士,仕途坎坷,官终扬州功曹参军。参见卷一"两监"门。

②棰楚:指鞭杖之类的刑具。亦指以鞭杖责打。

③择木:鸟兽选择树木栖息。常用以比喻择主而事。

【译文】

　　萧颖士的性情非常严厉苛酷,有一个仆人服侍他十多年,萧颖士时不时鞭打他一百多下,使其苦不堪言。有人鼓动那人另找主人。那个仆人说:"我不是不能另投别人,之所以逗留不去,是爱惜他的才华啊!"

　　武公幹常事蒯希逸十余岁^①,异常勤干。洎希逸擢第,幹辞以亲在,乞归就养^②,公坚留不住。公既嘉其忠孝,以诗送之,略曰:"山险不曾离马后,酒醒长见在床前。"同人醵绢赠行^③,皆有继和。寻本末未得。

【注释】

①武公幹:事迹未详。蒯希逸:武宗会昌三年(843)登进士第,有诗名。参见卷三"慈恩寺题名游赏赋咏杂纪"门注。

②就养:奉养父母。

③醵（jù）绢：指凑钱。醵，凑钱。绢，钱绢。

【译文】

武公幹曾经侍奉蒯希逸十多年，异常勤劳能干。等到蒯希逸进士及第，武公幹以父母尚在辞职，请求回家奉养双亲，蒯希逸一再挽留也挽留不住。蒯希逸非常赞赏武公幹的忠诚和孝顺，以诗歌赠别，写道："山险不曾离马后，酒醒长见在床前。"蒯希逸的朋友们凑钱赠别武公幹，都有唱和蒯希逸的诗。没有找到此事的始末。

卢钧仆夫①。已具"宴集"门②，及钧孙肃仆夫并同前③。

李元宾与弟书云④："赖一仆佣赁⑤，以资日给⑥。"其文颇勤勤叙之⑦，而不记姓名。

【注释】

①卢钧：宪宗元和四年（809）登进士第，历仕文宗、武宗、宣宗三朝，践历中外，政绩颇著。参见卷三"慈恩寺题名游赏赋咏杂纪"门注。卢钧及其孙卢肃皆有仆夫帮助料理宴集事务，事见卷三"慈恩寺题名游赏赋咏杂纪"门。

②"宴集"门：即"慈恩寺题名游赏赋咏杂纪"门。

③肃：卢肃，乾宁五年（898）登进士第。参见卷三"慈恩寺题名游赏赋咏杂纪"门注。

④李元宾：李观，字元宾。德宗贞元八年（792）与韩愈同榜登进士第，早卒。参见卷一"广文"门注。此信即卷五"切磋"门"李元宾与弟书"。李集题作《报弟兑书》。

⑤佣赁（lìn）：受雇于人。

⑥日给：日常用度。

⑦勤勤：详细恳切，诚恳殷切。

【译文】

卢钧的仆夫。已详见卷三"宴集"门，以及卢钧的孙子卢肃的仆夫，也都详见"宴集"门。

李观写给弟弟的书信中说："幸赖一名仆人替人帮佣，以贴补日常用度。"文章里详细恳切地叙述了这件事，但却没有记下那位仆人的姓名。

李敬者①，本夏侯谯公之佣也②。公久厄塞名场③，敬寒苦备历，或为其类所引曰④："当今北面官人⑤，入则内贵，出则使臣⑥，到所在打风打雨⑦。你何不从之？而孜孜事一个穷措大⑧，有何长进！纵不然，堂头官人，此辈谓堂吏为官人。丰衣足食，所往无不克。"敬赧然曰⑨："我使头及第后⑩，还拟作西川留后官⑪。"众皆大笑。时谯公于壁后闻其言。凡十余岁，公自中书出镇成都⑫，临行有以邸吏托者，一无所诺。至镇，用敬知进奏⑬，既而鞅掌极矣⑭。向之笑者，率多投之矣。

【注释】

①李敬：事迹未详。

②夏侯谯公：夏侯孜（？—约869），字好学，亳州谯（今安徽亳州）人。唐朝宰相。敬宗宝历二年（826）登进士第。累迁婺、绛等州刺史，任谏议大夫、给事中、尚书右丞、兵部侍郎充诸道盐铁转运使等。宣宗大中十二年（858）拜相，懿宗咸通元年（860）出为剑南西川节度使，封谯郡侯，故称夏侯谯公。以太子少保分司东都终。富文词，能诗文。《全唐诗》存诗一首。

③久厄塞名场：即久困名场。屡试不第，长久困于科场。

④引：引导，指点。

⑤北面官人：指宦官。唐代宦官的内侍省设在皇宫之北，称"北司"，

中书、门下、尚书省设在皇宫之南，称"南司"。

⑥使臣：唐代常以宦官为监军使等使臣。

⑦打风打雨：指凭着关系混吃混喝等。

⑧穷措大：穷困的读书人。

⑨醽（chǎn）然：笑貌。

⑩使头：奴仆对家主的称呼。

⑪西川留后官：此指西川节度使置于京师的留后官，即下文之进奏官。

⑫成都：府名。唐至德二载（757）以蜀郡改置，治所在今四川成都。为剑南西川节度使治所。

⑬进奏：进奏院。官署名。唐朝藩镇皆置邸于京师，以大将领之，称为上都留后院。代宗大历十二年（777）改为上都知进奏院，简称留邸、进奏务。为各州镇官员入京时之寓所，并掌章奏、诏令及各种文书的投递、承转。以进奏官主其事。亦泛称邸吏。

⑭鞅掌：事务繁忙。

【译文】

　　李敬，原本是谯郡侯夏侯孜的仆佣。夏侯孜屡试不第，李敬跟着他备受饥寒辛苦，有一次李敬被同辈仆佣指点说："如今的北司官人，入宫就是宫内权贵，出宫就担任各种使臣，跟着他们能到各处混吃混喝。你为什么不去跟从他们呢？反而一心一意服侍一个穷书生，能有什么长进！就算不想跟北司官人，也可以跟堂头官人，这类人管中书省的办事吏员叫官人。跟着他们也能丰衣足食，无论办什么没有不成的。"李敬笑着说："等我家主人进士及第后，我还打算给他当西川留后官呢。"众人听了都哈哈大笑。当时夏侯孜在墙壁后听到了他们说话。后来过了十多年，夏侯孜自宰相出镇成都，临行之时有以邸吏之职向他请托的，夏侯孜一个都没应许。到了成都之后，夏侯孜任用李敬掌管驻京的进奏院，不久事务极其繁忙。以前曾笑话李敬的人，大都来投奔他了。

旧话

【题解】

此门记录的是考进士的经验之谈，比如如何行卷、如何拜谒等，细致而颇富世情。例如警告行卷者"见多成丑"，不可时时上门，以免暴露短处，"凡后进游历前达之门，或虑进趋揖让，偶有蹶失，则虽有烜赫之文，终负生疏之诮。故文艺既至，第要投谒庆吊及时，不必孜孜求见也"。卷十一"恶分疏"记载许昼有诗才，又获得名士吴融、独孤损的赏识，但性情急躁，行事没有分寸，公然在二人面前脱去上衣裸露后背，吴融和独孤损只好"掩袂而入"，许昼既得罪了举荐之人，于是当年自然落第，此即"虽有烜赫之文，终负生疏之诮"之注脚。韩愈同年欧阳詹的孙子欧阳澥，在宰相韦昭度还是中书舍人的时候就上门行卷，连续十多年，并不强行要求见面，而庆贺与吊慰的礼节从来没有缺少过，韦昭度心中感念，做了宰相之后便极力提携欧阳澥，使后者以解元身份入京应试（卷十"海叙不遇"），此即"第要投谒庆吊及时，不必孜孜求见"之注脚。

一曰闻多见少，迹静心勤。省闲游，事知己也。卷头有眼，投谒必其地也。肚里没嗔。得失算命①，群居用和。二曰貌谨气和，见面少，闻名多。古人有言"见多成丑"之谓也②。凡后进游历前达之门③，或虑进趋揖让④，偶有蹶失⑤，则虽有烜赫之文，终负生疏之诮⑥。故文艺既至，第要投谒庆吊及时，不必孜孜求见也。如其深知，已下岁寒之契师友⑦，则不然也。三曰上等举人，应同人举；推公共也。中等举人，应丞郎举；计通塞也⑧。下等举人，应宰相举。

【注释】

①算命：指归于命运。

②见多成丑：见得多了就显出丑处。指见得多了就惹人厌烦，暴露的短处也越多。

③游历：此指出入。

④进趋揖让：泛指行为举止。进趋，举动，行动。揖让，作揖谦让。古代宾主相见的礼节。

⑤蹶失：失足跌倒。此指失礼。

⑥生疏：此指举止粗疏。诮（qiào）：嘲笑，讥刺。

⑦岁寒之契：指牢固可靠的交情。

⑧通塞：谓境遇之顺逆。

【译文】

第一是听得多见得少，形迹安静而内心勤于思考。减少没有意义的闲游，时间用在结交知己之人上。行卷要长眼，投谒一定要选择最合适的人。心中没有嗔怒。得失成败归于命运，众人相处以和为上。第二是容貌恭谨气色和顺，和人实际见面少，而互相闻名多。古人说"见得多了就显出丑处"，就是这个道理。大凡后辈出入前辈达人的门下，时时要考虑行为举止是否得当，如果偶尔有失礼之处，那么就算有声名显赫的文章，终究要背上举止粗疏的讥诮。因此文章送到之后，只要拜谒和庆贺吊慰之礼及时就行，不必一再求见。如果是和自己深知，已经结下牢固交情的师友，就不在此例了。第三是上等举人，受到同人推举；为公众所推举。中等举人，受到尚书省丞郎推举；看命运是否顺利。下等举人，受到宰相推举。

切忌

【题解】

此门记录的是科举中的禁忌行为。凡是禁忌，皆有原因。比如"求僧道荐属"。卷九"四凶"门中陈磻叟的父亲陈岵精于佛经,"尝注《维摩经》进上",皇帝下令升迁他的官职,却被执政大臣非议他是通过内道场僧人进献佛经以求郡牧,"颇抑挫之"。又如"对人前说中表在重位"。卷九"防慎不至"中张岘有做中书舍人的亲戚,他表兄因此请他疏通关节,没有成功就怀恨在心,报复张岘;房珝"以中表重地,只荐珝一人,主司不获已,须应之",因而功败垂成,未能及第。

　　就门生手里索及第　求僧道荐属姑息　对人前说中表在重位　夸解作客①　爱享后进酒食

【注释】

①夸解作客:吹嘘自己懂作客。夸,自吹,炫耀。解,懂,明白。

【译文】

　　向以前的门生请托,为亲友求取进士及第　姑息纵容求僧道推荐　在人前说自己的亲戚位居高官　自夸会作客　喜欢享用后辈的酒食

没用处

【题解】

　　此门记录的几名因为才能不足而被黜落或久试不第之人,颇为世人嘲谑。按照唐朝座主与门生的关系,门生通常会扶助座主子弟中举升迁,以此报恩,卷二"府元落"中的郑从谠,其父郑澣曾知贡举,门生发迹者甚多,郑从谠被推为府元,及第后升迁快速,这跟郑澣的门生们为他奔走延誉是分不开的。高涣之父高锴三次主持贡举,一共录取了一百二十人,一百二十个门生也未能使高涣成名中举,因此遭受时人恶谑:"一百二十个螳螂,推一个屎块不上。"作者在末尾的论赞中说明自己撰写本书的目的,是为了表彰文学才识而抵制近代不学无术的浅薄风气。将"没

用处"置于书末,可见作者对才学薄弱者颇有微词。

　　天宝二年[①],吏部侍郎宋遥、苗晋卿等主试[②],禄山请重试[③],制举人第一等人十无二[④]。御史中丞张倚之子奭[⑤],手持试纸,竟日不下一字,时人谓之"拽帛"[⑥]。

【注释】

①天宝二年:743年。

②宋遥(683—747):字仲远,邢州南和(今河北邢台南和区)人。开元进士。擢监察御史等,迁司勋员外郎、度支郎中,拜中书舍人,除御史中丞,历户部侍郎等,出为七郡太守、三道采访使,官终上党郡大都督府长史。苗晋卿(689—765):字元辅,谥文贞,潞州壶关(今属山西)人。唐朝宰相。进士及第。历吏部员外郎、中书舍人、吏部侍郎等。天宝二年(743)与宋遥主持吏部铨选,为讨好御史中丞张倚,录取其子张奭判入等,并擢为甲科。为安禄山所奏,玄宗亲自重试,登第者十无一二,张奭素不读书,竟交白卷。苗晋卿以选人不当,出为安康郡太守,转历外职。肃宗至德二载(757)拜左相,改侍中,封韩国公。代宗时以太保致仕。工文善诗。《全唐诗》存诗一首。

③禄山:安禄山,安史之乱的发动者之一,开元、天宝之际极受唐玄宗宠信。参见卷十二"自负"门注。

④制举人:此指之前入等之人。第一等人:指甲等。宋遥、苗晋卿当年考选人判入等凡六十四人,分甲乙丙科。

⑤张倚:玄宗开元末,累官都畿采访使、御史中丞。天宝二年(743),坐子张奭事,贬淮阳太守。奭(shì):张奭,张倚子。

⑥拽帛:也作"拽白""曳白"。指考试交白卷。

【译文】

天宝二年，吏部侍郎宋遥、苗晋卿等主持吏部铨选，安禄山请求重新考试，当时考中甲等的人重试合格的十无一二。御史中丞张倚的儿子张奭，拿着卷子，一整天没写一个字，当时人称之为"拽帛"。

高涣者①，锴之子也②，久举不第。或谑之曰："一百二十个蜣螂③，推一个屎块不上。"盖高氏三榜，每榜四十人。

【注释】

①高涣：高锴子，屡试不第。

②锴：高锴，文宗开成元年（836）至三年（838）连知贡举。见本卷前注。高锴知贡举共取一百二十人，故有下"一百二十个蜣螂"之语。

③蜣螂（qiāng láng）：俗称"屎壳郎"。

【译文】

高涣，是高锴的儿子，屡试不第。有人开玩笑说："一百二十个屎壳郎，推一个屎块推不上。"高锴三次主持贡举放榜，每榜录取了四十个人。

薛昭俭①，昭纬之兄也②，咸通末数举不第，先达每接之，即问曰："贤弟早晚应举？"昭俭知难而退。

【注释】

①薛昭俭：事迹未详。

②昭纬：薛昭纬，昭宗时迁中书舍人，拜礼部侍郎，知贡举。参见卷三"慈恩寺题名游赏赋咏杂纪"门注。

【译文】

薛昭俭,是薛昭纬的哥哥,咸通末年屡试不第,前辈们每每和他应酬的时候,就问道:"贤弟什么时候再考进士?"薛昭俭知难而退。

论曰:七情十义①,靡不宗于仁而祖于礼者。矧乃四科之本②,文不居先;三益之门③,德常在首。又何片言小善,辨口利辞④,垂于简编⑤,侔于粉缋者也⑥? 或曰:不然,夫人顶天踵地⑦,惟呼最灵⑧,有德者未必无文。其上也文不胜德,其次也德不胜文;有若文德具美,含光不耀者⑨,其唯圣人乎! 奈何近世薄徒,自为岸谷⑩,以含毫舐墨为末事⑪,以察言守分为名流。洎乎评品是非,商较今古,竟不能措一辞,发一论者,能无愧于心乎? 故仆虽题亲咏,折冲樽俎者⑫,皆列于门目,斯所以旌表赡敏⑬,而矛楯榛芜也⑭。亦由辱以马鞯⑮,而俟之莺谷⑯,知我者当免咎与! 若乃先达所传,臧否人物,虽不研究根本,皆可著鉴行藏⑰,莫匪正言⑱,足方周谚⑲。其有迹处皂隶⑳,而行同君子者,苟遗而不书,则取舍之道,贱贤而贵愚;忠孝之本,先华而后实。七十子之徒㉑,其臣于季孟者㉒,亦其类而已。

【注释】

①七情十义:七情指喜、怒、哀、惧、爱、恶、欲七种感情,十义指儒家提倡的十种伦理道德:父慈、子孝、兄良、弟悌、夫义、妇听、长惠、幼顺、君仁、臣忠。语出《礼记·礼运》:"何谓人情? 喜、怒、哀、惧、爱、恶、欲,七者弗学而能。何谓人义? 父慈,子孝,兄良,弟弟,夫义,妇听,长惠,幼顺,君仁,臣忠,十者谓之人义。"

②四科：即孔门四科，德行、言语、政事、文学。

③三益：即三立。《左传·襄公二十四年》载范宣子问穆叔何为不朽，穆叔说："大上有立德，其次有立功，其次有立言，虽久不废，此之谓不朽。"

④辨口利辞：长于辩论，言辞犀利。

⑤简编：泛指书籍。

⑥粉缋（huì）：彩色的图画。

⑦顶天踵地：犹顶天立地。

⑧呼：此指言语。

⑨含光不耀：蕴含光辉而不显耀。

⑩岸谷：高傲。

⑪含毫舐（shì）墨：吮笔蘸墨。比喻写作文章。

⑫折冲樽俎：指不用武力而在酒宴谈判中制敌取胜。此比喻科场内外以文辞相争。

⑬旌表：表扬，表彰。赡敏：才识丰富，文思敏捷。

⑭榛（zhēn）芜：杂草丛生。此指不学无术，才思匮乏。

⑮马鞯（jiān）：马鞍下的垫子。

⑯莺谷：莺迁出谷，比喻登第。

⑰蓍鉴：鉴戒。

⑱莫匪：无不，都是。

⑲周谚：周人的谚语。所指未详。

⑳皂隶：从事卑贱职业的差役。此指仆佣一类贱役。皂，贱役。

㉑七十子之徒：指孔子的学生。《史记·仲尼弟子列传》："学者多称七十子之徒。"

㉒季孟：指春秋时操控鲁国国政的贵族季孙氏和孟孙氏。

【译文】

论曰：人的七情十义，无不以仁义为宗旨而以礼仪为根本。何况四科之本，文学不居于首位；三立之道，德行一直排在第一。那又为何将片言只语小技微能，雄辩之言犀利之辞都搜罗起来，垂名于书册之中，等同于流传后世的绘像呢？有人说：不是这样的，人生在世顶天立地，只有言语最堪为万物之灵，有德行的人未必没有文学。其中上等的人文学比不上德行，下等的人德行比不上文学；如果文学和德行都很美好，蕴含光辉而不显耀，大概就是圣人了吧！怎奈近代浅薄无知之辈，自以为傲，将文章写作视为不重要的小事，把察言观色安守本分视作名士之流。及至评量品第是非功过，研究比较今古得失，竟然不能说一句话，发表一点言论，这样的人内心能毫无羞愧吗？因此我编纂前人之事加以咏赞，凡是在科场内外事有可记的人，都列于门类条目之中，以此来表彰才识丰富文思敏捷之人，而诘难那些不学无术才思匮乏之辈。也因为我曾侥幸登第，因而期待后辈都能及第，了解我的人应该不会责怪我吧！至于前辈所写的传记，评论人物，我虽然没有研究探寻他们的根本，但都可以用作行为举止的鉴戒，都是合乎正道之言，足以比拟周人的谚语。其中有身处贱役，而行为如同君子的人，如果遗漏他们而不加记载，那么就是说取舍的原则，轻贱贤人而推崇愚者；忠孝的本源，重视浮华而轻视实在。孔子的学生中，那些臣事季孙氏、孟孙氏这些权贵的，也都是这样的人而已。

中华经典名著
全本全注全译丛书
（已出书目）

读通鉴论	素书
宋论	新书
文史通义	淮南子
老子	九章算术（附海岛算经）
道德经	新序
帛书老子	说苑
鹖冠子	列仙传
黄帝四经·关尹子·尸子	盐铁论
孙子兵法	法言
墨子	方言
管子	白虎通义
孔子家语	论衡
曾子·子思子·孔丛子	潜夫论
吴子·司马法	政论·昌言
商君书	风俗通义
慎子·太白阴经	申鉴·中论
列子	太平经
鬼谷子	伤寒论
庄子	周易参同契
公孙龙子（外三种）	人物志
荀子	博物志
六韬	抱朴子内篇
吕氏春秋	抱朴子外篇
韩非子	西京杂记
山海经	神仙传
黄帝内经	搜神记

楚辞

文心雕龙

文选

玉台新咏

二十四诗品·续诗品

词品

闲情偶寄

古文观止

聊斋志异

唐宋八大家文钞

浮生六记

三字经·百家姓·千字
　文·弟子规·千家诗

经史百家杂钞